Studien zum europäischen und deutschen Öffentlichen Recht

herausgegeben von

Christian Calliess und Matthias Ruffert

45

Clara Schulze Velmede

Verschränkung von europäischem Verordnungsrecht und nationalen Normen

Vorschlag einer methodischen Grundlegung am Beispiel des Datenschutzrechts

Mohr Siebeck

Clara Schulze Velmede, geboren 1991; Studium der Rechtswissenschaften an der Universität Münster; Wissenschaftliche Mitarbeiterin an der Forschungsstelle für Versicherungswesen der Universität Münster; Rechtsreferendariat am Landgericht Leipzig.
orcid.org/0000-0003-3217-9458

Zugl.: Münster (Westf.), Univ., Diss. der Rechtswissenschaftlichen Fakultät, 2022
D 6

ISBN 978-3-16-161743-0 / eISBN 978-3-16-161929-8
DOI 10.1628/978-3-16-161929-8

ISSN 2192-2470 / eISSN 2569-443X
(Studien zum europäischen und deutschen Öffentlichen Recht)

Die Deutsche Nationalbibliothek verzeichnet diese Publikation in der Deutschen Nationalbibliographie; detaillierte bibliographische Daten sind über *http://dnb.dnb.de* abrufbar.

Das Buch wurde von epline in Böblingen aus der Times gesetzt und von Laupp und Göbel in Gomaringen gedruckt und gebunden.

Printed in Germany.

Vorwort

Die vorliegende Arbeit ist in den Jahren 2017–2020 entstanden und wurde von der Universität Münster im Wintersemester 2021/2022 als Inauguraldissertation angenommen. Für die Drucklegung wurde das Manuskript auf den Stand Juli 2022 aktualisiert und neue Rechtsprechung sowie Literatur bis zu diesem Datum berücksichtigt.

Vier Jahre sind eine lange Zeit. Zahlreiche Menschen haben mich auf unterschiedliche Weise bei der Erstellung dieser Arbeit unterstützt.

Zuvörderst danke ich meiner Doktormutter Professorin Petra Pohlmann, die mir die Freiheit ließ, ein eigenes Dissertationsthema zu finden und dieses nach eigener Schwerpunktsetzung zu bearbeiten. Die Zeit als Wissenschaftliche Mitarbeiterin von 2016–2019 an der Forschungsstelle für Versicherungswesen der Universität Münster war unglaublich lehrreich und prägend. Das hervorragende Arbeitsklima war nicht zuletzt Professorin Pohlmann selbst geschuldet, die für alle Mitarbeiter immer ein offenes Ohr hat und sich für jeden in einem Maße einsetzt, das nicht selbstverständlich ist. Für Ihre freundliche, geduldige und zugleich sehr professionelle Art sowie die zahlreichen wertvollen Anmerkungen zu meinem Dissertationsprojekt bin ihr ich sehr dankbar. Professor Gernot Sydow danke ich für die zügige Erstellung des Zweitgutachtens.

Ich hatte das große Glück, in Münster ein wundervolles kollegiales Umfeld vorzufinden, aus dem echte Freundschaften entstanden sind. Vor allem Eva Westmark, Dr. Philipp Koch, Thilo Tesing, Johannes Scholz, Maximilian Poth, Johannes Alberts, Marvin Reiff, Merle Bock, PD Dr. Dominik Schäfers, Dr. Tim Hülskötter, Markus Diekmann, Eric Dorn, Nicole Strack und Professor Alexander Scheuch danke ich für wertvolle Diskussionen fachlicher und nichtfachlicher Natur und dafür, dass die Arbeit so viel Spaß gemacht hat.

Professorin Heiderhoff danke ich für die Organisation und Durchführung des Programme in European Private Law for Postgraduates (PEPP), an dem ich in den Jahren 2018–2019 teilnehmen durfte und das sowohl fachlich als auch persönlich eine Horizonterweiterung war.

Der Stiftung der Deutschen Wirtschaft danke ich für die Gewährung eines Promotionsstipendiums in den Jahren 2019–2020, ohne das mir eine sorglose Fertigstellung der Dissertation nach dem Umzug nach Leipzig so nicht möglich gewesen wäre. Diese letzte Phase fiel außerdem mit den ersten Corona-Lockdowns zusammen. Als eine der ganz wenigen Bibliotheken war im Frühjahr 2020 die Deutsche Nationalbibliothek in Leipzig nach sehr kurzer Zeit der Schließung wieder geöffnet. Dafür und für die angenehme Arbeitsatmosphäre dort bin ich dem gesamten Team der DNB unendlich dankbar. Dem Arbeitskreis Wirtschaft und Recht des Stifterverbandes für die Deutsche Wissenschaft danke ich für die großzügige Gewährung eines Druckkostenzuschusses.

Das gesamte Vorhaben wäre zudem nicht möglich gewesen ohne die Unterstützung meiner Freunde und Familie, denen der größte Dank gebührt. Meine Freundinnen Eva Banz, Teresa Grabitz, Johanna von Hellfeld, Caroline Kühns und Tamarra Schneider sowie meine Schwestern Lore, Inga und Maren waren immer für mich da. Meine Eltern Burkhard und Luise haben mich seit ich denken kann mit unerschütterlichem Vertrauen meinen Weg gehen lassen und mich bei allem unterstützt, was ich mir vorgenommen habe.

Zuletzt möchte ich mich ganz besonders bei meinem Ehemann Dr. Stefan Schmidt bedanken, der während der gesamten Zeit alle Höhen und Tiefen des Projekts und meiner Stimmung mitbegleitet und mit stoischer Ruhe aufgefangen hat.

Leipzig, im August 2022 *Clara Schulze Velmede*

Inhaltsübersicht

Inhaltsverzeichnis

Einleitung[1]

Der Normbestand auf europäischer Ebene wächst unablässig. Die stetige Rechtsangleichung in den Mitgliedsstaaten ist der Dreh- und Angelpunkt des europäischen Integrationsprozesses.[2] Dabei greift die EU seit einigen Jahren verstärkt zur Verordnung als Harmonisierungsinstrument.[3] In der Folge werden Sachverhalte, die nach rein nationalem Recht zu beurteilen sind, immer seltener, während rechtsgebietsbezogene Überlagerungen mitgliedsstaatlichen Rechts durch europäisches Einheitsrecht zunehmen. Das daraus resultierende Zusammenwirken von europäischem und nationalem Recht – die Rechtsordnungsverschränkung – bildet den Untersuchungsgegenstand dieser Arbeit.

A. Rechtsordnungsverschränkung als thematischer Ausgangspunkt der Untersuchung

Das EU-Recht stellt neben dem mitgliedsstaatlichen Recht eine eigene, autonome Rechtsordnung dar[4] und hebt sich damit von „gewöhnlichen internationalen Verträgen"[5] ab. Anders als die Rechtsordnungen der Mitgliedsstaaten, die jede für sich einen Anspruch auf Vollständigkeit erheben, bildet das europäische

[1] Für Abkürzungen wird verwiesen auf Kirchner, Hildebert (Begr.), Abkürzungsverzeichnis der Rechtssprache, 9. Aufl. 2018; Dudenredaktion (Hrsg.), Die deutsche Rechtschreibung, 28. Aufl. 2020.

[2] *von Danwitz*, in: Dauses/Ludwigs (Hrsg.), Handbuch des EU-Wirtschaftsrechts, 56. EL 2022, B.II., Rn. 88: „dienende[] Funktion der Rechtsangleichungsbefugnisse"; *Magiera*, in: Schulze/Janssen/Kadelbach (Hrsg.), Europarecht, 2020, § 13, Rn. 1 ff.; dazu auch *Möllers*, Die Rolle des Rechts im Rahmen der europäischen Integration, 1999.

[3] *Basedow*, EuZW 2018, 1 sieht sogar einen „unaufhaltsamen Drang zur Verordnung".

[4] St. Rspr. EuGH, Urt. v. 5.2.1963 – Rs. 26/62 (Van Gend & Loos), ECLI:EU:C:1963:1, 25; EuGH, Urt. v. 15.7.1964 – Rs. 6/64 (Costa/E. N. E.L), ECLI:EU:C:1964:66, 1269 f.; EuGH – Gutachten 1/91 v. 14.12.1991 (EWR I), ECLI:EU:C:1991:490, Rn. 21; *Ehlers*, in: Schulze/Janssen/Kadelbach (Hrsg.), Europarecht, 2020, § 11, Rn. 1, 5; *Kokott*, in: Streinz, 3. Aufl. 2018, EUV Art. 47 Rn. 10; zum rechtstheoretischen Hintergrund des gleichzeitigen Geltungsanspruchs multipler Rechtsordnungen *Burchardt*, Die Rangfrage im europäischen Normenverbund, 2015, 155 ff.; *Pernice*, Das Verhältnis europäischer zu nationalen Gerichten im europäischen Verfassungsverbund, 2006, 12 f.; *Schroeder*, Das Gemeinschaftsrechtssystem, 2002, 328 ff.; für einen Rechtsordnungsmonismus hingegen *Jestaedt*, in: GS Blomeyer, 2004, 637, 666 ff.

[5] EuGH, Urt. v. 15.7.1964 – Rs. 6/64 (Costa/E. N. E.L), ECLI:EU:C:1964:66, 1269.

Recht eine lediglich fragmentarische Rechtsordnung. Denn die EU ist in ihrer Rechtssetzungskompetenz nach dem Prinzip der begrenzten Einzelermächtigung (Art. 5 Abs. 2 EUV), dem Subsidiaritätsprinzip (Art. 5 Abs. 3 EUV) sowie dem Prinzip der Verhältnismäßigkeit (Art. 5 Abs. 4 EUV) eingeschränkt (sogenannter Schrankentrias). Die Kompetenzen der Union sind abschließend in den Verträgen aufgeführt, die originäre Zuständigkeit verbleibt bei den Mitgliedsstaaten (Art. 4 Abs. 1 EUV). Spiegelbildlich dazu wirkt auch das europäische Sekundärrecht häufig nur punktuell oder themenbezogen angleichend bzw. vereinheitlichend:[6] *Gsell/Schellhase* sprechen bildlich treffend von einem europäischen „Käse mit mehr oder weniger großen Löchern, innerhalb derer der nationale Gesetzgeber frei walten darf".[7]

Dieser fragmentarische Charakter des europäischen Rechts ist beabsichtigt. Das nationale Recht soll nicht umfassend ersetzt, sondern lediglich ergänzt werden. Das Europarecht ist eine planmäßig unvollständige Rechtsordnung, die in der Anwendung zwangsläufig einer subsidiären Ergänzung durch die Normen der nationalen Rechtsordnungen bedarf.[8] Die Mitgliedsstaaten sind nach dem Loyalitätsgebot Art. 4 Abs. 3 EUV sogar dazu verpflichtet, das europäische Recht unter Rückgriff auf nationale Vorschriften wirksam durchzusetzen.[9] Durch den funktional zielgerichteten Aufgabenzuschnitt der Unionskompetenzen betreffen europäische Sekundärrechtsakte zudem häufig querschnittsartig zahlreiche mitgliedsstaatliche Rechtsgebiete.[10] Diese Gemengelage führt zu einem notwendigen Ineinandergreifen von nicht europäisch überlagertem nationalem und europäischem Recht.[11] Als Folge dieser Verflechtungen ist das Zusammenspiel von europäischem und nationalem Recht in vielen Rechtsgebieten zum Alltag der nationalen Rechtsanwendung geworden:[12] So wird Europarecht

---

[6] *von Danwitz*, in: Dauses/Ludwigs (Hrsg.), Handbuch des EU-Wirtschaftsrechts, 56. EL 2022, B.II., Rn. 89, spricht sogar von einem „pointilistischen Charakter".

[7] *Gsell/Schellhase*, JZ 2009, 20, 24; in diesem Sinne auch *Roth*, RabelsZ 75 (2011), 787, 801; *Franzen*, Privatrechtsangleichung durch die Europäische Gemeinschaft, 1999, 580 f.

[8] Treffend dazu etwa *Haag/Kotzur*, in: Bieber/Epiney/Haag/Kotzur (Hrsg.), Die Europäische Union, 2021, § 6, Rn. 3: „Erst im Zusammenwirken mit innerstaatlichen Rechtsnormen erlangt das Unionsrecht seine volle Wirkung".

[9] EuGH, Urt. v. 14.9.2016 – verb. Rs. C-184/15 und C-197/15 (Martínez Andrés), ECLI: EU:C:2016:680, Rn. 50 m. w. N.; *Kahl*, in: Calliess/Ruffert, 6. Aufl. 2022, EUV Art. 4 Rn. 126; *Schill/Krenn*, in: Grabitz/Hilf/Nettesheim, EUV Art. 4 Rn. 80 ff.; *Magiera*, in: Schulze/Janssen/Kadelbach (Hrsg.), Europarecht, 2020, § 13, Rn. 32 ff.; *Marauhn/Böhringer*, in: Schulze/Janssen/Kadelbach (Hrsg.), Europarecht, 2020, § 7, Rn. 37 ff.

[10] *Lippstreu*, Wege der Rechtsangleichung im Vertragsrecht, 2014, 17.

[11] *Ehlers*, in: Schulze/Janssen/Kadelbach (Hrsg.), Europarecht, 2020, § 11, Rn. 5; *König/Kleinlein*, in: Schulze/Janssen/Kadelbach (Hrsg.), Europarecht, 2020, § 2, Rn. 1; *Streinz*, Europarecht, 11. Aufl. 2019, § 3, Rn. 155, 197, 204 ff.; *Streinz*, in: Isensee/Kirchhof (Hrsg.), Handbuch des Staatsrechts (Bd. 10), 2012, § 218, Rn. 9 ff.; *Weiss*, Widersprüche im Recht, 2011, 129; *Zuleeg*, Das Recht der Europäischen Gemeinschaften im innerstaatlichen Bereich, 1969, 22.

[12] Siehe statt vieler *Remien*, in: Schulze/Janssen/Kadelbach (Hrsg.), Europarecht, 2020,

vor nationalen Gerichten regelmäßig mithilfe nationalen Prozessrechts eingeklagt und nationale Behörden greifen im Rahmen des indirekten Vollzugs[13] bei der Anwendung und Durchführung europäischer Vorschriften auf nationales Verfahrensrecht zurück. Aber auch im materiellen Recht ist ein Nebeneinander von nationalem und europäischem Recht allgegenwärtig. Europäisches Richtlinienrecht wird durch Umsetzung in das bereits existierende Normengeflecht des mitgliedsstaatlichen Rechtssystems „eingewoben“. So entstammt etwa das Verbrauchervertragsrecht weitestgehend europäischen Richtlinienbestimmungen und wurde in das nationale Vertrags- und Schuldrecht des BGB integriert. Aber auch das Verordnungsrecht, das auf den ersten Blick Geschlossenheit und Abgrenzung zum nationalen Recht suggeriert, bedarf des Rückgriffs auf mitgliedsstaatliche Normen im Rahmen inhaltlicher Ergänzung und Durchführung.[14] Diese Verzahnung von Normen unterschiedlicher Provenienz, ihr Ineinandergreifen und die wechselseitige Beeinflussung kann unter dem Begriff der Rechtsordnungsverschränkung zusammengefasst werden.

Vorliegend sollen in diesem Zusammenhang gerade das europäische Verordnungsrecht und seine Verschränkung mit mitgliedsstaatlichen Normen, vor allem mit jenen materiellrechtlicher Natur, im Fokus stehen. Aufgrund ihrer unmittelbaren Anwendbarkeit unterscheidet sich die Verordnung maßgeblich von der Richtlinie, sowohl aus Sicht der EU mit Blick auf die erwarteten Ergebnisse als auch aus Sicht des mitgliedsstaatlichen Rechtsanwenders, für den die Anwendung durch die direkte Anwendbarkeit eher erschwert wird.[15] Denn während das „Ob“ des Zusammenspiels zwischen europäischem Verordnungsrecht und nationalem Recht weitgehend geklärt ist, bestehen zum „Wie“ des Zusammenwirkens beider Rechtsordnungen weiterhin zahlreiche Fragen: In welchem Maße muss eine mitgliedsstaatliche Norm im Kollisionsfall hinter dem Europarecht zurücktreten? Wie kann überhaupt festgestellt werden, ob eine europäische Norm eine nationale Regelung überlagert? Wie kann zwischen den Normen verschiedener Rechtsordnungen eine inhaltliche Verknüpfung aufgedeckt oder überhaupt erst hergestellt werden, um ein möglichst stimmiges Ineinandergreifen zu ermöglichen? Wie ist in diesem Rahmen – vor allem mit Blick auf die praktische Rechtsanwendung – damit umzugehen, dass beide Rechtsordnungen unterschiedliche Begriffsbildungen sowie Regelungskategorien pflegen

---

§ 14, Rn. 58; *Grundmann*, in: Riesenhuber (Hrsg.), Europäische Methodenlehre, 2021, § 9, Rn. 3.

[13] Vgl. zum Grundsatz des indirekten Vollzugs jeweils m. w. N. *von Arnauld*, in: Terhechte (Hrsg.), Verwaltungsrecht der Europäischen Union, 2022, § 2, Rn. 6 f.; *Kahl*, in: Calliess/Ruffert, 6. Aufl. 2022, EUV Art. 4 Rn. 126 ff.; *Sydow/Wittreck*, Deutsches und Europäisches Verfassungsrecht I, 2. Aufl. 2020, Kap. 16 Rn. 6 ff.; *Schwarze*, Europäisches Verwaltungsrecht, 2. Aufl. 2005, 1058 ff.

[14] *Schill/Krenn*, in: Grabitz/Hilf/Nettesheim, EUV Art. 4 Rn. 84; siehe zum Begriff der Durchführung von Unionsrecht statt vieler *Jarass/Beljin*, NVwZ 2004, 1, 6 ff.

[15] Siehe dazu Kapitel 1 C., S. 55.

und strukturell große Differenzen aufweisen? Inwieweit führen die Einwirkungen des unmittelbar anwendbaren europäischen Rechts auf die mitgliedsstaatliche Rechtsordnung aus mitgliedsstaatlicher Sicht möglicherweise sogar zu Wertungswidersprüchen und Systemunstimmigkeiten?

B. Zielsetzung und Gang der Darstellung

Die Entwicklung und Erprobung einer Methodik für den Umgang mit den zahlreichen Verschränkungssituationen ist Thema dieser Arbeit. Die besonderen Probleme, die die Rechtsordnungsverschränkung gerade beim Verordnungsrecht in der Anwendung bereitet,[16] sollen analysiert und einer methodischen Lösung zugeführt werden. Ziel ist, die rechtsordnungsübergreifende Rechtsanwendung in ihren einzelnen Schritten zum einen sichtbar zu machen und zum anderen einen Ansatz für ein methodisches Vorgehen zu entwickeln, der einen Beitrag zu den Grundlagen der Entscheidungsfindung in rechtsordnungsübergreifenden Sachverhalten leistet. Denn die Rechtsordnungsverschränkung im Rahmen der Anwendung von Verordnungsrecht ist bislang, anders als beim Richtlinienrecht,[17] noch nicht grundlegend methodisch aufgearbeitet worden.

Zwar ist zum einen etwa die Kollisionsthematik bereits mehrfach Schwerpunkt monographischer Abhandlungen gewesen,[18] diese Untersuchungen beziehen sich jedoch alle spezifisch auf die Verschränkung materiellen europäischen Rechts mit nationalem Verfahrens- und Prozessrecht, häufig unter dem Stichwort der „mitgliedsstaatlichen Verfahrensautonomie".[19] Vorliegend soll die Kollisionsthematik auch hinsichtlich einer Verschränkung materieller Vorschriften untersucht werden. Zudem stellt die Kollisionsprüfung lediglich einen Teilschritt im Rahmen der Rechtsanwendung dar – wenn auch einen wichtigen.

Zum anderen nehmen verordnungsbezogene Untersuchungen meist eine rechtsgebietsspezifische, induktive Betrachtung vor.[20] Im Fokus stehen dann

[16] Die Implikationen dieser „Interlegalität" werden laut *Müller/Christensen*, Juristische Methodik (Bd. 2), 3. Aufl. 2012, 182 f., Rn. 182, noch immer unterschätzt.

[17] Dazu unter anderem die Beiträge in Gsell/Herresthal (Hrsg.), Vollharmonisierung im Privatrecht 2009 sowie *Mayer*, Vollharmonisierung im Privatrecht – Einfluss und Wirkung auf die Konzeptionen in Österreich, in der Schweiz (über autonomen Nachvollzug) und in Deutschland, 2013; *Mittwoch*, Vollharmonisierung und Europäisches Privatrecht, 2013; *Höpfner*, Systemkonforme Auslegung, 2009, 249 ff.

[18] *Tomasic*, Effet utile, 2013, 42 ff.; *Krönke*, Die Verfahrensautonomie der Mitgliedsstaaten, 2013, 133 ff.; *König*, Der Äquivalenz- und Effektivitätsgrundsatz in der Rechtsprechung des Europäischen Gerichtshofs, 2011; *Weiss*, Widersprüche im Recht, 2011; *Huthmacher*, Der Vorrang des Gemeinschaftsrechts bei indirekten Kollisionen, 1985; *Komendera*, Normenkonflikte zwischen EWG- und BRD-Recht – insbesondere indirekte Kollisionen, 1974; zu weiteren Literaturstimmen siehe Kapitel 2 A., S. 79.

[19] Siehe dazu Kapitel 2 A. IV. 2. d) dd) (2), S. 173.

[20] Zu verordnungsbezogenen Untersuchungen aus der jüngeren Zeit siehe etwa *Hacker*,

nicht allgemein-methodische Überlegungen, sondern rechtsgebietsinterne Problemstellungen europäischer Natur, die die Frage des zusätzlich anwendbaren nationalen Rechts entweder nur am Rande betreffen oder nur themenspezifisch beantworten. In Abhandlungen mit methodischem Schwerpunkt wiederum werden zumeist Auslegungsfragen adressiert, die sowohl Richtlinie als auch Verordnung betreffen.[21] Eine Auseinandersetzung mit den strukturellen Besonderheiten des Verordnungsrechts und ihren praktischen sowie methodischen Folgen für eine Rechtsanwendung im mitgliedsstaatlichen Kontext aus mitgliedsstaatlicher Sicht, wie sie für die Richtlinie zahlreich vorgenommen wurde,[22] fehlt indes.[23] Das Bewusstsein, dass das Verordnungsrecht in der Anwendung zu gänzlich anderen Problemen führt, als das Richtlinienrecht, scheint sich erst seit kurzem durchzusetzen.[24]

Die vorliegende Arbeit soll diese Lücke mit Blick auf die steigende Bedeutung der Verordnung als Rechtssetzungsinstrument der EU schließen. Dazu sollen im Rahmen eines deduktiven Vorgehens die Schnittstellen zwischen Verord-

---

Datenprivatrecht, 2020; *Bayram*, Manipulative Handelspraktiken gem. Art. 12 MAR, 2020; *Wißling*, Internationale Zuständigkeit und Effizienz Verordnung, 2020; *Hössl-Neumann*, Informationsregulierung durch Insiderrecht, 2020; *Martens*, Die rechtliche Neuordnung des außerbörslichen Derivatehandels durch die EMIR-Verordnung, 2019; *Rupp*, Die Beweisführung mit privaten elektronischen Dokumenten, 2018, (zur eIDAS-VO); *Wimmer*, Auswirkungen des Art. 35a der Verordnung (EU) Nr. 462/2013 auf die zivilrechtliche Haftung von Ratingagenturen, 2017; *Wenzel*, Analoge Anwendung der Verordnung über das ergänzende Schutzzertifikat für Arzneimittel auf Medizinprodukte?, 2017; *Krüger*, Die Passagierrechte im Flug-, Bahn-, Schiffs- und Busverkehr, 2016.

[21] *Martens*, Methodenlehre des Unionsrechts, 2013, 171 ff.; der im Weiteren für beides den Oberbegriff des „Sekundärrechts" nutzt; *Müller/Christensen*, Juristische Methodik (Bd. 2), 3. Aufl. 2012; *Höpfner/Rüthers*, AcP 209 (2009), 1; *Grundmann*, RabelsZ 75 (2011), 882; dies ist auch folgerichtig, denn aus der europäischen Perspektive heraus sind Verordnungen und vollharmonisierende Richtlinien weitgehend gleich zu behandeln sind (siehe dazu Kapitel 1 C. II. 2. b), S. 58); eine wissenschaftliche Lücke in Bezug auf das Verordnungsrecht deutet *Möllers*, ZfPW 2019, 94, 114, an.

[22] Siehe Nachweise in Fn. 17.

[23] So behandeln etwa *Langenbucher*, in: Langenbucher (Hrsg.), Europäisches Privat- und Wirtschaftsrecht, 2022, § 1, Rn. 58 ff.; *Möllers*, Juristische Methodenlehre, 4. Aufl. 2021, § 12, Rn. 33 ff.; i. R. d. Einwirkungen des Sekundärrechts auf nationales Recht nur richtlinienspezifische Probleme; zur Richtlinie finden sich auch unter den Beiträgen in Riesenhuber (Hrsg.), Europäische Methodenlehre, 4. Aufl. 2021, drei separate Titel (§§ 13, 14, 15), spezifisch zur Verordnung hingegen keiner; *Remien*, in: Schulze/Janssen/Kadelbach (Hrsg.), Europarecht, 2020, § 14, wiederum widmet den „Erscheinungsformen und besondere Probleme[n] der Richtlinien" einen eigenen Gliederungspunkt (E.), der Verordnung hingegen nur eine Erwähnung i. R. d. Rechtsangleichungsinstrumente, Rn. 15; ein Ansatz zu verordnungsspezifischen Problemen findet sich aber bei *Jung/Krebs*, in: Jung/Krebs/Stiegler (Hrsg.), Gesellschaftsrecht in Europa, 2019, § 2, Rn. 149 ff.; *Köndgen*, in: Riesenhuber (Hrsg.), Europäische Methodenlehre, 2021, § 6, Rn. 80 ff.

[24] Exemplarisch sei hier auf *Köndgen*, in: Riesenhuber (Hrsg.), Europäische Methodenlehre, 2021, § 6, Rn. 80 ff. verwiesen, der nunmehr – anders noch als in der Vorauflage *Köndgen*, in: Riesenhuber (Hrsg.), Europäische Methodenlehre, 2015, § 6, Rn. 53 ff., Abgrenzungs- und Anwendungsfragen i. R. d. Anwendung von Verordnungsrecht anspricht.

nungsrecht und mitgliedsstaatlichem Recht erst abstrakt und sodann anhand des Referenzgebiets der Datenschutz-Grundverordnung (DSGVO)[25] konkret untersucht werden. Um die Unterschiede zur Richtlinie herauszustellen, wird der Umgang mit (vollharmonisierenden) Richtlinien in jedem Untersuchungspunkt als Vergleich herangezogen.

Die Analyse erfolgt aus der Sicht des mitgliedsstaatlichen – hier deutschen – Rechtsanwenders, da es regelmäßig die mitgliedsstaatlichen Gerichte und Behörden sind, die mit der Rechtsanwendung im rechtsordnungsübergreifenden[26] Kontext betraut sind.[27] Die mitgliedsstaatlichen Rechtsanwender sind insofern europäische Rechtsanwender. Die Untersuchung zum konkreten Umgang mit der allgegenwärtigen Verschränkung von nationaler und europäischer Rechtsordnung setzt hier an dem Punkt an, an welchem der mitgliedsstaatliche Rechtsanwender den ihm vorliegenden Sachverhalt bereits unter die Normen der jeweils anwendbaren europäischen Verordnung subsumiert hat. Die spezifische Auslegung von Unionsrecht selbst ist daher nicht Schwerpunkt dieser Arbeit. Freilich sind die hier adressierten spezifischen Verschränkungsproblematiken in zahlreichen Aspekten von Auslegungsfragen nicht zu trennen.[28] Wo letztere von gesteigerter Bedeutung sind, stützen sich die Ausführungen daher auf den bereits umfangreich vorhandenen Forschungsstand zu diesem Thema[29] und nehmen Bezug auf die jeweils einschlägige Rechtsprechung des EuGH.

Die Untersuchung gliedert sich in drei Kapitel. Zunächst werden die Grundkonflikte, die sich im Rahmen der Verschränkung von nationalen Normen und europäischem Recht allgemein stellen, in Kapitel 1[30] erfasst und analysiert. Anhand dieser Grundlagen lassen sich Thesen und Annahmen für den Rechtsanwendungsprozess in Verschränkungssituationen mit Verordnungsrecht entwickeln.[31] Aufbauend darauf soll in Kapitel 2[32] eine Methodik zur rechtsord-

---

[25] Verordnung (EU) 2016/679 des Europäischen Parlaments und des Rates vom 27.4.2016 zum Schutz natürlicher Personen bei der Verarbeitung personenbezogener Daten, zum freien Datenverkehr und zur Aufhebung der Richtlinie 95/46/EG.

[26] *Möllers*, Juristische Methodenlehre, 4. Aufl. 2021, § 12, Rn. 33 ff.

[27] Vorliegend wird vom Normalfall des „indirekten Vollzugs" ausgegangen, bei dem mitgliedsstaatliche Institutionen Europarecht anwenden und durchsetzen. Zum selteneren Fall des „direkten Vollzugs" durch europäische Behörden s. *Stelkens*, in: Stelkens/Bonk/Sachs, 9. Aufl. 2018, Europäisches Verwaltungsrecht, Europäisierung des Verwaltungsrechts und Internationales Verwaltungsrecht, Rn. 155 ff.

[28] Zu Interdependenzen zwischen Auslegung und Anwendung *Knauff*, DÖV 2013, 375.

[29] Dazu nicht abschließend *Riesenhuber*, in: Riesenhuber (Hrsg.), Europäische Methodenlehre, 2021, § 10; *Borchardt*, in: Schulze/Janssen/Kadelbach (Hrsg.), Europarecht, 2020, § 15; *Martens*, Methodenlehre des Unionsrechts, 2013; *Müller/Christensen*, Juristische Methodik (Bd. 2), 3. Aufl. 2012, 254 ff.; *Riesenhuber*, in: Karakostas/Riesenhuber (Hrsg.), Methoden- und Verfassungsfragen der europäischen Rechtsangleichung, 2011, 41; *Streinz*, in: Griller/Rill (Hrsg.), Rechtstheorie: Rechtsbegriff – Dynamik – Auslegung, 2011, 223.

[30] S. 9.

[31] Siehe Kapitel 1 C., S. 55.

[32] S. 79 ff.

nungsübergreifenden Systembildung entwickelt werden. Diese Überlegungen greifen den aktuellen Stand der Forschung – insbesondere im Rahmen der Kollisionsprüfung –[33] auf und machen ihn für die Zwecke dieser Untersuchung nutzbar. Diese Methodik soll in Kapitel 3[34] anhand konkreter Beispiele aus der DSGVO zur Anwendung kommen. Ebenso bieten diese Anwendungsbeispiele die Möglichkeit, die in Kapitel 1 aufgestellten Thesen zu verifizieren.

C. Referenzgebiet Datenschutz-Grundverordnung

Das vereinheitlichte Datenschutzrecht eignet sich hier besonders gut als Referenzgebiet, da der Verordnung eine vollharmonisierende Richtlinie (Datenschutzrichtlinie[35]) voraus ging, das materielle Datenschutzrecht in vielen Bereichen aber kaum geändert wurde. Da die Verordnung und ihre Wirkungsweise hier maßgeblich über die Abgrenzung von der vollharmonisierenden Richtlinie erfasst werden sollen, lässt sich anhand einer Gegenüberstellung einfach nachvollziehen, welche Unterschiede die Rechtsaktform für das mitgliedsstaatliche Recht bzw. die Anwendung im mitgliedsstaatlichen Kontext mit sich bringt. Die Untersuchung der DSGVO-Vorschriften soll sich vorliegend auf solche Vorschriften begrenzen, die keinen mitgliedsstaatlichen Spielraum lassen. Die zahlreichen Öffnungsklauseln bleiben daher außen vor.

---

[33] Siehe Kapitel 2 A., S. 79.

[34] S. 209 ff.

[35] Richtlinie 95/46/EG des Europäischen Parlaments und des Rates vom 24.10.1995 zum Schutz natürlicher Personen bei der Verarbeitung personenbezogener Daten und zum freien Datenverkehr.

Kapitel 1

Problemstellung, methodische Grundlagen und Thesen

Um die Probleme zu identifizieren, die sich im Rahmen der Verschränkung zweier Rechtsordnungen stellen, muss die parallele Anwendung von europäischem und mitgliedsstaatlichem Recht zunächst sowohl aus der europäischen als auch der mitgliedsstaatlichen Perspektive betrachtet werden.[1] Die so gewonnenen Feststellungen bilden den Ausgangspunkt der Untersuchung, die notwendigerweise eine methodische sein muss.[2] Zur besseren Nachvollziehbarkeit der Untersuchung sollen zudem die wesentlichen Forschungsfragen der Arbeit zusammengefasst werden.[3] Im Weiteren sollen die methodische Grundlage erarbeitet werden, auf deren Basis eine Problemlösung anhand einer weiterführenden Dogmatik überhaupt erst möglich ist.[4] Sodann soll das Verordnungsrecht, das den Hauptuntersuchungsgegenstand dieser Arbeit bildet, in den Kontext dieser Problematik eingeordnet werden.[5]

A. Problemstellung und Untersuchungsansatz

I. Rechtsordnungsverschränkung aus mitgliedsstaatlicher und europäischer Perspektive

Es ist nicht überraschend, dass der Blick auf die Probleme, die sich im Rahmen der Rechtsordnungsverschränkung ergeben, regelmäßig die eigene Rechtsordnung fokussiert. So existieren für das Phänomen der Rechtsordnungsverschränkung zwei unterschiedliche Perspektiven, die jeweils unterschiedliche Probleme benennen, wobei die hier als mitgliedsstaatlich bezeichnete die deutsche Perspektive darstellt und nicht zwingend deckungsgleich mit jener der anderen 26 Mitgliedsstaaten sein muss.

[1] Dazu Kapitel 1 A., S. 9.
[2] Siehe Kapitel 1 A. II. 1., S. 18.
[3] Siehe Kapitel 1 A. II. 2., S. 20.
[4] Dazu Kapitel 1 B., S. 23.
[5] Dazu Kapitel 1 C., S. 55.

1. Die europäische Perspektive: Unerreichbare Harmonisierungsziele

Das europäische Recht ist darauf ausgelegt, zusammen mit dem nationalen Recht zu wirken. Die Rechtsordnungsverschränkung ist damit von der EU intendiert. Gleichzeitig soll der Rückgriff auf nationale Vorschriften nicht die Einheitlichkeit des europäischen Rechst beeinträchtigen: Um europaweit einheitliche Ergebnisse zu erzielen, muss das europäische Recht möglichst einheitlich angewandt werden. Hürden für diese einheitlichen Ergebnisse ergeben sich jedoch durch die dezentrale Anwendung des europäischen Rechts[6] sowie die nur unzureichende Sicherung einer Harmonisierung auf europäischer Ebene[7].

a) Der europäische Rechtsanwender als realitätsferne Wunschvorstellung

Der europäische Rechtsanwender ist aufgrund der grundsätzlich dezentralen Durchsetzung des europäischen Rechts regelmäßig ein in einer mitgliedsstaatlichen Rechtskultur[8] verankerter mitgliedsstaatliche Richter, Behördenmitarbeiter oder beratender Anwalt. Insbesondere das methodische Vorgehen, d. h. die Struktur des Entscheidungsfindungsprozesses, gehört zu den Grundlagen der eigenen Rechtskultur: Der Aufbau der nationalen Rechtsordnung, die Einteilung in Allgemeines und Besonderes sowie die Unterscheidung von Öffentlichem und Bürgerlichem Recht und die in diesen Rechtsbereichen gängigen Grundbegrifflichkeiten sind von deutschen Juristen i. d. R. so verinnerlicht worden, dass sie unbewusst zur Grundlage allen juristischen Arbeitens gemacht werden. Diese vertrauten Kategorien, die gefestigten Strukturen und die altbekannten Begriffe sind jedoch bei der Anwendung von Europarecht nicht nutzbar, denn das Europarecht schafft eigene Rechtsbereiche, eigene Strukturen und Kategorien. Das nationale Begriffsverständnis und nationale Interpretationstechniken dürfen nicht auf die Anwendung des europäischen Sekundärrechts übertragen werden, denn dieselben Begrifflichkeiten haben im europarechtlichen Kontext möglicherweise eine völlig andere Bedeutung.

Problematisch erscheint, dass hierüber zwar in der Theorie mittlerweile Einigkeit herrscht, in der Praxis jedoch häufig noch immer eine „Re-Nationalisierung durch die Hintertür“[9] zu beobachten ist: Es herrscht in allen Mitgliedsstaaten ein weit verbreitetes, in vielen Fällen nicht aktiv reflektiertes „Ankerdenken“, das den Rechtsanwender – bewusst oder unbewusst – immer wieder auf Erlerntes im vertrauten, nationalen Gefüge zurückgreifen lässt: So werden europäische Normen vor dem Hintergrund der heimischen Rechtsordnung interpretiert

[6] Siehe Kapitel 1 A. I. 1. a), S. 10.
[7] Siehe Kapitel 1 A. I. 1. b), S. 11.
[8] Zur Bedeutung dieser Rechtskultur im Rechtsdenken *Dauner-Lieb/Rusche/Umansky*, in: GS Hübner, 2012, 629; *de Witte*, in: Heringa/Akkermans (Hrsg.), Educating European Lawyers, 2011, 19, 23 ff.
[9] *Hatje/Mankowski*, EuR 2014, 155, 160.

oder europäische Begriffe mit national etabliertem Bedeutungsgehalt aufgeladen.[10] Anwendungsdivergenzen sind zwar zu einem gewissen Grad eine natürliche Folge der fragmentarischen Rechtssetzung auf europäischer Ebene, dies soll jedoch idealerweise die von der EU angestrebte Einheitlichkeit des Rechts und Gleichwertigkeit der Lebensverhältnisse nicht untergraben.

b) Sicherung einer harmonisierten Rechtsanwendung auf europäischer Ebene unzureichend

Das stärkste Harmonisierungsinstrument der Europäischen Union, das zu weitgehende Abschweifungen vom harmonisierten, rechtlichen Standard einfangen kann, ist das Vorabentscheidungsverfahren (Art. 276 AEUV) vor dem EuGH: Dem Gerichtshof kommt mit der Letztauslegungskompetenz gleichzeitig auch ein Auslegungsmonopol für das gesamte europäische Recht zu. Daneben gibt es zunehmende Bestrebungen, auch die Rechtsanwendung durch die Exekutive zu harmonisieren: Nicht nur das materielle Recht, sondern auch das Verwaltungsorganisationsrecht wird harmonisiert und der Aufsicht durch eine oberste europäische Behörde unterstellt. Diese wirkt auf eine einheitliche Rechtsanwendung hin, indem sie Auslegungsleitlinien erlässt und durch die Förderung mitgliedsstaatlich übergreifender Kommunikation die Konvergenz behördlicher Entscheidungen anstrebt (etwa EIOPA[11] im Finanzdienstleistungsbereich und der EDSA[12] im Datenschutzrecht). Diese exekutive Rechtsharmonisierung trägt zwar zur Einheitlichkeit bei, sie unterliegt jedoch ebenso der Kontrolle durch den EuGH.

Aber auch diese zentralisierte Auslegungskompetenz, die die einheitliche Anwendung des Unionsrechts gewährleisten soll, kann eine Vereinheitlichung in der Praxis nur unzureichend herstellen: Der EuGH etwa kann nur in den Fällen aktiv werden, in denen mitgliedsstaatliche Gerichte Auslegungsfragen tatsächlich vorlegen. Der Gerichtshof ist gerade kein klassisches letztinstanzliches Gericht, das die Rechtsanwendung insgesamt kontrolliert, vielmehr ist er im Rahmen der Vorlageverfahren lediglich zuständig für die spezifische, auf den Einzelfall bezogene Auslegung der jeweils streitentscheidenden, europäischen Norm. Die Urteile enthalten daher regelmäßig keine umfassende Auslegung der Norm, sondern vielmehr einzelfallspezifische Deutungen, die häufig nur eingeschränkt auf andere Fälle übertragbar sind. Zudem werden nicht alle

[10] Siehe zu diesen Problemen etwa *Kramer*, GPR 2015, 262; *Hatje/Mankowski*, EuR 2014, 155, 161 f., die von „lex forism" sprechen; *Dauner-Lieb/Rusche/Umansky*, in: GS Hübner, 2012, 629, 636 ff.; *Rott*, European Review of Private Law 2012, 1353; die Gefahr auseinanderdriftender Rechtsanwendung (= Rechtsprechung) für das Einheitsrecht betonte schon *Taupitz*, Europäische Privatrechtsvereinheitlichung heute und morgen, 1993, 42.

[11] European Insurance and Occupational Pensions Authority.

[12] Europäischer Datenschutzausschuss, zu englisch European Data Protection Board (EDPB).

Fälle, in denen die Auslegung einer europäischen Norm infrage steht, vor dem EuGH oder überhaupt vor Gericht verhandelt. Ein Gerichtsprozess ist zeit- und kostenintensiv. Gerade in Bereichen, in denen nur kleine Beträge auf dem Spiel stehen und/oder Privatpersonen betroffen sind, wird das eigene Recht nur selten überhaupt gerichtlich verfolgt. Herrscht in einem Rechtsgebiet Rechtsunsicherheit, wirkt das verstärkend auf die Zurückhaltung, da sich das Prozessrisiko erhöht. In vielen regulierten Rechtsgebieten ist dem gerichtlichen Prozess zudem ein behördliches Verfahren vorgeschaltet: Angesichts empfindlicher behördlicher Sanktionen in vielen europäisch geprägten Rechtsgebieten (etwa hohe Bußgelder im Datenschutzrecht oder der Entziehung der Geschäftserlaubnis im Versicherungsrecht) verbunden mit einem ggf. drohenden Imageverlust in der Öffentlichkeit durch Publikwerden der Rechtsverstöße, ist jedoch zu erwarten, dass die Mehrheit der Normadressaten sich der aufsichtlichen Interpretation fügt. Denn um diese vor Gericht überprüfen zu lassen, müssten entsprechende Maßnahmen zunächst erlassen werden. Ein gerichtliches Verfahren ist aber eine erste, notwendige Voraussetzung dafür, Normen im Wege des Vorabentscheidungsverfahrens dem EuGH vorlegen zu können, um letztlich Rechtssicherheit zu schaffen.

Kommt es dennoch zum Prozess vor mitgliedsstaatlichen Gerichten, sei er zivilrechtlicher oder verwaltungsrechtlicher Natur, hängt es maßgeblich von der Bereitschaft des nationalen Gerichts ab, ob eine europäische Auslegungsfrage tatsächlich dem EuGH vorgelegt wird. Vielfach wird – in allen Mitgliedsstaaten gleichermaßen – die Vorlagenotwendigkeit schlichtweg verkannt[13] oder von einer Vorlage absichtlich abgesehen, weil etwa die Verfahrensdauer gescheut oder ein unerwünschtes Auslegungsergebnis durch den EuGH befürchtet wird.[14] Hinzu kommt gerade in Deutschland der faktische Erledigungsdruck, der ebenso geeignet ist, sich negativ auf die Vorlagebereitschaft der Richter auszuwirken: Denn ein vorgelegter Rechtsstreit ist noch kein erledigter Rechtsstreit und erscheint nicht in der persönlichen Statistik. Vielmehr kommt dieser nach einer etwaigen EuGH-Entscheidung – meist nach längerer Zeit – wieder zurück und muss dann entschieden (und dafür noch einmal inhaltlich durchdrungen) werden. Darüber hinaus macht bereits die Formulierung einer Vorlagefrage zusätzliche Arbeit. Diese negativen Anreize tragen jedenfalls nicht dazu bei, die Vorabentscheidungsverfahren zahlenmäßig zu fördern. Eher darf davon ausgegangen werden, dass hier im Zweifel die Nichtvorlage vorgezogen wird.

---

[13] Etwa aufgrund einer vorschnellen Einordnung als „acte clair“, die jedoch alternative Auslegungsergebnisse in anderen Mitgliedsstaaten außen vor lässt, *Classen*, in: Schulze/Janssen/Kadelbach (Hrsg.), Europarecht, 2020, § 4, Rn. 76; *Broberg/Fenger*, Das Vorabentscheidungsverfahren vor dem Gerichtshof der Europäischen Union, 2014, 213 f.; *Schröder*, EuR 2011, 808, 809.

[14] Zu den Gründen *Kühling/Drechsler*, NJW 2017, 2950, 2953 f.

Zwar ist in Fällen, in denen eine Vorlage pflichtwidrig unterbleibt, der Weg zum BVerfG frei (Art. 93 Abs. 1 Nr. 4a, Art. 101 Abs. 1 S. 2 GG),[15] aber man darf bezweifeln, ob dieser Rechtsbehelf in allen diesen Fällen tatsächlich angestrengt wird. Es gelangen daher bei Weitem nicht alle Auslegungsfragen überhaupt vor Gericht und nur ein Bruchteil davon zum EuGH.

Es zeigt sich also, dass die einheitliche Rechtssetzung verbunden mit der Letztauslegungskompetenz des EuGH nicht flächendeckend die erwünschten einheitlichen Ergebnisse garantieren kann. Die größte Gefahr für die Einheitlichkeit des europäischen Rechts stellt damit noch immer eine divergierende mitgliedsstaatliche Rechtsanwendung dar. Da die Maßnahmen zur Harmonisierung der mitgliedsstaatlichen Rechtsanwendung nur unzureichend funktionieren, besteht die Gefahr, dass sich diese parallelen Rechtsprechungslinien verfestigen und das Einheitsrecht in der Praxis in viele einzelne mitgliedsstaatliche Deutungsvarianten zerfällt.

2. Die mitgliedsstaatliche Perspektive

Aus mitgliedsstaatlicher Perspektive wiederum fehlt es häufig an klaren Vorgaben dazu, wie EU-Recht auszulegen ist. Dies führt zu erheblichen Rechtsunsicherheiten.[16] Darüber hinaus gerät das mitgliedsstaatliche Recht angesichts der zunehmenden europäischen Vereinheitlichung auch dort unter Anpassungsdruck, wo es vom europäischen Recht nicht unmittelbar überlagert wird: Die zielbezogene, fragmentarische Rechtssetzung der EU kann dazu führen, dass systematisch verwandte Regelungsbereiche eine überzeugende teleologische Abstimmung verlieren.[17]

a) Anwendungs- und Rechtsunsicherheiten durch europäisches Sekundärrecht

Aus mitgliedsstaatlicher Sicht überlagert europäisches Einheitsrecht zunächst regelmäßig das eigene, nationale, etablierte Recht und damit auch ggf. über Jahre gewachsene Rechtsprechungslinie. Das neue Recht birgt mit seinen neuen Regelungen erhebliche Unklarheiten und bietet jedenfalls zu Beginn nicht die Möglichkeit, zur Orientierung auf gerichtliche Entscheidungen zurückzugreifen. So ist z. B. das Begriffsverständnis auf europäischer Ebene noch nicht annähernd so differenziert und zusammenhängend ausgeprägt, wie es der nationale Rechtsanwender vom eigenen Recht gewöhnt ist. Auch weichen die Bedeutungen ein und desselben Begriffs zwischen dem europäischen und dem mitgliedsstaatlichen Recht teils erheblich voneinander ab. Die autonome Auslegung des europäischen Rechts verbietet es zudem, das nationale Recht zur Sinnermittlung europäischer Vorschriften hinzuzuziehen.

---

[15] Siehe dazu *Schröder*, EuR 2011, 808.

[16] Siehe Kapitel 1 A. I. 2. a), S. 13.

[17] *Grigoleit*, AcP 2010, 354, 386; siehe dazu auch Kapitel 1 A. I. 2. b), S. 14.

Gleichzeitig bedarf das europäische Recht aufgrund seines nur fragmentarischen Regelungsanspruchs regelmäßig einer Unterstützung im Sinne einer inhaltlichen Unterfütterung durch mitgliedsstaatliches Recht. Nationale Normen dienen der Durchführung und, wo nötig, der inhaltlichen Ergänzung europäischer Regelungen.

Es stellen sich daher in jedem einzelnen Anwendungsfall Fragen dazu, inwieweit europäische Normen das nationale Recht überlagern, wo ein Rückgriff und auf welche Normen möglich oder sogar gewollt ist. Daraus folgt eine tiefe Verunsicherung des Rechtsanwenders, wie das nun geltende Recht, bestehend aus sowohl nationalen wie europäischen Vorschriften, im Einzelnen miteinander zu koordinieren und anzuwenden ist. Teilweise kann die Anwendbarkeit ganzer mitgliedsstaatlicher Normenkomplexe zur Debatte stehen.[18] Diese Unklarheiten sorgen darüber hinaus auch bei den Rechtsadressaten für Verwirrung. *Taupitz* sprach gar von der „europäischen Rechtsvereinheitlichung als Ursache nationaler Rechtsunsicherheit".[19]

Hinzu kommt, dass europäisches Recht regelmäßig stark zielbezogen ist. Aus diesem Grund sind Sekundärrechtsakte aus Sicht des Mitgliedsstaats darüber hinaus häufig nicht klar dem öffentlich-rechtlichen oder dem zivilrechtlichen Bereich zuzuordnen, sondern adressieren querschnittsartig ein bestimmtes Problem. Da so auf mitgliedsstaatlicher Seite häufig zahlreiche Rechtsgebiete betroffen sind, wird die Prüfung des „Ob" und des „Wie" einer parallelen Anwendbarkeit zusätzlich erschwert: Die sekundärrechtlichen Einzelmaßnahmen der Europäischen Union fügen sich nämlich nicht ohne Weiteres in das nationale Umfeld ein und die gegenseitige Abgrenzung der Anwendungsbereiche ist häufig unklar.[20]

b) Rezeption in der Literatur als „Systeminkohärenzen" und „Systembrüche"

Die Probleme, die sich im Rahmen der Rechtsordnungsverschränkung gerade in der Anwendung stellen, haben auch die mitgliedsstaatliche Literatur bereits beschäftigt: Das europäische Sekundärrecht zwingt das mitgliedsstaatliche Recht je nach Harmonisierungsgrad zu punktuellen oder flächendeckenden Anpassungen. Europäische Rechtsakte reichen teils weit in das nationale Recht hinein und überlagern es. So können auch Rechtsakte, die nach deutschem Kategorienverständnis nur einen Teilbereich einer rechtlichen Materie regeln, immense Ausstrahlungswirkung auf andere Bereiche entfalten, wenn sie Ausdruck einer Grundwertung sind, die sich im deutschen Recht so nicht oder anders ausgestaltet wiederfindet. Punktuell konzipierte europäische Bestimmungen

---

[18] So z. B. bei den TMG-Vorschriften, deren Anwendbarkeit neben der DSGVO mehr als fraglich ist, siehe dazu *Jandt*, ZD 2018, 405; *Keppeler*, MMR 2015, 779.

[19] *Taupitz*, Europäische Privatrechtsvereinheitlichung heute und morgen, 1993, 42.

[20] Vorausschauend bereits *Grundmann*, RabelsZ 75 (2011), 882, 928 f.

können sich auf nationale Regelungsbereiche auswirken, die vom europäischen Rechtsetzer überhaupt nicht in den Blick genommen wurden.[21] Es ist aufgrund der Vielzahl an europäischen Spezialregelungen auch nicht ausgeschlossen, dass es quasi durch eine induktive Überformung zu einer schrittweisen Anpassung der allgemeinen Regel an die europäischen besonderen Vorschriften kommen kann.[22] Das nationale Recht steht folglich unter enormem Anpassungsdruck.[23]

Da viele Anpassungsnotwendigkeiten und Normenkollisionen entweder im Vorhinein gar nicht als solche erkannt werden[24] oder der Gesetzgeber eine Neuregelung schlichtweg scheut, kann die europäische Rechtsharmonisierung im mitgliedsstaatlichen Recht Wertungswidersprüche zur Folge haben. Dadurch, dass altbewährte dogmatische Figuren und Rechtsprechungslinien dem europäischen Recht weichen müssen, fallen zudem Orientierungspunkte der Rechtsanwendung weg. Der Umsetzungs- und Vorranganspruch des europäischen Sekundärrechts hat so auf nationaler Ebene zu einer Diskussion über „Friktionen mit gewachsenen mitgliedsstaatlichen Strukturen“[25] geführt. Man befürchtet eine Aushöhlung der sorgfältig entwickelten Dogmatik sowie der inneren Zusammenhänge der jeweiligen mitgliedsstaatlichen Rechtsbereiche. Das System des mitgliedsstaatlichen Rechts ist dabei ein zentraler, immer wiederkehrender Begriff in diesen Diskussionen – befürchtet werden „Systembrüche“[26], „Systemverwirrungen“ oder „-verwerfungen“[27],[28] die im nationalen Recht zu

[21] *Lippstreu*, Wege der Rechtsangleichung im Vertragsrecht, 2014, S. 17; *Müller-Graff*, GPR 2009, 106, 117f.

[22] Siehe exemplarisch für das Deliktsrechts *Zetzsche*, ZHR 2015, 490.

[23] *Ackermann*, ZEuP 2018, 741, 769.

[24] Siehe zur Einzelfallbezogenheit von Normenkollisionen Kapitel 2 A. II. 2. a), S. 82.

[25] *Riesenhuber*, in: FS Canaris, 2017, 181, 185, spricht von „Störungen und Irritationen für die Dogmatik des nationalen Rechts“; *Wernicke*, NJW 2017, 3038, 3040: „Gefährdung gewachsener, erfolgreicher Strukturen“; in diese Richtung auch *Ruffert*, in: Hoffmann-Riem/Schmidt-Aßmann/Voßkuhle (Hrsg.), Grundlagen des Verwaltungsrechts (Bd. 1), 2012, § 17, Rn. 172; *Herresthal*, Rechtsfortbildung im europarechtlichen Bezugsrahmen, 2006, 37f.; dabei ist Deutschland hier nicht allein: *Auby*, in: von Bogdandy/Huber (Hrsg.), Handbuch Ius Publicum Europaeum (Bd. 3), 2010, § 56, Rn. 71, 82, stellt eine „Krise der juristischen Konzepte“ auch für das französische Recht fest.

[26] *Ruffert*, in: von Bogdandy/Cassese/Huber (Hrsg.), Handbuch Ius Publicum Europaeum (Bd. 5), 2014, § 94, Rn. 52; *Träger*, ZEuP 2003, 525, 528; *Roth*, in: FS Drobnig, 1998, 135, 136; *Canaris*, Systemdenken und Systembegriff, 1983, 127.

[27] *Lobinger*, AcP 216 (2016), 28, 67: „systemverwirrende Einspeisungen“; *Grigoleit*, AcP 2010, 354, 378: „Systemverwerfungen“; *Basedow*, AcP 200 (2000), 445, 450ff.: „systematische Verwerfungen“.

[28] *Stürner*, AcP 214 (2014), 7, 22f.: „Sprengung der [deutschen] Feinsystematik“; *Höpfner/Rüthers*, AcP 209 (2009), 1, 29: „Wertungswidersprüche und Systemwidrigkeiten“; *Müller-Graff*, GPR 2009, 106: „Scheitern der konzeptionsgeleiteten Systematisierung bei der Integration von Unionsrecht“; *Herresthal*, Rechtsfortbildung im europarechtlichen Bezugsrahmen, 2006, 109ff.: „Inkongruenzen zum nationalen System“; *Riedl*, Vereinheitlichung des Privatrechts in Europa, 2004, S. 113, 123: „Systemwidersprüche“; *Steindorff*, EG-Vertrag und Privatrecht, 1996, 51: Zerreißen wichtiger „Systemzusammenhänge“; *von Danwitz*, Verwal-

„Wertungsinkohärenzen“[29] führen. Der Begriff des Systems bezeichnet zumeist synonym die gewachsenen dogmatischen Strukturen der eigenen, mitgliedsstaatlichen Rechtsordnung und ihre innere Stimmigkeit.[30]

Diese Bedenken wurden vor allem im Zivilrecht und verstärkt im Zuge des Paradigmenwechsels von der Mindest- hin zur Vollharmonisierung geäußert, da zum einen die Mindestharmonisierung noch deutlich mehr mitgliedsstaatliche Koordinierungsfreiheiten ließ und zum anderen europäisches Recht nun mehr und mehr auch Kernbereiche des Bürgerlichen Rechts in den Blick nimmt und so eine spezielle, hochabstrakte Dogmatik zu zerstören drohe.[31] Denn gerade das deutsche Zivilrecht, insbesondere das BGB, wird häufig als „im Wesentlichen geschlossenes System“ bezeichnet[32] und zum Gegensatz des als unvollständig und inkohärent wahrgenommenen europäischen Rechts stilisiert.[33] Der Eindruck der Einheit und Geschlossenheit des nationalen Rechts ist daher gerade im Zivilrecht besonders stark. Er entsteht durch die zentrale Zusammenfassung der Grundlagen des Bürgerlichen Rechts im BGB, das hohe Abstraktionsniveau und die dadurch vermittelte Zeitlosigkeit.

Aber nicht nur im Zivilrecht scheint das dogmatische System der deutschen Rechtsordnung den (deutschen) Rechtswissenschaftlern sehr am Herzen zu liegen: Auch in der öffentlich-rechtlich geprägten Diskussion stellt das System des deutschen öffentlichen Rechts, insbesondere das des allgemeinen Verwal-

---

tungsrechtliches System und Europäische Integration, 1996, 334: „systemveränderndes Einwirkungspotenzial“; *Taupitz*, Europäische Privatrechtsvereinheitlichung heute und morgen, 1993, 41 f., 69 f.: Störung der „Systemgerechtigkeit“.

[29] *Wais*, in: Behme/Fervers/Hofman/Maute/Röder/Sattler/Schmidt/Seibl (Hrsg.), Perspektiven einer europäischen Privatrechtswissenschaft, 2017, 9, 21: „Inkohärenzen zwischen Unionsrecht und nationaler Rechtsordnung“; *Lippstreu*, Wege der Rechtsangleichung im Vertragsrecht, 2014, S. 19 f.: Wahrung der „Kohärenz der nationalen Rechtsordnungen“; *Ruffert*, in: Hoffmann-Riem/Schmidt-Aßmann/Voßkuhle (Hrsg.), Grundlagen des Verwaltungsrechts (Bd. 1), 2012, § 17, Rn. 172: „Systemkohärenz“; *Grigoleit*, AcP 2010, 354, 386 f.: „Wertungswidersprüche“; *Gebauer*, in: Gsell/Herresthal (Hrsg.), Vollharmonisierung im Privatrecht, 2009, 163, 167: Irritation mitgliedsstaatlicher „Wertungskohärenz“; *Zimmermann*, Current Legal Problems 2005, 415, 458 ff.: europäische Umsetzungsnormen als „corpus alienum“ im System des BGB.

[30] Zum Begriff des Systems in der rechtswissenschaftlichen Diskussion siehe Kapitel 1 B. I., S. 24.

[31] Zur Kritik an der Vollharmonisierung *Tonner*, VuR 2014, 23; *Jansen*, ZEuP 2010, 69; *Gebauer*, in: Gsell/Herresthal (Hrsg.), Vollharmonisierung im Privatrecht, 2009, 163; *Gsell/Schellhase*, JZ 2009, 20; *Tonner/Tamm*, JZ 2009, 277; *Micklitz/Reich*, EuZW 2009, 279; ähnlich auch *Riedl*, Vereinheitlichung des Privatrechts in Europa, 2004, 123; die von einem „Angriff der nationalen Identität“ spricht.

[32] Statt vieler *Säcker*, in: MüKo BGB, 9. Aufl. 2021, Einl. BGB, Rn. 27, der Geschlossenheit i. S. e. inhaltlichen Vollständigkeit und Widerspruchsfreiheit meint; nicht explizit von Geschlossenheit, aber von – diese implizierende – „Erosion“ sprechend *Honsell*, ZIP 2008, 622.

[33] *Müller-Graff*, GPR 2009, 106, 110, 112; *Herresthal*, Rechtsfortbildung im europarechtlichen Bezugsrahmen, 2006, 109; *Wolfgang*, in: Grundmann (Hrsg.), Systembildung und Systemlücken in Kerngebieten des Europäischen Privatrechts, 2000, 427, 436.

tungsrechts, einen zentralen Punkt dar:[34] Ähnlich wie im Zivilrecht sieht die deutsche Rechtswissenschaft die herkömmliche Verwaltungsrechtsdogmatik sowie Grundprinzipien des allgemeinen Verwaltungsrechts unter Anpassungsdruck,[35] wenngleich die europäischen Einflüsse deutlich weniger als Problem wahrgenommen werden, als von zivilrechtlicher Seite.[36]

Die strukturellen und wertungsmäßigen Unterschiede zwischen den Rechtsordnungen können umso weniger durch eigene Gestaltung von mitgliedsstaatlicher Seite abgefangen werden können, je weniger Umsetzungs- und Koordinationsspielraum ein Rechtsakt den Mitgliedsstaaten lässt, d. h. je höher sein Harmonisierungsgrad ist. Verordnungen, die gar keine Umsetzungsmöglichkeit bieten, bergen daher ein besonders hohes Potenzial der Unvereinbarkeit mit den mitgliedsstaatlichen Wertungszusammenhängen.[37] Je mehr Freiheiten dem Mitgliedsstaat bleiben, je niedriger also das Harmonisierungsniveau des Rechtsakts ist, desto einfacher ist eine strukturelle Einpassung in die mitgliedsstaatliche Rechtsordnung und eine Berücksichtigung ihrer Besonderheiten, da dem Mitgliedsstaat ein weites Gestaltungsfeld bleibt. Je mehr auf diese Besonderheiten eingegangen werden kann, desto weniger Reibungen und Unsicherheiten entstehen in der Anwendung.

---

[34] *Ruffert*, in: von Bogdandy/Cassese/Huber (Hrsg.), Handbuch Ius Publicum Europaeum (Bd. 5), 2014, § 94, Rn. 52 f.; *Ruffert*, in: Hoffmann-Riem/Schmidt-Aßmann/Voßkuhle (Hrsg.), Grundlagen des Verwaltungsrechts (Bd. 1), 2012, § 17, Rn. 172; *Schmidt-Aßmann*, Das allgemeine Verwaltungsrecht als Ordnungsidee, 2. Aufl. 2006, Kap. 1 Rn. 64 f., vom „vertrauten Systemdenken"; *Sommermann*, DVBl 1996, 889, 896, befürchtet den Verlust „dogmatischer Geschlossenheit"; *von Danwitz*, Verwaltungsrechtliches System und Europäische Integration, 1996, 26 ff.: „Unentbehrlichkeit einer systematischen Ordnung" (27); umfassend zum Systemdenken im öffentlichen Recht *Hilbert*, Systemdenken in Verwaltungsrecht und Verwaltungsrechtswissenschaft, 2015; hingegen hält *Lepsius*, Die Verwaltung Beiheft 10 (2010), 179, 194 ff., den Systembegriff für das öffentliche Recht für unpassend.

[35] *Schmidt-Aßmann*, in: Hoffmann-Riem/Schmidt-Aßmann/Voßkuhle (Hrsg.), Grundlagen des Verwaltungsrechts (Bd. 2), 2012, § 27, Rn. 71 ff.; *Sommermann*, DVBl 1996, 889, 810.

[36] *Huber*, in: von Bogdandy/Cassese/Huber (Hrsg.), Handbuch Ius Publicum Europaeum (Bd. 5), 2014, § 73, Rn. 29; *Möllers*, in: Hoffmann-Riem/Schmidt-Aßmann/Voßkuhle (Hrsg.), Grundlagen des Verwaltungsrechts (Bd. 1), 2012, § 3, Rn. 29: „Die These, das deutsche Verwaltungsrecht und seine überlegene Dogmatik müssten gegenüber den fremden Einflüssen des Unionsrechts abgeschirmt werden, ist unhaltbar."; *Ruffert*, in: Hoffmann-Riem/Schmidt-Aßmann/Voßkuhle (Hrsg.), Grundlagen des Verwaltungsrechts (Bd. 1), 2012, § 17, Rn. 171 f., betont das Innovationspotential, das von solchen Systemreibungen ausgehen kann; *Schmidt-Aßmann*, Das allgemeine Verwaltungsrecht als Ordnungsidee, 2. Aufl. 2006, Kap. 1, Rn. 1 ff., 66, sieht die (verwaltungsrechtliche) Systembildung in einem notwendigen europäischen Entwicklungszusammenhang; ähnlich auch *Hoffmann-Riem*, in: Schmidt-Aßmann/Hoffmann-Riem (Hrsg.), Strukturen des Verwaltungsrechts, 1999, 317; skeptischer hingegen *von Danwitz*, Verwaltungsrechtliches System und Europäische Integration, 1996, 513 ff.

[37] Dazu Kapitel 1 C., S. 55.

3. Folge: Gegensätzliche Anforderungen an den Rechtsanwender

Beide Seiten sehen unterschiedliche Probleme der Rechtsordnungsverschränkung. Die EU fußt zwar auf dem Grundkonzept einer nur fragmentarischen Rechtssetzung, die auf den Rückgriff auf nationales Recht und damit die Rechtsordnungsverschränkung angewiesen ist. Gleichzeitig sieht sie eine übermäßige Orientierung an nationalem Recht auch als Gefahr für das europäische Ziel der Rechtsangleichung und -vereinheitlichung und damit die Schaffung gleichwertiger Lebensverhältnisse durch europaweit einheitliches Recht an. Von mitgliedsstaatlicher Seite richtet sich der Blick hingegen auf die durch europäisch einheitliches Recht entstehenden Rechtsunsicherheiten sowie die zunehmende Erosion einer als vollständig und in sich stimmig empfundenen nationalen Rechtsordnung durch miteinander inhaltlich kaum verbundene europäische Einzelrechtsakte. Der Mitgliedsstaat fremdelt umso mehr mit dem EU-Recht, je stärker dieses rechtsvereinheitlichend wirkt. Europäische und mitgliedsstaatliche Interessen sind hiernach gegensätzlich und betonen daher jeweils unterschiedliche Aspekte der Rechtsordnungsverschränkung stärker.

Mit diesen widerstreitenden Grundströmungen sieht sich der Rechtsanwender konfrontiert. Ihm kommt die Aufgabe zu, mit seinem Anwendungsergebnis beiden Ansätzen gerecht zu werden und im Einzelfall die Abstimmung zwischen den Normenkomplexen vorzunehmen. Es bedarf daher eines Vorgehens, das die augenscheinlich sich diametral entgegenstehenden Perspektiven auf die Rechtsordnungsverschränkung in der Praxis miteinander versöhnt, unbegründete Sorgen aufdeckt und gleichzeitig berechtigte Probleme auf beiden Seiten berücksichtigt. Die Rechtsanwendung in diesem Spannungsfeld soll im Weiteren[38] in mehreren Teilschritten[39] untersucht werden.

II. Methodischer Ansatz der Arbeit und Ausblick auf die wesentlichen Forschungsfragen

1. Notwendigkeit und Nutzen eines methodischen Ansatzes

Soweit das Ziel verfolgt wird, das Zusammenspiel zwischen mitgliedsstaatlichem und europäischem Recht nicht nur zu beschreiben, sondern die hinter der Rechtsordnungsverschränkung stehenden Fragestellungen und die spezifischen Besonderheiten des Verordnungsrecht umfassend zu analysieren, ist ein methodischer Ansatz unumgänglich. Die Annäherung an die oben beschriebenen Anwendungsunklarheiten sowie die mit der Rechtsordnungsverschränkung von beiden Seiten verknüpften Probleme muss möglichst einem nachprüfbaren, abstrakten Begründungsmuster, d. h. einer Methode folgen: Eine Methode

---

[38] Siehe Kapitel 1 A. II. 1., S. 18.

[39] Zum Überblick siehe Kapitel 1 A. II. 2., S. 20.

stellt ein Regelwerk für die juristische Lösung von Konflikten dar, indem sie den Erkenntnisprozess der Rechtsgewinnung transparent macht.[40] Als Begründungs- und Argumentationslehre[41] erhöht sie zudem die Nachvollziehbarkeit und damit auch die Akzeptanz der Entscheidung, denn durch sie wird die Gesetzesanwendung rational(er) und kontrollierbar(er).[42]

Mit Blick auf die bislang weitgehend ungeklärten methodischen Grundlagen zum Umgang mit dem Zusammenspiel zwischen nationalen Normen und europäischem Verordnungsrecht ist ein einheitliches Vorgehen aus mehreren Gründen angezeigt: Es fördert zunächst unmittelbar die Rechtssicherheit, indem Entscheidungen vorhersehbarer werden. Da das Europarecht nach einer möglichst einheitlichen Anwendung seiner Rechtsnormen verlangt und das Vorabentscheidungsverfahren diese Vereinheitlichung für die Grundlagen der Verschränkung mit mitgliedsstaatlichem Recht aufgrund der Einzelfallausrichtung des Verfahrens nicht hinreichend leisten kann,[43] bedarf es für die Normanwendung im Anwendungsbereich von Europarecht einheitlicher Anwendungsregeln, die Entscheidungen sowohl im nationalen als auch im europäischen Kontext überzeugend und nachvollziehbar machen. Denn die Rechts*anwendung* im konkreten Fall obliegt den (mehrheitlich) mitgliedsstaatlichen Behörden und Gerichten. Der mitgliedsstaatliche Rechtsanwender ist damit für die Koordination des Zusammenspiels der Rechtsschichten primär verantwortlich. Dies gilt insbesondere bei der Verordnung, der keine Einpassung ins mitgliedsstaatliche Recht vorausgeht, wie bei der Richtlinie.[44]

Eine einheitliche Herangehensweise an die Fragen der Rechtsordnungsverschränkung im nationalen Kontext wird zwar nicht die Vorlage an den EuGH (Art. 267 AEUV) obsolet machen, da in vielen Fällen allein der EuGH die Auslegung verbindlich festlegen kann. Sie kann das Vorlageverfahren aber enorm beeinflussen, denn Ausgangspunkt des Vorabentscheidungsverfahren ist immer die in einen materiell-rechtlichen Gesamtkontext eingebundene fachgerichtlich formulierte Vorlagefrage:[45] Legt das vorlegende Gericht seine Rechtsauffassung im Rahmen der Vorlagebegründung nach Art. 94 EuGHVerfO methodisch

---

40 *Martens*, Methodenlehre des Unionsrechts, 2013, 17 ff.

41 *Möllers*, Juristische Methodenlehre, 4. Aufl. 2021, § 1, Rn. 7 ff.; *Möllers*, in: Hoffmann-Riem/Schmidt-Aßmann/Voßkuhle (Hrsg.), Grundlagen des Verwaltungsrechts (Bd. 1), 2012, § 3, Rn. 21 f.; anders hingegen *Martens*, Methodenlehre des Unionsrechts, 2013, 48 f., der zwischen rechtsfindungs- und begründungsorientierter Methodenlehre unterscheidet; zu den verschiedenen Methodenbegriffen ebd., 5.

42 *Möllers*, Juristische Methodenlehre, 4. Aufl. 2021, § 1, Rn. 33 ff., 63 ff.; *Martens*, Methodenlehre des Unionsrechts, 2013, 72 ff.; *Hassold*, in: FS Larenz, 1983, 211, 212; speziell zur Kontrollfunktion *Herresthal*, Rechtsfortbildung im europarechtlichen Bezugsrahmen, 2006, 54 ff.

43 Siehe Kapitel 1 A. I. 1. b), S. 11.

44 Siehe dazu ausführlich Kapitel 1 B. III., S. 47 ff.

45 Zur großen Verantwortung der mitgliedsstaatlichen (Zivil)Gerichte *Gsell*, AcP 214 (2014), 99, 130 ff.; zur Bedeutung der Formulierung einer „geschickten Vorlagefrage“ *Heider-*

stringent, d. h. gut begründet, dar, steigt die Überzeugungskraft dieser Ansicht erheblich. In diesen Fällen steigt die Wahrscheinlichkeit, dass der EuGH einzelne Aspekte der Begründung aufgreift oder ihr insgesamt folgt. Auf der anderen Seite wird sich der Gerichtshof bei überzeugend dargelegten Ansichten eher berufen fühlen, einen abweichenden Standpunkt ausführlicher zu begründen. Durch eine sorgfältige Formulierung der Vorlagefrage sowie das Vorbringen und die Begründung eines eigenen Lösungsvorschlags legt das vorlegende Gericht die Grundlage für die Diskussion um die betreffende Rechtsfrage und prägt sie somit bereits im Vorfeld.[46] Anhand der Vorlage an den EuGH kann das mitgliedsstaatliche Gericht folglich mittelbar Einfluss auf die europäische Rechtsprechung und Interpretation nehmen – zumal der EuGH regelmäßig die Bedeutung des Dialogs zwischen den Gerichten der unterschiedlichen Ebenen betont.[47] Eine Methode, die die Rechtsordnungsverschränkung in den Blick nimmt, ist damit auch immer unmittelbar verbunden mit einer Methode des Vorlageersuchens.[48]

2. *Skizzierung der wesentlichen Forschungsfragen*

Für ein methodisches, d. h. ein planmäßiges Vorgehen müssen zunächst die oben[49] identifizierten Probleme beider Seiten untersucht werden, um sie methodisch verorten und – in einem zweiten Schritt – lösen zu können. Um der Gedankenführung, die der Arbeit zugrunde liegt, folgen zu können, ist es hilfreich, nicht nur den Gang der Darstellung,[50] sondern auch die wesentlichen in diesem Rahmen bearbeiteten Forschungsfragen und Ergebnisansätze vorwegzunehmen. Dies erleichtert die Nachvollziehbarkeit des Untersuchungsaufbaus erheblich.

Ausgehend von der oben bereits dargestellten Problemlage ist zunächst eine klare Identifikation der hinter den oberflächlich ersichtlichen Problemen stehenden methodischen Grundlagen notwendig: Die oben bereits genannten Begriffe der Systeminkohärenzen/Systemverwirrungen etc.[51] sind wenig konkret und basieren häufig auf schlichten Behauptungen und weniger auf detaillierten Untersuchungen. Es wird sich zeigen, dass diese Bezeichnungen darüber hinaus wenig treffend sind, der dogmatische Systembegriff jedoch eine differenziertere

hoff, Europäisches Privatrecht, 5. Aufl. 2020, Rn. 152; in diesem Sinne auch (aus öffentlich-rechtlicher Sicht) *Kühling/Drechsler*, NJW 2017, 2950, 2953 ff.

46 So auch *Kühling/Drechsler*, NJW 2017, 2950, 2954 f.

47 EuGH, Urt. v. 4.5.2016 – Rs. C-547/14 (Philip Morris Brands u. a.), ECLI:EU:C:2016:325, Rn. 47; *von Danwitz*, in: Hatje/Müller-Graff (Hrsg.), Enzyklopädie Europarecht (Bd. 2), 2022, § 19, Rn. 23 f., 29 f.

48 Eine solche fordert etwa *Gsell*, AcP 214 (2014), 99, 133.

49 Siehe dazu Kapitel 1 A. I., S. 9.

50 Siehe Einleitung B., S. 4.

51 Siehe Kapitel 1 A. I. 2. b), S. 14.

Betrachtung der Problemlage ermöglicht[52] und sich auch auf das Verordnungsrecht anwenden lässt[53].

Die Normen einer europäischen Verordnung sollen vorliegend nicht singulär betrachtet werden, sondern immer als Teil eines Rechtsgebiets, das ebenso aus den mitgliedsstaatlichen Normen besteht, auf die das Verordnungsrecht notwendigerweise zurückgreift. Dieses sich über zwei Rechtsordnungen erstreckende Rechtsgebiet ist als ein zusammenhängendes Ganzes (ein System) zu betrachten. Es bedarf daher einer rechtsordnungsübergreifenden Systematisierung durch den Rechtsanwender, um ein stimmiges Ineinandergreifen der unterschiedlichen Normenkomplexe zu ermöglichen und etwaige Widersprüche zu tilgen.[54]

Eine solche Grundbetrachtung ins Zentrum methodischer Überlegungen zu stellen, führt über zu der Annahme, dass eine strikte Trennung zwischen europäischer und mitgliedsstaatlicher Methodik, wie sie bislang vorherrscht, kaum möglich, jedenfalls aber nicht zielführend ist. Eine rein europäische Methodik ist in den meisten europäisch geprägten Sachverhalten Utopie, da europäisches Recht in den weit überwiegenden Fällen in das mitgliedsstaatliche Recht eingebettet ist.[55] Auch der durch nationales Recht und entsprechende Methodenlehre geprägte Hintergrund des mitgliedsstaatlichen Richters, der als europäischer Rechtsanwender auftritt, lässt sich nicht wegdiskutieren. Es bietet sich daher vielmehr an, die europäische Methodenlehre in das nationale Rechtsdenken zu integrieren und eine Darstellung europäischen Methodendenkens zu entwickeln, die die europäischen Vorgaben in die mitgliedsstaatliche Methodenlehre integriert und so den gedanklichen Ausgangspunkt des mitgliedsstaatlich geprägten Rechtsanwenders berücksichtigt.[56] Dieser methodische Grundansatz hat bislang soweit ersichtlich nicht die verdiente Beachtung erfahren, bietet jedoch die theoretische Grundlage für die Schaffung eines europäischen Arbeitskonsenses,[57] der letztlich im europaweiten Vergleich möglichst einheitliche Anwendungsergebnisse zeitigen soll.

Die spezifischen Besonderheiten des Verordnungsrechts und die daraus resultierenden Schwierigkeiten in der mitgliedsstaatlichen Rechtsanwendung und damit auch für die Systematisierung von rechtsordnungsübergreifenden Rechtsgebieten werden im Kapitel 1[58] sichtbar gemacht: Hier wird aufgezeigt, dass das europäische Verordnungsrecht aus mitgliedsstaatlicher Perspektive erhöhte Koordinationsanforderungen an den Rechtsanwender stellt und dass dies in der

---

[52] Siehe Kapitel 1 B., S. 23.

[53] Siehe Kapitel 1 B. II., S. 42.

[54] Siehe Kapitel 1 B. III., S. 47.

[55] Ausnahmen bilden freilich solche Sachverhalte, die ausschließlich im Primärrecht spielen.

[56] Siehe Kapitel 1 B. III. 4., S. 52.

[57] *Fleischer*, RabelsZ 75 (2011), 700, 710.

[58] Siehe Kapitel 1 C., S. 55.

Struktur der Verordnung selbst begründet liegt. Hierzu wird an die Begrifflichkeiten des *äußeren* und *inneren* Systems angeknüpft. Da die Verordnung nicht wie die Richtlinie durch Umsetzung in das innere wie auch äußere System des mitgliedsstaatlichen Rechts eingefügt wird, ist dieser Koordinationsschritt im Rahmen der Rechtsanwendung vorzunehmen.

Was dies im Einzelnen bedeutet, wird in Kapitel 2 aufgearbeitet: Hier soll basierend auf den in Kapitel 1 ermittelten Grundlagen ein Lösungsansatz entwickelt werden, der nicht nur rechtsgebietsspezifisch – nämlich auf das Datenschutzrecht –[59] anwendbar ist, sondern den Rechtsanwendungsprozess im rechtsordnungsübergreifenden Kontext allgemein in den Blick nimmt. Ausgehend von dem Punkt, an welchem die anwendbaren Verordnungsnormen bereits feststehen, sind konkret zwei Prüfungsschritte auszumachen: Es muss geprüft werden, welches Recht auf mitgliedsstaatlicher Seite daneben überhaupt in Betracht kommt und sodann, ob diese Normen mit dem europäischen Recht kollidieren. Vorliegend sollen die hinter den Kollisionen stehenden Prüfschritte des EuGH jedoch zuerst analysiert[60] und erst dann Überlegungen zur Normfindung auf mitgliedsstaatlicher Seite angestellt werden[61].

Ausgangspunkt und theoretische Grundlage der Ermittlung und Auflösung von Normenkollisionen zwischen europäischem (Verordnungs-) und mitgliedsstaatlichem Recht sind die zahlreichen bereits existierenden Untersuchungen zu dieser Thematik sowie die reiche europäische Einzelfallrechtsprechung. Das Vorgehen des EuGH im Rahmen direkter und indirekter Kollisionen wird dogmatisch aufgearbeitet und die einzelnen Prüfungsschritte sichtbar gemacht. Dabei zeigt sich, dass der EuGH jedenfalls methodisch – wenn auch nicht unbedingt begrifflich – stringent agiert und sich gerade die im Rahmen der Auflösung indirekter Normenkollisionen nötigen Gedankenschritte präziser darstellen lassen als durch einen pauschalen Verweis auf eine „Abwägung mit dem Effektivitätsgrundsatz", wie ihn die bislang herrschende Meinung bislang vornimmt.[62]

Noch vor der Kollisionsprüfung bedarf es der Bestimmung des neben der Verordnung potenziell anwendbaren mitgliedsstaatlichen Rechts. Da der gesetzgeberische Koordinationsschritt, der bei Richtlinien regelmäßig durch möglichst passende und sinnhafte Einbettung des Richtlinienrechts in das nationale Rechtssystem vorgenommen wird, bei Verordnungen naturgemäß wegfällt, stellt sich regelmäßig die Frage, welche mitgliedsstaatliche Norm neben dem europäischen Recht überhaupt auf den konkreten Sachverhalt anwendbar ist. Die Koordination zwischen den Verordnungsnormen auf der einen und dem mitgliedsstaatlichen Recht auf der anderen Seite obliegt hier dem Rechtsanwen-

[59] Dazu Kapitel 3, S. 209.
[60] Siehe Kapitel 2 A., S. 79.
[61] Siehe Kapitel 2 B., S. 182.
[62] Siehe Kapitel 2 A. IV. 2. b), S. 142.

der und ist von großer Bedeutung für die gesamte Rechtsanwendung.[63] Dabei ist eine vorschnelle Orientierung an dem eigenen nationalrechtlich geprägten dogmatischen Vorverständnis und begrifflichen Parallelen zwischen Verordnungsnormen und nationalem Recht regelmäßig hinderlich. Um dies zu vermeiden, kann die Orientierung an klaren Vorgaben einer Verknüpfungsprüfung helfen.[64] Die europäischen Inhalte müssen hierfür zunächst an ein funktionales Äquivalent im mitgliedsstaatlichen Recht „angeknüpft" werden. Davon ausgehend lassen sich die anwendbaren mitgliedsstaatlichen Normen bestimmen, die dann auf eine Anwendbarkeit im konkreten Fall hin (= auf Kollisionen) zu prüfen sind. Die methodischen Grundlagen der hier zu entwickelnden Verknüpfungsprüfung finden sich im internationalen Privatrecht und in der Rechtsvergleichung – beides Disziplinen, die die Koordination unterschiedlich strukturierter Normenkomplexe in den Blick nehmen.

B. Rechtsordnungsverschränkung als das Aufeinandertreffen unterschiedlicher Systeme

Oben wurde bereits dargelegt, dass Verordnungen ebenso wie Richtlinien aus Sicht des mitgliedsstaatlichen Rechts zu sogenannten Systemverwerfungen und Systemreibungen führen.[65] Diese Diskussion ist jedoch einseitig auf das System des mitgliedsstaatlichen Rechts gerichtet. In der Diskussion um befürchtete Systeminkohärenzen wird zumeist das Einwirken unsystematischer Rechtsnormen auf eine systematisch konzipierte Rechtsordnung beschrieben. Näher liegt jedoch für die Beschreibung der Rechtsordnungsverschränkung die Betrachtung als eine Kollision von *zwei Rechtssystemen*.[66] Im Weiteren soll hierfür zunächst der Begriff des Systems in die rechtswissenschaftliche Diskussion eingeordnet werden.[67] Es zeigt sich darüber hinaus, dass das Systemdenken auch im europäischen Recht anwendbar ist.[68] Anhand des dualen Systembegriffs (inneres/äußeres System) lassen sich die Anwendungsprobleme, die bei der Verschränkung von Verordnungsrecht und nationalem Recht auftreten, im Ergebnis treffend darstellen.[69] Eine gedankliche Auflösung dieser Problematik und ein praktischer Ansatz bestehen darin, den Systembegriff auf einzelne Rechtsgebiete anzuwenden und so die Grundanforderung innerer Folgerichtigkeit auch rechtsordnungsübergreifend fruchtbar zu machen: Dies führt zum Erfor-

---

63 Siehe Kapitel 2 B. I., S. 183.
64 Siehe Kapitel 2 B. II., S. 192.
65 Siehe Kapitel 1 A. I. 2. b), S. 14.
66 Siehe Kapitel 1 B. II. 2., S. 45 und Kapitel 1 B. II. 3., S. 46.
67 Siehe Kapitel 1 B. I., S. 24.
68 Siehe Kapitel 1 B. II., S. 42.
69 Siehe Kapitel 1 B. II. 3., S. 46.

dernis rechtsordnungsübergreifender Systembildung, vorzunehmen durch den mitgliedsstaatlichen Rechtsanwender.[70]

I. Der Begriff des Systems im Recht und Eignung für die Untersuchung

1. „System" – Vielschichtigkeit des Begriffs im rechtswissenschaftlichen Kontext

Der Begriff des Systems wird im rechtswissenschaftlichen Kontext in vielen unterschiedlichen Zusammenhängen gebraucht. Gemeint ist immer das *System des Rechts*. Der Begriff des Systems in anderen Lebenssachverhalten kann daher hier außen vorbleiben.[71] Es gibt jedoch bereits im rechtswissenschaftlichen Diskurs eine schier endlose Vielfalt von Systemdefinitionen. Der Begriff des (Rechts-)Systems wird auf unterschiedlichen Theorieebenen und daher mit unterschiedlich geprägten Grundannahmen genutzt.[72] Der Begriff wird also in diesem mehrdimensionalen Kontext auch jeweils anders rezipiert. Vorliegend sind die Rechtstheorie,[73] die Rechtsdogmatik[74] und die Rechtssoziologie[75] als unterschiedliche Ausgangsdisziplinen zu nennen.

a) Rechtstheoretischer Systembegriff

Die Rechtstheorie beschäftigt sich mit der abstrakten Untersuchung der Struktur, der Sprache und dem Aufbau einer Rechtsordnung (analytische Rechtstheorie)[76] bzw. der Frage nach dem Geltungsgrund und dem Wesen von Recht (normative Rechtstheorie).[77] Sie lässt sich als die „Herausarbeitung von Aussagen über das den Rechten aller Staaten und über das allen Sachgebieten Gemeinsame"[78] beschreiben und umfasst daher gerade nicht die konkrete Befassung mit einer bestimmten Rechtsordnung und ihren Normen.[79] Rechtstheoretische Systemuntersuchungen erfolgen vielmehr abstrakt. Das System wird hier als

---

70 Siehe Kapitel 1 B. III., S. 47.

71 Vgl. die Übersicht bei *Eckhoff/Sundby*, Rechtssysteme, 1988, 18 ff.

72 *Schroeder*, Das Gemeinschaftsrechtssystem, 2002, 46–50.

73 Siehe a), S. 24.

74 Siehe b), S. 25.

75 Siehe c), S. 26.

76 Dazu *Haft*, in: Kaufmann/Hassemer (Hrsg.), Einführung in die Rechtsphilosophie und Rechtstheorie der Gegenwart, 1994, 331, 333.

77 Zur unterschiedlichen Terminologie *Rüthers/Fischer/Birk*, Rechtstheorie und juristische Methodenlehre, 12. Aufl. 2022, § 1, Rn. 24 ff., die noch die empirische Rechtstheorie nennen, die aber hier unter der Rechtssoziologie behandelt werden soll; ebenso *Kaufmann*, in: Kaufmann/Hassemer (Hrsg.), Einführung in die Rechtsphilosophie und Rechtstheorie der Gegenwart, 1994, 30, 30.

78 *Nawiasky*, Allgemeine Rechtslehre als System der rechtlichen Grundbegriffe, 2. Aufl. 1948, 3; dazu auch *Bydlinski*, Juristische Methodenlehre und Rechtsbegriff, 2. Aufl. 1991, 83.

79 *Schroeder*, Das Gemeinschaftsrechtssystem, 2002, 70; *Nawiasky*, Allgemeine Rechtslehre als System der rechtlichen Grundbegriffe, 2. Aufl. 1948, 3.

ein Gebilde verstanden, anhand dessen der Geltungsgrund, das Wesen und die Funktion von Recht allgemein logisch begründbar gemacht werden kann. Es ist daher Mittel zum Zweck. Die Rechtstheorie widmet sich so den Grundlagen, die für spätere, rechtsdogmatische, d. h. anwendungsbezogene Untersuchungen vorausgesetzt werden.

b) Dogmatischer Systembegriff

Von der rechtstheoretischen, abstrakten Systemuntersuchung zu unterscheiden ist die Dogmatik, die in Abgrenzung zur ersteren als *konkrete* Systembeschreibung bezeichnet werden kann: Dogmatische Untersuchungen sind anwendungsorientierte Untersuchungen des geltenden Rechts.[80] Dabei ist die Systembeschreibung nicht mit einer rein deskriptiven Tätigkeit gleichzusetzen, die Grenzen zwischen deskriptivem und schöpferischem sind vielmehr auch in der Dogmatik fließend: Sie beinhaltet sowohl Systembildung als auch Systemnutzung.[81] Rechtsdogmatik kann daher auch übergreifend als Systemdenken bezeichnet werden.[82] In der rechtsdogmatischen Arbeit geht es um die logische Ordnung des positiven Rechts i. S. e. begrifflich-systematischen Durchdringung mit dem Ziel, die Struktur und innere (Un-)Stimmigkeit einer Ansammlung von Normen aufzuzeigen und im Ergebnis aus dieser Struktur Erkenntnisse für eine verbesserte Rechtsanwendung zu ziehen.[83] Systematik wird mit Ordnung und Überschaubarkeit über einen bestimmten Rechtsbereich gleichgesetzt. Die abstrakte Darstellung von konkreten Regeln und das Aufdecken übergeordneter Wertungen ist die klassische Systematisierungsleistung der Dogmatik.[84] Das

[80] *Riesenhuber*, in: FS Canaris, 2017, 181, 182; zur Verortung des Begriffs der „Dogmatik“ *Lobinger*, AcP 216 (2016), 28, 34 ff. sowie *Hassemer*, in: Kirchhof/Magen/Schneider (Hrsg.), Was weiß Dogmatik?, 2012, 3, 5 ff.

[81] *Eckhoff/Sundby*, Rechtssysteme, 1988, 47; ähnlich *Lobinger*, AcP 216 (2016), 28, 48; *Jansen*, in: Anderheiden/Gutman/Jakl/Kirste/Özmen/Quante/Saliger/Schmidt am Busch/Schulz (Hrsg.), Enzyklopädie zur Rechtsphilosophie (http://www.enzyklopaedie-rechtsphilosophie.net/inhaltsverzeichnis/19-beitraege/98-rechtsdogmatik-im-zivilrecht [zul. abgerufen am 10.2.2020), Rn. 2; *Bydlinski*, System und Prinzipien des Privatrechts, 1996, 8.

[82] Kirchhof/Magen/Schneider (Hrsg.), Was weiß Dogmatik? 2012, Vorwort; dazu auch *Kirchhof/Magen*, in: dies. (Hrsg.), Was weiß Dogmatik?, 2012, 151, 154 ff.; ähnlich *Möllers*, in: Hoffmann-Riem/Schmidt-Aßmann/Voßkuhle (Hrsg.), Grundlagen des Verwaltungsrechts (Bd. 1), 2012, § 3, Rn. 36; *Schroeder*, Das Gemeinschaftsrechtssystem, 2002, 48; einem „dogmatischen“ Systembegriff folgt auch *Wolff*, Studium Generale 5 (1952), 195, 205: „Rechtswissenschaft zumindest ist systematisch oder sie ist nicht!“.

[83] *Rüthers/Fischer/Birk*, Rechtstheorie und juristische Methodenlehre, 12. Aufl. 2022, § 7, Rn. 321 ff.; *Möllers*, Die Rolle des Rechts im Rahmen der europäischen Integration, 1999, § 11 Rn. 2 f.; ähnlich *Dölle*, RabelsZ 1970, 403, 404, 407: „die Bemühung um jur. Erkenntnis, gerichtet auf rational möglichst nachprüfbare Gewinnung einer Rechtsregel“; ausführlich zum Begriff der Dogmatik *Grigoleit*, in: FS Canaris, 2017, 241, 261 f.; *Bydlinski*, Juristische Methodenlehre und Rechtsbegriff, 2. Aufl. 1991, 8 ff.

[84] *Rüthers/Fischer/Birk*, Rechtstheorie und juristische Methodenlehre, 12. Aufl. 2022, § 7, Rn. 322: „Stabilisierungsfunktion“; *Stürner*, AcP 214 (2014), 7, 11; *von Danwitz*, Verwal-

System i. S. e. logisch nachvollziehbaren Struktur des zu betrachtenden Rechts, das Wertungsgleichläufe und -widersprüche aufdeckt, so zur Übersichtlichkeit für den Rechtsanwender beitragen und die Weiterentwicklung des Rechts erleichtern kann, steht damit im Zentrum dogmatischer Überlegungen.[85] Grundannahmen sind daher in der Regel auch die intendierte Folgerichtigkeit und Widerspruchslosigkeit des Rechtsstoffs.[86] Das System an sich, d. h. die Tatsache, dass das Recht nach einer gewissen inneren Logik und Struktur funktioniert oder funktionieren soll, wird nicht infrage gestellt.[87] Rechtstheorie hingegen entwickelt diese Prämisse erst.[88] Die Zielrichtung der beiden Disziplinen ist damit unterschiedlich: Dogmatik will vorhandenes, konkretes Recht ordnen (*systematisieren*) während sich Rechtstheorie nur abstrakt mit Rechtsnormen beschäftigt und dafür intensiver mit der Rechtsidee als solcher. Rechtstheoretische Grundannahmen spielen daher bei jeder dogmatischen Untersuchung eine Rolle, da Rechtsdogmatik auf der Grundlage von rechtstheoretischen Annahmen, etwa der Unterteilung von Prinzipien, Regeln und Normen,[89] konkreten, rechtsanwendungsbezogenen Fragen nachgeht.[90]

c) Rechtssoziologischer Systembegriff

(Rechts-)Soziologen wiederum beschäftigen sich mit Empirie, was sie von der Rechtsdogmatik als normativer Wissenschaft abgrenzt.[91] Systemtheoretiker, die einen rechtssoziologischen Standpunkt einnehmen, wollen das Recht in der Realität beobachten und es so als ein kompliziertes Konstrukt begreifbar machen, das aus unzähligen inneren Prozessen sowie Wechselwirkungen mit der Umwelt besteht. (Rechts-)Soziologie will die Wirklichkeit möglichst treffend beschreiben. Die abstrakten Modelle hierzu haben zwar ebenso wie die Dogmatik den Anspruch, den Rechtsstoff zu sichten und zu sammeln, nicht aber,

tungsrechtliches System und Europäische Integration, 1996, 35 f.; ähnlich *Bydlinski*, System und Prinzipien des Privatrechts, 1996, 50.

[85] In diesem Sinne auch *von Danwitz*, Verwaltungsrechtliches System und Europäische Integration, 1996, 25; zur Verwandtschaft der Begriffe „System" und „Dogmatik" *Möllers*, in: Hoffmann-Riem/Schmidt-Aßmann/Voßkuhle (Hrsg.), Grundlagen des Verwaltungsrechts (Bd. 1), 2012, § 3, 35 f.; siehe auch *Schmidt-Aßmann*, Das allgemeine Verwaltungsrecht als Ordnungsidee, 2. Aufl. 2006, 5, der Dogmatik als Systemnutzung und -bildung zugleich beschreibt.

[86] Siehe dazu Kapitel 1 B. I. 3. a), S. 28.

[87] *Kaufmann*, in: Hassemer/Neumann/Saliger (Hrsg.), Einführung in die Rechtsphilosophie und Rechtstheorie der Gegenwart, 2016, 1, 1; ähnlich *Lobinger*, AcP 216 (2016), 28, 37 ff.

[88] Zu der Abhängigkeit *Krawietz*, Recht als Regelsystem, 1984, 60 f., 72 f.

[89] Siehe Kapitel 1 B. I. 3. b), S. 30.

[90] Zu den Interdependenzen siehe *Schroeder*, Das Gemeinschaftsrechtssystem, 2002, 55, 60; *Bydlinski*, Juristische Methodenlehre und Rechtsbegriff, 2. Aufl. 1991, 9, 83 f.; *Krawietz*, Recht als Regelsystem, 1984, 50 f.; *Engisch*, Studium Generale 10 (1957), 173, 182 f.

[91] *Röhl*, Rechtssoziologie-online, Kap. 3, § 14 (Stand Februar 2020); zum unterschiedlichen Erkenntnisinteresse *Pawlowski*, Einführung in die juristische Methodenlehre, 2. Aufl. 2000, § 10, Rn. 344.

ihn analytisch (systematisch) zu durchdringen und zu ordnen. Hier offenbart sich der entscheidende Unterschied zwischen den beiden Ansätzen: Dogmatik sucht, ausgehend von der Norm, durch analytisches Vorgehen und Systematisierung einen Beitrag zur Rechtsfindung zu leisten und diese zu verbessern. Die Rechtssoziologie hingegen konzentriert sich auf das Tatsächliche. Sie zeigt auf, wie Rechtsfindung tatsächlich abläuft, unabhängig vom durch die Dogmatik statuierten Ideal. Auch wenn rechtssoziologische Überlegungen im Rahmen der Rechtsfindung damit ebenso eine Rolle spielen können, so ist eine systemtheoretische Systembeschreibung für eine Untersuchung, die im weitesten Sinne versucht, für den Rechtsanwender die leitenden Grundgedanken und Begriffe des europäischen mit denen des nationalen Rechts in Einklang zu bringen, nicht im gleichen Maße als Ausgangspunkt geeignet, wie etwa ein rechtswissenschaftlich-dogmatischer Ansatz.[92]

2. Dogmatisches Systemverständnis für anwendungsbezogene Betrachtung

Für eine anwendungsbezogene Betrachtung des geltenden Rechts, die auf die Herausstellung von Zusammenhängen gerichtet ist, ist der rechtsdogmatische Systembegriff der einzig sinnvolle. Denn die Methodik als Argumentations- und Legitimationslehre des geltenden Rechts hat denselben Bezugspunkt: Rechtsdogmatisches Systemdenken, das darauf abzielt, die Anwendung von Recht transparenter und nachvollziehbarer zu gestalten, ist nichts anderes als methodisches Vorgehen.[93]

Der dogmatische Systembegriff selbst ist vergleichsweise unstrittig, wenn auch für dieselben Dinge unzählige unterschiedliche Begrifflichkeiten verwandt werden. Anders verhält es sich mit der Vorfrage, was genau der Begriff des zu systematisierenden Rechts überhaupt einschließt,[94] also danach, welche Rechtsquellen Teil des Systems sind.[95] Hier soll kein eigener Rechtsbegriff entwickelt und daher auf eine intensive Darstellung unterschiedlicher Ansätze verzichtet werden. Für diese Arbeit soll vielmehr von einem dreigliedrigen Rechtsquellenbegriff ausgegangen werden, wie er den meisten dogmatischen Untersuchungen

[92] Eine Untauglichkeit der Systemtheorie für die Rechtspraxis sieht denn auch Luhmann selbst, *Luhmann*, Die soziologische Beobachtung des Rechts, 1986, 44; ebenso *Kaufmann/von der Pfordten*, in: Hassemer/Neumann/Saliger (Hrsg.), Einführung in die Rechtsphilosophie und Rechtstheorie der Gegenwart, 2016, 23, 126; *Höpfner*, Systemkonforme Auslegung, 2009, 7 ff.

[93] Zur Methodenpluralität innerhalb der Europäischen Union siehe Kapitel 1 B.III.4., S. 52, zur Anwendung des Systemdenkens auf das europäische Recht siehe Kapitel 1 B.II., S. 42.

[94] Statt aller *Lobinger*, AcP 216 (2016), 28, 53 ff.

[95] Die Ansätze reichen von strengen Rechtspositivisten zu Rechtspluralisten, siehe *Krawietz*, Recht als Regelsystem, 1984, 52 f.; umfassend zu verschiedenen Begriffsansätzen *Bydlinski*, Juristische Methodenlehre und Rechtsbegriff, 2. Aufl. 1991, 300 ff.

zugrunde liegt:[96] Primäre Rechtsquellen beinhalten das positiv gesetzte Recht sowie das Gewohnheitsrecht und allgemeine Rechtsgrundsätze mit umfassendem Geltungsanspruch. Sekundären Rechtsquellen (Richterrecht, Verwaltungsvorschriften und private Normsetzung) kommt eine geringere Verbindlichkeit zu, sie statuieren eine Befassungs- sowie nur subsidiäre Befolgungspflicht und haben Indizwirkung. Hinzu kommen auf einer dritten Ebene die sogenannten Rechtserkenntnisquellen (z. B. das juristische Schrifttum), die jedoch unverbindlich sind.

3. Elemente eines dogmatischen Systemdenkens: Prinzipien und innere Folgerichtigkeit des Rechtsstoffs

Dogmatisches Systemdenken zielt darauf ab, den vorhandenen Rechtsstoff in „möglichst anwendungsgeeigneter Weise" darzustellen.[97] Der Rechtsstoff soll geordnet werden, um Zusammenhänge aufzuzeigen, notwendig ist also eine innere Ordnung des zu systematisierenden Rechts. Das prägende Element dieses Systemverständnisses ist aus diesem Grund das Postulat innerer Widerspruchslosigkeit des Rechtsstoffs.[98] Systembildung i. S. e. Herausstellens von Folgerichtigkeit beinhaltet dabei immer auch die Erarbeitung von Grundwertungen und Leitgedanken des geltenden Rechts, d. h. von Prinzipien. Dieses „Prinzipiendenken"[99] ist ein unumgänglicher Teil des auf Folgerichtigkeit ausgerichteten dogmatischen Systemdenkens.

a) Folgerichtigkeit und innere Ordnung als Ziel und Grundannahme

Innere Ordnung und Folgerichtigkeit des Rechts beziehen sich auf die innere Widerspruchslosigkeit der Normzwecke. Die teleologische Folgerichtigkeit des Rechts ist gleichzeitig *Ziel* wie auch Grundannahme des Systemdenkens.[100] Denn einerseits soll durch die Systematisierung eine Ordnung in den Rechtsstoff gebracht werden, die rational nachprüfbar ist und innere Widersprüche vermeidet.[101] Diese Ordnung geht jedoch immer von der Prämisse aus, dass der Rechtsstoff sich auch ordnen lässt; d. h., dass die Folgerichtigkeit des Rechts vom Rechtssetzer intendiert ist.[102]

---

96 *Möllers*, Juristische Methodenlehre, 4. Aufl. 2021, § 2, Rn. 4 ff.

97 *Bydlinski*, System und Prinzipien des Privatrechts, 1996, 36.

98 Siehe a), S. 28.

99 Siehe b), S. 30.

100 *Engisch*, Einheit der Rechtsordnung, 1935, 69: Einheit im Sinne innerer Widerspruchslosigkeit als Axiom und Postulat.

101 *Röhl/Röhl*, Allgemeine Rechtslehre, 3. Aufl. 2008, 439; *Canaris*, Systemdenken und Systembegriff, 1983, 45; *Engisch*, Einheit der Rechtsordnung, 1935, 68.

102 *Höpfner*, Systemkonforme Auslegung, 2009, 10 f.; *Röhl/Röhl*, Allgemeine Rechtslehre, 3. Aufl. 2008, § 54, 443; *Riesenhuber*, System und Prinzipien des Europäischen Vertragsrechts, 2003, 6; *Schroeder*, Das Gemeinschaftsrechtssystem, 2002, 60; *Coing*, in: Simon

Dieses Folgerichtigkeitspostulat ist das „beherrschende Element der Methodik des Rechtsanwenders“,[103] denn es liefert erst die Daseinsberechtigung für das Systemdenken, d. h. das Ziel der Herstellung innerer Folgerichtigkeit in einem Normkomplex.

Man wird davon ausgehen können, dass grundsätzliche jede Rechtssetzung auf innere Widerspruchslosigkeit ausgerichtet ist: Während *Canaris* das Ziel innerer Folgerichtigkeit schon in der dem Ziel der Gerechtigkeit verpflichteten „Rechtsidee“ selbst und daher in jeder Form der Rechtssetzung verkörpert sieht,[104] wird das Konzept einer abstrakten Rechtsidee von anderen Autoren kritisiert.[105] Eine eventuelle Herleitung der inneren Widerspruchslosigkeit des Rechts aus einer wie auch immer gearteten Rechtsidee, aus der alles positive Recht folgt, kann aber jedenfalls solange dahinstehen, wie sich das Postulat innerer Widerspruchslosigkeit bereits aus dem positiven Recht selbst ergibt oder als erklärter Wille des Rechtssetzers erkennbar ist.[106] Denn Systembildung ist jedenfalls ohne irgendeinen Grundanspruch von innerer Kohärenz an das Recht nicht möglich. Letztlich muss man sogar davon ausgehen, dass eine gewisse Grundwiderspruchslosigkeit eine tatsächliche Voraussetzung für die Geltung und Anwendbarkeit von Rechtsregeln ist:[107] Widersprüchliches Recht ist ineffizient, stellt den Rechtsanwender vor Probleme, die nur durch die Missachtung einer Rechtsregel zu lösen sind und erfährt so unter den Rechtsadressaten, also in der Bevölkerung, eine deutlich niedrigere Akzeptanz. Es ist daher davon auszugehen, dass kein Rechtssetzer bewusst widersprüchliche Anordnungen trifft, sondern dass das positive Recht mit dem Anspruch erlassen wird, in sich, d. h. in seinen Normzwecken, folgerichtig zu sein.[108] Der Anspruch der Widerspruchslosigkeit liegt damit mutmaßlich jeder modernen Rechtsordnung zugrunde,[109] wenngleich die Umsetzung dieses Anspruchs in der Praxis mal mehr, mal weniger gelingt.

(Hrsg.), Helmut Coing. Gesammelte Aufsätze zu Rechtsgeschichte, Rechtsphilosophie und Zivilrecht 1947–1975 (Bd. 1), 1982, 191, 192 ff.; *Engisch*, Einheit der Rechtsordnung, 1935, 69.

103 *Peine*, Recht als System, 1983, 25.

104 *Canaris*, Systemdenken und Systembegriff, 1983, 16 ff.; ihm folgend *Riesenhuber*, System und Prinzipien des Europäischen Vertragsrechts, 2003, 6 ff.; für einen Überblick zur „Rechtsidee“ siehe *Rüthers/Fischer/Birk*, Rechtstheorie und juristische Methodenlehre, 12. Aufl. 2022, § 3, Rn. 72 ff.

105 *Ackermann*, ZEuP 2018, 741, 747; *Höpfner*, Systemkonforme Auslegung, 2009, 38 ff.

106 So etwa für das deutsche Recht aus dem Rechtsstaatsprinzip oder als „Verfassungspostulat“, *Höpfner*, Systemkonforme Auslegung, 2009, 50 ff.; *Riesenhuber*, System und Prinzipien des Europäischen Vertragsrechts, 2003, 9 f.: „Die Merkmale, die Ordnung und Einheit stiften, werden nicht von außen an den Untersuchungsgegenstand herangetragen, sondern dem Gegenstand selbst entnommen“.

107 *Höpfner*, Systemkonforme Auslegung, 2009, 52 ff.; *Stürner*, AcP 214 (2014), 7, 11.

108 *Grundmann*, RabelsZ 75 (2011), 882, 904 f.; *Riesenhuber*, System und Prinzipien des Europäischen Vertragsrechts, 2003, 8 m. w. N.

109 Ebenso *Stürner*, AcP 214 (2014), 7, 11: Rechtsdogmatik als „gültiger Ausdruck jeder

Dass sich dieses theoretische Ziel innerer Folgerichtigkeit kaum aus dem gesetzten Recht ergibt, die tatsächliche Widerspruchslosigkeit also regelmäßig kein Charakteristikum des geltenden Rechts ist, unterstreicht gerade die Notwendigkeit des Systemdenkens: Der Rechtsanwender ordnet das Recht im Sinne des gesetzgeberischen Willens, d. h. er stellt Folgerichtigkeit und Widerspruchslosigkeit her, wo diese zwar intendiert war, aber tatsächlich bislang nicht vorliegt. Systemdenken ist damit immer auch eine schöpferische Tätigkeit. Die Systembildung steht damit im Gegensatz zur reinen Systemabbildung.[110] Gleichzeitig ist das Produkt der Systembildung immer nur eine „Theorie über das Recht“,[111] die im Wettbewerb mit anderen Interpretationen steht.[112]

b) *Prinzipiendenken*

aa) *Begriff des Rechtsprinzips*

Schon *Canaris*, dessen Untersuchung zum dogmatischen Systembegriff im Zivilrecht noch heute im deutschsprachigen Raum als wegweisend gilt, definierte das System des Rechts als „axiologische oder teleologische Ordnung allgemeiner Rechtsprinzipien“[113]. Systembildung i. S. e. Herausstellens von Folgerichtigkeit beinhaltet immer auch die Erarbeitung von Leitbegriffen und abstrakten Grundsätzen, die den einzelnen Normen oder Normenkomplexen zugrunde liegen.[114] Durch die Erarbeitung dieser Grundlagen und die Verortung der einzelnen Normen im größeren Wertungsgefüge lassen sich Wertungsgleichläufe und Sinnzusammenhänge aufdecken, die der Ordnung des Rechtsstoffs dienen.[115] Allerdings wird auch der Begriff des Rechtsprinzips in der Rechtswissenschaft nicht einheitlich verwandt. Diese Mehrdeutigkeit betrifft ebenso den Begriff der Rechts*regel*, von der das Prinzip regelmäßig abgegrenzt wird. Die rechtstheoretische Unterscheidung von Prinzipien und Re-

rationalen Befassung mit menschlicher Gerechtigkeit unabhängig von rechtskulturellen Vorgaben“.

[110] *Ackermann*, ZEuP 2018, 741, 747 f.; dazu auch *Riesenhuber*, System und Prinzipien des Europäischen Vertragsrechts, 2003, 9 f.: „Ist Recht daher auch empirisch kein geordnetes Ganzes, so fordert doch die Regelungsabsicht des Gesetzgebers regelmäßig, Einheit und Ordnung als Aufgabe zu begreifen“; ebenso *Rüthers/Fischer/Birk*, Rechtstheorie und juristische Methodenlehre, 12. Aufl. 2022, § 6, Rn. 276, 278; *Schmidt*, in: Schmidt (Hrsg.), Vielfalt des Rechts – Einheit der Rechtsordnung?, 1994, 9, 28 f.

[111] *Riesenhuber*, System und Prinzipien des Europäischen Vertragsrechts, 2003, 6.

[112] Siehe Kapitel 1 B. I. 3. c), S. 36.

[113] *Canaris*, Systemdenken und Systembegriff, 1983, 47.

[114] *von Bogdandy*, in: von Bogdandy/Bast (Hrsg.), Europäisches Verfassungsrecht, 2009, 13, 18: „Oberstes wissenschaftliches Ziel rechtsdogmatischer Konstruktion ist, das öffentliche Recht wie das Privatrecht als Komplex systematisch koordinierter Leitbegriffe zu erarbeiten“.

[115] *Höpfner*, Systemkonforme Auslegung, 2009, 65 ff.

geln, die der prinzipienorientierten Rechtsanwendung zugrunde liegt, geht im deutschen Sprachraum maßgeblich auf *Esser*[116] zurück und wurde – unabhängig von der Verknüpfung mit dem Systemgedanken – von vielen Rechtsgelehrten aufgegriffen, auch über den deutschen Rechtskreis hinaus.[117] Man kann hier grob zwei Strömungen ausmachen, die ein jeweils anderes Verständnis dieser Begriffe zugrunde legen – eine stärker zivilrechtlich geprägte, die vor allem auf *Canaris*, *Larenz* und *Bydlinski* zurück geht[118] sowie eine stärker öffentlich-rechtliche geprägte, die vor allem von *Alexys* „Geltungstheorie der Grundrechte“[119] beeinflusst wurde.[120] Obgleich sie sich auf den ersten Blick begrifflich widersprechen, schließen sich die beiden Ansätze nicht gegenseitig aus.[121]

Vorliegend sollen die zwei Hauptströmungen kurz skizziert werden. Eine genaue Begriffsgrundlage ist wichtig, da der Begriff des Prinzips in rechtswissenschaftlichen Abhandlungen nicht einheitlich verwendet wird. Darüber hinaus ist ein klares Verständnis auch für den weiteren Verlauf dieser Untersuchung v. a. für die Auseinandersetzung mit prinzipientheoretisch geprägten Diskussionen notwendig.[122]

(1) Prinzipien als unmittelbar anwendbare Optimierungsgebote (Prinzipiennormen)

Bei *Dworkin* und *Alexy* bezeichnet das Prinzip eine von zwei Unterkategorien von Rechtsnormen:[123] Es gibt Prinzipiennormen und Regelnormen. Der Bereich des rechtlich Möglichen wird durch gegenläufige Regeln und Prinzipien bestimmt. Prinzipiennormen unterscheiden sich von Regelnormen dadurch, dass ihre Sollensanordnungen nur prima-facie-Wirkung haben,[124] d. h. ihre Rechtsfolgenanordnung steht unter dem Vorbehalt der tatsächlichen und rechtlichen Umstände. Relativ zu diesen Umständen fordern Prinzipiennormen laut

---

[116] Siehe *Esser*, Grundsatz und Norm in der richterlichen Fortbildung des Privatrechts, 3. Aufl. 1974 (Erstauflage von 1956).

[117] Siehe etwa *Dworkin*, Bürgerrechte ernstgenommen, 1984, der ebenfalls eine Unterscheidung zwischen „rules“, „principles“ und „policies“ vornimmt; für Österreich *Bydlinski*, Über prinzipiell-systematische Rechtsfindung, 1995; *Bydlinski*, System und Prinzipien des Privatrechts, 1996.

[118] *Larenz*, Richtiges Recht, 1979, 24 ff.; *Bydlinski*, Juristische Methodenlehre und Rechtsbegriff, 2. Aufl. 1991, 132 ff.; dazu siehe (2), S. 32.

[119] *Alexy*, Theorie der Grundrechte, 2. Aufl. 1994; dazu siehe (1), S. 31.

[120] Siehe etwa *Borowski*, Grundrechte als Prinzipien, 3. Aufl. 2018; *Sieckmann*, Regelmodelle und Prinzipienmodelle des Rechtssystems, 1990.

[121] Siehe Kapitel 1 B. I. 3. b) bb), S. 35.

[122] Siehe Kapitel 2 A. IV. 2. b) bb), S. 147.

[123] Zum weiten Rechtsnormverständnis *Alexys*, das den Ausgangspunkt seiner Theorie bildet *Alexy*, Theorie der Grundrechte, 2. Aufl. 1994, 40 ff.

[124] *Alexy*, Theorie der Grundrechte, 2. Aufl. 1994, 87 ff.; eine kurze, gute Übersicht zu diesem Ansatz bietet *Klement*, JZ 2008, 756.

Alexy aber die bestmögliche Verwirklichung dieser Rechtsfolgen: Die Realisierung im relativ möglichst hohen Maße sei notwendig, weil Prinzipiennormen grundsätzlich nicht auf ihre tatsächlichen und rechtlichen Realisierungsmöglichkeiten beschränkt seien: Sie fordern entgegen einer Norm keine absolute Erfüllung, sondern eine bestmögliche Verwirklichung (Optimierung) der Rechtsfolgen.[125] Prinzipien sind *zu optimierende Gebote* bzw. „ideales Sollen".[126] Ein Prinzip könne somit ganz oder auch nur teilweise erfüllt sein, während eine Regel entweder befolgt wird, oder nicht. Das Prinzip werde im Anwendungsfall erst durch Abwägung zu einer Regel konkretisiert und bleibe auch bei entgegen stehenden Regeln – unabhängig vom Grad seiner Erfüllung in diesem Fall – unberührt:

> „Die Anwendung von Regeln erfolgt durch die Subsumtion eines Sachverhalts unter ihren Tatbestand und Deduktion der Rechtsfolge [...], die Anwendung von Prinzipiennormen erfordert demgegenüber [...] eine Abwägung kollidierender Prinzipien."[127]

Dementsprechend kann zum Inhalt eines Prinzips nur ein Gebot gemacht werden, das logisch gesehen in unterschiedlichen Graden erfüllbar ist, es muss also der Abwägung zugänglich sein. Die Unterscheidung zwischen Regel und Prinzip wird jedoch explizit nicht nach dem Grad der Allgemeinheit des Norminhalts vorgenommen.[128] Die recht undurchsichtige Unterscheidung zwischen Regel- und Prinzipiennormen ist denn auch einer der größten Kritikpunkte an der Prinzipientheorie.[129]

(2) Prinzipien als allgemeine Rechtsgedanken, die den Normen zugrunde liegen

Nach einem anderen Ansatz, der vor allem von *Larenz*, *Canaris* und *Bydlinski* geprägt wurde, ist ein Prinzip ein Leitgedanke, der sich durch seine Abstrakt-

---

[125] *Alexy*, Theorie der Grundrechte, 2. Aufl. 1994, 75 f.

[126] *Alexy*, Recht, Vernunft, Diskurs, 1995, 202 ff.; der Position, Prinzipien seien „*Optimierungsgebote*" (*Alexy*, Theorie der Grundrechte, 2. Aufl. 1994, 75; 119 f.), wurde etwa von *Sieckmann*, Regelmodelle und Prinzipienmodelle des Rechtssystems, 1990, 65; entgegen gehalten, diese seien wiederum auch nur Regeln und damit sei der gesamte Dualismus, auf den sich diese Lehre rechtstheoretisch gründe, hinfällig, daher korrigierte *Alexy* seine Beschreibung von Prinzipien später hin zum „idealen Sollen", *Alexy*, in: Schilcher/Koller/Funk (Hrsg.), Regeln, Prinzipien und Elemente im System des Rechts, 2000, 31, 38 f.; eine Übersicht über die Evolution und Kritik an der Theorie gibt *Reßing*, ARSP 95 (2009), 28; zu den Details des Prinzipiennormverständnisses gibt es mittlerweile eine Vielzahl von Ansätzen, siehe dazu *Poscher*, RW 1 (2010), 349, 353 f. m. w. N.

[127] *Sieckmann*, Regelmodelle und Prinzipienmodelle des Rechtssystems, 1990, 18.

[128] *Alexy*, Theorie der Grundrechte, 2. Aufl. 1994, 72 ff., 77.

[129] Siehe unter den kritischen Stimmen etwa *Poscher*, RW 1 (2010), 349, 351 f.; *Klement*, JZ 2008, 756, 760; *Jestaedt*, in: FS Isensee, 2007, 253, 261 ff.; *Röhl/Röhl*, Allgemeine Rechtslehre, 3. Aufl. 2008, § 33, 289; auch *Dworkin*, Bürgerrechte ernstgenommen, 1984, 27 f., nennt keine klaren Unterscheidungskriterien und weist lediglich darauf hin, dass die Zuordnung im Einzelfall schwierig sein kann. Siehe dazu Kapitel 2 A. IV. 2. b) bb) (1), S. 148.

heit auszeichnet[130] und der in der Regel im Wege der Induktion dem geschriebenen Recht entnommen werden kann,[131] da er selbst nicht positiv normiert ist.[132] Prinzipien formulieren damit nur Grundwertungen,[133] nicht aber konkrete Handlungsvorgaben. Diese wiederum folgen aus sogenannten Rechtsregeln: Regeln sind gegenüber Prinzipien konkrete Anwendungsvorgaben, in welchen sich die Wertungsentscheidungen zwischen gegenläufigen Prinzipien wiederfinden.[134] Diese Rechtsregeln sind in der Regel positiv-rechtlich normiert, d. h. sie finden sich in Normen wieder. Prinzipien als strukturelle Leitgedanken sind nicht – wie die geschriebene Norm – unmittelbarer Grund für eine Entscheidung, sondern vielmehr im Rahmen der Rechtfertigung für die Gründe einer solchen hinzuzuziehen.[135] Prinzipien sind daher nicht unmittelbar anwendbar, sondern im Rahmen der Auslegung unmittelbar anwendbarer Normen (= Rechtsregeln) zu berücksichtigen.[136]

---

130 *Bydlinski*, System und Prinzipien des Privatrechts, 1996, 40: „Wertungstendenzen"; *Larenz/Canaris*, Methodenlehre der Rechtswissenschaft, 3. Aufl. 1995, 303: „Allgemeiner Rechtsgedanke"; *Canaris*, Systemdenken und Systembegriff, 1983, 57, *Larenz*, Richtiges Recht, 1979, 23 ff.: „Leitende Gedanken"; *Peine*, Recht als System, 1983, 76 ff.: „Leitgedanken"; diesem Ansatz folgend *Höpfner*, Systemkonforme Auslegung, 2009, 93 ff., 97, 99; *Röhl/Röhl*, Allgemeine Rechtslehre, 3. Aufl. 2008, § 33, 283; *Riesenhuber*, System und Prinzipien des Europäischen Vertragsrechts, 2003, 12 ff.; ähnlich auch *Rüthers/Fischer/Birk*, Rechtstheorie und juristische Methodenlehre, 12. Aufl. 2022, § 4, Rn. 144a: „Zwecke und Werte[n], welche mehreren Normen zugrunde liegen".

131 Grundlegend *Canaris*, Die Feststellung von Lücken im Gesetz, 2. Aufl. 1983, 97 f.; *Larenz/Canaris*, Methodenlehre der Rechtswissenschaft, 3. Aufl. 1995, 307; ebenso *Höpfner*, Systemkonforme Auslegung, 2009, 99: Normen als „Legitimationsgrundlage" von Prinzipien; *Metzger*, Extra legem, intra ius, 2009, 36; *Riesenhuber*, System und Prinzipien des Europäischen Vertragsrechts, 2003, 18 f.; *Bydlinski*, in: Schilcher/Koller/Funk (Hrsg.), Regeln, Prinzipien und Elemente im System des Rechts, 2000, 9, 23 f.

132 *Metzger*, Extra legem, intra ius, 2009, 107.

133 *Canaris*, Systemdenken und Systembegriff, 1983, 51, nimmt zwar explizit eine Abgrenzung zwischen „Wert" und „Prinzip" vor, kommt aber im Ergebnis dazu, dass die Übergänge zwischen Prinzipien und Wertungen fließend sind; ähnlich *Peine*, Recht als System, 1983, 76 f.

134 *Riesenhuber*, System und Prinzipien des Europäischen Vertragsrechts, 2003, 15 f.; *Bydlinski*, System und Prinzipien des Privatrechts, 1996, 40 f.; *Peine*, Recht als System, 1983, 94 f.; *Canaris*, Systemdenken und Systembegriff, 1983, 55; ebenso *Larenz/Canaris*, Methodenlehre der Rechtswissenschaft, 3. Aufl. 1995, 304: „Prinzipien entfalten ihren eigentlichen Sinngehalt erst in einem Zusammenspiel wechselseitiger Ergänzung und Beschränkung".

135 Zurückgegend auf *Esser*, Grundsatz und Norm in der richterlichen Fortbildung des Privatrechts, 3. Aufl. 1974, 51 f.; diesem folgend *Riesenhuber*, System und Prinzipien des Europäischen Vertragsrechts, 2003, 15; *von Danwitz*, Verwaltungsrechtliches System und Europäische Integration, 1996, 114; *Larenz/Canaris*, Methodenlehre der Rechtswissenschaft, 3. Aufl. 1995, 303 ff.; *Canaris*, Systemdenken und Systembegriff, 1983, 57; *Larenz*, Richtiges Recht, 1979, 25.

136 In diesem Sinne spricht auch *Metzger*, Extra legem, intra ius, 2009, 30 von einer „in Grundzügen konkretisierte[n] Anweisung an Normadressat und Richter", die „jedenfalls die Grundstruktur von tatbestandlichen Voraussetzungen und Rechtsfolge" aufweist.

Der Normbestand gilt als Ausgangslage für die Ermittlung von Prinzipien, d. h. Prinzipien werden induktiv aus dem geltenden Recht gewonnen. Prinzipien*bildung* ist damit zuvörderst eine gesetzgeberische Aufgabe[137] und von der *prinzipienorientierten Rechtsanwendung* zu unterscheiden: Letztere ist von dem Gedanken getragen, dass sich die innere Folgerichtigkeit und wertungsmäßige Einheit des geschriebenen Rechts auf einer abstrakten, den Normen übergeordneten Ebene der Prinzipien darstellen lässt.[138] Die Aufdeckung der den Normen zugrundeliegenden Wertungsannahmen soll die Rechtsanwendung erleichtern, indem sie ihr eine wertungsmäßige Struktur gibt. Aufgrund dieser Zielsetzung wird die so verstandene prinzipienorientierte Rechtsanwendung auch als Systembildung bezeichnet.[139]

Darüber hinaus dienen Prinzipien nicht nur als Begründungsgrundlage für Analogieschlüsse und teleologische Reduktionen, es können auch aus allgemeinen Prinzipien im Einzelfall ungeschriebene Regeln folgen. Diese Konkretisierung eines wertungsbestimmenden Prinzips zu einer unmittelbar anwendbaren Regel im Wege der Rechtsfortbildung (Deduktion) bedarf aber eines erhöhten Begründungsaufwands seitens des Rechtsanwenders. Denn Ausgangspunkt der Rechtsanwendung ist immer das geschriebene Recht und es gehört nicht zu den Aufgaben der Judikative, eigenes Recht zu setzen. Die im Rahmen der Systembildung notwendige Rechtsfortbildung ist daher unter Berücksichtigung der durch die Gewaltenteilung gezogenen Grenzen entsprechend zurückhaltend auszuüben.

(3) Zwischenergebnis

Bei Untersuchungen im rechtsdogmatischen Bereich scheint ein Verständnis von Prinzipien vorzuherrschen, das dem hier beschriebenen rechtssystematischen Prinzipienbegriff entspricht. Verbreitet ist der Begriff als Synonym zu allgemeinen Rechtsgedanken und als Oberbegriff von Struktur- und Zielbestimmungen nicht nur im Zivilrecht: Prinzipienorientierte Dogmatik zielt auch im Kontext des Öffentlichen Rechts darauf ab, „Prinzipien des positiven Rechtsmaterials zu identifizieren, es damit zu ordnen und auf dieser Grundlage eine Kohärenz des verfassungsrechtlichen Materials herzustellen“[140].[141]

---

[137] *Höpfner*, Systemkonforme Auslegung, 2009, 67; in diesem Sinne wohl auch *Canaris*, Systemdenken und Systembegriff, 1983, 57.

[138] Dazu statt vieler *Metzger*, Extra legem, intra ius, 2009, 191 ff.

[139] Siehe dazu Kapitel 1 B. I. 3. c), S. 36.

[140] *von Bogdandy*, in: von Bogdandy/Bast (Hrsg.), Europäisches Verfassungsrecht, 2009, 13, 17.

[141] *Schmidt-Aßmann*, in: Hoffmann-Riem/Schmidt-Aßmann/Voßkuhle (Hrsg.), Grundlagen des Verwaltungsrechts (Bd. 1), 2012, § 5, Rn. 7; *von Danwitz*, Verwaltungsrechtliches System und Europäische Integration, 1996, 28; zum Begriff des Prinzips aus öffentlich-rechtlicher Perspektive, insbes. zu Verfassungsprinzipien *Reimer*, Verfassungsprinzipien, 2000,

bb) Das Prinzip als vielschichtiger Begriff

Dass der rechtssystematische Prinzipienbegriff für die hiesige Untersuchung des dogmatischen Systems eines Rechtsbereichs passender erscheint, schließt nicht aus, dass nicht auch das begründungstheoretische Prinzipienverständnis *Alexys* daneben ebenso eine Rolle spielen kann. Da beide Ansätze grundlegend andere Untersuchungsgegenstände haben und anderen Zielen verpflichtet sind, schließen sie sich nicht gegenseitig aus: *Alexys* Lehre entwickelte *Dworkins* Begründungstheorie individueller Rechte als eine Geltungstheorie der Grundrechte des Grundgesetzes weiter. Dieser Ansatz verfolgt daher gerade nicht das gleiche Ziel wie jener, der das Prinzipienverständnis aus Sicht der Systembildung prägt: Der Anspruch einer Geltungstheorie ist einerseits auf der rechtstheoretischen Ebene anzusiedeln, anders als ein gedankliches Gerüst, das das positive Recht durch die Rückführung auf übergeordnete Wertentscheidungen des Gesetzgebers lediglich ordnen möchte.[142] Andererseits greift die die Beschränkung auf die Herleitung subjektiver Rechte kürzer als eine Strukturierung des gesamten positiven Rechts.[143]

Die beiden Theorien wollen mithilfe des Prinzipienbegriffs letztlich unterschiedliche Dinge beschreiben und benutzen das gleiche Wort, weil sie beide auf den Ansatz *Essers* zurückgehen, der die terminologische Trennung Prinzip/Regel zunächst einführte.[144] Der gemeinsame Ausgangspunkt erklärt auch noch einige Gemeinsamkeiten zwischen den Ansätzen – etwa die Annahme, dass das Prinzip selbst keine konkreten Sollensanordnungen enthält.[145] Durch die unterschiedliche Zielsetzung und die damit verbundene Weiterentwicklung des Begriffsverständnisses entwickelten sich jedoch unterschiedliche theoretische Annahmen und Erklärungsansätze für unterschiedliche Untersuchungsebenen des Rechts. Das Verständnis des Begriffs Prinzip kann daher in diesen unterschiedlichen Kontexten entsprechend anders ausfallen. Keine der Begriffsvarianten schließt die jeweils andere logisch aus.[146] Von welchem Prinzipienverständnis ausgegangen wird, hängt maßgeblich vom Untersuchungsgegenstand und dem

146 ff., 182; zur Bedeutung von Verfassungsprinzipien für die Rechtsordnung und zu alternativer Terminologie *Dreier*, in: Dreier, GG, 3. Aufl. 2015, Art. 20 Rn. 8 ff.

[142] Zur Unterscheidung zwischen rechtsphilosophischen und rechtsdogmatischen prinzipienorientierten Ansätzen *von Bogdandy*, in: von Bogdandy/Bast (Hrsg.), Europäisches Verfassungsrecht, 2009, 13, 17.

[143] *Schroeder*, Das Gemeinschaftsrechtssystem, 2002, 101 f.

[144] Siehe zum Rekurs auf *Esser*, Grundsatz und Norm in der richterlichen Fortbildung des Privatrechts, 3. Aufl. 1974: *Canaris*, Die Feststellung von Lücken im Gesetz, 2. Aufl. 1983, 93 ff.; *Larenz*, Richtiges Recht, 1979, 24 f.; zum Werdegang der Prinzipientheorie *Alexys* siehe etwa *Reßing*, ASRP 95 (2009), 28; *Klement*, JZ 2008, 756.

[145] *Esser*, Grundsatz und Norm in der richterlichen Fortbildung des Privatrechts, 3. Aufl. 1974, 51 f.; *Larenz*, Richtiges Recht, 1979, 23; *Alexy*, Theorie der Grundrechte, 2. Aufl. 1994, 92.

[146] *Larenz/Canaris*, Methodenlehre der Rechtswissenschaft, 3. Aufl. 1995, 303, lassen eine Vereinbarkeit der Theorie *Alexys* mit dem eigenen Ansatz offen; *Alexy*, Theorie der Grundrech-

Untersuchungsziel ab. Es ist daher unzutreffend, die beiden Ansätze als alternative Verständnisse des Prinzips zu verstehen. Hingegen wird eine stichhaltige Auseinandersetzung mit der *Alexy*'schen Prinzipientheorie da notwendig, wo sie über die rechtstheoretische Erfassung der existierenden Dogmatik, die noch in der „Theorie der Grundrechte“ im Fokus stand, eine *eigene Dogmatik* vorgibt: Die auf dieser Theorie der Grundrechte beruhende Unterscheidung zwischen Regel- und Prinzipiennormen wird jedoch weit verbreitet als eine allgemeine Anwendungstheorie auch einfachgesetzlicher Normen genutzt,[147] die insbesondere im Bereich der Normenkollisionen auch Folgen auf dogmatischer Ebene hat.[148]

Aus dem oben Gesagten folgt daher zunächst: Da, wo im weiteren Verlauf der Bearbeitung Prinzipien eine Rolle spielen, ist immer zunächst die genaue Begriffsbestimmung zu hinterfragen. Denn der Begriff des Prinzips wird in der Rechtswissenschaft mehrschichtig verwendet. *Eine* allgemeine Definition kann es deshalb nicht geben. Zu unterscheiden sind als Bedeutungsvarianten zum einen

- die übergeordneten *Strukturprinzipien*, die meist induktiv aus den geschriebenen Normen gewonnen werden und der Systembildung dienen, indem sie zur Auslegung des geschriebenen Rechts und ggf. zur Rechtsfortbildung hinzugezogen werden und zum anderen
- die *Prinzipiennormen* innerhalb des Normbestands.

Für das dogmatische Prinzipiendenken wird im Weiteren von Prinzipien als Strukturprinzipien im oben erläuterten Sinne ausgegangen.

c) *Fazit: Systembildung durch und im Dienste der Rechtsanwendung*

Die Darstellung (Systembildung) sowie die Herausstellung und Wahrung der inneren Folgerichtigkeit des Rechts ist eine maßgebliche Aufgabe der Rechtswissenschaft und der Rechtsanwendung.[149] Jede Systembildung ist immer nur eine wissenschaftliche Darstellung des Rechts, ein „wissenschaftliches Sys-

te, 2. Aufl. 1994, 92 f., deutet hinter den Prinzipiennormen stehende Prinzipien i. S. v. Interpretationsmaximen an.

[147] *Poscher*, RW 1 (2010), 349, 349; *Reßing*, ASRP 95 (2009), 28; *Jestaedt*, in: FS Isensee, 2007, 253, 257; zur Übertragung auf verschiedene Gebiete des öffentlichen Rechts *Klatt/Schmidt*, Spielräume im öffentlichen Recht, 2010; für das Planungsrecht *Koch*, in: Schilcher/Koller/Funk (Hrsg.), Regeln, Prinzipien und Elemente im System des Rechts, 2000, 245, 250 ff.; für das Verwaltungsrecht *Funk*, in: Schilcher/Koller/Funk (Hrsg.), Regeln, Prinzipien und Elemente im System des Rechts, 2000, 260.

[148] Siehe Kapitel 2 A. IV. 2. b) bb), S. 147.

[149] *Lobinger*, AcP 216 (2016), 28, 63 ff.; *Höpfner*, Systemkonforme Auslegung, 2009, 12 ff., 54; ebenso bereits *Coing*, in: Simon (Hrsg.), Helmut Coing. Gesammelte Aufsätze zu Rechtsgeschichte, Rechtsphilosophie und Zivilrecht 1947–1975 (Bd. 1), 1982, 191, 207; *Engisch*, Studium Generale 10 (1957), 173, 180.

tem“,[150] d. h. der Versuch, das Recht als folgerichtiges Ganzes darzustellen und damit dem ihm innewohnenden Ziel innerer Folgerichtigkeit zu entsprechen.[151] Die Tauglichkeit einer solchen Systematisierung misst sich am Grad der Anwendungserleichterung und der Übersichtlichkeitsleistung. Durch den fortlaufenden Umbau des geltenden Rechts ist die Systembildung nie gänzlich abgeschlossen und stellt eine Daueraufgabe der Rechtswissenschaft dar.[152]

Systematik ist ein „externes Instrument“ für die Ordnung und Handhabung des Rechts,[153] das dieses selbst zunächst unberührt lässt. Gleichzeitig will Systematik aber in Gestalt dogmatischer Anwendungsregeln zur Methodik, also zur Anwendungslehre, beitragen.[154] Da, wo die methodischen Möglichkeiten der Systembildung an die ihr durch Auslegung und Rechtsfortbildung gezogenen Grenzen stoßen, kann sie auch unmittelbar einen Gesetzgebungsprozess anregen.

Der Prinzipiengehalt einer Norm bzw. die Rückführung auf ein Strukturprinzip ist ein methodisch zu begründender Akt, zumal er relativ zum Anwendungskontext dieser Vorschrift zu sehen ist: Denn eine einzelne Norm kann je nach Anwendungsfall die wechselseitige Ergänzung und Beschränkung unterschiedlicher Prinzipien aufzeigen. Dabei kann es sich um Prinzipien und Wertungen mit unterschiedlichem Abstraktheitsgrad handeln, die sich wiederum als Unterprinzipien allgemeinerer Aussagen einordnen lassen.[155] *Bydlinski* spricht insofern treffend von einer „Pluralität der Prinzipienschichten“.[156] Diese Vielschichtigkeit von Wertungen ist nicht nur anschaulicher sondern auch treffender, als die von *Canaris* vorgenommene Fokussierung auf wenige (und damit hochabstrakte), tragende Grundprinzipien, von denen alles Recht wertungsmäßig deduktiv ausgehen soll[157].[158] Ein zu hoher Abstraktionsgrad bei Grundprinzi-

---

[150] Siehe zum Begriff *Hilbert*, Systemdenken in Verwaltungsrecht und Verwaltungsrechtswissenschaft, 2015, 132 ff.

[151] *Höpfner*, Systemkonforme Auslegung, 2009, 102 ff.; *Riesenhuber*, System und Prinzipien des Europäischen Vertragsrechts, 2003, 6: „Theorie über das Recht“; *Canaris*, Systemdenken und Systembegriff, 1983, 62 f.: „Systementwurf“; dazu siehe oben Kapitel 1 B.I.3.a), S. 28.

[152] *Röhl/Röhl*, Allgemeine Rechtslehre, 3. Aufl. 2008, § 54, 441, 442 f.; *Ernst*, in: Engel/Schön (Hrsg.), Das Proprium der Rechtswissenschaft, 2007, 3, 42; *Pawlowski*, Methodenlehre für Juristen, 3. Aufl. 1999, Rn. 169, 223 f.

[153] *von Bogdandy*, in: von Bogdandy/Cruz Villalón/Huber (Hrsg.), Handbuch Ius Publicum Europaeum (Bd. 2), 2008, § 39, Rn. 28; dem zustimmend *Ackermann*, ZEuP 2018, 741, 747 m. w. N.

[154] *Riesenhuber*, in: FS Canaris, 2017, 181, 184; *Lobinger*, AcP 216 (2016), 28, 63, sieht die Dogmatik als Bindeglied zwischen Rechtsprechung und Gesetzgebung, das ersterer zuarbeitet und zweitere nacharbeitet.

[155] *Larenz/Canaris*, Methodenlehre der Rechtswissenschaft, 3. Aufl. 1995, 303 f.

[156] *Bydlinski*, Über prinzipiell-systematische Rechtsfindung, 1995, 36; dazu auch *Bydlinski*, System und Prinzipien des Privatrechts, 1996, 42 ff.

[157] *Canaris*, Systemdenken und Systembegriff, 1983, 46; ähnlich *Esser*, Grundsatz und Norm in der richterlichen Fortbildung des Privatrechts, 3. Aufl. 1974, 7.

[158] So auch *Höpfner*, Systemkonforme Auslegung, 2009, 66 f.

pien ist für die Systembildung unbrauchbar, weil ihnen kaum mehr konkrete Wertungen entnommen werden können, bzw. das Zusammenwirken hochabstrakter Grundwerte beliebig für oder gegen den einen oder anderen Wert ausfallen kann. Eine klare Orientierung für die Rechtsanwendung mag so eine Darstellung, die die Übersichtlichkeit zum Selbstzweck erhebt, kaum zu bieten.[159]

Aus diesem Grund werden typischerweise einzelne Rechtsgebiete getrennt systematisch dargestellt, d. h. eine geschaffene Übersicht bezieht sich somit nur auf einen bestimmten Themenbereich.[160] Das System einer Rechtsordnung im Sinne der anwendungsbezogenen Systembildung besteht folglich aus vielen miteinander mal mehr, mal weniger verwobenen Teilsystemen (Rechtsgebieten).[161] Diese Darstellung ist auch nur so praktikabel: Denn je größer der betrachtete Rechtsbereich ist, desto umfangreicher wird die erforderliche Darstellungsleistung. Da diese ab einem gewissen Punkt kaum mehr im nötigen Detail zu erbringen ist, erhöht sich das Abstraktionsniveau. Hoch abstrahierte Strukturen eignen sich jedoch, wie oben bereits angeklungen, kaum als Leitfaden in der praktischen Rechtsanwendung.[162]

4. Inneres und äußeres System – das äußere System als Vorgriff auf die innere Ordnung

Der oben beschriebene Systembegriff legt den Fokus auf die Schaffung einer *inneren* Logik: Spiegelbildlich dazu gibt es auch eine äußere Ordnung, d. h. ein äußeres System.

Die Unterscheidung zwischen äußerem und innerem System geht auf *Heck*[163] zurück und wurde vielfach rezipiert.[164] Das äußere System bezeichnet die äußere Darstellung einer inneren Ordnung – die formale Fassung der Normen unter bestimmte Begriffe, die Stellung einer Vorschrift in einem bestimmten Buch/Abschnitt/Paragraphenzusammenhang, die Zusammenführung von Rechtsbegriffen[165] oder die Aufteilung der Gestaltungsmöglichkeiten in Rechtsakte auf verschiedenen Hierarchieebenen[166].

[159] So auch *Riesenhuber*, in: FS Canaris, 2017, 181, 188 f.

[160] *Krawietz*, Recht als Regelsystem, 1984, 51; *Engisch*, Studium Generale 10 (1957), 173, 186; für das Privatrecht etwa *Bydlinski*, System und Prinzipien des Privatrechts, 1996.

[161] *Pawlowski*, Methodenlehre für Juristen, 3. Aufl. 1999, Rn. 169.

[162] Dazu *Bydlinski*, System und Prinzipien des Privatrechts, 1996, 42 ff.

[163] *Heck*, Begriffsbildung und Interessenjurisprudenz, 1932, 142 ff.

[164] *Canaris*, Systemdenken und Systembegriff, 1983, 91; *Bydlinski*, Über prinzipiell-systematische Rechtsfindung, 1995, 30 ff.; *Riesenhuber*, System und Prinzipien des Europäischen Vertragsrechts, 2003, 19 ff.; *Röhl/Röhl*, Allgemeine Rechtslehre, 3. Aufl. 2008, § 54, 438 ff.; *Höpfner*, Systemkonforme Auslegung, 2009, 133 ff.; *Hilbert*, Systemdenken in Verwaltungsrecht und Verwaltungsrechtswissenschaft, 2015, 48 ff.; *Rüthers/Fischer/Birk*, Rechtstheorie und juristische Methodenlehre, 12. Aufl. 2022, § 4, Rn. 139 ff.; *Kramer*, Juristische Methodenlehre, 6. Aufl. 2019, 104 ff.

[165] *Bydlinski*, in: FS Canaris, 2007, 1017, 1019; *Larenz/Canaris*, Methodenlehre der

Dieses äußere System ist für die Systembildung, die sich auf die Systematisierung der Normzwecke und Prinzipien konzentriert, in mehrfacher Hinsicht bedeutsam: Sie erleichtert die „Verständlichkeit der Normen (…) durch die Anschaulichkeit der Darstellung".[167] Denn die äußere Anordnung von Normen sowie der Wortlaut, beides Elemente des sogenannten äußeren Systems, bilden den ersten Ausgangspunkt für den Rechtsanwender, um auf das Regelungsziel der Norm zu schließen.[168] Das äußere System ist daher im Rahmen der Systembildung eine Erkenntnisquelle.[169] Das gilt umso mehr, je treffender die äußere Ordnung die inneren Wertungszusammenhänge widerspiegelt.[170] In der Praxis folgt nämlich die äußere Ordnung nicht notwendigerweise immer auch dem inneren sachlichen Zusammenhang.[171] Es darf aber, vor allem vor dem Hintergrund einer auf Folgerichtigkeit abzielenden Rechtssetzung, jedenfalls zunächst angenommen werden, dass der Gesetzgeber mit einer Einteilung der Normen in Kategorien und durch die Anordnung der Vorschriften im Rechtsakt gleichzeitig auch Regelungsziele verfolgt hat bzw. unterstreichen wollte.[172] Ein sich in der äußeren Form nicht widerspiegelndes telos einer Norm stellt somit an den Rechtsanwender erhöhte Begründungsanforderungen. Solche Begründungen mögen in vielen Fällen ohne Weiteres gelingen.[173] Es zeigt aber, dass die äußere Ordnung schon einen Vorgriff auf die innere Ordnung enthält.[174] Es ist daher schlechterdings nicht möglich, die äußere Form einer Rechtsnorm oder eines Rechtsakts isoliert von ihrem Inhalt zu betrachten.[175] Ebenso können die Anordnung einer Norm in einem Gesetz sowie der Wortlaut Rückschlüsse auf den Normzweck zulassen und so die Systembildung unmittelbar beeinflussen – dies zeigt sich bereits anhand der grammatikalischen sowie der systema-

Rechtswissenschaft, 3. Aufl. 1995, 263 f.: „abstrakt-begriffliches System"; *Canaris*, Systemdenken und Systembegriff, 1983, 91.

166 *Riesenhuber*, System und Prinzipien des Europäischen Vertragsrechts, 2003, 5.

167 *Höpfner*, Systemkonforme Auslegung, 2009, 83, 88.

168 *Bydlinski*, System und Prinzipien des Privatrechts, 1996, 51; *Bydlinski*, Über prinzipiell-systematische Rechtsfindung, 1995, 36 f.

169 *Höpfner*, Systemkonforme Auslegung, 2009, 74; *Riesenhuber*, System und Prinzipien des Europäischen Vertragsrechts, 2003, 27.

170 *Kramer*, Juristische Methodenlehre, 6. Aufl. 2019, 104 f.; *Bydlinski*, in: FS Canaris, 2007, 1017, 1040; *Meyer*, Grundzüge einer systemorientierten Wertungsjurisprudenz, 1984, 96.

171 *Höpfner*, Systemkonforme Auslegung, 2009, 74.

172 *Riesenhuber*, System und Prinzipien des Europäischen Vertragsrechts, 2003, 24 f.

173 Singgemäß: Teleologie schlägt Systematik, *Möllers*, Juristische Methodenlehre, 4. Aufl. 2021, § 4, Rn. 109.

174 *Riesenhuber*, System und Prinzipien des Europäischen Vertragsrechts, 2003, 25; *Bydlinski*, System und Prinzipien des Privatrechts, 1996, 31 ff., 50 f.; *Bydlinski*, Über prinzipiell-systematische Rechtsfindung, 1995, 30–36; ähnlich *Larenz/Canaris*, Methodenlehre der Rechtswissenschaft, 3. Aufl. 1995, 310 ff., die fordern, dass Begriffe des äußeren Systems immer auch die Rückbeziehung auf ein Prinzip des inneren Systems erkennen lassen müssten.

175 So aber *Höpfner*, Systemkonforme Auslegung, 2009, 73 ff.

tischen Auslegung deutlich.[176] Äußere und innere Ordnung stehen somit nicht berührungslos nebeneinander, sondern in einem Wechselbezug:[177] Wenngleich zunächst davon ausgegangen werden kann, dass die äußere Ordnung die innere widerspiegelt, ist es durchaus möglich, im Rahmen der Systembildung zu einem anderen Ergebnis zu gelangen. Das innere System kann so auch das äußere System beeinflussen und zur Systembildung am äußeren System beitragen, wenn z. B. Redaktionsfehler wie falsche Verweisungen getilgt werden.

5. Der Systembegriff vor dem Hintergrund befürchteter „Systembrüche“ und „Systeminkohärenzen“ im mitgliedsstaatlichen Recht

Soweit in der Literatur europäisches Recht als systemwidrige Einwirkungen oder Systembrüche wahrgenommen wird, wird als System lediglich das nationale Recht bezeichnet, das für sich genommen – jedenfalls bis zur Einwirkung durch europäische Rechtsakte – eine klare, innere Stimmigkeit aufweist, die nun herausgefordert ist. Dies suggeriert ein starres Systemverständnis und vernachlässigt, dass sich das Verständnis von Rechtsnormen dauerhaft weiterentwickelt und nie gänzlich abgeschlossen ist.[178]

Die als europäisch bedingt empfundenen „Inkohärenzen“ im System und die daraus folgenden Unsicherheiten, die sich aus Sicht mitgliedsstaatlicher Rechtsanwender ergeben, sind „keine programmwidrigen Störungen der ‚friedlichen Koexistenz‘ von Gemeinschaftsrecht und nationalem Recht [...], sondern konstitutiver Bestandteil des Gemeinschaftssystems und Ausdruck einer sich gesund entwickelnden Gemeinschaftsrechtsordnung“[179]. Es ist gerade die Aufgabe der Systembildung, im Zweifel die Ordnung des Rechtsstoffs beständig neu vorzunehmen. Das (innere) System im Sinne einer dogmatischen Ordnung des Rechts ist damit keinesfalls statisch, sondern passt sich beständig neuen Gegebenheiten an.

Die Bewahrung erprobter dogmatischer Rechtsfiguren im deutschen Recht ist freilich allein aus Praktikabilitätsgründen wünschenswert. Ebenso jedoch ist die Angleichung der Rechtsverhältnisse im EU-Binnenmarkt ein Ziel, das zu verfolgen sich auch und gerade aus deutscher Sicht lohnt. Die Veränderungen in den mitgliedsstaatlichen Rechtsordnungen, die als Systembrüche und Ähnliches rezipiert werden, sind eine Notwendigkeit auf diesem Weg. Die Kritik am europäischen Recht, die sich in der reinen Benennung solcher vermeintlicher Systemwidrigkeiten zeigt und eine Minimierung europäischer Einwir-

---

[176] Dazu siehe Kapitel 1 C. III. 2., S. 66.

[177] *Riesenhuber*, System und Prinzipien des Europäischen Vertragsrechts, 2003, 25; *Bydlinski*, System und Prinzipien des Privatrechts, 1996, 24–31, 46–51; ähnlich auch *Rüthers/Fischer/Birk*, Rechtstheorie und juristische Methodenlehre, 12. Aufl. 2022, § 4, Rn. 139, § 22, Rn. 744 ff.

[178] Siehe Kapitel 1 B. I. 3. c), S. 36.

[179] *Niedobitek*, VerwArch 91 (2001), 58, 60.

kungen auf das mitgliedsstaatliche Recht favorisiert, um mitgliedsstaatliche Wertungszusammenhänge zu bewahren,[180] zeugt primär von einer wenig produktiven Abwehrhaltung:[181] Denn wenn die Kritik an der europäischen Rechtssetzungspraxis und -qualität bisweilen auch in vielen Punkten durchaus berechtigt ist, so trägt ein Ansatz, der nur die vermeintliche Inkompatibilität zwischen den Rechtsordnungen betont, wenig zur Lösung der praktischen Probleme bei. Zudem zeigt die diesem Wunsch zugrundeliegende Annahme, das mitgliedsstaatliche System vermeintlich bewahren zu können, ein falsches, weil starres Verständnis des Systembegriffs auf. Systembildung ist eine Daueraufgabe, da sich der Bezugspunkt, das geltende Recht, dauerhaft ändert.[182] Ein statisches System des Rechts kann es daher nach dem hiesigen Systemverständnis nicht geben. Nicht zuletzt zeigt eine solche Rezeption der Rechtsordnungsverschränkung vor allem, dass das Thema der Rechtsordnungsverschränkung nach wie vor zahlreiche Fragen aufwirft und einer grundlegenden Betrachtung bedarf.

In den oben entwickelten Elementen dogmatischen Systemdenkens gehen im Übrigen die Begriffe der Systemkohärenz, Wertungskohärenz und Systemgerechtigkeit auf, die gern gegen das europäische Recht in Stellung gebracht werden. Denn die Kohärenz ist schon notwendige Bedingung des Systembegriffs.[183] Diese Begriffe sind letztlich Synonyme für die innere Folgerichtigkeit des Rechts i. S. e. Systematik und haben keine eigenständige Bedeutung. Letztlich bleibt festzuhalten, dass die oben genannten „Systeminkohärenzen" etc.[184] kein geeigneter Begriff ist, die Folgen der Rechtsordnungsverschränkung abzubilden. Denn es ist nicht nur Aufgabe der Rechtswissenschaft und Rechtsanwendung, Systeminkompatibilitäten offenzulegen, sondern auch, sie durch weitere Systembildung möglichst auszuräumen.[185] Es erscheint daher konstruktiver, sich der Aufgabe der Systembildung im sekundärrechtlichen Kontext zuzuwenden und sich somit auf die Lösung dieser Probleme zu konzentrieren.

6. Zwischenergebnis: Systembegriff und Systemdenken

Der oben beschriebene, dogmatische Systembegriff wird heutzutage in anwendungsbezogenen Abhandlungen zu Recht ganz überwiegend übernommen[186]

---

[180] Etwa *Steindorff*, EG-Vertrag und Privatrecht, 1996, 52.

[181] So auch *Ackermann*, ZEuP 2018, 741, 770; *Niedobitek*, VerwArch 91 (2001), 58, 58.

[182] Siehe dazu auch *Canaris*, Systemdenken und Systembegriff, 1983, 61 ff. zur „Unabgeschlossenheit und Vorläufigkeit der wissenschaftlichen Erkenntnis".

[183] Hier zeigt sich der Unterschied des rechtswissenschaftlichen Systemverständnisses zum naturwissenschaftlichen, das auch inkonsistente Systeme kennt, vgl. *Alchourrón/Bulygin*, Normative Systeme, 1971, 95.

[184] Siehe Kapitel 1 A. I. 2. b), S. 14.

[185] So i. E. auch *Herresthal*, Rechtsfortbildung im europarechtlichen Bezugsrahmen, 2006, 112.

[186] So etwa *Möllers*, Juristische Methodenlehre, 4. Aufl. 2021, § 4, Rn. 92 f.; *Kramer*, Juristische Methodenlehre, 6. Aufl. 2019, 99; *Hilbert*, Systemdenken in Verwaltungsrecht und

und wird auch hier der weiteren Untersuchung zugrunde gelegt. Zu verstehen ist der Begriff des Systems im weiteren Verlauf dieser Abhandlung vor allem als Grundlage der Systembildung in einem dogmatisch-methodischen Kontext. Die dogmatische Systembildung zielt darauf ab, das folgerichtige Zusammenwirken von Wertungen, die entweder in konkreter Form als Normen oder abstrahiert als übergreifende und konkretisierungsbedürftige Strukturprinzipien vorliegen, darzustellen. Die Strukturprinzipien werden induktiv aus dem Normenbestand abgeleitet. Die Darstellung der Wertungszusammenhänge soll die Rechtsanwendung erleichtern und nachvollziehbarer machen. Jede im Rahmen von systematischen Analysen gewonnene Dogmatik stellt nur eine „Theorie über das Recht“[187] dar und steht im Wettbewerb zu anderen Ansätzen.

Wie oben gezeigt, ist der Systembegriff nicht starr, sondern kann sich auf abgegrenzte Normbereiche ebenso beziehen wie auf den gesamten Normbestand einer Rechtsordnung. Was das System umfasst, ist abhängig von dem Rechtsbereich, der systematisch abgebildet werden soll. Sinnvoll ist die anwendungsorientierte Systembildung insbesondere in abgegrenzten Teilbereichen, d. h. rechtsgebietsbezogen. Der Systembegriff und die aus diesem im Rahmen der Systembildung entwickelte Anwendungslehre tragen zu einer anwendungsorientierten Ordnung des Rechtsstoffs umso mehr bei, je klarer die zu systematisierende Materie abgegrenzt und je detailreicher sie in den Blick genommen werden kann. Der Mehrwert dogmatisch-systematischer Untersuchungen für die Rechtsanwendung zeigt sich folglich stärker auf der Mikro- als auf der Makroebene.

Neben diesem durch Systembildung zu schaffenden inneren System wird auch die formale, äußere Ordnung des Rechts als (äußeres) System bezeichnet. Für die Ermittlung der inneren Ordnung bildet das äußere System aber einen ersten Anhaltspunkt für den Rechtsanwender. Das äußere System ist damit eine Erkenntnisquelle im Rahmen der Systembildung. So stehen beide Systeme zueinander in einer notwendigen Wechselwirkung.

II. Das europäische (Verordnungs-)Recht als System im dogmatischen Sinn

Der Systembegriff und das Systemdenken entstammen der deutschen Methodik, was eine Anwendung auf das Recht einer anderen Rechtsordnung zunächst

---

Verwaltungsrechtswissenschaft, 2015, 3 ff., 15 f.; *Kirchhof/Magen*, in: Kirchhof/Magen/Schneider (Hrsg.), Was weiß Dogmatik?, 2012, 151, 155; *Schmidt-Aßmann*, Das allgemeine Verwaltungsrecht als Ordnungsidee, 2. Aufl. 2006, Rn. 1; *Riesenhuber*, System und Prinzipien des Europäischen Vertragsrechts, 2003, 5 ff.; *Schroeder*, Das Gemeinschaftsrechtssystem, 2002, 47; *Grundmann*, in: Grundmann (Hrsg.), Systembildung und Systemlücken in Kerngebieten des Europäischen Privatrechts, 2000, 1 ff., 1; *Bydlinski*, System und Prinzipien des Privatrechts, 1996, 50 f., der noch alle Begründungszusammenhänge zwischen den Prinzipien dazuzählt, aber einsieht, dass eine Darstellungsleistung des Umfangs wegen so nicht erbringbar wäre.

[187] *Riesenhuber*, System und Prinzipien des Europäischen Vertragsrechts, 2003, 6.

begründungsbedürftig macht. Dem europäischen Recht müsste nach dem oben Gesagten jedoch lediglich das Ziel innerer Folgerichtigkeit erkennbar zugrunde liegen, um auch hier ein Systemdenken zu ermöglichen.[188] Tatsächlich ist Systembildung gerade im europäischen Recht von besonderer Wichtigkeit.[189] Da auch das europäische Recht ein eigenes System im obigen Sinne bildet, treffen im Bereich der Rechtsordnungsverschränkung zwei verschiedene, nicht abgestimmte Systeme aufeinander.[190]

1. Innere Folgerichtigkeit im europäischen Recht

Die systematische Konzeption des Europarechts wird unterschiedlich beurteilt: Während den Europäischen Verträgen, also dem Primärrecht, durchaus das Ziel der Folgerichtigkeit zugesprochen wird, wird das Sekundärrecht teilweise noch als „zu pointilistisch" wahrgenommen.[191] Es bilde daher (noch) keine in sich stimmige Ordnung. Dem ist entgegenzuhalten, dass jedenfalls die fragmentarische Natur des europäischen Rechts kein natürliches Ausschlusskriterium für innere Folgerichtigkeit ist. Die EU hat gerade keine Ambitionen, die mitgliedsstaatlichen Kodifikationen zu ersetzen und jede Rechtsfrage europäisch zu regeln. Es kann daher nicht – in Anlehnung an den im mitgliedsstaatlichen Kontext bekannten Normalfall einer Kodifikation – das Merkmal der Vollständigkeit sein, welches das Ziel der inneren Widerspruchslosigkeit ausmacht.[192] Vielmehr lassen sich Kohärenzbestrebungen auf europäischer Ebene vielfach nachweisen: Das europäische Primärrecht nennt die „Kohärenz zwischen ihrer Politik und ihren Maßnahmen in den verschiedenen Bereichen" explizit in Art. 7 AEUV und Art. 13 EUV. Die Union strebt damit eine innere Konsequenz auch der Sekundärrechtsakte in sich und untereinander an.[193] Art. 7 AEUV formuliert damit zumindest den *Anspruch* auf rechtsaktinterne sowie wohl auch auf rechtsgebietsübergreifende Kohärenz. Einen weiteren Hinweis auf die systematische Konzeption des europäischen Rechts geben die Grundwerte der Union: Sie beschreibt sich selbst als Wertegemeinschaft[194] und nennt in der Präambel

---

[188] Siehe dazu 1., S. 43.

[189] Siehe dazu 2., S. 45.

[190] Siehe dazu 3., S. 46.

[191] *Möllers*, Juristische Methodenlehre, 4. Aufl. 2021, § 4, Rn. 137; *Höpfner/Rüthers*, AcP 209 (2009), 1, 12.

[192] Siehe *Grundmann*, RabelsZ 75 (2011), 882, 896, 904; ein System steht auch laut *Canaris*, Systemdenken und Systembegriff, 1983, 18 hinter jedem positiven Recht, „so bruchstückhaft Folgerichtigkeit und Einheit auch verwirklicht sein mögen"; in diesem Sinne auch *Ackermann*, ZEuP 2018, 741, 758: Sektorielles Recht sei jedenfalls „kohärenter Teil der Verwirklichung der von der Union wahrgenommenen Politiken".

[193] *Ackermann*, ZEuP 2018, 741, 764 ff.; *Obwexer*, in: v. d. Groeben/Schwarze/Hatje, 7. Aufl. 2015, AEUV Art. 7 Rn. 8 f.; zum Kohärenzgebot bzgl. mitgliedsstaatlicher Regelungen *Frenz*, EuR 2012, 344.

[194] *Heintschel von Heinegg*, in: Vedder/Heintschel v. Heinegg, 2. Aufl. 2018, EUV Art. 2 Rn. 4, zur Dimension des Gleichheitsgrundsatzes siehe Rn. 9.

des EUV als eine der gemeinsamen grundlegenden Verfassungstraditionen die Rechtsstaatlichkeit. Auch die aus dem Rechtsstaatsprinzip folgenden Gebote der Rechtssicherheit und Gleichheit aus dem das Ziel einer widerspruchslosen Rechtssetzung zum Teil hergleitet wird,[195] sind grundlegende Werte der Europäischen Union (vgl. Art. 2 EUV) und damit unmittelbar prägend für die gesamte europäische Rechtsordnung.

Zwar können das selbstverordnete Kohärenzgebot ebenso wie die Bekenntnisse zur Gleichheit und Rechtsstaatlichkeit den Beweis für tatsächliche innere Stimmigkeit einzelner Sekundärrechtsmaßnahmen (in sich und untereinander) nicht erbringen. Es ist jedoch für die System*bildung* gerade nicht notwendig, dass das zu systematisierende Recht flächendeckende Regelungen enthält oder eine klare innere Logik bereits sichtbar hervortritt.[196] Aus diesem Grunde ist es auch unschädlich, dass das europäische Recht allgemein als „unsystematisch" wahrgenommen wird.[197] Es reicht, dass das europäische Recht im obigen Sinne systematisch konzipiert ist,[198] d. h. es ist *systematisierbar*. Als primärrechtlicher Grundwert kann insbesondere die Kohärenzbestrebung sowohl als Leitmotiv der Rechtsinterpretation durch den EuGH[199] als auch als Leitbild rechtswissenschaftlicher Systembildung[200] gesehen werden. Denn Systematisierung ist ja gerade primär Aufgabe der Rechtswissenschaft der Rechtssetzung: Unsystematisch anmutende Normen sind stimmig in einen Gesamtzusammenhang einzuordnen – dieser Gesamtzusammenhang kann dabei die gesamte europäische Rechtsordnung oder aber – und das ist, wie oben bereits angeklungen, insgesamt die sinnvollere Vorgehensweise – nur ein Teilbereich dieser Rechtsordnung sein.[201] Gerade in der jüngeren Literatur finden sich viele Werke, die europäische Teilrechtsgebiete systematisch aufarbeiten.[202]

---

[195] *Grundmann*, RabelsZ 75 (2011), 882, 907; *Höpfner*, Systemkonforme Auslegung, 2009, 50 ff.; *Riesenhuber*, System und Prinzipien des Europäischen Vertragsrechts, 2003, 53 f.

[196] Siehe dazu bereits oben Kapitel 1 B. I. 3. c), S. 36.

[197] *Möllers*, Juristische Methodenlehre, 4. Aufl. 2021, § 4, Rn. 137; *Ackermann*, ZEuP 2018, 741, 742 f.; *Basedow/Blaurock/Flessner/Schulze/Zimmermann*, ZEuP 1993, 1, 2.

[198] *von Bogdandy*, in: von Bogdandy/Bast (Hrsg.), Europäisches Verfassungsrecht, 2009, 13, 18 ff., 34 f.; siehe dazu auch *Grundmann*, in: Riesenhuber (Hrsg.), Europäische Methodenlehre, 2021, § 9, Rn. 1; *Riesenhuber*, in: Riesenhuber (Hrsg.), Europäische Methodenlehre, 2021, § 10, Rn. 24.

[199] Siehe EuGH, Urt. v. 6.10.1982 – Rs. 283/81 (CILFIT), ECLI:EU:C:1982:335, Rn. 20; *Ackermann*, ZEuP 2018, 741, 774; *Schorkopf*, in: Kirchhof/Magen/Schneider (Hrsg.), Was weiß Dogmatik?, 2012, 139.

[200] *Schorkopf*, in: Kirchhof/Magen/Schneider (Hrsg.), Was weiß Dogmatik?, 2012, 139, 141 ff.

[201] Siehe zur Tauglichkeit dogmatischer Untersuchungen von Teilrechtsbereichen Kapitel 1 B. I. 6., S. 41.

[202] Siehe etwa Beiträge in Grundmann (Hrsg.), Systembildung und Systemlücken in Kerngebieten des Europäischen Privatrechts 2000; *Ebers*, Rechte, Rechtsbehelfe und Sanktionen im Unionsprivatrecht, 2017; *Heinze*, Schadenersatz im Unionsprivatrecht, 2017; umfassend für das Vertragsrecht Jansen/Zimmermann (Hrsg.), Commentaries on European Con-

Zudem haben Spielarten der systematischen Auslegung auf europäischer Ebene eine große Bedeutung: Die systematisch-teleologische Auslegung über mehrere Rechtsakte hinweg wird häufig auch als „systemkonforme“[203], „vertragskonforme“[204], „vertikal systematische“[205] oder „primärrechtskonforme“[206] Auslegung bezeichnet.[207] Sie beinhaltet regelmäßig die Verortung der auszulegenden Norm im Zusammenhang des jeweiligen Rechtsakts sowie der gesamten europäischen Rechtsordnung und berücksichtigt die Vereinbarkeit mit höherrangigem europäischem Recht im Interesse einer rechtsordnungsinternen Folgerichtigkeit. Notwendige Voraussetzung solcher Analyse(methode)n ist ein Verständnis der europäischen Rechtsordnung als systematisch konzipiertes Recht.

Folglich ist das Systemdenken sowohl innerhalb einzelner Sekundärrechtsakte[208] als auch übergreifend auf das gesamte europäische Sekundär- und Primärrecht anwendbar.[209] Methodisch und dogmatisch reflektierte Regelbildung kann damit durchaus als „universales Phänomen“ bezeichnet werden.[210]

2. *Besondere Notwendigkeit von Systembildung im Europarecht*

Gerade im europarechtlichen Kontext ist die Systembildung von besonderer Notwendigkeit, denn je weniger Grundsystematik das Recht „von Haus aus“ mitbringt, desto mehr muss externe Systembildung von der Rechtswissenschaft geleistet werden, um das Recht zu ordnen, es handhabbar zu machen und (fehlende) Legitimationszusammenhänge aufzuzeigen.[211]

Hier zeigt sich der große Unterschied des europäischen zum deutschen Recht, insbesondere zum deutschen Privatrecht: Das System des deutschen Pri-

tract Laws, 2018; *Riesenhuber*, System und Prinzipien des Europäischen Vertragsrechts, 2003; dazu auch *Jansen/Zimmermann*, ZEuP 2017, 761.

[203] Dazu *Martens*, Methodenlehre des Unionsrechts, 2013, 435 ff.; *Höpfner*, Systemkonforme Auslegung, 2009, insbes. 151 ff.

[204] *Wegener*, in: Calliess/Ruffert, 6. Aufl. 2022, EUV Art. 19 Rn. 31; *Borchardt*, in: Schulze/Janssen/Kadelbach (Hrsg.), Europarecht, 2020, § 15, Rn. 50 f.

[205] *Frenz*, Handbuch Europarecht (Bd. 5), 2012, Rn. 405 ff.

[206] *Leible/Domröse*, in: Riesenhuber (Hrsg.), Europäische Methodenlehre, 2021, § 8, Rn. 1 ff.; *Grundmann*, RabelsZ 75 (2011), 882, 896.

[207] Dazu Kapitel 2 A. IV. 2. a) bb), S. 137.

[208] So auch *Möllers*, Juristische Methodenlehre, 4. Aufl. 2021, § 4, Rn. 138.

[209] Ebenso *Rüthers/Fischer/Birk*, Rechtstheorie und juristische Methodenlehre, 12. Aufl. 2022, § 4, Rn. 147a; *Riesenhuber*, in: Riesenhuber (Hrsg.), Europäische Methodenlehre, 2021, § 10, Rn. 24 f.; *Lobinger*, AcP 216 (2016), 28, 77 f.

[210] *Grigoleit*, in: FS Canaris, 2017, 241, 263; *Stürner*, AcP 214 (2014), 7, 11; ebenso *Schröder*, Akademie-Journal 2002, 37: „Juristische Methodenlehre ist die Anwendung von Hermeneutik und Logik auf die Jurisprudenz“.

[211] *Ackermann*, ZEuP 2018, 741, 743 ff., 745, 763 ff.; *Kahl*, in: von Bogdandy/Cassese/Huber (Hrsg.), Handbuch Ius Publicum Europaeum (Bd. 5), 2014, § 74, Rn. 72; *Grundmann*, RabelsZ 75 (2011), 882, 908 f.; *Basedow*, in: Zimmermann (Hrsg.), Rechtsgeschichte und Privatrechtsdogmatik, 1999, 79, 92 ff.

vatrechts, in dessen Zentrum das BGB steht, wurde zu einem Großteil bereits vor der Rechtssetzung entwickelt, nämlich durch die sorgfältig und aufwendig durchgeführten BGB-Kommissionen. Die Systembildung wurde allerdings auch hier mehrheitlich von Rechtswissenschaftlern vorgenommen, wenn auch dem Gesetzgebungsprozess zeitlich vorgelagert. Dies hatte den Vorteil, dass die Erkenntnisse der Kommissionen unmittelbar im zu setzenden Recht berücksichtigt werden konnten. Das Ergebnis, das BGB, war ein in sich bereits stimmiges Regelungswerk, das auch Sicht der Rechtsanwender kaum noch weiterer Systembildung bedurfte. Der umfassende Systembildungsprozess, der der Rechtssetzung vorgelagert war, erweckte den Eindruck, als stamme das System aus dem Recht selbst und sei nicht Ergebnis zäher rechtswissenschaftlicher Diskussionen. Diese Art der wohlüberlegten und minutiös vorbereiteten Rechtssetzung ist jedoch nicht der Normalfall, sie ist die Ausnahme. Aus diesem Grund ist es auch wenig dienlich, von (deutscher) zumeist privatrechtlicher Seite ein fehlendes System im europäischen Recht zu monieren – dieses System erst zu schaffen, wo es nicht existiert, ist die ureigenste Aufgabe der Rechtsanwender.

Angesichts der großen Verunsicherung mitgliedsstaatlicher Rechtsanwender gegenüber der richtigen Anwendung europäischer Rechtsnormen erscheint Systembildung gerade im normstarken europäischen Sekundärrecht unbedingt notwendig, um sowohl für die Rechtsadressaten als auch für die Rechtsanwender mehr Orientierung zu schaffen. Über diese Systematisierung hinaus, die nur europäisches Recht in den Blick nimmt, muss ein widerspruchsloses Ineinandergreifen von Normen und ihren Wertungen jedoch auch rechtsgebietsbezogen und gleichzeitig *rechtsordnungsübergreifend* geleistet werden –[212] also da, wo ein Rechtsgebiet sowohl durch nationale als auch durch europäische Normen determiniert wird. Diese rechtsordnungsübergreifende Systembildung soll in Kapitel 2 in ihren Teilschritten sichtbar gemacht werden.

Systemdenken ist folglich ebenso im Europäischen Sekundärrecht und damit auch auf Europäische Verordnungen anwendbar.

3. *Koordination der aufeinandertreffenden Systeme*

Es wurde festgestellt, dass sowohl das Recht der europäischen als auch der nationalen Rechtsordnung als System beschrieben werden kann. Wird nun europäisches Verordnungsrecht neben nationalem Sachrecht angewendet, kann man aus methodischer Sicht die Rechtsordnungsverschränkung auch als ein *Aufeinandertreffen unterschiedlicher Systeme* betrachten: Denn den jeweiligen Rechtsordnungen liegen unterschiedliche Wertungszusammenhänge und teils auch unterschiedliche Wertungen zugrunde.

Will man, dass diese beiden Normkomplexe möglichst stimmig ineinandergreifen, erfordert dies eine Koordination der jeweiligen inneren Systeme, d. h.

212 Siehe dazu Kapitel 1 B. III., S. 47.

der jeweiligen Normziele und der diesen zugrundeliegenden Wertungen. Dabei können sich die Normzwecke der unterschiedlichen Ebenen – in Einzelfällen oder auch ganz abstrakt – widersprechen (Normenkollisionen[213]). Solche Widersprüche sind im Interesse der Rechtsklarheit aufzudecken und aufzulösen. Beides stellt den mitgliedsstaatlichen Rechtsanwender, der mit dieser Aufgabe primär betraut ist, vor Herausforderungen: Denn ob, inwieweit und auf welches nationale Recht jeweils zurückgegriffen werden darf, ist dem Rechtsakt häufig nicht eindeutig zu entnehmen.[214] Hier bedarf es einer methodisch klar strukturierten Vorgehensweise, um einheitliche Ergebnisse zu ermöglichen und Entscheidungen nachvollziehbar zu machen, ggf. bis zum Vorlageersuchen beim EuGH.

Der dogmatische Systembegriff kann hier sowohl als Grundlage als auch als Leitbild dienen, um Normenkomplexe unterschiedlicher Gesetzgeber widerspruchsfrei nebeneinander anzuwenden – die Koordination innerer Systeme stellt die Grundlage einer rechtsordnungsübergreifenden Systembildung dar.[215]

III. Rechtsordnungsübergreifende Systembildung

Ein Rechtsgebiet kann aufgrund der fragmentarischen Rechtssetzung der EU[216] kaum aus rein europäischen oder rein nationalen Normen bestehen. Vielmehr sind ganze Rechtsgebiete heutzutage überwiegend rechtsordnungsübergreifend angelegt, d. h. sie umfassen sowohl Normen des europäischen Rechts als auch Normen des mitgliedsstaatlichen Rechts. Neben rein national oder rein europäisch geprägten Rechtssystemen ist daher auch ein Mischsystem aus verschiedenen Rechtsordnungsteilen denkbar, das überall dort entsteht, wo nationales Recht bei der Durchführung von europäischem Recht zusätzlich anwendbar ist und somit im Anwendungsbereich eines bestimmten Rechtsakts (und damit eines europäischen Rechtsgebiets) in den Dienst dieser Normen gestellt wird.[217]

Um ein solches, rechtsordnungsübergreifendes Rechtsgebiet systematisch zu erfassen und die Normzwecke sowie die dahinterstehenden Prinzipien so zu ordnen, dass diese Ordnung (das wissenschaftliche System) perspektivisch die Anwendung erleichtert, ist eine *rechtsordnungsübergreifende* Systematisierung unumgänglich. Nur so können die Wertungszusammenhänge des europäischen wie des nationalen Rechts sinnvoll miteinander koordiniert werden. Eine solche Systembildung betrachtet Normen nicht mehr singulär als europäisches

---

213 Siehe dazu ausführlich Kapitel 2 A., S. 79 ff.

214 Dazu auch Kapitel 1 C. III. 1., S. 64.

215 Siehe dazu Kapitel 2 A. I. 1., S. 80.

216 Siehe Einleitung, S. 1.

217 Diese Prämisse liegt auch der Untersuchung von *Hacker*, Datenprivatrecht, 2020, zugrunde, der mit dem „Datenprivatrecht" die Querbeziehungen zwischen DSGVO und deutschem Privatrecht analysiert, siehe zum Begriff des Datenprivatrechts ebd., 4 ff.

oder mitgliedsstaatliches Recht, sondern zusammen als Regelungen, die einen bestimmten Rechtsbereich determinieren und daher stimmig ineinandergreifen müssen.[218]

1. Einordnung der Begriffe Rechtsgebiet/Rechtsordnung/System

Eine solche rechtsordnungsübergreifende Systematisierung mutet zunächst ungewöhnlich an, da die Systembildung bislang exklusiv auf rechtsordnungsinterne Normenkomplexe angewendet wurde.[219] Die häufig synonyme Verwendung der Begriffe *Rechtsordnung* und *Rechtssystem* liegt in dem Umstand begründet, dass Rechtsordnungen in der Regel als System beschrieben wurden.[220] Die Begriffe sind aber nicht notwendigerweise deckungsgleich.

Die Rechtsordnung bezeichnet die Gesamtheit aller objektiv geltenden Rechtsnormen, die dadurch eine Ordnung und damit eine Einheit bilden, dass sie auf denselben Geltungsgrund rückführbar sind.[221] Eine Rechtsordnung ist zwar regelmäßig systematisch konzipiert im obigen Sinne.[222] Umgekehrt ist jedoch nicht jedes System von Normen zwingend immer innerhalb *nur einer* Rechtsordnung angesiedelt. Denn dogmatische Systembildung ist überall da möglich, wo dem Recht das Ziel einer inneren Folgerichtigkeit, d. h. einer Widerspruchslosigkeit der Normzwecke zugrunde liegt. Das Systemdenken ist vom Begriff der Rechtsordnung und dem damit verbundenen Erfordernis einer zentralen Rückführung auf einen einheitlichen Geltungsgrund losgelöst. Es ist daher auch denkbar, dass innere Folgerichtigkeit dort anvisiert ist, wo mehrere Rechtsordnungen aufeinandertreffen und ein Rechtsgebiet prägen.[223] Wo es zu einer Verschränkung von Normen der europäischen und der mitgliedsstaatlichen Rechtsordnung[224] kommt, müsste daher zunächst die angestrebte Folge-

[218] Im Ansatz ähnlich auch *Ackermann*, ZEuP 2018, 741, 758, 770, der europäisches und mitgliedsstaatliches Recht als Teil einer „Gesamtrechtsordnung" betrachtet und aus diesem Grund eine „vertikale Systematisierung" befürwortet; ebenso spricht *Pernice*, in: Calliess (Hrsg.), Verfassungswandel im europäischen Staaten- und Verfassungsverbund, 2007, 61, 62, 68 m. w. N. vom „zusammengesetzten System" des europäischen Verfassungsverbunds, das Recht werde formal unterschieden, sei aber eine materielle Einheit, die schrittweise zusammenwachse; ähnlich *Fisahn/Ciftci*, JA 2016, 364, 370: „Einheit durch Verbindung und Zusammenfügen der unterschiedlichen Teile".

[219] Hierzu *Höpfner*, Systemkonforme Auslegung, 2009, 54 ff.

[220] *Buchwald*, in: Schilcher/Koller/Funk (Hrsg.), Regeln, Prinzipien und Elemente im System des Rechts, 2000, 83, 85.

[221] *Kelsen*, Reine Rechtslehre, 2. Aufl. 1960, 72, 196 ff., demnach sogar rückführbar auf eine gemeinsame oberste Erzeugungsregel, d. h. „Grundnorm".

[222] So auch *Eckhoff/Sundby*, Rechtssysteme, 1988, 171 f.

[223] In diese Richtung bereits *Basedow*, in: Zimmermann (Hrsg.), Rechtsgeschichte und Privatrechtsdogmatik, 1999, 79, 92, 99 f.: „Die Bezogenheit des dogmatischen Denkens auf ein Rechtssystem und auf das geltende Recht gewinnt in dem mehrdimensionalen europäischen Rechtsraum […] eine ganz andere Bedeutung."; dazu Kapitel 1 B. I. 3. a), S. 28.

[224] Geht man hingegen davon aus, dass es sich bei dem europäischen Recht gerade nicht um eine eigenständige Rechtsordnung handelt und dieses vielmehr in der nationalen Rechts-

richtigkeit im Zusammenspiel der Normkomplexe belegt werden.[225] In einem weiteren Schritt ist zu begründen, wieso das Systemdenken gerade da besonders notwendig ist, wo fremde Strukturen und nicht aufeinander abgestimmte Normziele aufeinandertreffen.[226]

2. Postulat innerer Folgerichtigkeit im rechtsordnungsübergreifenden System

Das Folgerichtigkeitspostulat ist, wie oben bereits dargelegt, notwendige Bedingung für die Anwendbarkeit des Systemdenkens und damit für die Betrachtung eines Normkomplexes als System im obigen Sinne. Die Annahme jedenfalls intendierter Folgerichtigkeit ist auch in einem rechtsordnungsübergreifenden Bezugsrahmen, der europäisches und mitgliedsstaatliches Recht umfasst, berechtigt:[227] Zunächst ist eine rechtsordnungsübergreifende Folgerichtigkeit allein deshalb geboten, da die Unterscheidung zwischen verschiedenen Ebenen aus Sicht der Rechtsadressaten künstlich ist: Aus Sicht des Rechtsverpflichteten oder -begünstigten ergeben sich bei der Rechtsbindung keine Unterschiede zwischen europäischem und mitgliedsstaatlichem Recht.[228] Der Rechtsadressat betrachtet das Recht unterschiedlicher Ebenen aus der Laienperspektive vielmehr als eine materielle Einheit, d. h. als ein in sich folgerichtiges System.[229] Eine vertikale Systembildung über Rechtsordnungsgrenzen hinweg kann daher auch bei allen Rechtsadressaten erheblich zur Transparenz und Akzeptanz des Rechts beitragen, wenn die für einen bestimmten Bereich geltenden Normen unabhängig von ihrer Provenienz aufgeführt sind und in ihrer rechtsgebietsbezogenen Wirkung auch im Verhältnis zu den anderen maßgeblichen Vorschriften erläutert werden.

Das Streben nach systeminterner und damit rechtsordnungsübergreifender, vertikaler Kohärenz und Folgerichtigkeit lässt sich aber auch auf den einzelnen Ebenen nachweisen: So werden für mitgliedsstaatliche Normen im Anwendungsbereich von Europarecht (Art. 51 Abs. 1 GRC) von europäischer Seite gemeinsame programmatische Mindestanforderungen in Form einer einheitli-

---

ordnung aufgeht, stellt schon die Unterscheidung zwischen Rechtsordnung und Rechtssystem kein Problem dar – denn dann ist die hier angestrebte Systembildung immer auf Recht innerhalb einer Rechtsordnung ausgerichtet, siehe zu diesem Ansatz *Nettesheim*, in: Grabitz/Hilf/Nettesheim, AEUV Art. 288 Rn. 37; *Herresthal*, Rechtsfortbildung im europarechtlichen Bezugsrahmen, 2006, 166 f., 228 ff.

[225] Siehe dazu 2., S. 49.

[226] Siehe dazu 3., S. 50.

[227] *Höpfner*, Systemkonforme Auslegung, 2009, 57 ff., 62; *Herresthal*, Rechtsfortbildung im europarechtlichen Bezugsrahmen, 2006, 228 ff., unter Rückgriff auf die „Rechtsidee" in einer integrierten Gesamtrechtsordnung; *Riesenhuber*, System und Prinzipien des Europäischen Vertragsrechts, 2003, 52 f.

[228] *Ackermann*, ZEuP 2018, 741, 770; *Gsell*, AcP 214 (2014), 99, 113; *Pernice*, in: Calliess (Hrsg.), Verfassungswandel im europäischen Staaten- und Verfassungsverbund, 2007, 61, 63 f.

[229] *Ackermann*, ZEuP 2018, 741, 770; *Gsell*, AcP 214 (2014), 99, 113; *Metzger*, Extra legem, intra ius, 2009, 464 f.

chen Wertungsgrundlage formuliert. Das europäische Recht misst nationales Recht darüber hinaus nicht nur an den Grundrechten, sondern auch an den allgemeinen rechtsstaatlichen Grundsätzen.[230] Diese von europäischer Seite verordnete gemeinsame Wertungsgrundlage, die eine maßgebliche Voraussetzung für rechtsordnungsübergreifende Folgerichtigkeit ist, ändert nicht die Prinzipiengrundlage mitgliedsstaatlicher Normen. Es kann sie aber im Einzelfall in den Hintergrund treten lassen. Denn das europäische Recht beansprucht Anwendungsvorrang vor den mitgliedsstaatlichen Normen.[231] Der Anwendungsvorrang und die mit ihm verwandten Methoden zur Sicherung der Effektivität des europäischen Rechts sind die wichtigsten Instrumente zur Herstellung von Folgerichtigkeit in einem System aus mitgliedsstaatlichen und europäischen Normen.[232]

3. Rechtsordnungsübergreifende Systematisierung als anwendungsindizierte Notwendigkeit

Die rechtsordnungsübergreifende Systematisierung ist eine Notwendigkeit in der Rechtsanwendung: Nur durch eine teleologisch-systematische Verortung der Normen beider Rechtsordnungen in einem gemeinsamen Zusammenhang können sie zueinander in Bezug gesetzt werden. Die beiden Ebenen, d. h. die beiden Rechtsordnungen, können nicht als berührungslos nebeneinanderstehende Gebilde betrachtet werden, wenn in der Praxis das Recht beider Ebenen für ein und denselben Sachverhalt maßgeblich ist. Die mitgliedsstaatliche Normbasis ist als Rückgriffsgrundlage für Durchführungsbestimmungen des europäischen Rechts ebenso Teil des jeweiligen Rechtsbereichs und als solcher im Rahmen der Systembildung systematisch-teleologisch miteinzubeziehen: Anstatt nationales und europäisches Recht nur nebeneinanderzustellen, müssen sich die Normen gedanklich ineinanderfügen.[233] Die zusätzlich anwendbaren mitgliedsstaatlichen Regelungen und eventuelle Konflikte zwischen den beiden Ebenen werden dabei häufig erst infolge solcher Überlegungen sichtbar.[234] Dadurch, dass gerade allgemeine Normen die Grundlage für viele europäische Rechtsakte ebenso wie für spezielles nationales Recht bilden, spielen sie in vielen verschiedenen Rechtsgebieten eine Rolle und sind somit auch gleichzeitig Teil vieler verschiedener rechtsgebietsbezogener Systeme.[235] In jedem dieser Systeme kann die Anwendbarkeit und Reichweite einer bestimmten Norm aber

230 Siehe dazu Kapitel 2 A. III. 3. b) bb) (2), S. 114.

231 Dazu ausführlich Kapitel 2 A. III. 2., S. 89.

232 Siehe zur Kollisionsauflösung Kapitel 2 A., S. 79.

233 *Jansen/Zimmermann*, ZEuP 2017, 761, 764.

234 Siehe dazu Kapitel 2 B., S. 182.

235 In diese Richtung bereits *Basedow*, in: Zimmermann (Hrsg.), Rechtsgeschichte und Privatrechtsdogmatik, 1999, 79, 92, der von einer „Multidimensionalität der Systemzusammenhänge“ spricht.

abhängig von spezielleren europäischen Bestimmungen anders ausfallen. Abhängig von dem betrachteten System wird die Norm jeweils nur in ihrer Bedeutung für den jeweiligen Rechtsbereich analysiert. Diese kann folglich auch jeweils unterschiedlich ausfallen.

Das zusätzlich anwendbare nationale Recht bei der dogmatischen Systembildung im europarechtlichen Kontext miteinzubeziehen, dient insbesondere der einheitlichen sowie der vereinfachten Anwendung der Normen des jeweiligen Rechtsbereichs: Eine Systematisierung nur des speziellen, europäischen Rechts ist aus Anwendersicht zumeist wenig praktikabel, da so maßgebliche Anwendungsprobleme ausgeblendet werden, die daher rühren, dass das europäische Recht in bestimmten Bereichen notwendigerweise auf diese mitgliedsstaatliche Normenbasis zurückgreift. Im rechtsordnungsübergreifenden, aber rechtsgebietsinternen Kontext ist Systembildung, also die Herstellung von Widerspruchsfreiheit, hingegen besonders wichtig:[236] Es treffen zwei Normengruppen aufeinander, denen zum einen unterschiedliche Normzwecke und Prinzipien zugrunde liegen, und die jeweils andere äußere Strukturen nutzen, die nicht aufeinander abgestimmt sind. Hier kommt es besonders häufig zu Widersprüchen,[237] aber auch zu Anknüpfungsfragen, denn eine Verknüpfung der Ebenen ist aufgrund der unterschiedlichen Strukturen eine besondere Herausforderung.[238] Die den unterschiedlichen Normkomplexen zugrundeliegenden Prinzipien und Normzwecke müssen in ihrem Zusammenwirken untersucht und eventuell Konflikte ermittelt und aufgelöst werden, damit ein widerspruchsloses, konsistentes Zusammenwirken der Normen ermöglicht wird.[239] Eine solche systematische Analyse wiederum ist die maßgebliche Voraussetzung für eine zumindest mitgliedsstaatweit einheitliche Anwendung der Normen dieses Rechtsgebiets.

Durch eine solche rechtsordnungsübergreifende, rechtsgebietsbezogene Systembildung können die oben genannten „Systemverwerfungen" im mitgliedsstaatlichen Recht als Probleme zwar nicht verhindert werden, denn es ist weiterhin möglich, dass das Europäische Recht Regelungen erlässt, die dem Wertungskanon nationalen Rechts nicht entsprechen. Durch Systembildung kann jedoch ein Umgang mit solchen Wertungsdifferenzen gefunden werden, der sie letztlich stimmig auflöst.

Systembildung ist in diesem rechtsordnungsübergreifenden Kontext eine Weiterentwicklung des oben[240] erarbeiteten Begriffs: Denn auf der Schnittstelle

---

[236] So auch *Höpfner*, Systemkonforme Auslegung, 2009, 61 f. m. w. N.

[237] Zu Kollisionen siehe Kapitel 2 A. III. 1., S. 87.

[238] Siehe Kapitel 2 B., S. 182.

[239] *Ackermann*, ZEuP 2018, 741, 743: „unsere aus europäischen und nationalen Elementen gebildete Rechtsordnung"; ebd., 770: „beide Ebenen übergreifende, vertikale Systematisierung".

[240] Kapitel 1 B. I., S. 24.

zwischen zwei Rechtsordnungen geht es zusätzlich darum, das gesamte Rechtsgebiet als eine in sich stimmige Einheit darzustellen: Die inneren wie äußeren Strukturen der unterschiedlichen Normenkomplexe müssen so aufeinander abgestimmt werden, dass die Normzwecke möglichst reibungslos ineinandergreifen und Regelungslücken identifiziert werden können. Eine solche Abstimmung ist gerade an den Geltungsgrenzen des europäischen Verordnungsrechts notwendig, nämlich da, wo wieder das nationale Recht greift.[241] Denn das äußere System der Verordnung grenzt diese vom nationalen Recht sichtbar ab. Verbindungen zum nationalen Recht müssen, soweit im Rahmen der Geltung des Verordnungsrechts zulässig sind, häufig erst durch Systembildung aufgezeigt werden.

4. Folge rechtsordnungsübergreifender Systembildung: Pluralität der Systembildung und Konvergenz der Methoden

Da das mitgliedsstaatliche Recht in jedem Mitgliedsstaat anders ausfällt, kann es kein einheitlich europäisches „System des Rechtsbereichs x" geben. Die Systembildung muss in jedem Mitgliedsstaat neu vorgenommen werden, da die rechtliche Basis aus mitgliedsstaatlichen Normen von Mitgliedsstaat zu Mitgliedsstaat variiert. Das „System des Datenschutzrechts" etwa wird daher in Frankreich nicht eins zu seins so aussehen wie in Deutschland. Gleichzeitig sind jedoch alle diese Systeme dem europäischen Ziel der Rechtsvereinheitlichung verpflichtet, das eine Verordnung explizit verfolgt. Die Rechtsanwendungsergebnisse sollten daher im Idealfall in jedem dieser Mischsysteme gleich ausfallen, wenn auch in gewissen Grenzen Auslegungs- und Anwendungsdivergenzen im System der Union angelegt und akzeptiert sind.[242] Die Aufgabe der Dogmatik ist es, im Rahmen dieser kaum zu vermeidenden Unterschiede dennoch einer *realistischen Einheitserwartung* den Weg zu bahnen.[243] *Fleischer* spricht in diesem Zusammenhang von einem europäischen „Arbeitskonsens" zum Zwecke eines „Ergebniskonsenses".[244] Dieser Arbeitskonsens muss in jeder mitgliedsstaatlichen Rechtsordnung neu und auf jeweils unterschiedliche Weise austariert werden: Da, wo mitgliedsstaatliches Recht und Unionsrecht ineinandergreifen, liegt nicht nur eine Schnittstelle zwischen Rechtsordnungen, sondern auch eine „Schnittstelle zwischen nationaler und unionsrechtlicher Dogmatik".[245] Folglich enthält eine Anwendungslehre für die verschränkende Anwendung von europäischem und nationalem Recht sowohl Elemente mitgliedsstaatlicher als auch unionsrechtlicher Methodik.

---

241 *Ackermann*, ZEuP 2018, 741, 744; sieht die Notwendigkeit der Systembildung insbesondere an den „Rändern" europäischer Rechtsakte.

242 *Hatje/Mankowski*, EuR 2014, 155, 166ff.

243 *Hatje/Mankowski*, EuR 2014, 155, 168.

244 *Fleischer*, RabelsZ 75 (2011), 700, 710.

245 *Riesenhuber*, in: FS Canaris, 2017, 181, 186.

Gedanklicher Ausgangspunkt einer Untersuchung und Darstellung rechtsordnungsübergreifender Systematisierung bleibt dabei immer die eigene, nationalstaatlich geprägte Rechtskultur:[246] Eine Anknüpfung an die Denktraditionen der jeweiligen mitgliedsstaatlichen Rechtskultur ist dabei auch aus europäischer Sicht wünschenswert. Schließlich sollen die mitgliedsstaatlichen Rechtsordnungen und damit ebenso ihre Methoden gerade nicht ersetzt, sondern lediglich teilweise modifiziert und so einander angenähert werden[247] – zumal europäisch-methodische Erkenntnisse wie auch materielle Rechtsgrundsätze teils durch Rechtsvergleichung aus den mitgliedsstaatlichen Rechtstraditionen gewonnen werden.[248] Es ist gerade dieses Ankerdenken, das für die Adaption und Einordnung europäischer Neuerungen paradoxerweise unerlässlich ist: Eine methodische oder rechtliche Neuerung lässt sich nämlich gerade anhand der Abgrenzung zum bereits Bekannten am besten beschreiben und verstehen.[249]

Auch die Art der Integration genuin europäischer Elemente in das national geprägte Rechtsdenken hängt somit immer vom bereits Erlernten ab. Denn je nach Rechtskultur unterscheiden sich methodische Gewohnheiten, Besonderheiten und Arbeitsweisen ganz erheblich. Die geeigneten Ansatzpunkte für die Integration europäischen Rechtsdenkens sind daher jeweils andere. Dies wirkt sich auch auf die Darstellung aus. Die deutsche akademische Tradition zeichnet sich aus Sicht anderer Rechtskulturen etwa durch ihre beinahe obsessive Beschäftigung mit systematischen Zusammenhängen, grundlegenden Prinzipien, logisch-abstraktem Denken sowie präziser und abstrakter Formulierung aus.[250] Der Ansatz der vorliegenden Arbeit ist nur ein weiterer Beweis für eine typisch deutsche Herangehensweise an das europäische Recht. Diese Art der Integration europäischer Methodik ist sicher nicht universal europäisch anschlussfähig, eignet sich aber aus deutscher Sicht, da sie auf bekannte Denkgebäude zurückgreift.

Es ist daher nur folgerichtig, die Methodik des europäischen Rechts auch vor dem Hintergrund der nationalen Rechtskulturen zu untersuchen und darzustellen. Ziel ist es, so eine Konvergenz der Methoden in Europa herbeizuführen.[251] Daher schließen sich die Wahl einer Verständnisgrundlage „nationale Dogma-

[246] Ebenso *Herresthal*, Rechtsfortbildung im europarechtlichen Bezugsrahmen, 2006, 40 f.; zur fehlenden Realisierbarkeit einer einheitlich-universalen juristischen Methode mit rechtsordnungsunabhängigen Ergebnissen auch *Stürner*, AcP 214 (2014), 7, 39 f.

[247] *Dauner-Lieb/Rusche/Umansky*, in: GS Hübner, 2012, 629, 638.

[248] *Fleischer*, RabelsZ 75 (2011), 700, 715 f.

[249] Dazu auch *Hatje/Mankowski*, EuR 2014, 155, 159; *de Witte*, in: Heringa/Akkermans (Hrsg.), Educating European Lawyers, 2011, 19, 23 ff.

[250] Statt vieler *Vogenauer*, Oxford Journal of Legal Studies 2006, 627, 657.

[251] So auch *Müller/Christensen*, Juristische Methodik (Bd. 2), 3. Aufl. 2012, 184, Rn. 213; *Rösler*, Rechtstheorie 43 (2012), 495, 517; *Kramer*, in: Assmann/Brüggemeier/Sethe (Hrsg.), Unterschiedliche Rechtskulturen – Konvergenz des Rechtsdenkens, 2001, 31, 33 ff.; *Möllers*, Die Rolle des Rechts im Rahmen der europäischen Integration, 1999, 66 f.; speziell aus der

tik“ und die voranschreitende Bildung einer eigenständigen, europäischen Methodik auf europäischer Ebene nicht aus, wenn man davon ausgeht, dass die nationalen Argumentationslehren stetig näher zusammenwachsen, indem sie sich mehr und mehr europäisieren.[252] Den Rechtskulturen geht es dabei nicht anders als dem Normbestand in den Mitgliedsstaaten.

Um die Integration des europäischen Rechts in die nationalen Rechtstraditionen zwecks einer verbesserten Erfassung der Rechtsordnungsverschränkung muss sich daher auch von methodischer Seite die nationale Rechtswissenschaft selbst bemühen.[253] Dabei muss es auch und gerade darum gehen, auf mitgliedsstaatlicher Seite das Bewusstsein für das europäische Recht, seine Besonderheiten und den Umgang damit zu schärfen. Über diesen Weg wiederum kann auch die europäische Methode beeinflusst werden, denn die Mitgliedsstaaten dienen den europäischen Neuerungen als „Denk- und Bezugsrahmen“.[254]

Die Modalitäten dieser rechtsordnungsübergreifenden Systembildung, die die Rechtsordnungsverschränkung nötig macht, sollen anhand der oben zugrunde gelegten Prämissen im Folgenden genauer erarbeitet werden.

5. *Zwischenergebnis*

Für die systematische Erfassung eines rechtsordnungsübergreifenden Rechtsgebiets ist die gemeinsame Betrachtung von nationalem und europäischem Recht als ein System, d. h. als Teile eines zusammenhängenden Ganzen, notwendig. Der methodische Fokus verschiebt sich damit weg von einer rechtsordnungsfixierten Betrachtung mit dem Fokus auf Gegensätze hin zu einer methodischen Erfassung und Systematisierung rechtsordnungsübergreifender Normenkomplexe. Denn europäische Rechtsordnung ist gerade keine isolierte Rechtsordnung, sondern immer nur in Verbindung mit nationalem Recht denkbar.

Einer dogmatischen Analyse der Schnittstellenbereiche kommt die Aufgabe zu, die Einbindung des mitgliedsstaatlichen Rechts in die europäischen Rechtsbereiche dogmatisch sichtbar zu machen und nachvollziehbare Begründungsansätze für die Rechtsanwendung zu entwickeln. An der Schnittstelle zwischen beiden Rechtsordnungen überschneidet sich nicht nur das materielle Recht, sondern auch die jeweils dazugehörigen Methoden. In diesem Bereich müssen

---

Perspektive des öffentlichen Rechts *Ruffert*, in: von Bogdandy/Cassese/Huber (Hrsg.), Handbuch Ius Publicum Europaeum (Bd. 5), 2014, § 94, Rn. 50 f.

[252] So i. E. auch *Stürner*, AcP 214 (2014), 7, 41 f.; für das Verwaltungsrecht *Huber*, in: von Bogdandy/Cassese/Huber (Hrsg.), Handbuch Ius Publicum Europaeum (Bd. 5), 2014, § 73, Rn. 31 ff.

[253] Ein gelungenes Beispiel für eine selbstverständliche Integration europäischer „Besonderheiten“ in die allgemeinen Lehren der Methodik bietet *Möllers*, Juristische Methodenlehre, 4. Aufl. 2021.

[254] *Hatje/Mankowski*, EuR 2014, 155, 158.

die Methoden konvergieren, d. h. es sollte einheitliche Anwendungsregeln für diesen Bereich geben, um auf den verschiedenen Entscheidungsebenen – der mitgliedsstaatlichen wie der europäischen – zumindest einheitliche Entscheidungsstrukturen zu schaffen, die auch eine Kommunikation über diese Ebenen hinweg ermöglichen.

C. Das Verordnungsrecht als Untersuchungsgegenstand

Diese Arbeit legt den Fokus auf das Verordnungsrecht und die dogmatischen Implikationen seiner Verschränkung mit dem mitgliedsstaatlichen Recht. Vorliegend sollen die Besonderheiten des Verordnungsrechts gegenüber der ungleich häufiger untersuchten vollharmonisierenden Richtlinie herausgearbeitet werden, denn diese zeigen sich sowohl in ihren formalen Charakteristika als Handlungsform der EU als auch in ihren faktischen Auswirkungen. Die Folgen dieser Unterschiede sollen aus europäischer[255] und mitgliedsstaatlicher Sicht[256] betrachtet und in den Kontext der Rechtsanwendung methodisch eingeordnet werden[257].

I. Verschränkungsproblematik bei der Verordnung

Das Ineinandergreifen von nationalem Recht und europäischem Sekundärrecht sowie die daraus erwachsenden Probleme sind bislang hauptsächlich für vollharmonisierende Richtlinien identifiziert und untersucht worden, nicht aber für Verordnungen. Man mag zunächst davon ausgehen, die Probleme der Rechtsordnungsverschränkung stellten sich bei der Verordnung weniger als bei der Richtlinie, da erstere meist eine umfassende Regelung eines klar umrissenen Rechtsbereichs enthält. Eine solche sektorspezifische Vereinheitlichung hat zwar zumeist einen vollumfänglichen Regelungsanspruch, macht jedoch eine Verflechtung mit nationalem Sachrecht regelmäßig nicht obsolet: Denn die Verordnung mag zwar einen besonderen Rechtsbereich abschließend regeln, allgemeine Regeln – seien es Vollzugs-, Verfahrensregeln oder ein „Grundlagengerüst" des materiellen Rechts – stellt sie jedoch in der Regel nicht zur Verfügung. Sie bleibt damit insgesamt Teil der noch immer nur fragmentarischen europäischen Rechtsordnung. In der Rechtsanwendung benötigt auch die Verordnung den Rückgriff auf Grundbegriffe des nationalen Rechts, soweit solche Grundbegriffe auf europäischer Ebene nicht existieren.

Die Verordnung nimmt damit immer auch Bezug auf eine begriffliche und/oder normative Basis, die, wenn sie in der Verordnung selbst nicht enthalten ist,

[255] Siehe dazu II., S. 56.
[256] Siehe dazu III. 1., S. 64.
[257] Siehe dazu III. 2., S. 66.

nur im acquis communautaire oder aber im Recht der Mitgliedsstaaten zu finden ist. Eine Verschränkung von nationalem Recht und Verordnungsrecht besteht so potenziell bei allen europäischen Verordnungen.

II. Unterschiede zur vollharmonisierenden Richtlinie aus Sicht der EU

Die Abgrenzung zur und der Vergleich mit der vollharmonisierenden Richtlinie liegt nahe, denn die Verordnung wird in ihrer Harmonisierungswirkung häufig als „Steigerung" der Richtlinie verstanden (Mindestharmonisierung – Vollharmonisierung – Vereinheitlichung).[258] Dieses komplementäre Verhältnis der Rechtsangleichungsinstrumente verschleiert jedoch den markantesten Unterschied zwischen Verordnung und Richtlinie: die direkte Anwendbarkeit gegenüber der Umsetzungsnotwendigkeit in nationales Recht.[259] Die EU verspricht sich aber gerade durch diesen Unterschied eine höhere effektive Einheitlichkeit der Rechtsanwendung als von der (vollharmonisierenden) Richtlinie.[260] Daraus folgt die These, dass die Verordnung in der Praxis auch andere, nämlich einheitlichere und damit „europäischere" Ergebnisse erzielt als eine vollharmonisierende Richtlinie.[261]

1. Umsetzungsbefehl vs. Anwendungsbefehl

Während die Richtlinie sich an den Mitgliedsstaat richtet und ihm die Rechtsangleichung durch eigenes, nationales Recht vorgibt, ist die Verordnung faktisch ein Akt materieller Gesetzgebung[262] mit unmittelbarer Wirkung für staatliche Stellen und EU-Bürger. Sie gilt abstrakt-generell und ist in allen Teilen verbindlich.[263] Die gerade im Zivilrecht häufiger zur Anwendung kommende Richtlinie ist hingegen an die Mitgliedsstaaten gerichtet.[264] Als „mittelbares"[265] Rechtssetzungsinstrument der Union ist die Richtlinie auf die Implementierung in die Rechtsordnung der Mitgliedsstaaten angewiesen. Sie gibt verbindliche Ziele vor, nicht aber, wie die Verordnung, auch die Mittel der Zielerreichung.

[258] *Ihns*, Entwicklung und Grundlagen der europäischen Rechtsangleichung, 2005, 16f., weist darauf hin, dass die Grenzen fließend sind.

[259] Siehe dazu 1., S. 56.

[260] Siehe dazu 2., S. 58.

[261] Siehe dazu 3., S. 62.

[262] *Nettesheim*, in: Grabitz/Hilf/Nettesheim, Art. 288 Rn. 89.

[263] Allgemein zur europäischen Verordnung *Ruffert*, in: Calliess/Ruffert, 6. Aufl. 2022, AEUV Art. 288 Rn. 17ff.; *König/Kleinlein*, in: Schulze/Janssen/Kadelbach (Hrsg.), Europarecht, 2020, § 2, Rn. 39ff.

[264] Zur Richtlinie allgemein *Ruffert*, in: Calliess/Ruffert, 6. Aufl. 2022, AEUV Art. 288 Rn. 24ff.; *König/Kleinlein*, in: Schulze/Janssen/Kadelbach (Hrsg.), Europarecht, 2020, § 2, Rn. 44ff.

[265] EuGH, Urt. v. 23.11.1995 – Rs. C-10/95 P (Asorcane/Rat), ECLI:EU:C:1995:406, Rn. 29; EuGH, Urt. v. 29.6.1993 – Rs. C-298/89 (Regierung v. Gibraltar/Rat), ECLI:EU:C:1993:267, Rn. 16.

Jede Richtlinie lässt dem Mitgliedsstaat also einen „Umsetzungsspielraum“[266] und bildet so den Kompromiss zwischen dem Streben nach europaweit einheitlichem Recht und „nationalen Eigentümlichkeiten“ ab.[267] Das bedeutet, dass dem Mitgliedsstaat die Möglichkeit belassen ist, selbst bei vollharmonisierenden Richtlinien den materiellen Regelungsgehalt an das eigene Recht und seine Besonderheiten anzupassen, etwa Verweisungen mit aufzunehmen und Umsetzungsgesetze so zu formulieren, dass sie mit dem übrigen nationalen Recht möglichst stimmig ineinandergreifen.[268] Eine Abweichung von den in der Richtlinie gesetzten Standards ist zwar nicht erlaubt, d. h. die Tragweite der in der Richtlinie etablierten Grundsätze darf nicht verändert werden. Die Mitgliedsstaaten haben aber innerhalb dieser Grenzen eine Konkretisierungs- und Ausgestaltungsbefugnis.[269] Der nationale Gesetzgeber muss diesen Konkretisierungsspielraum in einer Weise ausüben, die den Grundentscheidungen der Richtlinie Rechnung trägt. Diese Ausgestaltungsfreiheit wird auch regelmäßig genutzt: Insbesondere Deutschland ist dafür bekannt, keine Eins-zu-eins-Umsetzungen vorzunehmen, sondern den Richtlinientext in der Anordnung der Normen sowie der gewählten Formulierung häufig komplett umzustellen.[270]

Dieser Kompromiss und damit jeder Anpassungs- und Umsetzungsspielraum entfällt bei der Rechtssetzung durch Verordnung, denn diese enthält einen direkten Anwendungsbefehl und richtet sich direkt an die Bürger. Eine Umsetzung der Verordnung in nationales Recht ist den Mitgliedsstaaten sogar ausdrücklich untersagt.[271] Dadurch wird das Recht europaweit vereinheitlicht, nicht lediglich angeglichen. Die Modalitäten der Zielerreichung stehen nicht mehr zur Disposition der Mitgliedsstaaten. Darüber hinaus entfällt auch die Möglichkeit, das europäische Recht in den bekannten Strukturen und Begriffen des mitgliedsstaatlichen Rechts abzubilden, die europäischen Regelungsgehalte in die nationale Rechtsordnung zu integrieren und die Rechtsordnungsverschränkung dadurch zu einem gewissen Grad bereits vorzuzeichnen. Denn die Verordnung ist nicht nur in ihrem inneren System, sondern anders als die Richtlinie auch in ihrem äußeren System rundum verbindlich.

---

[266] Siehe speziell zur vollharmonisierenden DSRL *Kühling*, in: BeckOK DSR, 23. Aufl. 2018, BDSG a. F. § 4a (Stand 1.2.2018) Rn. 25 f.

[267] *Schröder*, in: Streinz, 3. Aufl. 2018, AEUV Art. 114 Rn. 46 f.

[268] *von Danwitz*, Verwaltungsrechtliches System und Europäische Integration, 1996, 335 f., 497 f.

[269] Siehe zu Konkretisierungsspielräumen bei der Umsetzung von Richtlinien *Riehm*, in: Gsell/Herresthal (Hrsg.), Vollharmonisierung im Privatrecht, 2009, 83, 83 ff.

[270] *Rott*, European Review of Private Law 2012, 1353, 1355.

[271] EuGH, Urt. v. 7.2.1973 – Rs. 39/72 (Kommission/Italien).

2. *Vollharmonisierung vs. Rechtsvereinheitlichung*

a) Grundsatz: Richtlinie vor Verordnung

Politisch wird die Richtlinie regelmäßig als weniger invasiv wahrgenommen, insbesondere, wenn ein Sachgebiet harmonisiert werden soll, das bereits in den Mitgliedsstaaten national geregelt ist. Da sie das nationale Recht nicht verdrängt wie die Verordnung, sondern lediglich Änderungen und Neuerungen notwendig macht, ist die Richtlinie das aus Sicht des Verhältnismäßigkeitsgebots (Art. 5 Abs. 4 EUV) mildere Instrument und daher vorzugsweise einzusetzen.[272] Entscheidend ist dabei auch, dass der mitgliedsstaatlichen Legislative die ihr ureigene Aufgabe der Gesetzgebung nicht genommen wird, wenngleich der Gesetzesinhalt vollständig europäisch prädeterminiert ist. So wahrt der Mitgliedsstaat zumindest augenscheinlich ein größeres Maß an Souveränität. Die Richtlinie ist daher politisch einfacher zu vermitteln.

Unter der Voraussetzung, dass Vollharmonisierung und Rechtsvereinheitlichung das Ziel der einheitlichen Ergebnisse gleich gut erreichen,[273] ist die Richtlinie regelmäßig vorzuziehen.

b) Kaum Unterschiede in der Theorie

In der Theorie sind die Unterschiede zwischen der Harmonisierungswirkung einer vollharmonisierenden Richtlinie und einer Verordnung kaum vorhanden und es sind zahlreiche Überschneidungen denkbar: So gibt es Richtlinien, die so detailreich ausgestaltet sind, dass bei der Umsetzung im Ergebnis kaum materieller Spielraum bleibt. Ebenso kommen auch Verordnungen nicht umhin, unbestimmte Rechtsbegriffe zu gebrauchen, die im Ergebnis konkretisierungsbedürftig sind und daher entweder durch den mitgliedsstaatlichen Rechtsanwender konkretisiert werden müssen oder sogar den Rückgriff auf nationales Recht notwendig machen. Verordnungen können zudem Öffnungsklauseln enthalten, die die Konkretisierung einzelner Rechtsfragen wiederum explizit den Mitgliedsstaaten auftragen. Rechtsvereinheitlichung durch Verordnung und Vollharmonisierung durch Richtlinie können demnach nah beieinander liegen.

Das führt zu der naheliegenden Annahme, dass die vollharmonisierende Richtlinie daher aus Sicht der EU theoretisch ein ebenso wirksames Instrument wie die Verordnung sein müsste. Denn allein entscheidend ist der Harmonisierungsgrad – die Vollharmonisierung und die Rechtsvereinheitlichung sind materiell auf das gleiche Maß an Harmonisierung ausgerichtet. Sie unterscheidet lediglich die unmittelbare Anwendbarkeit des Rechtstextes. Dies dürfte aber

---

[272] Siehe dazu die Erklärung zu Art. 100a EWG in der Schlussakte der EEA v. 29.6.1987, Abl. EG Nr. L 169/24, S. 24; ebenso *König/Kleinlein*, in: Schulze/Janssen/Kadelbach (Hrsg.), Europarecht, 2020, § 2, Rn. 35; *Wunderlich/Pickartz*, EuR 2014, 659, 661 ff.

[273] Dazu c), S. 59.

jedenfalls in der Theorie keine große Rolle spielen, da wie bereits beschrieben auch vollharmonisierende Richtlinien materiellrechtlich keinen Spielraum lassen. Die Harmonisierungswirkung sollte daher gleich ausfallen. Damit bestehen jedenfalls theoretisch aus europäischer Sicht lediglich die oben beschriebenen politischen Unterschiede zwischen (vollharmonisierender) Richtlinie und Verordnung.

c) Unterschiede in der Praxis

In der Praxis sieht das jedoch anders aus. Denn materiellrechtlich mag die Richtlinie ebenso wenig Spielraum lassen wie die Verordnung, formal jedoch verbleibt bei jeder Richtlinie jedenfalls ein Spielraum bei Art der Umsetzung dieser Inhalte – das innere System mag zwingend sein, das äußere ist es gerade nicht: Die Umsetzungsfreiheit soll zwar in der Theorie nicht die materiellrechtlichen Inhalte, die vollharmonisierend wirken sollen, berühren. In der Praxis zeigt sich aber, dass bei der Umsetzung vollharmonisierender Richtlinien immer wieder Abweichungen in den Mitgliedsstaaten auszumachen sind, die einer Einheitlichkeit des Rechts im gesamten europäischen Rechtsraum im Wege stehen.[274] Schon die Übersetzung der europäischen Inhalte in mitgliedsstaatliche Normenkategorien und Rechtsfiguren birgt zahlreiche Fehlerquellen, die dazu führen, dass das Anwendungsergebnis selten erkennen lässt, dass ihm dasselbe Recht zugrunde liegt: Nicht selten werden im Umsetzungsrecht letztlich national vorbelastete Begrifflichkeiten genutzt, die dem Rechtsanwender möglicherweise einen ganz anderen inhaltlichen Zusammenhang suggerieren als beabsichtigt.[275] Diese Fehler übertragen sich auf den sich anschließenden Anwendungsprozess auf nationaler Ebene: Die Integration der Richtlinie ins nationales Recht führt so im Ergebnis häufig dazu, dass sich die nationalen Gerichte bei der Anwendung des Umsetzungsrechts – trotz des europarechtlich etablierten Zitiergebots[276] – nicht vollends von der durch das eigene Rechtsverständnis geprägten Denkweise lösen können (oder wollen).[277] Gleichzeitig gelangt eine Vielzahl der Umsetzungsgesetze nie zum EuGH, wo eine eventuell fehlende Übereinstimmung mit dem Richtlinienrecht folgenwirksam

---

[274] Siehe dazu *König/Kleinlein*, in: Schulze/Janssen/Kadelbach (Hrsg.), Europarecht, 2020, § 2, Rn. 56; *Grohs/Gröbe*, in: Fraenkel-Haeberle/Galetta/Sommermann (Hrsg.), Europäisierung und Internationalisierung der nationalen Verwaltungen im Vergleich, 2017, 149, 150 f.; *Hatje/Mankowski*, EuR 2014, 155; *Zimmermann*, Current Legal Problems 2005, 415, 462 f.

[275] Dazu bereits Kapitel 1 A. I. 1. a), S. 10.

[276] Bundesministerium für Justiz, Handbuch der Rechtsförmlichkeit, § 308.

[277] Zu dieser Problematik *Hatje/Mankowski*, EuR 2014, 155; *Rott*, European Review of Private Law 2012, 1353; *Dauner-Lieb/Rusche/Umansky*, in: GS Hübner, 2012, 629; *Basedow*, in: Zimmermann (Hrsg.), Rechtsgeschichte und Privatrechtsdogmatik, 1999, 79, 97 f.; mit Fokus auf die Sprachvielfalt in der EU *Pozzo*, ERPL 2012, 1185.

festgestellt werden könnte.[278] Das Ideal eines europäisch vollharmonisierten Rechtsbereichs wird in der Folge durch die Richtlinie häufig nicht erreicht.

Dieser fehleranfällige Zwischenschritt der Übertragung europäischer Regelungsinhalte in ein nationales Gesetz entfällt bei der Verordnung aufgrund ihrer unmittelbaren Geltung. Dadurch werden legislative „Übersetzungsfehler" sowie die Probleme, die durch überschießende oder unzureichende Umsetzung entstehen, vermieden. Durch seine unmittelbare Anwendbarkeit rückt der europäische Rechtsakt viel stärker in den Fokus als jede vollharmonisierende Richtlinie, die immer nur hinter dem nationalen Umsetzungsrecht steht. Europäisches Verordnungsrecht erreicht den mitgliedsstaatlichen Rechtsanwender gleichsam ungefiltert.[279] Jeder Rechtsanwender muss nun unmittelbar mit dem Verordnungstext arbeiten. Der unmittelbar anwendbare Verordnungstext unterstreicht die Zugehörigkeit des Rechtsakts zur europäischen Rechtsordnung und mindert allein schon durch die ihm eigene, nicht in das nationale Recht integrierte, äußere Form die Gefahr einer Flucht in nationale Denkweisen bei der Interpretation europäischen Rechts. Zwar besteht auch unter der Geltung einer Verordnung, deren europäische Provenienz durch ihr äußeres System kaum zu übersehen ist, die Gefahr einer unter den Mitgliedsstaaten divergierenden Auslegung oder eines Rückgriffs auf mitgliedsstaatliche Konkretisierungskonzepte – so können z. B. auch hier Verweise auf mitgliedsstaatliche Rechtsinstitute gesehen werden, wo diese von europäischer Seite nicht gewollt sind. Es ist aber jedenfalls im Ergebnis festzustellen, dass viele typische Fehlerquellen, die die Harmonisierungswirkung der vollharmonisierenden Richtlinie torpedieren, bei der Verordnung, wenn nicht eliminiert, so doch minimiert werden.

Allein deshalb scheint die Verordnung in der Praxis das geeignetere Harmonisierungsinstrument für das Ziel der vollständigen Rechtsangleichung (Ergebnisvereinheitlichung) zu sein. Zwar besteht auch hier die Gefahr einer Interpretation der Normen nach nationalem Verständnis[280] bzw. die Gefahr uneinheitlicher Auslegung. Doch allein die unmittelbare Anwendung des Verordnungsrechts signalisiert dem Rechtsanwender zumindest, dass er sich nicht im Rahmen der eigenen Rechtsordnung bewegt. Und wenngleich kaum ein Rechtsbegriff in seiner Bedeutung eindeutig trennscharf ist und nahezu alle im Kontext des positiven Rechts verwendeten Wörter darauf angewiesen sind, inhaltlich präzisiert zu werden,[281] so gehen doch europaweit alle Rechtsanwender

[278] Siehe oben Kapitel 1 A. I. 1. b), S. 11.

[279] Hier wird von dem Regelfall ausgegangen, nämlich, dass der Gesetzgeber eine Richtlinie nicht eins zu eins umsetzt.

[280] *Hatje/Mankowski*, EuR 2014, 155, 160.

[281] *Röthel*, Normkonkretisierung im Privatrecht, 2004, 25 ff.; *Weber*, AcP 192 (1992), 516, 522 f.; *Jesch*, AöR 82 (1957), 163, 167 f.; die „Mehrdeutigkeit" und „Unbestimmtheit" von Worten betonend schon *Heck*, AcP 112 (1914), 1, 46, 173; zum Verhältnis von Sprache und Recht vgl. *Zippelius*, Juristische Methodenlehre, 12. Aufl. 2021, §§ 9 f. sowie *Röhl/Röhl*, Allgemeine Rechtslehre, 3. Aufl. 2008, §§ 3–6.

bei der Interpretation der Verordnung zumindest von demselben Gesetzestext aus – und nicht, wie bei der Richtlinie, von unterschiedlich gefassten nationalen Umsetzungsnormen.

Dass dies im Ergebnis zu mehr tatsächlicher Rechtsharmonisierung führt, scheint auch die EU selbst anzunehmen – so wurde etwa bei der Datenschutzreform die Rechtsaktform von der vollharmonisierenden Richtlinie hin zur Verordnung gewechselt. Als Grund für die Vereinheitlichung des Datenschutzrechts, die inhaltlich im Ergebnis keine komplette Neuregelung, sondern vielmehr eine Ergänzung des bestehenden Rechtsrahmens darstellte,[282] wurde explizit die fehlende Gleichwertigkeit, ja sogar Fragmentierung, der mitgliedsstaatlichen Datenschutzregime aufgeführt.[283] Die vollharmonisierende Richtlinie hatte das Ziel der Vollharmonisierung faktisch nicht erreicht. Zwar kalkulieren Richtlinien regelmäßig gewisse Unterschiede in der Umsetzung mit ein, die sich durch die jeweiligen Besonderheiten in den Mitgliedsstaaten kaum vermeiden lassen. Dass sich im Ergebnis aber „unterschiedliche Schutzniveaus" (Erwägungsgrund 9 DSGVO) in den Mitgliedsstaaten etablieren, ist das Gegenteil vom postulierten Ziel einer Vollharmonisierung. Hier scheint man sich von der Verordnung im Ergebnis mehr zu versprechen.

d) Zwischenergebnis: Höhere Erwartungen an die Verordnung von europäischer Seite

Es bleibt festzuhalten, dass sich Vollharmonisierung und Rechtsvereinheitlichung aus Sicht der europäischen Union idealerweise nicht besonders unterscheiden sollten – eine vollharmonisierende Richtlinie und eine Verordnung mit jeweils demselben Regelungsinhalt sollen aus europäischer Sicht zu gleichen Ergebnissen in allen Mitgliedsstaaten führen. Faktisch jedoch bestehen erhebliche Unterschiede bei dieser Zielerreichung, denn die Anwendung von Umsetzungsrecht führt im Ergebnis häufiger zu einem uneinheitlichen Rechtsstandard in den Mitgliedsstaaten. Die Verordnung birgt aufgrund ihrer direkten Anwendung weniger Abweichungspotenzial und erscheint so geeigneter, um eine tatsächliche Angleichung der Schutzniveaus durch Rechtsvereinheitlichung herbeizuführen.

Daraus folgt, dass die EU von richtlinienbasiertem Umsetzungsrecht und inhaltlich gegenüber der Richtlinie identischem Verordnungsrecht jeweils andere Anwendungsergebnisse erwartet, da das Verfälschungspotenzial beim Umsetzungsrecht zur Richtlinie höher ist. Richtlinie und Verordnung mit demselben Regelungsgehalt erzielen so aus Sicht der EU faktisch nicht dieselben Anwendungsergebnisse. Es ist daher im Weiteren zu untersuchen, ob dieser faktische

---

[282] Dazu Kapitel 3 A. I. 2., S. 210.

[283] Erwägungsgrund 9 DSGVO (engl. Version): „fragmentation in the implementation of data protection".

Unterschied noch genauer beschrieben werden kann, um den spezifischen Grund für das „Mehr" an Rechtsvereinheitlichung bei der Verordnung gegenüber der Richtlinie deutlicher herauszustellen.

3. Das äußere System als Treiber der Rechtsvereinheitlichung?

Es ist die unmittelbare Anwendbarkeit des Verordnungsrechts, die den maßgeblichen Unterschied zur vollharmonisierenden Richtlinie darstellt. Gerade von dieser unverfälschten Anwendbarkeit des europäischen Sekundärrechts verspricht sich die EU eine stärkere Rechtsanwendungsharmonisierung als von einer Richtlinie.[284] Der (erwartete) Vorteil des Harmonisierungskonzepts der Verordnung scheint daher gerade darauf zu beruhen, dass das äußere System des Rechtsakts bestehen bleibt und dadurch keinerlei Verfälschungen des inneren Systems durch eine etwaige Umsetzung in nationales Recht in Kauf genommen werden müssen.

Das äußere System der Verordnung scheint daher für sich genommen einen harmonisierenden Effekt zu haben. Das mag daran liegen, dass, bei der Anwendung von Verordnungsrecht, anders als beim Umsetzungsrecht, das äußere System des Sekundärrechts nicht völlig außer Acht gelassen werden kann. Vielmehr stellt es den ersten Anhaltpunkt für die Ermittlung der Normzwecke, die das innere System bilden, dar.[285] Die Verordnung bleibt zudem zeitlebens das primär anzuwendende Recht, sie steht isoliert vom nationalen Recht. Der europäische Bezug wird dadurch viel deutlicher wahrgenommen. Es kann angenommen werden, dass national geprägte, methodische Prämissen im Rahmen der Anwendung des Verordnungsrechts stärker hinterfragt als bei auf einer Richtlinie basierendem nationalem Umsetzungsrecht. Denn das äußere System der Verordnung fordert den Rechtsanwender stärker heraus, seine bekannte, national geprägte Denkstruktur zu verlassen und sich dem Recht von der europäischen Seite her zu nähern. Die Begriffe der Verordnung werden so eher als autonome Begriffe verstanden. Schon der Verordnungswortlaut als Ausgangspunkt der Auslegung fördert die Konvergenz der Interpretationen.

Orientiert sich der Rechtsanwender hingegen im Falle der Richtlinie primär am nationalen Umsetzungsrecht und nicht am Text der Richtlinie selbst – was in der Praxis die meisten Richter und Rechtsanwender tun – so steigt die Gefahr, in national geprägte Denkmuster zu verfallen.[286] Auch steigt die Wahrscheinlichkeit, dass nationales und europäisch-autonomes Begriffsverständnis nicht klar voneinander getrennt werden. Eine Auslegung des Umsetzungsrechts anhand eines übergeordneten Richtlinienziels kann das äußere System insgesamt eher vernachlässigen, als wenn dem Rechtsakt auch das verbindliche

[284] Siehe oben Kapitel 1 C. II. 2. d), S. 61.
[285] Siehe oben Kapitel 1 B. I. 3. b) aa) (2), S. 32 und Kapitel 1 B. I. 3. c), S. 36.
[286] Siehe dazu bereits Kapitel 1 C. II. 2. c), S. 59.

„Wie“ der Zielerreichung entnommen werden muss. Der Wortlaut von Richtlinienvorschriften wird zudem häufig erst dann herangezogen, wenn der Wortlaut der nationalen Umsetzungsvorschrift unklar erscheint. So bleiben Umsetzungsfehler häufig unbemerkt und werden durch die Rechtsanwendung noch reproduziert.

Bei der Verordnung hingegen treten gerade der Wortlaut und die Systematik des europäischen Rechts – und damit auch der genuine, europäische Normzweck – viel stärker in den Vordergrund als bei der Anwendung von Umsetzungsrecht. Daher wird der unverfälschte, europäisch intendierte Normzweck auch mit höherer Wahrscheinlichkeit in der Anwendung zum Tragen kommen. Aus diesen Gründen scheint sich die EU eine stärkere Einheitlichkeit in der Anwendung gegenüber vollharmonisierenden Richtlinien zu versprechen, denn sonst würde das Instrument der Verordnung nicht mit eben diesem Argument dem der vollharmonisierenden Richtlinie vorgezogen. Aus all dem folgt die These, dass das äußere System des Verordnungsrechts als Treiber der Rechtsvereinheitlichung wirken kann.

Um diese These zu festigen, soll der Einfluss des äußeren Systems auf die Systembildung in der mitgliedsstaatlichen Rechtsanwendung näher untersucht werden, sowohl abstrakt,[287] als auch konkret anhand von praktischen Beispielen.[288]

III. Sonderstellung der Verordnung aus mitgliedsstaatlicher Sicht

Aus mitgliedsstaatlicher Sicht zeigen sich die Unterschiede zwischen Richtlinie und Verordnung insbesondere in Form von gesteigerten Herausforderungen an den Rechtsanwender.[289] Diese sind auf die unmittelbare Anwendbarkeit und die damit zusammenhängende, fehlende Flexibilität des Rechts gegenüber mitgliedsstaatlichen Besonderheiten zurückzuführen. Diese zusätzlichen Anforderungen, denen die unmittelbare Geltung des Verordnungsrechts und damit die Anwendung ihres äußeren Systems zugrunde liegt, sollen im Weiteren untersucht werden. Nur so kann festgestellt werden, ob die Annahme des äußeren Systems als „Treiber der Rechtsvereinheitlichung“ tatsächlich gerechtfertigt ist. Hier liegt der Fokus zunächst auf den Auswirkungen des äußeren Systems im Rahmen der Systembildung:[290] Dass das äußere System der Verordnung in der mitgliedsstaatlichen Rechtsanwendung mutmaßlich eine große Rolle für das Interpretationsergebnis der Normen spielt, zeigt sich insbesondere anhand der systematischen Auslegung. Ausgehend von dieser Analyse soll eine These zur besonderen Bedeutung des äußeren Systems bei der Anwendung von Ver-

[287] Siehe Kapitel 1 C.III.2., S. 66.
[288] Dazu Kapitel 3, S. 209 ff.
[289] Sie dazu 1., S. 64.
[290] Siehe dazu 2., S. 66.

ordnungsrecht aufgestellt werden, die der weiteren Untersuchung zugrunde zu legen ist.[291]

1. Herausforderung für die mitgliedsstaatliche Rechtsanwendung

Die Verordnung stellt sich aufgrund ihrer direkten Anwendbarkeit aus europäischer Sicht als besser geeignet dar, das europäische Problem divergierender Ergebnisse zu lösen. Aus mitgliedsstaatlicher Sicht scheint sie hingegen aus demselben Grund die spezifischen Anwendungsprobleme i. R. d. Rechtsordnungsverschränkung[292] noch zu verschärfen: Die unmittelbare Geltung des Verordnungsrechts führt dazu, dass der mitgliedsstaatliche Rechtsanwender sich nun nicht mehr lediglich mit unbekannten Rechtsinhalten, die teils mit dem übrigen nationalen Recht konfligierende Normzwecke und Wertungen enthalten (= neues inneres System), sondern gleichzeitig auch mit einem völlig fremden *äußeren System* und damit neuen formalen Ordnungskategorien konfrontiert sieht.[293] Zwar haben auch Richtlinien ein eigenes äußeres System, an dieses sind die Mitgliedsstaaten bei der Umsetzung jedoch gerade nicht gebunden, sondern lediglich an die Ziele des Rechtsakt, also ihre grundlegenden Wertungsentscheidungen, d. h. nur ihr inneres System.

Bei der Verordnung liegt nun die Verantwortung zur Kohärenzherstellung zwischen europäischem und mitgliedsstaatlichem Recht allein beim Rechtsanwender: Denn die Aufgabe, das Verordnungsrecht und das nationale Recht zueinander in Bezug zu setzen, um wechselseitige Anknüpfungspunkte aufzudecken und die Wertungen in einen stimmigen Ausgleich zu bringen, wird nicht zumindest zu einem Teil bereits auf der Rechtssetzungsebene übernommen, wie bei der Richtlinie.[294] Denn auch wenn die Mitgliedsstaaten die Möglichkeit haben, das eigene Recht bereits im Vorhinein an das Verordnungsrecht anzupassen, so werden viele dieser Notwendigkeiten schlichtweg nicht erkannt.[295] Die Koordinationsverantwortung verlagert sich vielmehr gänzlich auf die Rechtsanwendungsebene. Das richtige Zusammenspiel zwischen nationalen und europäischen Normen muss im Falle der Verordnung erst noch entwickelt werden, da die notwendigen Querbezüge weder von nationaler noch von europäischer Seite legislativ vorbestimmt sind. Um nationales Recht und europäisches Recht sinnbringend und dem Zweck der jeweiligen Normen entsprechend nebeneinander anzuwenden, ist es zunächst notwendig, eine inhaltliche Verknüpfung zwischen diesen Normen herzustellen: Der Rechtsanwender

---

291 Siehe dazu 3., S. 77.

292 Siehe Kapitel 1 B. II. 3., S. 46.

293 Zum Aufeinandertreffen unterschiedlicher innerer Systeme bereits Kapitel 1 B. II. 3., S. 46.

294 Siehe oben Kapitel 1 C. II. 2., S. 58.

295 So auch *Herresthal*, Rechtsfortbildung im europarechtlichen Bezugsrahmen, 2006, 76: „begrenzte legislative Erkenntnismöglichkeiten“.

muss das Verordnungsrecht daher an das „richtige", weil passendste mitgliedsstaatliche Recht anknüpfen, um über das zusätzlich anwendbare Recht zu entscheiden.[296] In einem weiteren Schritt muss er dann etwaige Widersprüche zwischen den Normen auflösen.[297]

Dabei wird der Umgang mit dem europäischen Recht und seinen Wertungszusammenhängen zusätzlich dadurch erschwert, dass das europäische Recht mit unterschiedlichen dogmatischen Kategorien arbeitet, Begriffe anders besetzt und unter Umständen auch neue, bislang unbekannte Rechtsfiguren einführt:[298] Die Koordinierung unterschiedlicher Ordnungskategorien sowie Begrifflichkeiten der beiden äußeren Systemen (jenem der Verordnung und jenem des nationalen Sachrechts), die teilweise oder übergreifend das Gleiche meinen, ist eine höchst komplexe Aufgabe, die jedoch eine notwendige Vorfrage der Normanwendung im engeren Sinne darstellt: Denn nur so kann das anwendbare Recht ermittelt werden.[299] Die Koordinierung der äußeren Systeme ist daher ein denklogisch notwendiger erster Schritt für die Systembildung, also die Koordinierung der Normzwecke des inneren Systems, dar. Das *äußere System* der Verordnung spielt damit eine erhebliche Rolle für die Rechtsanwendung.

Daraus folgt, dass die verschränkungsbedingten Anwendungsunsicherheiten bei der Verordnung gegenüber der Richtlinie aufgrund der direkten Anwendbarkeit und daher insbesondere aufgrund des äußeren Systems des Rechtsakts deutlich verschärft auftreten werden. Es ist gerade nicht die Richtlinie, sondern die Verordnung, die die mitgliedsstaatliche Rechtsordnung am nachhaltigsten beeinflusst, indem sie sie schlichtweg partiell verdrängt.[300] Die Anwendung des Verordnungsrechts bedeutet für den mitgliedsstaatlichen Rechtsanwender zudem eine besondere Belastung, zusätzliche Arbeit und viele potentielle Fehlerquellen: Die Verschränkung von nationalem Recht mit Verordnungsrecht ist bei Verordnungen aufgrund der unmittelbaren Geltung und der unmittelbaren Anwendbarkeit des äußeren Systems besonders schwierig zu erfassen. Der mitgliedsstaatliche Rechtsanwender muss die unterschiedlichen Strukturen, d. h. die unterschiedlichen inneren und äußeren Systeme, in den Bereichen, in welchen die Rechtsordnungen wechselseitig aufeinander zugreifen, stimmig miteinander zu verknüpfen. Dieser Abstimmungsprozess ist bislang kaum methodisch beleuchtet worden.[301]

---

[296] Siehe dazu Kapitel 2 B., S. 182.

[297] Siehe Kapitel 2 A., S. 79.

[298] *de Witte*, in: Heringa/Akkermans (Hrsg.), Educating European Lawyers, 2011, 19, 23.

[299] Siehe Kapitel 2 B. I. 3., S. 187.

[300] Anders und für die Richtlinie als Rechtsakt mit dem umfangreichsten Einfluss auf die mitgliedsstaatlichen Rechtsordnungen *Herresthal*, Rechtsfortbildung im europarechtlichen Bezugsrahmen, 2006, 77.

[301] Siehe dazu Kapitel 2 B., S. 182. Ebenso für eine stärkere Fokussierung auf die Verschränkungsproblematik *Ackermann*, ZEuP 2018, 741, 780; *Jansen/Zimmermann*, ZEuP 2017,

2. Das äußere System der Verordnung in der mitgliedsstaatlichen Rechtsanwendung

Die Annahme des äußeren Systems als Treiber der Rechtsvereinheitlichung sowie als Grund einer erheblichen Mehrbelastung des Rechtsanwenders setzt voraus, dass zum einen dem äußeren System tatsächlich eine entsprechende Bedeutung im Rahmen der Rechtsanwendung zukommt und zweitens, dass diese auch hinreichend reflektiert wird.

Die klassische, systematische Auslegung meint die Interpretation im Sinne der äußeren wie inneren Systemzusammenhänge.[302] Hiervon ausgehend soll insbesondere die Auslegung speziell *aus dem äußeren System* beleuchtet werden. Denn es stellt sich die Frage, wie das äußere System eines europäischen Rechtsakts das innere System und damit die wissenschaftliche Systembildung beeinflusst.[303]

a) Systematische Auslegung – Interpretation im Sinne der äußeren und inneren Systemzusammenhänge

Ausgangsgedanke der systematischen Auslegung ist, dass eine einzelne Vorschrift nur in der Zusammenschau mit anderen Vorschriften, d. h. in dem Kontext, in dem sie steht, wirklich verständlich wird.[304] Dieser Gedanke wiederum setzt voraus, dass das zu betrachtende Recht systematisch konzipiert wurde, d. h. rational und logisch aufgebaut wurde[305] – denn erst dann ist Systembildung überhaupt sinnvoll.[306] Betrachtet wird eine Norm sowohl in ihrem äußeren wie auch inneren systematischen Zusammenhang:[307] Die Stellung der Norm im äußeren System sowie ihr Wortlaut sind erste Anhaltspunkte des Interpretationsvorgangs,[308] weil sie unmittelbar wahrnehmbar und damit leicht zugänglich sind. Gleichzeitig ist der innere systematische Zusammenhang, d. h. mögliche Ableitungszusammenhänge und Interdependenzen mit den Wertungen anderer Normen, mindestens ebenso bedeutend bei der Ermittlung der ratio legis einer Norm. Im europäischen Kontext wird daher auch zusammenfassend von systematisch-teleologischer Auslegung gesprochen.[309] Die systematische

---

761, 764; *Schmidt-Aßmann*, Das allgemeine Verwaltungsrecht als Ordnungsidee, 2. Aufl. 2006, Kap. 7 Rn. 19.

[302] Siehe a), S. 66.

[303] Siehe b), S. 67 ff.

[304] *Martens*, Methodenlehre des Unionsrechts, 2013, 406; *Gruber*, Methoden des Internationalen Einheitsrechts, 2004, 149.

[305] Schlussanträge des GA Pikamäe (27.2.2020) – Rs. C-74/19 (Transportes Aéreos Portugueses), ECLI:EU:C:2020:135, Rn. 31; *Frenz*, Handbuch Europarecht (Bd. 5), 2012, Rn. 393.

[306] Siehe oben Kapitel 1 B. I. 3. a), S. 28.

[307] *Riesenhuber*, in: Riesenhuber (Hrsg.), Europäische Methodenlehre, 2021, § 10, Rn. 22.

[308] Schlussanträge des GA Roemer (13.10.1970) – Rs. 16/70 (Necomout/Hoofdproduktschap), ECLI:EU:C:1970:79, 938.

[309] *Kaufmann*, in: Dauses/Ludwigs (Hrsg.), Handbuch des EU-Wirtschaftsrechts, 56. EL

Auslegung weist daher einen engen Zusammenhang sowohl zur semantischen als auch zur teleologischen Auslegung auf.[310]

Im Folgenden soll der Fokus aber auf der Bedeutung des äußeren Systems, d. h. der Semantik und den äußerlich erkennbaren systematischen Zusammenhängen liegen. Dies dient der methodischen Grundlegung der bereits oben aufgeworfenen Frage, inwieweit das äußere System tatsächlich Einfluss auf die Systembildung nimmt. Denn das Verhältnis des äußeren und inneren Systems ist noch immer weitgehend ungeklärt.[311] Ein etwaiger Einfluss manifestiert sich regelmäßig anhand der Bedeutung für die Interpretation von Normen. Daher soll im Folgenden die Interpretation *aus dem äußeren System heraus* untersucht werden, um die Bedeutung für die Normzielermittlung greifbarer zu machen. Dabei umfasst das äußere System nach dem hiesigen Verständnis nicht allein die Anordnung der Normen im Rechtsakt, sondern ebenso ihre äußere Form, d. h. ihren Wortlaut.

b) Die Auslegung aus dem äußeren System – Wortlaut und systematische Anordnung der Normen als Bestandteile des Interpretationsvorgangs

Dass dem äußeren System einer Verordnung in der Rechtsanwendung eine hohe Bedeutung zukommen wird, ist wahrscheinlich: Gerade in der ersten Zeit der Geltung steht wenig anderes Argumentationsmaterial zur Verfügung – erste Orientierung geben der Wortlaut und die Stellung der Norm im Rechtsakt. Die vielseitige Bedeutung des äußeren Systems einer Norm/eines Rechtsakts für die Ermittlung ihres/seines Inhalts soll im Folgenden dargestellt werden. Als Elemente des äußeren Systems sind der Wortlaut[312] und die Anordnung der Normen[313] separat zu untersuchen. Darüber hinaus soll ein kurzer Überblick über im europäischen Sekundärrecht typische Argumente der Systembildung „von außen nach innen“ gegeben werden.[314] Ob und inwieweit die Bedeutung des äußeren Systems, d. h. die Bedeutung systematischer Argumente zur Ermittlung des telos bei der Verordnung tatsächlich größer ist als bei Richtlinie und in der Praxis zu einer veränderten Wahrnehmung sowie einem veränderten me-

---

2022, P.II., Rn. 71; *Borchardt*, in: Schulze/Janssen/Kadelbach (Hrsg.), Europarecht, 2020, § 15, Rn. 45 ff.; *Martens*, Methodenlehre des Unionsrechts, 2013, 406; *Frenz*, Handbuch Europarecht (Bd. 5), 2012: „konturlose Grenzen der einzelnen Auslegungsmöglichkeiten“; *Grundmann*, RabelsZ 75 (2011), 882, 896 f., 903 f.; auch *Canaris*, Systemdenken und Systembegriff, 1983, 88, 90 f. sieht das Systemargument als ein besonderes teleologisches Argument.

310 *Martens*, Methodenlehre des Unionsrechts, 2013, 455.

311 *Bydlinski*, Über prinzipiell-systematische Rechtsfindung, 1995, 30: „bislang weitgehend ungeklärt“.

312 Siehe aa), S. 68.

313 Siehe bb), S. 70.

314 Siehe cc), S. 75.

thodischen Umgang mit der Rechtsmaterie führt, kann jedoch abschließend nur anhand von Beispielsfällen untersucht werden.[315]

aa) Der Wortlaut als Ausgangspunkt und Grenze der Auslegung

Dem Wortlaut wird für die Auslegung des EU-Rechts teils wenig Bedeutung beigemessen. Zur Begründung wird regelmäßig angeführt, dass die Vielsprachlichkeit der Gesetzesakte dieses Argument verwässere.[316] Der Wortlaut steht jedoch auch für den EuGH am Anfang und am Ende des Auslegungsprozesses,[317] denn er markiert sowohl den Ausgangspunkt als auch die Grenze der Auslegung[318] und hat damit eine weitaus höhere praktische Bedeutung als ihm gemeinhin zugewiesen wird:[319] Das banal klingende Ziel des gesamten Auslegungsprozesses ist immer, die richtige Bedeutung herauszukristallisieren, die ratio legis einer Norm. Die richtige Bedeutung ist eine Frage der normativen Bewertung des semantischen Inhalts einer Norm[320] und damit ein Schritt, der erst nach der Ermittlung dieses semantischen Inhalts aus dem Wortlaut der Norm folgen kann.

Aufgabe des Wortlauts ist es damit zunächst, als Grundlage für eine normative Bewertung eine oder mehrere verständliche Bedeutungen zu liefern: Bedeutung und Umfang der Begriffe sind unter Berücksichtigung des allgemeinen Zusammenhangs, in dem sie stehen und entsprechend dem Sinn, den sie nach dem gewöhnlichen Sprachgebrauch haben, zu bestimmen.[321] Da jedoch grundsätzlich alle europäischen Sprachfassungen gleichwertig sind (Art. 55 Abs. 1 EUV) und auch der „gewöhnliche Sprachgebrauch" nicht einheitlich festgelegt werden kann, sind sprachliche Divergenzen quasi vorprogrammiert. Eine vergleichende Betrachtung *aller* Sprachfassungen, um zu ermitteln, ob alle Sprachen auf eine einheitliche Bedeutung schließen lassen, ist praktisch kaum zu leisten

[315] Siehe Kapitel 3 B., S. 224.

[316] *Wegener*, in: Calliess/Ruffert, 6. Aufl. 2022, EUV Art. 19 Rn. 28; *Martens*, Methodenlehre des Unionsrechts, 2013, 339 f.

[317] Schlussanträge des GA Roemer (13.10.1970) – Rs. 16/70 (Necomout/Hoofdproduktschap), ECLI:EU:C:1970:79, 938; *Riesenhuber*, in: Riesenhuber (Hrsg.), Europäische Methodenlehre, 2021, § 10, Rn. 13 m. w. N. aus der Rspr.

[318] *Riesenhuber*, in: Riesenhuber (Hrsg.), Europäische Methodenlehre, 2021, § 10, Rn. 19; *Müller/Christensen*, Juristische Methodik (Bd. 2), 3. Aufl. 2012, Rn. 42: „Überprüfungsinstanz von großer Wichtigkeit".

[319] *Müller/Christensen*, Juristische Methodik (Bd. 2), 3. Aufl. 2012, Rn. 23; mit empirischen Daten zur Häufigkeit des Wortlautarguments in der Rspr. *Dederichs*, Die Methodik des EuGH, 2004, 66 ff., 77, die die Vielsprachlichkeit sogar i. E. als Stärkung der Bedeutung der grammatikalischen Methode ansieht.

[320] *Müller/Christensen*, Juristische Methodik (Bd. 2), 3. Aufl. 2012, Rn. 24.

[321] St. Rspr. EuGH, Urt. v. 9.7.2020 – Rs. C-264/19 (Constantin Film Verleih), ECLI:EU:C:2020:542, Rn. 29; EuGH, Urt. v. 3.9.2014 – Rs. C-201/13 (Deckmyn), ECLI:EU:C:2014:2132, Rn. 19 jeweils m. w. N.; EuGH, Urt. v. 23.3.1982 – Rs. C-53/81 (Levin), ECLI:EU:C:1982:105, Rn. 9; *Riesenhuber*, in: Riesenhuber (Hrsg.), Europäische Methodenlehre, 2021, § 10, Rn. 17 ff.; dazu auch *Martens*, Methodenlehre des Unionsrechts, 2013, 334 f.

und es darf zu bezweifeln sein, ob dies vom EuGH selbst immer konsequent durchgeführt wird.[322] Vielmehr bleibt es bei lediglich punktuellen Vergleichen von zwei oder drei Sprachfassungen.[323] Folglich muss davon ausgegangen werden, dass sich aus den verschiedenen Sprachfassungen regelmäßig ein „Spielraum des Vertretbaren“[324] ergibt. Die sprachlichen Divergenzen können daher im Rahmen der Wortlauterforschung zwar nicht aufgelöst werden, sie können aber die Grundlage für verschiedene mögliche normative Bewertungen sein. Darunter die „richtige“ herauszukristallisieren, erfordert immer den Einsatz weiterer Auslegungsmethoden.[325] Das zeigt, dass das semantische Argument nie alleine stehen kann.

Die Grenze der Auslegung ist auch im Europarecht der Wortlaut,[326] wenngleich dieser – wie oben gezeigt – selten eindeutig ist und eine klare Grenzziehung aus diesem Grunde regelmäßig schwierig sein dürfte.[327] Jedenfalls für den mitgliedsstaatlichen Rechtsanwender kann aber eine eher restriktiv ermittelte Bedeutungsgrenze des Wortlauts zumindest insoweit Orientierungswirkung entfalten, als dass, wenn die angesteuerte Auslegung diese Grenzen überschreiten sollte, eine Vorlage vor den EuGH angezeigt sein könnte. Denn jedenfalls Rechtsfortbildungen sind im europäischen Recht kaum zweifelsfrei von mitgliedsstaatlicher Seite vorzunehmen, sodass hier grundsätzlich immer Bestätigung beim EuGH zu suchen ist.[328] Der Wortlaut dient somit zugleich als „Entdeckungszusammenhang für Bedeutungsdivergenzen und (…) als Überprüfungsinstanz für Bedeutungsfixierungen.“[329]

---

[322] *Martens*, Methodenlehre des Unionsrechts, 2013, 340f.; *Müller/Christensen*, Juristische Methodik (Bd. 2), 3. Aufl. 2012, Rn. 14; *Weiler*, ZEuP 2010, 861, 867ff.

[323] *Hatje/Mankowski*, EuR 2014, 155, 156 zu einer fehlenden Methodik des Sprachvergleichs; Ausnahme in EuGH, Urt. v. 14.9.1999 – Rs. C-375/97 (General Motors), ECLI:EU:C:1999:408, Rn. 20ff. – angesichts der heute stark gestiegenen Zahl von Sprachfassungen heute kaum mehr realistisch zu leisten.

[324] *Riesenhuber*, in: Riesenhuber (Hrsg.), Europäische Methodenlehre, 2021, § 10, Rn. 18; *Martens*, Methodenlehre des Unionsrechts, 2013, 345; *Müller/Christensen*, Juristische Methodik (Bd. 2), 3. Aufl. 2012, Rn. 42; *Weiler*, ZEuP 2010, 861, 867.

[325] So auch *Martens*, Methodenlehre des Unionsrechts, 2013, 374f.; *Müller/Christensen*, Juristische Methodik (Bd. 2), 3. Aufl. 2012, Rn. 24ff.

[326] *Wegener*, in: Calliess/Ruffert, 6. Aufl. 2022, EUV Art. 19 Rn. 28; *Riesenhuber*, in: Riesenhuber (Hrsg.), Europäische Methodenlehre, 2021, § 10, Rn. 19; *Borchardt*, in: Schulze/Janssen/Kadelbach (Hrsg.), Europarecht, 2020, § 15, Rn. 48; *Frenz*, Handbuch Europarecht (Bd. 5), 2012, Rn. 418.

[327] *Borchardt*, in: Schulze/Janssen/Kadelbach (Hrsg.), Europarecht, 2020, § 15, Rn. 49; *Martens*, Methodenlehre des Unionsrechts, 2013, 369ff.

[328] So auch *Borchardt*, in: Schulze/Janssen/Kadelbach (Hrsg.), Europarecht, 2020, § 15, Rn. 62ff., 65; für eine extensivere Vorlagepraxis aus diesem Grund auch *Weiler*, ZEuP 2010, 861, 876ff.

[329] *Müller/Christensen*, Juristische Methodik (Bd. 2), 3. Aufl. 2012, Rn. 42.

bb) Die äußere Systematik als Vorgriff auf die inneren Wertungszusammenhänge

Das zweite prägende Element des äußeren Systems neben dem Wortlaut ist die äußere Anordnung der Normen im Rechtsakt (das, was typischerweise als Systematik bezeichnet wird) und eine dadurch etwaig vorgegebene Kategorisierung von Begrifflichkeiten.

(1) Der Schluss von der Darstellung auf das Dargestellte

Die Auslegung aus dem äußeren System bezeichnet den Versuch, aus dem allgemein normativen und speziellen Umfeld der betreffenden Norm und von der Stellung im Regelungsgefüge auf ihren Inhalt zu schließen[330] – so soll der „Weg vom Textäußeren zu den inneren Werten des Rechts"[331] gelingen. Argumente für das Verständnis der inneren Wertungszusammenhänge ergeben sich also auch aus der gemeinsamen Betrachtung von zwei Normtexten.[332] Diesem Fokus auf den Kontext der Norm liegt zugrunde, dass das Verständnis eines einzelnen Begriffs sich nicht ohne den Kontext erschließen lässt, der Kontext wiederum erschließt sich nur, wenn die Einzelbegriffe feststehen (hermeneutischer Zirkel).[333] Das wiederum setzt voraus, dass die einzelnen Normen nicht beziehungslos nebeneinander stehen, sondern aufeinander aufbauen und ihre Anordnung einen „einheitlichen und durchgehenden Sinn ergibt".[334]

Auch diese äußere Ordnung ist für die Erforschung des Inhalts einer Norm aber nur ein möglicher Anhaltspunkt.[335] Eine überzeugende Begründungsableitung aus dem äußerem System wird häufig sogar verneint, da die äußere Ordnung weitgehend unabhängig von den inneren Wertungszusammenhängen sei und diese nicht abbilde.[336] Das systematische Argument sei daher nur „eines unter vielen"[337] und spiele eine „nur untergeordnete Rolle für die Rechtsanwendung",[338] da es maßgeblich eine reine Ordnungs- und Übersichtlichkeitsfunktion einnehme.[339]

---

[330] *Müller/Christensen*, Juristische Methodik (Bd. 2), 3. Aufl. 2012, Rn. 53; *Buck*, Über die Auslegungsmethoden des Gerichtshofs der Europäischen Gemeinschaften, 1998, 177.

[331] *Müller/Christensen*, Juristische Methodik (Bd. 2), 3. Aufl. 2012, Rn. 53; in diesem Sinne auch *Grundmann*, RabelsZ 75 (2011), 882, 904.

[332] *Müller/Christensen*, Juristische Methodik (Bd. 2), 3. Aufl. 2012, Rn. 60.

[333] *Müller/Christensen*, Juristische Methodik (Bd. 2), 3. Aufl. 2012, Rn. 45; *Gruber*, Methoden des Internationalen Einheitsrechts, 2004, 149.

[334] *Frenz*, Handbuch Europarecht (Bd. 5), 2012, Rn. 395.

[335] *Höpfner*, Systemkonforme Auslegung, 2009, 85.

[336] *Hilbert*, Systemdenken in Verwaltungsrecht und Verwaltungsrechtswissenschaft, 2015, 59 f., 62.

[337] *Hilbert*, Systemdenken in Verwaltungsrecht und Verwaltungsrechtswissenschaft, 2015, 59.

[338] *Höpfner*, Systemkonforme Auslegung, 2009, 83; ähnlich *Larenz/Canaris*, Methodenlehre der Rechtswissenschaft, ^{3}1995, 265, 310.

Die Reduktion auf eine reine Darstellungsfunktion, aus der keinerlei Schlüsse auf das Dargestellte selbst gezogen werden können, wird der äußeren Systematik jedoch nicht gerecht: Das äußere System mag nicht alle inneren Wertungszusammenhänge abbilden,[340] es kann jedoch Ableitungszusammenhänge und innere Bezüge zwischen Normen aufdecken.[341] Denn es enthält bereits ein Vorgriff auf die durch die Systembildung herauszustellenden Wertungszusammenhänge,[342] also eine erste „Arbeitshypothese" über diese.[343] Hieran zeigt sich bereits, dass den Wertungszusammenhängen, die sich prima-facie aus dem äußeren System ergeben, eine Bedeutung zuzumessen ist – man darf zumindest vermuten, dass die Darstellung Rückschlüsse auf das Dargestellte zulässt.

Dies ist laut *Bydlinski* vor allem dann der Fall, wenn die Grundbegriffe des äußeren Systems sich auf unterschiedliche Lebenssachverhalte beziehen, sodass davon auszugehen ist, dass die Begriffsabgrenzungen auf einer tatsächlichen Unterschiedlichkeit der realen Sachverhalte beruht, was wiederum auch eine unterschiedliche rechtliche Bewertung, d. h. eine Orientierung an unterschiedlichen Grundwertungen, erwarten lässt.[344] In dieser normativ eigenständigen Bedeutung der Begriffe („normative Spezifität"[345]) zeigt sich der Vorgriff der äußeren Ordnung „auf die dogmatische Ermittlung der […] inhaltlichen Begründungszusammenhänge":[346] Denn das äußere System des Rechts grenzt so bereits „den Gegenstandsbereich rechtlicher Systemmaterien [ab und reflektiert] ihren normativen Gehalt und ihre normativen Aufgaben."[347] Diese normative Spezifität der Begriffe anzunehmen, bedeutet nichts anderes, als davon auszugehen, dass das äußere System eines Rechtsakts als bestmögliches Abbild der rationes legis geschaffen wird.[348] Denn nur wenn das der Fall ist, erscheint die systematische Gliederung von Normen für die praktische juristische Arbeit der Rechtsgewinnung nutzbar.[349] Von dieser Prämisse kann jedenfalls bei sys-

---

339 *Larenz/Canaris*, Methodenlehre der Rechtswissenschaft, ^{3}1995, 265, 310.

340 *Bydlinski*, System und Prinzipien des Privatrechts, 1996, 24.

341 So schon *Engisch*, Studium Generale 10 (1957), 173, 188: „sinngemäße Ergänzung, Einschränkung, Ausdehnung", 188; ebenso *Kramer*, Juristische Methodenlehre, 6. Aufl. 2019, 106 ff.; *Riesenhuber*, System und Prinzipien des Europäischen Vertragsrechts, 2003, 24 f.; *Bydlinski*, System und Prinzipien des Privatrechts, 1996, 47 ff.

342 *Riesenhuber*, System und Prinzipien des Europäischen Vertragsrechts, 2003, 25; *Bydlinski*, System und Prinzipien des Privatrechts, 1996, 24.

343 *Riesenhuber*, System und Prinzipien des Europäischen Vertragsrechts, 2003, 26.

344 *Bydlinski*, in: FS Canaris, 2007, 1017, 1039; *Bydlinski*, Über prinzipiell-systematische Rechtsfindung, 1995, 35.

345 *Bydlinski*, in: FS Canaris, 2007, 1017, 1039.

346 *Riesenhuber*, System und Prinzipien des Europäischen Vertragsrechts, 2003, 25; *Bydlinski*, System und Prinzipien des Privatrechts, 1996, 25.

347 *Bydlinski*, in: FS Canaris, 2007, 1017, 1025.

348 Zu der Annahme das äußere System müsse das innere „möglichst adäquat reflektieren" *Kramer*, Juristische Methodenlehre, 6. Aufl. 2019, 104 f.; *Riesenhuber*, System und Prinzipien des Europäischen Vertragsrechts, 2003, 24 f.

349 *Bydlinski*, Über prinzipiell-systematische Rechtsfindung, 1995, 35.

tematisch konzipiertem Recht,[350] wie es auch europäische Rechtsakte sind, ausgegangen werden.[351]

Freilich bedeutet das nicht, dass sich aus dem äußeren System alle Begründungszusammenhänge ohne Weiteres ergeben können oder gar müssen. Vielmehr spricht eine erste Vermutung für eine wertungsgerechte äußere Abbildung[352] sowie dafür, dass eine Änderung des Wortlauts regelmäßig mit einer Änderung des Bedeutungsgehalts einhergeht.[353] Diese Vermutungen können im weiteren Auslegungsprozess widerlegt werden und müssen in jedem Fall anhand anderer Auslegungsmethoden verifiziert werden: Wird dabei festgestellt, dass die der Norm zugrundeliegenden Ziele nicht ausreichend in ihrer Anordnung im äußeren System bzw. in ihrem Wortlaut widergespiegelt werden, wird freilich dem anderweitig ermittelten telos der Vorrang eingeräumt. Denn letztlich schlägt die Relativität der Rechtsbegriffe die Einheitlichkeit der Terminologie.[354]

Das schmälert jedoch nicht die große Bedeutung, die dem äußeren System und den darauf bezogenen systematischen Argumenten innerhalb eines Rechtsakts zukommt:[355] *Riesenhuber* und *Bydlinski* sehen das äußere System im Sinne einer Bündelung der Normen in Kategorien und Abschnitte sogar als zwingende Voraussetzung für die Systembildung an, da diese ohne eine Ordnung des Stoffs nach äußeren Gesichtspunkten schlechterdings nicht möglich sei.[356] Begründungszusammenhänge können nur erarbeitet werden, wo einzelne Regelungsbereiche vorher voneinander abgegrenzt wurden. Andersherum ist die Schaffung einer äußeren Ordnung nicht möglich, ohne einige grundlegende Wertungen zumindest mitzudenken. Äußere und innere Ordnung stehen daher nicht bewegungslos nebeneinander, sondern in einem Wechselbezug.[357]

(2) Die Überzeugungskraft des äußeren Systems europäischer Verordnungen

Die oben genannte normative Spezifität der Begriffe, die eine Voraussetzung der Nutzbarkeit des äußeren Systems im Rahmen der Systembildung darstellt,

---

[350] Dazu bereits oben Kapitel 1 B. II. 1., S. 43.

[351] *Riesenhuber*, System und Prinzipien des Europäischen Vertragsrechts, 2003, 24 f.; *Alchourrón/Bulygin*, Normative Systeme, 1971, 138 f.

[352] *Höpfner*, Systemkonforme Auslegung, 2009, 84 f.

[353] EuGH, Urt. v. 1.6.1961 – Rs. 15/60 (Simon), ECLI:EU:C:1961:11, 261 f.

[354] *Frenz*, Handbuch Europarecht (Bd. 5), 2012, Rn. 412 f.; *Hassold*, in: FS Larenz, 1983, 211, 224.

[355] In diesem Sinne auch *Martens*, Methodenlehre des Unionsrechts, 2013, 408, 430 f., 433 f.

[356] *Bydlinski*, in: FS Canaris, 2007, 1017, 1019 ff.; *Riesenhuber*, System und Prinzipien des Europäischen Vertragsrechts, 2003, 25; *Bydlinski*, System und Prinzipien des Privatrechts, 1996, 24 ff.; *Bydlinski*, Über prinzipiell-systematische Rechtsfindung, 1995, 36; ähnlich auch *Rüthers/Fischer/Birk*, Rechtstheorie und juristische Methodenlehre, 12. Aufl. 2022, § 4, Rn. 144a: Systematisierung der inneren Wertungen durch „begrifflich-logische[s]“ Vorgehen.

[357] *Bydlinski*, in: FS Canaris, 2007, 1017, 1018; *Riesenhuber*, System und Prinzipien des Europäischen Vertragsrechts, 2003, 25.

erfordert darüber hinaus lediglich, dass grundlegende Wertungen bereits vorgegeben und zu einem gewissen Grad ausgebildet sind.[358] Nicht notwendig ist eine bereits wertungsmäßig präzise Ausdifferenzierung des Rechts. Einer solchen Forderung könnte insbesondere das europäische Recht nicht gerecht werden. Für die Tauglichkeit des äußeren Systems als Grundlage für die Systembildung ist es unschädlich, wenn – wie häufig zu beobachten – die Anordnung der Normen innerhalb eines Rechtsakts zunächst wenig schlüssig erscheint und die Vorschriften missglückte und verkomplizierte Formulierungen enthalten. Diese meist nur grobmaschige Vorsystematisierung sowohl in den inneren wie auch den äußeren Zusammenhängen liegt regelmäßig darin begründet, dass der Erlass europäischer Sekundärrechtsakte ein langwieriger, komplizierter politischer Prozess ist, in dessen Laufe Vorschriften immer wieder sprachlich geändert, verschoben, hinzugefügt oder gestrichen werden – insbesondere im informellen Trilog-Verfahren. Das Ergebnis ist in erster Linie ein politischer Kompromiss, weniger hingegen ein handwerkliches Meisterwerk der Rechtssetzung.[359] So finden Ansätze, zwischen Normen einen sprachlich indizierten Sinnzusammenhang zu etablieren, häufig nur teilweise ihren Weg in das finale Dokument. Trotzdem können dem äußere System weiterhin Argumente entnommen werden.[360] Denn manchmal zeigt sich ein politischer Kompromiss, der Ausgleich zwischen gegenläufigen Zielen gerade in der besonderen Stellung einer Norm im äußeren System oder daran, dass ihr Wortlaut sich gegenüber der Vorgängervorschrift minimal geändert hat. Besonders „umkämpfte" Normen werden regelmäßig häufig verändert. Dies lässt sich aus den Trilog-Dokumenten ersehen. Die Vermutung einer den inneren Wertungen entsprechenden äußeren Ordnung gilt damit auch im europäischen Recht zunächst unverändert – sie kann aber auch ebenso widerlegt werden.

In jedem Fall ist bei Verordnungsvorschriften im Interesse einer europaweiten Einheitlichkeit zunächst sowohl von einer europäisch-autonomen als auch von einer grundsätzlich abschließenden Begriffsbildung auszugehen.[361] Diese Vermutung gilt umso mehr, je höher der Harmonisierungsgrad des jeweiligen Rechtsakts ist und je zentraler der jeweilige Begriff für den Rechtsakt ist. Aber

---

[358] So reicht laut *Höpfner*, Systemkonforme Auslegung, 2009, 84, auch eine nur „oberflächliche Darstellung des inneren Zusammenhangs der Einzelwertungen".

[359] So auch *Martens*, Methodenlehre des Unionsrechts, 2013, 393; *Buck*, Über die Auslegungsmethoden des Gerichtshofs der Europäischen Gemeinschaften, 1998, 179 f.

[360] Zu dieser Notwendigkeit auch *Buck*, Über die Auslegungsmethoden des Gerichtshofs der Europäischen Gemeinschaften, 1998, 180.

[361] St. Rspr. für ein autonomes Konzept der Begriffsbildung EuGH, Urt. v. 9.7.2020 – Rs. C-264/19 (Constantin Film Verleih), ECLI:EU:C:2020:542, Rn. 28; EuGH, Urt. v. 9.7.2020 – Rs. C-199/19 (RL sp. z o. o.), ECLI:EU:C:2020:548, Rn. 27; EuGH, Urt. v. 19.12.2013 – C-279/12 (Fish Legal & Shirley), ECLI:EU:C:2013:853, Rn. 42 ff., 48; EuGH, Urt. v. 3.7.2012 – Rs. C-128/11 (UsedSoft), ECLI:EU:C:2012:407, Rn. 39 f.; EuGH, Urt. v. 27.1.2005 – Rs. C-188/03 (Junk), ECLI:EU:C:2005:59, Rn. 29 jeweils m. w. N.; für das Primärrecht EuGH, Urt. v. 5.2.1963 – Rs. 26/62 (Van Gend & Loos), ECLI:EU:C:1963:1, 25.

auch hier kann diese Vermutung durch Auslegung widerlegt werden, wenn sich etwa schlüssig nachweisen lässt, dass die Norm keine unionsweit einheitliche Lösung bezweckt oder dass eine autonome Begriffsbildung schlicht nicht möglich ist.[362]

(3) Bedeutungszuwachs der Auslegung aus dem äußeren System durch Mangel an Alternativen im europäischen Kontext

Gerade zu Beginn der Geltung einer Verordnung wird das äußere System, also der Wortlaut sowie der systematische Zusammenhang zwischen den Normen/normativen Begriffen, eine große Rolle bei der Systembildung spielen müssen, da ansonsten wenig andere Anhaltspunkte bleiben. Die widerstreitenden primärrechtlichen Ziele und Kompetenznormen, auf denen der Rechtsakt basiert, sind zwar regelmäßig bekannt, eigenen sich durch ihre Abstraktheit aber nur eingeschränkt dafür, detaillierte Wertungen nachzuvollziehen und das Überwiegen des einen oder anderen Werts überzeugend zu begründen. Auch Gesetzesmaterialien sind auf europäischer Ebene weniger bedeutsam als auf nationaler Ebene, denn selten kann von einem einheitlichen Willen des Gesetzgebers gesprochen werden. Vielmehr sind im europäischen Gesetzgebungsverfahren zahlreiche Akteure mit widerstreitenden Interessen beteiligt, die den fertigen Rechtsakt regelmäßig als jeweils eigenen Sieg verbuchen.[363] In der Folge finden sich bereits unter den an der Rechtssetzung beteiligten Akteuren mehrere, einander widersprechende Interpretationen von umstrittenen Passagen. Ebenso wenig aussagekräftig sind die Trilog-Dokumente, da sie lediglich Textänderungen enthalten und zwar die Änderungen im äußeren System des Rechtsakts nachvollziehen, nicht aber die jeweilige Motivation dahinter.[364] Aus diesem Grund beschränken sich die Erforschungen zum gesetzgeberischen Willen faktisch auf die dem Rechtsakt vorangestellten Bewegungsgründe.[365]

Im Ergebnis ist die Bedeutung des äußeren Systems für die Systembildung daher auch dem Mangel an Alternativen geschuldet, die zur Auslegung der Normen infrage kämen: Wortlaut und Systematik werden so zu einem umso wichtigeren Aspekt der Systembildung, je weniger andere Anhaltspunkte für die Auslegung des Rechtsakts zur Verfügung stehen.

---

[362] So etwa EuGH, Urt. v. 6.10.1976 – Rs. C-12/76 (Tessili), ECLI:EU:C:1976:133, Rn. 14f.; zur Bedeutung des Harmonisierungskonzepts für die Auslegung siehe auch Kapitel 2 A.IV. 2. a) cc), S. 139.

[363] *Martens*, Methodenlehre des Unionsrechts, 2013, 393.

[364] *Hatje/Mankowski*, EuR 2014, 155, 156.

[365] *Hatje/Mankowski*, EuR 2014, 155, 156f.; hingegen sieht *Borchardt*, in: Schulze/Janssen/Kadelbach (Hrsg.), Europarecht, 2020, § 15, Rn. 44 die Bedeutung der Erwägungsgründe eher i. R. d. systematisch-teleologischen Auslegung.

cc) Fallgruppen der Systembildung aus dem äußeren System heraus

Wie oben gezeigt, kann die äußere Systematik bereits für oder gegen einen bestimmten Bedeutungsgehalt sprechen, den der reine Wortlaut zunächst bloß als möglich aufzeigt. Hierzu haben sich in der Rechtsprechung des EuGH Vermutungsregeln herausgebildet, die den Schluss „von außen nach innen" veranschaulichen. Die hier aufgeführten Fallgruppen sind nicht abschließend, sie geben aber eine Grundorientierung für den Umgang des EuGH mit der systematischen Auslegung in der Praxis.

Bereits genannt wurde die Vermutung zugunsten einer wertungsmäßig folgerichtigen äußeren Darstellung der inneren Aspekte[366] sowie die Vermutung zugunsten einer europäisch-einheitlichen Begriffsbildung[367].

Des Weiteren lässt sich aus der Zuordnung einer bestimmten Sachmaterie zu einem Abschnitt schließen, dass diese Sachmaterie nicht in einem anderen Abschnitt genauso geregelt sein kann – dies lässt die Negativbestimmung des Regelungsgehalts von Normen zu.[368] Systematische Schlüsse lassen darüber hinaus auch das Verständnis von Normen eines Rechtsakts als aufeinander bezogene und durch Regel-Ausnahme-Verhältnisse verbundene Vorgaben zu. Hieraus lassen sich Anhaltspunkte für das Verständnis des Sinn und Zwecks einzelner Normen ziehen.[369] Außerdem darf innerhalb desselben Rechtsakts ein einheitliches Begriffsverständnis zugrunde gelegt werden, wenn sich nicht aus der Anwendung anderer Auslegungsmethoden Gegenteiliges ergibt.[370] Auch die offiziellen Leitlinien zur Abfassung von Rechtstexten fordern explizit terminologische Kohärenz in formeller und inhaltlicher Hinsicht.[371] Dies lässt darauf schließen, dass die Begriffsbildung in den Rechtsakten bewusst erfolgt und – ganz im Sinne normativer Spezifität – Begriffsdifferenzen auch Wertungsdifferenzen nach sich ziehen.[372]

Je mehr Wert auf Begriffe und Begriffsbildung gelegt wird, desto stärker können aus ihnen auch Argumente für die systematische Auslegung abgeleitet werden.[373] Daraus wiederum folgt, dass gerade bei der Verordnung der Be-

---

[366] Siehe oben Kapitel 1 C. III. 2. b) bb) (1), S. 70.

[367] Siehe oben Kapitel 1 C. III. 2. b) bb) (2), S. 72.

[368] *Frenz*, Handbuch Europarecht (Bd. 5), 2012, Rn. 397; *Müller/Christensen*, Juristische Methodik (Bd. 2), 3. Aufl. 2012, Rn. 62.

[369] So bei EuGH, Urt. v. 3.4.2008 – Rs. C-442/05 (Finanzamt Oschatz), ECLI:EU:C:2008:184, Rn. 31 ff.

[370] *Martens*, Methodenlehre des Unionsrechts, 2013, 434 f.

[371] Gemeinsamer Leitfaden des Europäischen Parlaments, des Rates und der Kommission für Personen, die an der Abfassung von Rechtstexten der Europäischen Union mitwirken (Stand Juli 2020), LL. 6.

[372] EuGH, Urt. v. 1.6.1961 – Rs. 15/60 (Simon), ECLI:EU:C:1961:11, 261 f.; *Borchardt*, in: Schulze/Janssen/Kadelbach (Hrsg.), Europarecht, 2020, § 15, Rn. 39.

[373] *Grundmann*, RabelsZ 75 (2011), 882, 903; hier zeigt sich der Bezug zum Wortlautargument.

griffsbildung besonderes Augenmerk zukommen muss, da diese den Dreh- und Angelpunkt einer einheitlichen Anwendung darstellt. Ein stillschweigender Verweis auf mitgliedsstaatliches Recht ist daher nur im Ausnahmefall anzunehmen, wenn etwa eine europäische Begriffsbildung aufgrund der Komplexität des Begriffs und unzureichender Vorgaben auf europäischer Ebene nicht möglich erscheint.[374]

Angestrebt ist von europäischer Seite neben dem rechtsaktintern kohärenten Begriffsverständnis sogar eine rechtsakt*übergreifend* einheitliche Begriffsbildung.[375] In der Praxis wird aber trotz dieses grundsätzlich zu begrüßenden Ziels jedenfalls dann eine abweichende Begriffsbildung ebenso wahrscheinlich sein, sobald ein Rechtsakt unterschiedliche Ziele verfolgt.[376] Aus diesem Grund sind systematische Schlüsse, die sich auf einen anderen Rechtsakt stützen, eher selten und in jedem Fall zusätzlich darauf zu untersuchen, ob die äußeren Parallelen auch innere Wertungsgleichläufe abbilden.

Diese von der Rechtsprechung entwickelten Fallgruppen und Vermutungsregeln sind in der Praxis jeweils am Einzelfall auf ihre Übertragbarkeit zu überprüfen. Sie bieten jedoch in jedem Fall eine erste argumentative Grundlage.

c) Zwischenergebnis

Die Auslegung einer europäischen Norm hängt im Einzelfall von einer Vielzahl von Parametern ab. Die systematische Auslegung als Auslegung aus den inneren Systemzusammenhängen (systematisch-teleologische Auslegung) und als Auslegung aus dem äußeren System spielt im europäischen Recht eine große Rolle. Das äußere System spiegelt den inneren Zusammenhang der Einzelwertungen zumindest oberflächlich nach außen wider: Es enthält durch die normative Spezifität seiner Begriffe jedenfalls einen Vorgriff auf die Wertungen, die dem Rechtsakt zugrunde liegen. Auch ohne davon auszugehen, dass die äußere Verortung der Normen und ihr Wortlaut die inneren Wertungen ausnahmslos präzise nach außen darstellen, kann daher dem äußeren System aufgrund einer Vermutung zugunsten eines solchen Ideals eine besonders hohe Stellung gerade bei der erstmaligen Normauslegung eingeräumt werden. Seine Bedeutung wächst, je weniger Anhaltspunkte aus anderen Auslegungsbereichen (historisch, teleologisch) gegeben sind und ist damit insbesondere dann von großer

[374] So etwa EuGH, Urt. v. 6.10.1976 – Rs. C-12/76 (Tessili), ECLI:EU:C:1976:133, Rn. 14f.

[375] Gemeinsamer Leitfaden des Europäischen Parlaments, des Rates und der Kommission für Personen, die an der Abfassung von Rechtstexten der Europäischen Union mitwirken (Stand Juli 2020), LL. 6, insbes. 6.2.1.

[376] *Martens*, Methodenlehre des Unionsrechts, 2013, 450f., ebenso Gemeinsamer Leitfaden des Europäischen Parlaments, des Rates und der Kommission für Personen, die an der Abfassung von Rechtstexten der Europäischen Union mitwirken (Stand Juli 2020), LL. 6: einheitliche Begriffsbildung insbesondere innerhalb bereichsverwandter Rechtsakte.

Bedeutung, wenn der Rechtsakt neu ist. Gerade bei Verordnungen kann davon ausgegangen werden, dass sich eine stärkere Orientierung am originären Normtext des europäischen Rechts in der Auslegung niederschlägt. Eine gesteigerte Aufmerksamkeit für autonome Begriffsbildung im Rahmen der Verordnung kann in der Anwendung zu einer stärkeren, europaweiten Ergebnisvereinheitlichung führen.

An diese theoretischen Erkenntnisse schließt sich unmittelbar die Frage an, ob die Rolle des äußeren Systems in der Rechtsanwendung tatsächlich immer ausreichend reflektiert wird. Diese Frage kann anhand teils gleichlautender Vorschriften in Richtlinie und Verordnung und ihrer Rezeption in der mitgliedsstaatlichen Anwendung besonders gut untersucht werden.[377] Gleichzeitig kann eine solche Gegenüberstellung den Blick dafür schärfen, ob und wie sehr sich Rechtsanwender bei der Anwendung europäischen Rechts tatsächlich von ihrem national vorgeprägten Rechtsverständnis lösen wollen und können.

3. *These: Besondere Bedeutung des äußeren Systems für die Systembildung*

Dieser Arbeit liegt die Annahme zugrunde, dass das äußere System des Rechtsakts (und damit auch der Wortlaut der Normen) bei Verordnungen eine besondere Bedeutung erlangt und sich ungleich stärker als etwa bei Richtlinien auf die Systembildung auswirkt. Diese These scheint auch die EU zu teilen. Eine größere Orientierung am Normtext selbst und den sich daraus ergebenden Zusammenhängen lässt folglich eine mitgliedsstaatsübergreifende, rechtseinheitsfördernde Interpretation erwarten, die wiederum europaweit zur Ergebnisangleichung beiträgt.

Methodisch lässt sich diese These zumindest insofern untermauern, als bei einer rechtsvereinheitlichenden Verordnung nicht mehr lediglich die Ziele verbindlich sind, sondern diese vielmehr eine unbedingte Ziel- und Mittelverbindlichkeit einfordern. Gerade aufgrund der unmittelbaren Geltung ist daher eine besondere Bedeutung des äußeren Systems der Verordnung angezeigt, die sich in der Anwendungspraxis und Systembildung widerspiegeln müsste. Denn Begrifflichkeiten und dogmatische Zusammenhänge müssen so übernommen werden, wie sie sich aus dem äußeren System ergeben, sie dürfen geraden nicht funktional umgestaltet und in nationalen Ordnungskategorien dargestellt werden. Aus diesem Grund ist allein aus methodischer Sicht mit Blick auf die Verbindlichkeit von Form und Mittel der Verordnung zum einen eine stärkere Orientierung am unmittelbaren Wortlaut zu erwarten wie auch zum anderen eine größere Bedeutung des äußeren Systems der Verordnung für die Ermittlung der ratio legis. Eine „Re-Nationalisierung durch die Hintertür“[378] ist bei der Verord-

---

[377] Siehe etwa zur Privilegierung der Auftragsverarbeitung Kapitel 3 B. I., S. 226 und zur datenschutzrechtlichen Einwilligung Kapitel 3 B. II., S. 244.

[378] *Hatje/Mankowski*, EuR 2014, 155, 160.

nung daher weniger wahrscheinlich als bei Richtlinienrecht, da die dauerhaft präsenten äußeren Strukturen als Arbeitsgrundlage nicht vernachlässigt werden können, wie bei der Richtlinie. Dies lässt eine stärker europäisch-autonome Ausrichtung der Systembildung erwarten.

Gleichzeitig führt die unmittelbare Anwendbarkeit des Verordnungsrechts aus mitgliedsstaatlicher Sicht zu den oben beschriebenen Anwendungsproblemen, soweit solche europäischen Rechtsfragen im Rahmen der Durchsetzung in den größeren Zusammenhang des mitgliedsstaatlichen Rechts eingeordnet werden müssen. Eine Anwendung des Verordnungsrecht im rechtsordnungsübergreifenden Kontext erfordert eine sorgfältige Koordinierung der äußeren Systeme der beiden Normkomplexe[379] anhand der Zielsetzungen des inneren Systems. Die Frage der kohärenten Abstimmung der unterschiedlichen Normkomplexe aus methodischer Perspektive bildet daher in dieser Arbeit einen Schwerpunkt.

[379] Siehe dazu Kapitel 2 B. II., S. 192.

Kapitel 2

Elemente einer Methodik zur rechtsordnungsübergreifenden Systembildung

Eine Methodik der rechtsordnungsübergreifenden Systembildung kommt nicht umhin, rechtsordnungsübergreifende Normenkonflikte zu beleuchten.[1] Denn es sind diese Widersprüche, die ein stimmiges Zusammenwirken der Normenkomplexe regelmäßig verhindern. Die Kollisionsauflösung kann als Koordinierung der inneren Systeme verstanden werden, da so die Regelungsziele und dahinterstehenden Normzwecke miteinander in Einklang gebracht werden. Neben den Normenkollisionen ist jedoch auf die rechtsanwendungsbezogenen Besonderheiten des Verordnungsrechts im Rahmen der Rechtsordnungsverschränkung einzugehen: Der Kollisionsprüfung als maßgeblicher Bestandteil der rechtsordnungsübergreifenden Systembildung geht die Frage nach dem anwendbaren mitgliedsstaatlichen Recht, voraus. Der Rechtsanwender muss diejenigen Normen der mitgliedsstaatlichen Rechtsordnung finden, die für eine verschränkende Anwendung neben dem europäischen Recht infrage kommen. Dieser Vorgang beinhaltet nicht nur die sorgfältige Auslegung des europäischen Rechts, sondern vor allem eine Koordinierung der äußeren Systeme,[2] was bislang methodisch kaum Beachtung gefunden hat.

A. Auflösung vertikaler Normenkollisionen

Die Auflösung von Normenwidersprüchen ist zentral für die Thematik der rechtsordnungsübergreifenden Systembildung.[3] Ausgehend von einem allgemeinen Begriff von Normenkonkurrenzen und Normenkonflikten[4] sollen die Besonderheiten aufgezeigt werden, die sich bei Konflikten zweier Normen unterschiedlicher Geltungsebenen und unterschiedlicher Gesetzgeber im europäischen Kontext (Normenkollisionen) ergeben.[5] Denn vor dem Hintergrund bereits feststehender allgemeiner Begrifflichkeiten lässt sich die Rechtsprechung des EuGH zu dieser Thematik besser verstehen und präziser einordnen.

---

[1] Siehe dazu A., S. 79.
[2] Siehe dazu B., S. 182.
[3] Siehe dazu A. I., S. 80.
[4] Siehe dazu A. II., S. 81.
[5] Siehe dazu A. III., S. 87.

Daran anschließend soll analysiert werden, wie die europäische Rechtsprechung direkte und indirekte Kollisionen auflöst,[6] um im Ergebnis hieraus Schlüsse für den methodischen Umgang mit der Verschränkung von europäischem und mitgliedsstaatlichem Recht zu ziehen.

I. Bedeutung für die Untersuchung

1. Widerspruchsauflösung als Mittel zur Herstellung systeminterner Widerspruchsfreiheit

Dass Normen miteinander in Konflikt geraten oder dass das Zusammenwirken von Normen zu Wertungsinkohärenzen führt, ist überall da denkbar, wo unterschiedliche Normen aufeinandertreffen, unabhängig von der Geltungsebene, der sie angehören. Ein stimmiges Zusammenwirken von Normen wiederum ist überall dort unproblematisch möglich, wo Normen sich nicht widersprechen.[7] Gerade die im Bereich der Rechtsordnungsverschränkung kommt es jedoch vermehrt zu Widersprüchen: Denn einerseits sind die Mitgliedsstaaten gehalten, nach den formellen und materiellen Vorschriften ihres nationalen Rechts vorzugehen, „sofern und soweit" (Art. 2 Abs. 2 AEUV) das europäische Recht einschließlich seiner ungeschriebenen Rechtsgrundsätze keine Regelungen enthält und soweit dies „zur Durchführung erforderlich" ist („Soweit-Formel"[8]).[9] Andererseits ist das Sekundärrecht der Europäischen Union und insbesondere das Verordnungsrecht regelmäßig nicht an die Besonderheiten der mitgliedsstaatlichen Rechtssysteme angepasst. Die notwendigen Verflechtungen zwischen europäischem und mitgliedsstaatlichem Recht in der Anwendungspraxis führen daher zwangsläufig auch zu Reibungen zwischen den Wertungen der beiden Normenkomplexe. Als Folge komme zu einem erhöhten Auftreten von Normenkonflikten und Wertungswidersprüchen zwischen dem europäischen und dem mitgliedsstaatlichen Recht. Diese gilt es, im Interesse einer rechtsordnungsübergreifenden Folgerichtigkeit aufzulösen. Die Ermittlung und Koordination der unterschiedlichen Normzwecke sowie die Beseitigung von Widersprüchen stellt eine der wichtigsten Aufgaben der Rechtswissenschaft dar.

Dieser Aufgabe kommt im Mehrebenenkontext eine noch höhere Bedeutung zu, da Widersprüche hier häufiger auftreten. Normwidersprüche über die

[6] Siehe A. IV., S. 126.

[7] Zur allgemeinen Definition von Normenkonflikten siehe A. II., S. 81.

[8] Dazu *von Danwitz*, Europäisches Verwaltungsrecht, 2008, 476 ff.

[9] EuGH, Urt. v. 23.2.2006 – Rs. C-201/04 (Molenbergnatie NV), ECLI:EU:C:2006:136, Rn. 52; EuGH, Urt. v. 9.10.2001 – verb. Rs. C-89/99 und C-81/99 (Flemmer), ECLI:EU:C:2001:525, Rn. 55; EuGH, Urt. v. 16.7.98 – Rs. C-298/96 (Oelmühle), ECLI:EU:C:1998:372, Rn. 24; EuGH, Urt. v. 21.9.1983 – Rs. 205–215/82 (Dt. Milchkontor), ECLI:EU:C:1983:233, Rn. 17; EuGH, Urt. v. 6.5.1982 – Rs. 54/81 (Fromme), ECLI:EU:C:1982:142, Rn. 5, 8; EuGH, Urt. v. 11.2.1971 – Rs. 39/70 (Norddeutsches Vieh- und Fleischkontor), ECLI:EU:C:1971:16, Rn. 4.

Rechtsordnungsebenen hinweg als solche zu erkennen und stimmig aufzulösen ist eine Grundvoraussetzung für eine einheitliche und kohärente Anwendung der systemzugehörigen Normen und das maßgebliche Ziel der rechtsordnungsübergreifenden Systembildung.

2. *Methodischer Ausgangspunkt und Analysebedarf*

Das Thema der Normen- und Wertungswidersprüche im Kontext europäisch-nationaler Verzahnung an sich ist nicht neu. Es wurde aber bislang in der deutschen Literatur fast ausschließlich aus der Perspektive des Verwaltungsverfahrens- sowie des Verwaltungsprozessrechts behandelt.[10] Hier existieren in der Literatur zahlreiche dogmatische Lösungen und Interpretationsansätze zur einschlägigen Rechtsprechung, die im Folgenden zu ordnen sind. Auch die Begrifflichkeiten werden in den Untersuchungen nicht einheitlich gebraucht, was die Thematik teils unübersichtlich macht. Das Problem der Normenkonflikte im Mehrebenensystem erscheint durch die intensive Bearbeitung in der öffentlich-rechtlichen Literatur zudem wie ein rein öffentlich-rechtliches, dabei ist die Thematik vielmehr allgemein-methodischer Natur. Denn Normenkonflikte sind potenziell überall da anzutreffen, wo europäisches und mitgliedsstaatliches Recht nebeneinander wirken. Eine allgemeine Betrachtung ist aber auch wegen der kontinuierlichen Ausdehnung unmittelbar (d. h. durch Verordnung) europäisch überregelter Rechtsbereiche, die faktisch mittlerweile weit über das Wirtschaftsverwaltungsrecht hinausgehen, angezeigt.

II. Normenkonkurrenzen und Normenkonflikte – Allgemeine Begrifflichkeiten

Auf einen Sachverhalt sind in der Regel mehrere Normen nebeneinander anwendbar. Wenn diese Normen zueinander in einem Widerspruch stehen, weil sie nicht gleichzeitig angewandt werden können, ohne dass zumindest eine Norm die von ihr anvisierte Regelung im Einzelfall nicht voll durchsetzen kann, spricht man von einem Normenkonflikt.[11] Ein Normenkonflikt setzt folglich

---

[10] *Gärditz*, in: Rengeling/Middeke/Gellermann (Hrsg.), Handbuch des Rechtsschutzes in der Europäischen Union, 2014, § 35, Rn. 23 ff.; *Krönke*, Die Verfahrensautonomie der Mitgliedsstaaten, 2013; *Streinz*, in: Isensee/Kirchhof (Hrsg.), Handbuch des Staatsrechts (Bd. 10), 2012, § 218, Rn. 15; *Jarass/Beljin*, NVwZ 2004, 1; *Seyr*, Der effet utile in der Rechtsprechung des EuGH, 2008, 157 ff.; *Schroeder*, AöR 129 (2004), 3, 5 ff.; *Schwarze*, in: FS Börner, 1992, 389; *Huthmacher*, Der Vorrang des Gemeinschaftsrechts bei indirekten Kollisionen, 1985; *Weber*, EuR 1986, 1; Untersuchungen mit zivilrechtlichen Bezügen finden sich bei *Ebers*, Rechte, Rechtsbehelfe und Sanktionen im Unionsprivatrecht, 2017; *Tomasic*, Effet utile, 2013; *Weiss*, Widersprüche im Recht, 2011.

[11] Die Definitionen und Terminologien sind zahlreich, vgl. *Barczak*, JuS 2015, 969, 970 ff.; *Krönke*, Die Verfahrensautonomie der Mitgliedsstaaten, 2013, 136 ff.; *Weiss*, Widersprüche im

zwei Dinge voraus: Die Anwendung auf den gleichen Sachverhalt[12] und den Widerspruch von Regelungszielen[13].

1. Anwendung auf den gleichen Sachverhalt: Normenkonkurrenz/ Anwendungsbereichsüberschneidung

Die Anwendung mehrerer Normen auf einen Sachverhalt kann dabei in verschiedenen Formen auftreten: Die *Überschneidung im Regelungsbereich* einer Norm wird als *Normenkonkurrenz* bezeichnet.[14] Der Regelungsbereich oder Regelungsgegenstand bezieht sich auf den Tatbestand und die Rechtsfolge einer Norm, also das „was" und das „wie" der Regelung.[15] Ein Beispiel für eine teilweise Regelungsbereichsüberschneidung bieten Normen, die im Tatbestand an eine bestimmte Art von Vertrag anknüpfen, etwa alle Vorschriften zum Mietvertrag (§§ 535 ff. BGB).

Normen können sich jedoch auch nur in ihrem konkreten *Anwendungsbereich* überschneiden, ohne zueinander in Normkonkurrenz i. S. e. Regelungsbereichsüberschneidung zu stehen.[16] Dann sind sie auf den gleichen Sachverhalt anwendbar, ihre Regelungsbereiche sind aber nicht, auch nicht teilweise, kongruent. Ein Beispiel bieten vertragsrechtliche und deliktsrechtliche Schadenersatzansprüche, die auf denselben Schadensfall anwendbar sind – sie knüpfen zwar an denselben Sachverhalt, aber an unterschiedliche tatbestandliche Voraussetzungen an

2. Widerspruch

a) Das Regelungsziel als Maßstab

Die auf den gleichen Sachverhalt anwendbaren Normen müssen sich zudem widersprechen. Ein Normenkonflikt ist kein logischer Widerspruch zwischen zwei abstrakten Normen, sondern vielmehr ein Widerspruch im Einzelfall, d. h. in der Normanwendung:[17] Es kommt daher nicht auf den Konflikt von abstrak-

---

Recht, 2011, 14 ff., 29, kommt zu dem Ergebnis, dass eine „herrschende, allgemeine Widerspruchsdefinition nicht besteht".

[12] Siehe 1., S. 82.

[13] Siehe 2., S. 82.

[14] *Barczak*, JuS 2015, 969, 970; *Röhl/Röhl*, Allgemeine Rechtslehre, 3. Aufl. 2008, 596 ff.; *Larenz/Canaris*, Methodenlehre der Rechtswissenschaft, 3. Aufl. 1995, 87.

[15] *Huthmacher*, Der Vorrang des Gemeinschaftsrechts bei indirekten Kollisionen, 1985, 124 f.

[16] „Echte" Normkonkurrenz im Sinne einer teilweisen Überschneidung der Tatbestände zweier Normen, siehe *Huthmacher*, Der Vorrang des Gemeinschaftsrechts bei indirekten Kollisionen, 1985, 124, ist gerade nicht notwendig, ebd., 127.

[17] Das schließt freilich zahlreiche andere Bestimmungen, die auf eine Unvereinbarkeit der abstrakten Rechtsfolgen oder einen semantischen Widerspruch abstellen, nicht aus – siehe etwa für eine abweichende Bestimmung *Barczak*, JuS 2015, 969, 970.

ten Rechtsfolgen an, sondern vielmehr auf nicht miteinander zu vereinbarende Regelungsgehalte im Einzelfall.[18] Dieser Regelungsgehalt im Einzelfall soll im Folgenden als Regelungsziel bezeichnet werden: Das Regelungsziel einer Vorschrift richtet sich immer auf die tatsächliche Verwirklichung, d. h. Durchsetzung, der in der Norm zum Ausdruck kommenden abstrakten Wertungen (Normzweck) im Einzelfall. Das Regelungsziel ist die konkrete Ausprägung des abstrakten Normzwecks. Hieran wird deutlich, dass es sich bei Normenkonflikten um Konflikte handelt, die aus der Anwenderperspektive, d. h. ausgehend vom konkreten Fall betrachtet werden müssen, da ein Regelungsziel sich immer auf einen bestimmten Fall bezieht. Denn es sind gerade widersprüchliche Regelungsziele, die verhindern, dass dem Recht eine eindeutige Entscheidung bezüglich eines konkreten Falls entnommen werden kann.[19] Es sind solche Widersprüche, die im Gegensatz zur Rechtssicherheit und Folgerichtigkeit des Rechts als erklärtem Ziel der Systembildung[20] stehen.

Ein Widerspruch von Regelungszielen liegt zum einen vor, wenn zwei Normen für den gleichen Sachverhalt im Einzelfall unterschiedliche, nicht miteinander kompatible Rechtsfolgen anordnen.[21] Eine gleichzeitige Anwendung sich widersprechender Normen ist schon logisch nicht möglich, da die Anwendung einer Norm immer auch den Eintritt ihrer Rechtsfolge beinhaltet.[22] Schließen sich die Rechtsfolgen jedoch gegenseitig aus, so muss jedenfalls eine der beiden Normen (zumindest teilweise) unangewendet bleiben. Das bedeutet, dass eine der beiden Normen ihr Regelungsziel nicht oder jedenfalls teilweise nicht umsetzen kann. Ein logischer Widerspruch liegt etwa dann vor, wenn Norm a die Pflicht statuiert, Häuserfassaden gelb zu verputzen, Norm b hingegen jene, Häuserfassaden nicht zu verputzen.

Die Normen können aber auch nur rein wertungsbedingt miteinander in Konflikt geraten, wenn sich die konkreten Rechtsfolgen zwar nicht logisch ausschließen, aber die Wertung der jeweils anderen Norm ad absurdum führen und dadurch ihr Regelungsziel vereiteln.[23] Anknüpfend an das oben genannte Beispiel stünde Norm a („Häuserfassaden sind gelb zu verputzen“) in einem Wertungswiderspruch mit einer Norm c mit dem Wortlaut: „Häuserfassaden sind rot zu streichen“. Denn es ist zwar möglich, ein Haus erst gelb zu verputzen und im

---

[18] Ähnlich *Höpfner*, Systemkonforme Auslegung, 2009, 31 f.

[19] Dies führt *Weiss*, Widersprüche im Recht, 2011, 40 f. als maßgebliches Kriterium für seinen Widerspruchsbegriff auf.

[20] Siehe dazu bereits oben Kapitel 1 B. I. 3., S. 28.

[21] *Weiss*, Widersprüche im Recht, 2011, 24 ff., unterscheidet noch zwischen Widersprüchen auf Tatbestands- und Rechtsfolgenseite, ebenso *Höpfner*, Systemkonforme Auslegung, 2009, 24 ff.

[22] Ebenso *Jarass/Beljin*, NVwZ 2004, 1, 3.

[23] Vgl. *Weiss*, Widersprüche im Recht, 2011, 19 ff.; *Engisch*, Einführung in das juristische Denken, 11. Aufl. 2010, 212 ff.; der Begriff wurde maßgeblich geprägt durch *Canaris*, Systemdenken und Systembegriff, 1983, 112 f.

Anschluss rot zu streichen. Die Rechtsfolgen schließen sich daher nicht gegenseitig aus. Soweit Norm a jedoch das Regelungsziel einer gelben Hausfassade zu entnehmen ist, wird dieses durch Norm c vereitelt.

Hier zeigt sich, dass eine Definition der Normenkonflikte anhand eines reinen Widerspruchs der Rechtsfolgen zu eng ausfällt. Vorzugswürdig ist daher eine Konfliktdefinition anhand eines Widerspruchs der konkreten Normzwecke (= Regelungsziele).[24]

b) Regelungszielermittlung aus dem Normzweck heraus = Normauslegung

Die Ermittlung des Regelungsgehalt für den zugrundeliegenden Sachverhalt (= Regelungsziel) durch Auslegung, ist eine maßgebliche Vorfrage und ein Schwerpunkt der Rechtsanwendung.[25] Da das Regelungsziel eine Konkretisierung des Normzwecks auf den Einzelfall darstellt, umfasst es somit die Ermittlung des Normzwecks durch Auslegung als notwendigen ersten Schritt. Anhaltspunkte für die Ermittlung des Normzwecks wiederum geben vor allem die Rechtsfolgenanordnungen bzw. bei Normen ohne Rechtsfolgen die abstrakten Wertungsaussagen der Norm selbst. Diese sind wiederum vor dem Hintergrund der ihr zugrundeliegenden Prinzipien zu interpretieren:[26] So kann beispielsweise der dem § 242 BGB zugrundeliegende Normzweck so beschrieben werden, dass der Schuldner nicht allein subjektiv über die Art der Leistungserbringung bestimmen können soll. Diese Wertung lässt sich aber zurückführen auf das Prinzip des Vertrauensschutzes, das Prinzip der Herstellung von Verhandlungsparität und letztlich auf das diese Teilprinzipien umfassende Prinzip von Treu und Glauben, das in seiner Ausstrahlung viel weiter geht, als die in § 242 BGB zum Ausdruck kommende Wertung zunächst vermuten lassen würde. § 242 BGB ist demnach nur eine konkrete Teilausprägung dieses Rechtsgedankens. Aus diesem Grunde wird im Rahmen der Anwendung des Grundsatzes von Treu und Glauben außerhalb des Wortsinns des § 242 BGB richtigerweise auch auf den Rechtsgedanken des § 242 BGB verwiesen, also auf das dieser Vorschrift zugrundeliegende, abstrakte Prinzip.

Eine in der Norm selbst verankerte, unmittelbare Rechtsfolge ist für die Ermittlung eines Regelungsziels nicht notwendig. Jeder Norm liegen Wertungs-

---

24 Vgl. Definition der „Normenkollision" bei *Niedobitek*, VerwArch 91 (2001), 58, 67; *Kadelbach*, Allgemeines Verwaltungsrecht unter europäischem Einfluss, 1999, 24; *Huthmacher*, Der Vorrang des Gemeinschaftsrechts bei indirekten Kollisionen, 1985, 125 ff.; ähnliche Definition zum Kollisionsbegriff von Art. 31 GG bei *Engelbrecht*, Die Kollisionsregel im föderalen Ordnungsverbund, 2010, 114 („Konfliktsmodell"), gestützt auf BVerfG, Beschluss (15.10.1997) – 2 BvN 1/95 (Landesverfassungsgerichte) = BVerfGE 96, 345, Rn. 62; zu verschiedenen Definitionen eines Normkonflikts allgemein *Krönke*, Die Verfahrensautonomie der Mitgliedsstaaten, 2013, 137 ff. m. w. N.

25 Siehe Kapitel 2 A. IV. 2. a), S. 133.

26 Zur primärrechtskonformen Auslegung siehe Kapitel 2 A. IV. 2. a) bb), S. 137.

aussagen, d. h. ein Normzweck, zugrunde, daher kann auch jeder Norm ein Regelungsziel entnommen werden. Das Regelungsziel des § 242 BGB etwa bezieht sich für jeden konkreten Fall auf die hinreichende Berücksichtigung des Grundsatzes von Treu und Glauben sowie der Verkehrssitte bei der Leistungserbringung durch den Schuldner. Das Maß dieser hinreichenden Berücksichtigung ist nur im jeweiligen Einzelfall zu bestimmen – das Regelungsziel der Norm kann daher je nach Einzelfall unterschiedlich ausfallen. Aus diesem Grund sind Normenkonflikte regelmäßig Einzelfallkonflikte zwischen konkreten Regelungszielen.

Viele dieser Regelungszielkonflikte können bereits im Rahmen der Auslegung vermieden werden: Denn abstrakte Wertungswidersprüche zwischen normativen Anordnungen werden häufig auf eine „gesetzgeberische Inkonsequenz" zurückgeführt,[27] die aber aufgelöst werden kann, indem die jeweiligen Normzwecke vor dem Hintergrund der gesetzgeberischen Intention einer Folgerichtigkeit der Wertungen unter Berücksichtigung entgegenstehender Wertungen interpretiert und so in einen Ausgleich gebracht werden. Das bedeutet, dass viele „nur scheinbare Widersprüche"[28] bereits durch Auslegung ausgeräumt werden können und es gar nicht zum Regelungszielkonflikt kommt.[29] Im rechtsordnungsübergreifenden Kontext ist diese Art des Ausbalancierens der Wertungen nur sehr eingeschränkt möglich, da die Normen regelmäßig nicht auf denselben Rechtssetzer zurückzuführen sind und ihnen jeweils unterschiedliche Wertungen zugrunde liegen.[30]

---

[27] *Canaris*, Systemdenken und Systembegriff, 1983, 112 f., der aber den Wertungswiderspruch an die „gesetzgeberische Inkonsequenz" anknüpft und ihn so nur innerhalb einer Rechtsordnung verortet.

[28] *Engisch*, Einheit der Rechtsordnung, 1935, 43; nach dem obigen Modell, wonach ein Normenkonflikt zwingend einen nicht durch Auslegung aufhebbaren Widerspruch voraussetzt, besteht de facto gar kein Widerspruch, sondern lediglich die Notwendigkeit der Auslegung, ebenso *Höpfner*, Systemkonforme Auslegung, 2009, 32.

[29] Anders *Weiss*, Widersprüche im Recht, 2011, 18 f., 70 ff., der den Konfliktbegriff so weit fasst, dass eine Auflösung auch durch Auslegung möglich sein soll. Das wiederum zieht die Würdigung der Normen durch den Rechtsanwender künstlich auseinander. Die Gegenansicht führt richtig einen inhaltlichen, durch Auslegung nicht aufzuhebenden Widerspruch für eine Kollision als zwingend an, da ansonsten der Kollisionsbegriff sinnlos sei: *Höpfner*, Systemkonforme Auslegung, 2009, 16; *Röhl/Röhl*, Allgemeine Rechtslehre, 3. Aufl. 2008, 155 f.; *Lehr*, Einstweiliger Rechtsschutz und Europäische Union, 1997, 172; *Huthmacher*, Der Vorrang des Gemeinschaftsrechts bei indirekten Kollisionen, 1985, 124 f.; *Komendera*, Normenkonflikte zwischen EWG- und BRD-Recht – insbesondere indirekte Kollisionen, 1974, 3; *Engisch*, Einheit der Rechtsordnung, 1935, 43.

[30] Siehe dazu Kapitel 2 A. III. 1., S. 87.

3. Zwischenergebnis: Normenkonfliktbegriff

Ein Normenkonflikt liegt nach dem oben Gesagten dann vor, wenn zwei Normen

a) auf den gleichen konkreten Sachverhalt anwendbar sind, auch ohne eine Tatbestandsüberschneidung aufzuweisen

und

b) sich diese Normen im konkreten Fall gegenseitig behindern, also ihre Regelungsziele miteinander ganz oder jedenfalls teilweise unvereinbar sind.

Aus der oben erarbeiteten Definition folgt zudem: Nicht jede Normkonkurrenz ist auch ein Normkonflikt, der aufgelöst werden muss. Die Frage der Normkonkurrenz ist damit nicht entscheidend für das Vorliegen eines Normkonflikts. Sie dient aber zur Unterscheidung der Normenkonflikte: „Klassische" Normenkonflikte setzen eine Überschneidung des abstrakten sachlichen, persönlichen, zeitlichen oder örtlichen Regelungsbereichs (= teilweise Tatbestandsidentität) voraus.[31] Die praktisch schwierigeren Normenkonflikte hingegen, bei welchen sich ein Regelungszielkonflikt aus einer reinen Anwendungsbereichsüberschneidung ergibt, zeigen sich häufig erst in der Anwendung.[32]

Normenkonflikte sind daher im Ergebnis anwendungsbezogene Regelungszielkonflikte zwischen Normen. Sie bezeichnen einen Unterfall des Oberbegriffs der Normen- und Wertungswidersprüche.

4. Auflösung von Normenkonflikten: Kollisionsnormen und Rechtsfortbildung

Normenkonflikte sind im Interesse der Folgerichtigkeit des Rechts aufzulösen. Die Auflösung erfolgt in der Regel durch *Kollisionsnormen*. Klassische Kollisionsregeln im nationalen Kontext sind etwa die ungeschriebenen *lex specialis-/lex superior-/lex posterior*-Regeln[33] sowie Art. 31 GG[34].[35] Viele Kollisionsnormen werden häufig auch als Auslegungsregeln angesehen, die in der Folge einen Widerspruch der Normen bereits im Vorhinein verhindern.[36] Versteht man die Kollisionsregeln als Auslegungsregeln, so bleibt für eine Auflösung etwaiger (nicht anhand der Auslegung auszuräumender) Widersprüche nur die Rechtsfortbildung. Die Grenze zwischen speziellen Auslegungsregeln, konfliktauflösender Rechtsfortbildung und (ungeschriebenen) Kollisionsnormen ist aus me-

---

[31] „Direkte Kollisionen", dazu Kapitel 2 A. III. 3. c) aa), S. 118.

[32] „Indirekte Kollisionen", dazu Kapitel 2 A. III. 3. c) bb), S. 120.

[33] *Röhl/Röhl*, Allgemeine Rechtslehre, 3. Aufl. 2008, 156; *Funke*, DÖV 2007, 733, 735 f.; *Schilling*, Rang und Geltung von Normen in gestuften Rechtsordnungen, 1994, 447 f.

[34] Siehe dazu *Engelbrecht*, Die Kollisionsregel im föderalen Ordnungsverbund, 2010.

[35] Siehe außerdem Auflistung bei *Barczak*, JuS 2015, 969, 975 ff.

[36] *Höpfner*, Systemkonforme Auslegung, 2009, 32, unterscheidet deshalb zwischen Normenkollisionen, die durch Auslegung und Kollisionsnormen aufgelöst werden können und Normenwidersprüchen, bei denen das nicht der Fall ist.

thodischer Sicht fließend:[37] So kann auch das in vielen praktischen Fällen zur Anwendung kommende Abwägungsgebot, das aus dem Prinzip der Verhältnismäßigkeit folgt, als ungeschriebene Kollisionsregel zugunsten der Norm, deren Werte gegenüber denen der anderen vorgehen, verstanden werden.[38] Mögliche Rechtsfolgen der Konfliktauflösung sind die Vernichtung oder die reine Anwendungsverdrängung der zurückstehenden Norm.[39]

Bei Normenkonflikten im Mehrebenensystem, die hier den Schwerpunkt bilden, lassen sich jedoch vertikal orientierte Kollisionsauflösungsregeln klar von den herkömmlichen Auslegungsregeln der nationalen Methodik abgrenzen.[40] Hier sind auch die konkreten Rechtsfolgen des Normenkonflikts, nämlich die (partielle) Nichtanwendbarkeit der nationalen Norm, methodisch klar definiert.

III. Europäische Normenkollisionen und Kollisionsnormen

Auch im rechtsordnungsübergreifenden Kontext kommt es zu Norm- und Wertungswidersprüchen, die im Interesse der Systembildung aufgelöst werden müssen. Diese weisen gegenüber rein rechtsordnungsinternen Zielkonflikten einige Besonderheiten auf.[41] Den Kollisionsnormen aus dem Grundsatz des Anwendungsvorrangs kommt daher eine besondere Bedeutung zu.[42] Normenwidersprüche im Mehrebenensystem werden in der Literatur als Normenkollisionen bezeichnet und in „direkte“ und „indirekte“ Kollisionen unterteilt.[43] Ausgehend von den vom EuGH entwickelten Fallgruppen soll hier gezeigt werden, dass das europäische Kollisionsmodell an die allgemeine Definition der Normenkonflikte angeknüpft werden kann.

1. Besonderheiten rechtsordnungsübergreifender Normenkonflikte (Kollisionen) gegenüber innerstaatlichen Normenkonflikten

Normen- und Wertungswidersprüchen und den entsprechenden Auflösungen kommt im europäischen Kontext eine besondere Bedeutung zu, da die Normen nicht nur auf unterschiedlichen Ebenen angesiedelt sind, sondern dazu noch von unterschiedlichen Normgebern stammen. Der Normenkonfliktbegriff hingegen ist maßgeblich geprägt durch Normenkonflikte innerhalb ein und dersel-

---

[37] *Funke*, DÖV 2007, 733, 735 f.; laut *Vranes*, ZaÖRV 65 (2005), 391, 399 f., handelt es sich auch bei den lex specialis/lex superior/lex posterior-Sätzen um reine Interpretationsmaximen; ähnlich auch *Höpfner*, Systemkonforme Auslegung, 2009, 27, der einen Normenwiderspruch erst dann nimmt, wenn er nicht durch Kollisionsregeln zu beheben ist.

[38] So etwa bei der Herstellung praktischer Konkordanz zwischen wertungsgegenläufigen Grundrechten, vgl. dazu *Schladebach*, Der Staat 2014, 263.

[39] *Funke*, DÖV 2007, 733, 735 f.; *Vranes*, ZaÖRV 65 (2005), 391, 398.

[40] Siehe 2., S. 89.

[41] Siehe dazu 1., S. 87.

[42] Siehe dazu 2., S. 89.

[43] Zum Begriff der Normenkollision siehe 3., S. 107.

ben Rechtsordnung. Regelungszielkonflikte werden hier häufig bereits auf der Ebene der Auslegung ausgeräumt, indem die widerstreitenden Normzwecke in einen Ausgleich gebracht werden, sodass die daraus folgenden Regelungsziele einander gar nicht erst widersprechen.[44] Im Rahmen einer einzigen Rechtsordnung können Ziel- und Wertungskonflikte in der Regel häufig durch eine Rückführung auf die gesetzgeberische Intention – durch Auslegung – behoben werden, sodass eine Kollisionsnorm nicht notwendig ist: Denn in ein und derselben Rechtsordnung darf der Rechtsanwender davon ausgehen, dass der Rechtssetzer die Normzwecke folgerichtig aufeinander abgestimmt hat und diese Abstimmung nur durch Auslegung zu ermitteln ist.

Davon kann aber bei Normen, die von unterschiedlichen Normgebern stammen, nicht ausgegangen werden. Denn das würde eine wechselseitige Bezugnahme der Normen aufeinander und über die Rechtsordnungen hinaus voraussetzen. Im Rechtssetzungsprozess der EU kann ein Rechtsakt jedoch schlechterdings nicht an die Wertungen und Besonderheiten der jeweiligen nationalen Rechtsordnungen angepasst werden. Auf der anderen Seite sind mitgliedsstaatliche Gesetze häufig deutlich älter als die europäischen Normen, weshalb nicht pauschal angenommen werden kann, dass erstere mit Blick auf letztere erlassen wurden.[45] Eine Auslegung der einen Norm unter gleichzeitiger Berücksichtigung des Normzwecks der anderen Vorschrift als Mittel der Kollisionsvermeidung bleibt dem Rechtsanwender daher zumeist verwehrt: Das Regelungsziel einer nationalen Norm ergibt sich nicht aus einer Berücksichtigung europäischer Vorschriften. Vielmehr ist das Regelungsziel einer mitgliedsstaatlichen Norm zunächst durch Auslegung nach den herkömmlichen Regeln – vor dem Hintergrund der gesetzgeberischen Intention, ihrer systematischen Stellung im nationalen Gesetz sowie den ihr zugrundeliegenden Prinzipien – zu bestimmen. Denn die europarechtsfreundliche Auslegung mitgliedsstaatlichen Rechts ist keine Auslegung im klassischen Sinne, vielmehr ist sie ein Mittel der Kollisions*auflösung*.[46]

Normenkonflikte zwischen nationalem und europäischem Recht (= Normenkollisionen[47]) sind daher ein normaler und häufiger Nebeneffekt der Rechtsordnungsverschränkung. Der Auflösung solcher Widersprüche im Mehrebenensystem kommt dementsprechend ein hoher praktischer Stellenwert zu. Durch die unterschiedlichen, voneinander unabhängigen Ebenen gibt es zudem keine klaren lex specialis/lex posterior-Regelungen, die vertikal kollisionsauflösend wirken. Diese gehen vielmehr in den Kollisionsnormen des Anwendungsvor-

---

[44] Dazu bereits oben Kapitel 2 A. II. 2. b), S. 84.

[45] Aus diesem Grund kann der pauschalen Annahme eines solchen Inhaltszusammenhangs bei *Höpfner*, Systemkonforme Auslegung, 2009, 61, nicht gefolgt werden.

[46] Vgl. dazu *Huthmacher*, Der Vorrang des Gemeinschaftsrechts bei indirekten Kollisionen, 1985, 125 f.; siehe dazu Kapitel 2 A. III. 2. b) aa), S. 90.

[47] Zum Begriff siehe Kapitel 2 A. III. 3., S. 107.

rangs auf, den zentralen Kollisionsnormen des rechtsordnungsübergreifenden Systems.[48]

2. Kollisionsnormen für die Auflösung rechtsordnungsübergreifender Normenkonflikte

Die Bedeutung der Kollisionsnormen für die rechtsordnungsübergreifende Systembildung ist kaum zu überschätzen.[49] Im Folgenden sollen die Kollisionsnormen und ihre dogmatischen Hintergründe untersucht[50] sowie ihre Anwendungsgrundlage in der mitgliedsstaatlichen Anwendungspraxis[51] beleuchtet werden.

a) Bedeutung der Kollisionsauflösung für die Systembildung

Normenkonflikte zu erkennen und ihre Auflösung klar zu regeln sind Maßnahmen, die die Folgerichtigkeit im rechtsordnungsübergreifenden System fördern und damit der Systembildung dienen. Denn Normenkonflikte produzieren Fälle, in denen unklar ist, nach welchen Normen ein bestimmter Sachverhalt zu beurteilen ist. Ein Widerspruch zwischen zwei Normen muss aufgelöst werden, anderenfalls leidet die Rechtssicherheit. Durch Kollisionsregeln können sowohl der Rechtsanwender wie auch der Rechtsadressat zweifelsfrei feststellen, welche Norm entscheidungserheblich ist. Die gesamte Kollisionslehre, d. h. die Erfassung der Kollisionskonstellationen sowie die Entwicklung und dogmatische Begründung der Kollisionsnormen ist nichts anderes als Systembildung, ausgerichtet auf rechtsordnungsübergreifende, statt rechtsordnungsinterne innere Folgerichtigkeit sowie Transparenz nach außen.

b) Dogmatische Grundlage der Kollisionsnormen im europäischen Recht

Der Widerspruch zwischen zwei Normen verlangt nach einer Auflösung. Denn es ist logisch und tatsächlich nicht möglich, den Wirksamkeitsansprüchen beider Normen vollumfänglich gerecht zu werden. Der EuGH entwickelte für solche Fälle schon früh aus dem ungeschriebenen sogenannten Vorrangprinzip/Anwendungsvorrang des europäischen Rechts zwei Kollisionsnormen.[52] Das Vorrangprinzip ist mittlerweile im Prinzip einheitlicher Wirksamkeit (Art. 4 Abs. 3 EUV) und seinen Unterprinzipien (Effektivitäts- und Äquivalenzprinzip) aufgegangen.[53] Die ungeschriebenen Kollisionsnormen, die Nichtanwendungsregel und die europarechtsfreundliche Auslegung, können folglich

[48] Siehe dazu Kapitel 2 A. III. 2., S. 89.
[49] Siehe a), S. 89.
[50] Siehe b), S. 89.
[51] Siehe c), S. 99.
[52] Siehe b) aa), S. 90.
[53] Siehe b) bb), S. 92.

unter der heutigen Rechtslage dogmatisch an den Grundsatz der einheitlichen Wirksamkeit angeknüpft werden. Diese Kollisionsnormen sind das zentrale Mittel zur Folgerichtigkeitsherstellung im rechtsordnungsübergreifenden System.

aa) Entwicklung der Kollisionsnormen aus dem Prinzip des Anwendungsvorrangs

In der Rs. Costa/ENEL beschäftigte sich der EuGH erstmalig mit rechtsordnungsübergreifenden Normenwidersprüchen und dem Verhältnis des europäischen zum mitgliedsstaatlichen Recht. Er stellte fest, dass „dem vom Vertrag geschaffenen, somit aus einer autonomen Rechtsquelle fließenden Recht wegen seiner Eigenständigkeit keine wie immer gearteten innerstaatlichen Rechtsvorschriften vorgehen" können.[54] Begründet wurde diese Feststellung mit der Eigenständigkeit der Rechtsordnung der EWG sowie den Zielen der europäischen Verträge, die ohne einen solchen Vorrang nicht zu erreichen wären: Dazu zählten die Ziele des Art. 5 Abs. 2 (heute Art. 4 Abs. 3 UAbs. 3 EUV), Art. 7 (Diskriminierungsverbot, heute Art. 18 AEUV) und 189 EWGV (heute Art. 288 AEUV). Eine wirkliche Herleitung aus den Vorschriften der Verträge erfolgt nicht, der EuGH sah seine Ansicht in Art. 189 EWGV lediglich „bestätigt".[55] Der Vorrang des europäischen Rechts wurde wie ein sich aus den Verträgen selbst ergebendes Rangverhältnis schlichtweg „erkannt". In darauffolgenden Entscheidungen wiederholte der EuGH diese Ansicht zum Rangverhältnis mehrfach[56].

Erst in einem späteren Urteil erweiterte der Gerichtshof seine Argumentation um die Angabe, dass allein durch das Inkrafttreten der Vertragsbestimmungen und der unmittelbar geltenden Rechtsakte der EU jede entgegenstehende Bestimmung des mitgliedsstaatlichen Rechts unanwendbar werde.[57] Aus diesen

[54] EuGH, Urt. v. 15.7.1964 – Rs. 6/64 (Costa/E. N. E.L), ECLI:EU:C:1964:66, 1270.

[55] EuGH, Urt. v. 15.7.1964 – Rs. 6/64 (Costa/E. N. E.L), ECLI:EU:C:1964:66; diese Grundsätze bekräftigend EuGH, Urt. v. 13.2.1969 – Rs. 14/68 (Walt Wilhelm), ECLI:EU:C:1969:4, Rn. 4, 6; EuGH, Urt. v. 9.3.1978 – Rs. 106/77 (Simmenthal), ECLI:EU:C:1978:49, Rn. 1, 17 f.; *Kadelbach*, Allgemeines Verwaltungsrecht unter europäischem Einfluss, 1999, 53 ff.

[56] EuGH, Urt. v. 17.12.1970 – Rs. 11/70 (Internationale Handelsgesellschaft), ECLI:EU:C:1970:114, Rn. 3; EuGH, Urt. v. 30.11.1972 – Rs. 32/72 (Wasaknäcke), ECLI:EU:C:1972:109, Rn. 4; EuGH, Urt. v. 13.7.1972 – Rs. 48/71 (Kommission/Italien), ECLI:EU:C:1972:65, Rn. 5/10; EuGH, Urt. v. 7.2.1973 – Rs. 39/72 (Kommission/Italien), Rn. 17; reine Wiederholung des Prinzips ohne Anwendung desselbigen in EuGH, Urt. v. 13.2.1969 – Rs. 14/68 (Walt Wilhelm), ECLI:EU:C:1969:4, Rn. 4, 6; EuGH, Urt. v. 13.7.1972 – Rs. 48/71 (Kommission/Italien), ECLI:EU:C:1972:65, Rn. 5–10.

[57] EuGH, Urt. v. 9.3.1978 – Rs. 106/77 (Simmenthal), ECLI:EU:C:1978:49, Rn. 17/18; EuGH, Urt. v. 22.10.1998 – verb. Rs. C-10/97 bis C-22/97 (Ministero delle Finanze), ECLI:EU:C:1998:498, Rn. 21; EuGH, Urt. v. 7.2.1991 – Rs. C-184/89 (Nimz), ECLI:EU:C:1991:50, Rn. 19.; zur Analyse der Vorrangrechtsprechung *Kruis*, Der Anwendungsvorrang des EU-Rechts in Theorie und Praxis, 2013, 44 ff.; *Seyr*, Der effet utile in der Rechtsprechung des EuGH, 2008, 115 ff.

Äußerungen folgerte man die tatsächliche Wirkung des Vorrangs als reinen *Anwendungs*vorrang.[58] Dieser etabliert nach h. M. nämlich gerade kein Rangverhältnis, sondern eine reine Anwendungsverdrängung. Der so geartete Vorrang des europäischen Rechts vor mitgliedsstaatlichem Recht ist aus europäischer Sicht eine grundlegende Voraussetzung für das Funktionieren der Union.[59] Um diesen Vorrang gerade im Konfliktfall zu sichern, sind Kollisionsnormen notwendig. Aus dem Anwendungsvorrang folgt daher auch, dass das nationale Gericht eine etwaig entgegenstehende mitgliedsstaatliche Vorschrift unangewendet lassen muss (Nichtanwendungsregel).

Ergänzend dazu wurde eine Auslegungsregel entwickelt, nach welcher nationales Recht „unter voller Ausschöpfung des Beurteilungsspielraums, den [...] das nationale Recht einräumt",[60] europäisch orientiert auszulegen sei.[61] Diese europarechtsorientierte Auslegung wird jedoch erst da notwendig, wo die herkömmliche Auslegung des mitgliedsstaatlichen Rechts dazu führen würde, dass es mit europäischem Recht in Konflikt gerät. Durch die europarechtsfreundliche Auslegung gelangen im Ergebnis Teile des Regelungsziels der mitgliedsstaatlichen Norm nicht zur Durchsetzung, die Norm wird aber – in abgeschwächter Form – angewandt. Die europarechtsfreundliche „Auslegung" ist damit keine Auslegung im klassischen Sinne, sondern – aus mitgliedsstaatlicher Sicht – vielmehr ein Instrument zur Normerhaltung.[62] Aus europäischer Sicht stellt sie eine (abgeschwächte) Form der Nichtanwendungsregel dar.[63]

Damit ergeben sich zwei Kollisionsnormen: Die Nichtanwendungsregel und die europarechtsfreundliche Auslegung mitgliedsstaatlichen Rechts. Diese Kollisionsnormen sind aus dogmatischer Sicht ungeschriebene Normen, die der EuGH im Wege der Rechtsfortbildung einem der europäischen Rechtsordnung zugrundeliegenden Prinzip entnommen hat.[64]

Die Wirkung der Kollisionsnormen umfasst sowohl die Ersetzungsverdrängung einer europarechtswidrigen Norm als auch die reine Nichtanwendung,

---

[58] *Burchardt*, Die Rangfrage im europäischen Normenverbund, 2015, 74.

[59] Vgl. Gutachten des Juristischen Dienstes des Rates v. 22.6.2007, Dokument 1197/07 (JUR260): „cornerstone principle", auch enthalten in der Erklärung Nr. 17 zum Lissabonner Vertrag; zur mitgliedsstaatlichen Perspektive siehe Kapitel 2 A. III. 2. c), S. 99.

[60] EuGH, Urt. v. 10.4.1984 – Rs. 79/83 (Harz), ECLI:EU:C:1984:155, Rn. 28; EuGH, Urt. v. 10.4.1983 – Rs. 14/83 (v. Colson u. Kamann), ECLI:EU:C:1984:153, Rn. 28; sinngemäß EuGH, Urt. v. 14.7.1994 – Rs. C-91/92 (Faccini Dori), ECLI:EU:C:1994:292, Ls. 4.

[61] Siehe dazu *Ehlers*, in: Schulze/Janssen/Kadelbach (Hrsg.), Europarecht, 2020, § 11, Rn. 46 ff.; teils wird dieses Auslegungsgebot auch als Vorrang im weiteren Sinne bezeichnet, *Jarass/Beljin*, NVwZ 2004, 1, 2; *Beljin*, EuR 2002, 351, 358 f.

[62] So auch *Höpfner*, Systemkonforme Auslegung, 2009, 230 ff., 157 ff., der sie als Unterfall der systemkonformen Auslegung (die wiederum keine Auslegung im eigentlichen Sinne ist) sieht.

[63] So auch *Leible/Domröse*, in: Riesenhuber (Hrsg.), Europäische Methodenlehre, 2021, § 8, Rn. 48; *Ehlers*, in: Schulze/Janssen/Kadelbach (Hrsg.), Europarecht, 2020, § 11, Rn. 46; *Frenz*, Handbuch Europarecht (Bd. 5), 2012, Bd. 5, Rn. 155.

[64] Zu Prinzipien siehe oben Kapitel 1 B. I. 3. b), S. 30.

ohne dass an die Stelle der mitgliedsstaatlichen Norm eine europäische treten muss.[65]

bb) Dogmatische Anknüpfung im Primärrecht: Prinzip der einheitlichen Wirksamkeit, Art. 4 Abs. 3 EUV

Das Prinzip des Anwendungsvorrangs, aus dem die Kollisionsnormen hergeleitet wurden, ist nunmehr dogmatisch anzuknüpfen im *Grundsatz der einheitlichen Wirksamkeit* in Art. 4 Abs. 3 EUV, dessen vielfältige Ausdifferenzierungen einerseits aus dem Gedanken des Vorrangs entstanden sind, andererseits aber über die reine Formulierung von Kollisionsnormen weit hinausgeht. Durch die zunehmende Ausdifferenzierung dieses Prinzips wird auch die Grundlage der Kollisionsnormen gestärkt.

(1) Verortung im System des Primärrechts

Schon in seinen frühen Entscheidungen betonte der EuGH bereits regelmäßig, der Anwendungsvorrang sichere die *einheitliche Geltung* oder *einheitliche Anwendung* sowie die *volle Geltung* oder die praktische bzw. volle *Wirksamkeit* des europäischen Rechts.[66] Diese dürfe durch die zusätzliche Anwendung mitgliedsstaatlichen Rechts nicht vereitelt werden.[67] Im Laufe der Zeit entwickelte der EuGH seine Terminologie weiter: Anstatt von der Sicherung der einheitlichen oder vollen Wirksamkeit, spricht er heutzutage von der Sicherung des Effektivitätsgrundsatzes und des Äquivalenzgrundsatzes. Beide Grundsätze werden aber in der Regel zusammen aufgeführt[68] und auf die gleiche normative

---

[65] Hingegen für eine Differenzierung zwischen Vorrang und Unanwendbarkeit *Beljin*, EuR 2002, 351, 365 f.; dazu auch Kapitel 2 A. III. 3. c) bb) (2) (b), S. 123.

[66] EuGH, Urt. v. 13.2.1969 – Rs. 14/68 (Walt Wilhelm), ECLI:EU:C:1969:4, Rn. 4: „einheitliche Anwendung des Gemeinschaftskartellrechts und volle Wirksamkeit"; EuGH, Urt. v. 17.12.1970 – Rs. 11/70 (Internationale Handelsgesellschaft), ECLI:EU:C:1970:114, Rn. 3; „einheitliche Geltung des Gemeinschaftsrechts"; EuGH, Urt. v. 13.7.1972 – Rs. 48/71 (Kommission/Italien), ECLI:EU:C:1972:65, Rn. 5–10: „volle Geltung des Gemeinschaftsrechts"; EuGH, Urt. v. 7.2.1973 – Rs. 39/72 (Kommission/Italien), Rn. 17: „einheitliche Anwendung in der gesamten Gemeinschaft"; EuGH, Urt. v. 21.2.1991 – Rs. C-143/88 u. C-92/89 (Zuckerfabrik Süderdithmarschen), ECLI:EU:C:1991:65, Rn. 26: „einheitliche Anwendung"; *Seyr*, Der effet utile in der Rechtsprechung des EuGH, 2008, 281 f. spricht von 245 Urteilen, in denen die praktische Wirksamkeit, sowie 65 Urteilen, in denen die volle Wirksamkeit auftaucht.

[67] EuGH, Urt. v. 21.9.1983 – Rs. 205–215/82 (Dt. Milchkontor), ECLI:EU:C:1983:233, Rn. 22.

[68] EuGH, Urt. v. 17.1.2019 – Rs. C-310/16 (Dzivev), ECLI:EU:C:2019:30, Rn. 30; EuGH, Urt. v. 24.10.2018 – Rs. C-234/17 (XC u. a.), ECLI:EU:C:2018:853, Rn. 21 f., 25 ff.; EuGH, Urt. v. 2.5.2018 – Rs. C-574/15 (Scialdone), ECLI:EU:C:2018:295, Rn. 29 ff.; EuGH, Urt. v. 3.9.2009 – Rs. C-2/08 (Fallimento Olimpiclub), ECLI:EU:C:2009:506, Rn. 24; EuGH, Urt. v. 18.9.2003 – Rs. C-125/01 (Pflücke), ECLI:EU:C:2003:477, Rn. 34 ff.; EuGH, Urt. v. 11.7.2002 – Rs. C-62/00 (Marks & Spencer), ECLI:EU:C:2002:435, Rn. 18; EuGH, Urt. v. 1.12.1998 – Rs. C-326/96 (Levez), ECLI:EU:C:1998:577, Rn. 18; EuGH, Urt. v. 15.9.1998 –

Grundlage gestützt (Art. 4 Abs. 3 EUV):[69] Zusammen können beide Grundsätze als das *Prinzip einheitlicher Wirksamkeit* bezeichnet werden,[70] das häufig auch als *effet-utile-Grundsatz* Eingang in die Rechtsprechung des EuGH und die Literatur gefunden hat.[71] Eine Analyse der Unterprinzipien der Effektivität[72] und Äquivalenz[73], zeigt, dass hier das Vorrangprinzip aus der frühen EuGH-Rechtsprechung induktiv weiterentwickelt, um zahlreiche Aspekte ergänzt und judikativ verfestigt wurde. Der Anwendungsvorrang und die aus ihm folgenden Kollisionsnormen gehen in diesem Prinzip der einheitlichen Wirksamkeit gänzlich auf.

Der Grundsatz der einheitlichen Wirksamkeit ist selbst wiederum eine Ausprägung des Grundsatzes der loyalen Zusammenarbeit (Art. 4 Abs. 3 EUV).[74] Methodisch handelt sich bei dem Grundsatz der loyalen Zusammenarbeit sowie dem Grundsatz einheitlicher Wirksamkeit und seinen Unterprinzipien um allgemeine Rechtsgrundsätze des Unionsrechts, also um abstrakte Rechtsprinzipien,[75] die einer Konkretisierung im Einzelfall bedürfen, um unmittel-

---

Rs. C-231/96 (Edis), ECLI:EU:C:1998:401, Rn. 34; EuGH, Urt. v. 15.9.1998 – Rs. C-260/96 (SPAC), ECLI:EU:C:1998:402, Rn. 20; EuGH, Urt. v. 17.11.1998 – Rs. C-229/96 (Aprile), ECLI:EU:C:1998:544, Rn. 18 ff.; EuGH, Urt. v. 17.1.2019 – Rs. C-310/16 (Dzivev), ECLI:EU:C:2019:30, Rn. 30; laut Analyse von *Frank*, ZÖR 55 (2000), 1, 34, Fn. 148, verwendet der EUGH diese Begriffe erst seit 1997; Analyse bei *König*, Der Äquivalenz- und Effektivitätsgrundsatz in der Rechtsprechung des Europäischen Gerichtshofs, 2011; speziell für das Verwaltungsrecht bei *Schwarze*, in: Schwarze (Hrsg.), Das Verwaltungsrecht unter europäischem Einfluss, 1996, 123, 145 ff.

[69] EuGH, Urt. v. 24.10.2018 – Rs. C-234/17 (XC u. a.), ECLI:EU:C:2018:853, Rn. 22; EuGH, Urt. v. 8.2.1996 – Rs. C-212/94 (FMC), ECLI:EU:C:1996:40, Rn. 52; EuGH, Urt. v. 10.7.1980 – Rs. 826/79 (Mireco), ECLI:EU:C:1980:198, Rn. 13.

[70] Umfassend zur Herleitung beider Prinzipien und m. w. N. *Krönke*, Die Verfahrensautonomie der Mitgliedsstaaten, 2013, 185 ff.; *Schroeder*, AöR 129 (2004), 3, 13 ff.; *Schroeder*, Das Gemeinschaftsrechtssystem, 2002, 427 ff.; mit abweichender Terminologie, aber ähnlicher Unterteilung schon *Kadelbach*, Allgemeines Verwaltungsrecht unter europäischem Einfluss, 1999, 115 ff. und *Nettesheim*, in: GS Grabitz, 1995, 447.

[71] Vgl. zur Analyse *Streinz*, in: FS Everling, 1995, 1491; der Begriff des effet utile wird häufig auch als Auslegungsgrundsatz für europäisches Recht benannt, vgl. *Martens*, Methodenlehre des Unionsrechts, 2013, 468 ff.; *Tomasic*, Effet utile, 2013, 127 ff.; *Potacs*, EuR 2009, 465; siehe dazu auch Kapitel 2 A. III. 2. b) bb) (5) (b), S. 98; Kapitel 2 A. IV. 2. c) aa), S. 154.

[72] Siehe Kapitel 2 A. III. 2. b) bb) (2), S. 95.

[73] Siehe Kapitel 2 A. III. 2. b) bb) (3), S. 95.

[74] Vgl. EuGH, Urt. v. 24.10.2018 – Rs. C-234/17 (XC u. a.), ECLI:EU:C:2018:853, Rn. 22; EuGH, Urt. v. 8.2.1996 – Rs. C-212/94 (FMC), ECLI:EU:C:1996:40, Rn. 52; *Kahl*, in: Calliess/Ruffert, 6. Aufl. 2022, EUV Art. 4 Rn. 101, 118, 128; *Vedder*, in: Vedder/Heintschel v. Heinegg, 2. Aufl. 2018, EUV Art. 4 Rn. 32; *Schroeder*, Das Gemeinschaftsrechtssystem, 2002, 420; vgl. allgemein zum Loyalitätsgebot *Marauhn/Böhringer*, in: Schulze/Janssen/Kadelbach (Hrsg.), Europarecht, 2020, § 7.

[75] Ebenso *Kahl*, in: Calliess/Ruffert, 6. Aufl. 2022, EUV Art. 4, Rn. 97 ff., 101: „fundamentales Verfassungsstrukturprinzip der EU“; *Streinz*, in: Streinz, 3. Aufl. 2018, EUV Art. 4 Rn. 3: „grundlegende Norm des Unionsrechts“; ähnlich *Krönke*, Die Verfahrensautonomie der Mitgliedsstaaten, 2013, 198 m. w. N.; *Schroeder*, Das Gemeinschaftsrechtssystem, 2002, 426 f.; *Kadelbach*, Allgemeines Verwaltungsrecht unter europäischem Einfluss, 1999, 115 ff.; *Nettes-*

bar anwendbar zu sein.[76] Dem steht nicht entgegen, dass der EuGH aus diesen Grundsätzen bereits konkrete Regeln und mitgliedsstaatliche Pflichten hergeleitet hat, die jede für sich unmittelbar anwendbar sind.[77] Vielmehr zeigt sich daran gerade die Notwendigkeit einer Konkretisierung. So beschrieb auch der EuGH bereits in den 70er Jahren den Grundsatz der loyalen Zusammenarbeit als „sich aus Art. 5 EG-Vertrag [heute Art. 4 EUV] ergebende Mitwirkungspflicht" der Mitgliedsstaaten,[78] die *je nach Einzelfall unterschiedliche Formen annehmen könne.*[79] Die in Art. 4 Abs. 3 UAbs. 2 EUV normierte Verpflichtung der Mitgliedsstaaten, „alle geeigneten Maßnahmen allgemeiner oder besonderer Art zur Erfüllung der Verpflichtungen, die sich aus den Verträgen oder den Handlungen der Organe der Union ergeben" zu ergreifen, umfasst dabei insbesondere die Anwendung und Umsetzung des europäischen Rechts in dem Sinne, dass diesem möglichst einheitliche Wirksamkeit zukommt, es also effektiv und diskriminierungsfrei angewendet wird.

Spiegelbildlich werden die Mitgliedsstaaten dazu verpflichtet, alle Maßnahmen zu unterlassen, die die Verwirklichung der Ziele der Union gefährden könnten (Art. 4 Abs. 3 UAbs. 3 EUV). Dazu gehören zum einen politische Maßnahmen, gleichzeitig gefährdet aber insbesondere eine unzureichende Rechtsanwendung das Ziel der Union, durch einen einheitlichen Rechtsrahmen europaweit einheitliche Verhältnisse zu schaffen. Die Verträge verlangen die einheitliche Wirksamkeit des europäischen Rechts – und damit auch die Anwendung der Kollisionsnormen – letztlich im Dienste der europäischen Ziele der Schaffung gemeinsamer Märkte und Schutzstandards. Die normative „einheitliche Wirksamkeit" des europäischen Rechts ist folglich kein Selbstzweck,

---

heim, in: GS Grabitz, 1995, 447, 463 f.; *Schmidt-Aßmann*, DVBl 1993, 924, 931; *Ipsen*, Europäisches Gemeinschaftsrecht, 1972, 280; zur Natur von Rechtsprinzipien bereits Kapitel 1 B. I. 3. b) aa) (2), S. 32.

[76] Zur unmittelbaren Anwendbarkeit allgemeiner Rechtsgrundsätze siehe Kapitel 2 A. III. 3. b) bb) (2) (b), S. 115, speziell zur unmittelbaren Anwendbarkeit des Prinzips einheitlicher Wirksamkeit siehe Kapitel 2 A. IV. 2. b) bb) (3), S. 150.

[77] Siehe Kapitel 2 A. III. 2. b) bb) (5) (a), S. 97.

[78] EuGH, Urt. v. 16.12.1976 – Rs. 45/76 (Comet), ECLI:EU:C:1976:191, Rn. 11/18; EuGH, Urt. v. 16.12.1976 – Rs. 33/76 (Rewe/Landwirtschaftskammer Saarland), ECLI:EU:C:1976:188, Rn. 5; sodann in EuGH, Urt. v. 10.7.1980 – Rs. 826/79 (Mireco), ECLI:EU:C:1980:198, Rn. 13; EuGH, Urt. v. 27.3.1980 – Rs. 61/79 (Denkavit italiana), ECLI:EU:C:1980:100, Rn. 25; EuGH, Urt. v. 27.2.1980 – Rs. 68/79 (Just), ECLI:EU:C:1980:57, Rn. 25; EuGH, Urt. v. 10.7.1980 – Rs. 811/79 (Ariete), ECLI:EU:C:1980:195, Rn. 12; EuGH, Urt. v. 8.2.1996 – Rs. C-212/94 (FMC), ECLI:EU:C:1996:40, Rn. 52.

[79] Siehe EuGH, Urt. v. 12.7.1990 – C-35/88 (Kommission/Griechenland), ECLI:EU:C:1990:302, Rn. 42 f.; EuGH, Urt. v. 5.11.2002 – C-475/98 (Kommission/Österreich), ECLI:EU:C:2002:630, Rn. 124; EuGH, Urt. v. 26.4.2007 – C-135/05 (Kommission/Italien), ECLI:EU:C:2007:250, Rn. 27; dazu und zu einzelnen Subprinzipien *Kahl*, in: Calliess/Ruffert, 6. Aufl. 2022, EUV Art. 4 Rn. 102 ff.; *Marauhn/Böhringer*, in: Schulze/Janssen/Kadelbach (Hrsg.), Europarecht, 2020, § 7, Rn. 27 ff.; *Obwexer*, in: v. d. Groeben/Schwarze/Hatje, 7. Aufl. 2015, EUV Art. 4 Rn. 90 ff., jeweils m. w. N.

sondern Ausdruck und Umsetzungsmittel der politischen Ziele, die die Basis der europäischen Integration bilden. Die einheitliche Wirksamkeit des Unionsrechts ist dabei, ähnlich wie der Grundsatz der Verhältnismäßigkeit, ein Wert, der sich materiell erst in der Anwendung beziffern lässt. Ohne einen konkreten Bezugspunkt fehlt es beiden an Aussagekraft.

Die einheitliche Wirksamkeit wird ultimativ gesichert durch die Kollisionsnormen, die ihrerseits unmittelbar anwendbare Konkretisierungen des Prinzips einheitlicher Wirksamkeit darstellen. Die Anwendung dieser Kollisionsnormen auf mitgliedsstaatlicher Seite ist folglich eine konkretisierte unionsrechtliche Pflicht.[80]

(2) Effektivitätsgrundsatz

Die Forderung einer praktischen Wirksamkeit des europäischen Rechts, also einer effektiven Anwendung desselben nach dem *Effektivitätsprinzip* folgt den Zielbestimmungen der europäischen Verträge: Diese Ziele werden durch Rechtssetzung und *-anwendung* verfolgt und wären nicht zu erreichen, wenn eines von beiden nicht in vollem Umfang gewährleistet wäre. Insofern erklärt sich dieses Prinzip schon aus der Natur und dem Zweck der Europäischen Verträge. Hier zeigt sich eine Parallele zu der frühen Begründung des Vorrangprinzips, das ebenso der Sicherung der praktischen Wirksamkeit des Unionsrecht verschrieben war.[81] Normativ anknüpfen lässt sich der Effektivitätsgrundsatz in Art. 4 Abs. 3 UAbs. 3 EUV. Er wird vom EuGH häufig als die an die Mitgliedsstaaten gerichtete Pflicht beschrieben, die Anwendung des Europarechts „nicht praktisch unmöglich zu machen oder übermäßig zu erschweren".[82]

(3) Äquivalenzgrundsatz

Der Grundsatz der einheitlichen Anwendung bzw. das *Äquivalenzprinzip* zielt darauf ab, in allen Mitgliedsstaaten eine Gleichbehandlung der Bürger zu gewährleisten. Dies ist auf den allgemeinen Gleichheitssatz rückführbar, der nach ständiger Rechtsprechung des EuGH zu den ungeschriebenen Grundsätzen der Union gehört.[83] In Verbindung mit dem Äquivalenzgrundsatz betont der EuGH regelmäßig, dass die Mitgliedsstaaten bei der Anwendung des Unionsrechts zwischen unionsrechtlichen und nationalen Sachverhalten grundsätzlich

---

80 Dazu auch Kapitel 2 A. III. 2. c), S. 99.

81 Siehe dazu bereits Kapitel 2 A. III. 2. b) bb) (1), S. 92; Kapitel 2 A. III. 2. b) aa), S. 90.

82 Siehe Nachweise in Fn. 68, Kapitel 2.

83 St. Rspr. EuGH, Urt. v. 16.10.1980 – C-147/79 (Hochstrass), ECLI:EU:C:1980:238, Rn. 7; EuGH, Urt. v. 23.1.1997 – Rs. C-29/95 (Pastoors), ECLI:EU:C:1997:28, Rn. 14; EuGH, Urt. v. 19.6.2003 – C-34/02 (Sante Pasquini), ECLI:EU:C:2003:366, Rn. 70; EuGH, Urt. v. 15.3.2007 – Rs. C-35/05 (Reemtsma), ECLI:EU:C:2007:167, Rn. 44 m. w. N.; EuGH, Urt. v. 27.10.2009 – Rs. C-115/08 (Land Oberösterreich), ECLI:EU:C:2009:660, Rn. 91.

nicht zum Nachteil des Unionsrechts unterscheiden dürfen.[84] Gleichzeitig verlangt der Äquivalenzgrundsatz die flächendeckend einheitliche Anwendung des Unionsrechts und verpflichtet die Mitgliedsstaaten einerseits dazu, die Begriffe einheitlich europäisch-autonom auszulegen und andererseits dazu, zusätzlich anwendbares Unionsrecht bzw. unionsrechtliche Belange umfänglich zu berücksichtigen.[85]

(4) Evolution der Begrifflichkeiten: Vom Gebot zum Verbot

In früheren Entscheidungen sprach der EuGH noch von Effektivitäts-/Äquivalenz*geboten* (Sicherung der vollen/praktischen Wirksamkeit und der einheitlichen Anwendung), während sich mittlerweile terminologisch die oben angeführten Verbotsformeln durchgesetzt haben (keine übermäßige Beeinträchtigung/keine diskriminierende Anwendung). Diese bedeuten jedoch keine inhaltliche Änderung: Das aus dem Effektivitätsgrundsatz folgende Vereitelungsverbot entspricht dabei weiterhin sinngemäß dem früheren Gebot einer Sicherung der praktischen bzw. der vollen Wirksamkeit.[86] Gleiches gilt für das nun gebräuchliche Diskriminierungsverbot in Bezug auf seinen Vorgänger, das Gleichwertigkeitsgebot.

---

[84] St. Rspr. EuGH, Urt. v. 16.12.1976 – Rs. 45/76 (Comet), ECLI:EU:C:1976:191, Rn. 4; EuGH, Urt. v. 5.3.1980 – Rs. 265/78 (Ferwerda), ECLI:EU:C:1980:66, Rn. 12; EuGH, Urt. v. 12.6.1980 – Rs. 119 u. 129/79 (Lippische Hauptgenossenschaft), ECLI:EU:C:1980:154, Rn. 9 f.; EuGH, Urt. v. 27.2.1980 – Rs. 68/79 (Just), ECLI:EU:C:1980:57, Rn. 25; EuGH, Urt. v. 27.3.1980 – Rs. 61/79 (Denkavit italiana), ECLI:EU:C:1980:100, Rn. 25; EuGH, Urt. v. 10.7.1980 – Rs. 811/79 (Ariete), ECLI:EU:C:1980:195, Rn. 12; EuGH, Urt. v. 10.7.1980 – Rs. 826/79 (Mireco), ECLI:EU:C:1980:198, Rn. 13; EuGH, Urt. v. 21.9.1983 – Rs. 205–215/82 (Dt. Milchkontor), ECLI:EU:C:1983:233, Rn. 19; EuGH, Urt. v. 9.11.1983 – Rs. 199/82 (San Giorgio), ECLI:EU:C:1983:318, Rn. 12; EuGH, Urt. v. 29.6.1988 – Rs. 240/87 (Deville), ECLI:EU:C:1988:349, Rn. 12; EuGH, Urt. v. 2.2.1988 – C-309/85 (Barra/Belgien), ECLI:EU:C:1988:42, Rn. 18; EuGH, Urt. v. 25.7.1991 – Rs. C-208/90 (Emmott), ECLI:EU:C:1991:333, Rn. 16; EuGH, Urt. v. 27.10.1993 – Rs. C-338/91 (Steenhorst-Neerings), ECLI:EU:C:1993:857, Rn. 15; EuGH, Urt. v. 6.12.1994 – Rs. C-410/92 (Johnson), ECLI:EU:C:1994:401, Rn. 21; EuGH, Urt. v. 6.7.1995 – Rs. C-62/93 (BP Soupergaz), ECLI:EU:C:1995:223, Rn. 41; EuGH, Urt. v. 13.12.1994 – Rs. C-394/93 (Alonso Pérez), ECLI:EU:C:1995:400, Rn. 28; EuGH, Urt. v. 14.12.1995 – C-312/93 (Peterbroeck), ECLI:EU:C:1995:437, Rn. 12; EuGH, Urt. v. 14.12.1995 – C-430 u. 431/93 (van Schijndel und van Veen), ECLI:EU:C:1995:441, Rn. 17; EuGH, Urt. v. 12.5.1998 – Rs. 366/95 (Steff-Houlberg), CLI:EU:C:1998:216, Rn. 15; EuGH, Urt. v. 15.9.1998 – Rs. C-279, 280 u. 281/96 (Ansaldo Energía), ECLI:EU:C:1998:403, Rn. 16.

[85] *König*, Der Äquivalenz- und Effektivitätsgrundsatz in der Rechtsprechung des Europäischen Gerichtshofs, 2011, 103 f.

[86] *Tomasic*, Effet utile, 2013, 14 ff.; *Seyr*, Der effet utile in der Rechtsprechung des EuGH, 2008, 155.

(5) Konkretisierungen

Die Grundsätze der Äquivalenz und der Effektivität ergänzen sich in ihren unterschiedlichen Ausprägungen wechselseitig. Der gemeinsame Bezugspunkt ist immer die praktische und diskriminierungsfreie Wirksamkeit des europäischen Rechts. Die einzelnen Unterprinzipien gehen stellenweise ineinander über bzw. sind schwierig voneinander abzugrenzen. Die Systematisierungen des Prinzips einheitlicher Wirksamkeit samt seiner zahlreichen Untergrundsätze und Anwendungsregeln sind vielfältig.[87] Hier sollen daher nur einige konkrete, nicht abschließende Vorgaben genannt werden, die auf dem Grundsatz der einheitlichen Wirksamkeit basieren:

(a) Konkrete Handlungspflichten der Mitgliedsstaaten

Aus dem Effektivitäts- und dem Äquivalenzgrundsatz können im Einzelfall konkrete Pflichten der Mitgliedsstaaten folgen, zur effektiven oder gleichwertigen Umsetzung des Unionsrechts bestimmte Maßnahmen vorzunehmen.[88] Solche Pflichten entstehen etwa dort, wo den Mitgliedsstaaten explizit eine Ausgestaltung des europäischen Rechts aufgetragen wird, z. B. wenn die Mitgliedsstaaten Sanktionen für den Verstoß gegen europäisches Recht erlassen müssen:[89] Der EuGH betont regelmäßig, dass die Sanktionswahl den Mitgliedsstaaten im Rahmen der Beachtung allgemeiner Rechtsgrundsätze, insbesondere der Verhältnismäßigkeit, offen stehe.[90] Hier stellt sich der Normerlass jedoch als mitgliedsstaatliche Pflicht dar, denn nur eine sanktionsbewehrte Pflicht kann effektiv wirksam sein.

Anhand dieses Durchsetzungsgebots zeigt sich bereits, dass das Prinzip der einheitlichen Wirksamkeit dogmatisch weiter reicht als sein Vorgänger, das

[87] Vgl. etwa *Krönke*, Die Verfahrensautonomie der Mitgliedsstaaten, 2013, 185 ff.; *Seyr*, Der effet utile in der Rechtsprechung des EuGH, 2008, 137 ff.; *Schroeder*, Das Gemeinschaftsrechtssystem, 2002, 384 ff., 438 ff.; *Kadelbach*, Allgemeines Verwaltungsrecht unter europäischem Einfluss, 1999, 115 ff.; *Nettesheim*, in: GS Grabitz, 1995, 447, 454 ff.; speziell zum Anwendungsvorrang *Burchardt*, Die Rangfrage im europäischen Normenverbund, 2015, 66 ff.; *Kruis*, Der Anwendungsvorrang des EU-Rechts in Theorie und Praxis, 2013, insbes. 94 ff.; *Funke*, DÖV 2007, 733, 734 ff.

[88] Siehe etwa EuGH, Urt. v. 13.1.2004 – Rs. C-453/00 (Kühne & Heitz), ECLI:EU:C:2004:17, Rn. 27 f.; zu den Dimensionen des Effektivitätsgebots *Ebers*, Rechte, Rechtsbehelfe und Sanktionen im Unionsprivatrecht, 2017, 249 ff.

[89] Siehe dazu *Ebers*, Rechte, Rechtsbehelfe und Sanktionen im Unionsprivatrecht, 2017, 271 ff.

[90] EuGH, Urt. v. 4.3.2020 – Rs. C-655/18 (Zoll Varna), ECLI:EU:C:2020:157, Rn. 42 ff.; EuGH, Urt. v. 16.7.2015 – Rs. C-255/14 (Chmielewski), ECLI:EU:C:2015:475, Rn. 21; EuGH, Urt. v. 5.7.2007 – Rs. C-430/05 (Ntionik u. Pikoulas), ECLI:EU:C:2007:410, Rn. 53; EuGH, Urt. v. 26.3.2020 – verb. Rs. C-496/18 u. C-497/18 (Hungeod), ECLI:EU:C:2020:240, Rn. 81 ff.; zur Beachtung allgemeiner Rechtsgrundsätze durch die Mitgliedsstaaten im Anwendungsbereich von Unionsrecht siehe Kapitel 2 A. III. 3. b) bb) (2) (b), S. 115; Kapitel 2 A. IV. 2. d) cc) (1), S. 165.

Prinzip des Anwendungsvorrangs, das lediglich Beeinträchtigungsverbote formulierte.[91]

(b) Auslegungsdirektiven

Die Einheitlichkeit des Unionsrechts gebietet darüber hinaus eine autonome, weil mitgliedsstaatsübergreifend einheitliche Auslegung und Anwendung von Unionsrecht.[92] Dieses Gebot der autonomen Auslegung von Europarecht wird ergänzt um das Gebot der effet-utile-Auslegung, die aus dem Effektivitätsgrundsatz folgt.[93] Danach ist unter allen Auslegungsvarianten diejenige vorzuziehen, die im Hinblick auf die Vertragsziele am ehesten praktische Wirksamkeit verspricht.[94] Der Begriff des effet utile stammt ursprünglich aus dem Völkerrecht,[95] im europäischen Kontext wird die Auslegung nach der nützlichen Wirksamkeit regelmäßig der teleologischen Auslegung zugeordnet.[96] Denn eine *effektive* Geltung von europäischem Recht, wie sie der Effektivitätsgrundsatz fordert, kann nur eine solche sein, die im Ergebnis die Regelungsziele des europäischen Rechts erreicht.

(c) Äquivalenz und Effektivität des EU-Rechts als Beeinträchtigungsgrenzen

Darüber hinaus lassen sich anhand des Äquivalenz- und Effektivitätsgrundsatzes nach der Rechtsprechung des EuGH die Beeinträchtigungsgrenzen europäischen Rechts konkretisieren, jenseits derer die Kollisionsnormen anzuwenden sind.[97] Sie sichern somit auch die europäischen Regelungsziele in ihrer einheitlichen Wirksamkeit gegenüber mitgliedsstaatlichem Recht ab und determinieren so die Reichweite des Anwendungsvorrangs.

---

[91] Siehe zum Durchsetzungsgebot Kapitel 2 A. IV. 2. b) aa) (2) (b), S. 144.

[92] EuGH, Urt. v. 19.12.2013 – C-279/12 (Fish Legal & Shirley), ECLI:EU:C:2013:853, Rn. 42; EuGH, Urt. v. 5.3.1996 – verb. Rs. C-46/93 und C-48/93 (Brasserie du pêcheur), Rn. 33; EuGH, Urt. v. 21.2.1991 – Rs. C-143/88 u. C-92/89 (Zuckerfabrik Süderdithmarschen), ECLI:EU:C:1991:65, Rn. 16; dazu *Streinz,* in: Streinz (Hrsg.), Streinz, 3. Aufl. 2018, EUV Art. 4 Rn. 33 f.; dazu bereits Kapitel 2 A. III. 2. b) bb) (3), S. 95.

[93] Die Terminologie und dogmatischen Einordnungskonzepte sind zahlreich: Die Auslegungsregel des effet utile und das Effektivitätsgebot werden häufig nicht voneinander getrennt, etwa bei *Tomasic*, Effet utile, 2013, 10 ff.; *Seyr*, Der effet utile in der Rechtsprechung des EuGH, 2008, 272 ff.; *Streinz*, in: FS Everling, 1995, 1491, 1495 f.; dazu Kapitel 2 A. IV. 2. c) aa), S. 154.

[94] Dazu *Potacs*, EuR 2009, 465.

[95] Dazu *Seyr*, Der effet utile in der Rechtsprechung des EuGH, 2008, 94 ff.

[96] So spricht auch *Martens*, Methodenlehre des Unionsrechts, 2013, 463 f., treffend vom effet utile als „teleologische[s] Argument"; ebenso Bergmann (Hrsg.), Handlexikon der Europäischen Union, 6. Aufl. 2022, Stichwort „effet utile"; *Wegener*, in: Calliess/Ruffert, 6. Aufl. 2022, EUV Art. 19 Rn. 32; *Mayer*, in: Grabitz/Hilf/Nettesheim, EUV Art. 19 Rn. 57; für eine „sechste Auslegungsmethode" hingegen *Seyr*, Der effet utile in der Rechtsprechung des EuGH, 2008, 275 ff.

[97] Siehe dazu Kapitel 2 A. IV. 2. c) bb), S. 155.

cc) Zwischenergebnis

Der Anwendungsvorrang des europäischen Rechts der als Grundlage für die Entwicklung der Kollisionsnormen diente, war der denklogische Ausgangspunkt für das inhaltlich weitergehende und ausdifferenziertere Prinzip der einheitlichen Wirksamkeit des Unionsrecht, das in Art. 4 Abs. 3 EUV normativ verankert ist. Das Ziel, den Vorrang des Unionsrechts zu sichern, geht in dem Ziel, die einheitliche Wirksamkeit des Unionsrechts zu sichern, auf. Die diesem Ziel verpflichteten Kollisionsnormen sind die Nichtanwendungsregel und die europarechtsfreundliche Auslegung mitgliedsstaatlichen Rechts. Die ungeschriebenen Kollisionsnormen können damit als Ausprägung des Art. 4 Abs. 3 EUV betrachtet werden. Auch der EuGH spricht in diesem Sinne immer häufiger von der „Sicherung der Äquivalenz und Effektivität des europäischen Rechts“[98] anstatt vom Anwendungsvorrang[99]. Dennoch wird gerade die Nichtanwendungsregel im allgemeinen Sprachgebrauch weiterhin schlicht als Anwendungsvorrang bezeichnet.[100] Diese Terminologie ist zwar nicht falsch, aber angesichts des oben Gesagten ungenau, denn sie unterschlägt die Bedeutung der europarechtsorientierten Auslegung für die Kollisionsauflösung, die ebenso aus dem Grundsatz einheitlicher Wirksamkeit folgt.

Hier sollen die Kollisionsnormen im Weiteren als „Kollisionsnormen des Anwendungsvorrangs“ bezeichnet werden.

c) Anwendung der Kollisionsnormen durch die Mitgliedsstaaten

Der Vorrang des europäischen Rechts wurde früh in Abgrenzung zu einem Geltungsvorrang schon als reiner *Anwendungs*vorrang beschrieben. Das bedeutet, dass die innerstaatliche Geltung des Rechts unberührt bleibt. Das europäische Recht verdrängt die mitgliedsstaatliche Norm also nur im konkreten Anwendungsfall. Das ist insofern konsequent, als die Geltung nationalen Rechts dem Zugriff der europäischen Rechtsordnung ohnehin entzogen bleibt, wenn man, wie hier, davon ausgeht, dass es sich grundsätzlich um zwei unterschiedliche Rechtsordnungen handelt.[101] Mit der Etablierung des Vorrangs als Anwendungs- statt Geltungsvorrang schien der EuGH von der Etablierung einer klassischen Normenhierarchie abgesehen zu haben.[102] Das Verhältnis der Rechtsordnungen wird vielmehr von europäischer Seite über die Kollisionsnormen

---

[98] Siehe dazu Kapitel 2 A. IV. 1. c), S. 131.

[99] Vgl. etwa EuGH – Gutachten 1/91 v. 14.12.1991 (EWR I), ECLI:EU:C:1991:490, Rn. 21.

[100] Allgemein zur Terminologie statt aller *Ruffert*, in: Calliess/Ruffert, 6. Aufl. 2022, AEUV Art. 1 Rn. 16 ff.

[101] Siehe oben Einleitung, S. 1.

[102] Zur schwachen Überzeugungskraft der Etablierung einer Hierarchie *Burchardt*, Die Rangfrage im europäischen Normenverbund, 2015, 84 f.; *Kruis*, Der Anwendungsvorrang des EU-Rechts in Theorie und Praxis, 2013, 48.

des Anwendungsvorrangs geregelt,[103] die vorsieht, dass das mitgliedsstaatliche Recht im Kollisionsfall nicht anzuwenden ist. Damit wird zwar eine klassische Normenhierarchie vermieden, der unbedingte Vorrang des europäischen Rechts etabliert jedoch eine Quasi-Hierarchie,[104] indem sich das europäische Recht anschickt, auch über die Anwendung von Normen der mitgliedsstaatlichen Rechtsordnung zu entscheiden.

Damit stellt sich die Frage, wie sich die Anwendung der europäischen Kollisionsnormen durch die Mitgliedsstaaten begründen lässt und ob das europäische Recht mit Wirkung für beide Rechtsordnungen den Anwendungsvorrang der eigenen Normen festlegen kann.

aa) Gegensätzliche Annahmen zu einer rechtsordnungsübergreifenden Normenhierarchie

Die rechtstheoretische Herleitung sowie Begründung dieser aus dem Vorrangpostulat folgenden Kollisionsnormen,[105] die das europäische Recht als notwendigerweise übergeordnet ansieht, wird nicht von allen Mitgliedsstaaten geteilt:[106] Aus Sicht der deutschen Rechtsordnung etwa wird teilweise schon die Selbstständigkeit der europäischen Rechtsordnung angezweifelt – einer stark vertretenen Ansicht nach gilt das europäische Recht im innerstaatlichen Bereich nur aufgrund einer mitgliedsstaatlichen, genauer: grundgesetzlichen, Anwendungsanordnung,[107] die jedenfalls die Normen des Grundgesetzes im Konflikt-

---

[103] Eine Wirkung als Kollisionsnorm ähnlich der lex specialis-Regel vertreten wie hier *Ehlers*, in: Schulze/Janssen/Kadelbach (Hrsg.), Europarecht, 2020, § 11, Rn. 52 ff.; *Funke*, DÖV 2007, 733, 737 ff.; *Jarass/Beljin*, NVwZ 2004, 1, 4; *Frank*, ZÖR 55 (2000), 1, 14; ebenso auch BVerfG, Urteil (30.6.2009) – 2 BvE 2/08 (Lissabon) = BVerfGE 123, 267, Rn. 343: „Kollisionsregel"; wohl auch Schlussanträge des GA Lagrange (25.6.1964) – Rs. 6–64 (Costa/E. N. E. L.), ECLI:EU:C:1964:51; zu alternativen Deutungen etwa *Niedobitek*, VerwArch 91 (2001), 58, 63 ff., der die nationale Vorschrift als eo ipso unwirksam ansieht und folglich von einem „Quasi"-Geltungsvorrang spricht; ebenso *Höpfner/Rüthers*, AcP 209 (2009), 1, 20; *Röhl/Röhl*, Allgemeine Rechtslehre, 3. Aufl. 2008, 594 f.; nach a. A. liegt hier ein reiner Verpflichtungskonflikt des Rechtsanwenders vor: *Isensee*, in: FS Stern, 1997, 1239, 1265; *Grussmann*, in: von Danwitz/Heintzen/Jestaedt/Korioth/Reinhardt (Hrsg.), Auf dem Wege zu einer europäischen Staatlichkeit, 1993, 47, 60 ff.; ähnlich *Zuleeg*, Das Recht der Europäischen Gemeinschaften im innerstaatlichen Bereich, 1969, 139 f.; 147.

[104] So i. E. *Niedobitek*, VerwArch 91 (2001), 58, 66, der die Wirkung des Anwendungsvorrangs mit Art. 31 GG vergleicht.

[105] Siehe oben Kapitel 2 A. III. 2. b), S. 89.

[106] Für einen Überblick auch zu den Ansätzen anderer Mitgliedsstaaten siehe *Burchardt*, Die Rangfrage im europäischen Normenverbund, 2015, 111 ff.

[107] BVerfG, Urteil (30.6.2009) – 2 BvE 2/08 (Lissabon) = BVerfGE 123, 267, Rn. 343; BVerfG, Beschluss (22.10.1986) – 2 BvR 197/83 (Solange II) = BVerfGE 73, 339, Rn. 77 f., 103; zur Begründung der Vorrangwirkung aus deutscher Perspektive *Ehlers*, in: Schulze/Janssen/Kadelbach (Hrsg.), Europarecht, 2020, § 11, Rn. 18 ff.; *Burchardt*, Die Rangfrage im europäischen Normenverbund, 2015, 113 ff.; siehe zu einer Analyse der Rechtsprechung des BVerfG auch *Schroeder*, Das Gemeinschaftsrechtssystem, 2002, 163 ff.

fall nicht der Nichtanwendung zugunsten europäischen Rechts opfert.[108] Dieser insbesondere in den BVerfG-Entscheidungen Solange I und II zum Ausdruck kommende grundrechtliche Vorbehalt gegenüber dem europäischen Recht relativiert den aus europäischer Sicht formulierten Vorranganspruch aus mitgliedsstaatlicher Sicht erheblich.[109] Diese Perspektive verneint in letzter Konsequenz nicht nur den Rechtsordnungspluralismus zugunsten eines Rechtsordnungsmonismus,[110] sondern sieht darüber hinaus auch ein Ableitungsverhältnis zwischen europäischem und mitgliedsstaatlichem Recht mit dem deutschen Grundgesetz weiterhin an oberster Stelle der Normenpyramide. Damit steht sie der europäischen Ansicht diametral entgegen, die den Vorrang des europäischen Rechts auf *alles* mitgliedsstaatliche Recht bezieht.

Die Erklärungsansätze zur Beschreibung des Verhältnisses zwischen europäischem und mitgliedsstaatlichem Recht argumentieren folglich auf beiden Seiten jeweils selbstreferentiell und sind inhaltlich nicht miteinander in Einklang zu bringen.[111] Das zeigt sich an einem Beispiel zur Anwendung der Kollisionsnormen aus mitgliedsstaatlicher Sicht: Diese sind in der Praxis im innerstaatlichen Bereich von den Mitgliedsstaaten zwar anzuwenden, da es sich um unmittelbar anwendbares Recht handelt[112] und die Mitgliedsstaaten sich verpflichtet haben, das europäische Recht durchzusetzen (Art. 4 EUV). Auch die Kollisionsnormen sind also Normen der europäischen Rechtsordnung und daher von den mitgliedsstaatlichen Rechtsanwendern ebenso zu beachten, d. h. anzuwenden ist, wie alle anderen europäischen Vorschriften.

Allerdings könnte die europäische Kollisionsnorm, die Konflikte zwischen europäischem und mitgliedsstaatlichem Recht auflösen soll, wiederum mit einer hypothetischen auf mitgliedsstaatlicher Ebene erlassenen Kollisionsnorm für dieselben Konflikte in Widerspruch treten: Angenommen, eine Kollisionsnorm auf mitgliedsstaatlicher Seite sähe genau die gegenteilige Konfliktauflösung vor, so wäre wieder zu klären, welche der Normen im Anwendungsfall

---

[108] Die Theorie zum Anwendungsbefehl genießt weitreichende Zustimmung in der deutschen Literatur, siehe etwa *Hufeld*, in: Isensee/Kirchhof (Hrsg.), Handbuch des Staatsrechts (Bd. 10), 2012, § 215, Rn. 5 ff.; *Isensee*, in: FS Stern, 1997, 1239, 1244 ff.; *Jestaedt*, in: GS Blomeyer, 2004, 637, 662 m. w. N.; ähnlich *Streinz*, Europarecht, 11. Aufl. 2019, Rn. 131.

[109] BVerfG, Beschluss (22.10.1986) – 2 BvR 197/83 (Solange II) = BVerfGE 73, 339, Rn. 106 ff., 132; BVerfG, Beschluss (29.5.1974) – BvL 52/71 (Solange) = BVerfGE 37, 271, Rn. 43 ff.

[110] *Jestaedt*, in: GS Blomeyer, 2004, 637, 666 ff.; dies ist rechtstheoretisch die logische Konsequenz der Ableitungsthese, wenngleich auch das BVerfG die Selbstständigkeit der europäischen Rechtsordnung formal anerkennt: BVerfG, Beschluss (29.5.1974) – BvL 52/71 (Solange) = BVerfGE 37, 271, Rn. 41.

[111] *Thiele*, EuR 2017, 367, 369; *Burchardt*, Die Rangfrage im europäischen Normenverbund, 2015, 148 ff.; *Kruis*, Der Anwendungsvorrang des EU-Rechts in Theorie und Praxis, 2013, 42 f.

[112] Zu den Voraussetzungen der unmittelbaren Anwendbarkeit, auch bei ungeschriebenem Recht siehe Kapitel 2 A. III. 3. b) aa), S. 111.

zurücktreten müsste – es käme so zu einem Stellvertreterkonflikt auf Ebene der Kollisionsnormen, der je nach Perspektive unterschiedlich aufzulösen wäre. Der Vorrang der unionsrechtlichen Rechtsordnung kann nicht einseitig festgelegt werden, wenn sich beide Rechtsordnungen als der anderen übergeordnet begreifen.[113] Die mitgliedsstaatliche und die europäische Auffassung zum Verhältnis der beiden Rechtsordnungen schließen sich logisch gegenseitig aus. Hier kann und soll nicht darüber befunden werden, welcher der beiden Auffassungen zur Hierarchie aus rechtstheoretischer Sicht der Vorzug zu geben ist. Denn beide selbstreferentiellen Ansätze sind aus der Perspektive der jeweiligen Rechtsordnung gleichsam überzeugend.[114] Ausgehend von der hier zugrunde gelegten Annahme, dass auch das europäische Recht eine eigenständige Rechtsordnung bildet und nicht nur von den Mitgliedsstaaten abgeleitetes Recht darstellt, muss vielmehr angenommen werden, dass das hierarchische Verhältnis nicht abschließend geklärt ist.

bb) Abkehr von der hierarchischen Betrachtung hin zum Kooperationsverhältnis

Es stellt sich daran anschließend die Frage, ob eine hierarchische Betrachtung überhaupt zielführend ist. Eine Hierarchisierung der Rechtsordnungen wird immer damit verbunden sein, sich im Ergebnis entweder der mitgliedsstaatlichen oder der europäischen Perspektive anzuschließen. Betrachtet man die beiden Rechtsordnungen jedoch als hierarchisch voneinander unabhängige, gleichwertig nebeneinanderstehende Rechtsordnungen, die miteinander notwendigerweise verzahnt sind, so werden in der Folge beide selbstreferentiellen Hierarchieansprüche gleichsam entwertet. Denn unterschiedliche Rechtsordnungen können miteinander nicht in einen Geltungskonflikt treten.[115] Auf Ebene der Kollisionsnormen führt das jedoch zunächst nicht weiter, denn ohne Hierarchieverhältnis ist es der einen Rechtsordnung nicht möglich, die Anwendungsreichweite des Rechts der anderen Rechtsordnung mit Wirkung auch für diese Rechtsordnung festzulegen. Es steht hingegen jeder unabhängigen Rechtsordnung frei, das eigene Recht vorrangig anzuwenden bzw. eigene Kollisionsnormen zu entwickeln. Europäischen Kollisionsnormen sind so immer noch dem möglichen Widerspruch durch die Mitgliedsstaaten ausgesetzt. Zwar sind beide Rechtsordnungen durch vielfältige Pflichten miteinander vernetzt, die auch in einem judikativen System erzwungen werden können. Dies hat jedoch

---

[113] *Jestaedt*, in: GS Blomeyer, 2004, 637, 664, 666 vertritt eine nur rechtsordnungsrelative Geltung der Kollisionsnormen; anders *Schroeder*, Das Gemeinschaftsrechtssystem, 2002, 231 ff., 321 ff.

[114] *Burchardt*, Die Rangfrage im europäischen Normenverbund, 2015, 148.

[115] *Grussmann*, in: von Danwitz/Heintzen/Jestaedt/Korioth/Reinhardt (Hrsg.), Auf dem Wege zu einer europäischen Staatlichkeit, 1993, 47, 47 ff., 56; ihm folgend *Isensee*, in: FS Stern, 1997, 1239, 1265.

keinen Einfluss auf die Autonomie der Rechtsordnungen, d. h. die Verträge wirken nicht hierarchisierend. Das rechtliche Dürfen, wie es in den Europäischen Verträgen festgelegt ist, beeinflusst nicht das rechtliche Können der Mitgliedsstaaten. Die gesamte EU beruht als Rechtsgemeinschaft „auf Freiwilligkeit, auf der Einsicht in die Verbindlichkeit in die Verbindlichkeit des Rechts".[116]

Es braucht daher, wenn sich wie hier die Normen zweier Rechtsordnungen ohne eine zwischen ihnen klar etablierte Hierarchie gegenüberstehen, ein einheitliches Vorgehen, das auf beiden Seiten gleich ausgestaltet ist. Notwendig sind *gemeinsame* Regeln zur Konfliktauflösung, d. h. Kollisionsnormen, die auf beiden Seiten gleichermaßen als zur eigenen Rechtsordnung gehörig akzeptiert werden.[117] Für die beidseitige Verwendung einheitlicher Kollisionsnormen als maßgeblichen Teil dieses Kooperationsverhältnisses ist es egal, wer oder welche Seite diese Kollisionsnormen ersinnt, solange diese Vorschriften aus beiden Perspektiven gleichermaßen angewendet werden und zu einer beidseitig einheitlichen Konfliktauflösung führen.

Eine solche Betrachtung, die hierarchische Elemente außer Acht lässt, fokussiert sich notwendigerweise stärker auf das kooperative Verhältnis der Rechtsordnungen zueinander. Schon das Projekt der gesamten EU ist auf ein Miteinander sowohl zwischen den einzelnen Mitgliedsstaaten als auch im Verhältnis EU/Mitgliedsstaat ausgelegt.[118] Das gegenseitige Verhältnis wird geprägt von wechselseitigen Rechten und (Rücksichtnahme)Pflichten. Es kann also als ein Kooperationsverhältnis angesehen werden.[119] Aus diesem Grund erscheint es naheliegender, eine Perspektive einzunehmen, die beide Akteure als sich grundsätzlich kooperationswillig begreift, anstatt den Antagonismus der Hierarchietheorien zu betonen.[120]

Die Union als Staatenbund sui generis[121] ist geschaffen als *komplementäre*, auf die Mitgliedsstaaten bezogene Ordnung, getragen von und legitimiert durch den Willen der Bürgerinnen und Bürger der Mitgliedsstaaten.[122] Es wäre daher

---

[116] *Pernice*, in: Calliess (Hrsg.), Verfassungswandel im europäischen Staaten- und Verfassungsverbund, 2007, 61, 25.

[117] So auch *Papadopoulou*, Vom Prinzip des „Vorrangs" zur pluralistischen Auffassung der Rechtsquellen, 2010, 20.

[118] Ähnlich auch *von Danwitz*, EuR 2020, 61, 75: „politische, vertrauensbasierte Interdependenz der Staaten welche Einheit und Wirksamkeit des Unionsrechts begünstigt".

[119] Ebenso *Streinz*, Europarecht, 11. Aufl. 2019, Rn. 155, 204 ff.; *Pernice*, Das Verhältnis europäischer zu nationalen Gerichten im europäischen Verfassungsverbund, 2006, 49 ff., 53; *Isensee*, in: FS Stern, 1997, 1239, 1268.

[120] Für eine Abkehr von einem Hierarchieverständnis auch *Fisahn/Ciftci*, JA 2016, 364, 369 f.

[121] Zur Rechtsnatur der EU und den verschiedenen begrifflichen Einordnungen siehe etwa *Nettesheim*, in: Grabitz/Hilf/Nettesheim, EUV Art. 1 Rn. 53 ff., 58 f.; *Pechstein*, in: Streinz, 3. Aufl. 2018, EUV Art. 1 Rn. 9 ff.; *Oeter*, ZaÖRV 2015, 733, 736 ff.; *Wollenschläger*, in: Dreier, GG, 3. Aufl. 2015, GG Art. 23 Rn. 16 ff.; ähnlich auch BVerfG, Urteil (30.6.2009) – 2 BvE 2/08 (Lissabon) = BVerfGE 123, 267, Ls. 1: „Staatenverbund".

[122] *Pernice*, Das Verhältnis europäischer zu nationalen Gerichten im europäischen Ver-

falsch, sie als Angriff auf das Selbstverständnis der Mitgliedsstaaten zu begreifen. Aus der Perspektive des Kooperationsverhältnisses sind sowohl die mitgliedsstaatlichen Akteure als auch die EU selbst daran interessiert, im Sinne des gemeinsamen Projekts die jeweils andere Geltungsthese nicht über Gebühr herauszufordern.[123] Denn ein solcher Konflikt beeinträchtigt die Funktionsfähigkeit europäischer Maßnahmen empfindlich.[124] Das Gelingen des europäischen Projekts ist von gegenseitiger Rücksichtnahme, Vertrauen sowie „gutem Willen" abhängig[125] und nur eng begrenzt mit Zwang durchsetzbar.[126] Dies bedeutet nicht, dass Konflikte hier keinen Platz haben:

> „Die nach dieser Konstruktion im Grundsatz unvermeidlichen Spannungslagen sind im Einklang mit der europäischen Integrationsidee kooperativ auszugleichen und durch wechselseitige Rücksichtnahme zu entschärfen."[127]

Die Freiwilligkeit als Grundlage des europäischen Projekts zeigt sich zuletzt auch in der Austrittsmöglichkeit der Mitgliedsstaaten (Art. 50 EUV).

cc) Beidseitige Akzeptanz derselben Kollisionsnormen

Als beidseitig akzeptierte und etablierte Regeln zur Konfliktauflösung im Mehrebenensystem kommen hier die oben angesprochenen Kollisionsnormen in Betracht. Die Annahme liegt nahe, dass die Mitgliedsstaaten diese anerkannt und als eigene, ungeschriebene Kollisionsnormen in ihre Rechtsordnung übernommen haben, denn eben diese Kollisionsnormen werden praktisch seit langem angewendet und gerichtlich immer wieder bestätigt.[128] Zudem haben die Mitgliedsstaaten bis auf wenige Ausnahmefälle (dazu sogleich) darauf verzichtet, eigene, entgegenstehende Kollisionsregeln zu ersinnen. Es gibt, diese Ausnahmen ausgenommen, darüber hinaus aus mitgliedsstaatlicher Sicht auch keinen Grund, das Kooperationsverhältnis zur europäischen Rechtsordnung über Gebühr herauszufordern: Die Einheitlichkeit der Kollisionsnormen auf mitgliedsstaatlicher sowie europäischer Ebene sorgt dafür, dass sich Rechtsanwendungsergebnisse auf den verschiedenen Ebenen angleichen. Klare und vor allem

---

fassungsverbund, 2006, 53; *Pernice*, in: Calliess (Hrsg.), Verfassungswandel im europäischen Staaten- und Verfassungsverbund, 2007, 61, 7.

[123] *Thiele*, EuR 2017, 367, 370 m. w. N. spricht von notwendiger Rücksichtnahme, um das Konfliktpotenzial zwischen den zwei in sich schlüssigen Ansichten auf ein Minimum zu reduziere; ähnlich *Burchardt*, Die Rangfrage im europäischen Normenverbund, 2015, 111.

[124] *Burchardt*, Die Rangfrage im europäischen Normenverbund, 2015, 149.

[125] Zum Grundsatz des gegenseitigen Vertrauens *von Danwitz*, EuR 2020, 61.

[126] So auch *von Danwitz*, EuR 2020, 61, 75: Rechtsgemeinschaft statt Zwangsgemeinschaft.

[127] BVerfG, Urt. (5.5.2020) – 2 BvR 859/15 – 2 BvR 1651/15 – 2 BvR 2006/15 – 2 BvR 980/16 (PSPP), Rn. 111.

[128] Für Deutschland etwa BVerfG, Beschluss (6.6.2010) – 2 BvR 2661/06 (Honeywell) = BVerfGE 126, 286, Rn. 53, 57, unter Betonung der notwendigen „wechselseitigen Rücksichtnahme"; BVerfG, Urteil (30.6.2009) – 2 BvE 2/08 (Lissabon) = BVerfGE 123, 267, Rn. 343.

einheitliche Regelungen zu den Kollisionsnormen sind daher letztlich nicht nur im Sinne der Folgerichtigkeit, sondern auch im Sinn der Rechtssicherheit und Bestimmtheit notwendig.[129]

Das Vorrangpostulat und die aus ihm folgenden Kollisionsnormen nähern bei flächendeckender Beachtung außerdem die Anwendungsergebnisse in den unterschiedlichen Mitgliedsstaaten einander an. Dies entspricht wiederum den gemeinsamen Zielen der Mitgliedsstaaten, die auch unionsrechtlich normiert sind: Denn eine Übertragung von Kompetenzen auf die Union zu dem Zweck, dass diese unionsweit einheitliches Recht schaffe, setzt voraus, dass dieses Recht in der Anwendung auch als europaweit einheitliches akzeptiert wird.[130] Dies erfordert die mehrseitige Adaption der gleichen Kollisionsnorm, um europäische Normen um ihrer europaweit einheitlichen Geltung willen vor Konflikten in der Anwendung mit mitgliedsstaatlichem Recht zu schützen.

dd) Vorbehalte des BVerfG

Die Kollisionsnormen sind damit, nimmt man die von den Mitgliedsstaaten formulierten Ziele in den europäischen Verträgen ernst, ein logisch zwingendes Element zur Erreichung dieser Ziele. Des Weiteren bilden Kollisionsnormen ein wichtiges Instrument der Rechtsanwendung und damit der rechtsordnungsübergreifenden Systembildung: Denn sie verhindern unauflösbare Widersprüche bzw. vermeiden eine uneinheitliche Auflösung dieser Widersprüche. Die Herstellung von Folgerichtigkeit im rechtsordnungsübergreifenden System wird merklich erleichtert und die Rechtsanwendung vorhersehbarer.

Man kann die oben genannten Kollisionsnormen daher ohne Weiteres als in mitgliedsstaatliches Recht übergegangen betrachten,[131] jedenfalls soweit, wie die mitgliedsstaatliche Rechtsordnung keinen eigenen Vorbehalt formuliert. Das BVerfG hat drei solcher Vorbehalte formuliert:[132] Für den in den Solange-Urteilen[133] beschriebenen Fall der Unterschreitung eines Mindeststandards an Grundrechtsschutz auf europäischer Ebene soll die europäische Kollisionsnorm aus deutscher Sicht nicht gelten, vielmehr verlangt das BVerfG hier eine

[129] *Burchardt*, Die Rangfrage im europäischen Normenverbund, 2015, 149f.; siehe dazu bereits oben Kapitel 2 A. I. 1., S. 80.

[130] So auch *von Danwitz*, EuR 2020, 61, 75.

[131] In diese Richtung wohl BVerfG, Beschluss (6.6.2010) – 2 BvR 2661/06 (Honeywell) = BVerfGE 126, 286, Rn. 53, der Art. 23 GG ein „Wirksamkeits- und Durchsetzungsversprechen“ entnimmt, „dem der unionsrechtliche Anwendungsvorrang entspricht“; siehe zum innerstaatlichen Anwendungsbefehl auch *Mayer/Wendel*, in: Hatje/Müller-Graff (Hrsg.), Enzyklopädie Europarecht (Bd. 2), 2022, § 4, Rn. 185ff.

[132] Zu den Voraussetzungen im Einzelnen ausführlich *Mayer/Wendel*, in: Hatje/Müller-Graff (Hrsg.), Enzyklopädie Europarecht (Bd. 2), 2022, § 4, Rn. 223ff., 238ff., 248ff.; *Thiele*, EuR 2017, 367.

[133] BVerfG, Beschluss (29.5.1974) – BvL 52/71 (Solange) = BVerfGE 37, 271; BVerfG, Beschluss (22.10.1986) – 2 BvR 197/83 (Solange II) = BVerfGE 73, 339.

Nichtanwendung der europäischen Norm.[134] Dasselbe gilt für den sogenannten ultra-vires-Vorbehalt[135] sowie den Vorbehalt der Verfassungsidentität[136]. Das BVerfG formuliert dazu:

„Der Anwendungsvorrang reicht für in Deutschland ausgeübte Hoheitsgewalt nur so weit, wie die Bundesrepublik Deutschland dieser Kollisionsregel zugestimmt hat und zustimmen durfte“[137].

Diese Vorbehalte stellen jedoch nicht die innerstaatliche Durchsetzung des Europäischen Rechts insgesamt – und damit die Kollisionsnormen im Grundsatz – infrage.[138] Vielmehr handelt es sich um die Ausübung wechselseitiger Kontrolle im Interesse von Werten, die ebenso auf europäischer Ebene anerkannt sind (Grundrechtesicherung i. S. d. Art. 6 Abs. 1 EUV; Wahrung der nationalen Identität gem. Art. 4 Abs. 2 EUV).[139] *Pernice* bezeichnet diese wechselseitige Kontrolle als ein System der „checks & balances“ zum Wohle der europäischen Bürger und den Rechtsschutz zur europäischen Verbundaufgabe.[140] Erst 2019 hat sich auch das BVerfG gegenüber solchen Ideen offen gezeigt, indem es angekündigt hat, in Zukunft auch europäische Grundrechte i. R. e. Verfassungsbeschwerde zu prüfen, anstatt die (europäische) Grundrechtskontrolle den Fachgerichten und dem EuGH zu überlassen.[141]

ee) Fazit

Letztlich haben sich die Mitgliedsstaaten mit den Kollisionsnormen arrangiert und sie – trotz einiger, bislang zumeist theoretischer Vorbehalte – übernommen. Es ist angesichts des oben Gesagten davon auszugehen, dass sich sowohl das BVerfG wie auch der EuGH im Grunde an das Gebot der Kooperation halten werden, zumal auf beiden Seiten das Bewusstsein dafür vorhanden sein wird,

---

[134] BVerfG, Beschluss (22.10.1986) – 2 BvR 197/83 (Solange II) = BVerfGE 73, 339, Ls. 2; bestätigt durch BVerfG, Beschl. (6.11.2019) – 1 BvR 276/17 (Recht auf Vergessen II), Ls. 2.

[135] Dazu BVerfG, Urt. (5.5.2020) – 2 BvR 859/15 – 2 BvR 1651/15 – 2 BvR 2006/15 – 2 BvR 980/16 (PSPP), Rn. 106 ff.; BVerfG, Beschluss (6.6.2010) – 2 BvR 2661/06 (Honeywell) = BVerfGE 126, 286, Rn. 56 f.

[136] BVerfG, Urt. (5.5.2020) – 2 BvR 859/15 – 2 BvR 1651/15 – 2 BvR 2006/15 – 2 BvR 980/16 (PSPP), Rn. 110 ff.; BVerfG, Beschluss (6.6.2010) – 2 BvR 2661/06 (Honeywell) = BVerfGE 126, 286, Rn. 55 ff.

[137] BVerfG, Urteil (30.6.2009) – 2 BvE 2/08 (Lissabon) = BVerfGE 123, 267, Rn. 343.

[138] So bekennt sich auch das BVerfG grundsätzlich zum Anwendungsvorrang des europäischen Rechts, BVerfG, Urt. (5.5.2020) – 2 BvR 859/15 – 2 BvR 1651/15 – 2 BvR 2006/15 – 2 BvR 980/16 (PSPP), Rn. 111.

[139] *Pernice*, Das Verhältnis europäischer zu nationalen Gerichten im europäischen Verfassungsverbund, 2006, 55 f.

[140] *Pernice*, Das Verhältnis europäischer zu nationalen Gerichten im europäischen Verfassungsverbund, 2006, 54 f.

[141] BVerfG, Beschl. (6.11.2019) – 1 BvR 276/17 (Recht auf Vergessen II), Rn. 32 f., 42 ff., 52 f.

dass ein dauerhafter „offener Dissens“ rechtslogisch kaum lösbar ist:[142] Das Dilemma, das aus dem konträren Selbstverständnis beider Akteure resultiert, würde vielmehr beide gleichsam lähmen.

3. Europäischer Normenwiderspruchsbegriff: Normenkollisionen

Der EuGH selbst hat in der Rs. Cerafel/Le Campion[143] Fallgruppen für Widersprüche zwischen nationalem und europäischem Recht aufgestellt, die im Folgenden analysiert werden sollen.[144] Der Gerichtshof selbst spricht nicht von Kollisionen, sondern vielmehr vom „Entgegenstehen“ des mitgliedsstaatlichen Rechts. In der Literatur werden die Fälle des Entgegenstehens aber ganz überwiegend als (direkte und indirekte) Kollisionen rezipiert.[145] Dieser Begriff wird auch hier übernommen, um Normenwidersprüche im Mehrebenensystem begrifflich vom rechtsordnungsinternen Normenkonflikt abzugrenzen. Ungeschriebene Voraussetzung für eine solche rechtsordnungsübergreifende Normenkollision ist, dass die europäische Norm[146] unmittelbar anwendbar ist.

a) Kollisionsfallgruppen laut EuGH

Ein „Entgegenstehen“ nationaler Normen gegenüber europäischem Recht besteht laut EuGH,

> „[…] entweder
> weil die Ausdehnung dieser Regelungen ein Gebiet berührt, das die gemeinsame Marktorganisation abschließend geregelt hat [1],
> oder
> weil die ausgedehnten Vorschriften gegen die gemeinschaftsrechtlichen Bestimmungen verstoßen [2]
> oder
> das ordnungsgemäße Funktionieren der gemeinsamen Marktorganisation behindern [3]“[147].

aa) Der Verstoß gegen europäisches Recht

Unter die Kollisionsfälle fasst der EuGH zunächst den „Verstoß“ gegen europäische Bestimmungen (Fallgruppe [2]). Ein Verstoß gegen eine europarechtliche Norm liegt vor, wenn eine nationale Norm und eine europarechtliche Norm bei sich überschneidenden Regelungsbereichen so unterschiedliche Rechtsfolgen vorgeben, dass sie schlechterdings nicht gleichzeitig angewen-

---

142 Dazu *Isensee*, in: FS Stern, 1997, 1239, 1261 ff.
143 EuGH, Urt. v. 25.11.1986 – Rs. 218/85 (Cerafel/Le Campion), EU:C:1986:440.
144 Siehe a), S. 107.
145 Siehe c), S. 118.
146 Siehe b), S. 111.
147 EuGH, Urt. v. 25.11.1986 – Rs. 218/85 (Cerafel/Le Campion), EU:C:1986:440, Rn. 13.

det werden können, weil sie sich widersprechen.[148] Damit liegt ein Unterfall des oben entwickelten Normkonfliktbegriffs vor.[149] Mitgliedsstaatliches Recht darf folglich im europäisch geregelten Bereich keine gegenteiligen Regelungsziele vorsehen. Denkbar ist ein Verstoß mitgliedsstaatlichen Rechts sowohl gegen Primärrecht als auch gegen Sekundärrecht. Dabei müssen die europäischen Vorgaben jedoch in jedem Fall einen Mindestregelungsgehalt auf materieller Seite vorweisen, damit sie unmittelbar anwendbar sind.[150] Zu solchen unmittelbar anwendbaren Vorgaben gehören etwa die europäischen Grundrechte der Grundrechtecharta, aber auch der mit dem Lissabonner Vertrag eingeführte Art. 2 Abs. 1, Abs. 2 AEUV (i. V. m. Abs. 6 i. V. m. den entsprechenden Kompetenzvorschriften),[151] der den Mitgliedsstaaten den Normerlass im Kompetenzbereich der EU versagt.[152] Primärrechtliche Vorgaben oder allgemeine Rechtsgrundsätze, die hingegen nicht unmittelbar anwendbar sind,[153] sind im Rahmen der Auslegung unmittelbar anwendbarer Vorschriften zu beachten – ihre Wertung manifestiert sich so in den unmittelbar anwendbaren Normen. Die Fallgruppe der Verstöße gegen Unionsrecht wird gemeinhin als direkte Kollision bezeichnet.[154] Ein Verstoß nationaler Vorschriften gegen Unionsrecht in diesem Sinne liegt z. B. da vor, wo nationales Recht den Begriff des Unternehmens in Art. 101 AEUV ausgestaltet: Dieser ist laut dem EuGH unionsautonom zu bestimmen ist und ergibt sich aus Art. 101 AEUV selbst. Nationales Gesellschaftsrecht, das eine abweichende Unternehmensbestimmung vorsieht, bleibt infolge des Verstoßes unangewendet.[155]

bb) Mitgliedsstaatliche Regelung in einem abschließend europäisch geregelten Bereich

Ebenso liegt ein Kollisionsfall vor, wenn nationales Recht einen Regelungsanspruch in bereits abschließend europäisch harmonisierten Bereichen erhebt (Fallgruppe [1]): Eine Kollision liegt daher auch dann vor, wenn die mitgliedsstaatliche Norm nur einen Bereich zu regeln beansprucht, der bereits europa-

---

148 *Krönke*, Die Verfahrensautonomie der Mitgliedsstaaten, 2013, 176 f.; *Jarass/Beljin*, NVwZ 2004, 1, 3 f.; *von Danwitz*, Verwaltungsrechtliches System und Europäische Integration, 1996, 115, nennt das „echte Kollisionen".

149 Siehe Kapitel 2 A. II. 3., S. 86.

150 Siehe zur unmittelbaren Anwendbarkeit Kapitel 2 A. III. 3. b) aa), S. 111.

151 Pro unmittelbare Wirkung; *Pelka,* in: Schwarze/Becker/Hatje/Schoo (Hrsg.), Schwarze, 4. Aufl. 2019, AEUV Art. 2 Rn. 13; *Bauerschmidt*, EuR 2014, 277, 283; *Obwexer*, in: Obwexer/Happacher/Baroncelli/Palermo (Hrsg.), EU-Mitgliedschaft und Südtirols Autonomie, 2015, Kap. 1, 6; wohl auch *Nettesheim*, in: Grabitz/Hilf/Nettesheim, AEUV Art. 2 Rn. 14: „primärrechtliche Verbote".

152 Siehe dazu Kapitel 2 A. III. 3. c) aa) (2), S. 119.

153 Zu allgemeinen Rechtsgrundsätzen siehe Kapitel 2 A. III. 3. b) bb) (2), S. 114.

154 Siehe Kapitel 2 A. III. 3. c) aa), S. 118.

155 EuGH, Urt. v. 14.3.2019 – Rs. C-724/17 (Skanska Industrial Solutions u. a.), ECLI:EU:C:2019:204, Rn. 36 ff.

rechtlich abschließend determiniert ist. Regelmäßig liegt hier zwischen zwei den gleichen Sachverhalt unterschiedlich regelnden Normen auch ein Regelungszielkonflikt vor und damit ein Verstoß im Sinne der Fallgruppe [2].[156] In europäischen Regelungsbereichen führt über den Verstoß hinaus jedoch *jede* Regelung von mitgliedsstaatlicher Seite – auch eine gleichlautende – zur Kollision. Der Fall einer Kollision bei identischer Regelung von Seiten des Mitgliedsstaats kann als „Anwendungskollision"[157] bezeichnet werden. Dies lässt zunächst vermuten, dass der europäische Kollisionsbegriff anders als der oben entwickelte Normenkonfliktbegriff bereits reine Normenkonkurrenzen erfasst und es auf einen Widerspruch der Regelungsziele gar nicht ankommt. Denn tatsächlich stehen laut der Kollisionsdefinition des EuGH auch solche Normen dem europäischen Recht entgegen, die das unmittelbar geltende europäische Recht lediglich wortgleich wiederholen.[158]

In den Fällen einer mitgliedsstaatlichen Regelung in europäisch determinierten Regelungsbereichen liegt jedoch regelmäßig ein Regelungszielkonflikt mit Art. 2 Abs. 1 oder Abs. 2 AEUV (und damit auch ein Verstoß i. S. d. Fallgruppe [2]) vor, je nachdem ob die Regelung in den ausschließlichen oder den geteilten Kompetenzbereich der EU fällt. Ein solcher Konflikt besteht auch dann, wenn die EU in einem ausschließlich ihrer Kompetenz zugewiesenen Bereich (noch) nicht rechtssetzend tätig geworden ist und der Mitgliedsstaat in eben diesem Kompetenzbereich Regelungen erlässt. Dass diese „Sperrwirkung" des Unionsrechts[159] auch gleichlautendes nationales Recht umfasst, ist aus europäischer Sicht zweckmäßig: Denn je nachdem, auf welcher Ebene die Norm angesiedelt ist, wird sie in einem anderen systematischen Zusammenhang ausgelegt und ggf. auf andere Strukturprinzipien zurückgeführt. Die Verschleierung der Herkunft der Norm im Sinne ihrer formalen wie materiellen Zugehörigkeit zur einen oder anderen Rechtsordnung[160] kann somit zu einer Missinterpretation des Regelungsziels und damit einer Verfälschung des Anwendungsergebnisses führen.[161]

cc) „Sonstige Behinderungen"

Als dritten Fall [3] beschreibt der EuGH ein sonstiges Behindern des Funktionierens des gemeinsamen Marktes. Diese Fallgruppe dient in ihrer weiten und recht schwammigen Formulierung ersichtlich als Auffangtatbestand. Der EuGH kann hier im Grunde nur die Behinderung der Anwendung und Durchsetzung

[156] Siehe oben aa), S. 107.

[157] *Ehlers*, in: Schulze/Janssen/Kadelbach (Hrsg.), Europarecht, 2020, § 11, Rn. 54.

[158] EuGH, Urt. v. 10.10.1973 – Rs. 34/73 (Variola), ECLI:EU:C:1973:101, Rn. 10; EuGH, Urt. v. 7.2.1973 – Rs. 39/72 (Kommission/Italien), Rn. 16 f.

[159] Siehe dazu auch *Bauerschmidt*, EuR 2014, 277.

[160] Zur Unterscheidung siehe oben Kapitel 2 A. III. 3. b) bb) (1), S. 112.

[161] EuGH, Urt. v. 7.2.1973 – Rs. 39/72 (Kommission/Italien), Rn. 17.

des europäischen Rechts meinen, da der gemeinsame Markt nur über das gemeinsame Regelwerk ordnungsgemäß funktionieren kann. Eine Kollision liegt folglich auch dann vor, wenn europäisches Recht aufgrund von nationalen Vorschriften im Einzelfall seine Geltung nicht wie intendiert entfalten kann, d. h. wenn das Regelungsziel einer Norm nicht umgesetzt werden kann.[162] In der Rechtsprechung grenzt der EuGH diese Fallgruppe nicht klar von den anderen ab und spricht in allen Fällen schlicht von einem „Entgegenstehen".

dd) Unklare Abgrenzung der Fallgruppen zueinander

Die Fallgruppen sind nicht klar voneinander abgrenzbar und überschneiden sich: Wo mitgliedsstaatliche Normen in europäisch abschließend geregelten Bereichen abweichende Vorgaben machen (Fallgruppe [1]) liegen diese gleichzeitig in einem Regelungszielkonflikt mit den entsprechenden europäischen Vorschriften. Sie verstoßen also gegen europäisches Recht und sind damit gleichzeitig auch der Fallgruppe [2] zuzuordnen. Eine kompetenzwidrige Regelung europarechtlich abschließend geregelter Rechtsbereiche (Fallgruppe [1]) fällt damit immer auch in die Kategorie des Europarechtsverstoßes [2].[163] Das gilt für Positivregelungen, wo die EU sich zu einer Regelung durch Nichtregelung entschieden hat[164] genauso wie auch für inhaltlich von einer positiven EU-Regelung abweichende Normen.

Fallgruppe [3] scheint die beiden ersten Varianten des Entgegenstehens zu umfassen und zudem über sie hinaus zu gehen: Funktionsbehinderungen verlangen nicht notwendigerweise nach einem Verstoß gegen europäische Vorschriften, vielmehr kann eine „Behinderung der ordnungsgenmäßen Funktion" auch da angenommen werden, wo mitgliedsstaatliche Vorschriften die europäischen Ziele nur indirekt beeinträchtigen. Diese Fallgruppe der sonstigen Beeinträchtigungen werden in der Literatur daher auch (in Abgrenzung zu den direkten Kollisionen der Fallgruppen [1] und [2]) als indirekte Kollisionen bezeichnet. Da der EuGH explizit von unabhängig voneinander vorliegenden Varianten zu sprechen scheint, soll die Fallgruppe der sonstigen Beeinträchtigungen hier als die Fälle umfassend verstanden werden, die nicht bereits unter eine der beiden ersten Varianten fallen. Dies wird dem Auffangcharakter gerecht.

---

[162] Siehe – u. a. auch zur Deutung als Regelungszielkonflikt – Kapitel 2 A. III. 3. c) bb), S. 120 ff.

[163] *Nettesheim*, in: Grabitz/Hilf/Nettesheim, AEUV Art. 2 Rn. 25; *Streinz*, in: Streinz, 3. Aufl. 2018, AEUV Art. 2 Rn. 11; *Schroeder*, Das Gemeinschaftsrechtssystem, 2002, 410, differenziert begrifflich zwischen Norm- und Kompetenzkonflikt. Siehe dazu auch Kapitel 2 A. III. 3. c) aa), S. 118.

[164] Inwieweit von der Zuständigkeit seitens der Union tatsächlich Gebrauch gemacht wurde, richtet sich nach dem Regelungsumfang des entsprechenden Sekundärrechts, vgl. Protokoll (Nr. 25) über die Ausübung der geteilten Zuständigkeiten, ABl. 2010 C 83/307.

b) Die „europarechtliche Bestimmung" im Sinne der europäischen Kollisionslehre

aa) Unmittelbare Anwendbarkeit

Ein Entgegenstehen europäischer Vorschriften setzt in der Regel eine unmittelbar anwendbare europäische Norm (Sekundärrecht oder Primärrecht) voraus.[165] Als Grund des Kriteriums der unmittelbaren Anwendbarkeit wird zutreffend angeführt, dass es ohne direkte Anwendbarkeit einer Vorschrift an einem konkreten Regelungsinhalt fehle, ohne welchen eine Kollision von Normen nicht denkbar sei. Eine Kollision ist nur zwischen Normen möglich, die den konkreten Sachverhalt unmittelbar zu regeln beanspruchen. Unmittelbare Anwendbarkeit wiederum erfordert die hinreichende Klarheit und Bestimmtheit der Norm. Zudem darf kein weiterer Umsetzungsakt mehr notwendig sein – die Norm muss folglich innerstaatliche Wirkung entfalten – und sie muss materiell ein Mindestmaß an rechtlichem Regelungsgehalt vorgeben.[166] Unter dieser Prämisse steht ebenso der oben entwickelte, allgemeine Normkonfliktbegriff.

bb) Begriff der europarechtlichen Norm

Nach dem europäischen Normenkollisionsmodell wird unter der europarechtlichen Norm regelmäßig nur eine Norm verstanden, die vom europäischen Gesetzgeber stammt,[167] die also dem Rechtsquellensystem der EU zuzuordnen ist.[168] Regelmäßig nicht umfasst sind somit nationale Gesetze zur Umsetzung von Richtlinienrecht. Es sprechen jedoch triftige Gründe für eine Einbeziehung auch des nationalen Umsetzungsrechts in den Begriff der europarechtlichen Norm.[169] Zudem stellt sich die Frage, ob und inwieweit auch

[165] *Jarass/Beljin*, NVwZ 2004, 1, 3; *Niedobitek*, VerwArch 91 (2001), 58, 67f.; *Kadelbach*, Allgemeines Verwaltungsrecht unter europäischem Einfluss, 1999, 49f.; *Huthmacher*, Der Vorrang des Gemeinschaftsrechts bei indirekten Kollisionen, 1985, konzentriert sich in seiner Abhandlung nur auf nicht umsetzungsbedürftiges europäisches Recht, und scheint die unmittelbare Geltung des EU-Rechts stillschweigend vorauszusetzen; laut *Komendera*, Normenkonflikte zwischen EWG- und BRD-Recht – insbesondere indirekte Kollisionen, 1974, 29, 34ff., ist die unmittelbare Anwendbarkeit des EU-Rechts Voraussetzung für seine Kollisionsfähigkeit; jedoch sah er auch die Richtlinie als hinreichend unmittelbar anwendbar und damit kollisionsfähig an, 50f. m.w.N., was höchstwahrscheinlich an der damals noch nicht hinreichend ausdifferenzierten Dogmatik auf europäischer Ebene liegt.

[166] Vgl. EuGH, Urt. v. 17.5.1972 – Rs. 93/71 (Leonesio), ECLI:EU:C:1972:39 = NJW 1972, 1640, Rn. 5/6; EuGH, Urt. v. 5.2.1963 – Rs. 26/62 (Van Gend & Loos), ECLI:EU:C:1963:1, S. 25–27; *Krönke*, Die Verfahrensautonomie der Mitgliedsstaaten, 2013, 173; *Frank*, ZÖR 55 (2000), 1, 21ff.; *Kadelbach*, Allgemeines Verwaltungsrecht unter europäischem Einfluss, 1999, 20, 58f.; *Komendera*, Normenkonflikte zwischen EWG- und BRD-Recht – insbesondere indirekte Kollisionen, 1974, 42, 50f.

[167] *Frank*, ZÖR 55 (2000), 1, 39f.

[168] Zum allgemeinen Verständnis europäischer Rechtsquellen statt vieler siehe *Haag/Kotzur*, in: Bieber/Epiney/Haag/Kotzur (Hrsg.), Die Europäische Union, 2021, § 6.

[169] Siehe (1), S. 112.

ungeschriebenes Recht, insbesondere allgemeine Rechtsgrundsätze, kollisionsfähig sind.[170]

(1) Mitgliedsstaatliches Richtlinienumsetzungsrecht?

Die Folge einer Nichtberücksichtigung von mitgliedsstaatlichem Richtlinienumsetzungsrecht i. R. d. Kollisionslehre ist, dass ein Konflikt zwischen der Umsetzungsnorm und einer weiteren mitgliedsstaatlichen Vorschrift als Normenkonflikt von Normen innerhalb einer Rechtsordnung zu betrachten ist und nicht als rechtsordnungsübergreifende Normenkollision. Dies erscheint wenig einleuchtend, ist doch der materielle Gehalt der Umsetzungsnorm von der europäischen Rechtsordnung regelmäßig vorbestimmt.[171] Die nationale Vorschrift ist inhaltlich durch die Richtlinienregelung determiniert und auch in deren Licht auszulegen. Obgleich sie formal zur mitgliedsstaatlichen Rechtsordnung gehört, zählt sie materiell vielmehr zum europäischen Recht. Dennoch wird ein Normenkonflikt, an dem eine Umsetzungsnorm beteiligt ist, regelmäßig nicht als Normenkonflikt im Mehrebenensystem, d. h. als Normenkollision gewertet. Es erscheint jedoch realitätsfern, den tatsächlichen europarechtlichen Einfluss auf das Umsetzungsrecht mit dem pauschalen Verweis auf den Erlass durch einen nationalen Gesetzgeber zu negieren. Die Einordnung der kollidierenden Normen als europäisch oder mitgliedsstaatlich nach dem jeweiligen Rechtssetzer ist willkürlich, solange das nationale Recht materiell europäische Ziele verfolgt und auch im Sinne dieser Ziele auszulegen ist. Der nationale Gesetzgeber hat hier faktisch keinerlei Einfluss auf den Inhalt der Norm – das gilt umso mehr, je weniger Spielraum die Richtlinie lässt. Sinnvoller erscheint im Zusammenhang mit der Kollisionslehre daher das Abstellen auf einen europäisch oder mitgliedsstaatlich determinierten Regelungsinhalt der Norm:[172] Daraus folgt, dass auch eine der mitgliedsstaatlichen Rechtsordnung zugehörige Norm dann als europäische Norm im Sinne der europäischen Kollisionslehre anzusehen ist, soweit sie Richtlinieninhalte umsetzt. In ihrem europäisch geprägten Regelungsgehalt kann sie somit mit anderen, materiell mitgliedsstaatlichen Vorschriften kollidieren. Eine nationale Norm, die der richtlinienumsetzenden Norm entgegensteht,[173] darf nicht angewendet werden oder muss so ausgelegt werden, dass die richtlinienumsetzende Vorschrift – die materiell europäisch determiniert ist – in ihrer praktischen Wirksamkeit nicht eingeschränkt wird.[174]

---

170 Siehe (2), S. 114.

171 Vgl. „europarechtsbedingte Wiedersprüche" bei *Weiss*, Widersprüche im Recht, 2011, 130ff.

172 So i. E. auch *Ebers*, Rechte, Rechtsbehelfe und Sanktionen im Unionsprivatrecht, 2017, 266f.; *Krönke*, Die Verfahrensautonomie der Mitgliedsstaaten, 2013, 179.

173 Zum Begriff des Entgegenstehens siehe Kapitel 2 A. III. 3. a), S. 107.

174 In diese Richtung auch EuGH, Urt. v. 18.12.1997 – verb. Rs. C-286/94, C-340/95,

Dem entgegen steht auch nicht, dass der EuGH eine Richtlinienvorschrift allein – gerade in Abgrenzung zum unmittelbar anwendbaren Verordnungsrecht – als regelmäßig nicht ausreichend ansieht, um eine der Richtlinie entgegenstehende nationale Norm unangewendet zu lassen.[175] Denn in diesen Fällen gab es gerade kein unmittelbar anwendbares mitgliedsstaatliches Umsetzungsrecht, mit dem die nationale Norm kollidierte, sondern reine Richtlinienvorgaben, die nicht unmittelbar anwendbar sind.

Freilich ist eine Auslegung des Umsetzungsrechts i. S. d. Richtlinie nur bis zur Grenze des mitgliedsstaatlichen Wortlauts möglich.[176] Geht die Richtlinienbestimmung in dem ihr zugrundeliegenden Normzweck über den Wortlaut der mitgliedsstaatlichen Norm hinaus, kann dieser Normzweck mangels materieller Umsetzung auch nicht in das Umsetzungsrecht hineingelesen werden. Vielmehr liegt dann eine Minderumsetzung durch den Mitgliedsstaat vor, die die Pflicht zur legislativen Anpassung nach sich zieht.

Die Ausdehnung der Kollisionsfähigkeit auch auf richtlinienumsetzendes Recht, das formal der mitgliedsstaatlichen Rechtsordnung zuzuordnen ist, materiell aber als europäisches Recht betrachtet werden muss, führt dazu, dass die hiesige Methodik zu den Kollisionen ebenso auf Richtlinienumsetzungsrecht anwendbar ist. Auch die Richtlinienumsetzung führt materiell gesehen zu rechtsordnungsübergreifender Rechtsanwendung, die ebenso systematisiert werden muss, wie das bei der Anwendung von unmittelbar anwendbarem, formal der europäischen Rechtsordnung zugehörigem Recht der Fall ist. Wie oben gezeigt, ist jedoch der Grad der Systematisierung bei durch Richtlinien bestimmten Rechtsgebieten in der Regel bereits deutlich höher, da hier der Mitgliedsstaat seinen Umsetzungsspielraum nutzen kann, um die unterschiedlichen Systembesonderheiten – sowohl inneres als auch äußeres System – aneinander anzupassen.[177] Zwar ist auch hier Systembildung ebenso notwendig, sie kann aber in der Regel auf eine stimmigere Grundlage zurückgreifen als bei der Verordnung.[178]

C-401/95 u. C-47/96 (Molenheide u. a.), ECLI:EU:C:1997:623, Rn. 64; siehe zu den Kollisionsnormen Kapitel 2 A. III. 2., S. 89.

[175] EuGH, Urt. v. 18.1.2022 – Rs. C-261/20 (Thelen Technopark Berlin), ECLI:EU:C:2022:33, Rn. 32 f. EuGH, Urt. v. 24.6.2019 – Rs. C-573/17 (Poplawski), ECLI:EU:C:2019:530, Rn. 62 f.

[176] So betont der EuGH in stetiger Rspr., die Grenze richtlinienkonformer Auslegung bilde die Achtung der allgemeinen Rechtsgrundsätze, sodass der Grundsatz der Rechtssicherheit eine Auslegung der Umsetzungsvorschriften contra legem verhindere: EuGH, Urt. v. 17.10.2018 – Rs. C-167/17 (Klohn), ECLI:EU:C:2018:833, Rn. 61 f.; EuGH, Urt. v. 21.9.2017 – Rs. C-326/15 (DNB Banka), ECLI:EU:C:2017:719, Rn. 42; EuGH, Urt. v. 15.4.2008 – Rs. C-268/06 (Impact), ECLI:EU:C:2008:223, Rn. 100 und die dort angeführte Rspr.

[177] Siehe Kapitel 1 C. II., S. 56.

[178] Siehe zu den Besonderheiten i. R. d. Rechtsanwendung Kapitel 1 C. III., S. 63.

(2) Ungeschriebenes Recht, insbesondere allgemeine Rechtsgrundsätze

In der Literatur zu direkten und indirekten Normenkollisionen wird augenscheinlich unter den „unmittelbar anwendbaren europäischen Rechtsvorschriften" nur geschriebenes Recht verstanden.[179] Das erscheint insofern nachvollziehbar, als schon begrifflich im Rahmen von Normenkollisionen nur Normen kollidieren können und Normen in der Regel positives, d. h. geschriebenes Recht sind.[180] Es gibt jedoch auch zahlreiche ungeschriebene Normen auf europäischer Ebene. Der EuGH selbst spricht in seinem Urteil zur Rs. Cerafel/Le Campion nicht von einem Verstoß mitgliedsstaatlichen Rechts gegen Normen, sondern unspezifischer von einem Verstoß gegen europäische „Bestimmungen". Auch die französische („dispositions"), bzw. englische Fassung („provisions") ist nicht eindeutig auf Normen im Sinne geschriebenen Rechts limitiert.[181] Es stellt sich damit die Frage, ob auch ungeschriebenes, europäisches Recht im obigen Sinne kollisionsfähig ist.[182]

(a) Herleitung allgemeiner Rechtsgrundsätze

Mit ungeschriebenem Recht auf europäischer Ebene gemeint sind allen voran die sogenannten allgemeinen Rechtsgrundsätze, die in den Verträgen in Art. 6 Abs. 3 sowie Art. 340 Abs. 2 AEUV genannt sind: Allgemeine Rechtsgrundsätze werden zum einen im Rahmen einer wertenden Rechtsvergleichung aus den „Verfassungstraditionen der Mitgliedsstaaten"[183] hergeleitet,[184] zum anderen durch einen induktiven Ableitungsprozess aus dem acquis communautaire gewonnen.[185] *Metzger* unterscheidet hierbei zwischen der Gesamtanalogie, der Ableitung aus der ratio legis einer einzelnen Norm sowie der Ableitung aus dem Gesamtzusammenhang eines Rechtsakts und aus den Erwä-

---

179 So wohl *Ebers*, Rechte, Rechtsbehelfe und Sanktionen im Unionsprivatrecht, 2017, 212; *Krönke*, Die Verfahrensautonomie der Mitgliedsstaaten, 2013, 173 ff.; *Niedobitek*, VerwArch 91 (2001), 58, 67 ff., die alle ungeschriebenes Recht nicht ansprechen; klar dagegen *Schroeder*, Das Gemeinschaftsrechtssystem, 2002, 384, 309, dessen Normbegriff nur geschriebenes Recht umfasst.

180 Siehe zur Unterscheidung von Normen und Prinzipien Kapitel 1 B. I. 3. b) aa), S. 30.

181 In diese Richtung auch EuGH, Urt. v. 21.1.1965 – Rs. C-108/63 (Merlini), ECLI:EU:C:1965:4, Ls. 2.

182 Im Ansatz bejaht dies *von Danwitz*, Verwaltungsrechtliches System und Europäische Integration, 1996, 116 ff.

183 EuGH, Urt. v. 14.5.1974 – Rs. 4/73 (Nold), ECLI:EU:C:1974:51, Rn. 13; EuGH, Urt. v. 29.5.1997 – Rs. C-299/95 (Kremzow), ECLI:EU:C:1997:254, Rn. 14 m. w. N.

184 *Wegener*, in: Calliess/Ruffert, 6. Aufl. 2022, EUV Art. 19 Rn. 57 ff.; *Mayer*, in: Grabitz/Hilf/Nettesheim, EUV Art. 19 Rn. 59 ff.; *Martens*, Methodenlehre des Unionsrechts, 2013, 149 ff.; ausführlich zur Herleitung *Metzger*, Extra legem, intra ius, 2009, 360 ff., 414 ff.

185 *Martens*, Methodenlehre des Unionsrechts, 2013, 152 f.; zu diesen zwei Ansätzen auch Schlussanträge der GA Trstenjak – Rs. C-101/08 (Audiolux), ECLI:EU:C:2009:410, Rn. 69.

gungsgründen.[186] Teils werden die rechtsstaatlich konnotierten Grundsätze als eine eigene Kategorie allgemeiner Rechtsgrundsätze gesehen, da sie „aus den Verträgen selbst folgen".[187] Zu diesen Grundsätzen gehören etwa die Grundsätze des Vertrauensschutzes, der Verhältnismäßigkeit, der Grundsatz der Gesetzmäßigkeit bzw. der „guten Verwaltung".[188] Da jedoch auch diese Grundsätze ausgehend „von den Verfassungstraditionen der Mitgliedstaaten"[189], und damit ebenso im Wege wertender Rechtsvergleichung ermittelt werden, liegt der Unterschied vielmehr darin begründet, dass die rechtsstaatlich konnotierten Grundsätze zumindest eine normative Anknüpfung in den Verträgen selbst – vor allem Art. 2 EUV[190] – und nicht nur in den Rechtsordnungen der Mitgliedsstaaten aufweisen.

Unmittelbar aus dem autonomen Unionsrecht selbst folgen hingegen nur die wenigsten Grundsätze, etwa die Grundsätze der Effektivität und Äquivalenz (Art. 4 Abs. 3 EUV),[191] der Grundsatz der Subsidiarität in Art. 5 Abs. 3 EUV, und die mittlerweile unmittelbar im Unionsrecht verschriftlichten Grundsätze, etwa die Grundrechte.

(b) Funktion und unmittelbare Anwendbarkeit allgemeiner Rechtsgrundsätze?

Da allgemeine Rechtsgrundsätze unterschiedliche Abstraktionslevel aufweisen, ist die Frage der unmittelbaren Anwendbarkeit kaum einheitlich zu beantworten. So erkannte auch Generalanwalt *Marzák* bereits im Jahr 2007:

> „[Der allgemeine Rechtsgrundsatz] bezeichnet eine Rechtsquelle, die Regelungen umfassen kann, die hinsichtlich ihres Inhalts und des Grades ihrer Vollständigkeit erheblich voneinander abweichen, wobei die Skala von Auslegungsvorgaben bis hin zu voll ausgebildeten Normen wie Grundrechten oder den hochentwickelten gemeinschaftsrechtlichen Grundsätzen der ordnungsgemäßen Verwaltung reicht."[192]

[186] *Metzger*, Extra legem, intra ius, 2009, 362, 367 ff., etwa der Grundsatz einheitlicher Wirksamkeit.

[187] Zur Unterscheidung Schlussanträge der GA Trstenjak – Rs. C-101/08 (Audiolux), ECLI:EU:C:2009:410, Rn. 69; *Terhechte*, in: Hatje/Müller-Graff (Hrsg.), Enzyklopädie Europarecht (Bd. 2), 2022, § 14, Rn. 7 f., 9 f.; *Haag/Kotzur*, in: Bieber/Epiney/Haag/Kotzur (Hrsg.), Die Europäische Union, 2021, § 6, Rn. 17 *Gaitanides*, in: v. d. Groeben/Schwarze/Hatje, 7. Aufl. 2015, EUV Art. 19 Rn. 20 f.; *Frenz*, Handbuch Europarecht, 2012, Bd. 5 Rn. 554 ff.

[188] Siehe hierzu *Wegener*, in: Calliess/Ruffert, 6. Aufl. 2022, EUV Art. 19 Rn. 59 ff.; *Schmahl*, in: Schulze/Janssen/Kadelbach (Hrsg.), Europarecht, 2020, § 6, Rn. 2 ff.; *Jarass*, DVBl 2018, 1249.

[189] Vgl. nur EuGH, Urt. v. 14.5.1974 – Rs. 4/73 (Nold), ECLI:EU:C:1974:51, Rn. 13; EuGH, Urt. v. 29.5.1997 – Rs. C-299/95 (Kremzow), ECLI:EU:C:1997:254, Rn. 14; EuGH – Gutachten 2/94 v. 28.3.1996, ECLI:EU:C:1996:140, Rn. 33.

[190] *Jarass*, DVBl 2018, 1249.

[191] *Szczekalla*, in: Rengeling (Hrsg.), Handbuch zum europäischen und deutschen Umweltrecht, 2003, § 11, Rn. 21.

[192] Schlussanträge des GA Marzák (15.2.2007) – Rs. C-411/05 (Palacios), ECLI:EU:C:2007:106, Rn. 134.

Hier zeigt sich, dass die Funktion allgemeiner Rechtsgrundsätze als unmittelbar anwendbare, ungeschriebene Normen oder als Auslegungsvorgaben nicht pauschal festgelegt werden kann. Vielmehr „verändert sich auch die Funktion allgemeiner Grundsätze, je nachdem welcher Grundsatz betroffen ist und in welchem aktuellen Kontext er verwendet wird“[193]. Das zeigt sich daran, dass der EuGH allgemeine Rechtsgrundsätze meist zunächst in abstrakter Form in das Unionsrecht einführt,[194] in der Regel als Grundlage für Auslegung und Rechtsfortbildung, und erst im Laufe der Zeit weiter konkretisiert, teilweise bis hin zu einer unmittelbaren Anwendbarkeit. Die allgemeinen Rechtsgrundsätze stellen eine eigene unionsrechtliche Rechtsquelle dar,[195] denen als Interpretationsleitbild für das gesamte europäische Recht wohl (mindestens) primärrechtlicher Rang zukommt.[196] Neben der Interpretationsfunktion nehmen die allgemeinen Rechtsgrundsätze gleichzeitig eine die Lückenfüller- oder Rechtsfortbildungsfunktion sowie eine Korrekturfunktion ein:[197] Nur letztere umfasst dabei die unmittelbare Anwendung des Grundsatzes im Sinne einer ungeschriebenen Norm und ist vergleichsweise selten – denn allgemeine Rechtsgrundsätze nehmen größtenteils eine dienende Funktion ein.[198] Unstreitig unmittelbar anwendbar sind jedenfalls die Grund*rechte* (nicht so die Grund*sätze*, Art. 52 Abs. 5 GRC) der Grundrechtecharta.[199] Wann hingegen ein ungeschriebener

---

193 Schlussanträge des GA Marzák (15.2.2007) – Rs. C-411/05 (Palacios), ECLI:EU:C:2007:106, Rn. 135.

194 *Schwarze*, DVBl 2011, 721, 725.

195 Für eine Einordnung als Richterrecht *Beaucamp*, DÖV 2013, 41, 47; *Metzger*, Extra legem, intra ius, 2009, 387, 62 ff.; *Szczekalla*, in: Rengeling (Hrsg.), Handbuch zum europäischen und deutschen Umweltrecht, 2003, § 11, Rn. 22.

196 EuGH, Urt. v. 29.10.2009 – Rs. C-174/08 (NCC Construction), ECLI:EU:C:2009:669, Rn. 42 ff.; EuGH, Urt. v. 15.10.2009 – C-101/08 (Audiolux), ECLI:EU:C:2009:626, Rn. 63; Schlussanträge der GA Trstenjak – Rs. C-101/08 (Audiolux), ECLI:EU:C:2009:410, Rn. 70; *Nettesheim*, in: Grabitz/Hilf/Nettesheim, AEUV Art. 288 Rn. 28; *Haag/Kotzur*, in: Bieber/Epiney/Haag/Kotzur (Hrsg.), Die Europäische Union, 2021, § 6, Rn. 49; *Jarass*, DVBl 2018, 1249, 1249; *Frenz*, Handbuch Europarecht (Bd. 5), 2012, 547 ff., Bd 5, Rn.; *Schwarze*, DVBl 2011, 721, 722; differenziert hingegen *Oppermann/Classen/Nettesheim*, Europarecht, 9. Aufl. 2021, § 9, Rn. 43; *Streinz*, Europarecht, 11. Aufl. 2019, Rn. 460; siehe zur Diskussion *Szczekalla*, in: Rengeling (Hrsg.), Handbuch zum europäischen und deutschen Umweltrecht, 2003, § 11, Rn. 27 ff.

197 *Martens*, Methodenlehre des Unionsrechts, 2013, 156; *Lenaerts/Gutiérrez-Fons*, Common Market Law Review 47 (2010), 1629; *Metzger*, Extra legem, intra ius, 2009, 389 ff., 444 ff.

198 *Metzger*, Extra legem, intra ius, 2009, 553; ebenso *Nettesheim*, in: Grabitz/Hilf/Nettesheim, AEUV Art. 288 Rn. 28; *Streinz*, Europarecht, 11. Aufl. 2019, Rn. 559 f.; *Beaucamp*, DÖV 2013, 41, 42, 47 f.; *von Danwitz*, Verwaltungsrechtliches System und Europäische Integration, 1996, 117; ahnlich Schlussanträge der GA Trstenjak – Rs. C-101/08 (Audiolux), ECLI:EU:C:2009:410, Rn. 70; hingegen für eine unmittelbare Anwendbarkeit jedenfalls der rechtsstaatlichen Grundsätze *Jarass*, DVBl 2018, 1249, 1249; dazu siehe auch Kapitel 2 A. IV. 2. d) cc) (2), S. 166.

199 EuGH, Urt. v. 12.6.2003 – C-112/00 (Schmidberger), ECLI:EU:C:2003:333, Rn. 75; EuGH, Urt. v. 18.6.1991 – Rs. C-260/89 (ERT), ECLI:EU:C:1991:254, Rn. 43.

allgemeiner Rechtsgrundsatz unmittelbar anwendbar im obigen Sinne,[200] d. h. als ungeschriebene Norm auch kollisionsfähig ist, ist eine Frage der Auslegung von (ungeschriebenem) Europarecht (Art. 19 Abs. 3 lit. b EUV), die wiederum nur durch den EuGH zu klären ist.[201]

(c) Allgemeine Rechtsgrundsätze als Strukturprinzipien der europäischen Rechtsordnung

Legt man das hier vertretene dogmatische Verständnis zugrunde, sind die allgemeinen Rechtsgrundsätze vornehmlich Prinzipien im Sinne von übergeordneten Strukturprinzipien, die maßgeblich Auslegungsvorgaben darstellen,[202] aus denen aber im Rahmen der Rechtsfortbildung im Einzelfall auch konkrete, ungeschriebene Normen abgeleitet werden können.[203] Diese Konkretisierung durch die Rechtsprechung steht freilich in einem Spannungsverhältnis mit dem Grundsatz der Gewaltenteilung – denn der Erlass von Normen, insbesondere die konkret regelnde Ausgestaltung auch von allgemeinen Rechtsgrundsätzen, ist genuine Aufgabe der Legislative.[204] In Anerkennung dieser Spannungen betont der EuGH diese Ausgestaltungshoheit und verweigert unter diesem Hinweis teils die unmittelbare Anwendung allgemeiner Rechtsgrundsätze.[205]

(d) Zwischenergebnis

Daraus folgt, dass für jeden allgemeinen Rechtsgrundsatz im konkreten Fall einzeln geprüft – und ggf. dem EuGH vorgelegt – werden muss, ob und in welcher Form dieser unmittelbar anwendbar ist. Erst dann kann ungeschriebenes Unionsrecht mit mitgliedsstaatlichen Vorschriften direkt kollidieren. In

---

[200] Siehe Kapitel 2 A. III. 3. b) aa), S. 111.

[201] *Lenaerts/Gutiérrez-Fons*, Common Market Law Review 47 (2010), 1629, 1647, 1668; eine Übersicht zu einzelnen Konkretisierungen bietet *Szczekalla*, in: Rengeling (Hrsg.), Handbuch zum europäischen und deutschen Umweltrecht, 2003, § 11, Rn. 5 ff.

[202] So wohl auch *Nettesheim*, in: Grabitz/Hilf/Nettesheim, AEUV Art. 288 Rn. 28.

[203] *Haag/Kotzur*, in: Bieber/Epiney/Haag/Kotzur (Hrsg.), Die Europäische Union, 2021, § 6, Rn. 16 f., die Strukturprinzipien begrifflich von allgemeinen Rechtsgrundsätzen abgrenzen, aber bei beiden große Überschneidungen sehen; *Streinz*, Europarecht, 11. Aufl. 2019, Rn. 559 f.; *Beaucamp*, DÖV 2013, 41, 47; siehe zum Prinzipienbegriff Kapitel 1 B. I. 3. b) aa) (2), S. 32.

[204] Dazu *Schwarze*, DVBl 2011, 721, 725 f.; teils werden jedenfalls die allgemeinen Rechtsgrundsätze im engeren Sinne auch nicht als eigene Rechtsquelle des Unionsrechts, sondern als reines Richterrecht gesehen, was diesen Konflikt verschärft, in diese Richtung *Beaucamp*, DÖV 2013, 41, 47.

[205] EuGH, Urt. v. 29.10.2009 – Rs. C-174/08 (NCC Construction), ECLI:EU:C:2009:669, Rn. 42; EuGH, Urt. v. 15.10.2009 – C-101/08 (Audiolux), ECLI:EU:C:2009:626, Rn. 63, die wohl als Abkehr der vielkritisierten Mangold-Rspr. gesehen werden können; dazu und für eine stärkere Zurückhaltung bei der unmittelbaren Anwendbarkeit allgemeiner Rechtsgrundsätze Schlussanträge des GA Ruiz-Jarabo Colomer (24.1.2008) – verb Rs. C-55/07 u. C-56/07 (Michaeler u. a.), ECLI:EU:C:2008:42, Rn. 20–22; Schlussanträge der GA Kokott (8.2.2007) – Rs. C-321/05 (Kofoed), ECLI:EU:C:2007:86, Rn. 67.

der Regel werden allgemeine Rechtsgrundsätze jedoch als Auslegungsmaximen hinter den europäischen Vorschriften stehen und ihr Interpretationsergebnis beeinflussen. Insofern unterscheiden sich die allgemeinen Rechtsgrundsätze nicht besonders von sonstigem (geschriebenem) Primärrecht. Gleichzeitig können europäische allgemeine Rechtsgrundsätze durch mitgliedsstaatliche Normen ausgestaltet werden.[206] Im Falle einer Kollision dieser Norm mit europäischem Sekundärrecht kann dann ggf. der Zweck des allgemeinen Rechtsgrundsatzes höher zu gewichten sein, was dazu führt, dass die mitgliedsstaatliche Norm anwendbar bleibt.[207]

c) Unterscheidung von direkten und indirekten Kollisionen

In der Literatur hat sich derweil ein Normenkollisionsbegriff etabliert, der auf die vom EuGH entwickelten Fallgruppen Bezug nimmt und zwischen direkten[208] und indirekten[209] Kollisionen unterscheidet.[210]

aa) Direkte Normenkollisionen

(1) Regelungszielkonflikte

Direkte Kollisionen zwischen nationalem und europäischem Recht werden beschrieben als „alle Konflikte von Rechtssätzen, die ein und demselben Regelungsgebiet angehören",[211] wobei mit demselben Regelungsgebiet der oben beschriebene Regelungsbereich, also eine zumindest teilweise Tatbestandsidentität i. S. e. Normkonkurrenz (Regelungsbereichsüberschneidung oder -identität) gemeint ist, nicht lediglich die Anwendung auf den gleichen Sachverhalt im konkreten Anwendungsfall.[212] Eine direkte Kollision liegt also in der Regel dann vor, „wenn zwei geltende und im Einzelfall anwendbare Rechtsnormen [aus den jeweils unterschiedlichen Rechtsordnungen] denselben Regelungsgegenstand haben und einander widersprechende Rechtsfolgen anordnen".[213] Diese Definition lässt sich sowohl unter den oben entwickelten Begriff der Regelungszielkonflikte fassen als auch den Fallgruppen [1] und [2] des EuGH zuordnen.

---

206 Siehe dazu Kapitel 2 A. IV. 2. d) cc) (2), S. 166.

207 Siehe dazu ausführlich Kapitel 2 A. IV. 2. d) cc), S. 164.

208 Siehe aa), S. 118.

209 Siehe bb), S. 120.

210 *Krönke*, Die Verfahrensautonomie der Mitgliedsstaaten, 2013, 173, 175 ff.; *Kadelbach*, Allgemeines Verwaltungsrecht unter europäischem Einfluss, 1999, 25.

211 *Komendera*, Normenkonflikte zwischen EWG- und BRD-Recht – insbesondere indirekte Kollisionen, 1974, 3, 143 ff.; ihm zustimmend *Huthmacher*, Der Vorrang des Gemeinschaftsrechts bei indirekten Kollisionen, 1985, 134; ähnlich auch *Kadelbach*, Allgemeines Verwaltungsrecht unter europäischem Einfluss, 1999, 26.

212 Siehe zur Unterscheidung Kapitel 2 A. II. 1., S. 82.

213 *Krönke*, Die Verfahrensautonomie der Mitgliedsstaaten, 2013, 176; verweisend auf *von Danwitz*, Verwaltungsrechtliches System und Europäische Integration, 1996, 115.

(2) Kompetenzkonflikte?

Direkte Kollisionen im europäischen Kontext werden häufig als reine Kompetenzkonflikte beschrieben.[214] Das ist insofern richtig, als seit dem Lissabonner Vertrag jede Normenkollision zwischen einer Sekundärrechtsnorm und einer mitgliedsstaatlichen Vorschrift auch als Konflikt des mitgliedsstaatlichen Rechts mit der Sperrwirkung des EU-Rechts in Art. 2 Abs. 1 oder Abs. 2 AEUV betrachtet werden kann. Die (durchaus zutreffende) Betrachtung als Kompetenzkonflikte ändert jedoch, wie oben bereits gezeigt, nichts an der zusätzlichen Einordnung als Regelungszielkonflikte. Denn Art. 2 Abs. 1 oder Abs. 2 AEUV kommt je nach Einzelfall das Regelungsziel zu, mitgliedsstaatliche Rechtssetzung mit dem Inhalt x zu verhindern. Die Konzentration auf die reine Kompetenzabgrenzung scheint zudem jedenfalls da wenig praktikabel, wo mitgliedsstaatliche Normen mit den Regelungszielen des Sekundärrechts unmittelbar in Konflikt geraten. Freilich liegt dann immer auch ein Verstoß gegen Art. 2 Abs. 1 oder Abs. 2 AEUV vor. Da der Verstoß gegen Art. 2 aber regelmäßig in Abhängigkeit von dem Regelungszielkonflikt mit der sekundärrechtlichen Norm zu bestimmen ist, erscheint es treffender, hier unmittelbar auf das Sekundärrecht als kollidierende Norm abzustellen. Die Art der Betrachtung hat zudem keinen Einfluss auf die Auflösung der Kollisionen.[215]

Es bleibt festzuhalten, dass alle Kompetenzkonflikte auch Regelungszielkonflikte sind. Auf der anderen Seite sind jedoch nicht alle Regelungszielkonflikte auch Kompetenzkonflikte.[216]

(3) Fälle der „Unvereinbarkeit" mit Vorgabennormen

Ein Europarechtsverstoß i. S. d. Fallgruppe [2] liegt auch dann vor, wenn eine mitgliedsstaatliche Norm im konkreten Fall nicht den materiellen *Mindestanforderungen* einer europäischen Vorschrift entspricht, ohne dass diese europäische Norm semantisch eine eigene, konkrete Rechtsfolge formuliert. In diesem Fall liegt eine Unvereinbarkeit mit der Vorgabennorm vor, die teils von normalen Normenkonflikten abgegrenzt wird.[217] Allerdings kann auch eine Norm ohne explizite Sachanordnung ein konkretes Regelungsziel formulieren,[218] soweit sie einen Mindestregelungsgehalt im Einzelfall aufweist. Der Mindestregelungsgehalt der europäischen Norm kann auch darin bestehen, dass sie konkre-

---

[214] In diese Richtung *Bauerschmidt*, EuR 2014, 277, 282 ff.; dazu *Schroeder*, Das Gemeinschaftsrechtssystem, 2002, 403 ff.

[215] *Bauerschmidt*, EuR 2014, 277, 280; *Schroeder*, Das Gemeinschaftsrechtssystem, 2002, 409.

[216] Siehe Kapitel 2 A. III. 3. c) bb), S. 120.

[217] Zur Unterscheidung von Unvereinbarkeit und Normenkonflikt *Engelbrecht*, Die Kollisionsregel im föderalen Ordnungsverbund, 2010, 115 f.

[218] Siehe Kapitel 2 A. II. 2. b), S. 89.

te Vorgaben für das mitgliedsstaatliche Recht macht.[219] Sie ist dann materiell ebenso eine Determinante für den Einzelfall wie die Norm, die eine konkrete Rechtsfolge vorsieht.[220] Aus diesem Grund spielt die Fallgruppe der Unvereinbarkeit mit primärrechtlichen Vorgaben, die teils von den Normenkollisionen abgegrenzt wird, im europarechtlichen Kontext soweit keine Rolle, wie die primärrechtlichen Vorgaben für das mitgliedsstaatliche Recht eigene materielle Regelungsinhalte haben.[221]

bb) Indirekte Normenkollisionen

(1) „Sonstige Beeinträchtigungen" als indirekte Kollision

Indirekte Kollisionen hingegen sind Fälle, in denen der „Verwirklichung" einer europarechtlichen Norm im konkreten Fall eine einzelne, nationalrechtliche Bestimmung entgegensteht.[222] Hier wird also nicht auf die unmittelbar im Tatbestand der Norm angelegten *Rechts*folgen, sondern auf die *tatsächlichen* Folgewirkungen abgestellt.[223] Ist eine nationale Norm geeignet, in der konkreten Anwendung die Rechtsfolgen der unionsrechtlichen Norm auszuhebeln, zu umgehen oder zu egalisieren, ohne zu ihr schon sprachlich in einem logischen Widerspruch zu stehen und damit gegen sie zu verstoßen, so liegt eine indirekte (mittelbare) Kollision vor. Dadurch werden insbesondere auch Fälle erfasst, in denen die Beeinträchtigung rein reflexartiger Natur ist.

Die nationalen Regelungen sind hier Normen, die den „der Staatshoheit verbliebenen Aufgabenbereich regeln und dabei inhaltlich mit Gemeinschaftsnormen anderer Kompetenz- und Sachbereiche in ihren Folgewirkungen kollidieren."[224] Die nationale Norm ist folglich kompetenzgerecht erlassen worden[225] und ihre Rechtsfolge schließt die Rechtsfolge einer anderen, auf den gleichen Sachverhalt anwendbaren, europäischen Norm nicht logisch aus. Sie verstößt also nicht gegen die Sperrwirkung des Art. 2 Abs. 1 oder 2 AEUV und stellt damit keinen Kompetenzkonflikt dar.[226] Vielmehr handelt es sich in vielen Fäl-

---

219 Ebenso *Niedobitek*, VerwArch 91 (2001), 58, 68.

220 *Engelbrecht*, Die Kollisionsregel im föderalen Ordnungsverbund, 2010, 115.

221 *Krönke*, Die Verfahrensautonomie der Mitgliedsstaaten, 2013, 139; dass in den meisten Fällen der Unvereinbarkeit auch ein Normenkonflikt vorliegt, sieht denn auch *Engelbrecht*, Die Kollisionsregel im föderalen Ordnungsverbund, 2010, 115; in diesem Sinne auch *Niedobitek*, VerwArch 91 (2001), 58, 68 f.

222 *Krönke*, Die Verfahrensautonomie der Mitgliedsstaaten, 2013, 178; ebenso *Ruffert*, in: Calliess/Ruffert, 6. Aufl. 2022, AEUV Art. 1 Rn. 22.

223 So explizit *Huthmacher*, Der Vorrang des Gemeinschaftsrechts bei indirekten Kollisionen, 1985, 135; *Komendera*, Normenkonflikte zwischen EWG- und BRD-Recht – insbesondere indirekte Kollisionen, 1974, 149 f.

224 *Komendera*, Normenkonflikte zwischen EWG- und BRD-Recht – insbesondere indirekte Kollisionen, 1974, 141; darauf Bezug nehmend *Huthmacher*, Der Vorrang des Gemeinschaftsrechts bei indirekten Kollisionen, 1985, 135.

225 So auch *Schroeder*, Das Gemeinschaftsrechtssystem, 2002, 414 ff.

226 *Schroeder*, Das Gemeinschaftsrechtssystem, 2002, 415 f.

len sogar um nationales Recht in Regelungsbereichen, auf welche das europäische Recht in der Anwendung aufbaut: Denn die Durchführung von Unionsrecht im innerstaatlichen Bereich ist aufgrund der fragmentarischen Rechtssetzung ohne den Rückgriff auf mitgliedsstaatliche Rechtsnormen anderer Sach- und Kompetenzbereiche gar nicht möglich.[227] Daher zeigen sich indirekte Kollisionen häufig im Rahmen der mitgliedsstaatlichen Anwendung europäischen Rechts, also beim sogenannten indirekten Vollzug, der immer in den Kontext mitgliedsstaatlichen Rechts eingebettet ist.[228]

Ein Beispiel für solche Beeinträchtigungen sind die Fälle der unionsrechtswidrigen staatlichen Beihilfen, in welchen eine nationale Norm, die die Rückforderung aufgrund von Vertrauensschutzgesichtspunkten ausschloss, das europäische Gebot einer lückenlosen Rückforderung rechtswidriger Beihilfen beeinträchtigte.[229] Auch die im Art. 34 AEUV geregelten „Maßnahmen gleicher Wirkung“ zielen auf die Erfassung aller Arten rein tatsächlicher Beeinträchtigung und damit auf indirekte Kollisionsfälle ab.[230] Die indirekten Kollisionen entsprechen mit ihrem Fokus auf die tatsächliche Beeinträchtigung der Durchsetzung einer bestimmten Norm im Einzelfall den vom EuGH genannten Fällen der sonstigen Beeinträchtigungen der Wirksamkeit des EU-Rechts durch nationale Rechtsakte.[231]

(2) Regelungszielkonflikte

Der Konstellation der indirekten Kollision wird häufig noch immer das gleiche Konfliktpotenzial und in der Folge auch die gleiche Auflösung durch dieselben Kollisionsnormen wie bei der direkten Kollision abgesprochen.[232] Teils wird gegen die Begrifflichkeit vorgebracht, für eine „echte“ Kollision sei eine (Teil-) Identität der Regelungsgegenstände erforderlich, die bei den indirekten Kollisionen gerade nicht vorliege.[233] Mit diesem klassischen, engen Normenkol-

---

[227] Siehe Einleitung, S. 1.

[228] *Niedobitek*, VerwArch 91 (2001), 58, 74; vgl. zum Grundsatz des indirekten Vollzugs siehe *von Arnauld*, in: Terhechte (Hrsg.), Verwaltungsrecht der Europäischen Union, 2022, § 2, Rn. 6 f.; *Kahl*, in: Calliess/Ruffert, 6. Aufl. 2022, EUV Art. 4 Rn. 126 ff.; *Sydow/Wittreck*, Deutsches und Europäisches Verfassungsrecht I, 2. Aufl. 2020, Kap. 16 Rn. 6 ff.; *Schwarze*, Europäisches Verwaltungsrecht, 2. Aufl. 2005, 1058 ff.

[229] EuGH, Urt. v. 30.4.2020 – Rs. C-627/18 (Atunes da Cunha), ECLI:EU:C:2020:321, Rn. 43 ff., 52; EuGH, Urt. v. 2.2.1989 – 94/87 (Alcan I), ECLI:EU:C:1997:163, Rn. 6 ff.; *Krönke*, Die Verfahrensautonomie der Mitgliedsstaaten, 2013, 178.

[230] *Huthmacher*, Der Vorrang des Gemeinschaftsrechts bei indirekten Kollisionen, 1985, 137 f.

[231] So auch *Krönke*, Die Verfahrensautonomie der Mitgliedsstaaten, 2013, 176.

[232] So i. E. *Krönke*, Die Verfahrensautonomie der Mitgliedsstaaten, 2013, 184 ff., der keinen Konflikt der beiden Normen, sondern der nationalen Norm mit einem europarechtlichen Prinzip ausmacht; kritisch zur Begrifflichkeit auch *Nettesheim*, in: Grabitz/Hilf/Nettesheim, AEUV Art. 1 Rn. 76; siehe dazu auch Kapitel 2 A. IV. 2. b) bb), S. 147.

[233] *Lehr*, Einstweiliger Rechtsschutz und Europäische Union, 1997, 269; *von Danwitz*,

lisionsbegriff, der zumindest eine teilweise Regelungsbereichsüberschneidung fordert, ließe sich in der Folge anführen, bei den reinen Wirkungsbeeinträchtigungen handele es sich nicht um eine *Kollision*, sondern lediglich um ein notwendiges *Zusammenwirken* dieser Normen im konkreten Fall, das hingenommen werden müsse und keiner Auflösung durch die Kollisionsnormen bedürfe. Eine Analyse dieser Begründungsansätze zeigt, dass dieses Verständnis von indirekten Kollisionen nicht haltbar ist:

(a) Gewollter Rückgriff auf nationale Vorschriften

Ein Argument gegen die Gleichbehandlung indirekter Kollisionen in Bezug auf die Kollisionsauflösung betrifft den im europäischen Recht vorgesehenen Rückgriff auf die Normen und Wertungen des nationalen Rechts: Die EU sei auf dieses nationale Recht aufgrund der Lückenhaftigkeit der europäischen Rechtsordnung angewiesen und bediene sich aufgrund ihres „unionsrechtliches Regeldefizit“ der Instrumente des nationalen Rechts zur Durchführung und Durchsetzung sowie zur materiellen Ergänzung des eigenen Rechts.[234] Gewisse Ungereimtheiten, die das Zusammenspiel zwischen nationalem und europäischem Recht mit sich brächte, würden folglich auch vom EuGH jedenfalls in gewissem Umfang bewusst in Kauf genommen.[235] Zu Zwecke der Durchführung von europäischen Normen folge für die Mitgliedsstaaten aus dem Effektivitäts- und Äquivalenzgrundsatz sogar die Pflicht, nationale Vorschriften anzuwenden bzw. zu schaffen.[236] Es könne aus diesen Gründen nicht gewollt sein, das mitgliedsstaatliche Recht über die Kollisionsnormen zu verdrängen.[237] Insbesondere von Verfechtern einer sogenannten „Verfahrensautonomie der Mitgliedsstaaten“ wird daher eine zumindest abgeschwächte Anwendung der Kollisionsnormen für indirekte Kollisionen vertreten.[238] Dem ist entgegenzuhalten, dass aus der gewollt fragmentarischen Gestaltung der Rechtsordnung nicht au-

Verwaltungsrechtliches System und Europäische Integration, 1996, 115; *Aubin*, Die Haftung der Europäischen Wirtschaftsgemeinschaft und ihrer Mitgliedstaaten bei gemeinschaftsrechtswidrigen nationalen Verwaltungsakten, 1982, 55.

234 Dazu *Krönke*, Die Verfahrensautonomie der Mitgliedsstaaten, 2013, 180 ff.; *Hatje*, in: FS Rengeling, 2008, 249, 252.

235 Vgl. dazu EuGH, Urt. v. 21.9.1983 – Rs. 205–215/82 (Dt. Milchkontor), ECLI:EU:C:1983:233, Rn. 21; EuGH, Urt. v. 12.6.1980 – Rs. 130/79 (Express Dairy Foods), ECLI:EU:C:1980:155, Rn. 11; *Krönke*, Die Verfahrensautonomie der Mitgliedsstaaten, 2013, 181 f.; *von Danwitz*, Verwaltungsrechtliches System und Europäische Integration, 1996, 115 f.; *Komendera*, Normenkonflikte zwischen EWG- und BRD-Recht – insbesondere indirekte Kollisionen, 1974, 143 f.

236 *Ebers*, Rechte, Rechtsbehelfe und Sanktionen im Unionsprivatrecht, 2017, 274; *Marauhn/Böhringer*, in: Schulze/Janssen/Kadelbach (Hrsg.), Europarecht, 2020, § 7, Rn. 32 ff.

237 *Eilmansberger*, Rechtsfolgen und subjektives Recht im Gemeinschaftsrecht, 1997, 120 f.; *von Danwitz*, Verwaltungsrechtliches System und Europäische Integration, 1996, 115.

238 Dazu auch Kapitel 2 A. IV. 2. b) bb) (2), S. 149; siehe zur Verfahrensautonomie als europäischem Rechtsgrundsatz Kapitel 2 A. IV. 2. d) dd) (2), S. 173.

tomatisch gefolgert werden kann, dass Beeinträchtigungen der Durchsetzung von Unionsrecht auf europäischer Ebene generell hinzunehmen sind. Vielmehr bestimmt das europäische Recht innerhalb seiner Kompetenzen den Rahmen, in welchem das nationale Recht zur Anwendung kommt, selbst. Ein Rückgriff ist in der Tat gewollt, aber nur soweit es nicht zu Regelungszielkonflikten kommt.

(b) Semantischer Einwand: Anwendungsvorrang

Ein weiterer Einwand stützt sich auf das wörtliche Verständnis des Begriffs „Anwendungsvorrang", der regelmäßig pauschal zur Bezeichnung der Kollisionsnormen gebraucht wird.[239] In diesem Zusammenhang wird vorgebracht, dass es bei indirekten Kollisionen keine Anwendungskonkurrenz geben könne, die durch den Anwendungsvorrang aufgelöst werden muss, da es keine europäische Norm gebe, die an die Stelle der nationalen Norm treten könne.[240] Die nationale Norm befinde sich gerade außerhalb des europäischen Regelungsbereichs und regele völlig andere Themenbereiche, eine europäische Entsprechung gebe es nicht.[241] In diesen Fällen könne man daher lediglich von einer schlichten *Nichtanwendung* der nationalen Norm sprechen,[242] weniger von einem Vorrang. Nach diesem Ansatz setzen auflösungsbedürftige Normenkonflikte eine Überschneidung der Regelungsbereiche voraus.

Wie oben bereits festgestellt, ist jedoch die Kollisionsnorm, die aus dem Vorrangprinzip folgt, in der Tat regelmäßig eine Nichtanwendungsregel.[243] Insofern ist der Einwand gegen die Bezeichnung der Kollisionsnorm als Anwendungsvorrang sogar richtig, es ist jedoch verfehlt, von der ungenauen Semantik auf dogmatische Grundlagen zu schließen: Nicht die indirekte Kollision ist hier das Problem, sondern vielmehr die ungenaue Bezeichnung der Kollisionsnorm. Die Bezeichnung der Nichtanwendungsregel als Anwendungsvorrang ist zwar weit verbreitet und regelmäßig unproblematisch, kann aber zu falschen Schlüssen verleiten, wenn der Begriff wörtlich genommen wird.

(c) Kein Kompetenzkonflikt

Ein weiterer Einwand betrifft den strukturellen Unterschied zwischen den Kollisionsarten: Direkte Kollisionen werden zwar erst im konkreten Fall durch

---

239 Siehe Kapitel 2 A. III. 2. b) cc), S. 99.

240 *Tomasic*, Effet utile, 2013, 47, der i. E. zu einer Relativierung des Vorrangs bei indirekten Kollisionen kommt; *Hatje*, Die gemeinschaftsrechtliche Steuerung der Wirtschaftsverwaltung, 1998, 55 f.; *Eilmansberger*, Rechtsfolgen und subjektives Recht im Gemeinschaftsrecht, 1997, 120 f.; *Classen*, JZ 1997, 724, 725.

241 *König*, DVBl 1997, 581, 583, vertritt, dass in diesen Fällen eine Auflösung jedenfalls nicht nur anhand des Anwendungsvorrangs erfolgen könne; ebenso *von Danwitz*, Verwaltungsrechtliches System und Europäische Integration, 1996, 117.

242 *Kadelbach*, Allgemeines Verwaltungsrecht unter europäischem Einfluss, 1999, 27.

243 *Jarass/Beljin*, NVwZ 2004, 1, 4 f.; siehe Kapitel 2 A. III. 2. b) aa), S. 90.

die Kollisionsregeln des Anwendungsvorrangs aufgelöst, aber ein logischer Widerspruch besteht zwischen den beiden kollidierenden Normen schon vorher: Sie stehen zueinander in Normenkonkurrenz,[244] d. h. die Kollision ist in den Normtexten bereits abstrakt angelegt, die nationale Norm kollidiert also in jeder denkbaren Anwendungskonstellation mit dem europäischen Recht. Bei indirekten Kollisionen stammt die nationale Norm aus dem den Nationalstaaten belassenen Regelungsgebieten, für welchen die Union gerade keine Kompetenz besitzt. Sie ist so gesehen europarechtskonform und kollidiert nur in gewissen Anwendungsfällen mit dem europäischen Recht. In der Tat mutet es seltsam an, kompetenzgerecht erlassenes Recht so durch einen zweiten Schritt für europarechtswidrig zu erklären.[245] Vor dem Hintergrund eines weiten Konfliktverständnisses, wie es hier vertreten wird, kann es jedoch keinen Unterschied machen, in welcher Weise die nationale Norm der europäischen Norm entgegensteht:[246] Eine tatbestandliche Negation der unionsrechtlichen Rechtsposition ist von einer Sabotage derselben nicht wesentlich zu unterscheiden.[247] Beispielhaft kann hierzu auf das europäisch etablierte Verbot von „versteckten" Rechtsverstößen, etwa versteckten Diskriminierungen, verwiesen werden, die ebenso zu behandeln sind wie offene Diskriminierungen.[248] Nicht jeder Regelungszielkonflikt ist folglich auch ein Kompetenzkonflikt.[249]

(d) Argumente für einen Regelungszielkonflikt

„Sonstige Beeinträchtigungen" von europäischem Recht sind letztlich nichts anderes als Regelungszielkonflikte und damit Kollisionen von Normen: Denn ein Regelungszielkonflikt liegt nicht nur vor, wenn sich die Rechtsfolgen von Normen gegenseitig ausschließen: Dies ist auch dann der Fall, wenn die Normen jeweils „zu [tatsächlichen] Ergebnissen [führen], die sich im Lichte einer teleologischen Betrachtung widersprechen"[250]. Die „tatsächlichen Folgewirkungen" einer Norm,[251] auf die indirekte Kollisionen abstellen, sind nichts anderes als eine Manifestation ihrer Regelungsziele. Denn der Rechtsanwender sieht sich im Fall der bloß sonstigen Beeinträchtigungen der Durchsetzung europäischen Rechts ebenso wie bei der direkten Kollision mit zwei Regelungszielen konfrontiert, die sich nebeneinander nicht vollends verwirklichen lassen.

---

[244] Siehe Kapitel 2 A. II. 1., S. 82.

[245] Dazu *Burgi*, Verwaltungsprozeß und Europarecht, 1996, 23 f., 47.

[246] So auch *Schroeder*, Das Gemeinschaftsrechtssystem, 2002, 417 ff.

[247] *Niedobitek*, VerwArch 91 (2001), 58, 76; *Huthmacher*, Der Vorrang des Gemeinschaftsrechts bei indirekten Kollisionen, 1985, 160.

[248] Vgl. auch das Verbot von Ein- und Ausfuhrzöllen und „Maßnahmen gleicher Wirkung" im Art. 34 AEUV.

[249] Siehe dazu bereits oben Kapitel 2 A. III. 3. c) aa) (2), S. 119.

[250] So treffend *Schroeder*, Das Gemeinschaftsrechtssystem, 2002, 387; ähnlich *Tomasic*, Effet utile, 2013, 43.

[251] Siehe zur allg. Definition Kapitel 2 A. III. 3. c) bb) (1), S. 120.

Aus diesem Grund sind indirekte Kollisionen ebenso als Regelungszielkonflikte von Normen zu betrachten.

Dem Kollisionsverständnis aus europäischer Sicht liegen zudem weniger „rechtstheoretisch-kollisionsrechtliche“[252] Überlegungen als vielmehr praktisch-pragmatische Gründe zugrunde: Die Fallgruppen des Entgegenstehens nationalen Rechts[253] denkt der EuGH nicht von einem abstrakten Kollisionsbegriff aus, sondern vielmehr vom Sinn und Zweck des europäischen Rechts her, namentlich der Sicherung der Funktionsfähigkeit der Union sowie der Sicherung der einheitlichen Wirksamkeit des Unionsrechts.[254] Gerade im europäischen Recht wird die Wirksamkeit von Normen aber an ihrer Zielerreichung gemessen: Effektives Recht im Sinne des Effektivitätsgrundsatzes[255] ist nur solches Recht, das seine Ziele auch erreicht.[256] Folglich sind gerade Regelungszielkonflikte zwischen europäischem und nationalem Recht ein Schwerpunkt europäischen Kollisionsdenkens. Aufgrund des Folgerichtigkeitspostulats im rechtsordnungsübergreifenden System kann ein Widerspruch zwischen zwei Regelungszielen auch nicht ohne weiteres hingenommen werden, sodass hier eine Auflösung durch eine Kollisionsnorm in jedem Falle angezeigt ist.

cc) Zwischenergebnis: Folgerungen für eine Kollisionsauflösung

Damit sind indirekte Kollisionen wie direkte Kollisionen letztlich Regelungszielkonflikte. Aus diesem Grund bestehen zwischen den Kollisionsarten keine qualitativen Unterschiede, die eine unterschiedliche Behandlung hinsichtlich der Auflösung rechtfertigen würden.[257]

d) Ergebnis: Normenkollisionsbegriff

Normenkollisionen (sowohl direkte als auch indirekte) entstehen dadurch, dass eine unmittelbar anwendbare europäische Norm und eine nationale Norm jeweils Anspruch auf Anwendung und vollumfängliche Durchsetzung in demsel-

[252] *Nettesheim*, in: Grabitz/Hilf/Nettesheim, AEUV Art. 1 Rn. 74.

[253] Siehe oben Kapitel 2 A. III. 3. a), S. 107.

[254] *Nettesheim*, in: Grabitz/Hilf/Nettesheim, AEUV Art. 1 Rn. 74 sowie Art. 288 Rn. 49 m. w. N.; ähnlich *Niedobitek*, VerwArch 91 (2001), 58, 67; so auch *Huthmacher*, Der Vorrang des Gemeinschaftsrechts bei indirekten Kollisionen, 1985, 160, der betont, die Art der Beeinträchtigung sei egal, solange eine solche vorliege.

[255] Dazu bereits Kapitel 2 A. III. 2. b) bb) (2), S. 95; siehe außerdem Kapitel 2 A. IV. 2. b) aa) (2), S. 143.

[256] So spricht auch *Martens*, Methodenlehre des Unionsrechts, 2013, 463, treffend vom effet utile als „teleologische[s] Argument“.

[257] So auch *Ruffert*, in: Calliess/Ruffert, 6. Aufl. 2022, AEUV Art. 1 Rn. 21 f.; *Ehlers*, in: Schulze/Janssen/Kadelbach (Hrsg.), Europarecht, 2020, § 11, Rn. 42; *Jarass/Beljin*, NVwZ 2004, 1, 4; *Schroeder*, AöR 129 (2004), 3, 37; *Beljin*, EuR 2002, 351, 357; *Niedobitek*, VerwArch 91 (2001), 58, 76 ff.; siehe dazu auch die Rechtsprechungsanalyse Kapitel 2 A. IV. 1., S. 126.

ben Sachverhalt erheben und sich die Regelungsziele der Vorschriften widersprechen. Ob eine Norm als europäisch oder mitgliedsstaatlich einzuordnen ist, kann nicht anhand ihrer formalen Zugehörigkeit zur einen oder anderen Rechtsordnung – d. h. anhand des europäischen oder mitgliedsstaatlichen Rechtssetzers – bestimmt werden. Direkte und indirekte Kollisionen entsprechen dem oben entwickelten, allgemeinen Normenkonfliktbegriff, der Normenkonflikte als Regelungszielkonflikte begreift. Der Begriff der Normenkollisionen ist zur Unterscheidung gegenüber rechtsordnungsinternen Normenkonflikten geeignet, da die Konfliktauflösung im Mehrebenensystem Besonderheiten aufweist, die bei rechtsordnungsinternen Konflikten nicht auftreten.

Die Aufteilung in direkte und indirekte Kollisionen bildet die Kollisionskategorien ab, die der EuGH in seiner Rechtsprechung entwickelt hat. Diese Terminologie soll im Weiteren übernommen werden. Die hier vorgenommene begriffliche Einteilung von Normenkonflikten und direkten/indirekten Normenkollisionen ist aber keinesfalls zwingend, da es ein allgemeingültiges Verständnis der einzelnen Begriffe nicht gibt. Vielmehr existieren auch in der europarechtlichen Literatur zahlreiche verschiedene Definitionen und Oberbegriffsvarianten (Normenkollisionen/Normenkonflikte/Normenwidersprüche), sowie unterschiedliche Unterkategorien.[258]

Vielmehr muss das Kriterium sein, ob die Norm materiell europäisch oder mitgliedsstaatlich determiniert wurde.

IV. Analyse zum Umgang mit Normenkollisionen im europäischen Mehrebenensystem

Anhand einer Analyse des praktischen Umgangs mit Normenkollisionen durch den EuGH[259] sollen zum einen die oben entwickelten dogmatischen Grundlagen überprüft werden. Zum anderen kann die Betrachtung der Kollisionsauflösung durch den EuGH als Grundlage und gedanklicher Ausgangspunkt für die Entwicklung einer Methodik für die Kollisionsauflösung im Kontext der Rechtsordnungsverschränkung[260] dienen.

1. Die Rechtsprechung des EuGH zur Kollisionsauflösung

Der Gerichtshof beschäftigt sich mit Kollisionslagen in der Regel im Rahmen von Vorlageverfahren nach Art. 267 AEUV. Da der EuGH im Vorlageverfahren nur über die Auslegung von Unionsrecht befindet, sind nur solche Fälle Kollisionsfälle im obigen Sinne, in denen die Auslegung des europäischen Rechts

---

[258] Vgl. zur terminologischen Vielfalt und der daraus resultierenden Ungenauigkeiten *Weiss*, Widersprüche im Recht, 2011, 29 ff.

[259] Siehe dazu 1., S. 126.

[260] Siehe dazu Kapitel 2 A. IV. 2., S. 133.

im Hinblick auf die Vereinbarkeit einer europäischen Norm mit einer nationalen Norm infrage steht. Im Grunde entscheidet der EuGH im Vorlageverfahren daher begrifflich präziser über ein Entgegenstehen der europäischen Norm gegenüber einer mitgliedsstaatlichen Vorschrift. Denn die Auslegung des europäischen Rechts wird im Vorabentscheidungsverfahren immer im Hinblick auf eine potenziell kollidierende mitgliedsstaatliche Vorschrift erbeten.[261] Die Auslegung des mitgliedsstaatlichen Rechts wiederum ist durch die mitgliedsstaatlichen Gerichte bereits vorgegeben und einer Interpretation durch den EuGH schon nicht zugänglich.

Der EuGH selbst unterscheidet begrifflich nicht zwischen direkten und indirekten Kollisionen, sondern nur zwischen unterschiedlichen Formen des „Entgegenstehens".[262] Die Konstellationen begrifflich zu trennen hat jedoch für die vorliegende Untersuchung den Vorteil, dass das zweischrittige Vorgehen des EuGH in seinen Einzelschritten genauer benannt werden kann.

a) Vorlagefrage und Prüfungsreihenfolge

Die typische Vorlagefrage in diesen Fällen folgt einem abstrakten Schema und lässt sich wie folgt darstellen:

> „Ist die europäische Vorschrift *a*/der europäische Rechtsakt *b* dahingehend auszulegen, dass sie/er einer nationalen Regelung, wie der vorliegenden Norm *x* mit dem Regelungsinhalt […] entgegensteht?"

Für die Beantwortung der Vorlagefrage ergibt sich – unabhängig davon, ob es sich letztlich um eine indirekte oder eine direkte Kollision handelt – ein zweiteiliges Prüfungsschema:

Zunächst kann die Anwendung der nationalen Vorschrift aus dem Grund ausgeschlossen sein, dass eine europäische Regelung a in dem Regelungsbereich der mitgliedsstaatlichen Vorschrift x als abschließend auszulegen ist und keinerlei konkretisierende, ausgestaltende nationalen Regelungen zulässt (Fallgruppe [1] der Cerafel-Rechtsprechung[263]). Dies ist auch dann der Fall, wenn die mitgliedsstaatliche Regelung der europäischen inhaltlich widerspricht, d. h. gegen sie verstößt (Fallgruppe [2][264]). Die Frage, die sich in diesem ersten Schritt stellt, ist folglich, ob die europäische Norm a bzw. der europäische Rechtsakt b den *Rückgriff auf nationales Recht* in Gestalt einer Norm x *überhaupt zulässt* oder aber die betreffende Frage bereits europäisch abschließend geregelt/anders

[261] Kollisionen mit mitgliedsstaatlichem Recht sind natürlich nicht die einzigen Vorlagegründe – ebenso gibt es Fälle, in denen „rein innereuropäische" Auslegungsfragen zur Debatte stehen, wenn das gesamte Gebiet bereits europäisch geregelt ist und z. B. die Subsumtion unter die eine oder die andere Norm infrage steht.

[262] Siehe Kapitel 2 A. III. 3. a), S. 107.

[263] Siehe oben Kapitel 2 A. III. 3. a) bb), S. 108.

[264] Siehe oben Kapitel 2 A. III. 3. a) aa), S. 107.

geregelt/bewusst nicht geregelt ist. Anhand dieser Frage sind folglich direkte Kollision auszumachen.[265]

Aber selbst wenn die europäische Norm a mit Blick auf die mitgliedsstaatliche Norm x keine Sperrwirkung entfaltete, d. h. der Regelungsbereich der europäischen Vorschrift den der mitgliedstaatlichen Vorschrift nicht überlagert oder der europäische Rechtsakt b den Rückgriff auf nationales Recht sogar explizit vorsieht, so kann die mitgliedsstaatliche Norm x dennoch zu einer Durchsetzungsbeeinträchtigung der europäischen Norm a führen, indem sie deren Regelungsziel unterläuft (indirekte Kollision[266]).

b) Schritt 1: Abschließende europäische Regelung oder Rückgriff auf mitgliedsstaatliches Recht?

aa) Prüfung einer Regelungsbereichsüberschneidung (direkte Kollision)

Die Prüfung, ob der Rückgriff auf nationales Recht überhaupt zulässig ist, entspricht der Frage, ob es sich bei der vorliegenden Konstellation um eine direkte Kollision handelt. Eine direkte Kollision liegt vor, wenn das europäische Recht den betreffenden Bereich so ausgestaltet hat, dass es einen Rückgriff auf nationales Recht ausschließt. Dann fällt die nationale Vorschrift in einen europäisch abschließend geregelten Sachbereich und verstößt gegen europäisches Recht (siehe Kollisionsfallgruppen [1] und [2] nach der Cerafel/Le Campion-Rechtsprechung des EuGH[267]).

Die Absicht zur einheitlichen und abschließenden Regelung einer Norm oder eines Rechtsakts geht in der Regel nicht unmittelbar im Sinne einer expliziten Anordnung aus diesen hervor. Daher läuft diese erste Prüfungsschritt letztlich auf eine umfassende *Auslegung des Regelungsbereichs* der europäischen Norm mit Blick auf den Regelungsbereich der mitgliedsstaatlichen Norm (der dem Gerichtshof durch das vorlegende Gericht bereits vorgegeben ist) hinaus.[268] Denn um festzustellen, ob der Regelungsgehalt der mitgliedsstaatlichen Norm x europarechtlich überformt ist, muss dieser zunächst selbst genau bestimmt sein.

Regelungsüberschneidungen sind nicht immer ohne Weiteres deutlich als solche erkennbar. Denn zum einen kann sich das europäische Recht auf vielfältige Weise zum mitgliedsstaatlichen Recht verhalten: Möglich sind *explizite oder stille Verweise* auf eine mitgliedsstaatliche Regelung, die einer Begrenzung des eigenen Regelungsbereichs gleichkommen. Stille Verweise sind jedoch im Kontext von Verordnungsrecht nur im Ausnahmefall anzunehmen, da für Verordnungsrecht zunächst die Vermutung einer abgeschlossenen Begriffs-

[265] Siehe Kapitel 2 A. IV. 1. b), S. 128.
[266] Siehe Kapitel 2 A. IV. 1. c), S. 131.
[267] Siehe oben Kapitel 2 A. III. 3. a), S. 107.
[268] Ebenso *Ebers*, Rechte, Rechtsbehelfe und Sanktionen im Unionsprivatrecht, 2017, 250.

bildung gilt.[269] Ebenso kann das europäische Recht eine Regelung durch Nichtregelung enthalten, wenn die Auslegung ergibt, dass ein bestimmter Bereich nicht oder nicht weiter geregelt werden sollte.

Zum anderen ist eine Bestimmung etwaiger Regelungsbereichsüberschneidungen (d. h. Kollisionen) des mitgliedsstaatlichen mit dem europäischen Recht auch aufgrund der unterschiedlichen Begriffs- und Regelungsstruktur erschwert: Die gleichen Rechtsfragen werden in den jeweiligen Rechtsordnungen möglicherweise unterschiedlichen Rechtsbereichen zugewiesen. Wo das mitgliedsstaatliche Recht dogmatische Feinheiten ausdifferenziert, enthält das EU-Recht möglicherweise nur eine pauschale Regelung oder schweigt gänzlich. Aufgrund der kaum miteinander vergleichbaren Normstrukturen der Rechtsordnungen ist eine präzise Bestimmung direkter Kollisionen daher nur dergestalt möglich, dass auf europäischer Seite das Funktionsäquivalent zu der mitgliedsstaatlichen Regelung ermittelt wird.[270]

Liegt hiernach eine Überschneidung des Regelungsbereichs vor, so reicht das bereits für eine (Teil)Kollision. Damit einher geht regelmäßig auch ein Zielkonflikt der beiden Normen, der bereits darin besteht, dass beide Normen das Ziel haben, die gleiche Materie jeweils unterschiedlich zu regeln. Eine genauere Konkretisierung des Normzwecks durch Auslegung ist daher in der Regel nicht notwendig, wenn eine Überschneidung der Regelungsbereiche bereits bejaht oder verneint wurde, wird vom EuGH aber gelegentlich dennoch ausgeführt, um etwaigen anderen Auslegungsfragen rund um die Norm durch obiter dicta zuvorzukommen.[271]

Kommt der EuGH zu dem Ergebnis, dass ein Rückgriff auf die mitgliedsstaatliche Norm x aufgrund des umfassenden Regelungsbereichs der unionsrechtlichen Vorschrift nicht zulässig ist, stellt er folglich eine direkte Kollision fest. Hingegen muss die Frage danach, ob die mitgliedsstaatliche Norm kompetenzgerecht ist bzw. ob das Gericht in der Anwendung auf dieses nationales Recht zurückgreifen darf, zunächst bejaht (und damit eine direkte Kollision verneint) werden, bevor sich der Fokus auf eine potenzielle indirekte Kollision richten kann. Dies zeigt, wie nahe direkte und indirekte Kollisionen in der Praxis beieinanderliegen.[272]

bb) Rechtsfolgen einer direkten Kollision

Ergibt sich i. R. d. Auslegung eine direkte Kollision, so stellt der EuGH fest, dass die nationale Vorschrift in der vom mitgliedsstaatlichen Gericht vorgebrachten

---

[269] Siehe zur Auslegung aus dem äußeren System Kapitel 1 C. III. 2., S. 66.

[270] Dazu genauer Kapitel 2 B. III., S. 203.

[271] So etwa bei EuGH, Urt. v. 23.4.2020 – verb. Rs. C-101/19 u. C-102/19 (Deutsche Homöopathie-Union), ECLI:EU:C:2020:304, Rn. 35–41, 46; EuGH, Urt. v. 4.6.2015 – Rs. C-543/13 (Fischer-Lintjens), ECLI:EU:C:2015:359, Rn. 37 ff., 49 f.

[272] Siehe dazu auch Kapitel 2 A. IV. 2. a) aa), S. 134.

Ausprägung der praktischen Wirksamkeit des europäischen Rechts entgegensteht und nicht angewendet werden darf. Stellt der EuGH eine abschließende Regelung durch europäische Normen fest, darf in der Folge das mitgliedsstaatliche Gericht die mitgliedsstaatliche Norm mit dem zugrunde gelegten Auslegungsergebnis nicht anwenden (Kollisionsauflösung durch Nichtanwendung einer Norm). Es bleibt den Mitgliedsstaaten aber freigestellt, das mitgliedsstaatliche Recht so auszulegen, dass ein Verstoß gegen die europäische Norm vermieden wird (Kollisionsauflösung durch europarechtsfreundliche Auslegung). Teilweise gibt auch der EuGH hier detaillierte Hinweise darauf, in welchem Umfang mitgliedsstaatliches Recht noch anwendbar wäre. In sogenannten acte clair bzw. acte éclairé-Fällen (Offenkundigkeit und Zweifelsfreiheit der richtigen Anwendung)[273] kann der Rechtsanwender häufig schon auf mitgliedsstaatlicher Ebene feststellen, ob mitgliedsstaatliches Recht ggf. europarechtsfreundlich ausgelegt werden muss, wenn die herkömmliche Auslegung zu einer Kollision führen würde. In vielen Fällen jedoch ist bereits der Bedeutungsgehalt des europäischen Rechts fraglich, sodass Regelungsgehalt und -ziel nicht eindeutig ermittelt werden können und eine dahingehende Orientierung bei der Auslegung der mitgliedsstaatlichen Normen nicht ohne weiteres möglich ist.[274] Dies ist gerade der Grund für die zahlreichen Vorlageverfahren, die jeweils die Auslegung der europäischen Norm in Bezug auf den konkreten Anwendungsfall (= in Bezug auf die im konkreten Fall anzuwendenden mitgliedsstaatlichen Normen) erbeten.

cc) Exkurs: Direkte Kollision bei Richtlinienrecht

Nach dem hier zugrunde gelegten Verständnis kollisionsfähiger europarechtlicher Bestimmungen, kann auch richtlinienumsetzendes, mitgliedsstaatliches Recht mit genuin mitgliedsstaatlichem Recht kollidieren, da es als im materiellen Sinne europäisches Recht anzusehen ist.[275] Im Zuge einer Vorlagefrage kann freilich nur die Auslegung von den zugrundeliegenden Richtliniennormen erbeten werden, nicht die Auslegung des Umsetzungsrecht selbst, da der EuGH nur europäisches Recht auslegen darf. Gelangt der EuGH zu dem Ergebnis, die Richtliniennormen stünden einer mitgliedsstaatlichen Norm x entgegen, so ist das nationale Umsetzungsrecht entsprechend auszulegen, was in der Folge zu einer Kollision des Umsetzungsrechts mit der Norm x führt. Diese Kollision ist

---

[273] St. Rpsr. EuGH, Urt. v. 6.12.2005 – Rs. C-461/03 (Gaston Schul), ECLI:EU:C:2005:742 Rn. 16; EuGH, Urt. v. 6.10.1982 – Rs. 283/81 (CILFIT), ECLI:EU:C:1982:335, Rn. 16; dazu und zur Unterscheidung zwischen acte clair und acte éclairé *Karpenstein*, in: Grabitz/Hilf/Nettesheim, AEUV Art. 267 Rn. 57 ff.; *Kühling/Drechsler*, NJW 2017, 2950, 2952; *Broberg/Fenger*, EuR 2010, 835, 836 ff.

[274] Siehe Kapitel 2 A. III. 1., S. 87.

[275] Siehe Kapitel 2 A. III. 3. b) bb) (1), S. 112.

dann konsequent zugunsten des Umsetzungsrechts aufzulösen.[276] Eine Grenze ist jedoch dort erreicht, wo das Umsetzungsrecht einer entsprechenden Auslegung im Sinne der Richtlinie nicht zugänglich ist: In diesen Fällen wird eine Auslegung contra legem – also eine Auslegung gegen den Wortlaut des eigenen nationalen Rechts – nicht verlangt.[277] Der Mitgliedsstaat muss dann aber sein Umsetzungsrecht ändern.

c) Schritt 2: Begrenzung der Anwendbarkeit mitgliedstaatlichen Rechts

Wird der Rückgriff auf eine nationale Regelung mit dem abstrakten Regelungsgehalt der Vorschrift x grundsätzlich bejaht – liegt also keine direkte Kollision vor – so prüft der EuGH in einem weiteren Schritt, ob eine sonstige Beeinträchtigung der Durchsetzung (indirekte Kollision) vorliegt. Das ist nach dem oben Gesagten dann der Fall, wenn dem Regelungsziel einer europäischen Vorschrift ein mitgliedsstaatliches Regelungsziel entgegensteht.[278]

Der EuGH formuliert für diese Fälle in ständiger Rechtsprechung Beeinträchtigungsgrenzen anhand der Grundsätze der Effektivität und Äquivalenz: Europäisches Recht darf gegenüber mitgliedsstaatlichen Vorschriften in der Durchsetzung nicht schlechter gestellt sein[279] und das mitgliedsstaatliche Recht darf die Wirksamkeit des EU-Rechts nicht praktisch ausschalten oder übermäßig beeinträchtigen.[280] Diese Gebote sind feste Bestandteile der Argumentationslini-

---

[276] Dem steht auch nicht entgegen, dass laut dem EuGH eine Richtlinienvorschrift allein nicht die Anwendung entgegenstehenden nationalen Rechts ausschließen kann, denn diese Konstellationen, etwa in EuGH, Urt. v. 18.1.2022 – Rs. C-261/20 (Thelen Technopark Berlin), ECLI:EU:C:2022:33, Rn. 32 f.; EuGH, Urt. v. 24.6.2019 – Rs. C-573/17 (Poplawski), ECLI:EU:C:2019:530, Rn. 62 f., betreffen die Kollision nationaler Normen mit (nicht unmittelbar anwendbaren) Richtlinienvorgaben, nicht aber mit unmittelbar anwendbarem nationalem Richtlinienumsetzungsrecht.

[277] EuGH, Urt. v. 17.10.2018 – Rs. C-167/17 (Klohn), ECLI:EU:C:2018:833, Rn. 61 f.; EuGH, Urt. v. 21.9.2017 – Rs. C-326/15 (DNB Banka), ECLI:EU:C:2017:719, Rn. 42; EuGH, Urt. v. 15.4.2008 – Rs. C-268/06 (Impact), ECLI:EU:C:2008:223, Rn. 100 und die dort angeführte Rspr.

[278] Siehe Kapitel 2 A. III. 3. c) bb) (2), S. 121.

[279] St. Rspr.; EuGH, Urt. v. 6.5.1982 – Rs. 54/81 (Fromme), ECLI:EU:C:1982:142, Rn. 7; EuGH, Urt. v. 5.3.1980 – Rs. 265/78 (Ferwerda), ECLI:EU:C:1980:66, Rn. 10; EuGH, Urt. v. 27.3.1980 – Rs. 61/79 (Denkavit italiana), ECLI:EU:C:1980:100, Rn. 25; EuGH, Urt. v. 12.6.1980 – Rs. 119 u. 129/79 (Lippische Hauptgenossenschaft), ECLI:EU:C:1980:154, Rn. 8, 10 f.; EuGH, Urt. v. 16.12.1976 – Rs. 33/76 (Rewe/Landwirtschaftskammer Saarland), ECLI:EU:C:1976:188, Ls. 2; EuGH, Urt. v. 16.12.1976 – Rs. 45/76 (Comet), ECLI:EU:C:1976:191, Rn. 11/18; EuGH, Urt. v. 13.2.1969 – Rs. 14/68 (Walt Wilhelm), ECLI:EU:C:1969:4, Rn. 16.

[280] EuGH, Urt. v. 13.2.1969 – Rs. 14/68 (Walt Wilhelm), ECLI:EU:C:1969:4, Rn. 4; EuGH, Urt. v. 13.7.1972 – Rs. 48/71 (Kommission/Italien), ECLI:EU:C:1972:65, Rn. 5/10; EuGH, Urt. v. 16.12.1976 – Rs. 33/76 (Rewe/Landwirtschaftskammer Saarland), ECLI:EU:C:1976:188, Rn. 5; EuGH, Urt. v. 16.12.1976 – Rs. 45/76 (Comet), ECLI:EU:C:1976:191, Rn. 11/18; EuGH, Urt. v. 5.3.1980 – Rs. 265/78 (Ferwerda), ECLI:EU:C:1980:66, Rn. 10; EuGH, Urt. v. 27.3.1980 – Rs. 61/79 (Denkavit italiana), ECLI:EU:C:1980:100, Rn. 25; EuGH, Urt. v. 12.6.1980 – Rs. 119 u. 129/79 (Lippische Hauptgenossenschaft), ECLI:EU:C:

en des EuGH zur Sicherung der einheitlichen Wirksamkeit des Unionsrechts im Anwendungsbereich von Unionsrecht.[281] Entwickelt wurden diese Grenzen für die Anwendbarkeit mitgliedsstaatlichen Rechts vor allem im Bereich der Durchsetzung von Unionsrechten – also da, wo die Mitgliedsstaaten europäisches Recht durchführen.[282] Verbunden wird mit den Grenzen der Effektivität und Äquivalenz daher häufig lediglich das mitgliedsstaatliche Verfahrens- und Prozessrecht, das klassischerweise i. R. d. Durchsetzung von subjektiven Rechten zur Anwendung kommt. Der vom EuGH in diesem Zusammenhang häufig benutzte Begriff der Verfahrensautonomie der Mitgliedsstaaten scheint diese Lesart zunächst zu unterstützen. Dabei beinhaltet die Durchsetzung von Unionsrecht vielmehr jede Form der Durchführung durch mitgliedsstaatliche Stellen und bezieht sich auf die zusätzliche Anwendung auch materiellen mitgliedsstaatlichen Rechts. Mittlerweile bezieht daher der EuGH die Forderungen des Grundsatzes einheitlicher Wirksamkeit auch schlicht auf die „Anwendung des Unionsrechts"[283] im Allgemeinen und damit auf den gesamten Anwendungsbereich europäischer Normen. Entsprechend muss auch der Begriff der Verfahrensautonomie deutlich weiter verstanden werden – er umfasst daher nicht nur Verfahrensrecht nach nationalem Verständnis, sondern alles nationale Recht, das der Durchsetzung des europäischen Rechts dient.[284]

Nur eine Überschreitung der durch den Äquivalenz- und Effektivitätsgrundsatz gezogenen Grenzen hat die Anwendung der Kollisionsnormen zur Folge,[285] was bedeutet, dass die Kollisionsnormen des Anwendungsvorrangs auch hier greifen.[286] Das ist insofern dogmatisch konsequent, als die Kollisionsnormen aus dem Anwendungsvorrang des europäischen Rechts abgeleitet wurden

1980:154, Rn. 8, 10 f.; EuGH, Urt. v. 12.6.1980 – Rs. 130/79 (Express Dairy Foods), ECLI:EU:C:1980:155, Rn. 12.

[281] Siehe zum materiellen Inhalt auch Kapitel 2 A. IV. 2. b) aa), S. 142.

[282] Siehe etwa EuGH, Urt. v. 26.2.2013 – Rs. C-617/10 (Åkerberg Fransson), ECLI:EU:C:2013:105 = NJW 2013, 1415, Rn. 17 ff.; EuGH, Urt. v. 6.3.2014 – Rs. C-206/13 (Siragusa), ECLI:EU:C:2014:126, Rn. 20 ff.; dazu *Latzel*, EuZW 2015, 658.

[283] EuGH, Urt. v. 21.12.2016 – Rs. C-327/15 (TDC A/S), ECLI:EU:C:2016:974, Rn. 97; EuGH, Urt. v. 18.2.2016 – Rs. C-49/14 (Finanmadrid EFC SA), ECLI:EU:C:2016:98, Rn. 43; EuGH, Urt. v. 11.11.2015 – Rs. C-505/14 (Klausner Holz), ECLI:EU:C:2015:742, Rn. 41.

[284] Siehe dazu Kapitel 2 A. IV. 2. d) dd) (2), S. 173.

[285] Diese Grenzfunktion und den Vorrang bejahen ebenso *Ebers*, Rechte, Rechtsbehelfe und Sanktionen im Unionsprivatrecht, 2017, 213; *Kramme*, in: Behme/Fervers/Hofman/Maute/Röder/Sattler/Schmidt/Seibl (Hrsg.), Perspektiven einer europäischen Privatrechtswissenschaft, 2017, 407, 434 f.; *König*, Der Äquivalenz- und Effektivitätsgrundsatz in der Rechtsprechung des Europäischen Gerichtshofs, 2011, 245 ff., spricht insofern von „Mindestanforderungen für das mitgliedsstaatliche Recht"; *Jarass/Beljin*, NVwZ 2004, 1, 10; *Niedobitek*, VerwArch 91 (2001), 58, 75 ff.; *Frank*, ZÖR 55 (2000), 1, 34, 36, spricht von einer „Rahmenfunktion", sowie von einem „legitimatorischen Charakter" dieser Grundsätze; *Nettesheim*, in: GS Grabitz, 1995, 447, 459; ähnlich auch *Kadelbach*, Allgemeines Verwaltungsrecht unter europäischem Einfluss, 1999, 108, 115 ff., der zwar eine „negative Schrankenfunktion" erkennt, aber jenseits dieser Schranken nur eine „dem Vorrang ähnliche Wirkung" zulassen will.

[286] Für eine Relativierung des Vorrangs bei indirekten Kollisionen *Krönke*, Die Verfah-

und gerade die Effektivität und Äquivalenz des europäischen Recht sichern sollen.[287]

Es gilt jedoch festzustellen, wo die *Grenzen der Anwendbarkeit des mitgliedsstaatlichen Rechts*, oder anders gesagt, die Grenzen der europäischen Akzeptanz von Durchsetzungsbeeinträchtigungen durch mitgliedsstaatliche Vorschriften anzusiedeln sind. Denn es erscheint jedenfalls möglich, dass die Kollisionsnormen auf indirekte Kollisionen nur unter zusätzlichen Voraussetzungen anwendbar sind. Die durch den Äquivalenz- und Effektivitätsgrundsatz etablierten Grenzen sollen dazu im Folgenden genauer ausdifferenziert[288] und systematisiert[289] werden.

2. *Dogmatische Deutung*

Aus der Betrachtung der kollisionsbezogenen EuGH-Rechtsprechung folgen sowohl Schlüsse für die Systembildung im Bereich der Rechtsordnungsverschränkung,[290] als auch Erkenntnisse, die zunächst die oben ermittelten, dogmatischen Grundlagen infrage zu stellen scheinen. Anstatt auf einen Regelungszielkonflikt stellt der EuGH bei indirekten Kollisionslagen auf formelartige Beeinträchtigungsgrenzen ab. Im Folgenden soll gezeigt werden, wie diese Beeinträchtigungsgrenzen im Einzelfall zu bestimmen sind und wie sie sich zu einem Regelungszielkonflikt verhalten.[291] Nach der hier vertretenen Ansicht besteht zwischen den Kollisionsarten insofern kein Unterschied, da auch bei direkten Kollisionen dogmatisch gesehen die Grenzen der Effektivitäts- und Äquivalenzsicherung der europäischen Norm die Kollision auslösen.[292]

a) Kollisionslagen als Auslegungsprobleme

Kollisionen liegen dann vor, wenn zwei Normen *so ausgelegt werden*, dass sie sich im konkreten Anwendungsfall widersprechen. Die Auslegung spielt also eine maßgebliche Rolle. Da eine Auslegung der nationalen Normen regelmäßig wenig Probleme bereiten wird, hängt die Kollisionslage maßgeblich vom Auslegungsergebnis des europäischen Rechts ab,[293] zumal hier die normativen Vor-

---

rensautonomie der Mitgliedsstaaten, 2013, 222; *Tomasic*, Effet utile, 2013, 43, 50; *Huthmacher*, Der Vorrang des Gemeinschaftsrechts bei indirekten Kollisionen, 1985, 174ff.

[287] Siehe Kapitel 2 A. IV. 2. c) bb), S. 155.

[288] Siehe Kapitel 2 A. IV. 2. b) aa), S. 142.

[289] Siehe Kapitel 2 A. IV. 2. c), S. 154.

[290] Siehe a), S. 133.

[291] Siehe b), S. 142.

[292] Siehe c), S. 154.

[293] *Ehlers*, in: Schulze/Janssen/Kadelbach (Hrsg.), Europarecht, 2020, § 11, Rn. 42; Ebenso *Ebers*, Rechte, Rechtsbehelfe und Sanktionen im Unionsprivatrecht, 2017, 213; *Riesenhuber*, in: FS Canaris, 2017, 181, 186f.; *Tomasic*, Effet utile, 2013, 50f.; mit Beispielen *Huthmacher*, Der Vorrang des Gemeinschaftsrechts bei indirekten Kollisionen, 1985, 135ff.

gaben häufig unklar sind[294]. Folgerichtig lauten die Vorlagefragen auch gem. Art. 267 AEUV auf eine *Auslegung* der europäischen Norm a („*Ist die europäische Vorschrift a so auszulegen, dass …?*").

Die Ermittlung des Regelungsbereichs einer Norm sowie der ihr zugrundeliegenden Wertungen richtet sich regelmäßig nach den herkömmlichen Auslegungsmethoden, die für alles europäische Recht anwendbar sind: Der historische sowie der systematische Zusammenhang der Norm, der Wortlaut und der Sinn und Zweck.[295] Angesichts zahlreicher ausführlicher Untersuchungen zu den europäischen Auslegungsgrundsätzen kann und will diese Arbeit den ausführlichen Abhandlungen zu den Auslegungsmethoden auf der methodischen Ebene nichts hinzufügen. Hier sollen lediglich einige Kernpunkte zur systematisch-teleologische Auslegung, die häufig auch als „primärrechtskonforme" oder „systemkonforme" Auslegung bezeichnet wird,[296] behandelt werden. Dabei handelt es sich um die Vorgaben und Grenzziehungen des europäischen Primärrechts, d. h. um Aspekte der primärrechtskonformen Auslegung[297] und Schlussfolgerungen, die sich aus dem Harmonisierungskonzept des Rechtsakts ergeben können[298].

aa) Bedeutung der Auslegung zur Feststellung von Kollisionen

Das zweischrittige Vorgehen des EuGH zeigt, dass eine der größten Herausforderungen im Rahmen von Normenkollisionen im europäischen Kontext darin besteht, festzustellen, ob eine Kollision – gleich welcher Art – *überhaupt vorliegt*.[299] Denn auch die methodisch eigentlich unproblematischen, direkten Kollisionen sind für den Rechtsanwender nicht immer ohne Weiteres als solche zu erkennen: Es ist selten klar, ob eine sekundärrechtliche Norm einen bestimmten Sachverhalt *abschließend* regeln soll, ob sie eine bestimmte Rechtsfrage *überhaupt* regeln soll oder ob sie einen stillen Verweis enthält und damit eine oder mehrere Detailregelungen durch nationale Vorschriften zulässt.[300] Aus diesem Grund ist auch eine Unterscheidung der Kollisionsvarianten in der Praxis schwierig.[301]

---

294 Siehe aa), S. 134.

295 EuGH, Urt. v. 9.7.2020 – Rs. C-264/19 (Constantin Film Verleih), ECLI:EU:C:2020:542, Rn. 29; EuGH, Urt. v. 19.12.2019 – Rs. C-263/18 (Nederlands Uitgeversverbond u. a.), ECLI:EU:C:2019:1111, Rn. 38; EuGH, Urt. v. 29.7.2019 – Rs. C-516/17 (Spiegel Online), ECLI:EU:C:2019:625, Rn. 65 jeweils m. w. N.

296 Zu den Begrifflichkeiten bereits Kapitel 1 B. II. 1., S. 43.

297 Siehe bb), S. 137.

298 Siehe cc), S. 139.

299 *Kramme*, in: Behme/Fervers/Hofman/Maute/Röder/Sattler/Schmidt/Seibl (Hrsg.), Perspektiven einer europäischen Privatrechtswissenschaft, 2017, 407, 434, schlägt daher die Bezeichnung „mögliche Kollisionen" als treffender vor.

300 Vgl. die in dieser Hinsicht offenen Vorlagefragen bei EuGH, Urt. v. 7.7.1981 – Rs. 158/80 (Rewe/Hauptzollamt Kiel), ECLI:EU:C:1981:163.

301 Dazu mit Bsp. *Ebers*, Rechte, Rechtsbehelfe und Sanktionen im Unionsprivatrecht,

Dies lässt sich am Beispiel des Art. 82 DSGVO illustrieren, der den Schadenersatz wegen Verstößen gegen die Verordnung regelt: So ist nicht eindeutig, ob im Rahmen der Anspruchsprüfung der Rückgriff auf Verschuldensregelungen im nationalen Recht angezeigt oder aber Art. 82 Abs. 3 DSGVO mit der „Verantwortlichkeit" bereits eine eigene, abschließende Regelung trifft und in der Konsequenz nationale Regelungen zum Verschulden ausschließt. Versteht man die Verantwortlichkeit des Art. 82 Abs. 3 DSGVO etwa als einen autonomen Begriff, der eine reine Zurechenbarkeit der Schäden voraussetzt, wäre eine Haftung nach diesem Ansatz nur bei höherer Gewalt und eigenem Fehlverhalten des Anspruchstellers ausgeschlossen.[302]

Diese Uneindeutigkeiten des Normtextes in Bezug auf das mitgliedsstaatliche Recht sind eine gewöhnliche Begleiterscheinung des Sekundärrechts: Die speziellen Fragen zur Reichweite des Regelungsbereichs einer europäischen Norm, die sich im Verhältnis zu einer mitgliedsstaatlichen Vorschrift ergeben, stellen sich meist im Vorlageverfahren auf europäischer Ebene zum ersten Mal.[303] Denn regelmäßig kann im Gesetzgebungsverfahren nicht für jede mitgliedsstaatliche Rechtsordnung durchgespielt werden, inwieweit europäisches Recht nationales verdrängt. Die in der mitgliedsstaatlichen Anwendung auftretenden Fragen sind daher in der Regel im Prozess der Rechtssetzung nicht mitbedacht worden und erfordern in der Anwendung erstmalig eine „Positionierung" der europäischen Normen. Es findet, vereinfacht gesagt, eine Abstimmung des europäischen Rechts „nach innen", also innerhalb des Sekundärrechtsakts gegenüber den anderen in diesem enthaltenen Normen statt, nicht aber eine Abstimmung „nach außen" gegenüber dem nationalen Sachrecht.

In der Folge enthalten viele Rechtsakte aus Sicht des mitgliedsstaatlichen Rechts keine oder teils unklare bis missverständliche Hinweise zu den Rückgriffsmöglichkeiten auf mitgliedsstaatliche Normen. Das zeigt sich daran, dass viele dieser Fragen am Ende vor dem EuGH geklärt werden müssen.

Es ist aber gerade die Regelungsbereichsidentität zwischen der europäischen und der vermeintlich kollidierenden nationalen Norm, die für die Frage, ob eine

---

2017, 217 ff.; i. E. ebenso *Kramme*, in: Behme/Fervers/Hofman/Maute/Röder/Sattler/Schmidt/Seibl (Hrsg.), Perspektiven einer europäischen Privatrechtswissenschaft, 2017, 407, 434.

302 *Boehm*, in: Simitis/Hornung/Spiecker gen. Döhmann, 2019, DSGVO Art. 82 Rn. 22; *Keße*, in: Hk-DSGVO, 2. Aufl. 2018, DSGVO Art. 82 Rn. 18 ff.; *Geissler/Ströbel*, NJW 2019, 3414, 3415; für eine reine Zurechenbarkeit spricht auch die französische Sprachversion („... s'il prouve que le fait qui a provoqué le dommage ne lui est nullement *imputable*"); ähnlich und schon für die DSRL *Thompson*, Vanderbilt Journal of Entertainment & Technology Law 2016, 783, 810; für einen Rückgriff auf nationale Verschuldensnormen hingegen *Quaas*, in: BeckOK DSR, 40. Aufl. 2022, DSGVO Art. 82 (Stand 1.5.2022) Rn. 17; *Moos/Schefzig*, in: Taeger/Gabel, 4. Aufl. 2022, DSGVO Art. 82 Rn. 44; *Gola/Piltz*, in: Gola, 2. Aufl. 2018, DSGVO Art. 82 Rn. 18.

303 Vgl. die Ausführungen zur Beantwortung der Vorlagefragen bei EuGH, Urt. v. 5.3.1980 – Rs. 265/78 (Ferwerda), ECLI:EU:C:1980:66, Rn. 9 f., 18.

direkte Kollision vorliegt, entscheidend ist.[304] Denn eine ergänzende Anwendung mitgliedsstaatlichen Rechts neben europäischem Sekundärrecht kann regelmäßig damit begründet werden, dass das europäische Recht für den betreffenden Bereich keinerlei Regelungen vorsehe.[305] Das europäische Recht lässt die Anwendung von mitgliedsstaatlichem Recht nur zu, „soweit und sofern" es den Sachverhalt nicht selbst zu regeln beansprucht („Soweit-Formel").[306] Letztlich muss die Auslegung daher die Frage beantworten, ob und wenn ja, inwieweit eine europäische Norm x einen (stillschweigenden) Verweis auf mitgliedsstaatliches Recht, d. h. eine Konkretisierung durch mitgliedsstaatliches Recht, vorsieht oder aber abschließend ist, d. h. eine mitgliedsstaatliche „Nichtregelung vorschreibt"[307] und damit gegenüber dem mitgliedsstaatlichen Recht Sperrwirkung entfaltet.[308]

Aus diesem Grund muss für die Feststellung einer Kollisionslage zunächst durch Auslegung ermittelt werden, wie weit der Regelungsbereich der europäischen Vorschrift geht und ob dieser überhaupt die Anwendung nationaler Vorschriften zulässt. Erst wenn letzteres der Fall ist, stellt sich die Frage, ob die mitgliedsstaatliche Norm in ihrer konkreten Anwendung das europäische Recht beeinträchtigt, d. h. ob das Regelungsziel der mitgliedsstaatlichen Norm im Widerspruch zum Regelungsziel einer europäischen Norm steht.

Die nationale Norm, deren Anwendung infrage steht, bildet im Rahmen des Auslegungsvorgang den notwendigen Bezugspunkt für den Auslegungsvorgang des europäischen Rechts. Denn die europäischen Vorschriften müssen daraufhin untersucht werden, ob ihnen eine dem nationalen Recht entsprechende Re-

---

[304] Siehe oben Kapitel 2 A. III. 3. c) aa), S. 118; zum Sinn der Unterscheidung siehe Kapitel 2 A. IV. 2. c) cc), S. 157 sowie Kapitel 2 A. IV. 2. d), S. 160.

[305] Siehe etwa EuGH, Urt. v. 17.1.2019 – Rs. C-310/16 (Dzivev), ECLI:EU:C:2019:30, Rn. 28; EuGH, Urt. v. 4.10.2018 – Rs. C-571/16 (Kantarev), ECLI:EU:C:2018:807, Rn. 122; EuGH, Urt. v. 27.6.2018 – Rs. C-246/17 (Diallo), ECLI:EU:C:2018:499, Rn. 45; EuGH, Urt. v. 21.6.2007 – Rs. C-158/06 (Stichting ROM-projecten), ECLI:EU:C:2007:370, Rn. 23; EuGH, Urt. v. 12.5.1998 – Rs. 366/95 (Steff-Houlberg), CLI:EU:C:1998:216, Rn. 14; EuGH, Urt. v. 20.9.1990 – C-5/89 (BUG Alutechnik), ECLI:EU:C:1990:320, Rn. 12; EuGH, Urt. v. 21.9.1983 – Rs. 205–215/82 (Dt. Milchkontor), ECLI:EU:C:1983:233, Rn. 21; EuGH, Urt. v. 5.3.1980 – Rs. 265/78 (Ferwerda), ECLI:EU:C:1980:66, Rn. 9 ff., explizit zum „stillschweigenden Verweis" Rn. 12; EuGH, Urt. v. 12.6.1980 – Rs. 119 u. 129/79 (Lippische Hauptgenossenschaft), ECLI:EU:C:1980:154, Rn. 8–10; EuGH, Urt. v. 16.12.1976 – Rs. 45/76 (Comet), ECLI:EU:C:1976:191, Rn. 11/18.

[306] EuGH, Urt. v. 23.2.2006 – Rs. C-201/04 (Molenbergnatie NV), ECLI:EU:C:2006:136, Rn. 52; EuGH, Urt. v. 9.10.2001 – verb. Rs. C-89/99 und C-81/99 (Flemmer), ECLI:EU:C:2001:525, Rn. 55; EuGH, Urt. v. 16.7.98 – Rs. C-298/96 (Oelmühle), ECLI:EU:C:1998:372, Rn. 24; EuGH, Urt. v. 21.9.1983 – Rs. 205–215/82 (Dt. Milchkontor), ECLI:EU:C:1983:233, Rn. 17; EuGH, Urt. v. 6.5.1982 – Rs. 54/81 (Fromme), ECLI:EU:C:1982:142, Rn. 5, 8; EuGH, Urt. v. 11.2.1971 – Rs. 39/70 (Norddeutsches Vieh- und Fleischkontor), ECLI:EU:C:1971:16, Rn. 4.

[307] So *Ebers*, Rechte, Rechtsbehelfe und Sanktionen im Unionsprivatrecht, 2017, 269.

[308] Ähnlich *Riesenhuber*, in: Riesenhuber (Hrsg.), Europäische Methodenlehre, 2021, § 10 Rn. 4 ff., der dies sogar als Vorfrage der Anwendung ansieht.

gelungsbereichsidentität oder aber ein dem nationalen Recht zuwiderlaufendes Regelungsziel entnommen werden kann.

bb) Primärrechtskonforme Auslegung

Die primärrechtskonforme Auslegung ist eine Spielart der systematisch-teleologischen Auslegung und beinhaltet die Verortung der auszulegenden Normen im Gesamtsystem des Rechtsakts[309] sowie der europäischen Rechtsordnung insgesamt.[310] Ein Schwerpunkt liegt dabei auf der Vereinbarkeit mit höherrangigem europäischem Recht. Denn Sekundärrecht rekurriert immer auf primärrechtliche Ziele bzw. konkretisiert diese und ist daher im Sinne dieses Primärrechts auszulegen.[311]

(1) Auslegung im Lichte allgemeiner Rechtsgrundsätze

Die (ungeschriebenen) allgemeinen Rechtsgrundsätze haben regelmäßig primärrechtlichen Rang und fungieren als Orientierungspunkte für eine Interpretation niederrangigen europäischen Rechts.[312] Europäische Rechtsgrundsätze bilden die Prinzipiengrundlage der europäischen Rechtsordnung und damit einen Ausgangspunkt für interpretative Argumentation.

(2) Auslegung im Lichte der Kompetenznormen

Auch aus den Kompetenznormen und den primärrechtlichen Prinzipien, die sie begrenzen, können im Rahmen der Auslegung des Sekundärrechts Argumente entwickelt werden, die – für sich genommen – eine extensive oder eine restriktive Interpretation des europäischen Sekundärrechts nahelegen. Die Auslegung im Lichte der primärrechtlichen Kompetenznormen kann dabei bei allen sekundärrechtlichen Vorschriften vorgenommen werden und gehört zu den gängigsten Auslegungsmethoden des Europarechts, da regelmäßig die Kompetenznorm, auf die sich der Rechtsakt stützt, bekannt ist. Dies unterscheidet sie von der Auslegung nach allgemeinen Rechtsgrundsätzen, bei der der betreffende Rechtsgrundsatz, der einer Norm zugrunde liegt, ggf. erst noch ermittelt werden muss.

---

[309] Schlussanträge des GA Mischo (22.1.1987) – Rs. C-22/86 (Rindonde/AOK Bad Urach-Münsingen), ECLI:EU:C:1987:32, S. 1353: Auslegung einer Norm so, „dass der effet utile des gesamten durch die Verordnung […] geschaffenen Systems erhalten bleibt".

[310] *Leible/Domröse*, in: Riesenhuber (Hrsg.), Europäische Methodenlehre, 2021, § 8, Rn. 22 ff., 27 f.; *Martens*, Methodenlehre des Unionsrechts, 2013, 435 ff.

[311] *Frenz*, Handbuch Europarecht (Bd. 5), 2012, Rn. 398.

[312] Dazu bereits oben Kapitel 2 A. III. 3. b) bb) (2), S. 114.

(a) Kompetenznormen allein ungeeignet

Bei der Frage nach der Reichweite des Regelungsbereichs einer Sekundärrechtsnorm geht es maßgeblich darum, zwischen der Anwendung von europäischem und nationalem Recht eine klare Grenze zu ziehen. Feststellung intendierter interner (= innerhalb des Anwendungsbereichs des Rechtsakts) oder externer (= außerhalb des Anwendungsbereichs) Regelungslücken[313] Im weitesten Sinne handelt es sich dabei um die Grenzziehung zwischen den Kompetenzen der EU und den Mitgliedsstaaten.

Jeder Rechtsakt der EU muss sich nach dem Prinzip der begrenzten Einzelermächtigung (Art. 5 Abs. 1 EUV) auf eine europäische Kompetenzvorschrift zurückführen lassen. Denn die Kompetenzreichweite, d. h. die Kompetenz, Recht zu setzen, ist begrenzt. Der Grundsatz der begrenzten Einzelermächtigung limitiert die Handlungsfelder auf die explizit in den Verträgen genannten Kompetenzbereiche, jenseits derer die EU nicht rechtssetzend tätig werden darf.[314] Diese Grenze in der Praxis konkret festzulegen, ist jedoch kaum möglich, da die Kompetenzbestimmungen der EU so vage und offen formuliert sind, dass sie einer weiten Interpretation ebenso zugänglich sind wie einem restriktiven Verständnis.[315] Zudem werden die primärrechtlichen Kompetenzschranken durch die Herleitung von Annexkompetenzen nach der sogenannten implied-powers-Doktrin[316] sowie unmittelbar primärrechtlich durch den Art. 352 AEUV durchbrochen. Als Orientierungspunkte für die Konkretisierung der Kompetenzvorschriften, ihre Reichweite und Grenzen, können daher primär die in den Verträgen festgelegten Ziele dienen. Ultimativ kann jedoch nur der EuGH festlegen, wie weit die Zuständigkeiten der EU wirklich reichen (vgl. Art. 19 Abs. 1 EUV).

(b) Kompetenzbezogene Grundsätze der Subsidiarität und Verhältnismäßigkeit als Auslegungsleitlinien

Die Kompetenz*ausübung* der EU wird wiederum durch das Prinzip der Subsidiarität und jenes der Verhältnismäßigkeit bestimmt, die deshalb auch als Kompetenzausübungsschranken bezeichnet werden: Das Subsidiaritätsprinzip in Art. 5 Abs. 3 EUV postuliert den Vorrang dezentraler Problemlösungen vor Regelung einer Materie durch die EU. Das kompetenzbezogene Subsidiaritätsprinzip ist seinerseits Ausprägung eines allgemeinen Subsidiaritätsgedankens,

---

313 Terminologie nach *Gruber*, Methoden des Internationalen Einheitsrechts, 2004, 281 ff.; ebenso *Riesenhuber*, in: FS Canaris, 2017, 181, 191.

314 *Bast*, in: Grabitz/Hilf/Nettesheim, EUV Art. 5 Rn. 5, diese Grenze findet jedoch eine Durchbrechung in Art. 352 AEUV.

315 *Nettesheim*, in: von Bogdandy/Bast (Hrsg.), Europäisches Verfassungsrecht, 2009, 389, 400 m. w. N.

316 Dazu *Nettesheim*, in: von Bogdandy/Bast (Hrsg.), Europäisches Verfassungsrecht, 2009, 389, 412 ff.

der außerhalb der reinen Rechtssetzung alles unionale Handeln prägt.[317] Das Subsidiaritätsprinzip bezieht sich nicht nur auf die Ausübung einer Kompetenz als solcher, sondern auch auf die Ausgestaltung der einzelnen Regelungselemente des jeweiligen Rechtsakt.[318] Es ist insofern nah verwandt mit dem europäischen Prinzip der Verhältnismäßigkeit,[319] welches in seiner kompetenzbezogenen Ausprägung verlangt, dass die Maßnahmen der Union „nicht über das zur Erreichung der Ziele der Verträge erforderliche Maß hinaus" gehen.[320] Da diese Grundsätze die EU bei der Rechtssetzung leiten, dürfen sie in der Folge auch bei der Auslegung des europäisch gesetzten Rechts zugrunde gelegt werden.[321] Anders gesagt: Sie gehören zum Gesamtsystem der EU und sind somit im Rahmen einer primärrechtskonformen Interpretation zu beachten. Die Systemstimmigkeit darf daher nicht darauf hinauslaufen, dass gewissermaßen „über den Richter" Bereiche harmonisiert werden, die dafür gar nicht vorgesehen sind.[322] Die Subsidiarität und die Verhältnismäßigkeit können damit unter Umständen für eine restriktivere Interpretation des Regelungsbereichs einer Norm sprechen bzw. für einen Verweis auf nationales Recht. Dies gilt umso mehr, je weniger deutlich die Anhaltspunkte dafür sind, wie weit der Regelungsbereich der betreffenden Vorschrift reichen soll.

cc) Das Harmonisierungskonzept des Rechtsakts als Indiz

Ein weiteres Indiz für die Reichweite des Regelungsbereichs einer Norm kann das Harmonisierungskonzept des Rechtsakts, dem die Norm angehört, liefern. Denn ob ein Gesetz lückenhaft ist, d. h. Dinge im eigenen Anwendungsbereich nicht geregelt wurden, lässt sich nur anhand eines Abgleichs mit dem gesetzgeberischen Plan bestimmen.[323] Das Harmonisierungskonzept einer Verordnung verfolgt das Ziel der Rechtsvereinheitlichung – was jedoch Verweise auf mitgliedsstaatliches Recht sowie Konkretisierungen durch mitgliedsstaatliche Vorschriften nicht per se ausschließt.[324] Denn auch die Rechtsvereinheitlichung kann sich explizit nur auf bestimmte Aspekte beziehen und in anderen Berei-

---

317 *Martens*, Methodenlehre des Unionsrechts, 2013, 148; *Krönke*, Die Verfahrensautonomie der Mitgliedsstaaten, 2013, 69 f.; *Kahl*, AöR 118 (1993), 414, 416.

318 *Bast*, in: Grabitz/Hilf/Nettesheim, EUV Art. 5 Rn. 55.

319 *Schütze*, The Cambridge Law Journal 68 (2009), 525, 533: „Subsidiarity properly understood *is* federal proportionality"; ebenso *Trstenjak/Beysen*, EuR 2012, 265, 266; dazu auch Kapitel 2 A. IV. 2. d) dd) (1), S. 172.

320 Siehe dazu *Bast*, in: Grabitz/Hilf/Nettesheim, EUV Art. 5 Rn. 66 ff.; *Trstenjak/Beysen*, EuR 2012, 265, 266 ff.

321 So auch *Ebers*, Rechte, Rechtsbehelfe und Sanktionen im Unionsprivatrecht, 2017, 230 f.

322 *Grundmann*, RabelsZ 75 (2011), 882, 909.

323 *Gruber*, Methoden des Internationalen Einheitsrechts, 2004, 280.

324 Für Vollharmonisierung allgemein *Ebers*, Rechte, Rechtsbehelfe und Sanktionen im Unionsprivatrecht, 2017, 225, 270.

chen Spielräume eröffnen. Das Richtlinien-Verordnungshybrid der Grundverordnung ist ein Beispiel für einen solchen Harmonisierungsansatz.

Der EuGH hat im Laufe seiner Rechtsprechung Fallgruppen herausgebildet, deren Vorliegen zumindest als Indiz dafür gewertet werden kann, dass der Regelungsbereich eines Rechtsakts oder einer Norm restriktiv auszulegen bzw. durch mitgliedsstaatliches Recht zu ergänzen ist: So soll eine fehlende oder nicht ausgeübte Rechtssetzungskompetenz in einem bestimmten Bereich die Anwendung des mitgliedsstaatlichen Rechts ermöglichen, d. h. hier darf u. U. auf eine Begrenzung des Anwendungsbereichs europäischen Rechts geschlossen werden (externe Lücke).[325] Ebenso soll die Nutzung eines konkretisierungsbedürftigen Rechtsbegriffs, der unionsrechtlich keine Ausgestaltung erfährt, eine interne Lücke, d. h. eine Lücke innerhalb des Anwendungsbereichs, aufzeigen.[326] Zwar spricht gerade bei Verordnungsvorschriften im Interesse der europaweiten Einheitlichkeit eine erste Vermutung immer zunächst sowohl für eine europäisch-autonome Begriffsbildung (und damit gegen eine Ausfüllung der Begriffe mittels mitgliedsstaatlicher Normen) als auch für eine durch die Verordnung abschließende Regelung.[327] Dennoch sind selbst in vereinheitlichenden Rechtsakten Rückgriffe auf mitgliedsstaatliche Vorschriften explizit oder auch implizit vorgesehen, etwa wenn die Auslegung ergibt, dass die Norm keine unionsweit einheitliche Lösung bezweckt oder dass eine autonome Begriffsbildung schlicht nicht möglich ist.[328]

Solche Vermutungen können bei der Auslegung helfen, sind aber immer jeweils im Einzelfall zu verifizieren. Sie zeigen darüber hinaus, dass ein Verweis auf mitgliedsstaatliches Recht, d. h. eine Konkretisierung des Regelungsbereichs der europäischen Normen durch nationale Vorschriften, im Rahmen europäischer Harmonisierungsbemühungen eher die Ausnahme ist.

Lässt sich anhand der Materialien zum Gesetzgebungsprozess, einer Gesamtschau der im Rechtsakt enthaltenen Vorschriften sowie der Erwägungsgründe das Maß an intendierter Regelungsdichte und damit den Harmonisierungsgrad aus dem Rechtsakt herauslesen, so kann dies dabei helfen, zum einen die „gewollten" internen Lücken, d. h. die Verweise auf mitgliedsstaatliches Recht, leichter aufzudecken sowie zum anderen auch die Grenzen des Rege-

---

[325] *Ebers*, Rechte, Rechtsbehelfe und Sanktionen im Unionsprivatrecht, 2017, 230.

[326] *Borchardt*, in: Schulze/Janssen/Kadelbach (Hrsg.), Europarecht, 2020, § 15, Rn. 32; *Ebers*, Rechte, Rechtsbehelfe und Sanktionen im Unionsprivatrecht, 2017, 231 f.; *Martens*, Methodenlehre des Unionsrechts, 2013, 336 f.

[327] EuGH, Urt. v. 17.1.2019 – Rs. C-102/18 (Brisch), ECLI:EU:C:2019:34, Rn. 22; EuGH, Urt. v. 21.6.2018 – Rs. C-20/17 (Oberle), ECLI:EU:C:2018:485, Rn. 33; EuGH, Urt. v. 1.3.2018 – Rs. C-558/16 (Mahnkopf), ECLI:EU:C:2018:138, Rn. 32, jeweils m. w. N.; dazu siehe auch Kapitel 1 C. III. 2. b) bb) (2), S. 72.

[328] So etwa EuGH, Urt. v. 6.10.1976 – Rs. C-12/76 (Tessili), ECLI:EU:C:1976:133, Rn. 14 f.

lungsanspruchs, d. h. des sachlichen Anwendungsbereichs (externe Lücken),[329] nachzuzeichnen. Ist das Harmonisierungskonzept des Rechtsakts jedoch selbst unklar, so kann von diesem auch keine entsprechende Indizwirkung für die Normauslegung im obigen Sinne ausgehen.

Bei einer Verordnung, deren Harmonisierungskonzept die Rechtsvereinheitlichung ist, kann jedenfalls davon ausgegangen werden, dass regelmäßig der Kernbereich des Rechtsakts möglichst unionsweit einheitlich geregelt werden soll, d. h. hier sind Verweise eher selten. Je weiter die fragliche Regelung von diesem Regelungskern der Verordnung entfernt ist, desto wahrscheinlicher ist ein Verweis anzunehmen, der in seiner Konsequenz zu europaweit uneinheitlichen Ergebnissen führt.[330] Auch hierbei handelt es sich freilich lediglich um eine Faustformel, die jeweils eine Einzelfallbetrachtung erforderlich macht und keine klare Abgrenzungsmöglichkeit bietet.

dd) Fazit

Aus den erwähnten Schwierigkeiten, eine Kollision – gleich welcher Art – überhaupt festzustellen, folgt ein praktisches Problem des mitgliedsstaatlichen Rechtsanwenders: Denn regelmäßig fällt die Auslegung des europäischen Rechts zunächst in seinen Aufgabenbereich. Er muss anhand der ihm zur Verfügung stehenden Anhaltspunkten und Methoden ergründen, wo im Einzelfall die Grenzen liegen, jenseits derer eine bestimmte nationale Regelung noch neben dem europäischen Recht anwendbar ist.[331]

Zudem wird die Auslegung europäischen Rechts bereits vor Feststellung einer Kollisionslage notwendig, um überhaupt über die mitgliedsstaatlichen Vorschriften entscheiden zu können, die möglicherweise zusätzlich anwendbar sind.[332] Das Problem einer ungesicherten Auslegung europäischen Rechts stellt sich daher dem mitgliedsstaatlichen Rechtsanwender schon in einem früheren Stadium der Rechtsanwendung.

Angesichts unterschiedlicher Vorprägungen durch die eigene Rechtskultur ist es nicht verwunderlich, dass die Auslegungsergebnisse zum europäischen Recht in den Mitgliedsstaaten teils erheblich voneinander abweichen können. Doch je stärker das Ziel der Rechtsharmonisierung ist, desto eher werden diese Divergenzen zu einem Problem. Gerade vereinheitlichendes Recht macht es den Rechtsanwendern besonders schwer, die „richtige" Auslegung zu treffen. Heraus aus diesem Dilemma hilft nur die Vorlage an den EuGH (Art. 267 AEUV). Wird nicht vorgelegt, bleibt die rechtliche Grundlage letztlich ungesichert. Dies führt, vor allem wenn diese Praxis in verschiedenen Mitgliedsstaa-

---

329 Terminologie nach *Gruber*, Methoden des Internationalen Einheitsrechts, 2004, 281 ff.; ebenso *Riesenhuber*, in: FS Canaris, 2017, 181, 191.

330 So *Martens*, Methodenlehre des Unionsrechts, 2013, 337.

331 Siehe dazu b), S. 142.

332 Siehe dazu Kapitel 2 B. II. 1. a), S. 193.

ten vorgezogen wird, zu dem paradoxen Ergebnis einer Rechtszersplitterung bei der Anwendung vereinheitlichenden Rechts, die sich durch nationale Reproduktion der Anwendungsergebnisse weiter verfestigt. Hier zeigt sich die große Bedeutung des Vorabentscheidungsverfahrens für die Rechtsharmonisierung im europäischen Rechtsraum.

Dabei darf nicht übersehen werden, dass die vorlegenden Gerichte durch die Formulierung der Vorlagefrage regelmäßig großen Einfluss auf das Verfahren nehmen und durch Darlegung der eigenen Argumentation bereits thematische Schwerpunkte der Entscheidung setzen können.[333] Die große Abhängigkeit der Kollisionskonstellationen von Auslegungsfragen kann damit auch als Chance verstanden werden, das Verständnis des europäischen Rechts im Rahmen eines Dialogs zwischen den Gerichten der verschiedenen Ebenen mitzuprägen.

b) Die Beeinträchtigungsgrenzen bei indirekten Kollisionen

Zunächst sollen die Beeinträchtigungsgrenzen, wie sie vom EuGH bei indirekten Kollisionen postuliert werden, auf ihren materiellen Gehalt untersucht werden.[334] Dogmatisch wird die Beteiligung der Grundsätze der Effektivität und Äquivalenz häufig als der Beweis dafür gesehen, dass indirekten Kollisionen ein Prinzipiennormkonflikt zugrunde liegt und sie daher einer Vorranglösung nur eingeschränkt, d. h. unter anderen Voraussetzungen als einem reinen Regelungszielkonflikt, zugänglich seien. Dieser Deutung indirekter Kollisionen als Prinzipiennormkonflikte soll in einem zweiten Schritt entgegengetreten werden.[335]

aa) Äquivalenz und Effektivität als Grenzen der Anwendung mitgliedsstaatlichen Rechts

(1) Äquivalenz: keine Schlechterstellung gegenüber nationalen Sachverhalten

Eine Verletzung des Äquivalenzgrundsatzes ist immer dann gegeben, wenn die europäische Norm aufgrund mitgliedsstaatlicher Vorschriften in diskriminierender Weise angewandt wird, d. h. wenn mitgliedsstaatliche Vorschriften dazu führen, dass europäisches Recht im Vergleich zu ähnlichen Normen mitgliedsstaatlicher Provenienz eine weniger starke Durchsetzung erfährt als diese. Bezugspunkt der Äquivalenz ist die Gleichwertigkeit zum mitgliedsstaatlichem Recht, nicht aber die mitgliedstaatübergreifende Einheitlichkeit. Diese Ausprägung des Äquivalenzgrundsatzes verdeutlicht den Nichtdiskriminierungsgedanken, der im Gebot der einheitlichen Anwendung mitschwingt und der auch im Rahmen der frühen Begründung des Anwendungsvorrangs eine Rolle

[333] Siehe dazu auch Kapitel 2 B. I. 5., S. 190.
[334] Siehe aa), S. 142.
[335] Siehe bb), S. 147.

spielte.[336] Die Fokussierung auf die Stärke der Durchsetzung zeigt jedoch, dass der Äquivalenzgrundsatz ebenso der Sicherung der effektiven Durchsetzung des Unionsrechts, also der praktischen Wirksamkeit dient. Er kann in dieser Funktion auch als Spielart der Effektivität gesehen werden.[337] Insgesamt spielt der Äquivalenzgrundsatz gegenüber dem Effektivitätsgrundsatz im Rahmen der Beeinträchtigungsgrenzen eine untergeordnete Rolle,[338] zumal eine Beeinträchtigung der Äquivalenz – entgegen der der Effektivität – recht einfach festzustellen ist.

(2) Effektivität: keine „übermäßige Beeinträchtigung" oder „praktische Unmöglichmachung"

(a) Einheitlicher, abstrakter Mindestwirksamkeitsstandard

Die durch den Effektivitätsgrundsatz gezogene Beeinträchtigungsgrenze enthält gleich zwei parallele Vereitelungsverbote. Diese beiden Vereitelungsverbote im Rahmen des Effektivitätsgrundsatzes („nicht praktisch unmöglich machen oder übermäßig erschweren") erweisen sich jeweils als Sicherung einer Mindesteffektivität der betroffenen Norm,[339] wobei unklar ist, ob der Mindesteffektivitätsstandard bei beiden Varianten der gleiche ist: Die stetige Rechtsprechung des EuGH differenziert augenscheinlich zwischen beiden; das „oder" suggeriert zudem unterschiedliche Voraussetzungen. Vom reinen Wortlaut her scheinen „übermäßige Beeinträchtigungen" weniger starke Wirksamkeitseinbußen beim europäischen Recht vorauszusetzen als die „praktische Unmöglichmachung". Bei der Analyse der Rechtsprechung fällt jedoch auf, dass der EuGH zwischen den beiden Formen der Wirksamkeitsbeeinträchtigung nur in seltenen Fällen differenziert: So benutzt er beide Begriffe mal synonym,[340] mal stellt er fest, eine nationale Vorschrift „verhindere" die Durchsetzung mitgliedsstaatlichen Rechts und kommt wenig später zu dem Ergebnis, dass sie deshalb die praktische Wirksamkeit übermäßig erschwere.[341] Teils stellt er einen Verstoß gegen die Effektivitätsanforderungen im konkreten Fall lediglich fest, ohne die

---

[336] Siehe oben Kapitel 2 A. III. 2. b) bb) (3), S. 95.

[337] *Krönke*, Die Verfahrensautonomie der Mitgliedsstaaten, 2013, 188; *König*, Der Äquivalenz- und Effektivitätsgrundsatz in der Rechtsprechung des Europäischen Gerichtshofs, 2011, 103.

[338] So auch *Krönke*, Die Verfahrensautonomie der Mitgliedsstaaten, 2013, 229; *Bobek*, in: Micklitz/de Witte (Hrsg.), The European Court of Justice and the Autonomy of the Member States, 2012, 305, 315.

[339] *Ebers*, Rechte, Rechtsbehelfe und Sanktionen im Unionsprivatrecht, 2017, 274; *Tomasic*, Effet utile, 2013, 128 ff.

[340] EuGH, Urt. v. 28.3.2019 – C-637/17 (Cogeco Communications Inc.), ECLI:EU:C:2019:263, Rn. 53.

[341] EuGH, Urt. v. 6.6.2013 – Rs. C-536/11 (Donau Chemie u. a.), ECLI:EU:C:2013:366, Rn. 39.

einschlägige Variante zu nennen.[342] Dies deutet daraufhin, dass zwischen den Varianten nicht streng unterschieden wird und folglich keine unterschiedlichen Mindeststandards existieren.[343]

Das Effektivitätsgebot ist in der Form eines dualen Beeinträchtigungsverbots zudem erst seit 1997 in der Rechtsprechung des EuGH präsent.[344] Auch der zuvor gebräuchlichen, ebenfalls dualen Form des Gebots praktischer bzw. voller Wirksamkeit des europäischen Rechts[345] lag nur eine einheitliche Mindesteffektivität zugrunde.[346] Das wiederum spricht auch heutzutage für einen innerhalb des Effektivitätsgrundsatzes einheitlichen Mindeststandard der Effektivitätssicherung.[347] Die Grenzen dieser Mindesteffektivität sind immer relativ, d. h. abhängig von der anzuwenden Norm zu bestimmen und somit nicht abstrakt festzulegen:[348] Die notwendige Kontextbetrachtung führt zu einer starken Einzelfallfokussierung. Aufgrund der damit verbundenen Unvorhersehbarkeit einzelner Ergebnisse wurde der Effektivitätsgrundsatz häufig kritisiert.[349]

(b) Exkurs: Durchsetzungsgebot als Pflicht der Mitgliedsstaaten zur Normsetzung

Mit Blick auf die Anwendung europäischer Normen im mitgliedsstaatlichen Kontext postuliert der Gerichtshof nicht nur ein Beeinträchtigungsverbot sondern auch ein Durchsetzungsgebot.[350] Dieses kann zur Schaffung eines entspre-

---

[342] EuGH, Urt. v. 18.2.2016 – Rs. C-49/14 (Finanmadrid EFC SA), ECLI:EU:C:2016:98, Rn. 54; EuGH, Urt. v. 14.9.2016 – verb. Rs. C-184/15 und C-197/15 (Martínez Andrés), ECLI: EU:C:2016:680, Rn. 49 ff., 53, 61 ff. sowie EuGH, Urt. v. 26.11.2015 – Rs. C-166/14 (MedEval), ECLI:EU:C:2015:779, Rn. 41.

[343] *Tomasic*, Effet utile, 2013, 128 ff., 133, sieht in den unterschiedlichen Formen lediglich „besondere Ausprägungen einer teleologischen Argumentation", die mit jeweils unterschiedlichem argumentativem Gewicht verbunden sind.

[344] Laut *Frank*, ZÖR 55 (2000), 1, 34 Fn. 148, werden diese Begriffe vom EuGH erst seit 1997 verwendet.

[345] Vgl. EuGH, Urt. v. 21.9.1983 – Rs. 205–215/82 (Dt. Milchkontor), ECLI:EU:C: 1983:233, Rn. 22; siehe zur Evolution der Begriffe Kapitel 2 A. III. 2. b) bb) (4), S. 96.

[346] Siehe Rechtsprechungsanalyse bei *Seyr*, Der effet utile in der Rechtsprechung des EuGH, 2008, 287, 290 ff.; dazu auch *Schröder*, Akademie-Journal 2002, 37, 440 f.

[347] Vgl. dazu die ausführliche Untersuchung zum Thema bei *Tomasic*, Effet utile, 2013, 127 ff., 130 der zum Ergebnis kommt, dass beide Formulierungen jeweils eine unterschiedlich starke Überzeugungskraft bezüglich eines einheitlichen Effektivitätsstandards ausdrücken; ebenso einen einheitlichen Mindestwirksamkeitsstandard sehen *Ebers*, Rechte, Rechtsbehelfe und Sanktionen im Unionsprivatrecht, 2017, 275; *Schröder*, Akademie-Journal 2002, 37, 440 f.

[348] Siehe dazu Kapitel 2 A. IV. 2. b) aa) (2) (c), S. 145, sowie Kapitel 2 A. IV. 2. b) bb) (2) und Kapitel 2 A. IV. 2. b) bb) (3), S. 149 ff.

[349] So etwa bei *Bobek*, in: Micklitz/de Witte (Hrsg.), The European Court of Justice and the Autonomy of the Member States, 2012, 305, 312: „i-know-it-when-i-see-it-test"; *Schoch*, in: Schmidt-Aßmann/Sellner/Hirsch/Kemper/Lehmann-Grube (Hrsg.), Festgabe 50 Jahre Bundesverwaltungsgericht, 2003, 507, 512: „Zauberformel".

[350] Siehe oben Kapitel 2 A. III. 2. b) bb) (5) (a), S. 97.

chenden legislativen und exekutiven Rahmens für die Durchführung des Unionsrechts verpflichten. Dies ist meist da der Fall, wo den Mitgliedsstaaten die Sanktionierung unionsrechtlicher Pflichten aufgetragen und überlassen wird. Das Durchsetzungsgebot in seiner Form als Handlungspflicht spielt jedoch im Rahmen von Normenkollisionen keine Rolle. Denn da, wo europäisches Recht aufgrund mangelnder oder unzureichender nationaler Vorgaben nicht hinreichend effektiv durchgesetzt wird, liegt kein Normverstoß im Sinne einer Kollision vor: Zum einen kann pauschalen Umsetzungs- und Ausgestaltungspflichten häufig schon kein eigener Regelungsgehalt dahingehend entnommen werden, welche konkrete Ausgestaltung den Mitgliedsstaaten aufgegeben wird. Denn gerade hier besteht ein Spielraum der Mitgliedsstaaten. Diese Ausgestaltungspflichten sind folglich nicht unmittelbar anwendbar,[351] sondern regelmäßig nur an den Mitgliedsstaat gerichtet.[352] Eine Mindererfüllung dieser Pflichten kann zum anderen nicht die Nichtanwendung der mitgliedsstaatlichen Norm zur Folge haben, denn dies würde letztlich dazu führen, dass das europäische Recht noch ineffektiver durchgesetzt würde. Vielmehr wird in diesem Fällen, soweit die mitgliedsstaatliche Norm nicht entsprechend großzügiger ausgelegt werden kann, der Mitgliedsstaat regelmäßig nachdrücklich aufgefordert, den legislativen Rahmen – meist Sanktionsvorschriften – anders auszugestalten. Letztlich kann der Verstoß gegen solche Pflichten ein Vertragsverletzungsverfahren nach sich ziehen. Obgleich daher das Durchsetzungsgebot ebenso einen Mindesteffektivitätsstandard des Effektivitätsgebots formuliert, ist es jedenfalls im Rahmen von Normenkollisionen nicht von Bedeutung. Eine Kollision liegt aber wiederum da vor, wo nationale Vorschriften die Durchsetzung der Vorgaben nicht lediglich unzureichend umsetzen, sondern von vorneherein *behindern*.[353]

(c) Effektivitätsbeurteilung als Einzelfallentscheidung

Anders als der Äquivalenzgrundsatz, der in seiner konkreten Ausprägung jede Art von Schlechterstellung ausreichen lässt, operiert die Effektivitätsformel mit einer weichen Grenze. Die abstrakten Begriffe der „übermäßigen Beeinträchtigung der Wirksamkeit“ und der „praktischen Unmöglichmachung“, die der Formel des Effektivitätsgrundsatzes entspringen, sind selbst unbestimmt und ausfüllungsbedürftig.[354] Die genauere Konkretisierung dieser Formeln muss in

[351] Siehe zur unmittelbaren Anwendbarkeit Kapitel 2 A. III. 3. b) aa), S. 111; siehe aber zum Regelungsgehalt von Mindestvorgaben Kapitel 2 A. III. 3. c) aa) (3), S. 119.

[352] Siehe die exemplarische Formulierung in EuGH, Urt. v. 5.12.2017 – Rs. C-42/17 (M. A. S./M. B.), ECLI:EU:C:2017:936, Rn. 36.

[353] So etwa in den Fällen EuGH, Urt. v. 5.12.2017 – Rs. C-42/17 (M. A. S./M. B.), ECLI:EU:C:2017:936, Rn. 39; EuGH, Urt. v. 8.9.2015 – Rs. C-105/14 (Taricco), ECLI:EU:C:2015:555, Ls. 1.

[354] *Krönke*, Die Verfahrensautonomie der Mitgliedsstaaten, 2013, 230; zur Konkretisierung der „praktischen Unmöglichmachung“ *Kadelbach*, Allgemeines Verwaltungsrecht unter europäischem Einfluss, 1999, 132 f.

jedem Falle vor dem Hintergrund des Sinn und Zwecks des Effektivitätsgrundsatzes gesehen werden, nach welchem das europäische Recht so anzuwenden ist, dass es seine Ziele erreicht. Hier zeigt sich, dass sich die Effektivität regelmäßig auf die Regelungsziele des europäischen Rechts bezieht.[355]

Bei indirekten Kollisionsfällen stellt sich daher regelmäßig die Frage, *wann genau* ein Maß der Beeinträchtigung erreicht ist, welches die Durchsetzung der europäischen Norm unmöglich macht oder ihre Wirksamkeit übermäßig beeinträchtigt.[356] Die konkrete Festlegung dieser durch den Effektivitätsgrundsatz gezogenen Grenze ist jedoch einzelfallabhängig und führt in der Rechtsprechungspraxis zu einer Vielzahl wenig verallgemeinerbarer Einzelfallentscheidungen, denen der Gerichtshof teilweise explizit die Übertragbarkeit auf andere Rechtsbereiche abspricht.[357] Daher orientieren sich auch die Generalanwälte an ähnlich gelagerten Fällen aus der bisherigen Rechtsprechung.[358] Es bilden sich also Fallgruppen heraus, innerhalb derer dann ggf. abstrakte Aussagen möglich sind.[359]

Die praktische Wirksamkeit einer Norm und damit ihre Beeinträchtigungsgrenze ist abschließend jedoch nur im konkreten Fall bestimmbar, was abstrakte Aussagen zu einer Grenze der zulässigen Wirksamkeitsbeeinträchtigung nahezu unmöglich macht.[360]

---

355 Siehe dazu Kapitel 2 A. IV. 2. d) cc) (3), S. 168.

356 Laut der Formulierung von *Frank*, ZÖR 55 (2000), 1, 37, stellt sich die (inhaltlich gleiche) Frage, wie rigoros die Prinzipienkonformität des staatlichen Rechts zu prüfen ist.

357 Vgl. etwa EuGH, Urt. v. 24.10.2018 – Rs. C-234/17 (XC u. a.), ECLI:EU:C:2018:853, Rn. 47 ff.EuGH, Urt. v. 7.6.2007 – verb. Rs. C-222/05 bis C-225/05 (van der Weerd), ECLI:EU:C:2007:318, Rn. 40; EuGH, Urt. v. 21.11.2002 – Rs. C-473/00 (Cofidis), ECLI:EU:C:2002:705, Rn. 37.

358 Schlussanträge des GA Saugmansgaard ØE (5.6.2018) – Rs. C-234/17 (XC ua), ECLI:EU:C:2018:391, Rn. 58 ff.

359 So etwa zu Fristregelungen für die Rückzahlung zu Unrecht gezahlter Steuern vgl. EuGH, Urt. v. 12.12.2013 – Rs. C-362/12 (Test Claimants), ECLI:EU:C:2013:834, Rn. 34 und die dort angeführte Rspr.; zu Ausschlussfristen für die Rechtsverfolgung von Ansprüchen auf unionsrechtlicher Basis, EuGH, Urt. v. 21.12.2016 – Rs. C-327/15 (TDC A/S), ECLI:EU:C:2016:974, 96 ff. und die dort angeführte Rspr.; EuGH, Urt. v. 19.6.2014 – verb. Rs. C-501/12 bis C-506/12, C-540/12 und C-541/12 (Specht u. a.), ECLI:EU:C:2014:2005, Rn. 114; EuGH, Urt. v. 16.1.2014 – Rs. C-429/12 (Pohl), ECLI:EU:C:2014:12, Rn. 29, jeweils m. w. N.; zur Rechtskraftdurchbrechung EuGH, Urt. v. 6.10.2015 – Rs. C-69/15 (Târşia), ECLI:EU:C:2015:662, Rn. 37 f.; EuGH, Urt. v. 10.7.2014 – Rs. C-213/13 (Impresa Pizzarotti), ECLI:EU:C:2014:2067, Rn. 60; Analyse bei *Seyr*, Der effet utile in der Rechtsprechung des EuGH, 2008, 158 ff.

360 EuGH, Urt. v. 7.6.2007 – verb. Rs. C-222/05 bis C-225/05 (van der Weerd), ECLI:EU:C:2007:318, Rn. 40; EuGH, Urt. v. 21.11.2002 – Rs. C-473/00 (Cofidis), ECLI:EU:C:2002:705, Rn. 37 *Ebers*, Rechte, Rechtsbehelfe und Sanktionen im Unionsprivatrecht, 2017, 278; treffend *Tomasic*, Effet utile, 2013, 29, der das Problem des Effektivitätsgrundsatzes richtig als „dasjenige der Bestimmung seiner Grenzen" identifiziert; *Kadelbach*, Allgemeines Verwaltungsrecht unter europäischem Einfluss, 1999, 47, 117; *Nettesheim*, in: GS Grabitz, 1995, 447, 459 f.; *Jarass*, DVBl 1995, 954, 959 f.

(3) Zwischenergebnis

Angesichts der Einzelfallabhängigkeit der Grenzfestlegung insbesondere im Rahmen des Effektivitätsgrundsatzes sollen im Folgenden die Entscheidungsparameter untersucht werden, die im Rahmen der Effektivitätsbeurteilung eine Rolle spielen. So kann aufgezeigt werden, wie der EuGH argumentiert und welche Punkte für oder gegen eine „übermäßige Beeinträchtigung" im Einzelfall sprechen können. Insbesondere lässt sich die Grenzfunktion des Grundsatzes der einheitlichen Wirksamkeit sowie die Grenzfindung dogmatisch beschreiben und anhand eines Prüfungsschemas nachvollziehen.[361]

bb) Prinzipiennormkonflikt statt Regelungszielkollision?

Indirekte Kollisionen im Mehrebenensystem werden dogmatisch häufig als Prinzipiennormkonflikte im Sinne der *Alexy'schen* Prinzipientheorie[362] beschrieben Es bestehe kein Konflikt zwischen Rechtsregeln, sondern vielmehr ein Konflikt zwischen dem Grundsatz der einheitlichen Wirksamkeit (Art. 4 Abs. 3 EUV) als Prinzipiennorm und spezifischen Modalitäten des nationalen Rechts.[363] Der Konflikt sei letztlich ein Konflikt zwischen Rechtsprinzipien, nicht zwischen Normen i. S. v. definitiven Rechtsregeln, und lasse sich nur im Rahmen einer Abwägung auflösen.[364] Denn das den Prinzipiennormen zugrundeliegende Gebot möglichst idealer Verwirklichung verlange, dass im Fall einer Kollision mit einem anderen Prinzip (Prinzipiennorm) der höchste, im konkreten Fall *verhältnismäßige* Erfüllungsgrad gewählt werde. Die Kollisionsnormen des Anwendungsvorrangs seien daher nicht geeignet, diesen Konflikt aufzulösen.[365]

Diese Betrachtung indirekter Kollisionen ist aus verschiedenen Gründen abzulehnen.

---

[361] Siehe Kapitel 2 A. IV. 2. c), S. 154.

[362] Dazu siehe oben Kapitel 1 B. I. 3. b) aa) (1), S. 31.

[363] *Ebers*, Rechte, Rechtsbehelfe und Sanktionen im Unionsprivatrecht, 2017, 211 ff.; *Krönke*, Die Verfahrensautonomie der Mitgliedsstaaten, 2013, 183 f.; *Schroeder*, Das Gemeinschaftsrechtssystem, 2002, 423; *Hatje*, in: FS Rengeling, 2008, 249, 252; *Hatje*, Die gemeinschaftsrechtliche Steuerung der Wirtschaftsverwaltung, 1998, 55 f.; *Lehr*, Einstweiliger Rechtsschutz und Europäische Union, 1997, 270.

[364] So etwa *Krönke*, Die Verfahrensautonomie der Mitgliedsstaaten, 2013, 198 ff.; *von Danwitz*, Verwaltungsrechtliches System und Europäische Integration, 1996, 113 ff.; *Schmidt-Aßmann*, DVBl 1993, 924, 931; wohl auch *Marauhn/Böhringer*, in: Schulze/Janssen/Kadelbach (Hrsg.), Europarecht, 2020, § 7, Rn. 12.

[365] *Krönke*, Die Verfahrensautonomie der Mitgliedsstaaten, 2013, 222 ff.; *Kadelbach*, Allgemeines Verwaltungsrecht unter europäischem Einfluss, 1999, 51 ff., 149; *von Danwitz*, Verwaltungsrechtliches System und Europäische Integration, 1996, 115 f.

(1) Kritik an der Unterscheidung zwischen Prinzipiennormen und Rechtsregeln in der Prinzipientheorie

Zunächst ist der allgemeinen Kritik an der Prinzipientheorie *Alexys* zuzustimmen, dass der Dualismus zwischen Rechtsregeln und Rechtsprinzipien rechtstheoretisch nicht umfassend haltbar ist.[366]

Die Abwägungsdogmatik der bundesverfassungsgerichtlichen Rechtsprechung zu den Grundrechten mag von der Prinzipientheorie in sich stimmig aufgearbeitet worden sein, zwingend sind die ihr zugrundeliegenden Annahmen für andere Rechtsbereiche dadurch jedoch nicht.[367] Das gilt insbesondere für die Annahme eines Normdualismus auch jenseits der Grundrechte des Grundgesetzes, für welche *Alexy* die Prinzipientheorie entwickelte. Eine Übertragbarkeit auf andere Gebiete wird jedoch gerade im Bereich des öffentlichen Rechts mittlerweile von vielen angenommen oder schlicht vorausgesetzt,[368] ebenso werden auch europarechtliche Sachverhalte in diesem Kontext betrachtet.[369] Damit wird *Alexys* Unterteilung der Normen in Regeln und Prinzipien der Anspruch entnommen, den gesamten Normbestand und damit alles Recht anhand der Prinzipientheorie in den Blick zu nehmen und zu erklären. Die Übertragbarkeit dieses Konzepts, gerade auch auf andere Rechtsordnungen, muss jedoch kritisch hinterfragt werden. Zu häufig entsteht der Eindruck, dass die Anwendung dieses Modells auf andere Rechtsgebiete regelmäßig nur der Begründung einer angeblichen Abwägungsfähigkeit bestimmter Normen dient. Damit wird aus einer rechtstheoretischen Geltungstheorie zu einem rechtlichen Spezialbereich vorschnell eine allgemeine dogmatische Annahme abgeleitet und auf andere Rechtsgebiete angewandt, ohne die Ableitung selbst zu begründen und zu hinterfragen.

Das einzig klar nachprüfbare Merkmal einer Prinzipiennorm, das sie von einer Regel unterscheidet, ist nach der Prinzipientheorie die „Abwägungsfähigkeit" ihres Inhalts.[370] Die wenig eindeutigen Unterscheidungskriterien zwischen Regel- und Prinzipiennormen sind seit jeher ein Hauptkritikpunkt der

---

[366] Kritisch zu den Grundannahmen der Prinzipientheorie *Poscher*, RW 1 (2010), 349; *Klement*, JZ 2008, 756.

[367] Siehe dazu *Poscher*, RW 1 (2010), 349, 366; *Klement*, JZ 2008, 756, 761 f., die exemplarisch darlegen, wie eine Erklärung des grundrechtlichen Abwägungsvorgangs auch ohne die Prinzipientheorie möglich ist.

[368] *Jestaedt*, in: FS Isensee, 2007, 253, 257; siehe dazu auch *Klatt/Schmidt*, Spielräume im öffentlichen Recht, 2010; für das Planungsrecht *Koch*, in: Schilcher/Koller/Funk (Hrsg.), Regeln, Prinzipien und Elemente im System des Rechts, 2000, 245, 250 ff.; für das Verwaltungsrecht allgemein *Funk*, in: Schilcher/Koller/Funk (Hrsg.), Regeln, Prinzipien und Elemente im System des Rechts, 2000, 260.

[369] *Klatt/Schmidt*, Spielräume im öffentlichen Recht, 2010, 92 ff. für europäische Grundrechte.

[370] Siehe oben Kapitel 1 B. I. 3. b) aa) (1), S. 31.

Prinzipientheorie.[371] Denn in der Tat ist es kaum möglich, Prinzipiennormen außerhalb des grundrechtlichen Spektrums, wo dieser Nachweis anhand der richterlichen Abwägungspraxis mit anderen Prinzipienenormen erbracht wird, klar von Regeln zu trennen. Es ist aber gerade diese im Kollisionsverhalten zutage tretende Abwägung anhand des Gebots der Verhältnismäßigkeit, die Prinzipien von Regeln abgrenzt.[372] Der von der Prinzipientheorie etablierte Dualismus von Regeln und Prinzipien impliziert damit eine den Prinzipiennormen inhärente Form der Konfliktauflösung, nämlich die Feststellung einer „Vorrangrelation" durch Abwägung der Prinzipien, die sich so einer normalen Regelkonfliktauflösung durch Kollisionsnormen entzieht.[373] Angesichts dieses recht dünnen und wenig transparenten Kriteriums zur Unterscheidung von Regeln und Prinzipien im allgemeinen Normbestand liegt der Schluss nahe, dass mit der fast willkürlich anmutenden Einordnung einer Norm als Prinzip oder Regel nur die (fehlende) Abwägungsfähigkeit des jeweiligen Norminhalts herbeiargumentiert werden soll. In jedem Falle bleibt die Prinzipientheorie eine klare Definition der Unterscheidungsmerkmale schuldig, was auch die Nachprüfbarkeit getroffener Aussagen erschwert. Die Behauptung, eine Norm sei eine Prinzipiennorm und keine Regel, kann innerhalb der Theorie damit ebenso wenig begründet werden, wie das Gegenteil.

(2) Der Grundsatz einheitlicher Wirksamkeit als Prinzipiennorm?

Darüber hinaus ist die Annahme, Art. 4 Abs. 3 EUV sei eine unmittelbar anwendbare Prinzipiennorm – auch unter Zugrundelegung einer Übertragbarkeit dieser Lehre –[374] mehr als fraglich. Zunächst erscheint die einheitliche Wirksamkeit des europäischen Rechts vor dem Hintergrund ihrer immensen Bedeutung für die Erreichung der europäischen Ziele weniger als Prinzip im Sinne eines zu optimierenden Sollens, das mal mehr, mal weniger erfüllt ist, sondern viel eher als unverhandelbare Grundvoraussetzung.[375] Es ist nicht ersichtlich, wieso diese durch eine Abwägung gegenüber anderen Grundsätzen abgeschwächt werden sollte.

Ginge man aber davon aus, dass hier ein zu optimierendes Gebot vorliegt, so müsste dem abwägungsfähigen Prinzip der einheitlichen Wirksamkeit weiterhin ein anderes Prinzip gegenüberstehen, gegen welches abzuwägen wäre. Die Ermittlung einer Vorrangrelation zwischen zwei Prinzipien setzt voraus, dass die beiden Prinzipien überhaupt zueinander in Relation gesetzt werden können, dass sie also auf einer Stufe stehen. Nationale Prinzipien kommen hier

---

[371] *Klement*, JZ 2008, 756, 760 f.; *Jestaedt*, in: FS Isensee, 2007, 253, 261 ff., wirft der Theorie einen Zirkelschluss vor.

[372] *Alexy*, Theorie der Grundrechte, 2. Aufl. 1994, 78 ff., 100 f.

[373] *Alexy*, Theorie der Grundrechte, 2. Aufl. 1994, 100 ff.

[374] Siehe oben Kapitel 2 A. IV. 2. b) bb) (1), S. 148.

[375] Siehe auch Kapitel 2 A. IV. 2. c) bb), S. 155.

nicht infrage, da die Abwägung innerhalb der europäischen Rechtsordnung angesiedelt ist und das „Gegenprinzip“ daher ein originär europäisches sein muss: Der EuGH legt nur europäisches Recht aus und kann daher – unterstellt man die Anwendung der Prinzipientheorie im europäischen Kontext – im Rahmen der Vorlageverfahren gem. Art. 267 AEUV, die die Kollisionsfragen zum Gegenstand haben,[376] nur europäische Prinzipiennorm miteinander abwägen und sie in der Folge zu einer Regel herauskristallisieren.[377] Geht man nicht davon aus, dass die einheitliche Wirksamkeit schon auf einer anderen, höheren Stufe anzusiedeln ist, da sie die unverhandelbare Grundvoraussetzung für das Funktionieren der EU enthält, so bedarf es eines europäischen Gegenprinzips, d. h. einer weiteren europäischen Prinzipiennorm, mit welcher Art. 4 Abs. 3 EUV in der Folge abzuwägen ist.

In der Regel wird hier die sogenannte Verfahrensautonomie der Mitgliedsstaaten gegen die einheitliche Wirksamkeit in Stellung gebracht.[378] Das setzt freilich voraus, dass auch die Verfahrensautonomie eine Prinzipiennorm im oben beschriebenen Sinne ist. Da diese nicht explizit normiert ist, müsste sie aus europäischer Sicht in jedem Falle als allgemeiner Rechtsgrundsatz anerkannt sein, um normative Wirkung zu entfalten. Lehnt man aber die Verfahrensautonomie als eigenständigen allgemeinen Rechtsgrundsatz auf europäischer Ebene ab,[379] so ist eine Abwägung gar nicht möglich, wenn die nationale Norm, die die einheitliche Wirksamkeit beeinträchtigt, nicht einer anderen europäischen Prinzipiennorm zugeordnet werden kann.

(3) Art. 4 Abs. 3 EUV nicht unmittelbar anwendbar

Des Weiteren wird dem Art. 4 Abs. 3 EUV als konfliktbeteiligte Prinzipiennorm unmittelbare Anwendbarkeit zuerkannt.[380] Der Norminhalt von Art. 4 Abs. 3 EUV ist aber konkretisierungsbedürftig und alleinstehend zu unbestimmt, um unmittelbar zur Anwendung zu kommen.[381] Daran ändert auch die Tatsache nichts, dass der EuGH bereits eine Vielzahl verschiedener, konkreter Handlungspflichten aus dem Grundsatz der loyalen Zusammenarbeit herge-

---

376 Siehe oben Kapitel 2 A. IV. 1., S. 126.

377 So auch *Krönke*, Die Verfahrensautonomie der Mitgliedsstaaten, 2013, 219 f.

378 *Voß*, Die Durchbrechung der Rechtskraft nationaler Zivilgerichtsurteile zu Gunsten des unionsrechtlichen „effet utile“?, 2019, 112 f., 117; *Ebers*, Rechte, Rechtsbehelfe und Sanktionen im Unionsprivatrecht, 2017, 210 ff.; ähnlich *Krönke*, Die Verfahrensautonomie der Mitgliedsstaaten, 2013, 229 ff.; *Lehr*, Einstweiliger Rechtsschutz und Europäische Union, 1997, 246 ff.

379 So wie hier, siehe dazu Kapitel 2 A. IV. 2. d) dd) (2), S. 173.

380 Zur unmittelbaren Anwendbarkeit siehe Kapitel 2 A. III. 3. b) aa), S. 111.

381 *Kahl*, in: Calliess/Ruffert, 6. Aufl. 2022, EUV Art. 4 Rn. 107; *Marauhn/Böhringer*, in: Schulze/Janssen/Kadelbach (Hrsg.), Europarecht, 2020, § 7, Rn. 12, 17 f.; *Streinz*, in: Streinz, 3. Aufl. 2018, EUV Art. 4 Rn. 27; *Frank*, ZÖR 55 (2000), 1, 38 ff.

leitet hat.[382] Diesen Rechtspflichten liegen Einzelfallentscheidungen zugrunde, in denen der EuGH mangels primärrechtlicher und sekundärrechtlicher Ausgestaltung des Prinzips im Rahmen der Rechtsfortbildung unmittelbar geltende Regeln aus Art. 4 Abs. 3 EUV herleitete.[383] Auch die Kollisionsnormen, die sich aus dem Grundsatz einheitlicher Wirksamkeit ergeben, sind so entstanden.

Die grundsätzliche Notwendigkeit einer Konkretisierung der abstrakten Norminhalte des Art. 4 Abs. 3 EUV wird zwar breit geteilt,[384] dennoch gehen viele ohne Weiteres von einer unmittelbaren Anwendbarkeit aus und sprechen von „Verstößen gegen den Effektivitätsgrundsatz".[385] Auch die Formulierungen des EuGH suggerieren auf den ersten Blick eine unmittelbare Anwendbarkeit des Äquivalenz-/Effektivitätsgrundsatzes.[386] Dies ist jedoch missverständlich, da der Grundsatz der einheitlichen Wirksamkeit nur in Gestalt einer europäischen Norm mit materiellem Regelungsziel wirken kann und so vom EuGH auch angewendet wird.[387] Was „einheitliche Wirksamkeit" bedeutet, lässt sich nämlich maximal am konkreten Fall – an einer konkreten Regelung – bestimmen, nicht aber rein abstrakt.[388] Die einheitliche Wirksamkeit des europäischen Rechts ist immer zwangsläufig akzessorisch zu einer (geschriebenen oder ungeschriebenen) Norm.[389] Alleinstehend ist der Grundsatz einheitlicher Wirksamkeit nichtssagend, eine Leerformel.[390] Er ist ein Relationsbegriff, der vom konkreten normativen Umfeld abhängig zu bestimmen ist und der zwangsläufig einen normativen Bezugspunkt benötigt, um relativ zu diesem seine Bedeutung

---

[382] *Krönke*, Die Verfahrensautonomie der Mitgliedsstaaten, 2013, 204 f., leitet daraus eine hinreichende Bestimmbarkeit des Art. 4 Abs. 3 EUV ab.

[383] Zu den Fallgruppen *Marauhn/Böhringer*, in: Schulze/Janssen/Kadelbach (Hrsg.), Europarecht, 2020, § 7, Rn. 16 ff.; dazu auch oben Kapitel 2 A. III. 2. b) bb) (5), S. 97.

[384] *Marauhn/Böhringer*, in: Schulze/Janssen/Kadelbach (Hrsg.), Europarecht, 2020, § 7, Rn. 12 ff.; *Streinz*, in: Streinz, 3. Aufl. 2018, EUV Art. 4 Rn. 27; *Krönke*, Die Verfahrensautonomie der Mitgliedsstaaten, 2013, 190, 193.

[385] *Hatje*, in: Schwarze/Becker/Hatje/Schoo (Hrsg.), Schwarze, 4. Aufl. 2019, EUV Art. 4 Rn. 29; *Obwexer*, in: v. d. Groeben/Schwarze/Hatje, 7. Aufl. 2015, EUV Art. 4 Rn. 103; *Streinz*, in: Streinz, 3. Aufl. 2018, EUV Art. 4 Rn. 34; *Hatje*, in: FS Rengeling, 2008, 249, 257 ff.; *Niedobitek*, VerwArch 91 (2001), 58, 76.

[386] EuGH, Urt. v. 19.12.2019 – Rs. C-360/18 (Cargill), ECLI:EU:C:2019:1124, Rn. 51; EuGH, Urt. v. 20.10.2016 – Rs. C-429/15 (Danqua), ECLI:EU:C:2016:789, Ls.; EuGH, Urt. v. 6.6.2013 – Rs. C-536/11 (Donau Chemie u. a.), ECLI:EU:C:2013:366, Rn. 29.

[387] EuGH, Urt. v. 19.12.2019 – Rs. C-360/18 (Cargill), ECLI:EU:C:2019:1124, Rn. 58; EuGH, Urt. v. 20.10.2016 – Rs. C-429/15 (Danqua), ECLI:EU:C:2016:789, Rn. 40; EuGH, Urt. v. 6.6.2013 – Rs. C-536/11 (Donau Chemie u. a.), ECLI:EU:C:2013:366, Rn. 31.

[388] Ebenso *Ebers*, Rechte, Rechtsbehelfe und Sanktionen im Unionsprivatrecht, 2017, 272 f.; *Frank*, ZÖR 55 (2000), 1, 38 dies erkennt richtig auch *Krönke*, Die Verfahrensautonomie der Mitgliedsstaaten, 2013, 190, 193, zieht daraus aber keine Schlüsse.

[389] So auch *Ebers*, Rechte, Rechtsbehelfe und Sanktionen im Unionsprivatrecht, 2017, 272; dazu bereits oben Kapitel 2 A. IV. 2. b) aa) (2) (c), S. 145.

[390] *Frank*, ZÖR 55 (2000), 1, 38, bezeichnet das Effektivitätsprinzip treffend als „selbst nicht direkt effektiv"; ähnlich für die Effektivität auf nationaler Ebene *Lorenz*, AöR 105 (1980), 623, 637.

für den konkreten Fall entfalten zu können.[391] Ändert sich der konkrete Bezugspunkt, so ändert sich auch der konkretisierte Inhalt. Einen solchen Bezugspunkt können nur geschriebene oder ungeschriebene Normen aus dem Sekundär-/Primärrechtsbestand der EU bilden.[392] Eine direkte Anwendung dieser anwendungsbezogenen Grundsätze[393] kann es daher dogmatisch gesehen nicht geben.

Auch der EuGH stellt in den Vorlageverfahren keinen direkten Verstoß gegen den Effektivitätsgrundsatz fest, vielmehr ermittelt er die *Effektivität/Äquivalenz der europäischen Norm(en)*, die auszulegen er von dem mitgliedsstaatlichen Gericht angerufen wurde. Aus diesem Grunde stellt der EuGH am Ende auch regelmäßig das Entgegenstehen der nationalen Bestimmung gegen konkrete europäische Vorschriften *und* den Grundsatz der Effektivität und Äquivalenz,[394] fest.[395] Das bedeutet, dass das Äquivalenz- oder das Effektivitätsgebot nicht etwa unmittelbar anwendbar sind; vielmehr „flankieren" sie eine unmittelbar anwendbare europäische Norm und wirken durch diese hindurch:[396] Das Regelungsziel formuliert in der Folge konkrete Mindestwirksamkeitsstandards, die in der Anwendung im mitgliedsstaatlichen Kontext nicht unterschritten werden dürfen.[397]

Daraus folgt, dass im Ergebnis nicht die einheitliche Wirksamkeit direkt, sondern vielmehr *eine bestimmte Norm in ihrer einheitlichen Wirksamkeit* angetastet ist. Damit erscheint es nicht gerechtfertigt, einen Konflikt zu dieser Norm selbst zu verneinen. Denn infrage steht der Wirksamkeitsanspruch der Norm im

---

391 *Frank*, ZÖR 55 (2000), 1, 38 f.; vgl. auch *Voßkuhle*, NJW 1995, 1377, 1382: „Das oft mißbrauchte Auslegungskriterium der Effizienz stellt keinen Selbstwert dar, sondern einen Relationsbegriff, der konkrete (Verfassungs-)Vorgaben braucht, die er in Beziehung setzen kann"; ebenso *Lorenz*, AöR 105 (1980), 623, 636 f. Diese abstrakten Gedanken zur innerstaatlichen Effektivität sind auch auf das europäische Prinzip übertragbar. Siehe dazu auch Kapitel 2 A. IV. 2. c) bb), S. 155; Kapitel 2 A. IV. 2. d) cc) (3), S. 168.

392 Ebenso *Kahl*, in: Calliess/Ruffert, 6. Aufl. 2022, EUV Art. 4 Rn. 107; *Martens*, Methodenlehre des Unionsrechts, 2013, 473.

393 Eine ähnliche Unterscheidung nimmt *Schwarze*, DVBl 2011, 721, 724 f. zwischen formalen, die Rechtsanwendung steuernden und materiellen Rechtsgrundsätzen vor.

394 Siehe etwa EuGH, Urt. v. 26.5.2018 – Rs. C-81/17 (Zabrus Siret SRL), ECLI:EU:C:2018:283, Ls. 2; EuGH, Urt. v. 6.10.2015 – Rs. C-61/14 (Orizzonte Salute), ECLI:EU:C:2015:655, Ls. 2.

395 EuGH, Urt. v. 30.4.2020 – Rs. C-627/18 (Atunes da Cunha), ECLI:EU:C:2020:321, Rn. 35: „der in Art. 16 Abs. 3 (…) zum Ausdruck kommende Effektivitätsgrundsatz"; EuGH, Urt. v. 19.12.2019 – Rs. C-360/18 (Cargill), ECLI:EU:C:2019:1124, Rn. 58; EuGH, Urt. v. 11.11.2015 – Rs. C-505/14 (Klausner Holz), ECLI:EU:C:2015:742, Rn. 42 ff.: „weitreichende Behinderung der effektiven Anwendung des Unionsrechts und insbesondere der Bestimmungen über die Kontrolle staatlicher Beihilfen" (Rn. 45); EuGH, Urt. v. 6.10.2015 – Rs. C-61/14 (Orizzonte Salute), ECLI:EU:C:2015:655, Rn. 47 ff.: „praktische Wirksamkeit der Richtlinie"; EuGH, Urt. v. 6.6.2013 – Rs. C-536/11 (Donau Chemie u. a.), ECLI:EU:C:2013:366, Rn. 31: „wirksame Anwendung (…) des Art. 101 AEUV", ähnlich Rn. 40 sowie Rn. 32: „Verstoß gegen Art. 101 AEUV".

396 Zur Anwendung des Effektivitätsgrundsatzes als Auslegungsgrundsatz EuGH, Urt. v. 6.10.2015 – Rs. C-61/14 (Orizzonte Salute), ECLI:EU:C:2015:655, Rn. 48 f.

397 Siehe dazu Kapitel 2 A. IV. 2. c) bb), S. 155.

konkreten Fall, der sich aber nicht unmittelbar aus Art. 4 Abs. 3 EUV, sondern nur aus der Norm selbst bestimmen lässt. Das Prinzip einheitlicher Wirksamkeit verhilft der Norm dann zur Durchsetzung dieses Ziels gegenüber mitgliedsstaatlichen Vorschriften.[398] Eine unmittelbare Anwendbarkeit des Grundsatzes einheitlicher Wirksamkeit verkennt die *dienende Funktion*, die dieses Prinzip für das gesamte europäische Recht einnimmt.

Es ist zudem gerade eine typische Erscheinungsform nicht nur von Strukturprinzipien, sondern auch von Prinzipien im Sinne der Prinzipientheorie, dass sie sich auch als Interpretationsmaximen in den Rechtsregeln zeigen.[399] Bei einem Zielkonflikt von Normen, die als Rechtsregeln im Sinne der Prinzipientheorie zu betrachten sind, besteht keine Notwendigkeit, einen zusätzlichen, dahinterstehenden Prinzipienkonflikt zu konstruieren:[400] Für diesen Regelkonflikt sind Kollisionsnormen vorgesehen –[401] genau so hat sich auch *Alexy* die Auflösung von einfachen Regelwidersprüchen vorgestellt.[402] Wer einen Rechtsregelkonflikt auf die hinter diesen einzelnen Regeln stehende Prinzipiennormen „hochzont", missachtet nicht zuletzt die gesetzgeberische Vorgehensweise vom Generellen zum Spezielleren, wenn die spezielleren Vorschriften faktisch nicht angewendet werden.

Selbst wenn man *Alexys* Abwägungslehre trotz der oben aufgeführten Kritikpunkte für überzeugend und grundsätzlich anwendbar hält, spricht das oben Angeführte jedenfalls gegen eine Einordnung des Art. 4 Abs. 3 EUV als Prinzipiennorm nach dieser Lehre.

(4) Zwischenergebnis

Eine Bezeichnung der indirekten Kollision als Prinzipiennormkonflikt mit Beteiligung des Prinzips einheitlicher Wirksamkeit als Prinzipiennorm ist daher aus verschiedenen Gründen abzulehnen. Insbesondere stellt Art. 4 Abs. 3 EUV keine unmittelbar anwendbare (Prinzipien)Norm dar. Indirekte Kollisionen sind, wie oben bereits ausgeführt, Regelungszielkonflikte zwischen zwei Normen, die der Auflösung durch die Kollisionsnormen zugänglich sind. Die einheitliche Wirksamkeit steht im konkreten Kollisionsfall hinter den europäischen Normen und verleiht ihnen Durchsetzungskraft, sodass sich das europäische Regelungsziel im Zweifel gegen das Regelungsziel einer nationalen Norm durchsetzen kann. Diese Erkenntnisse sowie die Bedeutung des Grundsatzes der einheitlichen Wirksamkeit für den Regelungszielkonflikt der indirekten Kollision können als Grundlage für die weitere Untersuchung dienen.

[398] Siehe dazu ausführlich Kapitel 2 A. IV. 2. d) cc) (3), S. 168.

[399] *Alexy*, Theorie der Grundrechte, 2. Aufl. 1994, 92 f.

[400] *Krönke*, Die Verfahrensautonomie der Mitgliedsstaaten, 2013, 183.

[401] Siehe oben Kapitel 2 A. III. 2., S. 89.

[402] *Alexy*, in: Schilcher/Koller/Funk (Hrsg.), Regeln, Prinzipien und Elemente im System des Rechts, 2000, 31, 33; *Alexy*, Theorie der Grundrechte, 2. Aufl. 1994, 78.

c) Eigener Ansatz: Verletzung von Äquivalenz und Effektivität des europäischen Rechts als universelle Beeinträchtigungsgrenzen

Es lassen sich für beide Kollisionsvarianten anhand der Grundsätze der Effektivität und Äquivalenz einheitliche dogmatische Voraussetzungen dafür aufstellen, wann ein Entgegenstehen des nationalen gegenüber europäischem Recht durch die Kollisionsnormen aufzulösen ist. Diese Voraussetzungen machen die Einordnung dieser Prinzipien in den Gesamtkontext der europäischen Kollisionslehre deutlich: Als allgemeine Rechtsgrundsätze, die nicht unmittelbar anwendbar sind, haben sie eine kaum zu überschätzende Funktion auf zwei verschiedenen Ebenen. Denn zum einen ist der Grundsatz einheitlicher Wirksamkeit bereits bei der Auslegung allen europäischen Rechts zu beachten.[403] Zum anderen sichern die Grundsätze der Effektivität und Äquivalenz das jeweilige Regelungsziel der europäischen Norm gegenüber einer übermäßigen Beeinträchtigung durch kollidierende mitgliedsstaatliche Regelungsziele ab, indem sie im Einzelfall konkrete Beeinträchtigungsgrenzen ziehen, die nationales Recht nicht überschreiten darf.[404] Diese Grundsätze gelten sowohl für indirekte als auch für direkte Kollisionen gleichermaßen.[405]

aa) Effektivitäts- und Äquivalenzgrundsatz als allgemeine Auslegungsvorgaben bei der Normzweckermittlung

Oben[406] wurde bereits festgestellt, dass sowohl direkte als auch indirekte Kollisionen Regelungszielkonflikte sind. Das Regelungsziel einer Norm ist die konkrete Ausprägung des abstrakten Normzwecks. Der Normzweck als Grundlage des Regelungsziels ist in einem ersten Schritt durch Auslegung zu ermitteln. Die Auslegung der Norm ist daher, wie oben gezeigt,[407] wesentlich, um Kollisionen mit mitgliedsstaatlichem Recht überhaupt feststellen zu können. Die Grundsätze der Effektivität und der Äquivalenz (d. h. das Prinzip der einheitlichen Wirksamkeit) sind als abstrakte Strukturprinzipien des Unionsrechts bei der Auslegung zu berücksichtigen. Denn Äquivalenz und Effektivität des europäischen Rechts sind Leitgedanken des Interpretationsvorgangs: Das Unionsrecht ist zum einen im Sinne des Äquivalenzgrundsatzes einheitlich und autonom auszulegen, zum anderen ist die Effet-utile-Auslegung als Spielart der teleologischen Auslegung zu berücksichtigen.[408] Nach dieser ist zwischen mehreren möglichen Auslegungsvarianten diejenige zu wählen, die „die Vertrags-

---

403 Siehe aa), S. 154.

404 Unterscheidung zwischen Auslegungs- und Umsetzungsebene auch bei *Tomasic*, Effet utile, 2013, 134 ff.; siehe dazu bb), S. 155.

405 Siehe cc), S. 157.

406 Siehe Kapitel 2 A. III. 3. d), S. 125.

407 Siehe oben Kapitel 2 A. IV. 2. a), S. 133.

408 Siehe oben Kapitel 2 A. III. 2. b) bb) (5) (b), S. 98.

ziele am wirksamsten fördert"[409]. Als Unterart der teleologischen Auslegung ist sie auf das bestmögliche Verständnis der Norm im Sinne der dem Rechtsakt und insgesamt den Verträgen zugrundeliegenden Ziele gerichtet.[410] Das Gestaltungsziel und der Regelungszweck dürfen zudem nicht bereits durch die Auslegung ad absurdum geführt, d. h. ihrer praktischen Wirksamkeit beraubt werden („Verbot funktionaler Negation"[411]).[412]

bb) Durchsetzung des Mindestwirksamkeitsanspruchs europäischer Normen als Beeinträchtigungsgrenze aus dem Effektivitäts-/Äquivalenzgrundsatz

Der durch Auslegung ermittelte Normzweck wird in der Anwendung auf den konkreten Fall zum Regelungsziel.[413] Das Regelungsziel wiederum wird in seiner Durchsetzung von den Grundsätzen der Äquivalenz und Effektivität (Art. 4 Abs. 3 EUV) vor einer Beeinträchtigung durch mitgliedsstaatliches Recht geschützt: Jeder europäischen Norm kommt im konkreten Anwendungsfall ein Mindestwirksamkeitsanspruch zu, der sich auf die Sicherung eines *Mindestmaßes an effektiver und äquivalenter Durchsetzung des Regelungsziels* gegenüber nationalem Recht bezieht.[414] Dieses Mindestmaß an Durchsetzung bedeutet zum einen, dass die europäische Norm in der Durchsetzung nicht schlechter stehen darf als ähnliche nationale Vorschriften.[415] Zudem darf das Regelungsziel in seiner Erreichung durch andere (nationale) Vorschriften „nicht übermäßig beeinträchtigt" bzw. „praktisch unmöglich gemacht" werden. Hier zeigt sich der vom Effektivitätsgrundsatz geforderte Mindestwirksamkeitsstandard.[416] Im Ergebnis sichern damit die Kollisionsnormen die effektive und äquivalente Durchsetzung aller europäischen Regelungsziele ab. Eine mitgliedsstaatliche Norm muss da unangewendet bleiben, wo das europäische Regelungsziel durch sie übermäßig beeinträchtigt oder nicht äquivalent umgesetzt wird.

---

409 *Pieper*, in: Dauses/Ludwigs (Hrsg.), Handbuch des EU-Wirtschaftsrechts, 56. EL 2022, B. I., Rn. 37; in diesem Sinne auch *Wegener*, in: Calliess/Ruffert, 6. Aufl. 2022, EUV Art. 19 Rn. 32; *Mayer*, in: Grabitz/Hilf/Nettesheim, EUV Art. 19 Rn. 57.

410 *Bergmann*, in: Bergmann (Hrsg.), Handlexikon der Europäischen Union, 2022, „effet utile": Auslegung nach dem „maximalen Nutzen pro europäische Integration".

411 *Tomasic*, Effet utile, 2013, 14.

412 EuGH, Urt. v. 16.5.2002 – Rs. C-63/00 (Schilling u. Nehring), ECLI:EU:C:2002:296, Rn. 24; EuGH, Urt. v. 14.10.1999 – Rs. C-223/98 (Adidas), ECLI:EU:C:1999:500, Rn. 24, jeweils m. w. N.; dazu *Seyr*, Der effet utile in der Rechtsprechung des EuGH, 2008, 272 ff., wenngleich dort die hiesige Zweiteilung der Funktionen des Effektivitätsgrundsatzes nicht vorgenommen wird.

413 Siehe oben Kapitel 2 A. II. 2. b), S. 89.

414 Eine ähnliche Unterscheidung zwischen dem Ziel einer Norm und ihrer tatsächlichen Wirksamkeit findet sich auch bei *Seyr*, Der effet utile in der Rechtsprechung des EuGH, 2008, 276 f. vor, 276 f.

415 Äquivalente Durchsetzung, siehe dazu Kapitel 2 A. IV. 2. b) aa) (1), S. 142.

416 Dazu bereits Kapitel 2 A. IV. 2. b) aa) (2) (a), S. 143.

Wo das Mindestmaß an effektiver und äquivalenter Durchsetzung des europäischen Regelungsziels jeweils konkret festzusetzen ist, eine Frage des Einzelfalls und hängt maßgeblich vom Anwendungskontext ab. Während aber die Äquivalenz der Zielerreichung jeweils binär bestimmt werden kann, ist die Effektivität der Zieldurchsetzung nicht nur ein einzelfallabhängiger, sondern zudem ein *relativer Faktor*:[417] Das Maß an gebotener Zielverwirklichung im Einzelfall kann daher nicht allein aus dem Regelungsziel der unionsrechtlichen Norm geschlossen werden,[418] sondern ist in Relation zu anderen, ggf. entgegenstehenden Zielen zu ermitteln, soweit diese ebenfalls effektive Wirksamkeit einfordern.[419] Letzteres ist dann der Fall, wenn diese Ziele unionsrechtlicher Natur sind. Das gebotene Maß an effektiver Durchsetzung der Norm muss demnach „unter Berücksichtigung der Stellung [der nationalen Vorschrift] im gesamten Verfahren, des Verfahrensablaufs und der Besonderheiten des Verfahrens vor den verschiedenen innerstaatlichen Stellen“[420] bestimmt werden. Im Rahmen dieser Betrachtung des Gesamtzusammenhangs, die entgegen ihres Wortlauts auch in Fallgestaltungen zum Zuge kommt, die im materiellen Recht angesiedelt sind,[421] ist entgegenstehenden Werten, etwa „u. a. dem Schutz der Verteidigungsrechte, dem Grundsatz der Rechtssicherheit und dem ordnungsgemäßen Ablauf des Verfahrens Rechnung zu tragen“.[422] Je nachdem, wie stark entgegenstehende Werte wiegen, ist der Mindestwirksamkeitsanspruch der Norm anzupassen und dem Regelungsziel in diesem Einzelfall nur eine einschränkende Durchsetzung zu gewähren.[423] So hat der EuGH etwa in der Rs. M. A. S./M. B. entschieden, dass der nationale Richter im Rahmen eines Strafverfahrens wegen Mehrwertsteuerstraftaten innerstaatliche materielle Verjährungsvorschriften, die der Bekämpfung von rechtswidrigen Handlungen, die sich gegen die finanziellen Interessen der Union richten (Art. 325 Abs. 1 und

---

[417] Dazu bereits Kapitel 2 A. IV. 2. b) bb) (3), S. 150.

[418] So auch *Tomasic*, Effet utile, 2013, 125 f., 130.

[419] Dazu Kapitel 2 A. IV. 2. d) cc) (3), S. 168.

[420] EuGH, Urt. v. 24.10.2018 – Rs. C-234/17 (XC u. a.), ECLI:EU:C:2018:853, Rn. 49; EuGH, Urt. v. 21.12.2016 – Rs. C-327/15 (TDC A/S), ECLI:EU:C:2016:974, Rn. 97; EuGH, Urt. v. 18.2.2016 – Rs. C-49/14 (Finanmadrid EFC SA), ECLI:EU:C:2016:98, Rn. 43; EuGH, Urt. v. 11.11.2015 – Rs. C-505/14 (Klausner Holz), ECLI:EU:C:2015:742, Rn. 41; EuGH, Urt. v. 6.10.2015 – Rs. C-69/15 (Târşia), ECLI:EU:C:2015:662, Rn. 36, jeweils m. w. N.

[421] EuGH, Urt. v. 28.3.2019 – C-637/17 (Cogeco Communications Inc.), ECLI:EU:C:2019:263, Rn. 45; Schlussanträge der GA Kokott (14.10.2004) – verb. Rs. C-387/02, C-391/02 u. C-403/02 (Berlusconi u. a.), ECLI:EU:C:2004:624, Rn. 109; so auch *Ebers*, Rechte, Rechtsbehelfe und Sanktionen im Unionsprivatrecht, 2017, 272 f.

[422] St. Rspr. EuGH, Urt. v. 24.10.2018 – Rs. C-234/17 (XC u. a.), ECLI:EU:C:2018:853, Rn. 49; EuGH, Urt. v. 21.12.2016 – Rs. C-327/15 (TDC A/S), ECLI:EU:C:2016:974, Rn. 97; EuGH, Urt. v. 11.11.2015 – Rs. C-505/14 (Klausner Holz), ECLI:EU:C:2015:742, Rn. 41; EuGH, Urt. v. 3.9.2009 – Rs. C-2/08 (Fallimento Olimpiclub), ECLI:EU:C:2009:506, Rn. 27 jeweils m. w. N.

[423] Siehe dazu Kapitel 2 A. IV. 2. d) cc) (3), S. 168.

Abs. 2 AEUV) zuwiderlaufen, grundsätzlich nicht anwenden darf.[424] Das nationale Verjährungsrecht stand hier in einem Zielkonflikt mit dem europäischen Primärrecht.[425] Dennoch kommt der EuGH zu dem Ergebnis, dass eine Nichtanwendung der nationalen Vorschriften nicht angezeigt ist, wenn „ihre Nichtanwendung [...] zu einem Verstoß gegen den Grundsatz der Gesetzmäßigkeit im Zusammenhang mit Straftaten und Strafen" führt.[426]

Effektivität und Äquivalenz beziehen sich auf dieser anwendungsbezogenen Ebene daher immer auf das konkrete Regelungsziel einer europäischen Norm. Der Anspruch auf effektive und äquivalente Durchsetzung dieses Regelungsziels im konkreten Fall wird hier als Mindestwirksamkeitsanspruch bezeichnet. Regelungsziel und Mindestwirksamkeitsanspruch sind nicht immer deckungsgleich, da die Effektivität der Durchsetzung und damit der Mindestwirksamkeitsanspruch, relativ zu anderen Zielen zu bestimmen ist. Der Mindestwirksamkeitsanspruch bildet daher den Teil des Regelungsziels ab, dem über den Grundsatz der einheitlichen Wirksamkeit zur Durchsetzung gegenüber anderen Regelungszielen verholfen wird.

cc) Anwendbarkeit auf direkte und indirekte Kollisionen

Diese dogmatische Analyse spiegelt jedenfalls den Umgang des EuGH mit indirekten Kollisionen wider: Da bei diesen regelmäßig sowohl die Verletzung der Effektivität als auch der Äquivalenz des europäischen Rechts durch mitgliedsstaatliches Recht als Auslöser für die Anwendung der Kollisionsnormen genannt werden, bedeutet das im Umkehrschluss, dass erst durch die Verletzung dieser Grenzen eine Kollision entsteht, die auflösungsbedürftig ist.[427]

Die Dogmatik der Beeinträchtigungsgrenzen gilt jedoch nicht nur für indirekte, sondern ebenso für direkte Kollisionen: Zwar erwähnt der EuGH in seinen Entscheidungen zu direkten Kollisionen nicht explizit die Äquivalenz und Effektivität des europäischen Rechts, wie das bei den indirekten Kollisionen regelmäßig der Fall ist. Vielmehr belässt er es nach einer Auslegung des europäischen Rechts in der Regel bei der nüchternen Feststellung, das nationale Recht stehe dem europäischen entgegen, woraus dann folgt, dass das nationale Gericht die mitgliedsstaatliche Norm jedenfalls mit dem vorgetragenen Auslegungsergebnis nicht anwenden darf. Es greifen dann die Kollisionsnormen, infolge derer die Norm entweder anders ausgelegt oder nicht angewendet wird.

---

[424] EuGH, Urt. v. 5.12.2017 – Rs. C-42/17 (M. A. S./M. B.), ECLI:EU:C:2017:936, Rn. 39.

[425] Hier liegt eine indirekte Kollision vor, da die Modalitäten der Durchsetzung dem nationalen Recht überantwortet sind.

[426] EuGH, Urt. v. 5.12.2017 – Rs. C-42/17 (M. A. S./M. B.), ECLI:EU:C:2017:936, Rn. 39, 50 ff.

[427] Ähnlich *Ehlers*, in: Schulze/Janssen/Kadelbach (Hrsg.), Europarecht, 2020, § 11, Rn. 45; *Ebers*, Rechte, Rechtsbehelfe und Sanktionen im Unionsprivatrecht, 2017, 213, der aber von einer direkten Anwendbarkeit des Prinzips einheitlicher Wirksamkeit ausgeht.

Das muss jedoch nicht heißen, dass der Grundsatz der einheitlichen Wirksamkeit und die oben genannten daraus folgenden Beeinträchtigungsgrenzen nicht auch hier eine Rolle spielen. Schließlich dienen die Kollisionsnormen gerade der Sicherung der Effektivität und Äquivalenz des europäischen Rechts, indem sie im konkreten Fall den Wirksamkeitsanspruch einer Norm gegenüber mitgliedsstaatlichem Recht über die Kollisionsnormen durchsetzen. Das bedeutet, dass Kollisionsnormen regelmäßig da zur Anwendung kommen, wo die Sicherung einer effektiven/äquivalenten Durchsetzung europäischer Normen im Einzelfall notwendig ist. Dies ist wiederum überall da der Fall, wo nationales Recht europäischem Recht entgegensteht und die Durchsetzung des Regelungsziels durch einen Regelungszielkonflikt bedroht ist, gleich ob diese Kollision als direkte oder indirekte einzuordnen ist. Denn der Anspruch einer europäischen Norm, ihr Regelungsziel im Einzelfall effektiv und äquivalent durchzusetzen (Mindestwirksamkeitsanspruch), besteht in jedem Anwendungsfall, unabhängig von einer direkten oder indirekten Beeinträchtigung durch mitgliedsstaatliches Recht. In den Fällen, in denen mitgliedsstaatliches Recht im materiellen Regelungsbereich europäischer Normen eigene Regelungen setzt, ist die einheitliche Wirksamkeit der Norm folglich immer verletzt.

Anhand dieser Beeinträchtigungsgrenzen lassen sich daher auch die direkten Kollisionen verstehen: Auch hinter direkten Kollisionen, also dem Verstoß einer mitgliedsstaatlichen Norm gegen Europarecht, steckt daher i. E. immer eine Effektivitätsbeeinträchtigung des Regelungsziels (= Verletzung des Wirksamkeitsanspruchs), die die Kollisionsnormen auslöst. Die Durchsetzung des Regelungsziels einer europäischen Norm ist jedenfalls immer dann „praktisch unmöglich", wenn und soweit eine mitgliedsstaatliche Norm im Regelungsbereich einer europäischen Norm abweichende Vorgaben macht. Direkte Kollisionen sind also Fälle, in denen eine Verletzung des Mindestwirksamkeitsanspruchs der Norm bereits durch eine Regelung im abschließend geregelten europäischen Geltungsbereich gegeben ist. Der Verstoß gegen europäisches Recht im Sinne der direkten Kollision ist damit letztlich eine potenzierte Form einer Beeinträchtigung der Mindestwirksamkeit und damit eine gesteigerte Form der Durchsetzungsbehinderung – dazu passt auch, dass der EuGH die „sonstigen Beeinträchtigungen" als Auffangtatbestand sieht, der aber auch den direkten Verstoß umfasst.[428] Dies entspricht letztlich auch dem oben bereits erläuterten Wertungsgleichlauf der beiden Kollisionskonstellationen.

Dennoch ist eine Unterscheidung zwischen direkten und indirekten Kollisionen sinnvoll, zumal so deutlich wird, dass Kollisionen regelmäßig schwierig zu ermitteln sind.[429] Denn bei einer direkten Kollision ist die Verletzung des Mindestwirksamkeitsanspruchs der Norm (= das Entgegenstehen) anhand der Re-

---

[428] Siehe dazu bereits Kapitel 2 A. III. 3. a) cc), S. 109.

[429] *Ehlers*, in: Schulze/Janssen/Kadelbach (Hrsg.), Europarecht, 2020, § 11, Rn. 45; *Ebers*, Rechte, Rechtsbehelfe und Sanktionen im Unionsprivatrecht, 2017, 213; siehe zu den fließen-

gelungsbereichsüberschneidung klar (s. Fallgruppen [2] und [3] der Cerafel/Le Campion-Rechtsprechung). In diesen Fällen sind die Beeinträchtigungsgrenzen überschritten und die Kollisionsnormen greifen ohne Weiteres. Es bedarf daher keiner Unterscheidung zwischen dem Regelungsziel und der Reichweite seiner äquivalenten und vor allem effektiven Durchsetzung. Bei indirekten Kollisionen jedoch kann die Reichweite effektiver Durchsetzung des Regelungsziels u. U. in Ansehung anderer Zweckverwirklichungen relativiert werden. So entstehen augenscheinlich erlaubte Wirksamkeitsbeeinträchtigungen europäischer Normen, die im Grunde das Ergebnis eines Werteausgleichs auf europäischer Ebene sind und gerade keine Relativierung des Vorrangs europäischen Rechts darstellen.[430]

dd) Fazit

Letztlich lässt sich für beide Kollisionsarten sagen: Die Grenze der Anwendung mitgliedsstaatlichen Rechts bilden die Wahrung der Äquivalenz und insbesondere der Effektivität des konkret anzuwendenden, europäischen Rechts. Der Mindestwirksamkeitsanspruch der Norm im konkreten Fall ist gerichtet auf die effektive und äquivalente Durchsetzung des Regelungsziels. Beeinträchtigt wird bei einer auflösungsbedürftigen Kollision letztlich nicht ein abstrakter Grundsatz wie das Prinzip einheitlicher Wirksamkeit, sondern eine konkrete Norm in der effektiven und äquivalenten Durchsetzung ihres Regelungsziels. Dabei ist zu beachten, dass die effektive Durchsetzung immer nur in Relation zu widerstreitenden Regelungszielen erfolgen kann. Das bedeutet, dass das Regelungsziel nicht immer vollumfänglich durchgesetzt wird.[431]

Das Prinzip einheitlicher Wirksamkeit wirkt zum einen i. R. d. Regelungszielermittlung als Auslegungsvorgabe (effet-utile-Auslegung auf der Auslegungsebene). Darüber hinaus verhilft es den europäischen Normen zu einer effektiven und äquivalenten Durchsetzung ihrer Regelungsziele (Anwendungsebene). Eine Kollision ist immer ein Regelungszielkonflikt, aber die Durchsetzung des Regelungsziels *über die Kollisionsnomen* geht nur so weit wie der Mindestwirksamkeitsanspruch. Die Sicherung dieses Mindestwirksamkeitsanspruchs gegenüber Beeinträchtigungen von mitgliedsstaatlicher Seite durch die Kollisionsnormen ist Ausdruck der Beeinträchtigungsgrenzen, die sich im konkreten Fall für das nationale Recht ergeben.

In den allermeisten Fällen jedoch laufen der Wirksamkeitsanspruch der Norm und das Regelungsziel parallel. Das bedeutet auch, dass regelmäßig die Kollisionsnormen da greifen, wo das Regelungsziel der europäischen Norm

---

den Grenzen von Auslegung und Effektivitätskontrolle ebd., 218, 250; *Tomasic*, Effet utile, 2013, 50 f.

[430] Siehe dazu Kapitel 2 A. IV. 2. d), S. 160.

[431] Siehe dazu Kapitel 2 A. IV. 2. d) cc), S. 164.

durch nationales Recht beeinträchtigt wird, weil dann simultan auch die Beeinträchtigungsgrenzen überschritten sind.

Dennoch stellt sich die Frage, wie jene Regelungszielkonflikte einzuordnen sind, in denen Regelungsziel und Mindestwirksamkeitsanspruch in ihrer Reichweite auseinanderfallen und das Regelungsziel sich gegenüber mitgliedsstaatlichem Recht nur im Rahmen des Mindestwirksamkeitsanspruchs durchsetzen kann: So etwa, wenn die – eigentlich strikte – Pflicht, unionsrechtswidrige Beihilfen zurückzufordern, mit Verweis auf den mitgliedsstaatlich normativ etablierten Vertrauensschutz Einschränkungen erfährt.[432] In diesen Fällen besteht zwar ein Regelungszielkonflikt, d. h. eine Kollision, die aber nicht per Kollisionsnorm aufgelöst wird, weil der konkrete Mindestwirksamkeitsanspruch der europäischen Norm nicht beeinträchtigt wurde, was die Anwendung der Kollisionsnorm erst auslöst. Das europäische Regelungsziel wird in seiner Durchsetzung vielmehr so weit eingeschränkt, dass das kollidierende mitgliedsstaatliche Recht anwendbar bleibt und das europäische Regelungsziel zu einem Teil vereitelt. Das scheint auf dem ersten Blick dem Grundsatz einheitlicher Wirksamkeit zu widersprechen. Diese Fälle sind im Folgenden genauer zu betrachten.[433] Da sie – augenscheinlich systemwidrig – eine Wirksamkeitsbeeinträchtigung des europäischen Rechts durch nationale Vorschriften zulassen, sollen sie hier als *erlaubte Wirksamkeitsbeeinträchtigungen* bezeichnet werden.

d) Zu einer möglichen „Rechtfertigung" von Kollisionen: Gibt es erlaubte Wirksamkeitsbeeinträchtigungen?

Wie oben bereits angeklungen, werden die Kollisionsnormen dann anwendbar, wenn der konkrete Mindestwirksamkeitsanspruch der Norm verletzt ist, d. h. die äquivalente und effektive Durchsetzung des Regelungsziels im Einzelfall durch mitgliedsstaatliches Recht verhindert wird. Hingegen kommt es vor, dass europäische Regelungsziele gegenüber mitgliedsstaatlichem Recht trotz eines Konflikts nicht zur Durchsetzung gelangen. Hierzu gibt es zahlreiche Beispiele in der Rechtsprechung des EuGH.[434] Im Folgenden soll zunächst näher untersucht werden, ob solche erlaubten Wirksamkeitsbeeinträchtigungen durch nationale Vorschriften in Anbetracht des oben bereits behandelten Mindesteffektivitätsgebots überhaupt denkbar sind.[435] Sodann sollen die Rechtsprechungsfälle analysiert werden, in welchen der EuGH augenscheinlich eine Wirksamkeitsbeeinträchtigung europäischer Vorschriften durch nationales Recht duldete. In diesem Rahmen soll die Rechtsprechungslinie anhand der oben entwickelten

---

432 So in EuGH, Urt. v. 21.6.2007 – Rs. C-158/06 (Stichting ROM-projecten), ECLI:EU:C:2007:370, Rn. 24 ff.; siehe auch Beispiel unter Kapitel 2 A. IV. 2. c) bb), S. 155.

433 Siehe d), S. 160.

434 Siehe bb), S. 162.

435 Siehe aa), S. 161.

Grundlagen dogmatisch aufgearbeitet werden.[436] Daneben sollen auch die (ungeschriebenen) europäischen Grundsätze, die zur möglichen Einschränkung unionsrechtlicher Normen infrage kommen, kurz skizziert werden.[437] Ein besonderer Fokus liegt dabei auf der insbesondere in der deutschen Literatur vieldiskutierten Verfahrensautonomie, die häufig als eigenständiges, unionsrechtliches Prinzip angesehen wird.[438] Aus diesen Analysen lassen sich Parameter zur Konkretisierung des Wirksamkeitsanspruchs europäischer Regelungsziele folgern.[439]

aa) Keine erlaubte Wirksamkeitsbeeinträchtigung durch nationale Vorschriften i. R. d. Mindesteffektivitätsforderung

Bei der Formel, die der EuGH zum Effektivitätsgrundsatz entwickelt hat, fällt auf, dass mit „nicht praktisch unmöglich machen" und „übermäßig erschweren" unbestimmte Begriffe genutzt werden, die begrifflich eine graduelle Abstufung zulassen. Denn das nationale Recht darf die Durchsetzung des europäischen Rechts zwar nicht „übermäßig", aber im Umkehrschluss doch zumindest in einem gewissen Maße beeinträchtigen. Auch angesichts der oben festgestellten Mindesteffektivität, die das europäische Recht einfordert, stellt sich mit Blick auf den Gegenpol einer maximalen Effektivität die Frage, ob die Mindesteffektivität erlaubte Wirksamkeitsbeeinträchtigungen des europäischen Rechts seitens des mitgliedsstaatlichen Rechts ermöglicht.

Wie weit ggf. Einschränkungen der praktischen Wirksamkeit gehen dürfen, d. h. wo jeweils die Beeinträchtigungsgrenze der Mindesteffektivität zu ziehen ist, ist zunächst eine *Einzelfallentscheidung*.[440] Begriffliche Konkretisierungsvorschläge, z. B. der einer notwendigen „qualifizierten Beeinträchtigung"[441] oder einer „vom Ergebnis her hinreichend effektiven Durchführung"[442] helfen dabei kaum weiter, da sie zumeist nur einen unbestimmten Begriff durch einen anderen ersetzen.

Eine Untersuchung der formelartigen Umschreibung des Effektivitätsgrundsatzes muss vielmehr vor dem Hintergrund des Sinn und Zwecks des Effektivitätsgebots gesehen werden, nach welchem das europäische Recht so anzuwenden und durchzusetzen ist, dass es seine Ziele erreicht. Die Mindesteffektivität des europäischen Rechts lässt sich ebenso positiv als Gebot effektiver Durch-

---

[436] Siehe cc), S. 164.
[437] Siehe dd), S. 172.
[438] Siehe dd)(2), S. 173.
[439] Siehe ee), S. 179.
[440] Siehe dazu bereits Kapitel 2 A.IV.2.b)aa)(2)(c), S. 145 sowie Kapitel 2 A.IV.2.b) bb)(3), S. 150.
[441] *Ebers*, Rechte, Rechtsbehelfe und Sanktionen im Unionsprivatrecht, 2017, 274.
[442] *Ebers*, Rechte, Rechtsbehelfe und Sanktionen im Unionsprivatrecht, 2017, 273.

setzung formulieren.[443] Eine besondere Rücksichtnahme auf mitgliedsstaatliche Normen bzw. ein „erheblicher Spielraum“ der Mitgliedsstaaten[444] lässt sich dem gerade nicht entnehmen. Im Gegenteil deutet die Sicherung einer effektiven Wirksamkeit vielmehr darauf hin, dass das Maß der Mindesteffektivität vergleichsweise hoch anzusetzen ist. Denn die Durchsetzung europäischer Ziele steht gerade nicht zur Disposition. Spielräume verbleiben maximal im Rahmen von Modalitäten, die der Zielerreichung dienen. Etwaige Modalitäten dürfen im Umkehrschluss die Zielerreichung nicht „übermäßig erschweren“. So schlägt *Niedobitek* die Formel vor, dass die „realistische Chance einer Rechtsverwirklichung“ noch gegeben sein muss.[445] Hinzu kommt, dass die Möglichkeiten auf mitgliedsstaatlicher Ebene, die Modalitäten der Zielerreichung selbst zu regeln, umso enger umrissen sind, je genauer der betreffende Themenkomplex in der europäischen Rechtsordnung normativ ausgestaltet ist. Von einer wirklich effektiven Durchsetzung des Unionsrechts kann jedenfalls nur gesprochen werden, wenn wirklich jedes Hindernis, das sich aus rein nationalen Belangen für das Regelungsziel ergibt, ausgeschaltet wird.[446] Diese Interpretation setzt die Grenze für unerlaubte Beeinträchtigungen europäischer Normen durch mitgliedsstaatliches Recht sehr niedrig an. Hiernach lässt der Mindestwirksamkeitsstandard der effektiven Umsetzung keinerlei Wirksamkeitsbeeinträchtigungen europäischer Regelungsziele durch nationales Recht zu, soweit sich dieses nicht auf geschriebene Schrankenregelungen beziehen kann, wie im Rahmen der Grundfreiheiten (siehe etwa Art. 36, 45 Abs. 3, 52, 62 i. V. m. Art. 52 AEUV). Diese Vorschriften sehen die Rechtfertigung von Normenkollisionen explizit vor. Darüber hinaus verbietet sich jedoch schon mit Blick auf die europäische Sicht der Normenhierarchie und den daraus folgenden Vorrang der europäischen Rechtsordnung jede Überlagerung europäischer Vorschriften durch nationales Recht.

bb) Vermeintlich erlaubte Wirksamkeitsbeeinträchtigungen in der Rechtsprechung des EuGH

Es haben sich in der Rechtsprechung des EuGH jedoch Fallgruppen zu erlaubten Wirksamkeitsbeeinträchtigungen europäischer Regelungsziele herausgebildete, nach welchen eine Beeinträchtigung dann akzeptiert wird, wenn dem nationalen Regelungsziel ein Zweck zugrunde liegt, der sich an einen europäischen allgemeinen Rechtsgrundsatz anknüpfen lässt. So sind nationale Vorschriften, die im konkreten Fall europäisches Recht in seiner praktischen Wirk-

---

443 Siehe zu den unterschiedlichen Begrifflichkeiten Kapitel 2 A. III. 2. b) bb) (4), S. 96.

444 So aber *Krönke*, Die Verfahrensautonomie der Mitgliedsstaaten, 2013, 229.

445 *Niedobitek*, VerwArch 91 (2001), 58, 75 f.; ähnlich *Kadelbach*, Allgemeines Verwaltungsrecht unter europäischem Einfluss, 1999, 133 f.

446 In diese Richtung auch *Schoch*, in: Schmidt-Aßmann/Sellner/Hirsch/Kemper/Lehmann-Grube (Hrsg.), Festgabe 50 Jahre Bundesverwaltungsgericht, 2003, 507, 512.

samkeit einschränken, zunächst darauf zu prüfen, ob sie allgemeine Grundsätze des Unionsrechts widerspiegeln.[447] In solchen Fällen kann die Wirksamkeitseinschränkung der betroffenen EU-Norm ausnahmsweise hinzunehmen sein. Es handelt sich hier um Fälle, in denen die auf europäischer Seite beteiligte Norm ihr Regelungsziel im Ergebnis gar nicht mehr oder nur begrenzt durchsetzen kann. So ließ der EuGH erstmals explizit in der Rs. *Dt. Milchkontor* die Einschränkung der Rückforderung gemeinschaftsrechtswidrig gezahlter Beihilfen durch nationale Ausschlussregelungen zu, die „auf Kriterien wie den Vertrauensschutz, den Wegfall der ungerechtfertigten Bereicherung, den Ablauf einer Frist oder den Umstand abstellen, dass die Verwaltung wusste oder grob fahrlässig nicht wusste, dass sie die fraglichen Beihilfen zu Unrecht gewährte, jedoch unter dem Vorbehalt, dass dabei die gleichen Voraussetzungen gelten wie für die Wiedereinziehung rein nationaler Geldleistungen", soweit das Gemeinschaftsinteresse gleichzeitig „voll berücksichtigt" werde.[448] Begründet wurde diese Einschränkung einer europarechtlichen Verpflichtung damit, dass etwa die Grundsätze des Vertrauensschutzes und der Rechtssicherheit auch Grundsätze des europäischen Rechts seien und sie daher, soweit sie eine Ausgestaltung im nationalen Recht fänden, nicht als widersprüchlich zur europäischen Rechtsordnung angesehen werden könnten[449] – obgleich sie der Durchsetzung des europäischen Rechts ersichtlich im Wege standen. Ähnliche Erwägungen finden sich mittlerweile in zahlreichen anderen Urteilen,[450] wobei teilweise die

[447] Zur Einschränkungsmöglichkeit erstmals EuGH, Urt. v. 17.12.1970 – Rs. 11/70 (Internationale Handelsgesellschaft), ECLI:EU:C:1970:114, Rn. 4; sodann EuGH, Urt. v. 16.12.1976 – Rs. 33/76 (Rewe/Landwirtschaftskammer Saarland), ECLI:EU:C:1976:188, Rn. 5; EuGH, Urt. v. 16.12.1976 – Rs. 45/76 (Comet), ECLI:EU:C:1976:191, Rn. 11/18.

[448] EuGH, Urt. v. 21.9.1983 – Rs. 205–215/82 (Dt. Milchkontor), ECLI:EU:C:1983:233, Ls. 3, Rn. 33.

[449] EuGH, Urt. v. 21.9.1983 – Rs. 205–215/82 (Dt. Milchkontor), ECLI:EU:C:1983:233, Rn. 30; in EuGH, Urt. v. 24.2.1987 – 310/85 (Deufil), ECLI:EU:C:1987:96, Rn. 20 ff.; EuGH, Urt. v. 20.9.1990 – C-5/89 (BUG Alutechnik), ECLI:EU:C:1990:320, Rn. 13; EuGH, Urt. v. 20.3.1997 – C-24/95 (Alcan II), ECLI:EU:C:1997:163, Rn. 25, wurde der Vertrauensschutz als europäischer Rechtsgrundsatz ebenfalls erwähnt aber das schutzwürdige Vertrauen verneint; ähnlich für die Bedeutung der Rechtskraft EuGH, Urt. v. 11.11.2015 – Rs. C-505/14 (Klausner Holz), ECLI:EU:C:2015:742, Rn. 38, 45.

[450] EuGH, Urt. v. 5.12.2017 – Rs. C-42/17 (M. A. S./M. B.), ECLI:EU:C:2017:936, Rn. 38 ff., 51 ff., 61 f.; EuGH, Urt. v. 9.11.2017 – Rs. C-298/16 (Ispas), ECLI:EU:C:2017:843, Rn. 35 ff.; EuGH, Urt. v. 6.10.2009 – C-40/08 (Asturcom Telecomunicaciones), ECLI:EU:C:2009:615, Rn. 35 ff.; EuGH, Urt. v. 18.12.2014 – verb. Rs. C-131/13, C-163/13 u. C-164/13 (Staatssecretaris von Financien), ECLI:EU:C:2014:2455, Rn. 51 ff.; EuGH, Urt. v. 21.6.2007 – Rs. C-158/06 (Stichting ROM-projecten), ECLI:EU:C:2007:370, Rn. 24; EuGH, Urt. v. 11.7.2002 – Rs. C-62/00 (Marks & Spencer), ECLI:EU:C:2002:435, Rn. 35; EuGH, Urt. v. 9.10.2001 – verb. Rs. C-89/99 und C-81/99 (Flemmer), ECLI:EU:C:2001:525, Rn. 60; EuGH, Urt. v. 20.9.1990 – C-5/89 (BUG Alutechnik), ECLI:EU:C:1990:320, Rn. 13; EuGH, Urt. v. 16.7.98 – Rs. C-298/96 (Oelmühle), ECLI:EU:C:1998:372, Rn. 31; EuGH, Urt. v. 12.5.1998 – Rs. 366/95 (Steff-Houlberg), CLI:EU:C:1998:216, Rn. 31, 34 f.; EuGH, Urt. v. 5.3.1980 – Rs. 265/78 (Ferwerda), ECLI:EU:C:1980:66; EuGH, Urt. v. 21.2.1991 – Rs. C-143/88 u. C-92/89 (Zuckerfabrik Süderdithmarschen), ECLI:EU:C:1991:65, Rn. 16 f.; ausführliche Ana-

jeweilige Rechtsprechungslinie an sich schon als allgemeiner Rechtsgrundsatz bezeichnet wird.[451]

Daraus folgt, dass die Beeinträchtigung der Regelungszieldurchsetzung einer europäischen Vorschrift über die mitgliedsstaatliche Ausprägung europarechtlicher Grundsätze legitimiert werden kann. Hier liegen damit augenscheinlich erlaubte Wirksamkeitsbeeinträchtigungen vor, da der EuGH explizit von der vorrangigen Anwendung europäischer Normen absieht, obwohl das mitgliedsstaatliche Recht klar gegen Unionsrecht verstößt.[452] Dennoch wird hier die Wahrung der Mindesteffektivität des europäischen Rechts nur auf den ersten Blick aufgegeben.[453]

cc) Dogmatische Aufarbeitung der Rechtsprechung

In dogmatischer Hinsicht ist diese EuGH-Rechtsprechung bislang recht einheitlich als Prinzipienkonflikt rezipiert worden.[454] In diesem Sinne soll eine Abwägung des Effektivitätsgrundsatzes gegenüber dem in Rede stehenden allgemeinen Rechtsgrundsatz angezeigt sein.[455] Häufige Erwähnung findet hier als entgegenstehender Rechtsgrundsatz die mitgliedsstaatliche Verfahrensautonomie. Wie oben bereits aufgeführt, ist jedoch der Effektivitätsgrundsatz allein kein abwägungsfähiges oder unmittelbar anwendbares Prinzip in diesem Sinne.[456] Ebenso ist auch eine Abwägung zwischen dem Effektivitätsgrundsatz und der mitgliedsstaatlichen Verfahrensautonomie abzulehnen, zumal die Verfahrensautonomie nicht als eigenständiges Prinzip auf europäischer Ebene anzuerkennen ist.[457]

Mitnichten gibt der EuGH in diesen Fällen die Effektivität des europäischen Rechts preis, was eine Abwägung zumindest teilweise suggeriert. Die Wahrung der Effektivität verlagert sich im Ergebnis lediglich von einer sekundärrechtlichen Bestimmung auf die Ausprägung eines allgemeinen Rechtsgrundsatzes, wenn die Norm und der Rechtsgrundsatz in seiner konkreten Ausprägung nicht nebeneinander anwendbar sind.

---

lyse bei *Ebers*, Rechte, Rechtsbehelfe und Sanktionen im Unionsprivatrecht, 2017, 344 ff.; *Schroeder*, Das Gemeinschaftsrechtssystem, 2002, 442 ff.

451 So etwa für die Rücknahme europarechtswidriger Beihilfen EuG, Urt. v. 18.10.2011 – Rs. T-53/10 (Reisenthel), ECLI:EU:T:2011:601, Rn. 40.

452 Siehe etwa EuGH, Urt. v. 11.11.2015 – Rs. C-505/14 (Klausner Holz), ECLI:EU:C:2015:742, Rn. 59; EuGH, Urt. v. 10.7.2014 – Rs. C-213/13 (Impresa Pizzarotti), ECLI:EU:C:2014:2067, Rn. 59.

453 Siehe dazu Kapitel 2 A. IV. 2. d) cc) (3), S. 168.

454 Siehe bereits oben Kapitel 2 A. IV. 2. b) bb), S. 147.

455 *Ebers*, Rechte, Rechtsbehelfe und Sanktionen im Unionsprivatrecht, 2017, 349; *Schroeder*, AöR 129 (2004), 3, 35; *Schroeder*, Das Gemeinschaftsrechtssystem, 2002, 423 ff.

456 Siehe oben Kapitel 2 A. IV. 2. b) bb) (3), S. 150.

457 Siehe dazu Kapitel 2 A. IV. 2. d) dd) (2), S. 173.

(1) Allgemeine Rechtsgrundsätze als Grundlage der Wirksamkeitsbeschränkung durch mitgliedsstaatliche Regelungsziele

Zwar sind laut dem EuGH im Rahmen der Frage, ob die Effektivität des europäischen Rechts übermäßig beeinträchtigt wird, „die Grundsätze zu berücksichtigen, die dem nationalen Rechtsschutzsystem zugrunde liegen".[458] Diese Formulierung scheint den Schluss zuzulassen, dass auch explizit Grundsätze des mitgliedsstaatlichen Rechts zur Grundlage einer (erlaubten) Wirksamkeitsbeschränkung werden können.[459] Es ist jedoch dogmatisch überzeugender, dass zunächst anhand mitgliedsstaatlicher Grundsätze der Sinn und Zweck der Vorschriften gewürdigt wird, um im Weiteren zu entscheiden, ob diese Zwecke auch auf europäischer Ebene geteilt werden.[460] Denn europäisches Recht kann aus normhierarchischen Gründen letztlich nur durch Ausprägungen europäischer Rechtsgrundsätze eingeschränkt werden. Dass eine geduldete Wirksamkeitseinschränkung nicht durch nationale Vorschriften an sich oder dahinterstehende mitgliedsstaatliche Rechtsgrundsätze erfolgen kann, sondern vielmehr nur durch *europäische Rechtsgrundsätze*, die sich in einer nationalen Norm in konkretisierter Form wiederfinden, ist somit die logische Konsequenz des europäischen Vorranganspruchs gegenüber mitgliedsstaatlichem Recht.

Die erlaubte Wirksamkeitsbeeinträchtigung kann daher wie folgt beschrieben werden: Wenn der Normzweck einer mitgliedsstaatlichen Vorschrift die Ausprägung eines Rechtsgrundsatzes darstellt, der auf europäischer Ebene ebenso anerkannt ist, kann diese mitgliedsstaatliche Norm wertungsmäßig mit dem europäischen Grundsatz „aufgeladen" werden. Als Ausprägung eines europäischen Rechtsgrundsatzes fordert sodann auch dieses Regelungsziel einheitliche Wirksamkeit ein. Das Gebot effektiver und äquivalenter Rechtsdurchsetzung kann folglich im Einzelfall auch hinter einem mitgliedsstaatlichen Regelungsziel stehen, soweit dieses europäische Ziele widerspiegelt.[461] Die mitgliedsstaatliche Norm wird in diesem konkreten Fall normhierarchisch „hochgezont", sodass sie auf einer Stufe mit dem kollidierenden europäischen Recht steht. Damit erübrigt sich eine Kollisionsauflösung durch die oben genannten Kollisionsnormen, da die Kollision nunmehr auf ein und derselben Ebene stattfindet.

---

458 St. Rspr. EuGH, Urt. v. 11.11.2015 – Rs. C-505/14 (Klausner Holz), ECLI:EU:C:2015:742, Rn. 41; EuGH, Urt. v. 6.10.2015 – Rs. C-69/15 (Târşia), ECLI:EU:C:2015:662, Rn. 36 f.; EuGH, Urt. v. 14.12.1995 – C-312/93 (Peterbroeck), ECLI:EU:C:1995:437, Rn. 14.

459 *Trstenjak/Beysen*, CMLR 2011, 95, 103CMLR 2011, 95, 103.

460 Siehe Kapitel 2 A. IV. 2. d) dd), S. 172.

461 EuGH, Urt. v. 9.11.2017 – Rs. C-298/16 (Ispas), ECLI:EU:C:2017:843, Rn. 26 ff., 37, wo der EuGH etwas umständlich, aber letztlich konsequent die Beeinträchtigungsgrenzen der Effektivität und Äquivalenz auch auf einen allgemeinen Rechtsgrundsatz anwendet; in diese Richtung schon *Huthmacher*, Der Vorrang des Gemeinschaftsrechts bei indirekten Kollisionen, 1985, 185. Siehe dazu auch oben Kapitel 2 A. III. 3. b) bb) (1), S. 112.

(2) Ausgestaltung europarechtlicher, allgemeiner Grundsätze durch mitgliedsstaatliches Recht

Dass in mitgliedsstaatliches Recht europäische Wertungen gleichsam hereingelesen werden, ist insofern konsequent, als Regelungslücken im Unionsrecht zunächst durch den Rückgriff auf allgemeine Rechtsgrundsätze gelöst werden sollen,[462] die aber selten konkrete Vorgaben für den betreffenden Fall vorhalten. Zwar kann auch den nicht unmittelbar anwendbaren Rechtsgrundsätzen im Wege der deduktiven Rechtsfortbildung eine unmittelbar anwendbare Regel entnommen werden, diese Rechtsfortbildung steht jedoch in einem Spannungsverhältnis zur Gewaltenteilung.[463] Gerade die ungeschriebenen allgemeinen Rechtsgrundsätze sind regelmäßig nicht ohne Weiteres unmittelbar anwendbar,[464] ihnen kommt also vornehmlich die Funktion der Interpretation europäischen Rechts zu. Ermöglicht man hingegen die Ausgestaltung dieser Grundsätze nicht nur durch europäisches, sondern auch durch mitgliedsstaatliches Recht, wird der Anwendungsbereich allgemeiner Rechtsgrundsätze deutlich erweitert.

Eine normative Anknüpfung dafür, dass auch die Mitgliedsstaaten die allgemeinen Rechtsgrundsätze näher ausgestalten dürfen, findet sich in Art. 52 Abs. 5 GRC:

> „Die Bestimmungen dieser Charta, in denen Grundsätze festgelegt sind, können durch Akte der Gesetzgebung und der Ausführung der Organe, Einrichtungen und sonstigen Stellen der Union sowie durch Akte der Mitgliedstaaten zur Durchführung des Rechts der Union in Ausübung ihrer jeweiligen Zuständigkeiten umgesetzt werden. Sie können vor Gericht nur bei der Auslegung dieser Akte und bei Entscheidungen über deren Rechtmäßigkeit herangezogen werden."

Zwar bezieht sich diese Vorschrift nur auf die geschriebenen Grundsätze der Grundrechtecharta, die im Gegensatz zu den Grundrechten „keine direkten Ansprüche auf den Erlass positiver Maßnahmen durch die Organe der Union oder die Behörden den Mitgliedstaaten" begründen.[465] Dass es sich mit den ungeschriebenen Grundsätzen ähnlich verhält und auch diese in mitgliedsstaatlichen Normen konkretisiert werden dürfen, beweist jedoch wiederum die oben angeführte Rechtsprechung des Gerichtshofs. Es ist daher naheliegend, dass Art. 52 Abs. 5 GRC die Verschriftlichung eines Umstands darstellt, der für alle allgemeinen Rechtsgrundsätze gilt.[466]

---

[462] So für das Verfahrensrecht statt aller *Schroeder*, in: Niedobitek (Hrsg.), Europarecht, 2014, § 8, Rn. 44; siehe zur „Lückenfüllungsfunktion" auch Kapitel 2 A. III. 3. b) bb) (2) (b), S. 115.

[463] Siehe oben Kapitel 1 B. I. 3. b) aa) (2), S. 32.

[464] Siehe oben Kapitel 2 A. III. 3. b) bb) (2) (b), S. 115.

[465] Erläuterungen zur Charta der Grundrechte, ABl. 2007, C 303/35.

[466] Das bedeutet freilich nicht, dass nicht auch geschriebene Grundrechte auf mitgliedsstaatlicher Ebene konkretisiert werden können.

Im Anwendungsbereich der europäischen Grundrechten ist die Orientierung an mitgliedsstaatlichen Grundrechtestandards durch den EuGH anerkannt, soweit die Mitgliedsstaaten die Schutzgrenzen der Charta beachten und soweit dadurch nicht „der Vorrang, die Einheit oder die Wirksamkeit des Unionsrechts beeinträchtigt werden“.[467] Das bedeutet im Ergebnis, dass ein mitgliedsstaatliches Grundrechtsschutzniveau nur so weit gehen kann, wie europäisches Primär- oder Sekundärrecht nicht in seiner Wirksamkeit beschränkt wird.[468] Soweit eine nationale Grundrechtsinterpretation europäisches Sekundärrecht verletzt,[469] liegt diese Auslegung außerhalb des europäischen Grundrechtestandards – es sei denn man hält das Sekundärrecht selbst für primärrechtswidrig. In der Regel sind jedoch etwaige Sekundärrechtsvorschriften als primärrechtskonforme Ausprägungen gegenläufiger Grundrechte zu betrachten. Das lässt den Mitgliedsstaaten für eigenen Grundrechteschutzstandard nur einen sehr engen Spielraum.[470]

Das mitgliedsstaatliche Recht kann folglich als konkreter Anknüpfungspunkt für abstrakte, europäische Wertungen dienen. Da der EuGH jedoch mitgliedsstaatliches Recht nicht auslegen darf, kann er auch die teleologische Einordnung der mitgliedsstaatlichen Norm unter einen allgemeinen Grundsatz nicht überprüfen. Aus diesem Grund übernimmt er regelmäßig die Zielsetzung, die das mitgliedsstaatliche Gericht vorgibt und beschränkt sich zunächst darauf, festzustellen, dass der betreffende Grundsatz, der dem mitgliedsstaatlichen Recht zugrunde liegt, auch in der Unionsrechtsordnung anerkannt ist. Allerdings behält sich der EuGH vor, zu prüfen, ob die Ausgestaltung der europäischen Werte durch das Regelungsziel der mitgliedsstaatlichen Norm aus europäischer Sicht auch verhältnismäßig ausfällt. Dies ist nur konsequent, gehören doch die ungeschriebenen allgemeinen Rechtsgrundsätze zum europäischen Recht, für das der EuGH das Auslegungsmonopol beansprucht (Art. 19 Abs. 3 EUV). Nur wenn das mitgliedsstaatliche Regelungsziel eine verhältnismäßige Ausgestaltung des europäischen Rechtsgrundsatzes darstellt, kann die nationale Norm im Einzelfall das europäische Recht in seinem Wirksamkeitsanspruch beschränken. Denn eine i. E. verhältnismäßige Ausgestaltung eines europäischen Rechtsgrundsatzes impliziert, dass dem Regelungsziel keine höher zu gewich-

---

[467] EuGH, Urt. v. 5.12.2017 – Rs. C-42/17 (M. A. S./M. B.), ECLI:EU:C:2017:936, Rn. 47; EuGH, Urt. v. 26.2.2013 – Rs. C-617/10 (Åkerberg Fransson), ECLI:EU:C:2013:105 = NJW 2013, 1415, Rn. 29; EuGH, Urt. v. 26.2.2013 – Rs. C-399/11 (Melloni), ECLI:EU:C:2013:107, Rn. 60; zur Pluralität des Grundrechtsschutzes im Mehrebenensystem statt vieler *Britz*, EUGRZ 2015, 275.

[468] Eine strengere nationale Grundrechtsauslegung scheidet damit insbesondere in sogenannten „mehrpoligen Grundrechtsverhältnissen“ aus, da hier die Charta-Bestimmungen einer abweichenden nationalen Grundrechtsabwägung entgegenstehen, siehe *Buchholtz*, DÖV 2017, 837, 841.

[469] Siehe dazu Kapitel 3 B. V. 2. c), S. 300.

[470] Siehe dazu auch Kapitel 3 B. V. 2. a), S. 295.

tenden Regelungsziele entgegenstehen. Teil dieser Prüfung ist daher immer eine Abwägung zwischen den beiden widerstreitenden Zielen und den dahinterstehenden europäischen Wertungen.

(3) „Effektive Durchsetzung" von Einzelnormen als Relationsbegriff

Soweit nun der europäischen Norm eine mitgliedsstaatliche Norm gegenübersteht, deren Regelungsziel auf europäischer Ebene ebenso einheitliche Wirksamkeit einfordern kann wie das Regelungsziel der europäischen Norm, liegt, wie oben bereits angesprochen, kein klassischer Normkonflikt im Mehrebenensystem vor, der durch die dafür vorgesehenen Kollisionsnormen aufzulösen wäre. Vielmehr sind zwei auf derselben normhierarchischen Ebene angesiedelte, konträre Regelungsziele im konkreten Fall in einen Ausgleich zu bringen. Da beide Regelungsziele auf europäische Grundsätze rückführbar sind, streitet der Grundsatz einheitlicher Wirksamkeit für beide Regelungsziele, d. h. beide fordern zunächst effektive Durchsetzung ein. Es ist aber schlechterdings nicht möglich, beide Regelungsziele parallel durchzusetzen, wenn diese sich widersprechen. Daher ist die Herstellung einer *Vorrangrelation* zwischen den Regelungszielen notwendig. Dies läuft i. E. auf eine Abwägung der konkurrierenden, hinter den Regelungszielen stehenden Werten heraus, deren Ergebnis darüber entscheidet, welchem Grundsatz im konkreten Fall, d. h. welchem Regelungsziel, die effektive Durchsetzung zuzusprechen ist. Diese Abwägung lässt sich dogmatisch verorten bei der Festlegung des jeweiligen Mindestmaßes an effektiver Durchsetzung des europäischen Regelungsziels.[471] Denn das Maß der durch den Effektivitätsgrundsatz gebotenen Zielverwirklichung im Einzelfall ist kein starrer Wert, sondern jeweils kontextabhängig (und daher einzelfallabhängig) zu bestimmen.[472] Das bedeutet, dass hier auch entgegenstehende Regelungsziele Berücksichtigung finden müssen und ggf. den Anspruch auf effektive Durchsetzung des eigenen Regelungsziels schmälern können. Denn die effektive Verwirklichung einer einzelnen Zwecksetzung steht letztlich im Dienste der effektiven Geltung des Unionsrechts insgesamt.[473] Daraus folgt, dass auch die effektive Durchsetzung europäischer Regelungsziele immer unter dem Vorbehalt steht, dass kein anderes, konkurrierendes europäisches Ziel innereuropäisch höher bewertet wird.

Die Berücksichtigung entgegenstehender Regelungsziele kann nur dadurch erfolgen, dass die hinter den Regelungszielen stehenden Normzwecke betrachtet und gegeneinander abgewogen werden. Hier liegt daher auch keine Abwägung zwischen dem Effektivitätsgrundsatz selbst und dem allgemeinen Rechts-

---

471 Siehe oben Kapitel 2 A. IV. 2. b) aa) (2), S. 143.

472 Siehe dazu oben Kapitel 2 A. IV. 2. b) aa) (2) (c), S. 145; Kapitel 2 A. IV. 2. c) bb), S. 155.

473 So auch *Tomasic*, Effet utile, 2013, 138.

grundsatz vor. Entgegen der wohl herrschenden Ansicht in der Literatur[474] lässt sich das Prinzip einheitlicher Wirksamkeit nicht als ein eigener Pol der Abwägung konstruieren, denn es ist es auf beiden Seiten einer innereuropäischen Abwägung gleichermaßen beteiligt: Das Gebot effektiver Durchsetzung bezieht sich auf alles europäische Recht, auch auf ungeschriebene allgemeine Rechtsgrundsätze und deren etwaige Ausprägungen durch mitgliedsstaatliche Regelungsziele. Vor diesem Hintergrund ist eine Abwägung des Prinzips praktischer Wirksamkeit gegenüber einem allgemeinen Rechtsgrundsatz logisch nicht möglich. Die Abwägung erfolgt vielmehr zwischen den verschiedenen gegeneinander streitenden Zielbestimmungen, die hinter den kollidierenden Regelungszielen stehen. Diese widerstreitenden Werte zeigen sich in dem durch nationales Recht ausgestalteten allgemeinen Rechtsgrundsatz und in dem mit der Norm selbst sowie dem ganzen Rechtsakt intendierten Ziel. Es stehen sich so zwei *materielle* Grundwerte gegenüber, z. B. der Gesetzmäßigkeit der Verwaltung gegen den Vertrauensschutz,[475] das Beihilfeverbot gegen die Rechtskraft[476] oder Wettbewerbstransparenz und Gleichbehandlung gegen die Rechtskraft[477]. Da die Abwägung auf europäischer Ebene angesiedelt ist, sind auch nur europäisch anerkannte Grundsätze in diese mit einzubringen. Daher scheiden Rechtsgrundsätze auf nationaler Ebene von vornherein aus. Praktisch finden sich zwar häufig europäische Entsprechungen zu den mitgliedsstaatlichen Grundsätzen, die dann in der Abwägung berücksichtigt werden können. Dennoch sind beide Ebenen dogmatisch streng voneinander zu trennen.

In der Praxis benennt der EuGH regelmäßig nur die beiden Grundsätze, die gegeneinander streiten, um dann unmittelbar die Vorrangrelation festzustellen. Zu diesem Ergebnis kann er denklogisch jedoch nur kommen, indem er beide Grundsätze zueinander in Bezug setzt und abwägt. Ziel ist es immer, ein verhältnismäßiges Gleichgewicht zwischen den beiden Abwägungspolen ent-

---

[474] Siehe *Nettesheim*, in: Grabitz/Hilf/Nettesheim, AEUV Art. 1 Rn. 76; *Voß*, Die Durchbrechung der Rechtskraft nationaler Zivilgerichtsurteile zu Gunsten des unionsrechtlichen „effet utile"?, 2019, 110f., 237; *Ludwigs*, NVwZ 2018, 1417, 1419; *Ebers*, Rechte, Rechtsbehelfe und Sanktionen im Unionsprivatrecht, 2017, 210ff.; *Krönke*, Die Verfahrensautonomie der Mitgliedsstaaten, 2013, 223ff.; *Streinz*, in: Isensee/Kirchhof (Hrsg.), Handbuch des Staatsrechts (Bd. 10), 2012, § 218, Rn. 20; *König*, Der Äquivalenz- und Effektivitätsgrundsatz in der Rechtsprechung des Europäischen Gerichtshofs, 2011, 29ff., 249; *Seyr*, Der effet utile in der Rechtsprechung des EuGH, 2008, 181; *Schroeder*, AöR 129 (2004), 3, 34f.; ebenso schon *Schroeder*, Das Gemeinschaftsrechtssystem, 2002, 423ff.; *Lehr*, Einstweiliger Rechtsschutz und Europäische Union, 1997, 285ff.; *Kadelbach*, Allgemeines Verwaltungsrecht unter europäischem Einfluss, 1999, 117.

[475] Siehe die gegeneinander streitenden Grundsätze in EuGH, Urt. v. 21.9.1983 – Rs. 205–215/82 (Dt. Milchkontor), ECLI:EU:C:1983:233, Rn. 31 f.

[476] EuGH, Urt. v. 11.11.2015 – Rs. C-505/14 (Klausner Holz), ECLI:EU:C:2015:742, Rn. 38, 45.

[477] EuGH, Urt. v. 10.7.2014 – Rs. C-213/13 (Impresa Pizzarotti), ECLI:EU:C:2014:2067, Rn. 58, 63.

sprechend ihrer Gewichtung im europäischen Wertegefüge herzustellen.[478] Als grundlegendes Argumentationsprinzip der EU sowie Ausprägung der Rechtsstaatlichkeit[479] stellt der Verhältnismäßigkeitsgrundsatz alles Handeln im Geltungsbereich von Unionsrecht unter die Bedingung der Verhältnismäßigkeit[480] und findet insbesondere auch im Rahmen einer Abwägung innerunionaler Werte Anwendung.[481]

Überwiegt im Rahmen der Abwägung europarechtlicher Grundsätze oder Ziele der hinter dem mitgliedsstaatlichen Regelungsziel stehende allgemeine Rechtsgrundsatz, ist dem Regelungsziel der europäischen Norm hier die effektive Durchsetzung, d. h. der Mindestwirksamkeitsanspruch zu versagen. Ihr Regelungsziel wird in der Folge lediglich nicht durchgesetzt, bleibt aber inhaltlich unverändert gleich. Eingeschränkt wird nur die effektive Durchsetzung der Norm im Einzelfall.[482] Diese Einschränkung lässt sich durch den im mitgliedsstaatlichen Regelungsziel verkörperten allgemeinen Rechtsgrundsatz rechtfertigen, der als verhältnismäßige Einschränkung des einen zugunsten des anderen Wertes zu sehen ist und daher hier die effektive Wirkung beansprucht.[483]

Stellt sich heraus, dass im Einzelfall der Normzweck der europäischen Vorschrift überwiegt, streitet die effektive Wirksamkeit hier für das Regelungsziel der europäischen Norm. Gleichzeitig bedeutet dies, dass die Ausgestaltung des allgemeinen Rechtsgrundsatzes durch das mitgliedsstaatliche Regelungsziel aus europäischer Sicht nicht verhältnismäßig ist,[484] da sie die hinter der europäischen Norm stehenden Ziele unangemessen beeinträchtigt. In der Folge

---

[478] *Martens*, Methodenlehre des Unionsrechts, 2013, 466 f.; *Schroeder*, AöR 129 (2004), 3, 36, wenngleich in beiden Fällen wieder eine Abwägung mit dem Prinzip praktischer Wirksamkeit selbst vorgenommen wird.

[479] *von Danwitz*, EWS 2003, 393, 394, spricht von einer „allgemeinen Leitlinie gemeinschaftsrechtlichen Handelns".

[480] EuGH, Urt. v. 4.10.2018 – Rs. C-385/17 (Dooel Uvoz-Izvoz Skopje Link Logistic N&N), ECLI:EU:C:2018:810, Rn. 40; EuGH, Urt. v. 19.6.1980 – verb. Rs. 41, 121 u. 796–79 (Testa u. a.), Rn. 21; *Calliess*, in: Calliess/Ruffert, 6. Aufl. 2022, EUV Art. 5 Rn. 44 ff.; *Schmahl*, in: Schulze/Janssen/Kadelbach (Hrsg.), Europarecht, 2020, § 6, Rn. 46; *Trstenjak/Beysen*, EuR 2012, 265, 274 ff.

[481] EuGH, Urt. v. 3.7.2014 – verb Rs, C-129/13 u. 130/13 (Kamino), ECLI:EU:C:2014:2041, Rn. 42; EuGH, Urt. v. 26.9.2013 – Rs. C-418/11 (Texdata Software), ECLI:EU:C:2013:588, Rn. 84; EuGH, Urt. v. 12.6.2003 – C-112/00 (Schmidberger), ECLI:EU:C:2003:333, Rn. 81 ff.; für die Anwendung im Rahmen einer Kollision zwischen Grundrechten bzw. Grundrechten und Grundfreiheiten *Trstenjak/Beysen*, EuR 2012, 265, 280 ff.

[482] Siehe EuGH, Urt. v. 10.7.2014 – Rs. C-213/13 (Impresa Pizzarotti), ECLI:EU:C:2014:2067, Rn. 59: „mit Unionsrecht unvereinbare Situation", wobei hier nur eine mit dem Sekundärrecht unvereinbare Situation gemeint sein kann, denn die Achtung des allg. Rechtsgrundsatzes ist im Sinne des Unionsrechts.

[483] Terminus der Rechtfertigung explizit bei EuGH, Urt. v. 11.11.2015 – Rs. C-505/14 (Klausner Holz), ECLI:EU:C:2015:742, Rn. 39; EuGH, Urt. v. 3.9.2009 – Rs. C-2/08 (Fallimento Olimpiclub), ECLI:EU:C:2009:506, Rn. 28.

[484] Siehe oben Kapitel 2 A. IV. 2. d) cc) (2), S. 166.

muss die Kollision zugunsten des europäischen Rechts über eine der Kollisionsauflösungsregeln aufgelöst werden.[485] Mitgliedsstaatliches Recht, das zur Durchführung europäischen Rechts zur Anwendung kommt, *darf* folglich europäische Rechtsgrundsätze aufgreifen, um ggf. europäisches Sekundärrecht einzuschränken, es *muss* sich in diesem Fall aber gleichzeitig im Rahmen dieser Grundsätze bewegen[486]

Dieser Vorgang, der durch eine Abwägung verschiedener Grundsätze gekennzeichnet ist, um letztlich das Maß an effektiver Durchsetzung zu bestimmen, das das europäische Regelungsziel gegenüber dem allgemeinen Rechtsgrundsatz noch einfordern darf, ist Ausdruck der Erkenntnis, dass kein europäisches Ziel schrankenlos durchgesetzt werden kann. Er zeigt, wie die Zielbestimmungen der Union, die sich häufig gleichzeitig als Strukturprinzipien deuten lassen, das Wertungsfundament allen europäischen Rechts bilden und sich wechselseitig sowohl ergänzen als auch begrenzen.

(4) Zwischenergebnis

Das mit einem europäischen Regelungsziel kollidierende mitgliedsstaatliche Regelungsziel kann unter Umständen als europäisches Regelungsziel betrachtet werden, wenn ihm auf mitgliedsstaatlicher Ebene ein Normzweck zugrunde liegt, der auch auf europäischer Ebene anerkannt ist. Alles europäische Recht verlangt nach effektiver Durchsetzung. Dies gilt auch für konkretisierte Ausprägungen der allgemeinen Rechtsgrundsätze und damit ebenso für das mitgliedsstaatliche, von europäischer Seite „adoptierte" Regelungsziel. Dogmatisch gesehen liegt daher vielmehr ein Widerspruch auf europäischer Ebene vor. Beide widersprüchlichen Regelungsziele können nicht nebeneinander vollumfänglich durchgesetzt werden. Das Maß an durch den Effektivitätsgrundsatz (Art. 4 Abs. 3 EUV) gebotener Zielverwirklichung eines jeden Regelungsziels muss jedoch immer auch etwaige widerstreitende europäische Zielsetzungen miteinbeziehen: Dies geschieht anhand einer durch Abwägung herzustellenden Vorrangrelation zwischen den widerstreitenden europäischen Werten, die den jeweiligen Regelungszielen zugrunde liegen. Anhand dieser Vorrangrelation ist sodann das Maß der gebotenen effektiven Durchsetzung des unterliegenden

---

[485] Siehe oben Kapitel 2 A. III. 2. b) aa), S. 90.

[486] EuGH, Urt. v. 26.3.2020 – verb. Rs. C-496/18 u. C-497/18 (Hungeod), ECLI:EU:C:2020:240, Rn. 85 f.; EuGH, Urt. v. 19.12.2019 – Rs. C-236/18 (GRDF SA), ECLI:EU:C:2019:1120, Rn. 41; EuGH, Urt. v. 7.8.2018 – Rs. C-120/17 (Ministru kabinets), ECLI:EU:C:2018:638, Rn. 48; EuGH, Urt. v. 6.3.2014 – Rs. C-206/13 (Siragusa), ECLI:EU:C:2014:126, Rn. 34 f.; EuGH, Urt. v. 26.2.2013 – Rs. C-617/10 (Åkerberg Fransson), ECLI:EU:C:2013:105 = NJW 2013, 1415, Rn. 17 ff.; EuGH, Urt. v. 18.5.2000 – Rs. C-107/97 (Rombi), ECLI:EU:C:2000:253, Rn. 65; EuGH, Urt. v. 18.6.1991 – Rs. C-260/89 (ERT), ECLI:EU:C:1991:254, Rn. 42; *Latzel*, EuZW 2015, 658, 661; *Weiß*, in: Niedobitek (Hrsg.), Europarecht, 2014, § 5, Rn. 123 ff.; *Metzger*, Extra legem, intra ius, 2009, 407 ff., 460 ff.; *Schroeder*, AöR 129 (2004), 3, 24 ff.

Regelungsziels entsprechend zu verringern. So kommt im Ergebnis tatsächliche Durchsetzung nur dem Ziel, welches (und soweit es) in der Abwägung obsiegt.

Für das mitgliedsstaatliche Recht bedeutet das, dass eine Wirksamkeitsbeeinträchtigung sekundärrechtlicher Regelungsziele nur dann möglich ist, wenn das kollidierende mitgliedsstaatliche Ziel eine aus europäischer Sicht verhältnismäßige Ausprägung eines allgemeinen Rechtsgrundsatzes darstellt, dem im konkreten Fall Vorrang vor den Zielen des kollidierenden europäischen Rechts einzuräumen ist. In jedem Fall muss ein verhältnismäßiger Ausgleich zwischen den beiden Zielen gefunden werden und das Überwiegen eines Wertes will gut begründet sein.

dd) Grundlage einer Wirksamkeitsbeschränkung sekundärrechtlicher Normen: Ungeschriebene allgemeine Rechtsgrundsätze

(1) Allgemeine Rechtsgrundsätze und unionsrechtliche Ziele

Es gibt neben den Grundrechten und den verschriftlichten Grundsätzen zahlreiche ungeschriebene Rechtsgrundsätze, die bislang vom EuGH klar als dem Europarecht zugehörig anerkannt worden sind.[487] Dazu gehören insbesondere die Rechtsstaatsgrundsätze, unter anderem der Grundsatz des Vertrauensschutzes[488] und der Rechtsicherheit,[489] der Verhältnismäßigkeitsgrundsatz (teilnormiert in Art. 5 Abs. 4 EUV), das Rechtsmissbrauchsverbot,[490] eng damit verbunden auch der Grundsatz von Treu und Glauben,[491] das Gebot der Rechtssicherheit,[492] aber auch eher zivilrechtlich geprägte Grundsätze wie die Ver-

---

487 Erstmalige Erwähnung allgemeiner Rechtsgrundsätze in EuGH, Urt. v. 29.11.1956 – Rs. 8/55 (Fédechar), ECLI:EU:C:1956:11; zur Entwicklung der Rspr. zu allgemeinen Grundsätzen des Unionsrecht *Metzger*, Extra legem, intra ius, 2009, 325 ff.

488 EuGH, Urt. v. 11.6.2015 – Rs. C-98/14 (Berlington Hungary u. a.), ECLI:EU:C:2015:386, Ls. 3; EuGH, Urt. v. 24.11.2011 – Rs. C-369/09 (ISD Polska), ECLI:EU:C:2011:175, Rn. 98; EuGH, Urt. v. 11.7.2002 – Rs. C-62/00 (Marks & Spencer), ECLI:EU:C:2002:435, Rn. 43 ff.; EuGH, Urt. v. 17.12.1998 – Rs. C-186/96 (Demand), ECLI:EU:C:1998:609, Rn. 44.

489 EuGH, Urt. v. 11.6.2015 – Rs. C-98/14 (Berlington Hungary u. a.), ECLI:EU:C:2015:386, Ls. 3; EuGH, Urt. v. 24.11.2011 – Rs. C-369/09 (ISD Polska), ECLI:EU:C:2011:175, Rn. 71, 98; EuGH, Urt. v. 21.9.1983 – Rs. 205–215/82 (Dt. Milchkontor), ECLI:EU:C:1983:233, Rn. 30; EuGH, Urt. v. 5.3.1980 – Rs. 265/78 (Ferwerda), ECLI:EU:C:1980:66, Rn. 17.

490 EuGH, Urt. v. 22.11.2017 – Rs. C-251/16 (Cussens), ECLI:EU:C:2017:881, Rn. 32; EuGH, Urt. v. 21.2.2008 – Rs. C-425/06 (Part Service), ECLI:EU:C:2008:108, Ls. 1; EuGH, Urt. v. 21.2.2006 – Rs. C-255/02 (Halifax u. a.), ECLI:EU:C:2006:121, Rn. 63 ff.

491 EuGH, Urt. v. 15.7.1960 – verb. Rs. 43, 45 u. 48/59 (Lachmüller), ECLI:EU:C:1960:37; EuGH, Urt. v. 16.12.1960 – Rs. 44/59 (Fiddelaar), ECLI:EU:C:1960:47; näher dazu *Stempel*, Treu und Glauben im Unionsprivatrecht, 2016.

492 EuGH, Urt. v. 19.12.2019 – Rs. C-236/18 (GRDF SA), ECLI:EU:C:2019:1120, Rn. 42; EuGH, Urt. v. 11.9.2019 – Rs. C-676/17 (Călin), ECLI:EU:C:2019:700, Rn. 50; EuGH, Urt. v. 5.12.2017 – Rs. C-42/17 (M. A. S./M. B.), ECLI:EU:C:2017:936, Rn. 56; EuGH, Urt. v. 10.11.2011 – Rs. C-405/10 (Özlem Garenfeld), ECLI:EU:C:2011:722, Rn. 48.

tragsfreiheit,[493] das Verbot ungerechtfertigter Bereicherung[494] und einzelne Haftungsvoraussetzungen.[495]

An dieser Stelle kann und soll keine abschließende Aufzählung aller ungeschriebenen Grundsätze folgen, zumal viele zueinander in Ableitungsverhältnissen stehen. Die jeweils konkret einschlägigen allgemeinen Grundsätze sollen vielmehr in den Anwendungsbeispielen[496] genauer untersucht werden, soweit dies notwendig ist.

Von allgemeinen Rechtsgrundsätzen unterschieden werden können die unionsrechtlichen Zielbestimmungen: Diese wiederum lassen sich in die oberste Ebene der Zielbestimmungen nach Art. 3 EUV sowie speziellere „Teilziele", etwa die Zielbestimmung, die sich aus einem bestimmten Rechtsakt ergibt, einteilen. Die obersten Ziele der Union entfalten keine Maßstabfunktion[497] und spielen lediglich i. R. d. Auslegung des Unionsrechts eine Rolle.[498] Konkretere, rechtsaktbezogene Ziele hingegen enthalten in der Regel auch Wertungen eines allgemeinen Grundsatzes, etwa wenn ein Sekundärrechtsakt ein Grundrecht konkretisiert – sodass sich diese Zielbestimmungen regelmäßig an allgemeine Rechtsgrundsätze anknüpfen lassen. Im Ergebnis laufen damit unionsrechtliche Ziele und allgemeine Rechtsgrundsätze regelmäßig parallel.

(2) Die mitgliedsstaatliche Verfahrensautonomie als europarechtlicher Rechtsgrundsatz?

(a) Begriff in der Rechtsprechung

Seit dem Jahr 2004 taucht der Grundsatz der Verfahrensautonomie regelmäßig in der Rechtsprechung des EuGH auf.[499] Damit verknüpft wird die Aussage,

---

[493] EuGH, Urt. v. 14.10.2010 – Rs. C-61/09 (Landkreis Bad Dürkheim), ECLI:EU:C:2010:606, Rn. 55; EuGH, Urt. v. 5.10.1999 – Rs. C-240/97 (Spanien/Kommission), ECLI:EU:C:1999:479, Rn. 99; zudem Verwendung des Grundsatzes in der Rechtssetzung, siehe etwa Erwägungsgrund 9 der RL 1999/44/EG (Verbrauchsgüterkauf-Richtlinie).

[494] EuGH, Urt. v. 12.6.1980 – Rs. 130/79 (Express Dairy Foods), ECLI:EU:C:1980:155, Rn. 13; EuGH, Urt. v. 27.3.1980 – Rs. 61/79 (Denkavit italiana), ECLI:EU:C:1980:100, Rn. 26; EuGH, Urt. v. 27.2.1980 – Rs. 68/79 (Just), ECLI:EU:C:1980:57, Rn. 26.

[495] Aufzählungen bei *Reich*, General Principles of EU Civil Law, 2014; *Hartkamp*, RabelsZ 2011, 241, 255 ff.; *Metzger*, Extra legem, intra ius, 2009, 358 f.; *Szczekalla*, in: Rengeling (Hrsg.), Handbuch zum europäischen und deutschen Umweltrecht, 2003, § 11, Rn. 5 ff.

[496] Siehe Kapitel 3, S. 209.

[497] *Ruffert*, in: Calliess/Ruffert, 6. Aufl. 2022, EUV Art. 3 Rn. 4.

[498] *Ruffert*, in: Calliess/Ruffert, 6. Aufl. 2022, EUV Art. 3 Rn. 9; *Terhechte*, in: Grabitz/Hilf/Nettesheim, EUV Art. 3 Rn. 12; *Martens*, Methodenlehre des Unionsrechts, 2013, 471 f.

[499] Erstmals in EuGH, Urt. v. 7.1.2004 – C-201/02 (Delena Wells), ECLI:EU:C:2004:12 = NVwZ593, Rn. 65, 67; aus neuerer Zeit etwa EuGH, Urt. v. 24.10.2018 – Rs. C-234/17 (XC u. a.), ECLI:EU:C:2018:853 Rn. 21; EuGH, Urt. v. 27.6.2018 – Rs. C-246/17 (Diallo), ECLI:EU:C:2018:499, Rn. 45; EuGH, Urt. v. 2.5.2018 – Rs. C-574/15 (Scialdone), ECLI:EU:C:2018:295, Rn. 29; EuGH, Urt. v. 28.2.2018 – Rs. 518/16 („ZPT" AD), ECLI:EU:C:2018:126, Rn. 24; EuGH, Urt. v. 28.2.2018 – Rs. C-287/16 (Nidera), ECLI:EU:C:2018:121, Rn. 22;

dass, soweit das europäische Recht keine Regeln vorsehe, die Mitgliedsstaaten zur Durchführung des europäischen Rechts nach ihrem nationalen Recht vorgehen sollen. Dies erscheint zunächst banal, ist dies doch bereits in Art. 291 Abs. 1 AEUV so vorgesehen. Art. 291 AEUV Abs. 1 ist insoweit lex specialis zu den Durchführungspflichten, die schon aus dem Grundsatz der loyalen Zusammenarbeit (Art. 4 Abs. 3 EUV) folgen.[500] Unter der Durchführung des europäischen Rechts wird die Verwirklichung des EU-Rechts im innerstaatlichen Bereich verstanden.[501] Insbesondere sind davon Vollzugsmodalitäten im administrativen Bereich sowie Rechtsschutzmodalitäten betroffen, also Verfahrens- und Prozessrecht. Aber auch das mitgliedsstaatliche materielle Recht ist für die mitgliedsstaatliche Durchführung des europäischen Rechts unerlässlich, wenn es etwa Rechtsfolgen konkretisiert oder Sanktionen und Grundbegriffe bereithält. Zum Verfahrensrecht im Sinne der Verfahrensautonomie zählen daher laut EuGH auch die formellen und materiellen Bestimmungen des nationalen Rechts, die zur Durchführung des EU-Rechts notwendig sind.[502] Die Verfahrensvorschriften sind also funktionell zu bestimmen: Umfasst sind alle mitgliedsstaatlichen Normen, die bei der Durchführung von EU-Recht ebenfalls zur Anwendung kommen, „um eine positive unionsrechtliche Bestimmung im Einzelfall zu verwirklichen".[503] Dabei spielt es keine Rolle, ob diese aus nationaler Sicht materiellen oder verfahrensrechtlichen Charakter haben.[504] Der

---

EuGH, Urt. v. 26.4.2017 – Rs. C-564/15 (Farkas), ECLI:EU:C:2017:302, Rn. 31; EuGH, Urt. v. 3.9.2009 – Rs. C-2/08 (Fallimento Olimpiclub), ECLI:EU:C:2009:506, Rn. 24; EuGH, Urt. v. 4.7.2006 – Rs. C-212/04 (Adenler), ECLI:EU:C:2006:443, Rn. 95.

[500] *Krönke*, Die Verfahrensautonomie der Mitgliedsstaaten, 2013, 64.

[501] *Ebers*, Rechte, Rechtsbehelfe und Sanktionen im Unionsprivatrecht, 2017, 197 f., der eine Parallele zum Begriff der Durchführung in Art. 51 GRCH zieht; *Schroeder*, AöR 129 (2004), 3, 9 ff.; *Schroeder*, Das Gemeinschaftsrechtssystem, 2002, 387; *Jarass/Beljin*, NVwZ 2004, 1, 6 ff. unterscheiden die *normative* Durchführung im Sinne einer Umsetzung unionsrechtlicher Vorgaben, die *administrative* Durchführung i. S. e. Anwendung durch die Verwaltung (Vollzug) und die *judikative* Durchführung (Anwendung durch den nationalen Richter); ebenso *Kahl*, in: Calliess/Ruffert, 6. Aufl. 2022, EUV Art. 4 Rn. 98; *Seyr*, Der effet utile in der Rechtsprechung des EuGH, 2008, 134 f., 149; grundlegend *Zuleeg*, Das Recht der Europäischen Gemeinschaften im innerstaatlichen Bereich, 1969, 47 f.; ein solcher, weiter Durchführungsbegriff findet sich auch bei EuGH, Urt. v. 14.10.2004 – Rs. C-113/02 (Kommission/Niederlande), ECLI:EU:C:2004:616, Rn. 16 ff.; EuGH, Urt. v. 26.4.2005 – Rs. C-494/01 (Kommission/Irland), ECLI:EU:C:2005:250, Rn. 42 f.; einen engen Durchführungsbegriff vertreten hingegen *Sydow*, JuS 45 (2005), 97, 99; *Möllers*, EuR 2002, 483; keinen gesicherten dogmatischen Inhalt des Begriffs sieht *Nettesheim*, in: Grabitz/Hilf/Nettesheim, AEUV Art. 291 Rn. 12 f.

[502] So schon EuGH, Urt. v. 21.9.1983 – Rs. 205–215/82 (Dt. Milchkontor), ECLI:EU:C:1983:233, Rn. 17; *Ebers*, Rechte, Rechtsbehelfe und Sanktionen im Unionsprivatrecht, 2017, 197; *Krönke*, Die Verfahrensautonomie der Mitgliedsstaaten, 2013, 12 ff.

[503] *Krönke*, Die Verfahrensautonomie der Mitgliedsstaaten, 2013, 16 f.; zur „Soweit-Formel" siehe oben Kapitel 2 A. I. 1., S. 80.

[504] Ein engeres, weil sanktionsorientierteres Verständnis von „Verfahrensrechts" vertritt *Galetta*, Procedural Autonomy of EU Member States: Paradise Lost?, 2010, 1 f.: „suitable legal instruments to *sanction* the observance of the EU law"; mit Fokus auf das Verfahrens-

Schwerpunkt der Untersuchung der Verfahrensautonomie liegt aber weiterhin bei (verwaltungs)verfahrens- und (verwaltungs)prozessrechtlichen Normen.[505] Für den zivilrechtlichen Bereich und insbesondere für die Frage des Rückgriffs auf materielle Normen wird die Verfahrensautonomie in der deutschen Diskussion regelmäßig nur am Rande bearbeitet.[506]

(b) Dogmatische Deutung

Der Grundsatz der Verfahrensautonomie der Mitgliedsstaaten ist – auch schon lange vor der erstmaligen Nennung durch den EuGH im Jahre 2004 – häufig als eigenständiger Rechtsgrundsatz, also als abwägungsfähiges Prinzip auf Unionsrechtsebene gehandelt worden, das den Mitgliedsstaaten die Durchführung des Unionsrechts nicht nur als Pflicht zuschreibt, sondern ihnen im Rahmen der Durchführung aktiv Freiheiten einräumt. Die Deutungen des Gehalts dieses Grundsatzes sind vielfältig.[507] Einigkeit besteht zumindest weitgehend über eine normativ geschützte „Grundentscheidung für den mitgliedsstaatlichen Vollzug",[508] die primärrechtlich abgesichert ist.[509] Unabhängig vom Verständ-

---

recht auch *Kramme*, in: Behme/Fervers/Hofman/Maute/Röder/Sattler/Schmidt/Seibl (Hrsg.), Perspektiven einer europäischen Privatrechtswissenschaft, 2017, 407.

[505] Siehe *Kahl*, in: Calliess/Ruffert, 6. Aufl. 2022, EUV Art. 4 Rn. 127; *Ludwigs*, NVwZ 2018, 1417, 1417; *Krönke*, Die Verfahrensautonomie der Mitgliedsstaaten, 2013; *Lehr*, Einstweiliger Rechtsschutz und Europäische Union, 1997, 246 ff.

[506] Siehe aber *Ebers*, Rechte, Rechtsbehelfe und Sanktionen im Unionsprivatrecht, 2017, 197, mit richtiger Klarstellung bzgl. der Erstreckung der Verfahrensautonomie auf materielle Regelungen; ebenso *Trstenjak/Beysen*, CMLR 2011, 95, 104 ff.; zur Verfahrensautonomie mit Blick auf das Zivilverfahrensrecht *Kramme*, in: Behme/Fervers/Hofman/Maute/Röder/Sattler/Schmidt/Seibl (Hrsg.), Perspektiven einer europäischen Privatrechtswissenschaft, 2017, 407.

[507] Zum aktuellen Streitstand siehe *Ludwigs*, NVwZ 2018, 1417.

[508] *von Danwitz*, Europäisches Verwaltungsrecht, 2008, 306 ff.; so wohl auch *Ludwigs*, NVwZ 2018, 1417, 1420.

[509] *Kahl*, in: Calliess/Ruffert, 6. Aufl. 2022, EUV Art. 4 Rn. 127; *Ludwigs*, NVwZ 2018, 1417, 1419 ff.; *Nettesheim*, in: Grabitz/Hilf/Nettesheim, EUV Art. 1 Rn. 76; *Ebers*, Rechte, Rechtsbehelfe und Sanktionen im Unionsprivatrecht, 2017, 209; *Krönke*, Die Verfahrensautonomie der Mitgliedsstaaten, 2013, 18 f., 347; *König*, Der Äquivalenz- und Effektivitätsgrundsatz in der Rechtsprechung des Europäischen Gerichtshofs, 2011, 38 f.; *Efstratiou*, in: Karakostas/Riesenhuber (Hrsg.), Methoden- und Verfassungsfragen der europäischen Rechtsangleichung, 2011, 99, 103 ff.; *von Danwitz*, Europäisches Verwaltungsrecht, 2008, 469, 480 ff.; *von Danwitz*, DVBl 1998, 421, 430 ff.; *Lehr*, Einstweiliger Rechtsschutz und Europäische Union, 1997, 226 ff.; *Galetta*, Procedural Autonomy of EU Member States: Paradise Lost?, 2010; kritisch bezüglich einer Einordnung als „Grundsatz" hingegen *Kadelbach*, Allgemeines Verwaltungsrecht unter europäischem Einfluss, 1999, 113, der nur eine Kompetenzvermutung annimmt; zögerlich auch *Schmidt-Aßmann*, in: Hoffmann-Riem/Schmidt-Aßmann/Voßkuhle (Hrsg.), Grundlagen des Verwaltungsrechts (Bd. 1), 2012, § 5, Rn. 19*Schmidt-Aßmann*, in: Hoffmann-Riem/Schmidt-Aßmann/Voßkuhle (Hrsg.), Grundlagen des Verwaltungsrechts, 2. Aufl. 2012, § 5 Rn. 19, der nur von einem „Realbefund" spricht; deutlich ablehnend hingegen *Stelkens*, EuR 2012, 511, 528 f.; *Bobek*, in: Micklitz/de Witte (Hrsg.), The European Court of Justice and the Autonomy of the Member States, 2012, 305, 320 ff.; *Puigpelat*, Die Verwaltung Beiheft 8 (2009), 177, 184; *Haapaniemi*, in: Ervo/Gräns/Jokela (Hrsg.), Europea-

nis der Reichweite der Verfahrensautonomie resultiert aus der vermeintlichen Anerkennung als eigenständiges europäisches Prinzip ein Spannungsverhältnis zur einheitlichen Wirksamkeit des EU-Rechts:[510] Die Verfahrensautonomie wird dogmatisch häufig als allgemeiner Rechtsgrundsatz auf europäischer Ebene für das nationale Recht im Rahmen einer Abwägung in Position gebracht. In der Literatur wird oftmals eine Abwägung dieses Grundsatzes gegen das Prinzip der einheitlichen Wirksamkeit angenommen.[511] Wie oben bereits gezeigt, wird eine solche Abwägung aber dem Charakter eines europäischen Grundsatzes nicht gerecht. Da die Verfahrensautonomie als unionsrechtlich geschützter Grundsatz ebenso einheitliche Wirksamkeit einfordern würde, müsste die Abwägung vielmehr innerhalb des Effektivitätsgrundsatzes verortet werden. Abzuwägen wäre die Verfahrensautonomie – wäre sie ein allgemeiner Grundsatz – gegenüber dem hinter der kollidierenden Norm stehenden allgemeinen Rechtsgrundsatz, der sich im Normzweck offenbart.

Die Verfahrensautonomie ist jedoch, trotz ihrer Bezeichnung durch den EuGH als „Grundsatz"[512] kein Grundsatz *im Sinne eines Rechtsprinzips* mit eigenem materiell-rechtlichem Gehalt. Der Grundsatz der Verfahrensautonomie beschreibt lediglich, was aus dem Primärrecht sowieso folgt und mittlerweile in Art. 291 Abs. 1 AEUV ausdrücklich verschriftlicht ist: Dass die Mitgliedsstaaten mithilfe ihres mitgliedsstaatlichen Rechts die Durchführung des EU-Rechts gewährleisten *müssen.* Daraus folgt aber mitnichten eine pauschale Kompetenzzuweisung zu den Mitgliedsstaaten,[513] die Reichweite der Durchführungsbefugnisse richtet sich vielmehr nach den allgemeinen Kompetenzregelungen. Da, wo die EU eigene, abschließende Bestimmungen erlassen und umfangreich von ihrer Kompetenz Gebrauch gemacht hat, ist für mitgliedsstaatliches Recht kein Platz. Da, wo die EU hingegen keinerlei Kompetenzen besitzt, folgt die Anwendung mitgliedsstaatlichen Rechts unmittelbar aus der mitgliedsstaatlichen Souveränität. Soweit die Kompetenz genuin bei den Mitgliedsstaaten liegt, kann die EU den Mitgliedsstaaten schon gar keine Rege-

---

nization of Procedural Law and the New Challenges to Fair Trial, 2009, 87, 119; *Schroeder*, AöR 129 (2004), 3, 22 ff.; *Möllers*, EuR 2002, 483, 502; *Schoch*, Die Verwaltung Beiheft 2 (1999), 135, 135 f.

[510] In der Folge werden indirekte Kollisionen als Prinzipienkonflikt betrachtet, siehe Kapitel 2 A. IV. 2. b) bb), S. 147.

[511] Siehe bereits Kapitel 2 A. IV. 2. d) cc) (3), S. 168.

[512] Siehe Nachweise bei Kapitel 2 A. IV. 2. d) dd) (2) (a), S. 173.

[513] So aber wohl *Ruffert*, in: Calliess/Ruffert, 6. Aufl. 2022, AEUV Art. 291 Rn. 2; *Kahl*, in: Calliess/Ruffert, 6. Aufl. 2022, EUV Art. 4 Rn. 127; *Ludwigs*, NVwZ 2018, 1417, 1419 f.; *Streinz*, in: Isensee/Kirchhof (Hrsg.), Handbuch des Staatsrechts (Bd. 10), 2012, § 218, Rn. 15; wohl auch *Efstratiou*, in: Karakostas/Riesenhuber (Hrsg.), Methoden- und Verfassungsfragen der europäischen Rechtsangleichung, 2011, 99, 104 f.; *König*, Der Äquivalenz- und Effektivitätsgrundsatz in der Rechtsprechung des Europäischen Gerichtshofs, 2011, 34 ff.; *Kahl*, Die Verwaltung Beiheft 10 (2010), 39, 88; *von Danwitz*, Europäisches Verwaltungsrecht, 2008, 469.

lungsbefugnis überlassen. Innerhalb eines Kompetenzbereichs der Union, der nicht abschließend ausgestaltet wurde, ist die notwendige *zusätzliche* Anwendung nationalen Rechts (der Rückgriff auf nationales Rechts) eine Folge der kompetenzbegrenzenden Normen, dem Subsidiaritätsprinzip (Art. 5 Abs. 3 EUV), dem Grundsatz der begrenzten Einzelermächtigung (Art. 4 Abs. 1, Art. 5 Abs. 1 und 2 EUV) und dem kompetenzbezogenen Verhältnismäßigkeitsgebot (Art. 5 Abs. 1 und 4 EUV). Art. 291 AEUV ist keine Kompetenznorm, vielmehr wird die Kompetenz der EU zur Regelung eines Sachbereichs *vorausgesetzt*.[514]

Viele leiten daher den Grundsatz der Verfahrensautonomie nicht aus Art. 291 AEUV her, sondern aus den bereits genannten kompetenzbezogenen Primärrechtsvorschriften.[515] Diese Primärrechtsregelungen können jedoch nicht die effektive Wirksamkeit des Unionsrechts einschränken, denn sie sind die Grundlage für eine Entscheidung über *Kompetenzen*. Das bedeutet, dass sie bei den Fragen eine Rolle spielen, *ob* die EU einen bestimmten Bereich normativ regeln und *wie* tiefgreifend sie das tun darf. Sie sind bei der Rechtsanwendung nur insoweit zurate zu ziehen, als es der Auslegung des Regelungsbereichs einer Norm bedarf. Dieser ist nämlich immer durch die Kompetenznorm begrenzt, auf die der Rechtsakt gestützt ist.[516] Hingegen ist nicht ersichtlich, wieso die Kompetenzprinzipien zusätzlich noch unmittelbar bei der Begrenzung der materiell-rechtlichen Wirksamkeit der Normen zum Einsatz kommen sollen, bei deren Entstehung sie auf Kompetenzebene bereits limitierend gewirkt haben. Ein Prinzip der Verfahrensautonomie, das sich aus kompetenzbezogenen Primärrechtsvorschriften speist, kann zudem aus dogmatischer Sicht nicht ohne Weiteres auf einer anderen Ebene als der der Kompetenzfrage zur Anwendung kommen.[517]

Die Verfahrensautonomie im Rahmen der Durchführung von EU-Recht, wie sie der EuGH in seiner Rechtsprechung zahlreich benennt, ist daher nichts weiter als eine Beschreibung des tatsächlichen Zustands.[518] Die Hinzuziehung

---

[514] Für eine Einordnung des Art. 291 AEUV als institutionelle Vorschrift *Ebers*, Rechte, Rechtsbehelfe und Sanktionen im Unionsprivatrecht, 2017, 207 f.; *Krönke*, Die Verfahrensautonomie der Mitgliedsstaaten, 2013, 63 f.; *Schroeder*, AöR 129 (2004), 3, 12 f.; ausführlich dazu *Stelkens*, EuR 2012, 511, 529 ff.

[515] So *Ebers*, Rechte, Rechtsbehelfe und Sanktionen im Unionsprivatrecht, 2017, 208 f.; *Krönke*, Die Verfahrensautonomie der Mitgliedsstaaten, 2013, 72 ff., 80; *Galetta*, Procedural Autonomy of EU Member States: Paradise Lost?, 2010, 9 ff.

[516] *Schroeder*, AöR 129 (2004), 3, 29 ff., 32.

[517] So auch *Möllers*, EuR 2002, 483, 501, der den Subsidiaritätsgrundsatz treffend „vollzugsblind" nennt.

[518] Ebenso *Kramme*, in: Behme/Fervers/Hofman/Maute/Röder/Sattler/Schmidt/Seibl (Hrsg.), Perspektiven einer europäischen Privatrechtswissenschaft, 2017, 407, 430 f.; *Stelkens*, EuR 2012, 511, 528 f.; *Bobek*, in: Micklitz/de Witte (Hrsg.), The European Court of Justice and the Autonomy of the Member States, 2012, 305, 321; *Haapaniemi*, in: Ervo/Gräns/Jokela (Hrsg.), Europeanization of Procedural Law and the New Challenges to Fair Trial, 2009, 87, 119; *Möllers*, EuR 2002, 483, 502; in diese Richtung auch *Schroeder*, AöR 129 (2004), 3, 13 f., 22 ff.

nationaler Vorschriften bei der Rechtsanwendung ist eine organisatorische Notwendigkeit, die in der Struktur der europäischen Verträge von Beginn an angelegt war. Die Indienststellung nationalen Rechts im Rahmen der Durchführung nach Art. 291 Abs. 1 AEUV entspricht der Unionstreue/dem Grundsatz der loyalen Zusammenarbeit i. S. d. Art. 4 Abs. 3 EUV und stellt eine Pflicht der Mitgliedsstaaten dar, kein Recht.[519]

Die abstrakte Achtung mitgliedsstaatlicher Rechtssetzung, nationaler Besonderheiten der Rechtssysteme sowie die Begrenzung europarechtlicher Normierung folgt auf europäischer Ebene bereits aus den kompetenzbezogenen Grundsätzen der Subsidiarität, der Verhältnismäßigkeit sowie dem Grundsatz der begrenzten Einzelermächtigung und damit rein auf der Kompetenzebene.[520] Insbesondere ist dem Subsidiaritätsgrundsatz keine Eingriffsstaffelung zu entnehmen, nach welcher eine europäische Regelung im Verfahrens- oder Organisationsrecht eine stärkere Rechtfertigung bedarf.[521] Die in der Praxis häufig vorzufindende Beschränkung der EU-Rechtssetzung auf materielle Regelungen hat den einfachen Grund, dass die EU bei Verfahrens- und Organisationsregelungen sicher sein kann, dass in diesem Bereich eine „normative Grundausstattung" in jedem Mitgliedsstaat vorhanden ist. Das wiederum macht eine Normierung auf europäischer Ebene nach dem Subsidiaritätsgrundsatz obsolet.[522]

Es spricht nichts dagegen, diese Gemengelage als *Grundsatz der Verfahrensautonomie* zu bezeichnen. Es ist aber verfehlt, sie zu einem Rechtsprinzip zu erheben, also einem Grundwert der europäischen Rechtsordnung, der ebenso wie europäisches Recht einheitliche Wirksamkeit einfordert und in der Folge unionsrechtliches Recht verdrängen kann. Dafür spricht auch, dass der EuGH es bislang vermieden hat, den Begriff der Verfahrensautonomie, trotz häufiger Nutzung in den Urteilen, mit substanziellem Inhalt zu füllen.

(c) Zwischenergebnis

Die Verfahrensautonomie der Mitgliedsstaaten ist kein eigener europäischer Grundsatz im Sinne eines Prinzips, sondern beschreibt vielmehr eine strukturelle Grundentscheidung in den Europäischen Verträgen, die die europäische Rechtssetzung fragmentarisch ausgestalten. Folglich wird mitgliedsstaatliches Recht in bestimmten Bereichen nur zum Teil zu verdrängt, je nach Ausschöp-

[519] *Schroeder*, AöR 129 (2004), 3, 14, 33; *Schroeder*, Das Gemeinschaftsrechtssystem, 2002, 417 ff.; *Möllers*, EuR 2002, 483, 499 f.

[520] So auch *Bobek*, in: Micklitz/de Witte (Hrsg.), The European Court of Justice and the Autonomy of the Member States, 2012, 305, 320; *Puigpelat*, Die Verwaltung Beiheft 8 (2009), 177, 184. Zur Bedeutung der Kompetenzvorschriften bei der Auslegung siehe auch Kapitel 2 A. IV. 2. a) bb) (2), S. 137.

[521] *Möllers*, EuR 2002, 483, 501 f.

[522] So bereits in der 43. Erklärung zum Protokoll über die Anwendung der Grundsätze der Subsidiarität und der Verhältnismäßigkeit, ABl. C 340 vom 10.11.1997, S. 1–144.

fung der Kompetenzen durch die EU. Diese wiederum sind durch die Grundsätze der Subsidiarität, der Verhältnismäßigkeit und nach dem Prinzip der begrenzten Einzelermächtigung begrenzt. Die Verfahrensautonomie ist damit eine Folge nicht ausgeschöpfter Kompetenzen bzw. der primärrechtlichen Grenzen der unionsrechtlichen Kompetenzausübungsbefugnisse, nicht jedoch ein auf der Anwendungsebene zu beachtender Rechtsgrundsatz der europäischen Verträge. Sie kommt damit nur im Rahmen der Soweit-Formel zum Tragen.

Im Weiteren soll der Begriff der Verfahrensautonomie daher auch so, d. h. als Synonym für den möglichen, weil kompetenzrechtlich zugelassenen Rückgriff und die zulässige Anwendung mitgliedsstaatlichen Rechts, nicht als eigenes Prinzip mit materiellrechtlichem Gehalt, verstanden werden. Im Einklang mit den obigen Ergebnissen[523] greift die Verfahrensautonomie (d. h. die Anwendung mitgliedsstaatlichen Rechts bei der Durchführung von Unionsrecht) nur, *soweit* Äquivalenz und Effektivität des europäischen Rechts gewahrt sind.[524]

ee) Parameter zur Konkretisierung des Effektivitätsanspruchs mitgliedsstaatlicher Normen

Da der Effektivitätsbegriff ein Relationsbegriff ist, der sich nur anhand konkreter Bezugspunkte bestimmen lassen kann, sind abstrakte Schemata und Kriterien nur eingeschränkt hilfreich. Es mag aber helfen, abschließend einige Parameter aufzuzeigen, die nach den Erkenntnissen dieser Untersuchung im Rahmen einer Gegenüberstellung eines sekundärrechtlichen Regelungsziels mit einem mitgliedsstaatlich ausgestalteten, allgemeinen Rechtsgrundsatz hilfreich sein können. Denn die in diesem Rahmen erforderliche Abwägung zwischen den unionsrechtlichen Zielen ist nicht zuletzt eine Argumentationsleistung, die umso überzeugender wird, je nachprüfbarer ihre Argumente sind. Aus der obigen Untersuchung ergeben sich folgende Kernpunkte, die zur Prüfung effektiver Wirksamkeit zu berücksichtigen sind:

- Da die beiden gegeneinander streitenden Ziele vor ihrem teleologischen Hintergrund zueinander in Relation gesetzt werden, ist die Auslegung des europäischen Rechts, insbesondere die teleologische Interpretation von großer Bedeutung.[525] Daraus folgt die von *Nettesheim* formulierte Faustformel: Je mehr die angegriffene nationale Regelung eine Entsprechung im europäischen Recht findet, desto weniger kommt es für ihre Unbedenklichkeit auf ihre empirischen Wirkungen (auf das europäische Recht) an.[526]

---

[523] Siehe Kapitel 2 A. IV. 2. d) cc) (4), S. 171.

[524] So explizit auch EuGH, Urt. v. 27.6.2018 – Rs. C-246/17 (Diallo), ECLI:EU:C:2018:499, Rn. 45; EuGH, Urt. v. 17.3.2016 – Rs. C-161/15 (Bensada Benallal), ECLI:EU:C:2016:175, Rn. 25.

[525] Siehe dazu Kapitel 2 A. IV. 2. a), S. 133.

[526] *Nettesheim*, in: GS Grabitz, 1995, 447, 460.

- In die Ermittlung und Gewichtung der beiden Ziele muss zunächst mit einfließen, dass die der sekundärrechtlichen Norm zugrundeliegende Wertungsentscheidung regelmäßig schon das Ergebnis eines Abwägungsvorgangs zwischen widerstreitenden Interessen darstellt: Nur wenn der von der mitgliedsstaatlichen Norm ausgestaltete Rechtsgrundsatz im Rahmen der Rechtssetzung ersichtlich unberücksichtigt geblieben ist, ist eine Einschränkung der Durchsetzung europäischen Sekundärrechts zulässig. Dabei ist immer die Möglichkeit zu bedenken, dass der europäische Gesetzgeber den betroffenen Rechtsgrundsatz im Regelungsziel der Normen bereits hinreichend berücksichtigt hat, aber explizit niedriger gewichten wollte als andere Belange. In diesem Fall darf diese gesetzgeberische Wertung nicht über den Umweg mitgliedsstaatlichen Rechts, quasi „durch die Hintertür", torpediert werden. Wo hingegen die getroffene Wertungsentscheidung der europäischen Sekundärrechtsnorm bei einer Gesamtbetrachtung eine adäquate Ausgestaltung bestimmter Rechtsgrundsätze vermissen lässt, etwa weil die Bedeutung eines Grundsatzes schlichtweg verkannt wurde oder aufgrund eines Redaktionsversehens, kann mitgliedsstaatlichen Normen, die sich an das vernachlässigte unionsrechtliche Ziel anknüpfen lassen, sogar eine korrigierende Funktion zukommen.
- Die einer europäischen Norm zugrundeliegende Wertungsentscheidung festzustellen ist freilich regelmäßig eine Frage der Argumentation und der Begründungsleistung im Einzelfall. Da der Gesetzgebungsprozess auf europäischer Ebene häufig kaum und ebenso häufig widersprüchlich dokumentiert ist, ist die Rückführung der Norm auf bestimmte Abwägungsentscheidungen in der Regel schwierig darzulegen und entsprechend aufwendiger argumentativ zu begründen. Anhaltspunkte hierfür bietet dann – statt der historischen – etwa die systematische Auslegung und die Erwägungsgründe des Rechtsakts. Systematische Erwägungen sind in diesem Zusammenhang von großer Bedeutung, da es sich auf die Abwägung auswirken kann, wenn der das Sekundärrecht einschränkende Grundsatz bereits im Rahmen einer anderen Sekundärrechtsnorm des gleichen Rechtsakts berücksichtigt und ausgestaltet wurde. Dies kann darauf hindeuten, dass er in dem Rechtsakt abschließend Berücksichtigung gefunden hat. Auch Erwägungsgründe lassen in vielen Fällen Wertungsüberlegungen erkennen, welche den Normen zugrunde liegen.
- Das Verhältnis der beiden Ziele zueinander muss am Ende einen angemessenen Ausgleich zwischen den widerstreitenden Werten bieten. Hier kommt wieder das allgemeine *Verhältnismäßigkeitsprinzip* zur Anwendung. Der Grundsatz der Verhältnismäßigkeit ist auch auf europäischer Ebene als steuerndes Instrument der Abwägung zwischen widerstreitenden Interessen anerkannt.
- Bei der Entscheidung, welchem der beiden Ziele konkret praktische Wirksamkeit und damit praktische Durchsetzung einzuräumen ist, kann die *Ge-*

wichtung dieser Ziele an anderer Stelle ein Indiz sein. Insbesondere sogenannte *Leitbilder* beinhalten bereits Wertungsausgleiche und können in diesem Kontext herangezogen werden.[527]

– Je weniger stark das Regelungsziel des europäischen Rechts durch die einschränkende Auslegung zugunsten des mitgliedsstaatlich ausgestalteten allgemeinen Rechtsgrundsatzes beeinträchtigt wird, desto mehr spricht in der Abwägung für eine Berücksichtigung des allgemeinen Rechtsgrundsatzes und damit für die Anwendung des mitgliedsstaatlichen Rechts. Umgekehrt bedeutet das, dass bei einer weitgehenden Vereitelung des Normzwecks strengere Maßstäbe angelegt werden müssen. Diese faustformelartige Vorgabe speist sich bereits aus dem Grundsatz der Rechtssicherheit, der den Abwägungsvorgang insofern beeinflusst, als er umso mehr Rechtfertigung verlangt, je größer die Abweichungen vom Wortlaut einer Norm ausfallen.

e) Ergebnis

Die obige Analyse hat gezeigt, dass es jenseits minimaler Beeinträchtigungen europäischen Rechts, die diese nicht übermäßig beeinträchtigen oder praktisch unmöglich machen und so den Mindestwirksamkeitsanspruch der betreffenden europäischen Norm wahren, keine erlaubten Wirksamkeitsbeeinträchtigungen durch nationale Vorschriften geben kann. Der Schein erlaubter Effektivitätsbeeinträchtigungen liegt in der Sicherung der praktischen Wirksamkeit allgemeiner Rechtsgrundsätze begründet, die mit dem europäischen Regelungsziel konkurrieren. Europäische Normen können im Einzelfall vor dem Hintergrund dieser Rechtsgrundsätze einschränkend ausgelegt werden. Mitgliedsstaatliches Recht, das diese Rechtsgrundsätze ausgestaltet, bleibt, soweit diese Ausgestaltung im Einzelfall verhältnismäßig ist, anwendbar. Im Ergebnis kann somit die Einschränkung eines europäischen Regelungsziels durch nationale Vorschriften anhand eines europäischen allgemeinen Rechtsgrundsatzes gleichsam gerechtfertigt werden.

Diese Dogmatik zeigt auf, dass das europäische Recht die Strukturen mitgliedsstaatlicher Rechtsordnungen, in die es eingebettet ist, dadurch erhält, dass es sie im eigenen Sinne zu nutzen weiß. Dieser Prozess hat den Vorteil, dass die betreffenden nationalen Rechtsvorschriften weitgehend anwendbar bleiben und nicht neu gefasst werden müssen. Dies kann die Akzeptanz europäischer Normsetzung erhöhen, nicht zuletzt ist es aber auch schlicht praktikabel. Die EU setzt darüber hinaus auch den den allgemeinen Rechtsgrundsätzen zugrundeliegenden Gedanken um: Da diese Wertungsgrundsätze aus wertender Rechtsvergleichung gewonnen und folglich in allen Mitgliedsstaaten vorhanden sind, ist es nur folgerichtig, auch die unterschiedlichen Ausgestaltungen dieser Grundsätze durch die Mitgliedsstaaten anzuerkennen. Damit gibt der EuGH auch nicht seine

[527] *Ebers*, Rechte, Rechtsbehelfe und Sanktionen im Unionsprivatrecht, 2017, 280 ff.

Auslegungshoheit auf, die sich auch auf die ungeschriebenen Rechtsgrundsätze bezieht. Zuletzt zeigt die Bereitschaft des EuGH, europäische Normen einschränkend auszulegen, dass nicht die Rechtsvereinheitlichung im europäischen Kontext das höchste Ziel ist, sondern vielmehr die Verwirklichung der Wertegemeinschaft. Da es sich hierbei jedoch um die europäische Wertegemeinschaft handelt, ist es verfehlt, die mitgliedsstaatliche Verfahrensautonomie zu einem eigenen Rechtsgrundsatz zu erheben, der unter dem Deckmantel eines europäischen Werts singulär mitgliedsstaatliche Werte erhalten will. Vielmehr handelt es sich dabei um eine Selbstverständlichkeit der europäischen Rechtsanwendung (Art. 291 Abs. 1 AEUV) und nicht um ein materielles Prinzip.

Die Indienststellung nationalen Rechts für unionale Werte ist darüber hinaus ein Ausdruck für die Rechtsordnungsverschränkung und die vielfältigen Querbezüge der mitgliedsstaatlichen und der europäischen Rechtsordnung. Es zeigt sich hier, dass auch vereinheitlichtes europäisches Recht nicht überall zwingend zu einheitlichen Ergebnissen führen muss, sondern im Einzelfall die rechtsordnungsübergreifende Wertungskohärenz schwerer wiegen kann.

Diese Arbeit kann zwar die jeweilige *konkrete* Grenze der Wirksamkeitsbeeinträchtigung im gewählten Referenzgebiet[528] nicht abschließend aufzeigen. Sie kann aber die möglichen Verschränkungs- und Kollisionskonstellationen mit nationalem Recht anhand der oben aufgezeigten Prüfschritte untersuchen und so aufzeigen, wie mit konkreten Kollisionsfällen umzugehen ist und anhand welcher Argumente diese aufzulösen sind. Denn gerade in unklaren Fällen, die theoretisch für eine Vorlagefrage in Betracht kämen, ist es wichtig, das eigene Anwendungsergebnis schlüssig begründen zu können – nötigenfalls vor dem EuGH.

B. Funktionale Verknüpfung als Ausgangspunkt einer rechtsordnungsübergreifenden Rechtsanwendung

Die rechtsordnungsübergreifende Systembildung besteht im Schwerpunkt in der Auflösung von Widersprüchen im Interesse einer in sich folgerichtigen Rechtsmaterie.[529] Im Weiteren soll jedoch eine Frage beleuchtet werden, die der Kollisionsauflösung zwingend vorgelagert ist: Denn eine Kollisionsprüfung setzt voraus, dass sowohl auf europäischer wie auch auf mitgliedsstaatlicher Seite Normen stehen, die denselben Sachverhalt zu regeln beanspruchen.[530] Der Rechtsanwender muss daher vor jeder Kollisionsprüfung zunächst ermitteln, welche mitgliedsstaatlichen Vorschriften für eine Anwendung neben dem Ver-

[528] Siehe Kapitel 3, S. 209.
[529] Siehe dazu bereits Kapitel 1 B. I. 3. c), S. 36.
[530] Siehe Kapitel 2 A. II., S. 81.

ordnungsrecht überhaupt infrage kommen, d. h. welche Vorschriften überhaupt Gegenstand der Kollisionsprüfung sind. Eben diese Bestimmung jener mitgliedsstaatlichen Normen, die neben dem europäischen Recht zur Anwendung kommen sollen, stellt den notwendigen ersten Schritt einer rechtsordnungsübergreifenden Rechtsanwendung und Systembildung dar.[531] Diese Normfindung – im Weiteren als *Verknüpfung* zwischen mitgliedsstaatlichem und europäischem Recht bezeichnet –[532] ist weniger trivial, als es auf den ersten Blick scheint. Sie wird durch die Besonderheiten, die das „fremde" äußere System der Verordnung mit sich bringt, erschwert[533] und erfordert vom Rechtsanwender eine erhöhte Koordinationsleistung im Vergleich zum Richtlinienrecht.[534] Das hier notwendige Vorgehen – die „funktionale Verknüpfung" – lässt sich methodisch beschreiben und begründen.[535] Es zeigt sich darüber hinaus, dass diese Methodik für die Koordination von Normenkomplexen aus zwei unterschiedlichen Rechtsordnungen auch in anderen Kontexten hilfreich ist.[536]

I. Koordination von Verordnungsrecht und nationalem Normbestand als erster Schritt der Rechtsanwendung

1. Das Auffinden des „richtigen" mitgliedsstaatlichen Rechts

Auf den ersten Blick erscheint das Auffinden der zusätzlich anwendbaren Norm(en) auf mitgliedsstaatlicher Seite eine Selbstverständlichkeit zu sein, die keiner vertieften Betrachtung bedarf. Es zeigt sich jedoch, dass die Koordination zwischen den Ebenen in vielen Fällen nicht eindeutig vorgezeichnet ist und verschiedene Ergebnisse zulässt.[537] Die Entscheidung des mitgliedsstaatlichen Rechtsanwenders für oder gegen die Anwendung der einen oder anderen mitgliedsstaatlichen Norm kann somit große Auswirkungen auf das Anwendungsergebnis haben – etwa wenn für Ansprüche europäischen Ursprungs unterschiedlich lange Verjährungsfristen nach nationalem Recht in Betracht kommen, je nachdem welcher Art von Ansprüchen man sie zuordnet. Die Wahl des anzuwendenden Rechts auf mitgliedsstaatlicher Seite birgt daher erhebliche Fehlerquellen, die sich sodann im gesamten Rechtsanwendungsprozess fortsetzen und darüber hinaus falsche Beispiele etablieren können.[538]

Diese faktische Deutungshoheit des Rechtsanwenders und der damit verbundene Einfluss kommen besonders da zum Tragen, wo die jeweils neben dem

---

531 Siehe I. 1., S. 183.
532 Siehe I. 2., S. 184.
533 Siehe I. 3., S. 187.
534 Siehe I. 4., S. 201.
535 Siehe II., S. 192.
536 Siehe III., S. 203.
537 Siehe I. 2., S. 184.
538 Siehe dazu I. 5., S. 190.

europäischen Recht anwendbaren mitgliedsstaatlichen Normen nicht zweifelsfrei – etwa durch explizite Verweisung des Verordnungsrechts auf mitgliedsstaatliche Normen, stetige Rechtsprechung oder Ähnliches – festzulegen sind: Das ist etwa da der Fall, wo das europäische Recht eine klare Zuordnung zu im mitgliedsstaatlichen Recht bekannten Begrifflichkeiten und dogmatischen Kategorien nicht zulässt und aus nationaler Sicht mehrere Betrachtungsweisen denkbar sind, die aber jeweils die Anwendbarkeit völlig anderer Normkomplexe zur Folge haben.[539] Überall da, wo mitgliedsstaatliche Normen möglicherweise europäisches Recht durchsetzen, ist eine solche Koordination eine notwendige Vorfrage – auch um etwaige legislative Durchsetzungsdefizite überhaupt erst offenlegen zu können.

Es lohnt sich daher, näher zu untersuchen, wie und wieso sich der Rechtsanwender für oder gegen die Anwendung bestimmter mitgliedsstaatlicher Normen entscheidet bzw. entscheiden sollte. Ziel dieser Überlegungen ist in jedem Falle, diejenigen mitgliedsstaatlichen Normen herauszukristallisieren, die das europäische Recht bestmöglich durchsetzen und – wo nötig – ergänzen. In seiner Darstellung wird dieser der Kollisionsprüfung regelmäßig vorgelagerte Prozess des Auffindens des anwendbaren mitgliedsstaatlichen Rechts trotz der großen praktischen[540] und rechtspolitischen[541] Bedeutung bislang vernachlässigt.[542] Das mag mit der in Praxis und Literatur noch immer vorherrschenden Konzentration auf die vollharmonisierende Richtlinie zu tun haben:[543] Denn bei der Anwendung von Richtlinien(umsetzungs)recht ist eine Koordination und Verknüpfungsherstellung zwischen zwei nicht aufeinander bezogenen Ebenen gerade nicht in dem Maße notwendig wie bei der Verordnung.[544]

2. Herstellung von „Verknüpfungen“ zwischen den unterschiedlichen Ebenen als eigener Schritt in der Rechtsanwendung

Die Entscheidung zugunsten oder zulasten der zusätzlichen Anwendung einer bestimmten mitgliedsstaatlichen Norm oder eines bestimmten mitgliedsstaatlichen Normkomplexes auf einen bereits europarechtlich (teil)determinierten Sachverhalt erfolgt im Einzelnen anhand eines Abgleichs der europäischen Regelungsinhalte mit den entsprechenden mitgliedsstaatlichen Ordnungskategorien. Denn aus mitgliedsstaatlicher Sicht eröffnet erst die implizite Zuordnung

---

539 Siehe etwa die accountability im Datenschutzrecht, Kapitel 3 B.VI., S. 305 oder die datenschutzrechtliche Einwilligung, Kapitel 3 B.II., S. 244.

540 Siehe 2., S. 184.

541 Siehe 5., S. 190.

542 So zeigt *Möllers*, ZfPW 2019, 94, 113 ff. den Anwendungsvorgang als „Wechselspiel von nationalem und europäischem Recht“ zwar kleinschrittig auf, geht aber nicht auf das Problem einer thematischen Koordination der Normkomplexe ein.

543 Siehe 4., S. 201.

544 Siehe 3., S. 187.

zu einem bestimmten Systembegriff oder Ordnungskomplex die Anwendung der zu diesem Komplex gehörenden Sachvorschriften: So knüpft sich etwa ein Schadenersatzanspruch im deutschen Zivilrecht nur an die Verletzung echter (gesetzlicher oder vertraglicher) Rechtspflichten. Formuliert eine europäische Norm eine Pflicht, stellt sich somit die Frage, ob aus mitgliedsstaatlicher Sicht eine Pflicht *im Rechtssinne* oder lediglich eine Obliegenheit vorliegt. Nur im ersten Fall ist bei Verletzung der Norm ein Schadenersatzanspruch nach deutschem Recht überhaupt möglich.

Die so erfolgende Kategorisierung europarechtlicher Regelungsinhalte aus mitgliedsstaatlicher Sicht, im weiteren *Anknüpfung* genannt, hat erhebliche Folgen für die weitere rechtliche Beurteilung des Sachverhalts, denn anhand dieser Einordnung lassen sich die anwendbaren Normen und Rechtsfolgen auf mitgliedsstaatlicher Seite bestimmen: Man denke nur an die Folgen einer aus deutscher Sicht vorzunehmenden Differenzierung zwischen einer Einordnung europäischer Vorgaben als Wirksamkeits- oder Nichtigkeitsgrund, Anspruchsvoraussetzung oder Anspruchsausschlussgrund, öffentlich-rechtlicher oder privatrechtlicher Wirkung. Aus der jeweiligen Entscheidung ergeben sich darüber hinaus erhebliche Auswirkungen auf das Ergebnis der Rechtsanwendung.

Aus der mitgliedsstaatlichen Perspektive ist jedoch nicht immer klar ersichtlich, mit welchen mitgliedsstaatlichen Rechtsfiguren und dogmatischen Kategorien die europäischen Inhalte jeweils am ehesten zu vergleichen und mit welchen Normen sie in der Folge zu *verknüpfen* sind.[545] Denn das Europarecht und das mitgliedsstaatliche Recht bilden unterschiedliche Rechtsordnungen mit jeweils eigenem Begriffsverständnis, unterschiedlichen dogmatischen Kategorien sowie Wertungsgrundlagen. Zudem ist dem europäischen Recht die dogmatische Feindifferenzierung des deutschen Rechts fremd, es unterscheidet sogar weitgehend nicht einmal zwischen öffentlichem Recht und Zivilrecht. Es versteht sich daher von selbst, dass ein Abgleich zwischen den Normen der unterschiedlichen Rechtsordnungen nicht allein auf der Ebene der Begrifflichkeiten erfolgen darf, wenngleich gerade ein begrifflicher Gleichlauf eine inhaltliche Vergleichbarkeit suggerieren mag. Denn dieselben Begriffe bedeuten auf den verschiedenen Ebenen nicht zwangsläufig dasselbe, sondern werden vielmehr in unterschiedlichen Kontexten gebraucht sowie mit divergierenden Bedeutungsgehalten versehen.[546] Eine Anknüpfung an gleiche oder ähnliche Begrifflichkeiten im mitgliedsstaatlichen Recht ist daher nicht ohne Weiteres möglich. So deckt sich eine „Einwilligung“ nach europäischem Verständnis nicht not-

[545] Siehe etwa *Peters*, in: Fraenkel-Haeberle/Galetta/Sommermann (Hrsg.), Europäisierung und Internationalisierung der nationalen Verwaltungen im Vergleich, 2017, 41, 57; *Zeuner*, in: FS Bydlinski, 2001, 495, 507 ff.; eine Übersicht zu den Parametern einer mitgliedsstaatlichen Einordnung europäischer Sanktionen *Ebers*, Rechte, Rechtsbehelfe und Sanktionen im Unionsprivatrecht, 2017, 291 ff.

[546] Siehe oben Kapitel 1 C.III., S. 63.

wendigerweise mit dem Verständnis der deutschen Einwilligung im Sinne einer Willenserklärung nach den §§ 104 ff. BGB.[547]

Das europäische Recht kann zudem auch dogmatische Kategorien enthalten, die dem deutschen Recht fremd sind. Es verbietet sich daher schon aufgrund der autonomen Begriffs- und Kategoriebildung des Unionsrechts jede vorschnelle Einordnung europäischer Rechtsfiguren in mitgliedsstaatliche Schablonen anhand eines rein oberflächlichen Begriffsgleichlaufs. Ein viel diskutiertes Beispiel hierzu betrifft etwa die Rechtsnatur des Ausgleichsanspruchs des Art. 7 Fluggastrechte-VO[548] aus deutscher Sicht. Diese zu bestimmen ist vor allem mit Blick auf Art. 12 Abs. 1 Fluggastrechte-VO, der einen „weiter gehenden Schadenersatz" nicht ausschließt, von Bedeutung. Insbesondere stellte sich lange Zeit die Frage, ob und inwieweit materielle oder immaterielle Schäden durch Art. 7 Fluggastrechte-VO bereits abgegolten werden sollen und dadurch auf Ansprüche nach nationalem Recht anrechenbar sind und welche Ansprüche von dem „weiter gehenden Schaden" umfasst sein sollten – etwa auch die Minderung?[549] Der Anspruch in Art. 7 wurde in der Folge wahlweise als Strafschadenersatz im Sinne angloamerikanischer „punitive damages", als pauschalisierter Schadenersatz für immaterielle Schäden oder als schadensunabhängiger Ausgleichsanspruch angesehen.[550] Hieran zeigt sich exemplarisch die Vielfalt möglicher Einordnungen und dass eine solche sich nicht immer zwingend mit den bekannten Kategorien des nationalen Rechts konform gehen muss.[551]

Das Auffinden der streitentscheidenden Normen im rechtsordnungsübergreifenden Kontext und die Herstellung einer Verknüpfung zwischen den beiden nicht aufeinander abgestimmten Ebenen wird darüber hinaus dadurch erschwert, dass sich europäische Rechtsakte aus mitgliedsstaatlicher Sicht nur in den seltensten Fällen einem klar abgegrenzten Rechtsbereich zuordnen lassen. Zumeist adressiert eine Verordnung vielmehr ein spezifisches Problem oder ein gewisses Ziel, das querschnittsartig eine Vielzahl von mitgliedsstaatlichen

---

[547] Siehe dazu das Beispiel der datenschutzrechtlichen Einwilligung bei Kapitel 3 B. II., S. 244.

[548] Verordnung (EG) Nr. 261/2004 des EuropäischenParlaments und des Rates vom 11.2.2004 über eine gemeinsame Regelung für Ausgleichs- und Unterstützungsleistungen für Fluggäste im Fall der Nichtbeförderung und bei Annullierung oder großer Verspätung von Flügen und zur Aufhebung derVerordnung (EWG) Nr. 295/91.

[549] Zur Diskussion siehe *Maruhn*, in: BeckOK FluggastR, 23. Aufl. 2022, Fluggastrechte-VO Art. 7 (Stand 1.7.2022) Rn. 1 ff.; *Maruhn*, in: BeckOK FluggastR, 23. Aufl. 2022, Fluggastrechte-VO Art. 12 (Stand 1.7.2022) Rn. 5 ff.; *Steinrötter*, in: BeckOGK, Fluggastrechte-VO Art. 7 (Stand 1.7.2022) Rn. 43 ff.; das Problem ist mittlerweile durch die Einführung des § 651p Abs. 3 BGB weitgehend entschärft worden, wenngleich die Rechtsnatur des Anspruchs aus Art. 7 weiterhin strittig ist.

[550] Siehe Überblick bei *Steinrötter*, in: BeckOGK, Fluggastrechte-VO Art. 7 (Stand 1.7.2022) Rn. 59 ff.; für einen immateriellen, pauschalisierten Schadenersatzanspruch *Maruhn*, in: BeckOK FluggastR, 23. Aufl. 2022, Fluggastrechte-VO Art. 7 (Stand 1.7.2022) Rn. 8.

[551] Siehe dazu 3., S. 187.

Rechtsbereichen betrifft. Das europäische Recht kann so auf mitgliedsstaatlicher Seite auch in Rechtsbereichen Bedeutung erlangen, die auf den ersten Blick keinen Bezug zu dem jeweiligen Regelungsgegenstand des Verordnungsrechts haben. Dies erschwert die thematische Einordung aus mitgliedsstaatlicher Sicht zusätzlich, da sich das Verordnungsrecht aus der eigenen nationalen Rechtsordnung bekannten Strukturierung entzieht und sich mit den üblichen Verknüpfungsstrategien, die im nationalen Recht gelten (Begriffsgleichlauf, Bezugnahme auf allgemeine Teile und Regeln, eindeutige Querverweise), nicht fassen lässt.

3. Verknüpfung der Ebenen durch wechselseitige Koordination von Systembegriffen

Es ist somit die Aufgabe des Rechtsanwenders, die zwei unterschiedlichen nicht aufeinander bezogenen Ebenen erstmalig sinnvoll zueinander in Bezug zu setzen. Sollen die Normen beider Ebenen nebeneinander zur Anwendung kommen, sind inhaltliche Zusammenhänge aufzudecken, um so auf mitgliedsstaatlicher Seite die Normen zu finden, welche am ehesten geeignet scheinen, das europäische Recht seinem Zweck gemäß durchzuführen. Zwischen den Rechtsbegriffen beider Ebenen muss folglich eine *wechselseitige Passfähigkeit* hergestellt werden.[552] Das bedeutet, dass die äußeren Systembegriffe gemäß den Wertungsaussagen der jeweiligen inneren Systeme einander gegenübergestellt werden müssen. Entscheidend für das Auffinden inhaltlicher Zusammenhänge ist dabei ein *funktionaler Gleichlauf* der Vorschriften. Rein begriffliche, nur äußerlich als solche erscheinenden Parallelen können nicht ausreichen.[553]

Die Feststellung eines solchen funktionalen Gleichlaufs setzt jedoch zwangsläufig immer die Auslegung der betreffenden Normen voraus.[554] Die Auslegung des betroffenen mitgliedsstaatlichen Rechts bereitet regelmäßig keine Schwierigkeiten. Anders liegt dies jedoch bei den europäischen Vorschriften. Gesichert ist eine Auslegung im Grunde immer nur dann, wenn sie durch den EuGH bestätigt wurde, da diesem die Letztauslegungskompetenz zukommt. Die Herstellung von Verknüpfungen zwischen dem Verordnungs- und dem mitgliedsstaatlichen Recht ist damit eng mit Auslegungsfragen verbunden – die Interpretation des Unionsrechts ist damit auch hier, im Rahmen einer wechselseitigen Koordination der Normebenen, weiterhin die große Unbekannte.[555] Daraus folgt jedoch nicht, dass die Verknüpfungsfragen reine Auslegungsfragen seien und eine weitere Befassung damit obsolet. Denn dieses spezifische Problem lässt sich

552 Zu der methodischen Notwendigkeit einer wechselseitigen Passfähigkeit der rechtlichen Begriffe im Kontext der mitgliedsstaatlichen Anwendung von europäischem Recht *Ruffert*, Die Verwaltung Beiheft 10 (2010), 205, 218.

553 Siehe Kapitel 2 B. II. 1. b), S. 194.

554 Siehe Kapitel 2 B. II. 1. a), S. 193.

555 Zur Problematik der Auslegung siehe Kapitel 2 B. II. 4., S. 201.

präziser beschreiben und lösen als durch den reinen Hinweis auf die Notwendigkeit einer autonomen Auslegung des Unionsrechts. Es geht vielmehr darum, auf mitgliedsstaatlicher Seite einerseits ein Bewusstsein dafür zu schaffen, dass auch dogmatisch nicht besonders ausdifferenzierte Regelungsinhalte des europäischen Rechts, die sich einer Verortung in dem bekannten nationalen Ordnungsgerüst völlig entziehen scheinen, in der Regel auf mitgliedsstaatlicher Seite angeknüpft werden können, da der den Vorschriften jeweils zugrundeliegende Interessenausgleich vergleichbar ist. Nur mit dieser Herangehensweise wird eine Verschränkung der Ebenen langfristig zum Normalfall werden können.

Andererseits muss ebenso verhindert werden, dass das erlernte dogmatische Gerüst des nationalen Rechts unterschiedslos auf europäische Regelungsinhalte angewandt wird und deren Bedeutungsermittlung verfälscht. Denn deutsche Rechtsanwender neigen bisweilen dazu, einer Zielermittlung von Norminhalten die Verortung in einem erlernten Gedankengerüst voranzustellen. Gerade die deutsche Rechtskultur arbeitet mit einer präzisen dogmatischen Schablone, die eine entsprechende Einordnung von Normen nicht nur erlaubt, sondern für ein kontextuales Verständnis zwingend voraussetzt. Hier zeigt sich der große Einfluss des dogmatischen Systemdenkens auf die Rechtsanwendung. Wenngleich Systemdenken an sich auch im europäischen Recht und insbesondere im rechtsordnungsübergreifenden Kontext eine Daseinsberechtigung hat,[556] ist doch die unterschiedslose Anwendung der aus dem nationalen Recht bekannten Systemkategorien auf das Unionsrecht eher kontraproduktiv. Dieses Vorgehen führt im Zweifel dazu, dass auch da, wo sich der mitgliedsstaatliche Rechtsanwender einer autonomen Auslegung unionsrechtlicher Normen durchaus bewusst ist, der europäisch intendierte Bedeutungsgehalt unter Umständen verfehlt wird. Denn die implizite Zuordnung zu einer bestimmten dogmatischen Kategorie prägt den Blick auf den Bedeutungsgehalt der Norm erheblich – und schafft so bereits unbewusst einen vergleichsweise engen Korridor für das Auslegungsergebnis. Wer eine europäische Norm als prozessuale Beweislastvorschrift liest, weil sie strukturell und vom Wortlaut den nationalen Beweislastvorschriften ähnelt, der wird diese Norm mit Blick auf diese Funktion auslegen und ein mögliches Verständnis als materielle Pflicht – und das daraus folgend entsprechend anders ausfallende Auslegungsergebnis – gar nicht in Betracht ziehen.[557] In diesen Fällen vermag auch ein autonomes Verständnis der gebrauchten Rechtsbegriffe durch den Rechtsanwender keine großen Verständnisverschiebungen mehr herbeizuführen.

Es besteht daher die Notwendigkeit, Anknüpfungsmöglichkeiten einerseits aufzuzeigen, sie aber andererseits so vorzunehmen, dass sie dem Charakter der

[556] Siehe Kapitel 1 B. II. 2., S. 45.
[557] Siehe dazu Kapitel 3 B. VI., S. 305.

Verordnungsnormen gerecht werden. So kann auch dazu beigetragen werden, dass das Verständnis für Rechtsfiguren und dogmatische Konzepte, die sich gerade nicht eins zu eins in das nationale Verständnis übertragen lassen oder die funktional mehreren, aber nicht eindeutig einer dogmatischen Figur zuzuordnen sind, wächst. Angesichts einer zunehmenden Internationalisierung der Rechtsordnung ist ein solches Grundverständnis und der Umgang mit diesen Konstellationen von steigender Bedeutung.

4. *Vergleich zum Richtlinienrecht*

Die bislang kaum erfolgte Untersuchung dieses Koordinierungsprozesses mag auch damit zusammenhängen, dass dieser im Rahmen der Anwendung von Richtlinienrecht regelmäßig kaum virulent wird. Denn die Richtlinie erlaubt den Mitgliedsstaaten im Rahmen der Umsetzungsfreiheit jedenfalls immer eine Einpassung der europäischen Regelungsinhalte in ihr eigenes äußeres und inneres System.[558] Das Richtlinienrecht wird vom Rechtssetzer daher bereits in die mitgliedsstaatliche Rechtsordnung eingepasst und thematisch sowie dogmatisch und begrifflich verortet. Eine Koordinierung der Ebenen im Sinne einer Verknüpfung europäischer mit mitgliedsstaatlich etablierten Begriffskategorien wird so auf Rechtssetzungsebene bereits vorgenommen, indem europäische Regelungsinhalte in mitgliedsstaatlich geläufigen Formen und Begriffen festgehalten, Verweise auf sonstige Normen im nationalen Recht aufgenommen werden oder den Gesetzgebungsmaterialien zu entnehmen sind. Durch die Einpassung in das mitgliedsstaatliche Recht werden so vielfältige Bezüge zu diesem hergestellt, die eine Anwendung im Kontext der mitgliedsstaatlichen Rechtsordnung erheblich erleichtern.[559] Die maßgebliche Koordinationsleistung, d.h. die Verknüpfungsherstellung zwischen den beiden Ebenen, nimmt hier der Rechtssetzer vor.

Die dem Rechtsanwender – hier dem mitgliedsstaatlichen Richter – verbleibende Aufgabe reduziert sich in diesen Fällen auf eine richtlinienkonforme Auslegung des mitgliedsstaatlichen Umsetzungsrechts. Theoretisch müsste er auch die eventuell durch den Gesetzgeber fälschlich vorgenommenen Verknüpfungen als solche erkennen und durch richtlinienkonforme Auslegung entsprechend zu tilgen versuchen. Dies erforderte im Grunde eine vollumfängliche gedankliche Nachprüfung der seitens des Gesetzgebers augenscheinlich (oder anhand Gesetzesmaterialien ermittelbar) angestellten Überlegungen. Allerdings werden die Umsetzungsentscheidungen des Gesetzgebers in der Praxis regelmäßig nicht grundlegend infrage gestellt. Aufgedeckt werden in der Rechtsanwendung von Umsetzungsrecht primär grobe und vergleichsweise offensichtliche Umsetzungsfehler. Überlegungen dazu anzustellen, wie eine womöglich

558 Siehe dazu Kapitel 1 C.II., S. 56.
559 Siehe dazu bereits Kapitel 1 C.III., S. 63.

bessere Umsetzung auf legislativer Ebene aussehen könnte, fällt darüber hinaus nicht in den genuinen Zuständigkeitsbereich der Judikative. Es ist praxisfern, davon auszugehen, dass jeder Richter zunächst die gesetzgeberischen Umsetzungsentscheidungen zum Richtlinienrecht minutiös nachprüft. Vielmehr vermittelt regelmäßig die Einpassung europäischer Inhalte in das eigene, national geprägte Verständnis klare Anwendungsvorgaben. Diese Sicherheit mag zwar trügerisch sein, da die Umsetzung unter Umständen unzureichend ist, regt jedoch kaum zur Hinterfragung an.[560] In der überwiegenden Anzahl der Fälle wird das Umsetzungsrecht daher schlicht angewandt – samt etwaig richtlinienwidriger Inhalte.

Die Anwendung von Verordnungsrecht neben mitgliedsstaatlichem Recht hingegen verlangt die erstmalige Koordinationsleistung, die bei Richtlinien der Gesetzgeber vornimmt, nun vom Rechtsanwender: Das Auffinden der „richtigen" Normen, die zur Durchführung des europäischen Verordnungsrechts herangezogen werden sollen, ist damit gänzlich dem Richter oder anderen Rechtsanwendern überantwortet. Jene Koordinationsüberlegungen, die bei der Richtlinie ganz ähnlich im Rahmen des Rechtssetzungsverfahrens vorgenommen werden, sind folglich im Kontext der rechtsordnungsübergreifenden Anwendung von Verordnungsrecht im konkreten Anwendungsfall durch den Rechtsanwender anzustellen.

5. Rechtspolitische Bedeutung der Verknüpfung durch den Rechtsanwender

Auf dem Rechtsanwender lastet folglich eine große rechtspolitische Verantwortung. Denn die Anwendung oder Nichtanwendung eines bestimmten mitgliedsstaatlichen Normenkomplexes/einer bestimmten Norm, die aus der Zuordnung zu einer anderen mitgliedsstaatlichen Begriffskategorie folgt, kann zum einen immense Auswirkungen auf das Ergebnis der Rechtsanwendung haben: So ist etwa im Rahmen der Marktmissbrauchs-Verordnung[561] fraglich, ob deren Vorschriften als Schutzgesetze im Sinne des § 823 Abs. 2 BGB angesehen werden können.[562] Eine solche Entscheidung hat erhebliche Folgen für die private Rechtsdurchsetzung.

Der Rechtsanwender trifft zum anderen im Rahmen der Verknüpfung des Verordnungsrechts mit bestimmten mitgliedsstaatlichen Normen zweifellos eine Entscheidung *für* ein Rechtsgebiet, *für* einen Systembegriff sowie *für* einen gewissen Normenkomplex. Vor allem aber enthält die konkrete Anknüpfung an eine mitgliedsstaatliche Ordnungskategorie und die daraus folgende Verknüp-

---

[560] *Hatje/Mankowski*, EuR 2014, 155, 161 ff.

[561] Verordnung (EU) Nr. 596/2014 des Europäischen Parlaments und des Rates vom 16.4.2014 über Marktmissbrauch (Marktmissbrauchsverordnung) und zur Aufhebung der Richtlinie 2003/6/EG des Europäischen Parlaments und des Rates und der Richtlinien 2003/124/EG, 2003/125/EG und 2004/72/EG der Kommission.

[562] Dazu *Markworth*, ZHR 183 (2019), 46, 52 ff. m. w. N.

fung mit dem darauf jeweils anwendbaren Recht immer auch eine implizite Entscheidung *gegen* alle anderen möglichen mitgliedsstaatlichen Systembegriffe und Normenkomplexe. Denn ebenso wie die Zuordnung zu einer mitgliedsstaatlichen Ordnungskategorie den Zugriff auf die damit verbundenen Normen erst eröffnet, schließt sie im Umkehrschluss gleichzeitig eine Fülle an Normen auf mitgliedsstaatlicher Seite aus und legt damit abschließend fest, auf welche Vorschriften zurückgegriffen werden kann und auf welche nicht. Durch die Entscheidung für oder gegen eine bestimmte Verknüpfung kann ein ggf. unzutreffendes dogmatisches Verständnis der europäischen Vorschrift etabliert und nicht selten sogar zementiert werden – denn jede Entscheidung entfaltet potenziell eine Orientierungsfunktion für andere Rechtsanwender. Das gilt nicht nur für Gerichtsentscheidungen, sondern auch für Behördenhandeln.

Die „Einbettung“ der Verordnung in die deutsche Rechtsordnung, die Herstellung von konkreten Verknüpfungen, wie sie zum einen von europäischer Seite gewollt und aus nationaler Sicht zur Wahrung innerer Wertungskohärenz notwendig erscheint, ist daher als Aufgabe kaum zu überschätzen. Die Handhabung der Normen gerade durch die deutsche Rechtsprechung wirkt regelmäßig auch auf die öffentliche Meinung und kann sowohl dazu beitragen, dass europäisches Recht weiterhin als unangepasster Fremdkörper wahrgenommen wird oder aber, dass sich diese Vorschriften weitgehend störungsfrei und stimmig in das vorhandene nationale Rechts- und Wertungsumfeld einfügen.

Gleichzeitig hat die Auswahl des anwendbaren mitgliedsstaatlichen Rechts durch den mitgliedsstaatlichen Rechtsanwender mittelbar auch Auswirkungen auf etwaige spätere Vorlageersuchen vor dem EuGH, die Kollisionsfragen zum Gegenstand haben. Denn das von den mitgliedsstaatlichen Gerichten vorgegebene nationale Recht bildet für den EuGH den Bezugspunkt für die Auslegung der europäischen Normen.[563] Der EuGH wird gerade nicht die Verknüpfung mit der jeweiligen nationalen Norm hinterfragen. Eine unpassende Verknüpfung wiederum wird mit höherer Wahrscheinlichkeit auch zu einer Kollision führen. Insofern gebietet bereits die Prozessökonomie, genaue und gut begründete Überlegungen dazu anzustellen, welche Normen auf mitgliedsstaatlicher Seite für eine Anwendung neben dem jeweiligen europäischen Recht infrage kommen. Die oben angestellten Überlegungen zu einer konsequent autonomen Betrachtung und Trennung der Ebenen mit dem Ziel der Herstellung einer wechselseitigen Passfähigkeit der Begrifflichkeiten kann unpassende Verknüpfungen bereits dadurch vermeiden, dass das Unionsrecht sorgfältiger ausgelegt wird, nämlich mit Blick auf die Funktion der jeweiligen Vorschrift für den gesamten Regelungskomplex.[564] Insofern trägt eine solche Koordination der Ebenen auch

[563] St. Rspr. EuGH, Urt. v. 30.4.2020 – Rs. C-627/18 (Atunes da Cunha), ECLI:EU:C:2020:321, Rn. 38 m. w. N.; siehe dazu auch *von Danwitz*, in: Hatje/Müller-Graff (Hrsg.), Enzyklopädie Europarecht (Bd. 2), 2022, § 19, Rn. 30.

[564] Siehe Kapitel 2 B. II. 1. a), S. 193.

dazu bei, im Rahmen eines etwaigen Vorlageersuchens überhaupt die richtigen Fragen stellen zu können.[565]

Vom Rechtsanwender wird folglich eine anspruchsvolle Transferleistung verlangt, die zum einen bislang kaum diskutiert wird und für die es zum anderen Stand jetzt noch keine methodischen Grundregeln gibt, sodass sie kaum nachprüfbar ist. Die oben identifizierten denklogischen Schritte im Anwendungsprozess, an deren Ende die Entscheidung für und/oder gegen die Anwendung von mitgliedsstaatlichen Normen steht, sollen daher im Folgenden vor dem Hintergrund der bereits angestellten Überlegungen methodisch (ein)geordnet und begründet werden.

II. Methodik der funktionalen Verknüpfung

Aus mitgliedsstaatlicher Sicht ist es für eine sinnvolle Verknüpfung nach dem oben Gesagten notwendig, die Funktion der europäischen Vorgaben im Kontext der Verordnung zu ermitteln.[566] Diese Funktion muss sodann gleichsam durch die „Brille des mitgliedsstaatlichen Rechts" betrachtet werden.[567] Das bedeutet, dass sie einem mitgliedsstaatlichen Funktionsäquivalent zuzuweisen ist. Erst ausgehend von einer Anknüpfung an bestimmte mitgliedsstaatliche Ordnungskategorien lassen sich jene Normen bestimmen, deren Anwendung aus mitgliedsstaatlicher Sicht im Sinne des europäischen Rechts angezeigt ist. Dieser Vorgang wird im Folgenden als *funktionale Verknüpfung* bezeichnet. Er soll den Prozess der Auffindung des „passenden" mitgliedsstaatlichen Rechts methodisch beschreiben, um ihn so als notwendigen Zwischenschritt in der Rechtsfindung sichtbar und nachvollziehbar zu machen. Denn erst eine genaue Beschreibung des methodischen Vorgehens vermag es, diesen bislang in der Theorie – und damit mutmaßlich auch in der Praxis – vernachlässigten Zwischenschritt in seiner ganzen Bedeutung zu erfassen und das nötige Vorgehen strukturiert darzustellen. Dies ist vor allem mit Blick auf die Begründungsnotwendigkeit des gesamten Rechtsanwendungsprozesses angezeigt.

1. Ansatz: Zweistufiges Vorgehen

Die hier für die Verknüpfung von Verordnungsrecht und mitgliedsstaatlichem Recht vorgestellte Methodik greift auf Grundgedanken zurück, die zwar für andere Rechtsbereiche entwickelt wurden, bei denen aber die Ausgangsproblemlage mit der hiesigen in einem Maße vergleichbar ist, dass methodische

[565] Die Bedeutung „qualitativ hochwertiger Vorabentscheidungsersuchen" betont auch *von Danwitz*, in: Hatje/Müller-Graff (Hrsg.), Enzyklopädie Europarecht (Bd. 2), 2022, § 19, Rn. 30.

[566] Siehe dazu sogleich 1. a), S. 193.

[567] Siehe sogleich 1. b), S. 194.

Überlegungen übertragbar sind. Dabei handelt es sich um Anleihen bei den Methoden des Internationalen Privatrechts (IPR) sowie der Rechtsvergleichung.[568]

Um zu ermitteln, an welche nationalen Normen das europäische Recht anzuknüpfen ist, muss die europäische Norm – in Anlehnung an die Begrifflichkeit des IPR – mitgliedsstaatlich „qualifiziert" werden: Zu ermitteln ist dafür ihre materielle und dogmatische Funktion, um anhand eines an den Methoden der Rechtsvergleichung orientierten Abgleichs mit dem mitgliedsstaatlichen Recht die dogmatische Kategorie im mitgliedsstaatlichen System (äußeres System) zu finden, die dem Inhalt der europäischen Vorschrift funktional am nächsten kommt. Denn erst anhand der Einordnung unter einen solchen, national geprägten Systembegriff können sodann die mitgliedsstaatlichen Vorschriften bestimmt werden, die das europäische Recht funktional sinnvoll ergänzen. Daraus ergibt sich ein zweistufiges Vorgehen:

a) 1. Schritt: Funktional orientierte Auslegung der Norm

In einem ersten Schritt ist die europäische Norm auf die Funktion hin zu überprüfen, die sie aus der europäischen Perspektive einnimmt. Sie ist *funktional auszulegen*. Dabei handelt es sich hierbei nicht um eine neue Form der Auslegung – hier kann auf die etablierten Auslegungsgrundsätze zurückgegriffen werden –, sondern um ein besonderes Ziel der Auslegung. Die funktionale Auslegung nimmt die Norm in ihrer Stellung im äußeren und inneren System der Verordnung in den Blick. Zu ermitteln ist jedoch nicht nur die *materielle* Funktion der Vorschrift, d. h. ihr Normzweck, sondern insbesondere auch die *dogmatische* Funktion, die der Norm im Gesamtkontext des Rechtsakts zukommt, wie sie mit anderen Normen des Rechtsakts zusammenhängt und welchen systematischen Zweck sie im Gesamtgefüge des Rechtsakt einnimmt. Es geht nicht nur um die materiellen Wertungsentscheidungen, die der Norm zugrunde liegen, sondern ebenso um die Art und Weise, wie die Vorschrift im Zusammenhang mit den anderen Normen des Rechtsakts wirken soll und welche Funktion sie mit Blick auf das übergeordnete Ziel des Rechtsakts übernimmt. Dabei sind gerade die verwandten Rechtsbegriffe genau zu hinterfragen und im Sinne des Rechtsakts autonom zu bestimmen,

Im besten Fall lässt sich auf diese Weise eine abgrenzbare abstrakt-dogmatische Bestimmung ausmachen. Dies wird jedoch aufgrund des Naturells des Unionsrechts, das kaum auf die Bildung klarer dogmatischer Konzepte ausgerichtet ist, in vielen Fällen nicht möglich sein. Auch rechtsaktübergreifend geltende dogmatische Figuren sind im europäischen Recht die Ausnahme. Betrachtet werden müssen die betreffenden Vorschriften daher jedenfalls – mehr als noch im Rahmen der reinen Regelungszielermittlung – im Kontext des gesamten Rechtsakts und unter Berücksichtigung der Wechselwirkungen mit an-

[568] Siehe dazu Kapitel 2 B.II.2., S. 196.

deren Vorschriften. In den meisten Fällen wird so die dogmatische Funktion zwar nicht einer abstrakten dogmatischen Figur zuzuordnen sein, da es diese schlichtweg nicht gibt. Es reicht jedoch regelmäßig aus, die entscheidenden Normen rechtsaktintern genau zu betrachten und ihre Funktion mit Bezug auf die zugrundeliegenden Ziele präzise zu beschreiben. Denn diese autonom-funktionale Betrachtung zeigt regelmäßig bereits auf, dass eine Verknüpfung mit dem mitgliedsstaatlichen Recht anhand gleichlautender Begrifflichkeiten zu kurz greift.

Der methodische Zwischenschritt einer funktionalen Betrachtung bietet somit den Vorteil, dass voreilige Anknüpfungen an Vorschriften im mitgliedsstaatlichen Recht vermieden werden, die vielleicht begriffliche Überschneidungen oder strukturelle Ähnlichkeiten aufweisen, aber letztlich dem europäischen Recht in seiner Funktion und Inhalt nicht gerecht werden. Denn häufig wird im Ergebnis ein vermeintlicher begrifflicher Gleichlauf mit nationalem Recht nicht auch einen funktionalen Gleichlauf bedeuten.[569] Auf diese Art ausgewählte mitgliedsstaatliche Vorschriften werden im Ergebnis regelmäßig häufiger mit dem europäischen Recht direkt oder indirekt kollidieren, ergo nicht oder teilweise nicht anwendbar sein als Vorschriften, die eine sachdienliche Ergänzung zum Verordnungsrecht darstellen. Eine solche Fehlverknüpfung, die zudem falsche Vorbilder setzt,[570] kann verhindert werden, wenn die Funktion und Bedeutung der vom europäischen Recht gebrauchten Begriffe im Vorhinein genau ermittelt wird.

b) 2. Schritt: Anknüpfung an das mitgliedsstaatliche Rechtsystem durch Zuordnung zu funktionsäquivalenten Systembegriffen

Die ermittelte Funktion der europäischen Norm ist sodann in einem zweiten Schritt aus Sicht der mitgliedsstaatlichen dogmatischen Ordnungskategorien zu betrachten: Das europäische Recht wird dabei aus mitgliedsstaatlicher Sicht anhand seiner ermittelten Funktion in die Kategorien des mitgliedsstaatlichen äußeren Systems eingeordnet. Dafür müssen im mitgliedsstaatlichen Recht dogmatische Kategorien existieren, die der Norm eine Wirkung gemäß ihrer europäischen Funktion garantieren. Denn es gilt, die Verordnungsnormen möglichst da anzuknüpfen, wo funktional die meisten Überschneidungen bestehen.

Es sind jedoch auch Fälle denkbar, in denen es kein klares funktionales Äquivalent zum europäischen Recht in der mitgliedsstaatlichen Rechtsordnung gibt oder wo eine Einordnung nicht eindeutig vorgenommen werden kann, weil etwa die Funktion der europäischen Vorschrift im mitgliedsstaatlichen Recht durch verschiedene Rechtsinstitute geteilt wahrgenommen wird. Da die Funktion, die die europäische Bestimmung wahrnimmt, auf mitgliedsstaatlicher

569 So etwa bei der accountability-Pflicht in der DSGVO, siehe Kapitel 3 B. VI. 3., S. 307.
570 Siehe oben Kapitel 2 B. I. 5., S. 190.

Seite nicht notwendigerweise nur einer Norm oder einem Rechtsinstitut zuzuordnen ist, ist auch eine Anknüpfung an mehreren Punkten parallel auf der mitgliedsstaatlichen Ebene nicht ausgeschlossen. Die gedankliche Einpassung in das mitgliedsstaatliche Recht durch die Zuordnung zu mitgliedsstaatlichen Systemkategorien anhand der Funktion ermöglicht so eine präzise „Übersetzung" auch solcher europäischer Rechtsinstitute, die nach eingehender dogmatischer Analyse aus mitgliedsstaatlicher Sicht als Rechtsfiguren sui generis betitelt werden und denen aus diesem Grund mit einer gewissen Ratlosigkeit ob des auf sie anwendbaren nationalen Rechts begegnet wird.

c) Folge: Verknüpfung mit mitgliedsstaatlichen Normen

Die Verknüpfung mit einzelnen Normen, d. h. die Ermittlung der aus mitgliedsstaatlicher Sicht anwendbaren Normen ergibt sich als logische Folge aus der funktionalen Einordnung in die Kategorien des mitgliedsstaatlichen Rechts: So kommen für den Fall einer Anknüpfung an die Ordnungskategorie der „Willenserklärung" etwa die Vorschriften §§ 104 ff. BGB sowie alle anderen Normen, die auf die Willenserklärung Bezug nehmen, in Betracht.[571] Ob die jeweiligen mitgliedsstaatlichen Normen auch tatsächlich neben dem europäischen Recht zur Anwendung kommen, d. h. ihr Regelungsziel am Ende durchsetzen, ist jedoch eine Frage der Kollisionsprüfung.[572]

In den Fällen einer doppelten Anknüpfung, wenn die ermittelte europäische Funktion auf mitgliedsstaatlicher Seite verschiedenen Rechtsfiguren entspricht, sind die jeweiligen mitgliedsstaatlichen Normen, zu denen sich eine Verknüpfung ergibt, zusätzlich darauf zu untersuchen, ob ihre Anwendung mit Blick auf die ermittelte Funktion der unionsrechtlichen Vorschrift wirklich sachgerecht erscheint, oder ob sie eine andere Zielrichtung haben. Im letzten Fall kommt regelmäßig eine teleologische Reduktion dieser Norm in Betracht, die eine Verknüpfung ausschließt.

Soweit eine Anknüpfung an mitgliedsstaatliche Kategorien nicht infrage kommt, da es sich bei der Funktion des europäischen Rechts um ein rechtliches Novum handelt, das es so nicht, auch nicht vergleichbar im mitgliedsstaatlichen Recht gibt, gibt es folglich auch kein zusätzlich anwendbares mitgliedsstaatliches Recht. Allerdings sind regelmäßig auch solche Rechtsinstitute, die aus deutscher Sicht sui generis-Charakter haben und sich nicht eindeutig in das bekannte dogmatische Schema einfügen, jedenfalls in ihrer Funktion mit mitgliedsstaatlichen Vorgaben vergleich- und damit anknüpfbar.[573] Insofern erscheint dieses Problem eher theoretischer Natur zu sein. Systemlücken und ein daraus folgender Normmangel können aber regelmäßig da problematisch wer-

---

[571] Siehe Kapitel 3 B. II. 3. c), S. 255.
[572] Siehe Kapitel 2 A., S. 79.
[573] Siehe dazu bereits oben b), S. 194.

den, wo die Durchführung von Unionsrecht den Mitgliedsstaaten im Sinne einer Normschaffung (sogenannte legislative Durchführung von Unionsrecht) explizit aufgetragen wurde.[574]

2. *Methodische Herleitung*

Methodisch lässt sich die funktionale Anknüpfung als ein Konglomerat methodischer Grundlagen beschreiben, die in verschiedenen Bereichen bereits existieren, aber im oben beschriebenen Kontext bislang soweit ersichtlich so nicht – jedenfalls nicht explizit – angewendet wurden. Diese Grundlagen sollen im Folgenden offengelegt werden, um sie in den methodischen Gesamtkontext einordnen zu können, aus dem sie stammen und um die Übertragbarkeit auf bzw. Einbeziehung in das hiesige Modell aufzuzeigen.

a) Die funktional-teleologische Qualifikation im IPR als Vorbild für den Anknüpfungsvorgang

Den ersten methodischen Anhaltspunkt bietet zunächst die bereits oben genannte Figur der Qualifikation aus dem IPR. Diese dient der Ermittlung des anwendbaren (Zivil-)Rechts in grenzüberschreitenden Sachverhalten. Sie wurde „hauptsächlich am Fall des Systemunterschieds zwischen eigenem und fremdem Recht entwickelt",[575] weshalb der Gedanke naheliegt, dass sie angesichts des Systemunterschieds zwischen Verordnung und mitgliedsstaatlichem Recht übertragbar ist. Denn auch die oben genannte Verknüpfung zwischen Verordnungsrecht und mitgliedsstaatlichem Sachrecht erfordert die Überwindung eines solchen Systemunterschieds. Betrachtet werden soll hier ausschließlich die Qualifikation einer Rechtsfrage unter die Kollisionsnormen des mitgliedsstaatlichen Rechts, die mit am nationalen Recht orientierten Systembegriffen arbeitet, nicht hingegen die heute in der Praxis überwiegende Qualifikation unter vereinheitlichtes europäisches Kollisionsrecht (ROM-VOen).

Als „Qualifikation" bezeichnet man im IPR die Subsumtion einer sich aus dem zu beurteilenden Sachverhalt ergebenden Rechtsfrage[576] unter den im Tatbestand der Kollisionsnorm[577] enthaltenen *Anknüpfungsgegenstand*.[578] Eine

---

574 Siehe dazu Kapitel 2 B. II. 3., S. 201.

575 *Kegel/Schurig*, Internationales Privatrecht, 9. Aufl. 2004, 343.

576 So ganz h. M. *von Hein*, in: MüKo BGB, 8. Aufl. 2020, Einleitung zum IPR, Rn. 115; *Kropholler*, Internationales Privatrecht, 6. Aufl. 2006, 118 f.; so wohl i. E. auch *Junker*, Internationales Privatrecht, 4. Aufl. 2021, § 7 Rn. 1, 13, der den Begriff „Rechtsverhältnis" verwendet; was der Qualifikationsgegenstand ist – Rechtsfrage oder Lebenssachverhalt –, ist strittig, der Streit ist aber vorwiegend terminologischer Natur, siehe dazu ebd., § 7, Rn. 12 ff.; *Dörner*, StAZ 1988, 345, 348.

577 Genuin deutsche Kollisionsnormen finden sich vor allem im EGBGB.

578 *Hausmann*, in: Hausmann/Odersky (Hrsg.), Internationales Privatrecht in der Notar- und Gestaltungspraxis, 2021, § 3, Rn. 1; *Lorenz*, in: BeckOK BGB, 62. Aufl. 2022, Einleitung

Rechtsfrage fragt danach, wie ein Lebenssachverhalt in Bezug auf einen bestimmten Aspekt rechtlich zu beurteilen ist.[579] Der Anknüpfungsgegenstand wiederum ist ein *Systembegriff* in der Kollisionsnorm, etwa die „allgemeinen Ehewirkungen", Art. 14 EGBGB. Die Anknüpfungsgegenstände des nationalen IPR orientieren sich an den Systembegriffen des materiellen Rechts, wenngleich sie bedeutend weiter gefasst sind und nicht nach diesen materiellen Vorbildern auszulegen sind, sondern ggf. auch ausländische Rechtsinstitute umfassen können (autonome Auslegung des IPR).[580] Obschon daher die Qualifikation letztlich nur einen Subsumtionsvorgang bezeichnet, wurde der Begriff der Qualifikation gewählt, weil bei dieser speziellen Subsumtion Probleme auftreten, die innerstaatliche Subsumtionsvorgänge nicht aufweisen.[581]

Diese Probleme entstehen dadurch, dass unterschiedliche Rechtsordnungen andere Systembegriffe nutzen und Rechtsfragen systematisch unterschiedlich ansiedeln, d. h. ein anderes äußeres System aufweisen.[582] Ebenso kommt es vor, dass fremde Rechtsordnungen Rechtsinstitute voraussetzen, die dem deutschen Recht gänzlich unbekannt sind.[583] In diesen Fällen zeigt sich, dass die Rechtsordnungen auch eine jeweils unterschiedliche Wertungsgrundlage, d. h. verschiedene innere Systeme haben. Bei Rechtsinstituten handelt es sich um nichts anderes als die „Zusammenfassung mehrerer funktional verknüpfter Rechtsfragen unter einem [fremden] Systembegriff":[584] Werden Rechtsinstitute in der Realität gelebt, so wirft das zwangsläufig Rechtsfragen auf, die auf Rechte und Pflichten aus den jeweiligen Rechtsinstituten abzielen oder diese voraussetzen. Die Rechtsfrage als Qualifikationsgegenstand schließt in solchen Fällen zwingend das jeweilige Rechtsinstitut/die Rechtsfigur als normative Grundlage der Frage mit ein –[585] hier zeigt sich, dass es sich bei Rechtsfragen

zum IPR (Stand 1.5.2022), Rn. 54; *von Hein*, in: MüKo BGB, 8. Aufl. 2020, Einleitung zum IPR, Rn. 109; *von Hoffmann/Thorn*, Internationales Privatrecht, 9. Aufl. 2007, § 6, Rn. 1.

[579] *Dörner*, StAZ 1988, 345, 349: „normbezogen zugespitzter Lebenssachverhalt".

[580] *Kropholler*, Internationales Privatrecht, 6. Aufl. 2006, 124 f.; *Kegel/Schurig*, Internationales Privatrecht, 9. Aufl. 2004, 345.

[581] *Junker*, Internationales Privatrecht, 4. Aufl. 2021, § 7, Rn. 2; *von Hein*, in: MüKo BGB, 8. Aufl. 2020, Einleitung zum IPR, Rn. 110 ff.

[582] *Junker*, Internationales Privatrecht, 4. Aufl. 2021, § 7, Rn. 3, 6, 8 f.; *von Hein*, in: MüKo BGB, 8. Aufl. 2020, Einleitung zum IPR, Rn. 125; *Kegel/Schurig*, Internationales Privatrecht, 9. Aufl. 2004, 328 ff.

[583] *Junker*, Internationales Privatrecht, 4. Aufl. 2021, § 7, Rn. 4; *von Hein*, in: MüKo BGB, 8. Aufl. 2020, Einleitung zum IPR, Rn. 121; *Kegel/Schurig*, Internationales Privatrecht, 9. Aufl. 2004, 331 ff.; zur Qualifikation unbekannter Rechtsinstitute nach der funktional-teleologischen Methode NJW 1959, 717, 718; ähnlich NJW 1967, 2109, 2111 f.

[584] *von Hein*, in: MüKo BGB, 8. Aufl. 2020, Einleitung zum IPR, Rn. 116.

[585] *von Hein*, in: MüKo BGB, 8. Aufl. 2020, Einleitung zum IPR, Rn. 116; dazu auch *Junker*, Internationales Privatrecht, 4. Aufl. 2021, § 7, Rn. 13; *Wendehorst*, in: FS Sonnenberger, 2004, 743, 746 f., die „sachnormbezogene" Rechtsfragen von solchen abgrenzt, die sich auf rein faktische („schlichte") Phänomene beziehen.

immer um „normbezogen zugespitzt[e]“ Lebenssachverhalte handelt.[586] In der Praxis führt das dazu, dass im Rahmen der Qualifikation von Rechtsfragen vor allem die diesen zugrundeliegenden ausländischen *Sachnormen* zu betrachten sind.[587]

Die speziellen Qualifikationsprobleme, die sich aus der Unterschiedlichkeit der Rechtsordnungen ergeben, verspricht die Qualifikation anhand eines methodischen Vorgehens zu lösen: Die im deutschen IPR herrschende funktional-teleologische Qualifikationsmethode[588] wurde entwickelt, um unterschiedliche Systeme trotz der Systemunterschiede stimmig zusammenzuführen, indem die einzelnen Rechtsinstitute gemäß ihrer Funktion im Rechtsleben betrachtet werden. Dies basiert auf der Annahme, dass die realen Lebensverhältnisse und die daraus resultierenden Probleme im Gegensatz zu ihrer formal-systematischen Verortung und Konzeption rechtsordnungsübergreifend übereinstimmen[589] und greift maßgeblich auf rechtsvergleichende Methoden zurück:[590] Ermittelt wird zu diesem Zweck sowohl die Funktion des in Rede stehenden unbekannten Rechtsinstituts, also das Ordnungsziel der betroffenen ausländischen Sachnorm[en], als auch Sinn und Zweck der inländischen Kollisionsnormen.[591] In einem zweiten Schritt wird dann der Systembegriff mit dem am ehesten vergleichbaren Ordnungsziel so ausgelegt, dass er sich auf (auch unbekannte) Rechtsinstitute oder Rechtsfiguren der fremden Rechtsordnung erstreckt.[592] Der BGH führt dazu treffend aus:

„Die dem deutschen Richter obliegende Aufgabe ist es, die Vorschrift des ausländischen Rechts nach ihrem Sinn und Zweck zu erfassen, ihre Bedeutung vom Standpunkt des ausländischen Rechts zu würdigen und sie mit Einrichtungen der deutschen Rechtsordnung zu vergleichen. Auf der so gewonnenen Grundlage ist sie den aus den Begriffen und Ab-

[586] *Dörner*, StAZ 1988, 345, 349.

[587] Aus diesem Grund sprechen *Kegel/Schurig*, Internationales Privatrecht, 9. Aufl. 2004, 327 im Rahmen der Qualifikation auch von einer Einordnung fremder „Sachnormen“ im Hinblick auf die Systembegriffe des IPR.

[588] *Junker*, Internationales Privatrecht, 4. Aufl. 2021, § 7 Rn. 28; *Hausmann*, in: Hausmann/Odersky (Hrsg.), Internationales Privatrecht in der Notar- und Gestaltungspraxis, 2021, § 3, Rn. 6 ff.; *von Hein*, in: MüKo BGB, 8. Aufl. 2020, Einleitung zum IPR, Rn. 118 ff.; *Kropholler*, Internationales Privatrecht, 6. Aufl. 2006, 126 ff.

[589] „Praesumtio similitudinis“, siehe *Neuhaus*, Die Grundbegriffe des Internationalen Privatrechts, 2. Aufl. 1976, 129; aus rechtsvergleichender Sicht *Zweigert/Kötz*, Einführung in die Rechtsvergleichung, 3. Aufl. 1996, 39.

[590] *von Hoffmann/Thorn*, Internationales Privatrecht, 9. Aufl. 2007, § 6 Rn. 27, 29; siehe auch *Zweigert/Kötz*, Einführung in die Rechtsvergleichung, 3. Aufl. 1996, 6: „die Methode des IPR [ist] heute nur noch als rechtsvergleichende denkbar“; grundlegend zur Einführung rechtsvergleichender Aspekte in die Methodik des IPR *Rabel*, RabelsZ 5 (1931), 241; siehe auch Kapitel 2 B. II. 2. b), S. 199.

[591] *von Hein*, in: MüKo BGB, 8. Aufl. 2020, Einleitung zum IPR, Rn. 121; *von Hoffmann/Thorn*, Internationales Privatrecht, 9. Aufl. 2007, § 6 Rn. 30; *Kropholler*, Internationales Privatrecht, 6. Aufl. 2006, 126 ff.

[592] *Dörner*, StAZ 1988, 345, 351 f.

grenzungen der deutschen Rechtsordnung aufgebauten Merkmalen der deutschen Kollisionsnorm zuzuordnen."[593]

b) Elemente der Rechtsvergleichung in der funktional-teleologischen Qualifikation: Der funktionale Ansatz

Diese an den Zwecken des (ausländischen) Sachrechts orientierte funktionale Analyse lässt sich zurückführen auf den der Rechtsvergleichung entstammenden „funktionalen Ansatz":[594] Die Betrachtung von Recht nach seiner Funktionalität kann als methodisches Grundprinzip der gesamten Rechtsvergleichung bezeichnet werden.[595] Dem funktionalen Ansatz zugrunde liegt die Annahme, dass nur rechtlich vergleichbar ist, was auch funktionell vergleichbar ist. Ausgehend von der Annahme, dass Interessenkonflikte überall gleich sind und die praktischen Lösungen für diese Konflikte jedenfalls auf ähnliche Weise gelöst werden („praseumtio similitudinis"),[596] rückt der funktionale Ansatz daher auch nicht bloß einen Rechtssatz, sondern vielmehr ein in der Ausgangsrechtsordnung konkret gegebenes Rechtsproblem in den Mittelpunkt.[597] Die Ausgangsfrage jeder rechtsvergleichenden Arbeit muss daher funktional gestellt werden, d. h. frei von Systembegriffen der eigenen, bekannten Rechtsordnung.[598] Das Rechtsproblem ist „von dogmatischen Befangenheiten des eigenen Systems"[599] befreit als sozialer Konflikt zu betrachten. Spiegelbildlich wird dann ermittelt, auf welche Art und Weise und anhand welcher Normen die andere Rechtsordnung diesen sozialen Konflikt löst. So werden allein die *Aufgaben und Funktionen* der Vorschriften in den jeweiligen Rechtsordnungen zueinander in Beziehung gesetzt.[600]

c) Parallelen und Unterschiede

Die Methode der funktional-teleologischen Qualifikation mit ihren rechtsvergleichenden Elementen scheint auf den ersten Blick auf den hiesigen Normfindungsprozess bei der Rechtsordnungsverschränkung anwendbar zu sein, da

---

593 BGH, NJW 1967, 2109, 2111 f.

594 Allgemein zum traditionell engen Verhältnis von Rechtsvergleichung und IPR *Zweigert/Kötz*, Einführung in die Rechtsvergleichung, 3. Aufl. 1996, 6 f.; *Neuhaus*, Die Grundbegriffe des Internationalen Privatrechts, 2. Aufl. 1976, 85 f.; *Constantinesco*, Rechtsvergleichung (Bd. 2), 1972, 407 ff.

595 *Zweigert/Kötz*, Einführung in die Rechtsvergleichung, 3. Aufl. 1996, 33.

596 *Zweigert/Kötz*, Einführung in die Rechtsvergleichung, 3. Aufl. 1996, 39; *Zweigert*, in: FS Schmitthoff, 1973, 403, 405 f.

597 *Haase*, JA 2015, 232, 235; *Koch/Magnus/Winkler von Mohrenfels*, IPR und Rechtsvergleichung, 4. Aufl. 2010, § 13 Rn. 11 ff.; *Zweigert*, in: FS Schmitthoff, 1973, 403, 406.

598 *Zweigert/Kötz*, Einführung in die Rechtsvergleichung, 3. Aufl. 1996, 33 f.

599 *Zweigert/Kötz*, Einführung in die Rechtsvergleichung, 3. Aufl. 1996, 34.

600 *Haase*, JA 2015, 232, 235; siehe umfassend zu den einzelnen Aspekten eines Rechtsvergleichs die drei Phasen nach *Constantinesco*, Rechtsvergleichung (Bd. 2), 1972, 137 ff.

die Ausgangssituationen große Parallelen aufweisen: In beiden Fällen wird die Anknüpfung an Systembegriffe in der eigenen Rechtsordnung durch Systemunterschiede einer fremden (europäischen) Rechtsordnung erschwert. Ebenso wie bei der Verknüpfung müssen bei der Qualifikation fremde Regelungsinhalte an einen mitgliedsstaatlich geprägten Systembegriff angeknüpft werden. In beiden Fällen müssen die Systeme anhand rechtsvergleichender Methoden einander angenähert werden, um die beschriebene Zuordnung vornehmen zu können.

Dennoch kann der Begriff der Qualifikation nicht auf die Verknüpfung übertragen werden: Die hier vorgeschlagene Verknüpfung sieht eine Zuordnung der europäischen Norminhalte zu mitgliedsstaatlichen materiellen Systembegriffen vor, während im IPR nicht die materiell-rechtlichen, sondern vielmehr die autonomen Systembegriffe des IPR maßgeblich sind. Eine Subsumtion europäischer Rechtsfiguren oder Norminhalte unter mitgliedsstaatliche Systembegriffe, wie sie die Qualifikation bezeichnet, kann es bei der Verknüpfung von Verordnungsrecht und mitgliedsstaatlichem Recht nicht geben, da materiell-rechtliche Systembegriffe anders als die des IPR enger zu verstehen sind und das funktionale Äquivalent des europäischen Rechts selten alle Merkmale des deutschen Systembegriffs erfüllen wird. Es wird auf mitgliedsstaatlicher Seite eben nur ein Äquivalent und damit i. E. ein *aliud* festgestellt, kein Unterbegriff unter einen Oberbegriff subsumiert.

Eine Subsumtion im klassischen Sinne, wie sie die Qualifikation voraussetzt, ist darüber hinaus bei der funktionalen Verknüpfung auch nicht notwendig, da die materiellen Systembegriffe, anders als die Kollisionsnormen, nicht Teil einer normativen Wenn-Dann-Anordnung sind, die als Rechtsfolge die Anwendung bestimmter Normen vorsehen. Vielmehr dient der rechtsvergleichend orientierte Abgleich zwischen den unterschiedlichen Systemen dem Auffinden einer auf mitgliedsstaatlicher Seite lediglich *funktional vergleichbaren* dogmatischen Zuordnungsgröße für die europäische Vorschrift. Dieser Prüfungsschritt kann auch als eine hypothetische Kontrollüberlegung beschrieben werden, wie die jeweilige Verordnungsvorschrift oder Rechtsfigur in mitgliedsstaatlichen Ordnungskategorien abzubilden wäre. Hieran zeigt sich, dass der Gesetzgeber bei der Umsetzung von Richtlinienrecht ebenso Überlegungen zur funktionalen Anknüpfung anstellen muss.

Anders als bei der Qualifikation im IPR ergeben sich die zusätzlich anwendbaren Normen hier auch nicht unmittelbar aus diesem funktionalen Äquivalent, sondern vielmehr aus dem materiellen normativen Zusammenhang des Systembegriffs, welchem die Rechtsfrage zugeordnet wird.

Insofern sind die Voraussetzungen der Qualifikation zwar nicht dieselben wie bei der hier untersuchten funktionalen Verknüpfung, aber beide Vorgänge sind zumindest in einem Maße vergleichbar, dass die methodischen Kerngedanken der funktionell-teleologischen Qualifikation, insbesondere die funktionale Vergleichsmethode, auch für die hiesige funktionale Normverknüpfung fruchtbar gemacht werden können. Auch im internationalen Einheitsrecht wird auf ganz ähnliche Weise in Anlehnung an die Methode der internationalprivatrechtlichen Qualifikation eine Normkonkurrenz festgestellt.[601]

3. Systemlücken und Normmangel auf mitgliedsstaatlicher Seite als Durchsetzungsdefizit

Da, wo die nationalen Normen und Rechtsfiguren das europäische Recht nur unzureichend durchsetzen und ergänzen, d. h. wo mitgliedsstaatliche Ordnungskategorien den europäischen Vorschriften in ihrer intendierten Wirkung nicht gerecht werden, etwa weil es für eine europäische Rechtsfigur schlicht kein funktionales Äquivalent auf mitgliedsstaatlicher Seite gibt (Systemlücke) und die Durchsetzung in der Folge zu schwach ausfällt, liegt im Ergebnis ein Durchsetzungsdefizit vor. Das Problem des Durchsetzungsdefizits ist von den Kollisionskonstellationen zu unterscheiden, in welchen eine mitgliedsstaatliche Norm das Regelungsziel einer europäischen Vorschrift vereitelt. Bei einem Durchsetzungsdefizit hingegen herrscht auf mitgliedsstaatlicher Seite (aus europäischer Sicht) vielmehr ein Normmangel. Soweit das vorhandene nationale Recht nicht entsprechend ausgelegt oder fortgebildet werden kann, um dieses Durchsetzungsdefizit zu beseitigen und die europäischen Vorgaben funktional zu verknüpfen, folgt aus dem Grundsatz der einheitlichen Wirksamkeit des europäischen Rechts die Pflicht des Mitgliedsstaats, rechtssetzend tätig zu werden.[602]

4. Die Auslegung des europäischen Rechts als Nadelöhr

Die letztlich durch den Rechtsanwender unter Zuhilfenahme des Ansatzes der funktionalen Verknüpfung getroffene Zuordnung ist jedoch nicht zwingend – in vielen Fällen sind auch andere Interpretationen gerade des europäischen Rechts und daraus folgende Zuordnungen mit Blick auf das mitgliedsstaatliche Recht denkbar. Denn wie bereits bei den Kollisionen festgestellt, stellt die Auslegung europäischen Rechts das „Nadelöhr" der (nicht nur rechtsordnungsübergreifenden) Rechtsanwendung dar.[603] Auch das Ergebnis der funktionalen Verknüpfung ist maßgeblich vom Auslegungsergebnis des europäischen Rechts abhängig. Angesichts dessen, dass europäische Rechtsakte selten eindeutige Auslegungsergebnisse zulassen, kann auch die Funktion einer europäischen Norm in der Anwendung unterschiedlich beurteilt werden. Die obige Methodik soll jedoch durch die Fokussierung auf die funktionale Äquivalenz dabei helfen, einerseits die überzeugendere Auslegungsvariante europäischen Recht auszumachen und dieses Auslegungsergebnis dogmatisch sauber in Bezug zum mitgliedsstaatlichen Recht zu setzen. Zudem können anhand der entwickelten

[601] *Gruber*, Methoden des Internationalen Einheitsrechts, 2004, 236 ff.
[602] Siehe dazu bereits oben Kapitel 2 A. III. 2. b) bb) (5) (a), S. 97.
[603] Siehe Kapitel 2 A. IV. 2. a), S. 133.

Methodenschritte zumindest Argumentations- und Begründungsmuster aufgedeckt werden, die für oder gegen eine Verknüpfung mit bestimmten mitgliedsstaatlichen Vorschriften sprechen können.

Das Problem einer fehlenden Eindeutigkeit europäischer Norminhalte kann daher schon das Auffinden der möglicherweise kollidierenden Norm erschweren, also bei der funktionalen Verknüpfung zutage treten, nicht erst bei der Kollisionsprüfung selbst. Freilich können nicht nur rechtsordnungsübergreifende Kollisionsfragen, sondern auch reine, das mitgliedsstaatliche Recht nicht betreffende Auslegungsfragen des europäischen Rechts, soweit sie entscheidungserheblich sind, dem EuGH vorgelegt werden, um so Klarheit zu erlangen.

5. *Zwischenergebnis*

Um im mitgliedsstaatlichen Recht die Norm zu finden, die sich funktional am ehesten zur Durchführung des europäischen Rechts eignet, muss das Verordnungsrecht mit dem mitgliedsstaatlichen Recht *funktional verknüpft* werden. Dies geschieht in Anlehnung an die Methodik der funktional-teleologischen Qualifikation in zwei Prüfschritten:

1. Zunächst ist die europäische Norm oder Rechtsfigur, die im konkreten Fall anzuwenden ist, mit Blick auf ihre spezifische, kontextbezogene Funktion im Rechtsakt umfassend auszulegen (funktionale Auslegung).

2. Die Funktion europäischen Norm/Rechtsfigur wird sodann aus mitgliedsstaatlicher Perspektive betrachtet, um in dieser Hinsicht ggf. Parallelen zu einer mitgliedsstaatlichen Norm, einem mitgliedsstaatlichen Regelungskomplex oder einem Rechtsbegriff aufzudecken. So kann für die europäischen Vorgaben das funktionale Äquivalent im mitgliedsstaatlichen Recht bestimmt werden. Anhand dieser Anknüpfung an das funktionale Äquivalent lassen sich diejenigen mitgliedsstaatlichen Normen bestimmen, die aus mitgliedsstaatlicher Perspektive zusätzlich anwendbar sind. Dies sind die Normen, für eine Anwendung neben dem Verordnungsrecht zu prüfen ist.[604]

Dabei sind die einzelnen Schritte der funktionalen Verknüpfung kaum voneinander zu trennen: Denn regelmäßig wird die funktionale Auslegung bereits mit Blick auf möglicherweise passende mitgliedsstaatliche Rechtsfiguren/dogmatische Kategorien vorgenommen, zumal im Rahmen dieser Auslegung meist bereits national vorgeprägte Begrifflichkeiten verwendet werden, um die Funktion des europäischen Rechts aus mitgliedsstaatlicher Perspektive greifbar und verständlich zu machen. Auch im Rahmen der Suche eines funktionsäquivalenten Systembegriffs kann sich ein Abgleich der Kategorien nicht nur anhand abstrakt-dogmatischer Charakteristika orientieren, sondern nimmt anhand einer Gesamtbetrachtung immer auch alle Normen in den Blick, die diese Kategorie

---

[604] Kollisionsprüfung, siehe zu den Prüfschritten Kapitel 2 A. IV., S. 126.

dadurch prägen, dass sie sich auf sie beziehen, an sie anknüpfen und ihr erst dadurch Wertungsaussagen verleihen.

Mit dem oben beschriebenen Prozess, der lediglich dazu dient, die aus mitgliedsstaatlicher Sicht anwendbaren Normen zu ermitteln, ist selbstredend noch keine abschließende Aussage darüber getroffen, ob das anzuwendende mitgliedsstaatliche Recht im Einzelfall auch europarechtskonform ist. Die funktionale Verknüpfung liefert immer nur die Erkenntnis, welche Normen oder Normenkomplexe aus mitgliedsstaatlicher Sicht zusätzlich zur Anwendung kommen können. Um festzustellen, ob eine mitgliedsstaatliche Norm im konkreten Fall auch tatsächlich neben dem Verordnungsrecht anwendbar ist – d. h. im Sinne der Rechtsordnungsverschränkung mit dem Verordnungsrecht ineinandergreift – oder aber aufgrund einer Kollision hinter dem europäischen Recht zurückstehen muss, ist eine Folgefrage (Kollisionsprüfung).

Die Methode der funktionalen Verknüpfung setzt daher maßgeblich im Vorhinein der Kollisionsprüfung an und hilft dabei, diejenigen Normen auszuwählen, mit welchen aufgrund der funktionalen Äquivalenz naturgemäß weniger Kollisionen zu erwarten sind als bei einer funktional unpassenden Verknüpfung. Die beschriebenen Prüfungsschritte vermeiden eine oberflächliche Orientierung an vermeintlichen Parallelen im äußeren System, von denen auf Gleichläufe in den Wertungszusammenhängen geschlossen wird. Insofern dient die funktionale Verknüpfung auch der Bewältigung der besonderen Herausforderungen, die sich bei der Anwendung von Verordnungsrecht mit dem ihm eigenen äußeren System stellen.[605]

Aber auch innerhalb der konkreten Kollisionsprüfung wird die Methode der funktionalen Verknüpfung wiederum bedeutend,[606] da der in diesem Rahmen vorgenommene funktionale Abgleich zwischen Normen unterschiedlicher Rechtsordnungen nicht zwingend immer bei der gleichen Rechtsordnung ansetzen muss: Es ist daher auch möglich und im Kontext der direkten Kollisionen notwendig, vom mitgliedsstaatlichen Recht ausgehend eine funktionale Verknüpfung mit europäischen Normen vorzunehmen.

III. Umgekehrte funktionale Verknüpfung im Rahmen der Prüfung direkter Kollisionen

Hat der Rechtsanwender das „richtige" mitgliedsstaatliche Recht mit der oben beschriebenen Methodik zunächst ausfindig gemacht, bleibt zu prüfen, ob und inwieweit die mitgliedsstaatlichen Normen in der konkreten Anwendung möglicherweise aufgrund einer Kollision mit europäischem Recht unanwendbar sind. Denn die obigen Überlegungen führen im Rahmen der Rechtsanwendung zu-

---

605 Siehe dazu oben Kapitel 1 C.III., S. 63.

606 Siehe Kapitel 2 B.III., S. 203.

nächst nur zu einem Zwischenergebnis, nämlich der Feststellung, welche Normen aus mitgliedsstaatlicher Sicht grundsätzlich neben dem europäischen Recht anwendbar sind. Aus praktischer Sicht interessiert jedoch das Ergebnis der sich anschließenden Kollisionsprüfung, nämlich ob das jeweils ermittelte mitgliedsstaatliche Recht im konkreten Fall tatsächlich anwendbar ist oder nicht. Im Rahmen einer konkreten Kollisionsprüfung kommen die spezifischen Schritte der oben entwickelten Methodik dabei ein weiteres Mal zum Tragen. Denn die Prüfung, ob die Anwendung der mitgliedsstaatlichen Norm x im konkreten Fall möglicherweise durch eine europäische Norm a ausgeschlossen wird, läuft auf eine Art umgekehrte funktionale Verknüpfung heraus: Im Rahmen der Kollisionsprüfung ist in einem ersten Schritt festzustellen, ob die Rechtsfrage, die die mitgliedsstaatliche Norm x adressiert, bereits auf europäischer Ebene geregelt ist.[607] Ist dies der Fall, liegt eine direkte Kollision mit europäischem Recht vor, die zur Folge hat, dass die mitgliedsstaatliche Vorschrift jedenfalls mit dem zugrunde gelegten Regelungsinhalt nicht anwendbar ist. In der Folge wäre sie dann entweder europarechtsfreundlich auszulegen oder, falls das nicht möglich ist, nicht anzuwenden.[608] Ob eine solche direkte Kollision vorliegt, ist durch Auslegung zu ermitteln. Entscheidend ist, ob das europäische Recht zu der Rechtsfrage, die der nationalen Vorschrift zugrunde liegt, bereits Stellung bezogen hat – ob durch spezifische Normen einem Sekundärrechtsakt, geplante Nichtregelung, allgemeine Rechtsgrundsätze oder geschriebenes Primärrecht.

Folglich ist das europäische Recht im Rahmen der direkten Kollisionsprüfung *mit Blick auf die Funktion der mitgliedsstaatlichen Normen auszulegen*, um etwaige funktionale Überschneidungen zu entdecken, die eine Kollision bedeuten würden. Hieran zeigt sich, dass die Prüfung der direkten Kollision im Ergebnis nicht anderes ist als die Suche nach einem funktionalen Äquivalent zu der deutschen Regelung im europäischen Recht – eine funktionale Qualifikation des deutschen Rechts mit Blick auf das europäische und damit eine umgekehrte funktionale Verknüpfung im obigen Sinne.[609] Lediglich die funktionale Auslegung als erster Schritt der Verknüpfungsprüfung kann hier vernachlässigt werden, da die dogmatische Funktion von Normen des mitgliedsstaatlichen Rechts regelmäßig hinreichend bekannt sein dürfte, jedenfalls aber in ihrer Ermittlung altbekannten nationalen Auslegungsgrundsätzen folgt und daher nicht die Schwierigkeiten bereithält wie die Ermittlung der dogmatischen Funktion europäischer Normen.

Diese Doppelrelevanz der funktionalen Verknüpfungsmethodik lässt sich an folgendem Beispiel illustrieren: Kommt der deutsche Rechtsanwender zunächst zu dem Ergebnis, dass die datenschutzrechtliche Einwilligung in der DSGVO

---

607 Siehe Kapitel 2 A. IV. 1. b), S. 128.

608 Zu den anwendbaren Kollisionsnormen als Folgen einer Kollision siehe Kapitel 2 A. III. 2., S. 89.

609 Siehe Kapitel 2 B. II., S. 192.

funktional am ehesten als zivilrechtliches Rechtsgeschäft anzuknüpfen ist, so verweist dieses Ergebnis auf eine – noch im Detail zu prüfende – Verknüpfung mit den Normen, die in der Regel auf das zivilrechtliche Rechtsgeschäft anzuwenden sind, etwa die Vorschriften zu den Willensmängeln und zur Anfechtung (§§ 116ff., 142 BGB). Daraus folgt jedoch nicht ohne Weiteres der Schluss, die Anfechtungsvorschriften seien ohne Weiteres anwendbar, da das europäische Recht selbst keine Anfechtung regele. Vielmehr ist zu prüfen, ob der einer Anfechtung zugrunde liegende Interessenausgleich im Falle einseitiger Willensmängel unter Umständen auf andere Weise vorgenommen wurde. In diesem Falle liegt eine direkte Kollision mit der entsprechenden europäischen Norm (oder Normen) vor, da das Unionsrecht diese Frage bereits abschließend geregelt hat.[610] Erst wenn sich ergibt, dass diese Thematik vom europäischen Recht bewusst nicht geregelt oder schlichtweg vergessen wurde und ein Interessenausgleich aber notwendig ist, kann unter Umständen ein stiller Verweis auf das mitgliedsstaatliche Recht – und damit auf die Vorschriften zur Anfechtung – angenommen werden.[611] In diesem Falle ist die Norm in ihrer konkreten Anwendung auf eventuelle indirekte Kollision mit anderen europäischen Vorschriften zu untersuchen und in diesem Fall einschränkend auszulegen.[612]

Daraus folgt, dass auch die Frage, wie weit der Regelungsgehalt oder das Regelungsziel einer mitgliedsstaatlichen Norm x bereits durch eine Norm europäischen Ursprungs ausgeschlossen wird, nicht durch einen rein formalen Abgleich der Normen beantwortet werden kann. Insbesondere ist eine reine Ähnlichkeit der Begriffe auch hier kein Grund für eine inhaltliche Gleichsetzung. Vielmehr bedarf es einer Ermittlung der Funktion beider Vorschriften im jeweiligen normativen Gesamtgefüge und im Vergleich und Zusammenspiel zu anderen Normen. Nur anhand eines solchen funktionalen Abgleichs kann ermittelt werden, ob sich die den Normen zugrundeliegenden Regelungsziele im konkreten Anwendungsfall widersprechen und sie funktional betrachtet denselben Interessenkonflikt regeln wollen. Die oben beschriebene methodischen Prüfungsschritte können dazu beitragen, die Funktion der Vorschriften in den Vordergrund zu rücken, um nicht etwaige Parallelen in der Begrifflichkeit zur Verknüpfungsgrundlage zu machen.

Im Gegensatz zum oben beschriebenen Prozess der funktionalen Verknüpfung als Vorfrage der Kollisionsprüfung, der den Rechtsanwender erst in die Lage bringen soll, die jeweiligen, passenden mitgliedsstaatlichen Vorschriften zu ermitteln, geht die Prüfung der funktionalen Äquivalenz hier nun vom mit-

610 Siehe Kapitel 2 A. III. 3. c) aa), S. 118.

611 Zur grds. abschließenden Begriffsbildung im Verordnungsrecht siehe oben Kapitel 1 C. III. 2. b) bb) (2), S. 72; Kapitel 2 A. IV. 2. a) cc), S. 139; zur umfassenden Prüfung der Anwendung der §§ 119ff. BGB auf die datenschutzrechtliche Einwilligung siehe Kapitel 3 B. II. 3. d) cc), S. 269.

612 Zweiter Schritt der Kollisionsprüfung, siehe Kapitel 2 A. IV. 1. c), S. 131.

gliedsstaatlichen Recht aus. Denn dieses ist im Rahmen der Kollisionsprüfung der Bezugspunkt für die Auslegung europäischer Normen.[613]

Daran zeigt sich, dass es im Rahmen der Rechtsanwendung im rechtsordnungsübergreifenden Kontext immer wieder aufs Neue notwendig ist, Normenkomplexe, die jeweils unterschiedlichen Rechtsordnungen zugehörig sind, miteinander zu koordinieren. Eine Verknüpfungsprüfung im obigen Sinne ist nicht nur im Rahmen notwendiger Vorfragen für den Rechtsanwendungsprozess bedeutsam. Sie kommt auch unmittelbar innerhalb der rechtsanwendungsbezogenen Kollisionsprüfungen zum Tragen.

C. Ergebnis: Erkenntnisse zur Rechtsanwendung i. R. d. Rechtsordnungsverschränkung zwischen mitgliedsstaatlichem Sachrecht und europäischem Verordnungsrecht

Die in diesem Kapitel aufgezeigte Methodik bricht die rechtsordnungsübergreifende Rechtsanwendung im europäischen Mehrebenensystem auf ein zwei Hauptschritte umfassendes Vorgehen herunter. In einem ersten Schritt müssen unter Zuhilfenahme der Methodik der funktionalen Verknüpfung diejenigen Normen identifiziert werden, die das einschlägige Verordnungsrecht aus mitgliedsstaatlicher Sicht ergänzen könnten.[614] Ob und inwieweit diese auch im konkreten Fall zur Anwendung kommen, ist Gegenstand der Kollisionsprüfung, die in einem zweiten Schritt vorzunehmen ist.[615]

Diese beiden Prüfungsschritte lassen sich wiederum jeweils in Teilschritte untergliedern: Die funktionale Verknüpfung erfordert zunächst die funktional orientierte Auslegung der Verordnungsnormen,[616] um sodann das funktionale Äquivalent im mitgliedsstaatlichen Recht ausfindig machen zu können,[617] von welchem ausgehend die anwendbaren Normen zu bestimmen sind. Im Rahmen der Kollisionsprüfung ist wiederum zunächst das mitgliedsstaatliche Recht auf eine direkte Kollision mit europäischen Vorgaben zu untersuchen[618] und erst, wenn diese nicht vorliegt, eine etwaige indirekte Kollision zu prüfen[619]. Dieses Vorgehen setzt dort an, wo der mitgliedsstaatliche Rechtsanwender den ihm vorliegenden Sachverhalt bereits unter die Normen der jeweils anwendbaren europäischen Verordnung subsumiert hat und sich Fragen nach dem Zusam-

---

613 St. Rspr. EuGH, Urt. v. 30.4.2020 – Rs. C-627/18 (Atunes da Cunha), ECLI:EU:C:2020:321, Rn. 38.
614 Siehe Kapitel 2 B., S. 182.
615 Siehe Kapitel 2 A., S. 79.
616 Siehe Kapitel 2 B. II. 1. a), S. 193.
617 Siehe Kapitel 2 B. II. 1. b), S. 194.
618 Siehe Kapitel 2 A. IV. 1. b), S. 128.
619 Siehe Kapitel 2 A. IV. 1. c), S. 131.

menwirken von nationaler und europäischer Rechtsordnung sowie dem Umgang hiermit stellen.

Während die Grundlagen für die Schwierigkeit der Rechtsanwendung im rechtsordnungsübergreifenden Kontext sowie die konkreten Probleme, die das Verordnungsrecht hierbei stellt, in Kapitel 1 untersucht wurden, zeigen die beiden in diesem Kapitel entwickelten Anwendungsschritte auf, wie diesen Fragen methodisch begegnet werden kann. Erstmals wird dabei nicht nur die Kollisionsthematik behandelt, sondern auch der vorgeschalteten, aber bislang kaum diskutierten Frage nach der in diese Kollisionsprüfung einzubeziehenden mitgliedsstaatlichen Normen grundlegend nachgegangen. Anhand der funktionalen Verknüpfung lassen sich Missverständnisse des europäischen Rechts, die auf der eigenen gedanklichen Verankerung im mitgliedsstaatlichen Rechtsdenken beruhen, reduzieren.

Die Anwendbarkeit der so ermittelten Normen im Einzelfall bestimmt sich anhand der Kollisionsprüfung. Das Verständnis der europäischen Kollisionsnormen, insbesondere der europarechtsfreundlichen Auslegung als eine Ausprägung der Vorrangregel, ist auf mitgliedsstaatlicher Ebene wichtig, um die Grenzen der Anwendbarkeit mitgliedsstaatlicher Normen antizipieren zu können. Die dogmatische Deutung einer schon auf europäischer Ebene vorzunehmenden „Selbstbeschränkung" des Mindestwirksamkeitsanspruchs europäischer Normen im Falle indirekter Kollisionen, die durch die effektive Durchsetzung eines widerstreitenden europäischen Ziels indiziert ist, ermöglicht eine differenzierte Betrachtung dieser Kollisionslagen. Eine solche Betrachtung ermöglicht und erfordert zugleich regelmäßig eine präzisere Argumentation als eine pauschale Abwägung mit dem Effektivitätsgrundsatz. Auf dieser Grundlage sind einerseits europäische Entscheidungslinien besser nachvollziehbar und andererseits eigene Anwendungsergebnisse gegenüber der europäischen Ebene leichter zu begründen.

Letzteres gilt darüber hinaus auch für den hier entwickelten methodischen Ansatz insgesamt: Die Beschreibung der vorzunehmenden Prüfungsschritte macht den konkreten Rechtsanwendungsprozess transparenter und dadurch für alle Seiten nachvollziehbarer sowie nachprüfbarer. Ein methodischer Ansatz liefert ein Orientierungsgerüst für inhaltliche Argumente und dient somit der Begründbarkeit von Entscheidungen und Anwendungsergebnissen. Die Unterteilung in einzelne Prüfschritte macht den im Detail doch recht komplexen Prozess zudem übersichtlicher und anschaulicher.

Kapitel 3

Anwendungsbeispiele aus der DSGVO

A. Die DSGVO als Referenzgebiet

Die DSGVO eignet sich aus mehreren Gründen für eine praktische Untersuchung. Zum einen hat sie durch ihren weiten Anwendungsbereich eine hohe praktische Relevanz hat: Kaum ein Lebensbereich kommt heutzutage ohne Datenverarbeitung aus. Dadurch ist eine Verflechtung mit einer Vielzahl spezifischer Rechtsbereiche[1] zu erwarten.[2] Zudem steht die DSGVO als unmittelbar geltende Verordnung gem. Art. 94 Abs. 2 sowie Erwägungsgrund 9 DSGVO in Kontinuität zur Datenschutzrichtlinie[3]. Viele Vorschriften sind aus der Richtlinie übernommen worden, was den direkten Vergleich zwischen Verordnung und Richtlinie in der Anwendung erlaubt.[4] Anknüpfend an die im methodischen Teil gewonnenen Erkenntnisse sollen diese im Weiteren auf die DSGVO angewandt werden.[5]

Einer praktischen Auseinandersetzung mit der DSGVO vorangehen muss eine Einordnung in den grundrechtlichen Kontext.[6] Dies dient einer besseren teleologischen Auslegung einzelner Normen vor dem Hintergrund datenschutzrechtlicher Ziele.

I. Eignung für die Untersuchung

1. Elemente einer rechtsordnungsübergreifenden Systembildung anhand der DSGVO

Gezeigt werden soll, dass die Rechtsordnungsverschränkung den Ausgangspunkt rechtsordnungsübergreifender Systembildung darstellt. Dafür sollen einige ausgewählte konkrete Verschränkungskonstellationen aus der Anwenderper-

---

[1] So auch *Specht/Mantz*, in: Specht/Mantz (Hrsg.), Handbuch Europäisches und deutsches Datenschutzrecht, 2019, A § 1, Rn. 5 f.; außerdem die darin enthaltenen Beiträge zum bereichsspezifischen Datenschutz; für das AMG etwa *Bischoff/Wiencke*, ZD 2019, 8.

[2] Siehe I. 1., S. 209.

[3] Richtlinie 95/46/EG zum Schutz natürlicher Personen bei der Verarbeitung personenbezogener Daten und zum freien Datenverkehr (im Weiteren: DSRL).

[4] Siehe I. 2., S. 210.

[5] Siehe B., S. 224.

[6] Siehe A. II., S. 211.

spektive untersucht werden und anhand der in Kapitel 2 entwickelten Methodik einer Lösung zugeführt werden: Im Rahmen rechtsordnungsübergreifender Rechtsanwendung bildet die funktionale Verknüpfung europäischer Normen mit mitgliedsstaatlichem Recht einen notwendigen ersten Schritt.[7] Denn nur so können die zusätzlich anwendbaren, d. h. die sich mit dem europäischen Recht verschränkenden Normen, bestimmt werden. Darüber hinaus sollen etwaige, sich aus der Verknüpfung ergebende konkrete Kollisionsfälle untersucht werden.[8] Da, wo indirekte Kollisionen vorliegen, sollen mögliche Rechtfertigungen durch allgemeine Rechtsgrundsätze geprüft werden.[9] Die einzelnen Verschränkungsbeispiele können freilich noch keine vollständige Systembildung leisten, an ihnen soll aber aufgezeigt werden, wie rechtsordnungsübergreifende Systembildung konkret anzugehen ist.

2. Insbesondere: Die Entwicklung der DSGVO aus der DSRL – das äußere System als Treiber der Rechtsvereinheitlichung

Außerdem soll die im methodischen Teil aufgestellte These konkret belegt werden, nach welcher das äußere System der Verordnung in besonderem Maße der Rechtsvereinheitlichung zuträglich ist: Dieses Phänomen kann anhand der DSGVO besonders gut aufgezeigt werden, denn im Vergleich zur vorhergehenden Datenschutzrichtlinie von 1995 besteht die größte Neuerung im Grunde in der Änderung der Regelungsform. Inhaltlich ist der Großteil der Regelungsinhalte ähnlich, teils sogar wortlautgleich übernommen worden. Die Grundsätze der Datenschutzrichtlinie besitzen weiterhin Gültigkeit.[10] Die Grundwertungen und Ziele, d. h. die Prinzipien, das innere System der Richtlinie wurde von der Verordnung übernommen und nur bereichsspezifisch weiterentwickelt.[11]

Regelmäßig wird angeführt, dass sich erst im Laufe der Zeit zeigen könne, inwieweit die DSGVO das erhoffte Mehr an Harmonisierung tatsächlich erreiche.[12] Es zeigt sich jedoch schon jetzt ein Umdenken in den wissenschaftlichen Abhandlungen: Obgleich kaum jemand davon ausging, das Umsetzungsgesetz sei richtlinienwidrig, kehren sich doch nun viele von dem Verständnis des Umsetzungsrecht ab, betrachten die Verordnung neu und kommen so teils zu anderen Ergebnissen. Auffällig ist, dass sich angesichts der wenigen materiellen Änderungen zwischen DSRL und DSGVO doch teils tiefgreifende Än-

---

[7] Siehe zur datenschutzrechtlichen Einwilligung Kapitel 3 B.II.3.b), S. 250; zur Rechenschaftspflicht Kapitel 3 B.VI.3., S. 307.

[8] Siehe Kapitel 3 B.II.3.c), S. 255.

[9] Siehe etwa Kapitel 3 B.III.2., S. 288; Kapitel 3 B.V., S. 294.

[10] Erwägungsgrund 9 DSGVO.

[11] *Hornung/Spiecker gen. Döhmann*, in: Simitis/Hornung/Spiecker gen. Döhmann, 2019, DSGVO Art. 1 Rn. 18; *Müller*, Die Öffnungsklauseln der Datenschutzgrundverordnung, 2018, 171 f.; zu den Kerninnovationen der DSGVO siehe *Roßnagel*, DuD 2019, 467.

[12] *Buchner*, in: Kühling/Buchner, 3. Aufl. 2020, DSGVO Art. 1 Rn. 5; *Hamann*, BB 2017, 1090, 1090.

derungen im Verständnis einzelner Vorgaben abzeichnen.[13] Dies zeigt zum einen, dass gerade nicht ohne Weiteres an das alte nationale Umsetzungsrecht angeknüpft werden kann. Zum anderen verdeutlicht es, dass die Begriffe einer Verordnung wesentlich strenger interpretiert werden als dieselben Begriffe einer Richtlinie. Grund dafür ist, dass sich der Blick des Rechtsanwenders auf das nun verbindliche, äußere System des Rechtsakts erheblich gewandelt hat: Denn neu ist aus Anwendersicht weniger der materielle Regelungsgehalt des Datenschutzrechts, sondern vielmehr die unmittelbare Anwendbarkeit dieser Vorgaben (Art. 99 DSGVO). Die Ermittlung der Normziele muss nun ausgehend vom äußeren System der Verordnung vorgenommen werden, das nationale Umsetzungsrecht fällt weg. Dies stellt die autonome Begriffsbildung des europäischen Rechts und den Normwortlaut als Grundlage des Auslegungsprozesses in den Vordergrund. Mitgliedsstaatliche Konkretisierungsspielräume erscheinen nun nicht mehr als die Regel, sondern als Ausnahmen. Da das äußere System den Vorgriff auf die innere Ordnung darstellt, ist auch eine intensivere Auseinandersetzung mit den Wertungszusammenhängen des europäischen Rechts zu erwarten, die nun nicht mehr durch Umsetzungsrecht verschleiert werden. Die Betrachtung des Datenschutzrechts als unmittelbar anwendbares Verordnungsrecht führt so im Ergebnis zu teils unterschiedlichen Interpretationsergebnissen als die vollharmonisierende Richtlinie, obgleich doch die Ziele und Inhalte weitgehend deckungsgleich geblieben sind. Hieran lässt sich zeigen, dass das äußere System als Treiber der Rechtsvereinheitlichung wirkt und maßgeblich zur Rechtsvereinheitlichung beiträgt.[14]

Es herrscht in der Folge weitgehend Unstimmigkeit darüber, ob und inwieweit das Datenschutzrecht unter der Verordnung gänzlich neu zu betrachten ist und inwieweit das alte Umsetzungsrecht Orientierungsfunktionen einnehmen kann. Obwohl es daher auf europäischer Ebene nur zu wenigen Änderungen kam, bedeutet der Wechsel von der Richtlinie zur Verordnung auf mitgliedsstaatlicher Ebene eine große Umstellung, da hier die Rechtsanwendung angesiedelt ist. Anhand der vorliegenden Beispiele soll diese Dynamik im rechtsordnungsübergreifenden System des europäischen Datenschutzrechts aus deutscher Perspektive aufgezeigt werden.

II. Schutzzweck und Harmonisierungsansatz der DSGVO

Die Interpretation des Datenschutzgrundrechts sowie die der DSGVO im Weiteren zugrundeliegenden Schutzzwecke haben einen großen Einfluss auf die Auslegung von Einzelvorschriften. Da eine schlüssige Anwendung von Normen immer von einem überzeugenden Auslegungsergebnis ausgeht, ist es not-

[13] Siehe etwa zur Privilegierung des Auftragsverarbeiters Kapitel 3 B. I., S. 226 oder zum Rückgriff auf die Anfechtungsvorschriften des BGB Kapitel 3 B. II. 3. d) cc), S. 269.
[14] So auch *Dammann*, ZD 2016, 307, 309.

wendig, die der Verordnung zugrunde liegenden Prinzipien sichtbar zu machen. Nur so kann die Interpretation einzelner Vorschriften schlüssig begründet werden.[15] Da, wo die grundlegenden Prinzipien noch unklar sind, müssen sie durch Systembildung herausgestellt werden. Im Folgenden soll es daher darum gehen, einen dogmatischen und materiell-inhaltlichen status quo zum europäischen Datenschutzrecht aufzuzeigen, auf den sich sodann die Auslegung im Weiteren beziehen kann.

1. Duale Schutzrichtung der DSGVO

Die DSGVO weist gem. Art. 1 Abs. 1 eine *duale Zielrichtung aus* – den Datenschutz und den freien Datenverkehr. Während der Datenschutz nun in der GRC (Art. 8) festgeschrieben ist, rekurriert das Ziel des freien Datenverkehrs auf Art. 16 Abs. 2 S. 1 AEUV.[16] Diese Binnenmarktdimension des Datenschutzes ist auf die Datenschutzrichtlinie zurückzuführen, welche auf den Kompetenztitel der Binnenmarktharmonisierung (ehemals Art. 100a EGV) fußte.[17] Die DSGVO hingegen kann sich nun auf den spezifischen Kompetenztitel in Art. 16 Abs. 2 S. 1 AEUV berufen, der Binnenmarktbezug des Datenschutzes bleibt jedoch weiterhin bestehen. Neben diesen in Art. 1 Abs. 1 explizit ausgewiesenen Zielsetzungen soll die DSGVO darüber hinaus die Grundrechte und Grundfreiheiten natürlicher Personen allgemein schützen (Art. 1 Abs. 2 DSGVO). So kann der Verordnung etwa ein Anti-Diskriminierungsanliegen (Art. 20 ff. GRC) entnommen werden, das sich insbesondere in Art. 9 und Art. 21 DSGVO zeigt.[18] Im Weiteren sollen jedoch nur die Schutzziele des Art. 1 Abs. 1 DSGVO (Grundrecht auf Datenschutz und freier Datenverkehr) genauer beleuchtet werden.

a) Schutz personenbezogener Daten und Ausgestaltung des Grundrechts auf Datenschutz

Das europäische Grundrecht auf Datenschutz in Art. 8 GRC ist bislang inhaltlich kaum ausdifferenziert.[19] Dennoch ist es wichtig, das europäische Grundrecht vom deutschen Verständnis zu trennen.[20] Auf europäischer Ebene existieren zahlreiche Ansätze für eine Schutzkonzeptanalyse in dogmatischer[21] wie

[15] So auch *Hornung/Spiecker gen. Döhmann*, in: Simitis/Hornung/Spiecker gen. Döhmann, 2019, DSGVO Art. 1 Rn. 1 f.

[16] *Schantz*, in: BeckOK DSR, 40. Aufl. 2022, DSGVO Art. 1 (Stand 1.11.2021) Rn. 2.

[17] *Sydow*, in: Hk-DSGVO, 2. Aufl. 2018, DSGVO Art. 1 Rn. 16 ff.

[18] *Hornung/Spiecker gen. Döhmann*, in: Simitis/Hornung/Spiecker gen. Döhmann, 2019, DSGVO Art. 1 Rn. 31.

[19] Siehe aa), S. 213.

[20] Siehe bb), S. 214.

[21] Siehe cc), S. 216.

auch in materieller[22] Hinsicht, über die hier ein kurzer Überblick gegeben werden soll.

aa) Art. 8 im Gefüge der GRC

Das Grundrecht auf Datenschutz in Art. 8 GRC wurde inhaltlich maßgeblich aus der Datenschutzrichtlinie sowie der VO (EG) 2001/45 entwickelt[23] und wird nunmehr sekundärrechtlich ausgestaltet durch die DSGVO, die eine weitere Konkretisierung und logische Weiterentwicklung der Richtlinieninhalte darstellt.[24] Art. 8 GRC weist einen hohen Bezug zum Schutz der Privatheit auf: Das Grundrecht wurde unter anderem ausgehend von der Rechtsprechung zu Art. 8 EMRK entwickelt, der die Achtung des Privat- und Familienlebens schützt.[25] Art. 8 GRC ist daher auch weiterhin nach dem Vorbild des Art. 8 der EMRK auszulegen,[26] da nach Art. 6 Abs. 3 EUV die EMRK als allgemeine Rechtserkenntnisquelle auf Unionsebene anerkannt ist und gem. Art. 52 Abs. 3 GRC den Mindeststandard des unionalen Grundrechtsschutzes bestimmt. Darüber hinaus steht Art. 8 GRC im engen systematischen und historischen Zusammenhang zu Art. 7 GRC:[27] Denn ursprünglich war der Datenschutz sogar als ein Abschnitt des Grundrechts aus Art. 7 GRC geplant, dieser Vorschlag setzte sich jedoch im Ergebnis nicht durch.[28] Im Zuge dieser historischen Verbundenheit zu Art. 7 wird Art. 8 häufig als lex specialis verstanden.[29] Es erscheint jedoch vorzugswürdiger, davon auszugehen, dass sich die Anwendungs-

---

[22] Siehe Kapitel 3 A. II. 1. a) dd), S. 218.

[23] *Charta-Erläuterungen,* ABl 2007 C 303/20.

[24] *Riesz*, in: Holoubek/Lienbacher, 2. Aufl. 2019, GRC Art. 8 Rn. 20, sieht hingegen Art. 8 GRC weiterhin materiell durch die DSRL determiniert; die hinzugekommenen Regelungen durch die DSGVO seien daher nicht unmittelbar prägend für das Grundrecht.

[25] Siehe dazu *Riesz*, in: Holoubek/Lienbacher, 2. Aufl. 2019, GRC Art. 8 Rn. 1 f.

[26] *Bretthauer*, in: Specht/Mantz (Hrsg.), Handbuch Europäisches und deutsches Datenschutzrecht, 2019, A. § 2, Rn. 40; *Riesz*, in: Holoubek/Lienbacher, 2. Aufl. 2019, GRC Art. 8 Rn. 8; den Unterschied von Art. 8 GRC und Art. 8 EMRK betonend aber EuGH, Urt. v. 21.12.2016 – verb. Rs. C-203/15 u. C-698/15 (Tele2 Sverige AB), ECLI:EU:C:2016:970, Rn. 129.

[27] EuGH, Urt. v. 13.5.2014 – Rs. C-131/12 (Google Spain), Rn. 69; Schlussanträge des GA Cruz Villalón (12.12.2013) – verb. Rs. C-293/12 u. C-594/12 (Digital Rights Ireland), ECLI:EU:C:2013:845 Rn. 62; EuGH, Urt. v. 9.11.2010 – verb Rs. C-92/09 u. C-93/09 (Schecke), ECLI:EU:C:2010:662 Rn. 47; *Bretthauer*, in: Specht/Mantz (Hrsg.), Handbuch Europäisches und deutsches Datenschutzrecht, 2019, A. § 2 Rn. 10 ff., 53; für einen Überblick über die Entwicklung der Rechtsprechung und Diskussion zum Verhältnis zwischen Art. 7 und 8 siehe *Michl*, DuD 41 (2017), 349; Datenschutz wurde schon in den ersten Entwürfen zur GRC als „ein Aspekt der Achtung der Privatsphäre" gesehen, abgedruckt bei *Bernsdorff/Borowsky*, Der Grundrechtekonvent (Bd. 1), 2003, 131.

[28] Zur Entwicklung *Riesz*, in: Holoubek/Lienbacher, 2. Aufl. 2019, GRC Art. 8 Rn. 2 ff.

[29] *Heckmann/Scheurer*, in: jurisPK-Internetrecht, 7. Aufl. 2021, Kap. 9, Rn. 16; *Bretthauer*, in: Specht/Mantz (Hrsg.), Handbuch Europäisches und deutsches Datenschutzrecht, 2019, A. § 2 Rn. 54; *Knecht*, in: Schwarze, 4. Aufl. 2019, GRC Art. 8 Rn. 5; *Leeb/Liebhaber*, JuS 2018, 534, 535; *Krönke*, Der Staat 55 (2016), 319, 323, 341; ähnlich *Michl*, DuD 41 (2017),

bereiche beider Grundrechte zwar zu einem großen Teil überschneiden, sie aber unabhängig voneinander und auch nebeneinander angewandt werden können und so in Idealkonkurrenz stehen:[30] Art. 8 ist daher durch den Fokus auf Datenverarbeitungen einerseits enger gefasst als Art. 7, umfasst aber gleichzeitig jede personenbezogene Datenverarbeitung, nicht nur solche mit unmittelbarem Privatsphärebezug.[31] Nur so wird der Regelung in unterschiedlichen Grundrechten letztlich Rechnung getragen.[32] Freilich knüpft das Datenschutzrecht immer auch am Betroffenen an und schützt dadurch im Ergebnis das Individuum.[33] Der Übergang zum Schutz der Privatheit ist somit fließend, die Schutzgüter sind jedoch nicht zwingend deckungsgleich. Das Schutzziel des Art. 8 GRC ist aber bislang kaum durch Rechtsprechung und/oder Literatur ausdifferenziert worden und sein Inhalt ist weitgehend unklar.[34]

bb) Abgrenzung von der informationellen Selbstbestimmung nach deutschem Vorbild

Der europäische Schutz personenbezogener Daten ist in jedem Falle zunächst vom deutschen Konzept der informationellen Selbstbestimmung abzugrenzen. Denn europäischen Grundrechten liegt ein eigenes, autonomes Konzept zugrunde. Problematisch erscheint bereits eine Übernahme der deutschen Terminologie „informationelle Selbstbestimmung“ für Art. 8 GRC, da dieser häufig auch eine inhaltliche Gleichsetzung folgt.[35] Wenngleich die EU den Grundrechtsschutz auf mehreren Ebenen zulässt, so ist die DSGVO jedoch jeden-

349, 353: Datenschutz als „hervorgehobener Teilaspekt des Rechts auf Achtung des Privatlebens“.

[30] Schlussanträge des GA Cruz Villalón (12.12.2013) – verb. Rs. C-293/12 u. C-594/12 (Digital Rights Ireland), ECLI:EU:C:2013:845, Rn. 62 ff.; EuGH Gutachten 1/15, Rn. 124, 126; auch *Kingreen*, in: Calliess/Ruffert, 6. Aufl. 2022, GRC Art. 8 Rn. 2; *Riesz*, in: Holoubek/Lienbacher, 2. Aufl. 2019, GRC Art. 8 Rn. 8, 27 f.; *Roßnagel*, NJW 2019, 1, 2; *Sydow*, in: Hk-DSGVO, 2. Aufl. 2018, DSGVO Art. 1 Rn. 15; *Streinz*, in: Streinz, 3. Aufl. 2018, GRC Art. 8 Rn. 7; *Bock/Engeler*, DVBl 2016, 593, 595 f.; *Eichenhofer*, Der Staat 55 (2016), 41, 61 f.; *Kokott/Sobotta*, International Data Privacy Law 2013, 222, 225; wohl auch *Hornung/Spiecker gen. Döhmann*, in: Simitis/Hornung/Spiecker gen. Döhmann, 2019, DSGVO Art. 1 Rn. 37: weder Alternativität noch Spezialität.

[31] *Jarass*, GRCh, 4. Aufl. 2021, Art. 8 Rn. 7; *Eichenhofer*, Der Staat 55 (2016), 41, 61 f.; *Bock/Engeler*, DVBl 2016, 593, 595 f.; *Kokott/Sobotta*, International Data Privacy Law 2013, 222, 225; *Wagner*, Der Datenschutz in der Europäischen Union, 2015, 38 ff.; *Lynskey*, International and Comparative Law Quarterly 63 (2014), 569, 582 ff.

[32] Eine explizite Unterscheidung zwischen Art. 8 und Art. 7, auch in Abgrenzung zu Art. 8 EMRK nahm der EuGH in EuGH, Urt. v. 21.12.2016 – verb. Rs. C-203/15 u. C-698/15 (Tele2 Sverige AB), ECLI:EU:C:2016:970, Rn. 129 vor.

[33] *Pötters*, in: Gola, 2. Aufl. 2018, DSGVO Art. 1 Rn. 8; *Krönke*, Der Staat 55 (2016), 319, 341.

[34] Siehe dazu cc), S. 216 und dd), S. 218.

[35] So bei *Kühling/Klar/Sackmann*, Datenschutzrecht, 5. Aufl. 2021, Rn. 510; *Weichert*, in: D/W/W/S, 2. Aufl. 2020, DSGVO Art. 4 Rn. 103; *Funke*, Dogmatik und Voraussetzungen der datenschutzrechtlichen Einwilligung im Zivilrecht, 2017, 23 ff.; das Verhältnis zum deutschen

falls dort, wo sie keine Ausgestaltungsspielräume eröffnet, lediglich an den EU-Grundrechten zu messen und in diesem Sinne zu interpretieren. Das deutsche Recht auf informationelle Selbstbestimmung tritt damit in den Hintergrund:[36] Es ist nur im Rahmen einer Ausgestaltung der Öffnungsklauseln von Bedeutung und kommt dort neben dem Datenschutzgrundrecht zur Anwendung.[37]

Insbesondere darf daher die DSGVO nicht ohne Weiteres mit dem deutschen Verständnis von Datenschutzrecht, wie es i. R. d. informationellen Selbstbestimmung entwickelt wurde, aufgeladen werden.[38] Das betrifft insbesondere die im deutschen Recht häufig zugrunde gelegte herrschaftsrechtliche Konzeption,[39] die allerdings auch starker nationaler Kritik ausgesetzt ist.[40] Angesichts der bislang wenig ausdifferenzierten Rechtsprechung auf europäischer Ebene und der offenen Formulierungen sowohl des Art. 8 GRC als auch der DSGVO ist zu erwarten, dass hier noch viele Detailfragen zu klären sind.[41] Die mitgliedsstaatlichen Wertungskonzepte können hierbei als Inspirationsquelle dienen, dürfen jedoch nicht schablonenartig die Entwicklung eines autonom-europäischen Konzepts behindern. Aus diesem Grund sollte auf europäischer Ebene nicht von informationeller Selbstbestimmung sondern von europäischem Datenschutzgrundrecht gesprochen werden, um die unterschiedlichen Grundrechte auch terminologisch zu trennen.

Grundrecht nunmehr infrage stellend hingegen *Kingreen*, in: Calliess/Ruffert, 6. Aufl. 2022, GRC Art. 8 Rn. 1.

[36] BVerfG, Beschl. (6.11.2019) – 1 BvR 276/17 (Recht auf Vergessen II) Rn. 41 f.; *Sobotta*, in: Grabitz/Hilf/Nettesheim, AEUV Art. 16 Rn. 14; *Albers*, in: Friedewald/Lamla/Roßnagel (Hrsg.), Informationelle Selbstbestimmung im Wandel, 2017, 11, 21 f.; *Bretthauer*, in: Specht/Mantz (Hrsg.), Handbuch Europäisches und deutsches Datenschutzrecht, 2019, A. § 2 Rn. 66.

[37] *Sobotta*, in: Grabitz/Hilf/Nettesheim, AEUV Art. 16 Rn. 15; BVerfG, Urteil (2.3.2010) – 1 BvR 256, 263, 586/08 (Vorratsdatenspeicherung) = BVerfGE 125, 260, Rn. 182. Zur parallelen Grundrechtsgeltung siehe Kapitel 3 B. V. 2. a), S. 295.

[38] Ebenso *Rüpke/von Lewinski/Eckhardt*, Datenschutzrecht, 2. Aufl. 2022 § 7 Rn. 37 ff.; *Marsch*, Das europäische Datenschutzgrundrecht, 2018, 101 ff.; Ebenso *Albers*, in: Friedewald/Lamla/Roßnagel (Hrsg.), Informationelle Selbstbestimmung im Wandel, 2017, 11, 21 f.; *von Lewinski*, in: Stiftung Datenschutz (Hrsg.), Zukunft der informationellen Selbstbestimmung, 2016, 75, 76; gegen ein Konzept der „informational self-determination" auf europäischer Ebene auch *Koops*, IDPL 4 (2014), 250, 251 ff.

[39] Siehe dazu etwa *Di Fabio*, in: Maunz/Dürig, GG Art. 2 Abs. 1 Rn. 175 ff.; *Albers*, in: Hoffmann-Riem/Schmidt-Aßmann/Voßkuhle (Hrsg.), Grundlagen des Verwaltungsrechts (Bd. 2), 2012, § 22, Rn. 58 ff.

[40] *Albers*, in: Friedewald/Lamla/Roßnagel (Hrsg.), Informationelle Selbstbestimmung im Wandel, 2017, 11; *Giesen*, in: Stiftung Datenschutz (Hrsg.), Zukunft der informationellen Selbstbestimmung, 2016, 23, 31; *Trepte*, in: Stiftung Datenschutz (Hrsg.), Zukunft der informationellen Selbstbestimmung, 2016, 159; *Albers*, in: Hoffmann-Riem/Schmidt-Aßmann/Voßkuhle (Hrsg.), Grundlagen des Verwaltungsrechts (Bd. 2), 2012, § 22, Rn. 31 ff., 57, 65 ff., insbes. 67 f.; *Britz*, in: Hoffmann-Riem (Hrsg.), Offene Rechtswissenschaft, 2010, 561, 566 ff.

[41] Ebenso *Riesz*, in: Holoubek/Lienbacher, 2. Aufl. 2019, GRC Art. 8 Rn. 24.

cc) Dogmatische Ansätze einer europäischen Konzeption

Dieses europäisch-autonome Konzept steht noch am Anfang einer inhaltlichen und konzeptionellen Ausdifferenzierung. Es überrascht daher nicht, dass schon die dogmatischen Grundlagen wenig ausgefochten sind: Dem Art. 8 GRC zugrunde legen auf europäischer Ebene einige ein prohibitives (= abwehrrechtliches) Konzept, andere ein regulatorisches Verständnis,[42] wobei in der deutschen Literatur eine (passenderweise der deutschen Konzeption entsprechende) abwehrrechtliche Deutung vorherrschend ist, die Art. 8 Abs. 1 als Schutzbereich und Abs. 2 als Grundrechtsvorbehalte sieht.[43] Das regulatorische Verständnis sieht hingegen in Art. 8 Abs. 1 ein Recht auf eine „grundrechtsadäquate Datenschutzgesetzgebung", das dem Gesetzgeber einen weiten Ausgestaltungsspielraum zugesteht, in welchem dieser die konkurrierenden Interessen rund um die Datenverarbeitung gesetzlich ausgleichen kann, wobei jedoch die Prinzipien des Abs. 2 S. 1 zu beachten sind.[44] So wird ein der ersten Ansicht inhärenter Zirkelschluss vermieden, der den materiellen Gehalt des Art. 8 GRC durch Sekundärrecht (DSRL) determiniert sieht, aber ebenso eine Interpretation des Sekundärrechts im Lichte des Primärrechts verlangt.[45]

Überzeugender erscheint hier ein Ansatz, der die beiden oben genannten Ansichten zusammenführt: So sieht *Marsch* im Datenschutzgrundrecht mehrere sich überlappende Schutzkonzeptionen,[46] nämlich sowohl eine rein objektiv-institutionelle Komponente, die die oben angeführte Pflicht des Gesetzgebers zur Ausgestaltung des Datenschutzes beinhaltet[47] sowie eine freiheitsakzessorisch-instrumentelle Komponente, die im Datenschutz den Schutz innerer Entfaltungsfreiheit und damit den mittelbaren Schutz von Freiheitsrechten versteht.[48] Insofern stellt sich das Datenschutzgrundrecht in Verbindung mit anderen Freiheitsrechten, etwa i. V. m. Art. 7 GRC, auch nach dieser Ansicht als klassisches Abwehrrecht dar, wenngleich es keinen Selbstzweck erfüllt, sondern dem reflexiven Schutz anderer Grundrechtspositionen dient.[49]

---

[42] *González Fuster/Gutwirth*, Computer Law & Security Review 29 (2013), 531, 532 f.; dazu auch *Marsch*, Das europäische Datenschutzgrundrecht, 2018, 128.

[43] *Kingreen*, in: Calliess/Ruffert, 6. Aufl. 2022, GRC Art. 8 Rn. 9, 10 ff., 15; *Jarass*, GRCh, 4. Aufl. 2021, Art 8 Rn. 6, 13; *Roßnagel*, NJW 2019, 1, 3 f.; *Bernsdorff*, in: Meyer/Hölscheidt, 5. Aufl. 2019, GRC Art. 8 Rn. 23 f.

[44] *Marsch*, Das europäische Datenschutzgrundrecht, 2018, 130 ff., aus grundrechtsdogmatischer Sicht insbes. 137 ff., ebenso *Eichenhofer*, Der Staat 55 (2016), 41, 55; in diese Richtung auch *Breuer*, in: Heselhaus/Nowak (Hrsg.), Handbuch der Europäischen Grundrechte, 2020, § 25, Rn. 46, der den Art. 8 Abs. 2 gleichzeitig als „Schrankenklausel" und „Garantiegehalt" bezeichnet, Rn. 49.

[45] Dazu *Bernsdorff*, in: Meyer/Hölscheidt, 5. Aufl. 2019, GRC Art. 8 Rn. 17.

[46] *Marsch*, Das europäische Datenschutzgrundrecht, 2018, 107 ff.

[47] *Marsch*, Das europäische Datenschutzgrundrecht, 2018, 130 ff.

[48] *Marsch*, Das europäische Datenschutzgrundrecht, 2018, 108 f., der hier noch einmal zwei Ebenen differenziert; *Wagner*, Der Datenschutz in der Europäischen Union, 2015, 143 ff.

[49] *Marsch*, Das europäische Datenschutzgrundrecht, 2018, 203 ff., der hier aber einen en-

Das Verständnis dieses Abwehrrechts als „informationelles Kontrollrecht“[50] des Einzelnen schafft zwar augenscheinlich eine konzeptionelle Nähe zur informationellen Selbstbestimmung, die Grundsätze des deutschen Rechts sind jedoch nicht eins zu eins übertragbar: Selbst wenn man in Art. 8 GRC nur eine Abwehrkomponente sieht und Art. 8 Abs. 1 dementsprechend als grundsätzliches Verbot interpretiert (dem prohibitiven, abwehrrechtlichen Ansatz entsprechend, wie er auch dem deutschen Konzept zugrunde liegt), so spricht jedenfalls gegen eine herrschaftsrechtliche Konzeption nach deutschem Vorbild, dass eine entsprechende Formulierung nach Vorlage der BVerfG-Rechtsprechung im Grundrechtskonvent abgelehnt wurde.[51] Hinzu kommt, dass das europäische Datenschutzgrundrecht gerade nicht aus einem europäischen Äquivalent eines APR entstanden ist, sondern neben dem Schutz der Privatheit aus Art. 8 EMRK auf verschiedene andere Rechtsquellen rekurriert.[52] Zum anderen wird die faktische Kontrolle über eigene Daten maßgeblich über die Einwilligung ausgeübt. Die Einwilligung spielt zwar für die Datenverarbeitung zwischen Privaten eine große Rolle, ist aber im Bereich hoheitlicher Datenverarbeitung praktisch unbedeutend.[53] Die allgemeine Postulation einer Herrschaft über die eigenen Daten ist daher vielmehr „politische PR“ und eine Art wirklicher Datensouveränität maximal im Verhältnis Privater anzunehmen.[54] Hinzu kommt, dass die DSGVO auf die jüngsten Entwicklungen einer – aus unterschiedlichen Gründen – hohen Bereitschaft der Bürger, ihre Daten preiszugeben nicht etwa mit einer Vereinfachung dieses Prozesses reagiert hat, was im Ergebnis eine Stärkung eines Selbstbestimmungsrechts bedeutet hätte, sondern mit erhöhten, teils als paternalistisch bezeichneten Anforderungen an die Einwilligung und zusätzlichen Vorgaben, die im Ergebnis die Ausübung einer solchen Selbstbestimmung erschweren.[55] Eine herrschaftsrechtliche Grundkon-

---

geren Schutzbereich sieht, da ein besonderes Gefährdungspotenzial für das jeweilige Freiheitsrecht vorliegen müssen, 226; dies wird hingegen vom EuGH, Gutachten 1/15 Rn. 122 ff., für Art. 7 nicht gefordert; in diesem Sinne auch für die informationelle Selbstbestimmung *Poscher*, in: Gander/Perron/Poscher/Riescher/Würtenberger (Hrsg.), Resilienz in der offenen Gesellschaft, 2012, 167, 178.

[50] *Sydow*, in: Hk-DSGVO, 2. Aufl. 2018, DSGVO Art. 1 Rn. 13; in diese Richtung auch *Roßnagel*, NJW 2019, 1, 2; *Knecht*, in: Schwarze, 4. Aufl. 2019, GRC Art. 8 Rn. 5.

[51] *Bernsdorff/Borowsky*, Die Charta der Grundrechte der Europäischen Union, 2002, 195 f. (Protokoll der Beratungen v. 27./28.3.2000); Entwurf v. 5.5.2000, Charte 4284/00 Convent 28, 19; dazu auch *Marsch*, Das europäische Datenschutzgrundrecht, 2018, 74 f.

[52] *Charta-Erläuterungen*, ABl 2007 C 303/20.

[53] *Marsch*, Das europäische Datenschutzgrundrecht, 2018, 151 ff.; *Koops*, IDPL 4 (2014), 250, 253; siehe auch Erwägungsgrund 43 DSGVO.

[54] *Marsch*, Das europäische Datenschutzgrundrecht, 2018, 105; kritisch *Koops*, IDPL 4 (2014), 250, 251 ff., 248.

[55] *Klement*, JZ 72 (2017), 161, 168; *Krönke*, Der Staat 55 (2016), 319, 350; *Pötters*, Grundrechte und Beschäftigtendatenschutz, 2013, 278 f.; schon für die DSRL *Buchner*, DuD 2010, 39, 43.

zeption des unionalen Datenschutzes kann daher nicht ohne Weiteres angenommen werden.[56]

Vielmehr ist das Datenschutzgrundrecht des Art. 8 GRC ein Abwehrrecht, das einer sekundärrechtlichen Ausgestaltung nach Maßgabe des Art. 8 Abs. 2 GRC bedarf. Nach dem hiesigen Verständnis handelt es sich daher um ein in den Grenzen des Art. 8 Abs. 2 normativ geprägtes Grundrecht. Die zweite, praktisch wichtigere Frage betrifft den Schutzgrund des Art. 8 GRC.

dd) Schutzgrund des europäischen Datenschutzgrundrechts weitgehend konturlos

Angesichts der schon rein dogmatischen Ungewissheiten überrascht es nicht, dass auch der materielle Gehalt des Art. 8 GRC größtenteils unklar ist und das Grundrecht daher wahlweise als Ausgestaltungsgrenze (regulatorischer Ansatz) oder Wertegrundlage (prohibitiver Ansatz) des Sekundärrechts inhaltlich wenig Grundlegendes beisteuern kann. Unbestritten bleiben die schon in der DSRL formulierten abstrakten Grundsätze der Verarbeitung, die in der DSGVO in Art. 5 geregelt sind und sich bereits aus Art. 8 Abs. 2 S. 1 ergeben (Transparenz, Zweckbindung, Integrität und Vertraulichkeit, Datenminimierung und Speicherbegrenzung, Intervenierbarkeit bzw. Richtigkeit), wertungsmäßig prägend.[57] Offen ist jedoch weiterhin die genaue Schutzrichtung des Datenschutzes, sowohl auf grundrechtlicher wie auf sekundärrechtlicher Ebene. Die Materialien zur Grundrechtecharta lassen eine genuine Zielsetzung vermissen und auch die Rechtsprechung hat sich der Frage, wieso Daten überhaupt schützenswert sind, bislang nicht umfassend gewidmet. Wenngleich der Privatheitsschutz historisch eine starke Komponente bildet und sich vor allem in der kombinierten Anwendung von Art. 7 und Art. 8 GRC zeigt, ist es gleichwohl nicht ausgeschlossen, dass hinter dem sekundären europäischen Datenschutzrecht auch andere Schutzinteressen stehen, die zwar an den Personenbezug der Daten anknüpfen, aber über einen reinen Individualschutz hinausgehen.[58] Eine solche erweiterte, mehrdimensionale Schutzrichtung des sekundärrechtlichen Datenschutzes, etwa ein Datenschutz im öffentlichen Interesse oder jedenfalls im Interesse bestimmter Personenkollektive (in Abgrenzung zum klassischen Schutz

---

[56] So auch *Giesen*, in: Stiftung Datenschutz (Hrsg.), Zukunft der informationellen Selbstbestimmung, 2016, 23, 31 f.; *Krönke*, Der Staat 55 (2016), 319, 342; *Albers*, in: Hoffmann-Riem/Schmidt-Aßmann/Voßkuhle (Hrsg.), Grundlagen des Verwaltungsrechts (Bd. 2), 2012, § 22, Rn. 45; anders *Klement*, JZ 72 (2017), 161, 169.

[57] Dazu *Breuer*, in: Heselhaus/Nowak (Hrsg.), Handbuch der Europäischen Grundrechte, 2020, § 25, Rn. 32 ff.

[58] In diese Richtung Schlussanträge des GA Cruz Villalón (12.12.2013) – verb. Rs. C-293/12 u. C-594/12 (Digital Rights Ireland), ECLI:EU:C:2013:845, Rn. 62 ff., 64 f.; EuGH, Urt. v. 9.11.2010 – verb Rs. C-92/09 u. C-93/09 (Schecke), ECLI:EU:C:2010:662, Rn. 48: „[Art. 8] muss im Hinblick auf seine gesellschaftliche Funktion gesehen werden".

der einzelnen Person), scheint vor allem mit Blick auf den (auch) instrumentellen Schutz von Freiheitsgrundrechten durch Art. 8 GRC möglich.[59]

ee) Zwischenergebnis: Offenheit der grundrechtlichen Schutzkonzeption

Diese Offenheit des Schutzkonzepts und die Einzelfallbezogenheit der richterlichen Aussagen zum europäischen Grundrecht auf Datenschutz[60] können als Rechtsunsicherheiten gewertet werden, da die Interpretationsmöglichkeiten sich durch eine unklare Prinzipienbasis, die durch Systembildung erst noch ermittelt werden muss, vervielfachen. Es stellt jedoch auch eine gestalterische Chance dar: Eine ausdifferenzierte Rechtspraxis in den Mitgliedsstaaten kann Anregungen beitragen, um den Gehalt des grundrechtlichen Datenschutzes weiter zu konkretisieren. Das Urteil des BVerfG, nach welchem in Zukunft auch europäische Grundrechte i. R. e. Verfassungsbeschwerde zu prüfen sind,[61] ist ein logischer, erster Schritt in die Richtung einer aktiven mitgliedsstaatlichen Mitgestaltung des unionalen Grundrechtsschutzes und seiner weiteren Ausdifferenzierung.

b) Schutz des freien Datenverkehrs

aa) Rechtssicherheit im Binnenmarkt durch einheitliche Regeln zum Datenschutz

Das Ziel des *freien Datenverkehrs* verweist auf die Binnenmarktdimension des Datenschutzrechts:[62] Schon der Erwägungsgrund 3 der DSRL verdeutlichte, dass der Schutz der Privatsphäre eine notwendige Funktionsbedingung des Binnenmarkts sei. Datenschutz wurde früher als wichtiges Allgemeininteresse betrachtet, das Hindernisse im Binnenmarktverkehr rechtfertigen konnte.[63]

---

[59] Dazu *Klement*, JZ 72 (2017), 161, 169 f.; ähnlich *von Lewinski*, in: Stiftung Datenschutz (Hrsg.), Zukunft der informationellen Selbstbestimmung, 2016, 75, 77; *Lynskey*, International and Comparative Law Quarterly 63 (2014), 569, 28 f.: Datenschutz als ein Instrument, um Marktversagen (Informationsasymmetrien) entgegenzutreten; in Ansätzen auch *Koops*, IDPL 4 (2014), 250, 260; für ein mehrdimensionales Schutzkonzept bereits *Albers*, in: Hoffmann-Riem/Schmidt-Aßmann/Voßkuhle (Hrsg.), Grundlagen des Verwaltungsrechts (Bd. 2), 2012, § 22 Rn. 44; siehe dazu etwa die Diskussion um die Durchsetzung des Datenschutzrechts über das UWG, *Tinnefeld/Buchner/Petri/Hof*, Einführung in das Datenschutzrecht, 7. Aufl. 2020, 4.3.1.4, Rn. 29 ff. Siehe dazu auch oben Kapitel 3 A. II. 1. a) cc), S. 216.

[60] Siehe zu einem Überblick über die Rechtsprechung aus jüngerer Zeit *Skouris*, NVwZ 2016, 1359.

[61] BVerfG, Beschl. (6.11.2019) – 1 BvR 276/17 (Recht auf Vergessen II), Rn. 51 ff.

[62] *Sobotta*, in: Grabitz/Hilf/Nettesheim, AEUV Art. 16 Rn. 30; *Schantz*, in: BeckOK DSR, 40. Aufl. 2022, DSGVO Art. 1 (Stand 1.11.2021) Rn. 2; *Hornung/Spiecker gen. Döhmann*, in: Simitis/Hornung/Spiecker gen. Döhmann, 2019, DSGVO Art. 1 Rn. 5, 21, 41; *Sydow*, in: Hk-DSGVO, 2. Aufl. 2018, DSGVO Art. 1 Rn. 19.

[63] *Brühann*, in: v. d. Groeben/Schwarze/Hatje, 7. Aufl. 2015, AEUV Art. 16 Rn. 73.

Dieses „Handelshemmnis Datenschutz“[64] wurde durch eine Vereinheitlichung des Schutzstandards aus der Welt geschafft.[65] Wenngleich heute der Grund für den grundrechtlichen Datenschutz nach Art. 8 GRC weitgehend unklar ist, bleibt darüber hinaus jedenfalls ein erklärtes Ziel der DSGVO, den Binnenmarkt durch gleiche wirtschaftliche Bedingungen in der Union zu stärken und durch einheitliches Recht Chancengleichheit für alle Marktakteure zu erreichen. Der freie Datenverkehr ist daher als Binnenmarktförderung zu sehen.[66] Die Ausübung der Grundfreiheiten soll auch unter der DSGVO weiterhin gewährleistet sein. Der europaweit hohe, einheitliche Datenschutz wird darüber hinaus nicht als Binnenmarkthemmnis verstanden: Zwischen beiden Schutzrichtungen besteht ein „instrumentelles“ Verhältnis.[67] Denn die Vereinheitlichung der Voraussetzungen für einen freien Datenverkehr bei gleichzeitig hohem Datenschutzniveau[68] bedeuten gleiche Wettbewerbsbedingungen, den Abbau von Handelshemmnissen und Verwaltungsaufwänden[69] sowie Rechtseinheitlichkeit und Rechtssicherheit.[70]

bb) Zielkonflikt mit dem Schutz personenbezogener Daten?

Die beiden Ziele können jedoch auch zueinander in Widerspruch geraten: Ein Zugewinn an Datenschutz bedeutet im Zweifel eine Verengung unternehmerischer Handlungsspielräume.[71] Beide primärrechtlichen Interessen sind durch die DSGVO aber in einen „angemessenen Ausgleich“ gebracht worden.[72] Das bedeutet, dass die datenschutzrechtlichen Vorgaben der DSGVO gerade nicht über den in der Verordnung vorgesehenen Rahmen mit Hinweis auf wirt-

[64] Dazu *Wuermeling*, Handelshemmnis Datenschutz, 2000.

[65] *Brühann*, in: v. d. Groeben/Schwarze/Hatje, 7. Aufl. 2015, AEUV Art. 16 Rn. 73.

[66] *Pötters*, in: Gola, 2. Aufl. 2018, DSGVO Art. 1 Rn. 16; Erwägungsgründe 5, 7, 13 DSGVO.

[67] *Sydow*, in: Hk-DSGVO, 2. Aufl. 2018, DSGVO Art. 1 Rn. 3; zu einer nicht notwendigen Kollision der Zielrichtungen *Schmidt*, in: Taeger/Gabel, 4. Aufl. 2022, DSGVO Art. 1 Rn. 9; *Spindler/Dalby*, in: Spindler/Schuster, 4. Aufl. 2019, DSGVO Art. 1 Rn. 5; *Hornung/Spiecker gen. Döhmann*, in: Simitis/Hornung/Spiecker gen. Döhmann, 2019, DSGVO Art. 1 Rn. 43; *Brühann*, in: v. d. Groeben/Schwarze/Hatje, 7. Aufl. 2015, AEUV Art. 16 Rn. 75.

[68] EuGH, Urt. v. 24.11.2011 – C-468/10 u. C-469/10 (ASNEF u. FECEMD) = ZD 2012, 33, Rn. 28 f.; EuGH, Urt. v. 6.11.2003 – Rs. C-101/01 (Lindqvist) = EuZW 2014, 245, Rn. 95 f.; EuGH, Urt. v. 9.3.2010 – Rs. C-518/07 (Kommission/Deutschland) = EuZW 2010, 296, Rn. 22.

[69] *Schwartmann/Jacquemain*, in: S/J/T/K, 2018, DSGVO Art. 1 Rn. 2; Europäische Kommission, Pressemitteilung v. 15.12.2015 = ZD 2016, 2.

[70] *Buchner*, in: Kühling/Buchner, 3. Aufl. 2020, DSGVO Art. 1 Rn. 19.

[71] *Podszun/de Thoma*, NJW 2016, 2987, 2994; zum Zielkonflikt *Schmidt*, in: Taeger/Gabel, 4. Aufl. 2022, DSGVO Art. 1 Rn. 10 ff.; *Plath*, in: Plath, 3. Aufl. 2018, DSGVO Art. 1 Rn. 6; *Klement*, JZ 72 (2017), 161, 163.

[72] *Plath*, in: Plath, 3. Aufl. 2018, DSGVO Art. 1 Rn. 6; in diese Richtung auch *Hornung/Spiecker gen. Döhmann*, in: Simitis/Hornung/Spiecker gen. Döhmann, 2019, DSGVO Art. 1 Rn. 26, 28, 33.

schaftliche Erwägungen eingeschränkt werden dürfen,[73] aber vor dem Hintergrund dieses Ausgleichs zwischen Grundfreiheiten und Grundrechten auszulegen sind.[74]

Dem Ziel des freien Datenverkehrs ist zudem keine normative Entscheidung zugunsten einer Verbesserung des Datenflusses und zulasten des Datenschutzes zu entnehmen.[75] Der freie Datenverkehr ist demnach keine neuartige Grundfreiheit,[76] sondern vielmehr „ein Katalysator, der die unbeeinträchtigte Ausübung der Grundfreiheiten gewährleistet“[77].[78] Die DSGVO zielt, wie schon die DSRL, nicht auf die Maximierung wirtschaftlicher Betätigungsfreiheit ab, sondern vielmehr auf ein einheitliches, hohes grundrechtliches Schutzniveau,[79] das einen verlässlichen Rechtsrahmen für Wirtschaftsakteure bietet und so den freien Datenfluss fördert. Dieses Ziel hebt das europäische Datenschutzrecht bereits maßgeblich vom deutschen Konzept der informationellen Selbstbestimmung ab, die einen Aspekt der Rechtssicherheit für Marktakteure nicht kennt und ausschließlich aus dem individualbezogenen Allgemeinen Persönlichkeitsrecht hergeleitet wird.[80]

c) *Pluralität der DSGVO-Schutzzwecke?*

Wie oben bereits angeklungen sind im Rahmen eines nicht nur persönlichkeitsakzessorischen Schutzzwecks des grundrechtlichen Datenschutzes und angesichts der Einbeziehung marktwirtschaftlicher Aspekte durch Art. 16 Abs. 2 S. 1 AEUV vielfältige Schutzziele denkbar, die dem Datenschutz der DSGVO zugrunde liegen könnten. Zu denken wäre etwa an das Datenschutzrecht als Marktverhaltensregeln[81] oder verbraucherschützende Vorgaben (vgl. etwa EWG 42 S. 3 DSGVO, § 2 Abs. 2 S. 1 Nr. 11 UKlagG). Wenn hierzu von deutscher Seite kritisiert wird, wettbewerbsrechtlicher Verbraucherschutz schütze „die Entscheidungsfreiheit der Verbraucher als Marktteilnehmer“, was

---

[73] *Schantz*, in: BeckOK DSR, 40. Aufl. 2022, DSGVO Art. 1 (Stand 1.11.2021) Rn. 3; *Schmidt*, in: Taeger/Gabel, 4. Aufl. 2022, DSGVO Art. 1 Rn. 11 f.

[74] Allgemein zum Verhältnis der Grundfreiheiten zu den Grundrechten *Epiney*, in: Ehlers (Hrsg.), Europäische Grundrechte und Grundfreiheiten, 2014, § 8, Rn. 80 ff.

[75] *Schantz*, in: BeckOK DSR, 40. Aufl. 2022, DSGVO Art. 1 (Stand 1.11.2021) Rn. 3.

[76] In diese Richtung aber *Buchholtz/Stentzel*, in: G/S/S/V, 2018, DSGVO Art. 1 Rn. 37: „Prinzip“ des freien Informationsflusses.

[77] *Pötters*, in: Gola, 2. Aufl. 2018, DSGVO Art. 1 Rn. 17.

[78] So auch EuGH, Urt. v. 9.3.2010 – Rs. C-518/07 (Kommission/Deutschland) = EuZW 2010, 296 Rn. 23 f., 30, der explizit auf Grundrechte und Grundfreiheiten abstellt.; *Schmidt*, in: Taeger/Gabel, 4. Aufl. 2022, DSGVO Art. 1 Rn. 11 f., 50; *Buchner*, in: Kühling/Buchner, 3. Aufl. 2020, DSGVO Art. 1 Rn. 18 Fn. 37; *Hornung/Spiecker gen. Döhmann*, in: Simitis/Hornung/Spiecker gen. Döhmann, 2019, DSGVO Art. 1 Rn. 25 ff.

[79] Erwägungsgrund 10 S. 1 DSGVO.

[80] Statt aller *Di Fabio*, in: Maunz/Dürig, GG Art. 2 Abs. 1 Rn. 173 ff.

[81] *Podszun/de Thoma*, NJW 2016, 2987, 2990.

als „öffentliches Anliegen [...] keine private Individualisierung" vertrage,[82] mag das zwar zutreffen. Es lässt sich aber unter der Geltung europäischen Datenschutzrechts kaum als Argument gegen ein solches Schutzziel anführen, da das europäische Datenschutzrecht möglicherweise dahingehend offen ist, eine natürliche Person auch in ihrer Eigenschaft als Vertragspartner und Verbraucher von Gütern oder Dienstleistungen zu schützen und nicht nur als Privatperson.[83] Hierin zeigt sich die gesamtgesellschaftliche Bedeutung individuellen, also auch privaten Handelns,[84] die vom europäischen Datenschutzrecht durchaus umfasst sein kann. Denn das Grundrecht auf Datenschutz ist zwar mit dem Grundrecht auf Privatheit nach Art. 7 GRC eng verwandt, aber nicht deckungsgleich, sodass eine Öffnung hin zum Schutz überindividueller Zwecke auch grundrechtlich möglich erscheint. Der explizite Binnenmarktbezug der DSGVO unterstützt diese Annahme zusätzlich.

d) Zwischenergebnis: Zielsetzung des sekundärrechtlichen Datenschutzes noch offen

All diese Ansätze liefern selbstredend noch kein abschließendes, in sich schlüssiges Grundkonzept der Schutzidee des Art. 8 GRC und der DSGVO. Dieses kann jedoch nur im Laufe der Zeit durch Rechtsprechung und einen europäischen Dialog konturiert werden. Die oben angesprochenen Zielkomponenten und Interpretationsansätze können hier mögliche Anhaltspunkte liefern. Das offene, in Details noch unklare Schutzkonzept des unionalen Datenschutzes zeigt nicht nur auf, dass hier noch einige Grundsatzentscheidungen ausstehen, sondern lässt in der Folge auch verschiedene Interpretationsansätze des Sekundärrechts zu. Diese vielfältigen Interpretationsmöglichkeiten muss auch der mitgliedsstaatliche Rechtsanwender immer im Blick behalten, wenn er Verordnungsrecht anwendet. Diese Auslegungsunsicherheit bedeutet für die hiesigen Beispiele des sekundären Datenschutzrechts, dass ihre Auslegung kaum eindeutig ausfallen kann und alternative Interpretationsergebnisse immer mitgedacht werden müssen. Dabei kann dies einerseits als Rechtsunsicherheit gedeutet, andererseits jedoch auch als Chance verstanden werden, diese Entwicklung aktiv mitzugestalten und die Möglichkeiten, die auf der gerichtlichen Seite das Vorlageverfahren, auf der behördlichen Seite die behördliche Zusammenarbeit über

[82] *Schulz*, ZD 2014, 510, 512.

[83] Ebenso *Podszun/de Thoma*, NJW 2016, 2987, 2989: „verbraucherschützend aufgeladen"; in diese Richtung auch *Schantz/Wolff*, Das neue Datenschutzrecht, 2017 Rn. 472; kritisch *Schulz*, ZD 2014, 510, 512; Kritik am „Paternalismus" sehen *Krönke*, Der Staat 55 (2016), 319, 350 f.; *Buchner*, DuD 2010, 39, 43.

[84] Zum gesellschaftlichen Wert von Privatheit *Eichenhofer*, Der Staat 55 (2016), 41, 43 f. m. w. N.; in diese Richtung auch EuGH, Urt. v. 9.11.2010 – verb Rs. C-92/09 u. C-93/09 (Schecke), ECLI:EU:C:2010:662, Rn. 48: „[Art. 8] muss im Hinblick auf seine gesellschaftliche Funktion gesehen werden".

die mitgliedsstaatliche Ebene hinweg bietet, zu nutzen. Gleichzeitig bietet sich dadurch die Möglichkeit, die Grundlage für eine auch rechtsordnungsübergreifende Systembildung zu schaffen.

Letztlich kann und sollte die auf deutscher Ebene geführte Diskussion um den Gehalt informationeller Selbstbestimmung jenseits eines herrschaftsrechtlichen Ansatzes die europäische Perspektive mitdenken,[85] da die Grundfragen auf nationaler Ebene dieselben sind und langfristig eine Konvergenz der grundrechtlichen Schutzpositionen von europäischer Seite gewünscht und von nationaler zumindest denkbar ist.

2. *Harmonisierungsansatz der DSGVO*

Die DSGVO hat als Verordnung den Anspruch, ebenso wie schon die Vorgängerrichtlinie,[86] das Datenschutzrecht nicht nur ausgehend von gemeinsamen Zielen anzugleichen, sondern durch die Setzung von Einheitsrecht zu harmonisieren.[87] Aufgrund ihrer zahlreichen Öffnungsklauseln wurde die DSGVO jedoch schon als „Hybrid" zwischen Verordnung und Richtlinie bezeichnet,[88] die faktisch nur in wenigen Bereichen zu einer wirklichen Vereinheitlichung führen werde.[89] Die vielen Öffnungsklauseln dürfen aber nicht darüber hinwegtäuschen, dass „letztlich gerade keine pauschalen, entsprechend weit gefassten nationalen Regelungsspielräume unter der DSGVO akzeptiert" wurden,[90] wie noch unter der DSRL,[91] sondern die Öffnungsklauseln vielmehr für thematisch klar abgesteckte Konkretisierungsbefugnisse stehen. Insbesondere sind pauschale Ausgestaltungsklauseln, die noch in der DSRL enthalten waren,

---

[85] Statt vieler *Albers*, in: Friedewald/Lamla/Roßnagel (Hrsg.), Informationelle Selbstbestimmung im Wandel, 2017, 11, die auch angesichts der europäischen Entwicklung eine Neubetrachtung aus deutscher Sicht fordert, 21 ff.

[86] EuGH, Urt. v. 19.10.2016 – Rs. C-582/14 (Breyer) Rn. 57 ff.; EuGH, Urt. v. 24.11.2011 – C-468/10 u. C-469/10 (ASNEF u. FECEMD) = ZD 2012, 33, Rn. 29; EuGH, Urt. v. 16.12.2008 – Rs. C-524/06 (Huber), ECLI:EU:C:2008:724, Rn. 51; EuGH, Urt. v. 6.11.2003 – Rs. C-101/01 (Lindqvist) = EuZW 2014, 245, Rn. 96.

[87] *Schantz*, in: BeckOK DSR, 40. Aufl. 2022, DSGVO Art. 1 (Stand 1.11.2021) Rn. 8 ff.; *Hornung/Spiecker gen. Döhmann*, in: Simitis/Hornung/Spiecker gen. Döhmann, 2019, DSGVO Art. 1 Rn. 6; *Selmayr/Ehmann*, in: Ehmann/Selmayr, 2. Aufl. 2018, Einf., Rn. 79; *Müller*, Die Öffnungsklauseln der Datenschutzgrundverordnung, 2018, 169.

[88] *Kühling/Martini*, EuZW 2016, 448, 449; ähnlich *Buchholtz/Stentzel*, in: G/S/S/V, 2018, DSGVO Art. 1 Rn. 10: „verkappte Richtlinie"; dem widersprechend *Hornung/Spiecker gen. Döhmann*, in: Simitis/Hornung/Spiecker gen. Döhmann, 2019, DSGVO Art. 1 Rn. 18.

[89] *Buchholtz/Stentzel*, in: G/S/S/V, 2018, DSGVO Art. 1 Rn. 9 sehen in der wenig konkreten VO sogar eine Deregulierung, weil das nationale Datenschutzrecht wegfällt.

[90] *Buchner*, in: Kühling/Buchner, 3. Aufl. 2020, DSGVO Art. 1 Rn. 5; *Albrecht/Jotzo*, Das neue Datenschutzrecht der EU, 2017 Teil 9 Rn. 4.

[91] Zum Harmonisierungskonzept der DSRL und den weiten Ausgestaltungsbefugnissen schon *Kühling*, in: BeckOK DSR, 23. Aufl. 2018, BDSG a. F. § 4a (Stand 1.2.2018) Rn. 25 f. (speziell für die Einwilligung aber verallgemeinerungsfähig); *Riesenhuber*, RdA 2011, 257, 262 f.; *Brühann*, EuZW 2009, 639, 642 ff.; *Hoeren*, RDV 2009, 89, 93 ff.

weggefallen (z. B. Art. 5 DSRL). Die Kernnormen des europäischen Datenschutzrechts sind unter der DSGVO daher gerade keiner (expliziten) Ausgestaltung zugänglich und sollen so für die notwendige Einheitlichkeit sorgen. In Anbetracht des vollumfänglichen Harmonisierungsanspruchs der Verordnung ist daher davon auszugehen, dass, wo eine Ausgestaltung durch nationales Recht nicht ausdrücklich vorgesehen ist (Öffnungsklauseln), die Begriffsbildung autonom zu erfolgen hat und nicht durch den Rückgriff auf etwaig konkretisierendes mitgliedsstaatliches Recht oder mitgliedsstaatliche Begriffsverständnisse vorgenommen werden kann.[92] Gleichwohl schließt die umfassende Regelung aber einen Rückgriff auf nationale Vorschriften nicht per se aus. Jedenfalls zur Durchführung der DSGVO muss nationales Recht auch neben der Verordnung zur Anwendung kommen.[93] Das umfasst auch den Rückgriff auf mitgliedsstaatliche Normen zur Ausgestaltung solcher Begriffe, bei welchen eine europäische Begriffsbildung nicht möglich oder explizit vorgeschrieben ist. Ebenso ist ein Rückgriff i. E. da zu bejahen, wo die damit einhergehende Wirksamkeitsbeschränkung durch allgemeine Rechtsgrundsätze zu rechtfertigen ist.[94]

B. Anwendungsbeispiele

Im Folgenden soll die Verschränkung von zwingenden DSGVO-Normen mit mitgliedsstaatlichem Recht anhand einiger Beispielsfälle untersucht werden. Das Verständnis von mitgliedsstaatlichem Recht richtet sich nach der bereits oben angewandten Definition[95] und schließt daher auch solche Normen aus, die zwar vom mitgliedsstaatlichen Rechtsetzer erlassen werden, materiell aber europäischer Natur sind – also Richtlinienumsetzungsrecht. Eine Verschränkung mit diesen Vorschriften, die quasi auf einer „Zwischenebene" angesiedelt sind, zeitigt wiederum andere Probleme – hier geht es im Ergebnis um Kollisionen auf rein europäischer Ebene, für die eine Lösung analog zu den indirekten Kollisionen durch Abwägung der Regelungsziele in Betracht kommen dürfte.[96]

Charakteristisch für viele der normkomplexübergreifenden Verschränkungsfälle ist, dass sie im Vorhinein, d. h. im europäischen Gesetzgebungsprozess kaum vollständig antizipiert werden können und selten überhaupt er-

---

92 So explizit auch Evaluierungsbericht der Kommission vom 24.6.2020, COM(2020) 264 final, S. 8: keine „zusätzlichen Anforderungen" wo kein Spielraum vorgesehen ist.

93 Zu den vielfältigen Verschränkungen mit nationalem Recht, insbes. allgemeinem Privatrecht siehe auch *Hacker*, Datenprivatrecht, 2020, 342 f., 343 ff.

94 Siehe zur „Rechtfertigung" indirekter Kollisionen Kapitel 3 B. III. 2. c), S. 290, Kapitel 3 B. V. 2. c), S. 300.

95 Siehe Kapitel 2 A. III. 3. b) bb), S. 111.

96 Ähnlich *Hacker*, Datenprivatrecht, 2020, 333 ff.; siehe dazu auch Kapitel 2 A. IV. 2. d) cc), S. 164.

kannt werden. Sie treten daher zu einem Großteil erst in der Anwendung zutage und erschweren die Rechtsfindung. Die in diesem Zuge notwendig werdende rechtsordnungsübergreifende Systembildung besteht darin, Verschränkungsproblematiken, d. h. Kollisionsfälle, als solche zu erkennen und sie stimmig aufzulösen. Vorliegend soll anhand der Beispielsfälle aufgezeigt werden, in welchen Formen eine Verschränkung zwischen den beiden Rechtsordnungen denkbar ist und welche Überlegungen sich anhand der in Kapitel 2 entwickelten Methodik daraus ergeben. Eine abschließende Behandlung der im Rahmen der DSGVO auftretenden Verschränkungskonstellationen kann und soll hier nicht geleistet werden.[97]

Ein maßgeblicher Teil der Anwendungsbeispiele wird die Anwendung der oben entwickelten Kollisionsdogmatik sein. In der Regel werden Kollisionen für einen konkreten Fall geprüft. Direkte Kollisionen lassen sich jedoch regelmäßig auch abstrakt feststellen, wenn es sich um Fälle einer mitgliedsstaatlichen Regelung im Bereich abschließend europäisch geregelter Sachverhalte handelt.[98] Indirekte Kollisionen hingegen sind immer und ausschließlich einzelfallbezogen zu prüfen. Sie bedürfen einer sorgfältigen Berücksichtigung aller Umstände des jeweiligen Einzelfalls,[99] insbesondere wenn zu prüfen ist, ob unter Umständen die nationale Norm als Ausprägung eines allgemeinen europäischen Rechtsgrundsatzes gesehen werden kann.[100] Da die Zahl und Gestaltungsmöglichkeiten möglicher Einzelfallkonstellationen schier unerschöpflich sind, können hier nicht alle möglichen Kollisionskonstellationen untersucht werden. Es sollen aber anhand der ausgesuchten Vorschriften exemplarisch konkrete Lösungsmöglichkeiten aufgezeigt werden, deren grundlegende Überlegungen auch auf andere Fallgestaltungen übertragbar sind.

Darüber hinaus gilt auch für die folgenden Anwendungsbeispiele, dass die Auslegung von Unionsrecht häufig ein Schwerpunkt der Prüfung bzw. in der Praxis der Rechtsanwendung ist. Entgegen dem Interpretationsergebnis nationaler Normen kann jenes des europäischen Rechts in dieser Untersuchung nicht mit abschließender Sicherheit ermittelt werden. Aus diesem Grund sollen möglichst mehrere mögliche Interpretationsergebnisse beleuchtet werden, um so die jeweiligen Wirkungen der unterschiedlichen Auslegungsergebnisse herausstellen. In den meisten Fällen lassen sich jedoch überzeugendere von weniger schlüssigen Ergebnissen abgrenzen. Im Folgenden werden daher alternative Auslegungsergebnisse immer mit beleuchtet, gleichzeitig soll aber immer auch das Interpretationsergebnis mit der besten Begründung klar herausgestellt werden.

---

[97] Eine umfangreichere Analyse möglicher Wechselwirkungen zwischen DSGVO und Privatrecht nimmt indes *Hacker*, Datenprivatrecht, 2020, § 5 vor.

[98] Siehe Kapitel 2 A. III. 3. a) bb), S. 108; Kapitel 2 A. III. 3. c) aa) (2), S. 119.

[99] Siehe Kapitel 2 A. III. 3. c) bb), S. 120.

[100] Siehe Kapitel 2 A. IV. 2. d), S. 160.

I. Die Neubetrachtung vermeintlich bekannter Rechtsfiguren: Die Privilegierung der Auftragsverarbeitung

1. Eignung für die Untersuchung und Ziele

Anhand der Diskussion um die Privilegierung der Auftragsverarbeitung, einer normativen Schöpfung des BDSG a. F.[101],[102] und ihrer weiteren Gültigkeit unter der DSGVO, lässt sich beispielhaft aufzeigen, dass die DSGVO vom BDSG a. F. entkoppelt zu betrachten ist und die europäischen Vorgaben der Verordnung eines eigenen, ggf. neuen Verständnisses bedürfen: Trotz einer weitgehenden Übernahme der Grundlagen der DSRL durch die DSGVO und nur wenigen materiellen Neuerungen, darf der Rechtsanwender nun nicht der Versuchung erliegen, das alte Umsetzungsrecht in die DSGVO hineinzulesen. Denn es ist zum einen schon nicht gesichert festzustellen, ob die Umsetzung des BDSG a. F. überhaupt europarechtskonform erfolgte, da zu diesem Gesetz wenig EuGH-Rechtsprechung existiert. Zum anderen kann es sein, dass die Ausgestaltung zwar unter der Richtlinie von dem Umsetzungsspielraum gedeckt war, der den Mitgliedsstaaten zugestanden wurde, dieses an das BDSG a. F. angelehnte Verständnis im Ergebnis aber unter Geltung der Verordnung nicht mehr vertretbar ist. Daher sind das Umsetzungsrecht und die Richtlinie, auf welcher ersteres basiert, streng voneinander zu trennen. Die DSGVO basiert inhaltlich lediglich auf dem Richtlinienrecht, eine Kontinuität zum mitgliedsstaatlichen Umsetzungsrecht besteht hingegen nicht. Die Vorschriften der DSGVO haben darüber hinaus den Anspruch, den Datenschutz vollumfänglich zu regeln und gewähren im Gegensatz zur Richtlinie keinen Umsetzungsspielraum.[103] Unter der DSGVO ist daher eine Rückanknüpfung an das BDSG a. F. mangels unmittelbarer Kontinuität nicht angezeigt: Denn die DSGVO mag nun zu durchaus anderen Ergebnissen führen als das alte Umsetzungsrecht, das etwaige Spielräume noch ausschöpfte.[104] Die Normen der DSGVO müssen daher vielmehr für sich betrachtet werden, unter Berücksichtigung einer Entwicklung aus der DSRL und der Übernahme ihrer grundlegenden Prinzipien (Erwägungsgrund 9 DSGVO).

Vor diesem – eigentlich selbstverständlichen – Hintergrund soll im Weiteren die Diskussion um die Privilegierung der Auftragsverarbeitung beleuchtet werden. Denn hier zeigt sich, dass das oben beschriebene Umdenken keines-

---

[101] BDSG a. F. in der Fassung der Bekanntmachung vom 14.1.2003 (BGBl. I S. 66), zuletzt geändert durch Gesetz vom 30.10.2017 (BGBl. I S. 3618) m. W. v. 9.11.2017, außer Kraft getreten am 25.5.2018.

[102] Siehe Kapitel 3 B. I. 2. a), S. 228.

[103] Siehe oben Kapitel 3 A. II. 2., S. 223.

[104] *Dehmel*, ZD 2020, 62, 63 spricht sogar von „Aha-Erlebnissen“ erfahrender Datenschützer im Zuge der Beschäftigung mit dem neuen Verordnungstext; ähnlich auch *Pötters*, RDV 2015, 10, 11 f.

wegs konsequent erfolgt. Schon der Begriff einer „Privilegierung“, der die Diskussion prägt, ist unter der DSGVO verfehlt. Denn dieser Begriff wurde maßgeblich durch die mitgliedsstaatliche Umsetzung im BDSG a. F. geprägt[105] und suggeriert eine Ausnahmeregelung, die so in der DSGVO nicht vorliegt. Die Auftragsverarbeitung richtet sich nunmehr nach rein europäischen Vorschriften. Eine Antwort auf die Frage, die der Diskussion zugrunde liegt,[106] kann daher nur mittels Auslegung der europäischen Vorgaben gegeben werden.[107] Ausgangspunkt dieser Auslegung ist das äußere System, also der Wortlaut und die systematische Anordnung der Normen im Rechtsakt. Die folgende Untersuchung soll zeigen, wie bedeutend eine intensivere Auseinandersetzung mit dem neuen Recht ist und dass gerade diese beim äußeren System ansetzende Neubetrachtung und -verortung der dogmatischen Grundlagen des Datenschutzrechts zu interessengerechten Ergebnissen führen kann. Ebenso illustriert das Beispiel der Auftragsverarbeitung, wie der Fokus auf mitgliedsstaatlich etablierte Verständnisse einer europäisch-autonomen Auslegung des Verordnungsrechts im Wege stehen kann.

2. Kernfrage: Rechtfertigungsbedürftigkeit einer Datenübermittlung an den Auftragsverarbeiter?

Unter der DSGVO stellt sich heute im Grunde dieselbe Frage wie schon unter der Richtlinie: Der Einsatz eines Auftragsverarbeiters nach Art. 28[108] erfordert logischerweise, dass diesem zunächst die von ihm i. R. d. Auftrags zu verarbeitenden Daten übersandt/übergeben werden. Während bereits aus dem Sinn und Zweck der Auftragsverarbeitung folgt, dass die Verarbeitung durch den Auftragsverarbeiter selbst keinerlei zusätzlicher Rechtfertigung bedarf,[109] stellt sich die Frage, ob die Übermittlung der Daten vom Verantwortlichen an den Auftragsverarbeiter als zusätzlicher Verarbeitungsschritt nach Art. 4 Nr. 2 einer eigenen Rechtfertigung nach Art. 6 Abs. 1 bedarf. Denn gem. Art. 4 Nr. 2 ist die „Offenlegung durch Übermittlung, Verbreitung oder eine andere Form der Bereitstellung“ eine grundsätzliche nach Art. 6 rechtfertigungsbedürftige Verarbeitung. Konkrete gegenteilige Vorgaben finden sich in der DSGVO nicht. Die Auftragsdatenverarbeitung war bereits in der DSRL geregelt (Art. 17 Abs. 2, Abs. 3, Art. 2 lit. e DSRL), wo diese Frage ebenfalls nicht explizit geregelt war. Eine explizite Regelung fand sich jedoch im BDSG a. F.[110] Die

---

[105] Siehe a), S. 228.

[106] Siehe 2., S. 227.

[107] Siehe 3., S. 230.

[108] Ein typisches Beispiel für eine Auftragsverarbeitung ist etwa das Cloud Computing; die Nutzung von Hosting-Diensten oder das Outsourcing von Verarbeitungsprozessen.

[109] EDPB, Guidelines 07/2020 on the concepts of controller and processor (7.7.2021), Rn. 80.

[110] Siehe dazu a), S. 228.

DSGVO wiederum hat die maßgeblichen Definitionen aus der Richtlinie übernommen.[111]

a) Die Rechtslage unter dem BDSG a. F.: Ursprung der Privilegierung

Um die heutige Diskussion nachzuvollziehen, die sich auch terminologisch an die alte Rechtslage anlehnt, ist es nötig, die Privilegierung unter dem BDSG a. F. kurz zu beleuchten: Der deutsche Gesetzgeber entschied sich bei der Umsetzung der DSRL klar dafür, keine Rechtfertigungsbedürftigkeit einer Datenübermittlung an den Auftragsdatenverarbeiter anzunehmen: In § 3 Abs. 4 S. 2 Nr. 3 i. V. m. Abs. 8 S. 3 BDSG a. F. war vorgesehen, dass die Weitergabe personenbezogener Daten vom Auftraggeber an den Auftragsdatenverarbeiter keine Übermittlung i. S. d. § 3 Abs. 4 S. 2 Nr. 3 BDSG a. F., und daher keine rechtfertigungsbedürftige Verarbeitung personenbezogener Daten darstellte. Eine Übermittlung von Daten wurde in § 3 Abs. 4 BDSG a. F. als an einen Dritten gerichtete Weitergabe definiert. Dritter war (und ist) in Übereinstimmung mit Art. 2 lit. f DSRL (heute Art. 4 Nr. 10) nicht der Auftragsverarbeiter.[112] Es bedurfte daher keines weiteren Erlaubnistatbestandes, um Daten i. R. d. Auftragsdatenverarbeitung zu übermitteln. In diesem Sinne wurde die Auftragsdatenverarbeitung über § 11 BDSG a. F. also privilegiert.

b) Rechtslage unter der DSGVO?

Angesichts der Hinfälligkeit des Umsetzungsrechts zugunsten einer unmittelbaren Geltung der DSGVO stellte sich in der deutschen Literatur bereits früh die Frage, ob eine Privilegierung der Auftragsverarbeitung, auch unter der DSGVO anzunehmen sei. Die Voraussetzungen der Auftragsverarbeitung haben sich nicht grundlegend geändert. Zwar nimmt die DSGVO nimmt den Auftragsverarbeiter im Vergleich zur DSRL nun mehr in die Verantwortung, insbesondere haftet der Auftragsverarbeiter gegenüber dem Verletzten direkt (Art. 82 Abs. 1 DSGVO) und ist Adressat der Bußgeldandrohung (Art. 83 DSGVO). Außerdem sind die Voraussetzungen an das Verhältnis Verantwortlicher – Auftragsverarbeiter in Art. 28 DSGVO gestiegen. Die Grundbegriffe, die im Rahmen der obigen Diskussion um die Privilegierung eine Rolle spielen, haben sich jedoch zwischen der DSRL und der DSGVO nicht geändert: Die Definitionen des Dritten (Art. 4 Nr. 10), des Auftragsverarbeiters (Art. 4 Nr. 8), des Empfängers (Art. 4 Nr. 9) sowie die der Datenverarbeitung (Art. 4 Nr. 2 DSGVO) sind von der DSGVO fast eins zu eins übernommen worden.[113] Eine klei-

---

[111] Siehe dazu b), S. 228.

[112] Zur bisherigen Rechtslage *Hartung*, in: Kühling/Buchner, 3. Aufl. 2020, DSGVO Art. 28 Rn. 13.

[113] Auch der EDSA geht von einer begrifflichen Kontinuität aus, EDPB, Guidelines 07/2020 on the concepts of controller and processor (7.7.2021), Rn. 11, 91.

ne begriffliche Änderung findet sich lediglich in der Definition der Verarbeitung (Art. 4 Nr. 2 DSGVO: „Offenlegung durch Übermittlung …" gegenüber Art. 2 lit. b DSRL: „Weitergabe durch Übermittlung …"), die jedoch keinerlei Bedeutungsänderung anzeigt, sondern lediglich auf eine abweichende Übersetzung zurückzuführen ist.

Angesichts der nun unmittelbar anzuwendenden DSGVO sehen einige Stimmen das Ende einer Privilegierung der Auftragsverarbeitung.[114] Dies müsse aus einer sauberen Subsumtion der DSGVO-Normen folgen, die jede Offenlegung von Daten (Art. 4 Nr. 2) gegenüber einem Empfänger (Art. 4 Nr. 9) unter Rechtfertigungsbedarf (Art. 6 Abs. 1, Art. 9 Abs. 2) stellt, soweit nicht im konkreten Fall eine Ausnahme greift. Dies müsse auch die Übermittlung an den Auftragsverarbeiter miteinbeziehen, auf deren Grundlage erst die Auftragsverarbeitung möglich ist.

Weiterhin wird jedoch von einer Mehrheit angenommen, eine Offenlegung der Daten im Verhältnis Verantwortlicher – Auftragsverarbeiter sei nicht rechtfertigungsbedürftig gem. Art. 6 Abs. 1 DGSVO.[115] Uneins ist man sich in dieser Gruppe indes über die dogmatische Herleitung dieser Ansicht. Häufig wird sie mit einer (Weitergeltung der) Privilegierung begründet oder mit einem unter der alten Rechtslage gängigen Begriffsverständnis, das augenscheinlich auf die DSGVO übertragen wird. Im Folgenden sollen die unterschiedlichen Interpre-

[114] *Wedde*, in: D/W/W/S, 2. Aufl. 2020, DSGVO Art. 28 Rn. 5; *Hofmann*, in: Roßnagel (Hrsg.), Das neue Datenschutzrecht, 2018, § 5 III., Rn. 77; *Schneider*, in: Schneider, Hdb. EDV-Recht, 5. Aufl. 2017, A., Rn. 628 ff.; *Dovas*, ZD 2016, 512, 516; *Laue/Nink/Kremer*, Das neue Datenschutzrecht in der betrieblichen Praxis, 2016, § 5, Rn. 10; *Piltz*, DSGVO – Kaum beachtet: Deutsche Privilegierung der Auftragsdatenverarbeitung entfällt, De lege lata v. 10.5.2016, https://www.delegedata.de/2016/05/datenschutz-grundverordnung-kaum-beachtet-deutsche-privilegierung-der-auftragsdatenverarbeitung-entfaellt/ (zuletzt abgerufen am 29.9.2020); *Roßnagel/Kroschwald*, ZD 2014, 495, 497.

[115] *Bierekoven*, in: Redeker (Hrsg.), Handbuch der IT-Verträge, 46. EL 04.2022, Teil 7.2, Rn. 1h f.; *Rüpke/von Lewinski/Eckhardt*, Datenschutzrecht, 2. Aufl. 2022, § 11, Rn. 8; *Schaffland/Holthaus*, in: Schaffland/Wiltfang, DSGVO Art. 28 Rn. 1; *Martini*, in: Paal/Pauly, 3. Aufl. 2021, DSGVO Art. 28 Rn. 8a ff.; *Heckmann/Scheurer*, in: jurisPK-Internetrecht, 7. Aufl. 2021, Kap. 9, Rn. 820 f.; *Kühling/Klar/Sackmann*, Datenschutzrecht, 5. Aufl. 2021, Rn. 557; *Schuster/Grützmacher*, in: Schuster/Grützmacher, 2020, DSGVO Art. 28 Rn. 2, 6 ff., 13; *Bergmann/Möhrle/Herb*, in: Bergmann/Möhrle/Herb, DSGVO Art. 28 Rn. 19 ff., 23; *Hartung*, in: Kühling/Buchner, 3. Aufl. 2020, DSGVO Art. 28 Rn. 15 ff.; *Britz*, VersR 2020, 1219, 1221; *Mantz/Marosi*, in: Specht/Mantz (Hrsg.), Handbuch Europäisches und deutsches Datenschutzrecht, 2019, A. § 3, Rn. 145; *Däubler*, Gläserne Belegschaften, 8. Aufl. 2019, Rn. 436; *Gürtler*, ZD 2019, 51, 51; *Petri*, in: Simitis/Hornung/Spiecker gen. Döhmann, 2019, DSGVO Art. 28 Rn. 33; *Nink*, in: Spindler/Schuster, 4. Aufl. 2019, DSGVO Art. 28 Rn. 2; *Plath*, in: Plath, 3. Aufl. 2018, DSGVO Art. 28 Rn. 6; *Ingold*, in: Hk-DSGVO, 2. Aufl. 2018, DSGVO Art. 28 Rn. 31; *Gola*, in: Gola, 2. Aufl. 2018, DSGVO Art. 4 Rn. 74 f.; *Bertermann*, in: Ehmann/Selmayr, 2. Aufl. 2018, DSGVO Art. 28 Rn. 4 ff.; *Kramer*, in: G/S/S/V, 2018, DSGVO Art. 4 Nr. 8 Rn. 9 ff.; Datenschutzkonferenz, Kurzpapier Nr. 13 zur Auftragsverarbeitung (17.12.2018) 2018, 2; *Albrecht/Jotzo*, Das neue Datenschutzrecht der EU, 2017, Teil 5 C, Rn. 21 f.; *Krohm/Müller-Peltzer*, ZD 2017, 551, 311 f.; *Schantz/Wolff*, Das neue Datenschutzrecht, 2017, Rn. 939; i. E. auch *Tinnefeld/Buchner/Petri/Hof*, Einführung in das Datenschutzrecht, 7. Aufl. 2020, 2.2.6, Rn. 155.

tationsansätze untersucht werden, um das unter der DSGVO überzeugendste Auslegungsergebnis für oder gegen eine Rechtfertigungsbedürftigkeit zu ermitteln. Die Vielzahl der Beiträge zu dieser Streitfrage zeigt indes, welch große Praxisrelevanz die Auftragsverarbeitung im wirtschaftlichen Alltag hat.

3. *Interpretationsansätze*

a) *Anknüpfung an das Begriffsverständnis des BDSG a. F. verfehlt*

Ein Ansatz, der auch unter der DSGVO eine „normative Privilegierung"[116] annimmt, begründet dies mit einer gegenüber dem BDSG a. F. (!) kaum veränderten Begriffsbildung: So wird weiter davon ausgegangen, die Übermittlung der Daten an den Auftragsverarbeiter durch den Verantwortlichen sei keine Übermittlung i. S. d. Art. 4 Nr. 2 DSGVO. Denn die „Offenlegung durch Übermittlung" setze stets die Übermittlung an einen Dritten voraus, der Auftragsverarbeiter sei aber gerade nicht Dritter gem. Art. 4 Nr. 10 DSGVO.[117] Diese Argumentation knüpft teils bewusst an die Definition des „Übermittelns" in § 3 Abs. 4 BDSG a. F. an, wo das Übermitteln als Weitergabe an einen Dritten verstanden wurde.[118] Auf die Eigenschaft als Dritter kommt es unter der DSGVO aber gar nicht an, denn diese enthält keine ähnliche Regelung wie das BDSG a. F., das die Übermittlung ausschließlich als Bekanntgabe an Dritte definierte. Vielmehr ist das Übermitteln als Unterfall der Verarbeitung in Art. 4 Nr. 2 DSGVO definiert. Da Empfänger sowohl Dritte als auch andere, Stellen, d. h. auch Auftragsverarbeiter, sein können (Art. 4 Nr. 9 DSGVO), folgt daraus, dass eine Übermittlung nicht nur an Dritte möglich ist, sondern an jede

[116] *Bierekoven*, in: Redeker (Hrsg.), Handbuch der IT-Verträge, 46. EL 04.2022, Teil 7.2, Rn. 1j; *Martini*, in: Paal/Pauly, 3. Aufl. 2021, DSGVO Art. 28 Rn. 8a; *Heckmann/Scheurer*, in: jurisPK-Internetrecht, 7. Aufl. 2021, Kap. 9, Rn. 820; *Kühling/Klar/Sackmann*, Datenschutzrecht, 5. Aufl. 2021, Rn. 557, 559; *Golland*, ZD 2020, 397, 400.

[117] *Spoerr*, in: BeckOK DSR, 40. Aufl. 2022, DSGVO Art. 28 (Stand 1.5.2022) Rn. 29; *Rüpke/von Lewinski/Eckhardt*, Datenschutzrecht, 2. Aufl. 2022, § 11, Rn. 7; *Bierekoven*, in: Redeker (Hrsg.), Handbuch der IT-Verträge, 46. EL 04.2022, Teil 7.2, Rn. 1h f.; *Martini*, in: Paal/Pauly, 3. Aufl. 2021, DSGVO Art. 28 Rn. 8a, 9; *Heckmann/Scheurer*, in: jurisPK-Internetrecht, 7. Aufl. 2021, Kap. 9, Rn. 265, 821; *Bergmann/Möhrle/Herb*, in: Bergmann/Möhrle/Herb, DSGVO Art. 28 Rn. 19 f.; *Britz*, VersR 2020, 1219, 1221; *Conrad*, DuD 2019, 134, 134; *Seiter*, DuD 2019, 127, 130 f.; *Plath*, in: Plath, 3. Aufl. 2018, DSGVO Art. 28 Rn. 6; *Kramer*, in: G/S/S/V, 2018, DSGVO Art. 4 Nr. 8 Rn. 10 ff.; *von Holleben/Knaut*, CR 2017, 299, 301; *Schantz/Wolff*, Das neue Datenschutzrecht, 2017 Rn. 955.

[118] So explizit *Bierekoven*, in: Redeker (Hrsg.), Handbuch der IT-Verträge, 46. EL 04.2022, Teil 7.2, Rn. 1h; mit Verweisen auf das BDSG a. F. auch *Martini*, in: Paal/Pauly, 3. Aufl. 2021, DSGVO Art. 28 Rn. 9; einen methodisch äußerst fragwürdigen Schluss vom Wortlauts des BDSG a. F. auf die DSGVO zieht *Hartung*, in: Kühling/Buchner, 3. Aufl. 2020, DSGVO Art. 28 Rn. 17; ohne ausdrücklichen Bezug auf die alte Rechtslage, aber mit derselben Argumentation *Heckmann/Scheurer*, in: jurisPK-Internetrecht, 7. Aufl. 2021, Kap. 9, Rn. 265; trotz zutreffender Differenzierung der Regelungslage zwischen BDSG a. F., DSRL und DSGVO auch *Spoerr*, in: BeckOK DSR, 40. Aufl. 2022, DSGVO Art. 28 (Stand 1.5.2022) Rn. 29; *Britz*, VersR 2020, 1219, 1221.

Art von Empfänger.[119] Jede Übermittlung von Daten ist eine Offenlegung (und damit eine Verarbeitung i. S. d. Art. 4 Nr. 2), egal, an wen sie erfolgt.[120]

Der Unterschied zwischen Empfängern und Dritten wiederum besteht darin, dass „Empfänger" ein Oberbegriff ist, Auftragsverarbeiter und Dritte wiederum mögliche Unterbegriffe (siehe Art. 4 Nr. 9).[121] Dies galt auch schon unter der DSRL.[122] Die Begriffe „Empfänger" und „Dritter" stehen sich damit nicht auf derselben Ebene gegenüber. Denn sie überschneiden sich teilweise und sind daher gerade nicht klar voneinander abgrenzbar, sodass eine Person, die unter den einen Begriff fällt, nicht unter den anderen fallen kann.[123] Dies wird übersehen, wenn aus einem vermeintlichen Unterschied zwischen Empfänger und Drittem ohne eine differenzierte Betrachtung des Verhältnisses der Begriffe zueinander abgeleitet wird, der Auftragsverarbeiter sei als „Teil des Verantwortlichen" zu verstehen und die Übermittlung daher nicht rechtfertigungsbedürftig.[124] Einer solchen Annahme entgegen steht zudem, dass die Auftragsverarbeitung von einer internen Datenverarbeitung des Verantwortlichen regelmäßig durch das Vorliegen einer „separate entity"/„getrennte[n] Einheit" abgegrenzt wird:[125] Das Datenschutzrecht sieht damit den Auftragsverarbeiter jedenfalls organisatorisch gerade nicht als Teil des Verantwortlichen, sondern als eigenständige Stelle an. Beide bilden zwar einen „inneren Kreis der Verarbeitung",[126] aus dieser Betrachtung von Auftragsverarbeiter und Verantwortlichem als *Verantwortungseinheit* folgt jedoch lediglich, dass der Auftragsverarbeiter für die *eigene* Verarbeitungstätigkeit keinerlei Rechtfertigung bedarf.[127] Denn diese leitet sich – soweit er im Rahmen der Anweisungen des

---

[119] Siehe auch Erwägungsgrund 61.

[120] Ebenso *Piltz*, DSGVO – Kaum beachtet: Deutsche Privilegierung der Auftragsdatenverarbeitung entfällt, De lege lata v. 10.5.2016, https://www.delegedata.de/2016/05/datenschutz-grundverordnung-kaum-beachtet-deutsche-privilegierung-der-auftragsdatenverarbeitung-entfaellt/ (zuletzt abgerufen am 29.9.2020); einschränkend *Spoerr*, in: BeckOK DSR, 40. Aufl. 2022, DSGVO Art. 28 (Stand 1.5.2022) Rn. 30, siehe aber Rn. 32.

[121] So auch EDPB, Guidelines 07/2020 on the concepts of controller and processor (7.7.2021), Rn. 90, 92.

[122] Ebd., Rn. 91, 11.

[123] Für eine solche klare Abgrenzbarkeit aber *Kühling/Klar/Sackmann*, Datenschutzrecht, 5. Aufl. 2021, Rn. 559.

[124] So aber wohl *Rüpke/von Lewinski/Eckhardt*, Datenschutzrecht, 2. Aufl. 2022, § 11, Rn. 7 f.; *Hartung*, in: Kühling/Buchner, 3. Aufl. 2020, DSGVO Art. 28 Rn. 17; *Bertermann*, in: Ehmann/Selmayr, 2. Aufl. 2018, DSGVO Art. 28 Rn. 8; *Kramer*, in: Auernhammer, 7. Aufl. 2020, DSGVO Art. 28 Rn. 10; in diese Richtung auch *Gabel/Lutz*, in: Taeger/Gabel, 4. Aufl. 2022, DSGVO Art. 28 Rn. 11; *Schuster/Grützmacher*, in: Schuster/Grützmacher, 2020, DSGVO Art. 28 Rn. 2.

[125] EDPB, Guidelines 07/2020 on the concepts of controller and processor (7.7.2021), Rn. 76 ff.

[126] Artikel 29 Datenschutzgruppe, WP 169 – Stellungnahme 1/2010 zu den Begriffen (2010), 8.

[127] Hieraus eine Privilegierung der Auftragsverarbeitung folgernd *Gabel/Lutz*, in: Taeger/Gabel, 4. Aufl. 2022, DSGVO Art. 28 Rn. 11.

Verantwortlichen handelt – vom Verantwortlichen ab.[128] Das erklärt auch die unterschiedlichen Pflichten von Auftragsverarbeiter und Verantwortlichem.[129] Unklar bleibt indessen aber, wie die erstmalige Offenlegung der Daten zum Zwecke der Auftragsverarbeitung zu behandeln ist – ob also der Verantwortliche für die Einschaltung eines Auftragsverarbeiters einer Rechtfertigung bedarf oder nicht.

Diese Frage kann gerade nicht anhand einer Rückschau des alten Umsetzungsrecht beantwortet werden, sondern verlangt vielmehr nach einer Betrachtung der DSGVO-Normen und ggf. der DSRL-Vorschriften. Denn der in diesem Kontext häufig gezogene Schluss vom Wortlaut des BDSG a. F. auf die DSGVO ist aufgrund mangelnder Kontinuität zwischen den Normen methodisch verfehlt und verhindert im Ergebnis eine autonom-europäische Begriffsbildung.[130]

b) Keine klaren Vorgaben in DSRL und DSGVO

Die DSGVO kann und muss in Kontinuität zur DSRL gesehen werden (Erwägungsgrund 9).[131] Aber eine Gesamtschau der im Wesentlichen inhaltsgleichen maßgeblichen Begriffsbestimmungen im Vergleich zur Richtlinie kann kaum als Argument für die eine oder andere Seite dienen, da auch die Richtlinienvorschriften der DSRL keine Vorgaben zu einer Rechtfertigungsbedürftigkeit der Offenlegung gegenüber dem Auftragsverarbeiter (damals: Auftragsdatenverarbeiter) enthielt.[132] Vielmehr wird über den Begriffsvergleich mit der DSRL häufig eine Rückanknüpfung an die Grundsätze des BDSG a. F. verschleiert und eine wirkliche Auseinandersetzung mit dem Gesetzestext der DSGVO selbst vermieden.

Ebenso wie die DSRL schweigt auch die DSGVO weiterhin zur Frage der Privilegierung.[133] Lediglich aus Erwägungsgrund 61 S. 2 der DSGVO scheint

---

[128] EDPB, Guidelines 07/2020 on the concepts of controller and processor (7.7.2021), Rn. 80; anders *Schneider*, in: Schneider, Hdb. EDV-Recht, 5. Aufl. 2017, A., Rn. 629, der das grundsätzliche Verbot auch für Auftragsverarbeiter gelten lassen will.

[129] Diese betrachtet hingegen *Hartung*, in: Kühling/Buchner, 3. Aufl. 2020, DSGVO Art. 28 Rn. 18 als „systematisches Argument" für eine Weitergeltung der Privilegierung.

[130] Ebenso *Schneider*, in: Forgó/Helfrich/Schneider, 3. Aufl. 2019, VII. Kap. 2, Rn. 39 ff.; *Schmidt/Freund*, ZD 2017, 14, 15; *von Holleben/Knaut*, CR 2017, 299, 301; *Eckhardt*, CCZ 2017, 111, 113.

[131] *Schmidt/Freund*, ZD 2017, 14, 15; *Petri*, in: Simitis/Hornung/Spiecker gen. Döhmann, 2019, DSGVO Art. 28 Rn. 33, der im Ergebnis aber eine zusätzliche Rechtfertigung nach Art. 6 ablehnt; ebenso *Schuster/Grützmacher*, in: Schuster/Grützmacher, 2020, DSGVO Art. 28 Rn. 13; *Bertermann*, in: Ehmann/Selmayr, 2. Aufl. 2018, DSGVO Art. 28 Rn. 8.

[132] Anders wohl, aber ohne klare Begründung *von Holleben/Knaut*, CR 2017, 299, 301; *Eckhardt*, CCZ 2017, 111, 113, suggeriert eine Anknüpfung der DSGVO an das Verständnis des BDSG aus der lediglich vorhandenen Regelung der Auftragsdatenverarbeitung in der DSRL.

[133] *Schuster/Grützmacher*, in: Schuster/Grützmacher, 2020, DSGVO Art. 28 Rn. 9.

hervorzugehen, dass die Weitergabe von Daten an jeden Empfänger grundsätzlich rechtfertigungsbedürftig ist. Dies ist jedoch nur ein Indiz für die Auslegung der DSGVO und allein nicht ausreichend, um das Verständnis der Normen zu prägen. Dass die mögliche Rechtfertigungsbedürftigkeit einer Weitergabe von Daten an den Auftragsverarbeiter unter Geltung der Datenschutzrichtlinie nie diskutiert wurde, kann angesichts des klaren Umsetzungsrecht kaum ein Argument sein. Jedenfalls lässt dies nicht automatisch den Schluss auf die Rechtmäßigkeit des Umsetzungsrechts zu.[134]

Zur Frage einer Rechtfertigungsbedürftigkeit der Weitergabe von Daten an den Auftragsverarbeiter haben sich unter der DSRL sowohl die Art. 29-Datenschutzgruppe (im Weiteren: Art. 29-DSG) als auch unter der DSGVO der an die Stelle der Art. 29-DSG getretene Europäische Datenschutzausschuss (im Weiteren: EDSA)[135] bislang ausgeschwiegen. Entgegen manchen Ansichten ließ sich auch nicht aus der Stellungnahme 169 der Art. 29-DSG entnehmen, dass die Weitergabe der Daten an den Auftragsverarbeiter nicht unter Art. 6 Abs. 1 fallen und damit nicht rechtfertigungsbedürftig sein sollte:[136] Vielmehr stellte auch die Art. 29-DSG in diesem Absatz zweifelsfrei nur die Rechtmäßigkeit der auftragsgemäßen Datenverarbeitung durch den Auftragsverarbeiters fest, die ihn so vom „Dritten" abgrenzt. Dies betrifft jedoch nicht die Datenübermittlung des Verantwortlichen an den Auftragsverarbeiter, bei der es sich um eine Verarbeitung *durch den Verantwortlichen* handelt.

In diesem Sinne unterstreicht auch der EDSA in seinen Richtlinien 07/2020, dass weiterhin die Verarbeitung durch den Auftragsverarbeiter selbst keiner zusätzlichen Rechtfertigung bedarf, da seine Verarbeitung dem Verantwortlichen zugerechnet wird („lawfulness of the processing […] will be derived from the controller's activity" bzw. „die Rechtmäßigkeit der Verarbeitung […] leitet sich aus der Tätigkeit des Verantwortlichen ab").[137] Das sagt jedoch nichts darüber aus, ob und inwieweit die vorgelagerte Weitergabe an den Auftragsverarbeiter ein eigener rechtfertigungsbedürftiger Verarbeitungsschritt des Verantwortlichen ist.[138] Dass die Art. 29-DSG in ihrem Arbeitspapier 169 und der EDSA in seinen Richtlinien 07/2020 an keiner Stelle die Notwendigkeit einer Recht-

---

[134] So aber *Hartung*, in: Kühling/Buchner, 3. Aufl. 2020, DSGVO Art. 28 Rn. 19; eine „mangelhafte Umsetzung der DSRL in das BDSG [a. F.]" sahen schon *Drewes/Monreal*, PinG 2014, 143, 148.

[135] Art. 51–76 DSGVO; siehe zum EDSA Die Bundesbeauftragte für den Datenschutz und die Informationsfreiheit, DuD 2018, 208.

[136] So aber *Hartung*, in: Kühling/Buchner, 3. Aufl. 2020, DSGVO Art. 28 Rn. 19; *Bergmann/Möhrle/Herb*, in: Bergmann/Möhrle/Herb, DSGVO Art. 28 Rn. 22; *Kramer*, in: G/S/S/V, 2018, DSGVO Art. 4 Nr. 8 Rn. 12; *Albrecht/Jotzo*, Das neue Datenschutzrecht der EU, 2017, Teil 5 C., Rn. 22; *Eckhardt*, CCZ 2017, 111, 113, jeweils unter Berufung auf Artikel 29 Datenschutzgruppe, WP 169 – Stellungnahme 1/2010 zu den Begriffen (2010), 37 f.

[137] EDPB, Guidelines 07/2020 on the concepts of controller and processor (7.7.2021), Rn. 80.

[138] Anders *Bertermann*, in: Ehmann/Selmayr, 2. Aufl. 2018, DSGVO Art. 28 Rn. 8.

fertigung für die Weitergabe personenbezogener Daten an den Auftragsverarbeiter erwähnen, ist letztlich kein Argument gegen die Annahme einer solchen,[139] sondern vielmehr dafür: Denn nach den allgemeinen Regeln (Art. 6) ist eine Verarbeitung immer rechtfertigungsbedürftig. Extra erwähnt werden müsste daher vielmehr die Ausnahme, soweit eine solche anzunehmen wäre. Und selbst wenn der DSRL eine klare Aussage hierzu entnommen werden könnte, so wäre zusätzlich zu prüfen, ob die DSGVO diese auch übernehmen wollte. Schließlich hat diese die Verpflichtungen der Datenverarbeiter in vielen Bereichen explizit verschärfen wollen (siehe etwa Erwägungsgrund 11).

Hinweise auf das durch Auslegung ermittelte Regelungsziel der Richtlinienormen kann unter Umständen die Umsetzung der Normen in anderen Mitgliedsstaaten geben: Die Diskussion um die Privilegierung war und ist ein – soweit ersichtlich – rein deutsches Problem.[140] Da jedoch letztlich nur der EuGH verbindlich über die Auslegung von Unionsrecht entscheidet, kann auch der Umstand, dass sich einige Mitgliedsstaaten schon unter der Richtlinie die Frage einer eventuellen Rechtfertigungsbedürftigkeit der Datenweitergabe gar nicht stellten,[141] nur als ein Indiz gewertet werden.

Insgesamt ergibt sich damit anhand der europäischen Vorgaben und Stellungnahmen der europäischen Datenschutzbehörden kein klares Bild.

c) *Auslegung*

Die Frage kann letztlich nur durch eine Auslegung der betreffenden Vorschriften selbst beantwortet werden: Betrachtet man das Zusammenspiel der Art. 4 Nr. 2 (Definition der Verarbeitung), Art. 4 Nr. 7 (Definition Verantwortlicher), Art. 4 Nr. 8 (Definition Auftragsverarbeiter), Art. 4 Nr. 9 (Definition Empfänger), Art. 4 Nr. 10 (Definition Dritter) und Art. 6 (Rechtmäßigkeit einer Verarbeitung), so scheint eine einfache Subsumtion zunächst zu ergeben, dass auch eine Offenlegung an den Auftragsverarbeiter als Verarbeitungsschritt i. S. d. Art. 4 Nr. 2 einer Rechtfertigung nach Art. 6 bedarf. Der klare Wortlaut des Gesetzes und die aus ihm folgende, vermeintlich zwingende Subsumtion sind das Hauptargument der Stimmen, die eine Rechtfertigungsbedürftigkeit der Offenlegung gegenüber dem Auftragsverarbeiter annehmen.[142]

Es ist aber gerade der Wortlaut der DSGVO-Begrifflichkeiten, der bei einer genaueren Betrachtung eine einschränkende Auslegung eröffnet.[143] Vorher sol-

[139] So aber *Gabel/Lutz*, in: Taeger/Gabel, 4. Aufl. 2022, DSGVO Art. 28 Rn. 11.

[140] *Petri*, in: Simitis/Hornung/Spiecker gen. Döhmann, 2019, DSGVO Art. 28 Rn. 33, der im Ergebnis aber eine zusätzliche Rechtfertigung nach Art. 6 ablehnt; ebenso *Bertermann*, in: Ehmann/Selmayr, 2. Aufl. 2018, DSGVO Art. 28 Rn. 8.

[141] Siehe dazu *Schmidt/Freund*, ZD 2017, 14, 15 f.

[142] Siehe etwa *Wedde*, in: D/W/W/S, 2. Aufl. 2020, DSGVO Art. 28 Rn. 8, der sich angesichts der „klaren gesetzlichen Regelung“ erstaunt über die Diskussion zeigt.

[143] Siehe cc), S. 236.

len jedoch kurz andere, in diesem Kontext vertretene Ansätze, die das prima-facie-Wortlautergebnis durch Auslegung zu korrigieren suchen, aufgezeigt und diskutiert werden.[144]

aa) Ziele der Verordnung?

Verfechter einer Privilegierung der Auftragsverarbeitung führen an, dass es sich bei dieser um eine wirtschaftliche Notwendigkeit handele, an die die DSGVO unter Beachtung ihrer Auswirkungen auf den Binnenmarkt keine so hohen Anforderungen habe stellen wollen.[145] Der Sinn und Zweck der Auftragsverarbeitung gebiete daher schon eine entsprechende Vereinfachung der Datenweitergabe ohne Rechtfertigungsbedürfnis.[146] Eine auch normativ stichhaltige Begründung für diese Annahme fehlt indes, zumal sich diese auch nicht aus der DSRL ergab.[147] Darüber hinaus kann mit Blick auf den Erwägungsgrund 11 eingewandt werden, dass strenge (und ggf. sogar strengere) Anforderungen an die Datenverarbeitung allgemein immer auch ein Ziel der DSGVO waren.

Die Auftragsverarbeitung kann zudem regelmäßig nach Art. 6 Abs. 1 lit. f gerechtfertigt werden.[148] Bei sensiblen Daten i. S. d. Art. 9 Abs. 1 hingegen müssten zwar die strengeren Rechtfertigungsgründe des Art. 9 Abs. 2 greifen. Diese Anforderungen sind ohne Frage hoch, es erscheint aber übertrieben, davon auszugehen, dass sie eine Auftragsverarbeitung in diesen Bereichen praktisch unmöglich machen.[149] Denn der Verantwortliche muss diese Anforderungen bereits für die Datenerhebung selbst erfüllen. Der zusätzliche Arbeitsaufwand, diese Voraussetzungen auch für eine etwaige Offenlegung einzuhalten, wird sich daher in der Praxis in Grenzen halten.

Richtig ist hingegen, dass die separat gerechtfertigte Auftragsverarbeitung regelmäßig auf unsicherem Terrain agiert, da bei Art. 6 Abs. 1 lit. f die Möglichkeit eines Widerspruchs besteht (Art. 21 Abs. 1 S. 1) und etwaig erteilte Einwilligungen nach Art. 9 Abs. 2 jederzeit widerruflich sind. Andererseits gilt diese Unsicherheit ebenso für die Datenverarbeitung durch den Verantwortlichen

---

144 Siehe aa), S. 235, bb), S. 236.

145 *Spoerr*, in: BeckOK DSR, 40. Aufl. 2022, DSGVO Art. 28 (Stand 1.5.2022) Rn. 31; *Ingold*, in: Hk-DSGVO, 2. Aufl. 2018, DSGVO Art. 28 Rn. 29; *Plath*, in: Plath, 3. Aufl. 2018, DSGVO Art. 6 Rn. 6; den Begriff der Privilegierung ablehnend, aber i. E. ebenso *Rüpke/von Lewinski/Eckhardt*, Datenschutzrecht, 2. Aufl. 2022, § 11, Rn. 8; *Albrecht/Jotzo*, Das neue Datenschutzrecht der EU, 2017 Teil 5 C, Rn. 22.

146 *Drewes/Monreal*, PinG 2014, 143, 145 ähnlich *Bergmann/Möhrle/Herb*, in: Bergmann/Möhrle/Herb, DSGVO Art. 28 Rn. 22.

147 Siehe oben b), S. 232.

148 *Spoerr*, in: BeckOK DSR, 40. Aufl. 2022, DSGVO Art. 28 (Stand 1.5.2022) Rn. 31; *Roßnagel/Kroschwald*, ZD 2014, 495, 497.

149 So aber *Plath*, in: Plath, 3. Aufl. 2018, DSGVO Art. 28 Rn. 7; in diese Richtung auch *Gabel/Lutz*, in: Taeger/Gabel, 4. Aufl. 2022, DSGVO Art. 28 Rn. 9; *Schmidt/Freund*, ZD 2017, 14, 15.

selbst, soweit sich diese nicht auf Art. 6 Abs. 1 lit. b, c oder d stützen kann. Es ist daher weder anzunehmen, dass die Annahme einer Rechtfertigungsbedürftigkeit der Übermittlung „typische Anwendungsfälle eines arbeitsteiligen Vorgehens sicher vereitelt“[150], noch, dass der gesetzgeberische Wille hier klar für eine einschränkende Auslegung der Begriffe streitet.[151]

bb) Art. 28 Abs. 3 als eigene Rechtsgrundlage für die Verarbeitung?

Teils wird vertreten, Art. 28, 29 DSGVO seien als leges speciales zu Art. 6 zu sehen.[152] Begründet wird dies vornehmlich mit dem Wortlaut des Art. 28 Abs. 3. Dagegen spricht zunächst, dass Art. 28 Abs. 3 DSGVO auch so verstanden werden kann, dass er lediglich die formale Ausgestaltung der Auftragsverarbeitung regelt.[153] Darüber hinaus betreffen Art. 28, 29 nur die Verarbeitung durch den Auftragsverarbeiter, die Übermittlung vom Verantwortlichen an den Auftragsverarbeiter stellt aber eine *Verarbeitung durch den Verantwortlichen* dar, die sich dem unmittelbaren Regelungsbereich des Art. 28 f. entzieht. Des Weiteren wird das Verständnis der Art. 28, 29 als eigenständige Befugnisnormen bereits daran scheitern, dass Art. 6 Abs. 1 DSGVO als Nachfolgeregelung zu Art. 7 DSRL die Rechtfertigungsgründe ebenso abschließend regelt.[154]

cc) Die Krux: Der Begriff der Verarbeitung

(1) „Vorgang oder Vorgangsreihe“

Der Wortlaut der Normen bildet den Ausgangspunkt der Auslegung.[155] Das bedeutet, dass aus dem Wortlaut zunächst das mögliche Verständnisspektrum, also die verschiedenen möglichen Bedeutungsvarianten, zu ermitteln sind, bevor das „richtige“ Auslegungsergebnis anhand anderer Auslegungsmethoden (systematisch-teleologisch, historisch) festgemacht werden kann.

Vorliegend scheint vor allem der Wortlaut der Definition der Verarbeitung (Art. 4 Nr. 2 DSGVO) ein breiteres Verständnis zuzulassen: Die Verarbeitung

[150] *Kremer*, in: S/J/T/K, 2. Aufl. 2020, DSGVO Art. 28 Rn. 66.

[151] Anders *Kremer*, in: S/J/T/K, 2. Aufl. 2020, DSGVO Art. 28 Rn. 66: „Zweckvereitelung gegen den Willen des Gesetzgebers“.

[152] *Rüpke/von Lewinski/Eckhardt*, Datenschutzrecht, 2. Aufl. 2022, § 11, Rn. 8; *Schneider*, in: Forgó/Helfrich/Schneider, 3. Aufl. 2019, VII. Kap. 2, Rn. 42 ff.; *Gola*, in: Gola, 2. Aufl. 2018, DSGVO Art. 4 Rn. 75; *Schmidt/Freund*, ZD 2017, 14, 15; *von Holleben/Knaut*, CR 2017, 299, 300 f.

[153] *Schmidt/Freund*, ZD 2017, 14, 15.

[154] So für Art. 7 der DSRL EuGH, Urt. v. 24.11.2011 – C-468/10 u. C-469/10 (ASNEF u. FECEMD) = ZD 2012, 33, Rn. 30; in diesem Sinne auch *Gabel/Lutz*, in: Taeger/Gabel, 4. Aufl. 2022, DSGVO Art. 28 Rn. 10; *Spoerr*, in: BeckOK DSR, 40. Aufl. 2022, DSGVO Art. 28 (Stand 1.5.2022) Rn. 32; *Albers/Veit*, in: BeckOK DSR, 40. Aufl. 2022, DSGVO Art. 6 (Stand 1.11.2021) Rn. 10, 22; *Hartung*, in: Kühling/Buchner, 3. Aufl. 2020, DSGVO Art. 28 Rn. 22.

[155] Siehe Kapitel 1 C. III. 2. b) aa), S. 68.

ist legaldefiniert als ein „Vorgang“ oder „eine Vorgangsreihe im Zusammenhang mit personenbezogenen Daten, wie das Erheben, das Erfassen [oder] die Organisation“. Das deutet daraufhin, dass nicht *jedes einzelne* Erheben, Erfassen, Ordnen oder Speichern eine eigene Verarbeitung darstellt, die jeweils für sich rechtfertigungsbedürftig ist, sondern dass auch mehrere solcher einzelnen Prozesse hintereinandergeschaltet als „Vorgangsreihe“ eine Verarbeitung im Rechtssinne sein können.[156] Diese Vorgangsreihe würde so gebündelt rechtfertigungsbedürftig statt dass jeder einzelne Teilschritt einer eigenen Rechtfertigung bedürfte.

Dieses Verständnis ist auch keine singuläre Besonderheit der deutschen Sprachfassung: So spricht ebenso die englische Fassung von „operation or any set of operations“, die französche von „toute opération ou tout ensemble d'opérations“, die spanische von „operación o conjunto de operaciones“, die portugiesische von „operação ou um conjunto de operações“ und auch die polnische von „operację lub zestaw operacji“. Auch hier kann mangels weitergehender Fremdsprachenkenntnisse keine umfassende Untersuchung aller Sprachfassungen erfolgen. Die hier angeführten fünf Sprachfassungen, die alle das obige Verständnis stützen, lassen jedoch zumindest darauf schließen, dass die Miteinbeziehung einer aus mehreren Vorgängen bestehenden Vorgangsreihe in die Definition der Verarbeitung kein Übersetzungsfehler ist. Vielmehr spricht der Vergleich dafür, dass diese Differenzierung gewollt war und mutmaßlich auch Eingang in die anderen Sprachfassungen gefunden haben wird. Folglich können als eine rechtfertigungsbedürftige Verarbeitung i. S. d. Art. 4 Nr. 2 auch mehrere Einzelvorgänge zusammengefasst werden.

(2) Abgrenzung Einzelvorgang/Vorgangsreihe im Art. 4 Nr. 2 anhand der Verarbeitungszwecke

Steht damit fest, dass auch mehrere Vorgänge gebündelt als Vorgangsreihe i. S. d. Art. 4 Nr. 2 zusammengefasst werden können, ist sodann zu fragen, wie ein einzelner, nach Art. 6 Abs. 1 singulär rechtfertigungsbedürftiger Verarbeitungsvorgang von einer wertungsmäßig ebenso als eine Verarbeitung behandelten „Vorgangsreihe“ aus mehreren Einzelvorgängen abzugrenzen ist. Ein Ansatzpunkt könnte hier der ursprüngliche Erhebungszweck sein: Gemäß Art. 8 Abs. 2 S. 1 GRC muss jede Verarbeitung zweckgebunden erfolgen. Art. 5 Abs. 1 lit. b sowie Art. 6 Abs. 1, Art. 9 Abs. 1 DSGVO knüpfen dementsprechend jeden Verarbeitungsvorgang an den oder die Zwecke, der/die bei Erhebung, d. h. erstmaliger Verarbeitung, gegenüber dem Betroffenen angegeben wurde(n) (Grundsatz der Zweckbindung). Durch die objektiv nachprüfbare Zweckbezogenheit

[156] Ebenso *Laue/Kremer*, Das neue Datenschutzrecht in der betrieblichen Praxis, 2. Aufl. 2019, § 5, Rn. 12; *Bertermann*, in: Ehmann/Selmayr, 2. Aufl. 2018, DSGVO Art. 28 Rn. 7; *Krohm/Müller-Peltzer*, RDV 2016, 307, 310 f.; *Härting*, ITRB 2016, 137, 139.

wird zudem der Handlungsradius des Verantwortlichen entsprechend begrenzt: Der Erhebung folgende Verarbeitungsschritte („Weiterverarbeitung“[157]) müssen zweckgebunden erfolgen.

Daraus folgt, dass jeder Einzelvorgang einer Datenverarbeitung (durch denselben Verantwortlichen), der demselben Zweck dient, Teil einer Vorgangsreihe gem. Art. 4 Nr. 2 ist, die als eine Verarbeitung i. S. d. Art. 6 Abs. 1 betrachtet werden kann. Diese Einzelvorgänge sind dann, soweit der Zweck derselbe bleibt, nicht zusätzlich rechtfertigungsbedürftig, weil sie zusammen mit der Ersterhebung und -verarbeitung als eine Verarbeitungsreihe, d. h. nur ein rechtfertigungsbedürftiger Vorgang, gesehen werden. Einer Vorgangsreihe muss, das folgt aus Art. 5 Abs. 1 lit. b, derselbe Verarbeitungszweck zugrunde liegen.

Auch die Offenlegung der Daten gegenüber einem Auftragsverarbeiter ist unstrittig eine Verarbeitung i. S. d. Art. 4 Nr. 2.[158] Möglicherweise kann dieser Verarbeitungsvorgang aber als Teil einer Reihe von Verarbeitungsvorgängen mit demselben Zweck umfasst sein. Dies würde bedeuten, dass keine separate Rechtsgrundlage für die Übermittlung der Daten notwendig ist, da diese nicht als separat rechtfertigungsbedürftiger Verarbeitungsvorgang zu verstehen ist. Damit kommt es letztlich darauf an, ob der Übermittlung der Daten an den Auftragsverarbeiter derselbe Zweck zugrunde liegt wie der Datenerhebung.

(a) Möglicher Zweck der Datenübermittlung an den Auftragsverarbeiter – Zweckidentität

Möglich und naheliegend erscheint zunächst, die Weitergabe der Daten an den Auftragsverarbeiter als Selbstzweck zu betrachten, sodass hier als Zweck dieses Verarbeitungsschritts nur die eigene Arbeitserleichterung durch Einsatz eines Auftragsverarbeiters infrage kommt, was sich regelmäßig nicht mit dem Verarbeitungszweck decken wird, den der Verantwortliche gegenüber dem Betroffenen ausweist und an den er sich gem. Art. 5 Abs. 1 lit. b halten muss.

Allerdings ist zu beachten, dass die Übermittlung der Daten an den Auftragsverarbeiter meist erst die notwendige Voraussetzung dafür darstellt, dass die Daten überhaupt zweckmäßig verarbeitet werden können. Letztlich erscheint es vor diesem Hintergrund überzeugender, die Offenlegung vielmehr als von demselben originären Verarbeitungszweck gedeckt anzusehen. Dies würde die Offenlegung gegenüber dem Auftragsverarbeiter zu einem Vorgang in einer „Vorgangsreihe“ machen, die alle demselben Zweck dienen und aus diesem Grund gebündelt, d. h. wie ein einheitlicher Vorgang, zu rechtfertigen sind.[159] Nach dieser Ansicht bedarf die Übermittlung an den Auftragsverarbeiter zwar einer,

[157] Article 29 Data Protection Working Party, WP 203 – Opinion 03/2013 on purpose limitation (2013), 21.

[158] Siehe oben b), S. 232.

[159] Ähnlich *Petri*, in: Simitis/Hornung/Spiecker gen. Döhmann, 2019, DSGVO Art. 28 Rn. 33; *Härting*, ITRB 2016, 137, 138; *Krohm/Müller-Peltzer*, RDV 2016, 307, 310 f.

aber keiner *zusätzlichen* Rechtsgrundlage.[160] Es reicht die Rechtsgrundlage der ursprünglichen Datenerhebung.

Für die Annahme einer Identität der Verarbeitungszwecke und damit eine aus Sicht des Verantwortlichen niedrigschwellige Konzeption der Auftragsverarbeitung sprechen zudem systematisch-teleologische Gründe: Schließlich gehört es zu den Befugnissen des Verantwortlichen „über Zweck und Mittel" der Datenverarbeitung zu entscheiden. Die „spezifischen Risikopotentiale aus der Inanspruchnahme externer Dienstleister" werden zudem bereits in den Voraussetzungen des Art. 28 hinreichend adressiert,[161] was aus teleologischer Sicht eine weitere Rechtsgrundlage obsolet macht. Darüber hinaus bleibt der Auftragsverarbeiter weiterhin Empfänger der Daten, sodass der Betroffene in jedem Fall gem. Art. 13 Abs. 3, 14 Abs. 4 informiert werden muss (beachte aber die Ausnahmen in §§ 32, 33 BDSG). In Verbindung mit den strengen, gegenüber der DSRL erheblich gestiegenen Anforderungen der DSGVO kann man den Betroffenen daher als ausreichend geschützt ansehen. Es leuchtet auch nicht unmittelbar ein, dass die Anforderungen an eine Auftragsverarbeitung mit Art. 6 und Art. 28 höher sein sollen als an die Datenerhebung selbst.[162]

Freilich sprechen diese Argumente i. E. klar für eine Annahme der Zweckidentität. Da jedoch Details zur Zweckfestlegung und Zweckbindung bislang noch unklar sind,[163] bleibt es weiterhin möglich und vertretbar, als Primärzweck der Übermittlung auf die Aufgabendelegation selbst abzustellen. Oben wurde zwar dargelegt, dass hier die überzeugenderen Punkte für die gegenteilige Annahme sprechen. Dennoch soll auch diese Auslegungsvariante hier weiterverfolgt werden – denn letztlich ergibt sich hier dasselbe Ergebnis.

(b) Zweckänderung?

Geht man davon aus, dass der Offenlegung nicht derselbe Verarbeitungszweck zugrunde liegt, sondern hier die Delegation von Arbeitsschritten als eigener Vorteil im Vordergrund steht, kommt ggf. eine zweckändernde Weiterverarbeitung der Daten durch die Offenlegung infrage. Eine solche Weiterverarbeitung zu anderen als den Erhebungszwecken ist dann nicht zulässig, wenn die Weiterverarbeitung mit den Erhebungszwecken „nicht zu vereinbaren" ist (Art. 5 Abs. 1 lit. b). Eine Vereinbarkeit der Zwecke ist daher eine notwendige

160 So wohl auch *Ingold*, in: Hk-DSGVO, 2. Aufl. 2018, DSGVO Art. 28 Rn. 31: „gebotene Rechtsgrundlage liegt *akzessorisch im Erlaubnisgrund der zugrunde liegenden Verarbeitung*".

161 *Ingold*, in: Hk-DSGVO, 2. Aufl. 2018, DSGVO Art. 28 Rn. 31; ebenso *Plath*, in: Plath, 3. Aufl. 2018, DSGVO Art. 6 Rn. 6.

162 *Petri*, in: Simitis/Hornung/Spiecker gen. Döhmann, 2019, DSGVO Art. 28 Rn. 33; in diese Richtung auch *Schantz/Wolff*, Das neue Datenschutzrecht, 2017, Rn. 939.

163 *Schantz*, in: BeckOK DSR, 40. Aufl. 2022, DSGVO Art. 5 (Stand 1.11.2021) Rn. 19, stellt etwa darauf ab, dass die betroffene Person die jeweilige Weiterverarbeitung zu dem ihr bekannten Zweck erwarten würde.

Voraussetzung für eine Zweckänderung. Art. 6 Abs. 4 regelt die Voraussetzungen einer solchen Zweckänderung näher.

In der Literatur besteht große Uneinigkeit darüber, ob zusätzlich zu den Voraussetzungen des Art. 6 Abs. 4 noch eine zusätzliche Rechtsgrundlage für die Zweckänderung notwendig ist.[164] Jedenfalls dem Wortlaut des Art. 6 Abs. 4 nach zu schließen, scheint bei einer Kompatibilität der Zwecke keine weitere Rechtsgrundlage erforderlich zu sein, da die Kompatibilitätsprüfung explizit nur für die Fälle angeordnet wird, in denen die zweckändernde Weiterverarbeitung nicht bereits durch eine Rechtsgrundlage gedeckt ist („Beruht die Verarbeitung [...] nicht auf der Einwilligung [...] oder auf einer Rechtsvorschrift der Union oder der Mitgliedsstaaten [...]"). Dies lässt darauf schließen, dass für diese Fälle gerade keine Rechtsgrundlage nach Art. 6 Abs. 1 notwendig ist. Die systematische Stellung in nächster Nähe zu den Rechtfertigungsgründen des Abs. 1 spricht vielmehr dafür, dass die (erfolgreiche) Kompatibilitätsprüfung – gleichsam als lex specialis gegenüber den Rechtsgrundlagen – eine Weiterverarbeitung legitimieren kann. Die Interessen des Betroffenen werden gerade durch die Kompatibilitätsprüfung gewahrt und die Lockerung von der Zweckbindung wird über die Informationspflichten nach Art. 13 Abs. 3, Art. 14 Abs. 4 kompensiert. Nicht zuletzt sprechen auch teleologisch-systematische Gründe für eine solche Auslegung, da anderenfalls die Anforderungen an eine Zweckänderung höher wären als an eine Neuerhebung der Daten. Dies würde den Verantwortlichen, der bereits Zugang zu den Daten hat, gegenüber einem neuen Verantwortlichen benachteiligen.

Die entgegenstehende Ansicht vertreten die Datenschutzkonferenz[165] und die Art. 29-DSG in ihrem Arbeitspapier 203. Letzteres betont für die Rechtslage unter der DSRL mehrfach, dass die Voraussetzungen einer zusätzlichen Rechtsgrundlage und der Kompatibilitätsprüfung (Art. 6 Abs. 1 lit. b DSRL, heute Art. 5 Abs. 1 lit. b) kumulativ vorliegen müssen.[166] Dabei ist jedoch zu beachten, dass die DSRL keine Vorgängernorm zu Art. 6 Abs. 4 DSGVO enthielt. Zur

---

164 Für eine zusätzlich Rechtfertigungsbedürftigkeit etwa *Weichert*, in: D/W/W/S, 2. Aufl. 2020, DSGVO Art. 5 Rn. 41; *Herbst*, in: Kühling/Buchner, 3. Aufl. 2020, DSGVO Art. 5 Rn. 28, 49, 49a; *Reimer*, in: Hk-DSGVO, 2. Aufl. 2018, DSGVO Art. 5 Rn. 24; Datenschutzkonferenz, Erfahrungsbericht der unabhängigen Datenschutzaufsichtsbehörden des Bundes und der Länder zur Anwendung der DSGVO (November 2019), 13 f.; a. A. *Schantz*, in: BeckOK DSR, 40. Aufl. 2022, DSGVO Art. 5 (Stand 1.11.2021) Rn. 19 ff.; *Taeger*, in: Taeger/Gabel, 4. Aufl. 2022, DSGVO Art. 6 Rn. 169; *Frenzel*, in: Paal/Pauly, 3. Aufl. 2021, DSGVO Art. 5 Rn. 31; *Kramer*, in: Auernhammer, 7. Aufl. 2020, DSGVO Art. 5 Rn. 30; *Roßnagel*, in: Simitis/Hornung/Spiecker gen. Döhmann, 2019, DSGVO Art. 5 Rn. 98; *Spindler/Dalby*, in: Spindler/Schuster, 4. Aufl. 2019, DSGVO Art. 5 Rn. 9; *Heberlein*, in: Ehmann/Selmayr, 2. Aufl. 2018, DSGVO Art. 5 Rn. 98 f.; *Schulz*, in: Gola, 2. Aufl. 2018, DSGVO Art. 6 Rn. 210.

165 Datenschutzkonferenz, Erfahrungsbericht der unabhängigen Datenschutzaufsichtsbehörden des Bundes und der Länder zur Anwendung der DSGVO (November 2019), 13 f.

166 Article 29 Data Protection Working Party, WP 203 – Opinion 03/2013 on purpose limitation (2013), 26 ff., 33, 37, 40.

Zeit der Erstellung des Arbeitspapiers wurde ein Entwurf der DSGVO jedoch bereits diskutiert. Mit der obigen, sehr datenschutzfreundlichen Ansicht stellte sich die Art. 29-DSG in ihrem Arbeitspapier daher entschieden gegen den damaligen Kommissionsentwurf der DSGVO und schlug vor, den Absatz ersatzlos zu streichen, der später leicht abgewandelt zu Art. 6 Abs. 4 werden sollte.[167] Im Trilogverfahren setzten sich im Ergebnis die Kommission und der Rat gegen das Parlament, das ebenfalls eine Streichung favorisierte, mit eben der von der Art. 29-DSG kritisierten Regelung durch. Der heutige Art. 6 Abs. 4 DSGVO scheint eine Mischung aus den vom Rat vorgeschlagenen Art. 6 Abs. 3a und Abs. 4 zu sein, der den Kommissionsvorschlag inhaltlich weiterentwickelte.[168]

Man mag daher fundamentale Kritik an einer Aushöhlung des Zweckbindungsgrundsatzes durch Art. 6 Abs. 4 üben, vor dem Hintergrund des Trilogverfahren erscheint es jedoch überzeugend, dass der europäische Verordnunggeber mit Art. 6 Abs. 4 keine Einschränkung, sondern eine Ausweitung der Erlaubnisgründe beabsichtigte. Dafür sprechen auch die Erwägungsgründe: Laut Erwägungsgrund 50 S. 2 ist „keine andere gesonderte Rechtsgrundlage erforderlich als diejenige für die die Erhebung der personenbezogenen Daten", wenn eine Vereinbarkeit der Zwecke nach Art. 6 Abs. 4 vorliegt.[169] Angesichts der unterschiedlichen normativen Grundlagen zur Zweckänderung im Gegensatz zur Richtlinie können auch die obigen Aussagen der Art. 29-DSG nicht ohne Weiteres übertragen werden. Vielmehr ist zu erwarten, dass sich der Europäische Datenschutzausschuss zu diesem Thema noch äußern wird. Etwas anderes gilt derweil für die einzelnen Punkte der Kompatibilitätsprüfung in Art. 6 Abs. 4, die sich an den von der Art. 29-DSG entwickelten Maßstäben für eine Zweckkompatibilität nach Art. 6 Abs. 1 lit. b DSRL orientieren.[170]

Da nach der hier vertretenen Auslegung keine zusätzliche Rechtsgrundlage nötig ist, wenn gem. Art. 6 Abs. 4 lit. a–e eine Zweckkompatibilität bejaht werden kann, bedeutet das, dass lediglich zu prüfen ist, ob der Erhebungszweck mit dem Zweck vereinbar ist, der vom Verantwortlichen bei der Delegation der Verarbeitung an den Auftragsverarbeiter verfolgt wird. Liegt eine Zweckkompatibilität vor, bedarf auch die Übermittlung der Daten an den Auftragsverarbeiter keiner neuen Rechtsgrundlage. Die Kompatibilitätsprüfung ist in hohem Maße vom Einzelfall abhängig, weshalb allgemeingültige Aussagen hierzu kaum möglich sind.[171] Allerdings dürfte jedenfalls eine Verbindung der Zwe-

---

[167] Article 29 Data Protection Working Party, WP 203 – Opinion 03/2013 on purpose limitation (2013), 41 ff., 44.

[168] Siehe Bayerisches Landesamt für Datenschutzaufsicht, Trilog DSGVO – inoffizielle Synopse, 247 ff.

[169] A. A. Redaktionsversehen, *Herbst*, in: Kühling/Buchner, 3. Aufl. 2020, DSGVO Art. 5 Rn. 49.

[170] Siehe Article 29 Data Protection Working Party, WP 203 – Opinion 03/2013 on purpose limitation (2013), 20 ff., 56 ff.

[171] Siehe hierzu *Taeger*, in: Taeger/Gabel, 4. Aufl. 2022, DSGVO Art. 6 Rn. 169 ff.

cke (lit. a) regelmäßig gegeben sein, da die Delegation an den Auftragsverarbeitung eine Verarbeitung zum Erhebungszweck erst ermöglicht. Auch dürfte eine Auftragsverarbeitung regelmäßig den vernünftigen Erwartungen des Betroffenen entsprechen (lit. b, Erwägungsgrund 50). Regelmäßig wird die Delegation der Datenverarbeitung ein nur geringes Gefährdungspotenzial mit sich bringen (lit. d),[172] da der Auftragsverarbeiter weisungsgebunden agiert (Art. 24, 29). Das zusätzliche Risiko, das allein davon ausgeht, dass eine weitere Entität in die Verarbeitung miteingebunden ist und Zugriff auf die Daten hat, wird bereits über die strengen Voraussetzungen des Art. 28 kompensiert.

Bis zu einer Entscheidung des EuGH zu dieser Frage bleibt die hier vertretene Argumentation aber eben genau das – eine Argumentation unter vielen. Wichtig ist lediglich, dass diese Argumentation in sich stimmige Begründungen liefert und so einen Beitrag zur Diskussion und ggf. im Ergebnis sogar etwas Überzeugungsarbeit leisten kann.

(c) Zwischenergebnis

Es bleibt festzuhalten, dass auch, wenn man nicht von einer Zweckkontinuität ausgeht, im Rahmen einer zulässigen Zweckänderung die Datenübermittlung an den Auftragsverarbeiter ohne das Einholen einer zusätzlichen Rechtsgrundlage grundsätzlich möglich ist:

Geht man davon aus, dass die Übermittlung der Daten an den Auftragsverarbeiter dem Erhebungszweck dienen, so steht dieser Verarbeitungsschritt in einer Reihe mit den anderen Verarbeitungsschritten, die zusammen als eine Vorgangsreihe gem. Art. 4 Nr. 2 beurteilt werden und sich gebündelt auf die Rechtsgrundlage stützen, die schon die Datenerhebung rechtfertigte. Sieht man in der Übermittlung primär einen Delegations- und Entlastungszweck des Verantwortlichen, stellt sich die Frage, ob dieser Zweck mit dem Erhebungszweck i. S. v. Art. 6 Abs. 4 kompatibel ist. Ist das der Fall, bedarf die Übermittlung keiner weiteren Rechtsgrundlage. Liegt eine Inkompatibilität der Zwecke vor, ist der Verantwortliche gezwungen, die Datenverarbeitung separat zu legitimieren (Art. 6 Abs. 1).

(3) Ergebnis: Bedeutung des Verarbeitungsbegriffs für die Diskussion

Es zeigt sich, dass eine sorgfältige Auslegung des Begriffs der Verarbeitung und eine Würdigung des Wortlauts des Art. 4 Nr. 2 bereits Lösungsansätze für das obige Problem liefern kann. Letztlich kommt es darauf an, ob die Übermittlung der Daten an den Auftragsverarbeiter als Teil einer Vorgangsreihe i. S. d. Art. 4 Nr. 2 anzusehen ist, um über die singuläre Rechtfertigungsbedürftigkeit

---

172 Ebenso *Däubler*, in: D/W/W/S, 2. Aufl. 2020, DSGVO Art. 6 Rn. 436a; *Hartung*, in: Kühling/Buchner, 3. Aufl. 2020, DSGVO Art. 28 Rn. 16; *Schmitz/von Dall'Armi*, ZD 2016, 427, 429.

dieses Verarbeitungsschritts zu entscheiden. Ob dies der Fall ist, ist davon abhängig, ob der Übermittlung derselbe Verarbeitungszweck zugrunde liegt. Oben wurde sowohl für eine Zweckkontinuität als auch für den Fall einer Zweckänderung gezeigt, dass eine separate Rechtsgrundlage nur dann zwingend erforderlich ist, wenn im Falle der Zweckänderung die Zwecke nicht miteinander kompatibel sind (Art. 6 Abs. 4, Art. 5 Abs. 1 lit. b).

d) Fazit: Notwendigkeit einer intensiveren Auseinandersetzung mit den Begrifflichkeiten des europäischen Rechts

Nach dem hier vertretenen Interpretationsergebnis ist regelmäßig keine Rechtsgrundlage für die Übermittlung erforderlich. Grund dafür ist die Betrachtung der Übermittlung als Teilschritt einer Verarbeitungsreihe, die vom ursprünglichen Erhebungszweck gedeckt ist. Dreh- und Angelpunkt dieser Argumentation ist daher der Begriff der Verarbeitung und seine weitere Konkretisierung in Art. 4 Nr. 2 DSGVO.

Daraus lassen sich abschließend zwei Erkenntnisse ableiten:

1. Betrachtet man die frühere, faktisch identische Definition der Verarbeitung in Art. 2 lit b DSRL, die ebenso einen „Vorgang oder eine Vorgangsreihe" vorsah, so lässt sich die oben aufgeführte Argumentation im Grundsatz auch auf die Rechtslage unter der DSRL übertragen. Eine Privilegierung war damit nie und ist auch weiterhin nicht notwendig, da schon nach den allgemeinen Regeln eine Rechtfertigung der Datenweitergabe vorliegt. Es ist also vielmehr der *Begriff der Datenverarbeitung*, der unter der DSGVO neu zu betrachten ist: § 3 Abs. 4 S. 1 BDSG a. F. sah nämlich unter dem Begriff der Verarbeitung nie eine Vorgangsreihe vor, sondern immer nur einzelne Vorgänge.[173] Insofern muss einerseits wohl von einer Europarechtswidrigkeit des Umsetzungsrechts im BDSG a. F. ausgegangen werden, andererseits mag dies erklären, wieso die Vorgangsreihe aus deutscher Sicht bislang kaum beachtet wurde. Hier zeigt sich die bereits oben beschriebene Gefahr, dass die national geprägten Begriffsverständnisse von vielen Rechtsanwendern weiterhin in die DSGVO hereingelesen werden, da das nationale Umsetzungsrecht über Jahre hinweg den Diskurs geprägt hat. Gerade wenn dadurch Grundbegriffe anders verstanden werden, hat dies immense Auswirkungen auf die gesamte Rechtsanwendung.

2. Von einer Privilegierung der Auftragsdatenverarbeitung kann auch unter der DSGVO nicht gesprochen werden. Vielmehr wird die Offenlegung von Daten gegenüber dem Auftragsverarbeiter ebenso behandelt, wie jeder andere Verarbeitungsschritt auch. Wie oben bereits festgestellt, lässt sich die obige Diskussion anhand einer Subsumtion unter die Begriffe des Art. 4 Nr. 2 beilegen. Das „Problem" lässt sich daher mit den allgemeinen Regeln der DSGVO gut

[173] „Verarbeiten ist das Speichern, Verändern, Übermitteln, Sperren und Löschen personenbezogener Daten", § 3 Abs. 4 S. 1 BDSG a. F.

in den Griff bekommen. Die aus deutscher Sicht angeblich notwendige Neubetrachtung der Auftragsverarbeitung erschöpft sich damit im Grunde in einer ernsthaften Auseinandersetzung mit dem äußeren System der DSGVO. Dass eine solche – so simpel eine eingehende Beschäftigung mit dem Wortlaut auch sein mag – bislang nur unzureichend erfolgt ist, beweist die oben beschriebene Diskussion.

II. Die datenschutzrechtliche Einwilligung, Art. 4 Nr. 1, Art. 7 DSGVO im Verhältnis zum mitgliedsstaatlichen Recht

1. Eignung für die Untersuchung und Ziele

Die datenschutzrechtliche Einwilligung hat in der DSGVO verglichen zur DSRL keine erheblichen Neuerungen erfahren – das in der DSRL entworfene Konzept wurde nicht abgeändert, sondern lediglich ergänzt.[174] Inhaltlich basiert sie damit noch immer auf dem Verständnis unter der DSRL. Die Einwilligung eignet sich daher besonders gut, um aufzuzeigen, dass sich die Form der Verordnung durch ihre unmittelbare Geltung auch ihres äußeren Systems trotz Beibehaltung der inneren Systemzusammenhänge und nur kleinerer Ergänzungen gegenüber der DSRL auf das Verständnis der Normen auswirkt. Denn wie zu zeigen sein wird, fällt das Verständnis zu den Einzelheiten der datenschutzrechtlichen Einwilligung aus mitgliedsstaatlicher Sicht unter der DSGVO nun inhaltlich teils anders aus als unter der DSRL, wenngleich sich doch beide Konzepte aus europäischer Sicht nicht voneinander unterscheiden und auch die Datenschutzrichtlinie vollharmonisierend war. Das ist jedoch nicht auf Fehler im früheren Umsetzungsrecht zurückzuführen, sondern vielmehr auf eine Neuevaluierung der Einwilligung ausgehend vom äußeren System der Verordnungsvorschriften. Diese wird notwendig, da unter Geltung der Verordnung nicht an die Grundsätze und des Umsetzungsrechts angeknüpft werden kann.[175] Zudem müssen die neuen europäischen Vorgaben in Kontext zum mitgliedsstaatlichen Recht gesetzt werden: Um die Einwilligungsvorgaben im rechtsordnungsübergreifenden System des Datenschutzrechts zu verorten, muss zunächst festgestellt werden, welche mitgliedsstaatlichen Normen neben der datenschutzrechtlichen Einwilligung unter der DSGVO noch anwendbar sind, wie weit also die Einwilligungsvorschriften eine Verschränkung mit der mitgliedsstaatlichen Normbasis zulassen. Auch hier macht sich die Neubetrachtung der Einwilligung bemerkbar.[176] Anhand dieser Untersuchungen soll im Weiteren festgestellt werden, inwiefern sich das Konzept der DSGVO zu dem des früheren Umsetzungsrechts unterscheidet und inwieweit die direkte Anwendung des

---

[174] Siehe dazu 2. a), S. 245.
[175] Siehe 2., S. 245.
[176] Siehe 3., S. 249.

Verordnungsrechts und ihr äußeres System Einfluss auf die Interpretation der Normen nehmen (können).

2. Evolution der datenschutzrechtlichen Einwilligung: Vergleich mit den Vorgängerversion in DSRL und BDSG a. F.

a) Kontinuität zwischen den Vorgaben der DSRL und der DSGVO

Schon angesichts der sehr ähnlichen Formulierungen der einschlägigen Vorschriften in DSRL und DSGVO (Art. 4 Nr. 11, Art. 6 Abs. 1 lit. a, Art. 7 DSGVO; Art. 2 lit. h, Art. 7 lit. a DSRL) kann davon ausgegangen werden, dass das Grundkonzept der Einwilligung durch die Datenschutzreform, die die DSGVO hervorbrachte, nicht von Grund auf verändert werden sollte: Es wurde etwa um Aspekte ergänzt, die sich bisher nur im Rahmen der Auslegung aus der DSRL ergaben.[177] Dazu gehört zum einen der explizite Zweckbezug der Verarbeitung, der bislang in der DSRL nicht unmittelbar mit der Einwilligung verknüpft, aber in Art. 6 Abs. 1 lit. b DSRL bereits vorgesehen war. Zum anderen wurde der Widerruf normiert, der in der DSRL nur stillschweigend vorausgesetzt wurde.[178] Auch das Koppelungsverbot in Art. 7 Abs. 4 DSGVO war bislang bereits in ähnlicher Form in § 28 Abs. 3 lit. b BDSG a. F. normiert. Die spezifischen inhaltlichen Anforderungen an die Einwilligung sind durch diese klarere Normierung der Voraussetzungen gegenüber der DSRL nur geringfügig gestiegen.[179] Gleichzeitig bedeutet dies, dass die Anforderungen an die Einwilligung aus der DSRL alle übernommen wurden.[180] Die sprachlichen Unterschiede in der Definition der Einwilligung in Art. 4 Nr. 11 DSGVO gegenüber Art. 2 lit. h DSRL wiederum sind auf eine verbesserte Übersetzung zurückzuführen und bedeuten keine sachlichen Veränderungen.[181] Neu ist lediglich die Spezifizierung, dass die Willensbekundung auch „in Form einer Erklärung oder einer sonstigen eindeutig bestätigenden Handlung" erfolgen kann. Die DSGVO führt darüber hinaus nun zusätzlich einzelne Vorgaben für die Einwilligung in Art. 7 DSGVO auf, die etwa in Abs. 4 das Merkmal der Freiwilligkeit und in Abs. 2 das der Bestimmtheit konkretisieren, den jederzeitigen Widerruf

---

[177] *Taeger*, in: Taeger/Gabel, 4. Aufl. 2022, DSGVO Art. 7 Rn. 5; *Spindler/Dalby*, in: Spindler/Schuster, 4. Aufl. 2019, DSGVO Art. 7 Rn. 24; *Buchner/Kühling*, DuD 2017, 544, 545. siehe zur Entwicklung der Einwilligung *Albrecht*, CR 2016, 88, 91.

[178] *Klement*, in: Simitis/Hornung/Spiecker gen. Döhmann, 2019, DSGVO Art. 7 Rn. 86; vgl. § 28 Abs. 3 a S. 1 BDSG a. F.

[179] So auch EuGH – Rs. C-673/17 (Planet 49) = ZD 2019, 556 Rn. 61 f.; siehe etwa für das Merkmal der eindeutigen bestätigenden Handlung, das eine konkludente Einwilligung ausschließt *Albrecht/Jotzo*, Das neue Datenschutzrecht der EU, 2017 Teil 3 Rn. 39.

[180] Vgl. Article 29 Working Party, Guidelines on consent under Regulation 2016/679, S. 3: „concept of consent has evolved"; ebenso *Gierschmann*, in: G/S/S/V, 2018, DSGVO Art. 4 Nr. 11 Rn. 7.

[181] *Gierschmann*, in: G/S/S/V, 2018, DSGVO Art. 4 Nr. 11 Rn. 13; in diesem Sinne auch eine gleiche inhaltliche Bedeutung annehmend OLG Frankfurt/M. = ZD 2019, 505.

sowie Informationspflichten für den Verarbeiter normieren (Abs. 3) und dem Verarbeiter die Nachweispflicht für das Vorliegen der Voraussetzungen auferlegen (Abs. 1).

b) Diskontinuität zum Einwilligungskonzept des § 4a BDSG a. F.

Es liegt angesichts des inhaltlich lediglich erweiterten Konzepts nahe, auf die umfangreichen Erkenntnisse zurückzugreifen, die zur Einwilligung unter Geltung der DSRL gewonnen wurden. Als Dreh- und Angelpunkt des Datenschutzrechts war die Einwilligung in der Form des § 4 a BDSG a. F. bereits mehrfach Gegenstand monographischer Abhandlungen;[182] dieser Aspekt des europäischen Datenschutzrechts ist damit dogmatisch bereits umfassend untersucht worden, auch im Hinblick auf zusätzlich anwendbare mitgliedsstaatliche Normen. Doch an diese Erkenntnisse kann unter Geltung der DSGVO nicht ohne Weiteres angeknüpft werden: Denn diese Untersuchungen bezogen sich regelmäßig auf das Umsetzungsrecht, § 4a BDSG a. F. und banden die Richtlinie lediglich (wenn überhaupt) als Auslegungsargument mit ein. Die Regelung im § 4a BDSG a. F. war eine Schöpfung des deutschen Gesetzgebers, die sich zwar nach den vollharmonisierenden Vorgaben der DSRL – Art. 2 h) DSRL – richtete, aber diese nur vom Ergebnis her im nationalen Recht abbilden musste. Den Mitgliedstaaten stand bei der Richtlinienumsetzung, wie oben bereits erwähnt, die Freiheit zu, eigene Begriffskategorien zu nutzen (Art. 5 DSRL, Erwägungsgrund 9, 22) und die datenschutzrechtliche Einwilligung im Rahmen der Verwirklichung der Normziele in die eigenen Begrifflichkeiten zu übersetzen.[183] So ließ die Art. 29-DSG noch 2011 explizit verlauten, die datenschutzrechtliche Einwilligung könne auf nationaler Ebene noch um weitere Voraussetzungen aus dem zivilrechtlichen Kontext ergänzt werden.[184]

aa) Die datenschutzrechtliche Einwilligung der DSRL im deutschen Umsetzungsrecht, § 4a BDSG a. F.

Der deutsche Rechtssetzer bediente sich in § 4a BDSG a. F. des Begriffs der Einwilligung, was von vielen als Willenserklärung i. S. d. vorherigen Zustim-

---

[182] Siehe u. a. mit Bezügen auch zur DSGVO *Funke*, Dogmatik und Voraussetzungen der datenschutzrechtlichen Einwilligung im Zivilrecht, 2017; *Radlanski*, Das Konzept der Einwilligung in der datenschutzrechtlichen Realität, 2016; *Hermstrüwer*, Informationelle Selbstgefährdung, 2016; zur alten Rechtslage *Lindner*, Die datenschutzrechtliche Einwilligung nach §§ 4 Abs. 1, 4a BDSG – ein zukunftsfähiges Institut?, 2013; *Rogosch*, Die Einwilligung im Datenschutzrecht, 2013; *Liedke*, Die Einwilligung im Datenschutzrecht, 2012; *Buchner*, Informationelle Selbstbestimmung im Privatrecht, 2006.

[183] So auch *Frenzel*, in: Paal/Pauly, 3. Aufl. 2021, DSGVO Art. 7 Rn. 3; Article 29 Data Protection Working Party, WP 187 – Opinion 15/2011 on the definition of consent (2011), 6.

[184] Article 29 Data Protection Working Party, WP 187 – Opinion 15/2011 on the definition of consent (2011), 6 f.

mung gem. §§ 104 ff., 183 BGB, also als Rechtsgeschäft, interpretiert wurde.[185] Andere sahen in der datenschutzrechtlichen Einwilligung eine zumindest rechtsgeschäftsähnliche Handlung, auf die die Vorschriften für die Willenserklärung jedenfalls entsprechend anwendbar sind,[186] wieder andere hingegen einen Realakt[187]. Daraus folgt, dass die datenschutzrechtliche Einwilligung im Ergebnis funktional an die Kategorie der Willenserklärung/rechtsgeschäftsähnlichen Handlung/des Realakts angeknüpft und mit den entsprechend zusätzlich anwendbaren Paragrafen der §§ 104 ff. BGB verknüpft wurde.

Allein, dass über die richtige funktionale Anknüpfung an eine dogmatische Kategorie bis zum Außerkrafttreten des BDSG a. F. Uneinigkeit herrschte, zeigt, wie bedeutsam dieser Zwischenschritt auch bei der Umsetzung von Richtlinienrecht ist. Denn der Gesetzgeber muss im Interesse der Rechtssicherheit deutlich machen, welche dogmatischen Kategorien er nutzt. Dies ist bei der Umsetzung der DSRL nur bedingt gelungen. Die Art. 29-DSG sah in dem deutschen Umsetzungsrecht eine Einwilligung i. S. d. gleichlautenden BGB-Begriffs.[188] Zwar kann die Art. 29-DSG nicht abschließend über die Auslegung des Unionsrechts befinden, diese Äußerung kann jedoch als Indiz gewertet werden, dass jedenfalls eine Orientierung der Einwilligung des BDSG a. F. am national zivilrechtlich geprägten Begriffsverständnis auch aus europäischer Sicht nicht völlig fernliegend war. In diesem Sinne vertrat auch die herrschende Ansicht mit der Einordnung als Rechtsgeschäft oder jedenfalls rechtsgeschäftsähn-

[185] So wohl h. M. LG Bremen, Urteil (23.2.2001) = DuD 2001, 620; *Funke*, Dogmatik und Voraussetzungen der datenschutzrechtlichen Einwilligung im Zivilrecht, 2017, 85 f.; *Simitis*, in: Simitis, 8. Aufl. 2014, BDSG a. F. § 4a Rn. 20 m. w. N.; *Lang/Peintinger*, ELR 2013, 206, 207; *Lindner*, Die datenschutzrechtliche Einwilligung nach §§ 4 Abs. 1, 4a BDSG – ein zukunftsfähiges Institut?, 2013, 113; *Liedke*, Die Einwilligung im Datenschutzrecht, 2012, 8 f.; *Helfrich*, in: Hoeren/Sieber/Holznagel, Teil 16.1 (Stand Juli 2016), Rn. 56, 75; *Menzel*, DuD 2008, 400, 401; *Buchner*, Informationelle Selbstbestimmung im Privatrecht, 2006, 236 ff.; *Klass*, AfP 2005, 507, 510 f.; *Tinnefeld/Gerling/Ehmann*, Einführung in das Datenschutzrecht, 4. Aufl. 2005, 318; *Fröhle*, Web Advertising, Nutzerprofile und Teledienstedatenschutz, 2003, 234; *Ohly*, „Volenti non fit iniuria“, 2002, 201 ff., 210 ff.; *Schaar*, MMR 2001, 644, 646; die Anlehnung an die BGB-Begrifflichkeit sehen auch *Spindler/Nink*, in: Spindler/Schuster, 3. Aufl. 2015, BDSG a. F. § 4a Rn. 1, 3, wenngleich sie letztlich zu einer Einordnung als Realakt kommen.

[186] *Kühling*, in: BeckOK DSR, 23. Aufl. 2018, BDSG a. F. § 4a (Stand 1.2.2018) Rn. 33; *Thüsing/Schmidt/Forst*, RDV 2017, 116, 118; *Radlanski*, Das Konzept der Einwilligung in der datenschutzrechtlichen Realität, 2016, 121 f.; *Kühling/Seidel/Sivridis*, Datenschutzrecht, 3. Aufl. 2015, Rn. 309; *Holznagel/Sonntag*, in: Roßnagel (Hrsg.), Handbuch Datenschutzrecht, 2003, Kap. 4.8, Rn. 21; *Thüsing*, Arbeitnehmerdatenschutz und Compliance, 2010, Rn. 122; wohl auch *Plath*, in: Plath, 2. Aufl. 2016, BDSG a. F. § 4a Rn. 7.

[187] *Spindler/Nink*, in: Spindler/Schuster, 3. Aufl. 2015, BDSG a. F. § 4a Rn. 33; *Riesenhuber*, RdA 2011, 257, 258; *Nink*, Rechtliche Rahmenbedingungen von serviceorientierten Architekturen mit Web Services, 2010, 256 f.; wohl auch *Schaffland/Wiltfang*, in: Schaffland/Wiltfang, BDSG a. F. § 4a (Stand EL 2/18) Rn. 21; *Zscherpe*, MMR 2004, 723, 724.

[188] Article 29 Data Protection Working Party, WP 187 – Opinion 15/2011 on the definition of consent (2011), 9 Fn. 13.

liche Handlung eine (analoge) Anwendung der §§ 104 ff. BGB zur Feststellung der Einwilligungsfähigkeit (alternativ und Vorgaben zur Feststellung der Einsichtsfähigkeit[189]), der Vorschriften über Willensmängel, §§ 116 ff., der Stellvertretungsnormen, §§ 164 ff., der Grundsätze zu Abgabe und Zugang (§ 130–133) sowie der §§ 134, 138 BGB.[190]

bb) Zur Notwendigkeit einer Neubetrachtung der Einwilligung unter der DSGVO

Die DSGVO hingegen verleiht den Mitgliedsstaaten keine – jedenfalls keine expliziten – Ausgestaltungsbefugnisse im Bereich der Einwilligung, sondern führt in ihrem Art. 7 die Voraussetzungen für die Einwilligung in Art. 4 Nr. 11 DSGVO selbst näher aus. Inhaltlich sind die Voraussetzungen bis auf kleinere Neuerungen und Normierungen von bereits unter der DSRL geltenden Auslegungskriterien[191] gleich geblieben.[192] Aber die lediglich in der äußeren Form gänzlich neue Einwilligung in Art. 4 Nr. 11, Art. 7 DSGVO, die nun den unmittelbar anwendbaren Maßstab im Datenschutzrecht bildet, verlangt dennoch eine dogmatische Neubetrachtung in Gänze: Im Rahmen der DSGVO erfolgt nämlich etwa die Verwendung des Begriffs „Einwilligung“ unabhängig vom deutschen Begriffsverständnis. Das Konzept der Einwilligung baut zwar auf der Datenschutzrichtlinie auf, nicht aber auf dem Konzept des Umsetzungsrechts. Bei der Anwendung der DSGVO besteht die Gefahr einer unbewussten Rückanknüpfung an die unter dem BDSG a. F. etablierten Grundsätze, die jedoch unter Umständen reine Ausprägungen der mitgliedsstaatlichen Ausgestaltungsbefugnis waren und sich im Grundkonzept der Richtlinie materiell nicht widerspiegelten.[193] Folglich können sie auch nicht in die DSGVO übergegangen sein.

Diese Diskontinuität zwischen dem mitgliedsstaatlichen Umsetzungsrecht und der Verordnung zu verdeutlichen ist eine wichtige Vorüberlegung, um die Verordnungsvorschriften überhaupt erst europäisch-autonom auslegen zu können. Soweit demnach die DSGVO-Einwilligung Rechtsfragen autonom abschließend geregelt hat, ist der Rückgriff auf nationale Normen unzulässig, da diese infolge einer Kollision nicht anwendbar sind. Der Vereinheitlichungsanspruch einer Verordnung spricht jedenfalls für eine Vermutung zugunsten einer abschließenden Begriffsbildung und gegen eine Konkretisierung unbe-

---

[189] *Kühling*, in: BeckOK DSR, 23. Aufl. 2018, BDSG a. F. § 4a (Stand 1.2.2018) Rn. 33.

[190] *Kühling*, in: BeckOK DSR, 23. Aufl. 2018, BDSG a. F. § 4a (Stand 1.2.2018) Rn. 33 f.; *Gola/Schumerus*, in: Gola/Schumerus, 12. Aufl. 2015, BDSG a. F. § 4a Rn. 2; *Simitis*, in: Simitis, 8. Aufl. 2014, BDSG a. F. § 4a Rn. 25 f.; *Holznagel/Sonntag*, in: Roßnagel (Hrsg.), Handbuch Datenschutzrecht, 2003, Kap. 4.8 Rn. 23.

[191] Siehe oben Kapitel 3 B. II. 2. a), S. 245.

[192] So etwa *Funke*, Dogmatik und Voraussetzungen der datenschutzrechtlichen Einwilligung im Zivilrecht, 2017, 112 f.; *Ernst*, ZD 2017, 110, 111.

[193] Zu dieser Gefahr auch *Frenzel*, in: Paal/Pauly, 3. Aufl. 2021, DSGVO Art. 6 Rn. 52.

stimmter Rechtsbegriffe nach nationalen Maßstäben. Da, wo in einer vollharmonisierenden Richtlinie zusätzliche Ausschmückungen noch europarechtskonform waren, solange sie die Tragweite des Ziels der jeweiligen Norm nicht beeinträchtigten, könnte die Verordnung nun einer Begriffsausfüllung durch nationale Normen entgegenstehen und eine Konkretisierung wäre daher nur durch den Rechtsanwender vorzunehmen.

3. Betrachtung der DSGVO-Einwilligung im rechtsordnungsübergreifenden System

Die Ermittlung des der DSGVO zugrundeliegenden inhaltlichen Konzepts der Einwilligung ist nicht zu trennen von einer Einbettung der Vorschriften in das mitgliedsstaatliche Recht, soweit die Verordnungsvorgaben den Rückgriff denn zulassen. In Abgrenzung zur alten Einwilligung des § 4a BDSG a. F. ist zu prüfen, inwieweit die DSGVO eine Verschränkung mit nationalen Sachnormen noch explizit vorsieht, stillschweigend duldet oder dulden muss.

a) Meinungsstand zum Rückgriff auf nationale Vorschriften bei der datenschutzrechtlichen Einwilligung

Zum Rückgriff auf nationale Vorschriften neben den Vorschriften der DSGVO zur Einwilligung sind die Meinungen bislang geteilt: Manche lehnen jeglichen Rückgriff auf nationale Normen dezidiert ab,[194] andere bejahen eine Anwendung der BGB-Vorschriften,[195] teils sogar unter Anknüpfung an das dogmatische Verständnis des § 4a BDSG a. F.[196] Andere wiederum halten schon eine Bestimmung der Rechtsnatur aus mitgliedsstaatlicher Sicht mit Verweis auf eine erschöpfende europäische Regelung bzw. eine abschließende europäische Begriffsbildung für obsolet,[197] lassen aber in Teilen dennoch eine zusätzliche Anwendung nationaler Vorschriften zu.[198]

---

[194] So etwa *Kühling/Klar/Sackmann*, Datenschutzrecht, 5. Aufl. 2021, Rn. 503; *Buchner/Kühling*, in: Kühling/Buchner, 3. Aufl. 2020, DSGVO Art. 7 Rn. 70; *Heckmann/Paschke*, in: Ehmann/Selmayr, 2. Aufl. 2018, DSGVO Art. 7 Rn. 29 f.; *Schulz*, in: Gola, 2. Aufl. 2018, DSGVO Art. 7 Rn. 9.

[195] *Stemmer*, in: BeckOK DSR, 40. Aufl. 2022, DSGVO Art. 7 (Stand 1.5.2022) Rn. 30 ff.; *Schild*, in: BeckOK DSR, 40. Aufl. 2022, DSGVO Art. 4 (Stand 1.5.2022) Rn. 132; von einer „punktuellen Rückgriffsmöglichkeit" spricht *Hacker*, Datenprivatrecht, 2020, 350 ff.

[196] *Frenzel*, in: Paal/Pauly, 3. Aufl. 2021, DSGVO Art. 6 Rn. 10, der jedoch gleichzeitig in Rn. 52 einen reflektierten, europäisierten Umgang mit dem neuen EU-Recht fordert; *Weichert*, in: D/W/W/S, 2. Aufl. 2020, DSGVO Art. 4 Rn. 105 f., 172–174; *Schwartmann*, in: S/J/T/K, 2018, DSGVO Art. 6 Rn. 11.

[197] So *Taeger*, in: Taeger/Gabel, 4. Aufl. 2022, DSGVO Art. 7 Rn. 41; *Klement*, in: Simitis/Hornung/Spiecker gen. Döhmann, 2019, DSGVO Art. 7 Rn. 84, 93; *Heckmann/Paschke*, in: Ehmann/Selmayr, 2. Aufl. 2018, DSGVO Art. 7 Rn. 29; *Ingold*, in: Hk-DSGVO, 2. Aufl. 2018, DSGVO Art. 7 Rn. 13, der eine „Einpassung" in mitgliedsstaatliche Kategorien scheinbar pauschal ablehnt; ähnlich *Buchner/Kühling*, in: Kühling/Buchner, 3. Aufl. 2020, DSGVO

Die Ermittlung der Rechtsnatur ist jedoch keinesfalls überflüssig, sondern vielmehr eine notwendige Vorfrage der Rückgriffsprüfung: Denn die Frage eines Rückgriffs auf bestimmte nationale Normen stellt sich nur, wenn genau diese Normen überhaupt für eine eventuell zusätzliche Anwendung infrage kommen, d. h. wenn die Vorschriften der DSGVO mit diesen Vorgaben funktional verknüpft werden können. Voraussetzung dafür ist die Bestimmung der Rechtsnatur der datenschutzrechtlichen Einwilligung aus mitgliedsstaatlicher Sicht.[199] Denn erst anhand dieser konkreten Normen wird in einem zweiten Schritt eine Abgrenzung des Regelungsbereichs – und ggf. eine Feststellung einer umfassenden Regelung des jeweiligen Themenbereichs – möglich.[200]

Dass die Anknüpfung an das Verständnis der Einwilligung unter dem BDSG a. F. teilweise völlig selbstverständlich vorgenommen wird, zeigt, dass dem alten Umsetzungsgesetz – ob bewusst oder unbewusst – noch eine maßgebliche Indizwirkung zugesprochen wird. Eine Rückanknüpfung an das nationale Umsetzungsrecht jedoch manifestiert zum einen etwaige Umsetzungsfehler, die nur bislang nie festgestellt wurden.[201] Zum anderen verhindert es eine Auseinandersetzung mit der Frage, welche nationale Normen neben den DSGVO-Vorgaben überhaupt anwendbar sind.

b) Funktionale Anknüpfung der datenschutzrechtlichen Einwilligung an mitgliedsstaatliche Ordnungskategorien

Das alte Umsetzungsrecht kann für solche Normen, die sich unter der DSGVO kaum inhaltlich geändert haben, lediglich eine Orientierung für eine funktionale Verknüpfung mit mitgliedsstaatlichen Kategorien darstellen, nicht aber eine Eins-zu-eins-Vorlage. Die Überlegungen, die der deutsche Gesetzgeber zur Umsetzung der Richtlinie hierzu angestellt hat, können Anhaltspunkte für eine funktionale Anknüpfung unter der neuen Rechtslage aufzeigen. Das entbindet jedoch nicht davon, genau zu prüfen, ob ein sich daraus ergebender Rückgriff auf nationales Recht nicht möglicherweise gesperrt ist – gerade, weil die Verordnung ggf. den Anspruch hat, den jeweiligen Bereich abschließend zu regeln.[202] Da jedoch auch unter dem BDSG a. F. die Rechtsnatur der datenschutzrechtlichen Einwilligung nicht abschließend geklärt war, können hier

Art. 7 Rn. 1a: rechtserhebliche Handlung sui generis, so wohl auch *Spindler/Dalby*, in: Spindler/Schuster, 4. Aufl. 2019, DSGVO Art. 7 Rn. 2.

198 So etwa für die Vertretung *Buchner/Kühling*, in: Kühling/Buchner, 3. Aufl. 2020, DSGVO Art. 7 Rn. 31.

199 Siehe zur funktionalen Verknüpfung Kapitel 2 B., S. 182.

200 In diese Richtung auch *Gierschmann*, in: G/S/S/V, 2018, DSGVO Art. 7 Rn. 44.

201 Siehe oben Kapitel 3 B. II. 2. a) bb), S. 248.

202 Direkte Kollision, siehe dazu Kapitel 2 A. III. 3. c) aa), S. 118; Kapitel 2 A. IV. 1. b), S. 128.

lediglich die Überlegungen zur jeweiligen Einordnung herangezogen werden, soweit sie sich auf die DSGVO übertragen lassen.

Wie oben herausgearbeitet, ist für die funktionale Anknüpfung der Einwilligung an eine funktionsäquivalente Rechtsfigur aus dem mitgliedsstaatlichen Recht zunächst die Ermittlung der objektiven Funktion nötig. Sodann wird diese Funktion aus der Perspektive des mitgliedsstaatlichen Rechts betrachtet und die Einwilligung angeknüpft. Die Prüfung des neben den Verordnungsnormen anwendbaren nationalen Sachrechts erfolgt in einem dritten Schritt[203] und soll hier im Sinne der oben entwickelten funktionalen Verknüpfung[204] mit der Kollisionsprüfung verbunden werden.

aa) Objektive Funktion der datenschutzrechtlichen Einwilligung

Die Funktion der Einwilligung ist zum einen der Ausschluss einer Rechtswidrigkeit der Datenverarbeitung (Art. 6 Abs. 1 lit. a DSGVO), zum anderen weist sie dem Datensubjekt die Entscheidungsmacht über seine personenbezogenen Daten zu. Sie ist also Ausdruck einer individuellen Datensouveränität: Das Datensubjekt kann einzelne Verarbeiter von der Verarbeitung seiner Daten ausschließen und wieder anderen diese ermöglichen. Durch den Widerruf kann es jederzeit die Nutzung der personenbezogenen Daten für die Zukunft unterbinden. Für den Einzelnen ist die Einwilligung daher ein Mittel der Selbstbestimmung.[205] Die Einwilligung bedeutet wiederum für den Verarbeiter, dass die Verarbeitung der Daten rechtmäßig ist. Der Verantwortliche erwirbt sie jedoch nicht, das Hoheitsrecht bleibt weiterhin beim Datensubjekt, das den temporären Zugriff auf die Daten lediglich gestattet.

bb) Funktion aus mitgliedsstaatlicher Sicht: Einordnung in mitgliedsstaatliche Ordnungskategorien

In einem zweiten Schritt ist diese Funktion aus mitgliedsstaatlicher Sicht zu betrachten: Als mögliche Anknüpfungskategorien infrage kommen die privatrechtliche, widerrufliche Einwilligung im Sinne einer Willenserklärung, also eines Rechtsgeschäfts (§§ 183, 104 ff. BGB),[206] eine rechtsgeschäftsähnliche

[203] Siehe Kapitel 3 B. II. 3. c), S. 255.

[204] Siehe Kapitel 2 C., S. 206.

[205] *Albrecht*, in: Simitis/Hornung/Spiecker gen. Döhmann, 2019, DSGVO Art. 6 Einf. Rn. 56, 75.

[206] So *Rüpke/von Lewinski/Eckhardt*, Datenschutzrecht, 2. Aufl. 2022 § 13, Rn. 10, 24; *Schild*, in: BeckOK DSR, 40. Aufl. 2022, DSGVO Art. 4 (Stand 1.5.2022) Rn. 130; *Weichert*, in: D/W/W/S, 2. Aufl. 2020, DSGVO Art. 4 Rn. 105; *Rothmann*, in: Roßnagel/Friedewald/Hansen (Hrsg.), Die Fortentwicklung des Datenschutzes, 2018, 59, 71 f.; *Funke*, Dogmatik und Voraussetzungen der datenschutzrechtlichen Einwilligung im Zivilrecht, 2017, 85 f.; wohl auch *Stemmer*, in: BeckOK DSR, 40. Aufl. 2022, DSGVO Art. 7 (Stand 1.5.2022) Rn. 28 ff.; *Engeler*, ZD 2018, 55, 56; widersprüchlich *Schaffland/Holthaus*, in: Schaffland/Wiltfang, DSGVO Art. 7 Rn. 11, 47.

Handlung[207] oder aber – wie etwa im Medizinrecht üblich[208] – die Einordnung als Realakt[209]. Hier kann auf die Argumentation zur Einordnung der Einwilligung unter dem BDSG a. F. zurückgegriffen werden, sofern diese unmittelbar an die DSRL anknüpft und nicht ausschließlich ausgehend vom Umsetzungsrecht argumentiert.

Die Einwilligung in all ihren dogmatischen Formen ist auch aus deutscher Sicht seit jeher eine Ausprägung von Selbstbestimmung und Selbstverantwortung. Diese Werte legen eine Nähe zur Privatautonomie nahe,[210] deren Hauptinstrument das Rechtsgeschäft des BGB ist.[211] Dem steht nicht entgegen dass es sich bei dem Recht auf Datenschutz um höchstpersönliche Rechte handelt und die Einwilligung des BGB zuvörderst für wirtschaftliche Austauschgeschäfte entwickelt wurde, denn „funktional ist die Einwilligung Rechtsgestaltung".[212] Sie kann damit als „untypisches Rechtsgeschäft" bezeichnet werden,[213] was bedeutet, dass die auf das Rechtsgeschäft regelmäßig anwendbaren Vorschriften gesondert auf eine Anwendbarkeit hin zu untersuchen und ggf. teleologisch zu reduzieren sind.[214] Demnach wird auch eine alternative Einordnung als rechtsgeschäftsähnliche Handlung obsolet, bei der die analoge Anwendung der BGB-Vorschriften und damit die vergleichbare Interessenlage jeweils einzeln geprüft werden muss. Da dies wie oben gezeigt auch für die Einordnung als rechtsgeschäftliche Erklärung gilt, bleibt kein Platz für ein Verständnis als rechtsgeschäftsähnliche Erklärung, zumal dieser kein „eigenständiger dogmatischer Erklärungswert" zukommt.[215]

Einem Verständnis als Rechtsgeschäft widersprechen insbesondere diejenigen Stimmen, die die datenschutzrechtliche Einwilligung als Realakt ein-

[207] *Hacker*, Datenprivatrecht, 2020, 350; *Däubler*, in: D/W/W/S, 2. Aufl. 2020, DSGVO Art. 7 Rn. 13; *Pohl*, Die datenschutzrechtliche Einwilligung im Spannungsfeld von hoheitlicher Regulierung und individueller Selbstbestimmung, 2019, 121; *Gierschmann*, in: G/S/S/V, 2018, DSGVO Art. 7 Rn. 46.

[208] BGH, Urteil (5.12.1958) – VI ZR 266/57 = BGHZ 29, 33–37, Rn. 12; BGH, Urteil (28.6.1988) – VI ZR 288/87 = BGHZ 105, 45, Rn. 12; *Wagner*, in: MüKo BGB, 9. Aufl. 2021, BGB § 630d Rn. 9 m. w. N.; *Funke*, Dogmatik und Voraussetzungen der datenschutzrechtlichen Einwilligung im Zivilrecht, 2017, 74 ff.

[209] *Schulz*, in: Gola, 2. Aufl. 2018, DSGVO Art. 7 Rn. 9.

[210] Ebenso *Mantz/Marosi*, in: Specht/Mantz (Hrsg.), Handbuch Europäisches und deutsches Datenschutzrecht, 2019, A. § 3, Rn. 55; *Lauber-Rönsberg*, in: Specht/Mantz (Hrsg.), Handbuch Europäisches und deutsches Datenschutzrecht, 2019, A. § 4, Rn. 77.

[211] *Ohly*, „Volenti non fit iniuria", 2002, 207, der selbst den funktionalen Zusammenhang zwischen dem Konzept der Einwilligung und der Privatautonomie betont; ebenso *Klass*, AfP 2005, 507, 507 f., 510 f.

[212] *Ohly*, „Volenti non fit iniuria", 2002, 213.

[213] *Ohly*, „Volenti non fit iniuria", 2002, 214.

[214] *Funke*, Dogmatik und Voraussetzungen der datenschutzrechtlichen Einwilligung im Zivilrecht, 2017, 85 f.; *Buchner*, Informationelle Selbstbestimmung im Privatrecht, 2006, 237 f.; *Klass*, AfP 2005, 507, 510 f.; *Ohly*, „Volenti non fit iniuria", 2002, 204 f., 214.

[215] *Ohly*, „Volenti non fit iniuria", 2002, 210.

ordnen: Das gestattete Eindringen in die eigene Rechtssphäre durch Dritte sei keine Folge des Rechts.[216] Die Einwilligung bezwecke daher keinen rechtsgeschäftlichen Erfolg, sondern eine rein tatsächliche Bestimmung über das Persönlichkeitsrecht.[217] Die schlichte Einwilligung unterscheidet sich von einer (dinglichen) Übertragung von Nutzungsrechten oder der schuldrechtlichen Gestattung dadurch, dass sie zwar als Erlaubnis zur Rechtmäßigkeit der Handlung führt, der Einwilligungsempfänger aber kein gegen den Willen des Rechtsinhabers durchsetzbares Recht erwirbt.[218] Sie erfordert daher auch keine auf den Eintritt einer solchen Rechtsfolge gerichtete rechtsgeschäftliche Willenserklärung. Aus diesem Grund sei auch die datenschutzrechtliche Einwilligung kein Rechtsgeschäft i. S. d. BGB: Daran ändere auch ein mit der Einwilligung etwa verbundener merkantiler Nebeneffekt für eine oder beide Parteien nichts.[219]

Ob daraus jedoch zwangsläufig eine rechtliche Einordnung als Realakt folgen muss, ist fraglich: Denn die Hauptcharakteristik eines Realakts gegenüber einem Rechtsgeschäft oder einer rechtsgeschäftsähnlichen Handlung ist, dass dieser nur einen natürlichen, rein tatsächlichen Willen erfordert statt eines rechtsgeschäftlichen Willens,[220] an den wiederum höhere Voraussetzungen geknüpft werden.[221] Realakte sind keine (Willens-)Erklärungen, die daran geknüpften Rechtsfolgen treten also auch ein, wenn der Betroffene diese nicht will.[222] Das sind typischerweise Handlungen, die häufig ohne das Bewusstsein und damit ohne den Willen für eine rechtliche Bedeutsamkeit vorgenommen werden, z. B. die Vermischung, § 948 BGB. Die datenschutzrechtliche Einwilligung erfolgt jedoch regelmäßig willensgesteuert: Die an sie geknüpften Folgen ergeben sich gerade aus dieser bewussten Ausübung der Datenhoheit. Darüber hinaus bezweckt der Einwilligende regelmäßig auch eine rechtliche Folge, nämlich die sich aus der Einwilligung oder dem Widerruf unmittelbar ergebende Rechtmäßigkeit/Rechtswidrigkeit der Verarbeitung personenbezogener Daten. Die Einwilligung zielt damit nicht lediglich auf eine Realhandlung (Verarbeitungsvorgang) ab, sondern vielmehr auf die rechtserhebliche Einordnung derselben vor dem Hintergrund des Datenschutzrechts. Zudem ergeben sich aus dieser Willensäußerung unmittelbar anknüpfend Rechte des Datensubjekt, die ein weiteres Vorgehen gegenüber dem Verantwortlichen möglich machen (z. B. Unterlassungsansprüche, Schaden-

---

216 *Schulz*, in: Gola, 2. Aufl. 2018, DSGVO Art. 7 Rn. 9.

217 So schon *Nink*, Rechtliche Rahmenbedingungen von serviceorientierten Architekturen mit Web Services, 2010, 256 f.; *Riesenhuber*, RdA 2011, 257, 258 für die Vorgängernorm.

218 BGH, Urteil (29.4.2010) – I ZR 69/08 = BGHZ 185, 291, Rn. 34 f.; zur urheberrechtlichen Einwilligung, die rechtliche Einordnung offenlassend; *Ohly*, „Volenti non fit iniuria“, 2002, 144, 176.

219 *Schulz*, in: Gola, 2. Aufl. 2018, DSGVO Art. 7 Rn. 9.

220 *Rehberg*, in: BeckOGK, BGB § 116 (Stand 1.6.2022) Rn. 16, 16.1.

221 *Duden*, in: BeckOGK, BGB § 107 (Stand 1.8.2022) Rn. 14.

222 *Bork*, Allgemeiner Teil des Bürgerlichen Gesetzbuchs, 4. Aufl. 2016, Rn. 407.

ersatz, Löschungsansprüche etc.).[223] Damit geht zwar keine Verfügung über eigene Rechte einher, jedenfalls aber ist die Einwilligung Ausdruck einer selbstbestimmten Disposition über Rechte, was als Minus zur Verfügung gewertet werden kann.[224]

Darüber hinaus wird gegen eine rechtsgeschäftliche Deutung vorgebracht, die zivilrechtliche Dogmatik werde „dem Charakter der Einwilligung als einer zugleich öffentlich-rechtlichen Handlungsform" nicht gerecht.[225] Dem ist zum einen entgegenzuhalten, dass das europäische Recht die Unterscheidung zwischen öffentlichem Recht und Privatrecht kaum vornimmt und eine eindeutige Trennung der Rechtsbereiche praktisch wenig möglich erscheint. Aus europäischer Perspektive dürfte die Zuordnung der jeweiligen dogmatischen Kategorie zu dem einen oder anderen Rechtsbereich daher keine Unterschiede machen, solange nur die Funktion des europäischen Rechts bestmöglich gewahrt ist. Darüber hinaus hat die Einwilligung im öffentlich-rechtlichen Bereich, d. h. im Staat-Bürger-Verhältnis, erheblich weniger Bedeutung als im zivilrechtlichen Bereich,[226] teils wird mit dem Hinweis auf den Grundsatz des Vorbehalts des Gesetzes die Einwilligung im öffentlich-rechtlichen Kontext sogar gänzlich ausgeschlossen.[227]

Daher erscheint eine Anknüpfung der datenschutzrechtlichen Einwilligung an die dogmatische Kategorie des zivilrechtlichen Rechtsgeschäfts am ehesten geeignet, der datenschutzrechtlichen Einwilligung in der DSGVO gerecht zu werden. Da die datenschutzrechtliche Einwilligung auf Rechtsfolgen gerichtet ist, die neben der einwilligenden Person selbst auch den Verantwortlichen betreffen, der infolge der Einwilligung rechtmäßig nach Art. 6 Abs. 1 lit. a personenbezogene Daten verarbeiten darf, ist sie auch eine empfangsbezogene Willenserklärung.

Die Einordnung als Willenserklärung ist zuletzt auch kein Gegenentwurf zu den Stimmen, die der datenschutzrechtlichen Einwilligung unter der DSGVO ein rein europäisch-autonomes Begriffsverständnis attestieren.[228] Denn stellt sich heraus, dass die DSGVO bereits alle maßgeblichen Punkte regelt, die sich aus dem mitgliedsstaatlichen Recht ergeben, ist im Ergebnis auch die explizite

---

[223] So auch *Rogosch*, Die Einwilligung im Datenschutzrecht, 2013.

[224] *Ohly*, „Volenti non fit iniuria", 2002, 211 f.

[225] *Klement*, in: Simitis/Hornung/Spiecker gen. Döhmann, 2019, DSGVO Art. 7 Rn. 83.

[226] *Taeger*, in: Taeger/Gabel, 4. Aufl. 2022, DSGVO Art. 7 Rn. 21 ff.; so schon *Holznagel/Sonntag*, in: Roßnagel (Hrsg.), Handbuch Datenschutzrecht, 2003, Kap. 4.8, Rn. 24 f.

[227] *Marsch*, Das europäische Datenschutzgrundrecht, 2018, 151 ff.; *Riesenhuber*, RdA 2011, 257, 263; siehe auch Erwägungsgrund 43 DSGVO.

[228] *Heckmann/Paschke*, in: Ehmann/Selmayr, 2. Aufl. 2018, DSGVO Art. 7 Rn. 29; *Klement*, in: Simitis/Hornung/Spiecker gen. Döhmann, 2019, DSGVO Art. 7 Rn. 84; wohl auch *Spindler/Dalby*, in: Spindler/Schuster, 4. Aufl. 2019, DSGVO Art. 7 Rn. 2; *Ingold*, in: Hk-DSGVO, 2. Aufl. 2018, DSGVO Art. 7 Rn. 13.

Einordnung als Willenserklärung nicht weiter von Bedeutung. Um dies jedoch letztlich feststellen zu können, ist die anfängliche Einordnung unumgänglich.

c) Funktionale Verknüpfung mit den auf die Willenserklärung anwendbaren Vorschriften

Aus einer Einordnung als Willenserklärung folgt eine Verknüpfung mit diejenigen Vorschriften, die auf empfangsbedürftige Willenserklärungen Anwendung finden, soweit sie auf die datenschutzrechtliche Einwilligung als schlichte Einwilligung (atypisches Rechtsgeschäft) passen. Dies sind die §§ 104 ff. BGB – Vorschriften, die unter anderem die Einwilligungsfähigkeit, Willensmängel, Wirksamkeitsvoraussetzungen (Abgabe und Zugang), Nichtigkeitsgründe und Stellvertretung regeln.

Mit der Verknüpfung sind freilich zunächst nur die aus mitgliedsstaatlicher Sicht passendsten Normen gefunden. Noch keine Aussagen ist darüber getroffen, ob und inwieweit diese Vorschriften mit den Vorgaben der DSGVO kollidieren könnten. Dies ist erst in einem zweiten Schritt zu prüfen und muss für jede Norm(gruppe) gesondert untersucht werden. Nur, wenn keine Kollision vorliegt oder gerechtfertigt werden kann, lässt sich eine Anwendung bejahen.

d) Anwendbarkeit der funktional verknüpften Vorschriften: Kollisionsprüfung

Aus der DSGVO ergibt sich ersichtlich keine eigene allgemeine Rechtsgeschäftslehre,[229] die die BGB-Normen sämtlich ausschließen würde, sodass für jede einzelne Norm eine mögliche Kollision zu prüfen ist.

aa) Die Einwilligungsfähigkeit im Datenschutzrecht

Die Einwilligungsfähigkeit schränkt die Wirksamkeit einer Einwilligung ein, indem sie an die Person des Einwilligenden zusätzliche Voraussetzungen stellt, die seine Fähigkeit zur selbstständigen Entscheidung begründen sollen.

Sie ist im Datenschutzrecht eine Ausprägung der Grundrechtsmündigkeit[230] und wurde bereits unter der DSRL als implizite Voraussetzung der Einwilligung angesehen.[231]

---

[229] *Hacker*, Datenprivatrecht, 2020, 351 f.

[230] *Buchner/Kühling*, in: Kühling/Buchner, 3. Aufl. 2020, DSGVO Art. 8 Rn. 10; dazu *Frenz*, Handbuch Europarecht (Bd. 4), 2009, Rn. 292 f.

[231] So bereits Article 29 Data Protection Working Party, WP 187 – Opinion 15/2011 on the definition of consent (2011), 27, wo die Einwilligungsfähigkeit als „legal capacity" bezeichnet wurde; zu dieser Sicht auch in anderen Mitgliedsstaaten *Karg*, in: BeckOK DSR, 40. Aufl. 2022, DSGVO Art. 8 (Stand 1.11.2021) Rn. 37 m. w. N.

(1) Die Einwilligungsfähigkeit im mitgliedsstaatlichen Recht: Rückgriffsgeeignete Normen und Konkretisierungskonzepte

Unter der Datenschutzrichtlinie wurde die Bestimmung der Einwilligungsfähigkeit nach nationalen Maßstäben mangels harmonisierter europäischer Vorgaben jedenfalls von der Art. 29-DSG für notwendig erachtet[232] und in der deutschen Literatur so auch mehrheitlich praktiziert.[233] Dabei wurde teils auf die §§ 104 ff. BGB zurückgegriffen,[234] in der Mehrheit jedoch die Einsichtsfähigkeit im Einzelfall festgestellt[235]. Als Orientierung diente dabei im deutschen Recht die Literatur und Rechtsprechungslinie zur Einsichtsfähigkeit Minderjähriger bei der eigenen Wahrnehmung ihrer Persönlichkeitsrechte.[236] Die datenschutzrechtlichen Aufsichtsbehörden vermuteten eine Einsichtsfähigkeit ab 14 Jahren.[237]

Ein Abstellen auf die Einsichtsfähigkeit im Einzelfall erscheint gegenüber einer Anwendung der §§ 104 ff. BGB vorzugswürdig, da letztere auf vermögensrechtliche Geschäfte zugeschnitten sind und daher für Dispositionen im höchstpersönlichen Bereich jedenfalls nicht ohne weiteres passen.[238] So kann der Rechtsnatur der Einwilligung als atypisches Rechtsgeschäft Folge getragen werden.[239]

---

[232] Article 29 Data Protection Working Party, WP 187 – Opinion 15/2011 on the definition of consent (2011), 27 f.

[233] *Schaffland/Wiltfang*, in: Schaffland/Wiltfang, BDSG a. F. § 4a (Stand EL 2/18) Rn. 21 mit Hinweis auf die Praxis der Aufsichtsbehörden, die eine Einsichtsfähigkeit ab 14 Jahren annahmen; *Simitis*, in: Simitis, 8. Aufl. 2014, BDSG a. F. § 4a Rn. 21; *Fröhle*, Web Advertising, Nutzerprofile und Teledienstedatenschutz, 2003, 234.

[234] LG Bremen, Urteil (23.2.2001) = DuD 2001, 620; *Rogosch*, Die Einwilligung im Datenschutzrecht, 2013, 37 ff.; differenziert *Buchner*, Informationelle Selbstbestimmung im Privatrecht, 2006, 248; *Holznagel/Sonntag*, in: Roßnagel (Hrsg.), Handbuch Datenschutzrecht, 2003, Kap. 4.8, Rn. 21.

[235] *Schaffland/Wiltfang*, in: Schaffland/Wiltfang, BDSG a. F. § 4a (Stand EL 2/18) Rn. 21; *Gola/Schumerus*, in: Gola/Schumerus, 12. Aufl. 2015, BDSG a. F. § 4a Rn. 2a; *Simitis*, in: Simitis, 8. Aufl. 2014, BDSG a. F. § 4a Rn. 21; *Lindner*, Die datenschutzrechtliche Einwilligung nach §§ 4 Abs. 1, 4a BDSG – ein zukunftsfähiges Institut?, 2013, 175 ff.; *Liedke*, Die Einwilligung im Datenschutzrecht, 2012, 14 f.; *Buchner*, Informationelle Selbstbestimmung im Privatrecht, 2006, 249 f.der jedoch für die Datenschutzrechtliche Einwilligung, die vertragsgestaltende Wirkung hat, auf die 104 ff. zurückgreifen will, 253 ff.

[236] So etwa BGH, Urteil (22.1.2014) – I ZR 218/12 = NJW 2014, 2282, Rn. 26 ff. (Grenze bei 18 Jahren); für eine Grenze bei etwa 14 Jahren *Hoffmann*, NZS 2017, 807, 808 m. w. N.; zur Entwicklung der Diskussion *Buchner*, Informationelle Selbstbestimmung im Privatrecht, 2006, 249 f.; *Ohly*, „Volenti non fit iniuria", 2002, 312 ff.

[237] Hinweise der Aufsichtsbehörde für die private Wirtschaft Nr. 36 v. 13.1.1998, Ziff. 1.2.

[238] *Ohly*, „Volenti non fit iniuria", 2002, 293, 312 ff.; *Klass*, AfP 2005, 507, 516, die neben der Einwilligung der Eltern, die nach den §§ 107 f. BGB nötig ist, auch eine Berücksichtigung des Willens des Minderjährigen fordert; umfassend zur Diskussion der dogmatischen Erfassung einer Einsichtsfähigkeit im Datenschutzrecht *Funke*, Dogmatik und Voraussetzungen der datenschutzrechtlichen Einwilligung im Zivilrecht, 2017, 119 ff., der jedoch im Ergebnis die §§ 104 ff. BGB anwendet und ebenso die doppelte Einwilligung bejaht, ebd., 180 f.

[239] Siehe oben Kapitel 3 B. II. 3. b) bb), S. 251.

(2) Stand der Diskussion

Auch unter der DSGVO wird derzeit weiterhin von den meisten unverändert eine einzelfallabhängige Feststellung der Einsichtsfähigkeit angenommen,[240] häufig jedoch, ohne die genauen Parameter zu nennen, nach welchen sich diese richten soll. Viele verweisen hier unter der Betonung, es habe sich insoweit nichts verändert, auf die alte Rechtslage[241] oder nehmen sogar explizit eine Bestimmung der Einsichtsfähigkeit nach national geprägten Parametern an.[242]

Angesichts des „neuen“ Verordnungsrechts sehen einige Stimmen die Auslegung anhand der gewachsenen mitgliedsstaatlichen Rechtsprechung zur DSRL (zu Recht) kritisch.[243] Denn es ist jedenfalls methodisch durchaus ein Unterschied, ob das nationale Konzept zur informationellen Selbstbestimmung als Grundlage herangezogen wird, oder aber die Einsichtsfähigkeit autonom-europäisch bestimmt wird. Ersteres ist nach dem oben Gesagten nur zulässig,

---

[240] *Taeger*, in: Taeger/Gabel, 4. Aufl. 2022, DSGVO Art. 6 Rn. 30 f.; *Taeger*, in: Taeger/Gabel, 4. Aufl. 2022, DSGVO Art. 7 Rn. 119; *Däubler*, in: D/W/W/S, 2. Aufl. 2020, DSGVO Art. 8 Rn. 4; *Däubler*, in: D/W/W/S, 2. Aufl. 2020, DSGVO Art. 7 Rn. 13 ff.; *Tinnefeld/Buchner/Petri/Hof*, Einführung in das Datenschutzrecht, 7. Aufl. 2020, 4.2.2.3, Rn. 69; *Conrad/Treeger*, in: Auer-Reinsdorff/Conrad (Hrsg.), Handbuch IT- und Datenschutzrecht, 2019, § 34, Rn. 440 ff.; *Klement*, in: Simitis/Hornung/Spiecker gen. Döhmann, 2019, DSGVO Art. 8 Rn. 10; *Heckmann/Paschke*, in: Ehmann/Selmayr, 2. Aufl. 2018, DSGVO Art. 8 Rn. 32; *Kampert*, in: Hk-DSGVO, 2. Aufl. 2018, DSGVO Art. 8 Rn. 7; *Buchner/Kühling*, in: Kühling/Buchner, 3. Aufl. 2020, DSGVO Art. 7 Rn. 70; *Schulz*, in: Gola, 2. Aufl. 2018, DSGVO Art. 8 Rn. 2; *Gierschmann*, in: G/S/S/V, 2018, DSGVO Art. 7 Rn. 41 f., 114; *Hoffmann*, NZS 2017, 807, 808.

[241] *Conrad/Treeger*, in: Auer-Reinsdorff/Conrad (Hrsg.), Handbuch IT- und Datenschutzrecht, 2019, § 34 Rn. 444; *Gierschmann*, in: G/S/S/V, 2018, DSGVO Art. 7 Rn. 114; *Buchner/Kühling*, in: Kühling/Buchner, 3. Aufl. 2020, DSGVO Art. 7 Rn. 67, 70.

[242] Für einen Rückgriff auf §§ 104 ff. BGB *Rüpke/von Lewinski/Eckhardt*, Datenschutzrecht, 2. Aufl. 2022 § 13, Rn. 69 ff., 75 ff.; *Frenzel*, in: Paal/Pauly, 3. Aufl. 2021, DSGVO Art. 8 Rn. 18; *Funke*, Dogmatik und Voraussetzungen der datenschutzrechtlichen Einwilligung im Zivilrecht, 2017, 236 f.; für eine Anwendung der §§ 112 f. *Weichert*, in: D/W/W/S, 2. Aufl. 2020, DSGVO Art. 4 Rn. 105; für eine geteilte Zuständigkeit zwischen Minderjährigem und Erziehungsberechtigtem nach Vorbild § 22 KUG *Lauber-Rönsberg*, in: Specht/Mantz (Hrsg.), Handbuch Europäisches und deutsches Datenschutzrecht, 2019, A. § 4, Rn. 7; unter Berufung auf die von der nationalen Rechtsprechung entwickelten Grundsätze, die schon unter der DSRL galten *Taeger*, in: Taeger/Gabel, 4. Aufl. 2022, DSGVO Art. 7 Rn. 118, 120, Art. 8 Rn. 3; *Conrad/Treeger*, in: Auer-Reinsdorff/Conrad (Hrsg.), Handbuch IT- und Datenschutzrecht, 2019, § 34, Rn. 441 ff., die auf „eine lange Tradition im mitgliedsstaatlichen Recht“ zurückgreifen wollen; *Schulz*, in: Gola, 2. Aufl. 2018, DSGVO Art. 8 Rn. 10, 14: Rückgriff auf „die hierzu entwickelten allgemeinen Grundsätze“, etwa die von den Aufsichtsbehörden entwickelte Grenze von 14 Jahren; *Kampert*, in: Hk-DSGVO, 2. Aufl. 2018, DSGVO Art. 8 Rn. 4 f., 17: Rückgriff „auf die zum bisherigen Recht entwickelten Grundsätze“; in diese Richtung auch *Gierschmann*, in: G/S/S/V, 2018, DSGVO Art. 7 Rn. 41: Indizwirkung des nationalen Rechts, etwa § 113 BGB, mit Bezug auf die alte Rechtslage ebd. Fn. 25.

[243] *Specht*, in: Specht/Mantz (Hrsg.), Handbuch Europäisches und deutsches Datenschutzrecht, 2019, B. § 9, Rn. 44; *Schantz/Wolff*, Das neue Datenschutzrecht, 2017, Rn. 488; ähnlich *Plath*, in: Plath, 3. Aufl. 2018, DSGVO Art. 8 Rn. 7.

wenn die Ausgestaltung den Mitgliedsstaaten nach eigenen Maßstäben überlassen ist.

(3) Direkte Kollision mit europäischen Vorgaben?

Eine normative oder auch interpretative Ausgestaltung der Einwilligungsfähigkeit (je nachdem, ob man einen Rückgriff auf die §§ 104 ff. BGB oder das Konzept der Einsichtsfähigkeit im Einzelfall favorisiert) ist seitens der Mitgliedsstaaten nur weiterhin zulässig, soweit die DSGVO diese nicht selbst abschließend regelt[244] und soweit keine autonom-europäische Begriffsbildung möglich ist.[245] Liegt eine europäische Regelung hierzu in irgendeiner Form vor, ist eine Anwendbarkeit mitgliedsstaatlicher Konzepte aufgrund einer direkten Kollision bereits ausgeschlossen.

Die Überlegung dazu, ob eine europäische Norm die Frage der Einsichtsfähigkeit bereits adressiert, stellt methodisch eine Prüfung der (umgekehrten) funktionalen Verknüpfung dar:[246] Ausgehend von einem dogmatischen Konzept des Mitgliedsstaats (hier die Einsichtsfähigkeit gem. den §§ 104 ff. BGB) ist nunmehr das funktionale Äquivalent auf mitgliedsstaatlicher Seite zu suchen – eine Norm, die diese Rechtsfrage implizit oder explizit behandelt.

(a) Der Regelungsgehalt der DSGVO zur Einsichtsfähigkeit

(aa) Einsichtsfähigkeit als implizite Voraussetzung des Einwilligungsbegriffs?

Gemäß Art. 4 Nr. 11 muss die einwilligende Person, wie auch schon unter Art. 2 lit. h DSRL, freiwillig und in informierter Weise zu verstehen geben, dass sie mit der Verarbeitung ihrer Daten einverstanden ist. Daraus kann gefolgert werden, dass die betroffene Person zunächst überhaupt fähig sein muss, die Bedeutung und Tragweite ihrer eigenen Erklärung zu erfassen. Gleichzeitig ist nur eine einsichtsfähige Person überhaupt in der Lage, die vom Datenverarbeiter bereitgestellten Informationen (Art. 13, 14 DSGVO) zu verstehen und in der Folge „in informierter Weise" einzuwilligen. Die Einwilligungsfähigkeit ist damit eine implizite Voraussetzung des Einwilligungsbegriffs, nicht hingegen eine Komponente der Freiwilligkeit.[247] Dies entspricht der alten Rechtslage unter der DSRL. Neben den Vorgaben der Art. 4 Nr. 11 und Art. 7 zu betrachten ist für die Ermittlung des materiellen Regelungsgehalts der Einwilligungsfähigkeit insbesondere der neue Art. 8 DSGVO, der die „Einwilligung eines Kindes in Bezug auf Dienste der Informationsgesellschaft" betrifft und am ehesten Bezüge zur Einsichtsfähigkeit aufweist.

---

[244] Siehe (a), S. 258.

[245] Siehe (b), S. 263.

[246] Siehe Kapitel 2 B. III., S. 203.

[247] So aber *Klement*, in: Simitis/Hornung/Spiecker gen. Döhmann, 2019, DSGVO Art. 8 Rn. 10; *Klement*, in: Simitis/Hornung/Spiecker gen. Döhmann, 2019, DSGVO Art. 7 Rn. 8.

(bb) Normative Neuerung unter der DSGVO: Spezialregelung zur Einwilligungsfähigkeit in Art. 8

Art. 8 Abs. 1 S. 1 DSGVO stellt eine besondere Regelung der Einsichtsfähigkeit dar:[248] Durch den Verweis des Art. 8 Abs. 1 auf Art. 6 Abs. 1 lit. a wird zum einen unmittelbar ein Bezug zur Einwilligung hergestellt. Zum anderen ist Art. 8 überschrieben mit „Bedingung für die Einwilligung", ebenso wie Art. 7 „Bedingungen", nämlich Wirksamkeitsvoraussetzungen, aufzählt. Ebenso liegt schon aus systematischer Sicht nahe, dass Art. 8 Abs. 1, in unmittelbarer Nähe zu Art. 7 steht, eine zusätzliche Wirksamkeitsvoraussetzung für Einwilligungen von Kindern aufstellt. Ist die Einwilligung wiederum nicht wirksam, so ergibt sich daraus die Rechtswidrigkeit einer auf die Einwilligung gestützten Datenverarbeitung nach Art. 6 Abs. 1 lit. a. Damit wird- aus deutscher Sicht – ein Teil der Einwilligungsfähigkeit geregelt, da die Wirksamkeit der Einwilligung Minderjähriger in der deutschen Rechtsordnung funktional eine Frage der Einwilligungsfähigkeit ist.

Der Auslegung, die in Art. 8 Abs. 1 eine zusätzliche Rechtmäßigkeitsvoraussetzung für die Datenverarbeitung sieht, die die Einwilligung selbst in ihrer Wirksamkeit unberührt lässt,[249] ist abzulehnen. Nach dieser Ansicht stellt Art. 8 Abs. 3 eine Begrenzung des sachlichen Anwendungsbereichs der Verordnung dar, der die Regelung der Einwilligungsfähigkeit als Teil des allgemeinen Vertragsrechts subsumiert und den Mitgliedsstaaten zuweist.[250]

Es erscheint jedoch überzeugender, Art. 8 Abs. 3 als lediglich deklaratorische Norm anzusehen, die das Vertragsrecht als vom Datenschutzrecht grundsätzlich getrenntes Rechtsgebiet ansieht, das von der Verordnung nicht tangiert werden sollte.[251] Die datenschutzrechtliche Einwilligung ist damit – gleich wie man sie dogmatisch einordnen mag – in jedem Fall getrennt von einer etwaigen schuld-

---

[248] So auch *Karg*, in: BeckOK DSR, 40. Aufl. 2022, DSGVO Art. 8 (Stand 1.11.2021) Rn. 8a f., 34 f.; *Frenzel*, in: Paal/Pauly, 3. Aufl. 2021, DSGVO Art. 8 Rn. 9; *Klement*, in: Simitis/Hornung/Spiecker gen. Döhmann, 2019, DSGVO Art. 8 Rn. 18; *Heckmann/Paschke*, in: Ehmann/Selmayr, 2. Aufl. 2018, DSGVO Art. 8 Rn. 8; *Kampert*, in: Hk-DSGVO, 2. Aufl. 2018, DSGVO Art. 8 Rn. 1 f.; *Schulz*, in: Gola, 2. Aufl. 2018, DSGVO Art. 8 Rn. 3; *Buchner/Kühling*, in: Kühling/Buchner, 3. Aufl. 2020, DSGVO Art. 8 Rn. 19; *Albrecht/Jotzo*, Das neue Datenschutzrecht der EU, 2017, Teil 3 C III. Rn. 69.

[249] *Funke*, Dogmatik und Voraussetzungen der datenschutzrechtlichen Einwilligung im Zivilrecht, 2017, 214, 219, 225 ff., 235 f., der so zu einer Anwendung der §§ 104 ff. kommt.

[250] *Funke*, Dogmatik und Voraussetzungen der datenschutzrechtlichen Einwilligung im Zivilrecht, 2017, 225 ff., 235 f.

[251] Ebenso *Pohl*, Die datenschutzrechtliche Einwilligung im Spannungsfeld von hoheitlicher Regulierung und individueller Selbstbestimmung, 2019, 135 f.; *Plath*, in: Plath, 3. Aufl. 2018, DSGVO Art. 8 Rn. 14; European Data Protection Board, Guidelines 05/2020 on consent under Regulation 2016/679 (4.5.2020), Rn. 151: „valid consent for the use of data about children are part of a legal framework that must be regarded as separate from national contract law".

rechtlichen Erklärung zu betrachten.[252] Daraus folgt, dass die Beurteilung der jeweiligen Einwilligungsfähigkeit auch unterschiedlich ausfallen kann, wenn sich nämlich je nach Rechtsgebiet unterschiedliche Anforderungen ergeben. Vor diesem Hintergrund ist auch ein Schluss der schuldrechtlichen Zulässigkeit eines Geschäfts auf die datenschutzrechtliche Zulässigkeit („wenn schon denn schon") nicht tragfähig.[253] Die Mitgliedsstaaten haben jedenfalls in Anbetracht der Öffnungsklausel in Art. 8 Abs. 1 DSGVO die Möglichkeit, die Vertragsvorschriften entsprechend an das Datenschutzrecht anzupassen, um einen Gleichlauf der Datenübertragung mit dem Grundgeschäft herzustellen und so Inkohärenzen in der eigenen Rechtsordnung zu vermeiden.[254]

(cc) Regelungsgehalt des Art. 8 Abs. 1

In Art. 8 Abs. 1 regelt die DSGVO damit bereichsspezifisch die Einwilligungsfähigkeit für die datenschutzrechtliche Einwilligung: Demnach ist die Einwilligung dann wirksam, wenn die einwilligende Person mind. 16 Jahre alt ist. Bei jüngeren Kindern ist die Einwilligung der Erziehungsberechtigten einzuholen. Von der Öffnungsklausel, die den Mitgliedsstaaten eine Senkung dieser Altersschwelle ermöglicht, hat jedenfalls der deutsche Gesetzgeber keinen Gebrauch gemacht, weshalb Art. 8 Abs. 1 S. 1 gilt. Diese Vorschrift stellt eine Sonderregelung mit einem recht engen Anwendungsbereich dar, da nur Einwilligungen bei Angeboten eines „Dienstes der Informationsgesellschaft" nach Art. 1 Abs. 1 lit. b RL (EU) 2015/1535 betroffen sind (d. h. Einwilligung i. R. v. elektronischem Geschäftsverkehr[255]). Nicht umfasst sind demnach Dienste, die nicht auf Minderjährige abzielen, von diesen aber genutzt werden, indem sie sich als volljährig ausgeben sowie der analoge Teil eines Geschäfts, bei denen der angebotene Dienst ein analoger ist, der Zugang bzw. Vertragsschluss aber über das Internet vermittelt wird.[256] Positiv gesprochen fallen darunter nur solche Geschäfte bzw. die Teile von Geschäften, die sich über das Internet abwickeln lassen und sich (auch) direkt an Kinder richten. Letzteres ist insbesondere dann nicht der Fall, wenn der Anbieter auf seiner Seite deutlich macht, dass er seine

[252] So auch *Klement*, in: Simitis/Hornung/Spiecker gen. Döhmann, 2019, DSGVO Art. 8 Rn. 32.

[253] So noch zur alten Rechtslage *Holznagel/Sonntag*, in: Roßnagel (Hrsg.), Handbuch Datenschutzrecht, 2003, Kap. 4.8, Rn. 22.

[254] *Frenzel*, in: Paal/Pauly, 3. Aufl. 2021, DSGVO Art. 8 Rn. 12; siehe dazu auch Kapitel 3 B. III., S. 285.

[255] *Heckmann/Paschke*, in: Ehmann/Selmayr, 2. Aufl. 2018, DSGVO Art. 8 Rn. 3.

[256] European Data Protection Board, Guidelines 05/2020 on consent under Regulation 2016/679 (4.5.2020), Rn. 129 mit Verweisen auf die Rspr. des EuGH, etwa EuGH, Urt. v. 2.12.2010 – Rs. C-108/09 (Ker-Optika), ECLI:EU:C:2010:725 Rn. 22; anders (nur reine Online-Geschäfte) *Schulz*, in: Gola, 2. Aufl. 2018, DSGVO Art. 8 Rn. 14; *Hoffmann*, NZS 2017, 807, 808.

Dienste nur Erwachsenen anbieten will.[257] Die sachliche Beschränkung lässt sich zum einen mit der besonderen Gefährlichkeit von rein virtuellen Diensten erklären, die von Minderjährigen regelmäßig unterschätzt wird.[258] Zum anderen entziehen sich solche Geschäfte gerade aufgrund ihrer Abwicklung im Netz in besonderem Maße der Kontrolle der Erziehungsberechtigten.[259] In diesem Bereich war das Bedürfnis nach Rechtssicherheit auf Seiten der Datenverarbeiter entsprechend hoch. Die starren Grenzen, gleich ob sie durch die Mitgliedsstaaten nach Art. 8 Abs. 1 UAbs. 2 noch einmal im Rahmen des Zulässigen modifiziert werden, sowie die den Verantwortlichen auferlegten Pflichten in Abs. 2 stellen einen Kompromiss zwischen der Sicherheit des Rechtsverkehrs und den Interessen einer besonders schutzbedürftigen Gruppe dar.

Art. 8 enthält zwei Vermutungen – die unwiderlegliche Vermutung einer unzureichenden Einsichtsfähigkeit aller Jugendlichen unter 13 Jahren (Art. 8 Abs. 2) sowie in Abs. 1 die Vermutung einer „Netzmündigkeit"[260] jenseits der 16. In Anbetracht der Verkehrssicherheit für den Verantwortlichen kann auch diese Vermutung nur unwiderleglicher Natur sein,[261] zumal für den Verantwortlichen gerade im Online-Bereich kaum die Möglichkeit bestehen wird, den Jugendlichen individuell zu beurteilen.

(dd) Regelungen zur Einsichtsfähigkeit außerhalb des Anwendungsbereichs des Art. 8 Abs. 1 DSGVO?

Die DSGVO trifft damit nur für besondere Fallgestaltungen und nur für Kinder im Sinne der Verordnung eine explizite Regelung zur Einwilligungsfähigkeit. Offen bleibt hingegen, was für die Einwilligungsfähigkeit außerhalb des sachlichen und persönlichen Anwendungsbereichs des Art. 8 Abs. 1 gilt: Es stellt sich die Frage, ob Minderjährige in allen anderen Situationen außerhalb von Art. 8 Abs. 1 auch einwilligungsfähig sein müssen und ob etwa einwilligungsunfähige Erwachsene in dieser Hinsicht überhaupt geschützt sind. Da bei einer Verordnung zunächst eine einheitliche und abschließende Begriffsbildung vermutet werden kann, wo kein expliziter Verweis auf das mitgliedsstaatliche

[257] European Data Protection Board, Guidelines 05/2020 on consent under Regulation 2016/679 (4.5.2020) Rn. 130.

[258] Erwägungsgrund 38 DSGVO.

[259] So auch *Klement*, in: Simitis/Hornung/Spiecker gen. Döhmann, 2019, DSGVO Art. 8 Rn. 4.

[260] *Dammann*, ZD 2016, 307, 311.

[261] So auch *Taeger*, ZD 2021, 505, 505 f.; *Däubler*, in: D/W/W/S, 2. Aufl. 2020, DSGVO Art. 8 Rn. 6; *Klement*, in: Simitis/Hornung/Spiecker gen. Döhmann, 2019, DSGVO Art. 8 Rn. 5, 7; *Heckmann/Paschke*, in: Ehmann/Selmayr, 2. Aufl. 2018, DSGVO Art. 8 Rn. 4; *Buchner/Kühling*, in: Kühling/Buchner, 3. Aufl. 2020, DSGVO Art. 8 Rn. 19; *Buchner/Kühling*, DuD 2017, 544, 547; *Hoffmann*, NZS 2017, 807, 808; wohl auch *Kampert*, in: Hk-DSGVO, 2. Aufl. 2018, DSGVO Art. 8 Rn. 7; anders *Karg*, in: BeckOK DSR, 40. Aufl. 2022, DSGVO Art. 8 (Stand 1.11.2021) Rn. 35; *Joachim*, ZD 2017, 414, 415 f.

Recht vorliegt, ist zu prüfen, ob die DSGVO noch andere Vorgaben zur Einsichtsfähigkeit enthält. Dafür muss durch Auslegung der DSGVO-Vorgaben zur datenschutzrechtlichen Einwilligung ermittelt werden, ob diese ggf. auch über den expliziten Anwendungsbereich des Art. 8 Abs. 1 hinaus bereits abschließend die Einwilligungsfähigkeit des Datensubjekt regeln.

Ein solches eigenes Konzept der Einsichtsfähigkeit, d. h. eine abschließende europäische Regelung, liegt auch dann vor, wenn die Rechtsfrage bereits in der Verordnung durch Nichtregelung geregelt wurde, d. h. in der DSGVO der Art. 8 eine abschließende Regelung der Einsichtsfähigkeit darstellt. Das wäre etwa der Fall, wenn Art. 8 im Sinne eines argumentum ex contrario die unwiderlegliche Vermutung einer pauschalen Einsichtsfähigkeit jenseits des Anwendungsbereichs des Art. 8 Abs. 1 entnommen werden könnte. Eine solche abschließende Regelung würde eine separate Prüfung der Einsichtsfähigkeit in allen Fällen jenseits des persönlichen und sachlichen Anwendungsbereichs des Art. 8 Abs. 1 überflüssig machen. Gleichzeitig würde sie für besonders viel Rechtssicherheit sorgen und wäre daher aus Binnenmarktsicht zu befürworten.

Es kann jedoch mit Blick auf den Schutzauftrag des Art. 8 GRC sowie das selbsterklärte Ziel eines hohen Datenschutzniveaus kaum gewollt sein, etwa Siebenjährige und erkenntlich Verwirrte für unwiderleglich einwilligungsfähig zu erklären. Dies ergibt sich schon aus den grundrechtlichen Vorgaben: Die mögliche Einwilligung der Person in eine Datenverarbeitung ist unmittelbar in Art. 8 Abs. 2 GRC vorgesehen. Das Grundrecht auf Datenschutz setzt damit – jedenfalls im Bereich privatrechtlicher Beziehungen – auf eine Selbstbestimmung des Grundrechtsträgers.[262] Effektiver Daten- und damit Grundrechtsschutz ist jedoch in Fällen fehlender Einsichtsfähigkeit nur durch eine Einschränkung dieser Selbstbestimmung zu erlangen. Die Berücksichtigung der Einsichtsfähigkeit auf europäischer Ebene ist nicht nur möglich, sondern vielmehr grundrechtlich geboten.[263] Die Einwilligungsfähigkeit muss daher ausgeschlossen sein, wenn der Einwilligende geisteskrank oder aus anderen Gründen nicht einsichtsfähig ist.[264] Das Problem einer im Einzelfall nicht vorliegenden Einsichtsfähigkeit, insbesondere bei Kindern, hat zudem bereits die Art. 29-DSG im Jahr 2011 erkannt und für regelungsbedürftig erachtet.[265] Darüber hinaus lässt auch Erwägungsgrund 38 vermuten, dass Kinder ebenso jen-

[262] Im öffentlich-rechtlichen Bereich kommt der Einwilligung hingegen nur eine Auffangfunktion zu, *Marsch*, Das europäische Datenschutzgrundrecht, 2018, 151 f.; dazu siehe oben Kapitel 3 A. II. 1. a) bb), S. 214.

[263] *Jarass*, GRCh, 4. Aufl. 2021, Art 51 Rn. 50; *Frenz*, Handbuch Europarecht (Bd. 4), 2009, Rn. 292 f.

[264] So auch *Klement*, in: Simitis/Hornung/Spiecker gen. Döhmann, 2019, DSGVO Art. 8 Rn. 10; *Hacker*, Datenprivatrecht, 2020, 357, schlägt für diese Fälle eine analoge Anwendung des Art. 8 Abs. 1 (Vertretungslösung) vor.

[265] Article 29 Data Protection Working Party, WP 187 – Opinion 15/2011 on the definition of consent (2011), 28.

seits der Situationen des Art. 8 Abs. 1 einen besonderen Schutz verdienen („insbesondere“).

Daher ist eine abschließende Regelung durch Art. 8 Abs. 1 für alle Fallgestaltungen kaum anzunehmen. Vielmehr ist davon auszugehen, dass die Regelung einer starren Grenze nur eine Spezialregelung für Minderjährige bei Inanspruchnahme von Diensten der Informationsgesellschaft darstellt, alle anderen Fälle aber unberührt bleiben.[266]

Geht man von letzterem aus, so ist die Einsichtsfähigkeit in der DSGVO zwar als Einwilligungsvoraussetzung implizit vorgesehen, außerhalb von Art. 8 Abs. 1 in der DSGVO aber nicht explizit und dort auch nur teilweise geregelt.

(b) Konkretisierung der Einsichtsfähigkeit durch allgemeine Rechtsgrundsätze?

Mangels einer genaueren Regelung im Sekundärrecht stellt sich die Frage, ob sich eine weitere Konkretisierung möglicherweise aus den allgemeinen Rechtsgrundsätzen des europäischen Rechts ergibt. Denn bevor ein stiller Verweis auf das Recht der Mitgliedsstaaten angenommen werden kann, sind zunächst die allgemeinen Rechtsgrundsätze des europäischen Rechts daraufhin zu untersuchen, ob ihnen für die jeweilige Fallgestaltung ein europäisch-autonomes Regelungsziel entnommen werden kann.[267]

Die Notwendigkeit einer Berücksichtigung der Einsichtsfähigkeit folgt wie schon erwähnt aus einer schutzmaximierenden Auslegung der Einwilligung. Bei dieser kann insbesondere an Art. 24 und 25 GRC als Auslegungsdirektiven angeknüpft werden: Für Kinder, d. h. laut Art. 1 der UN-Kinderrechtskonvention unter 18-Jährige,[268] folgt aus Art. 24 GRC nicht nur, dass sie eigenständige Grundrechtsträger sind, sondern ebenso, dass sie diese Grundrechte je nach Einsichtsfähigkeit auch selbstständig wahrnehmen können.[269] Ein Un-

---

[266] *Frenzel*, in: Paal/Pauly, 3. Aufl. 2021, DSGVO Art. 8 Rn. 6; *Däubler*, in: D/W/W/S, 2. Aufl. 2020, DSGVO Art. 8 Rn. 4; *Kampert*, in: Hk-DSGVO, 2. Aufl. 2018, DSGVO Art. 8 Rn. 7; *Schantz/Wolff*, Das neue Datenschutzrecht, 2017 Rn. 486 ff., mit dem Hinweis, dass die Frage der Einwilligungsfähigkeit nur unionsrechtlich zu beantworten sei.

[267] Siehe zur Soweit-Formel Kapitel 2 A. I. 1., S. 80, zu allgemeinen Rechtsgrundsätzen Kapitel 2 A. III. 3. b) bb) (2), S. 114; Kapitel 2 A. IV. 2. d) cc) (1), S. 165.

[268] Der Rückgriff auf die UN-Kinderrechtskonvention ist h. M., siehe *Kingreen*, in: Calliess/Ruffert, 6. Aufl. 2022, GRC Art. 24 Rn. 2; *Jarass*, GRCh, 4. Aufl. 2021, Art. 24 Rn. 9; *Roßnagel*, ZD 2020, 88, 89; *Hölscheidt*, in: Meyer/Hölscheidt, 5. Aufl. 2019, GRC Art. 24 Rn. 18; *Fuchs*, in: Holoubek/Lienbacher, 2. Aufl. 2019, GRC Art. 24 Rn. 20; *Ross*, in: Schwarze, 4. Aufl. 2019, GRC Art. 24 Rn. 4; *Ennuschat*, in: Stern/Sachs, 2016, GRC Art. 24 Rn. 8; *Kugelmann*, in: Merten/Papier (Hrsg.), Handbuch der Grundrechte, 2010, § 160, Rn. 73.

[269] EuGH, Urt. v. 22.12.2010 – Rs. C-491/10 (Zarraga), ECLI:EU:C:2010:828, Rn. 63; *Jarass*, GRCh, 4. Aufl. 2021, Art. 24 Rn. 5, 9, 14, Art. 51 Rn. 50; *Hölscheidt*, in: Meyer/Hölscheidt, 5. Aufl. 2019, GRC Art. 24 Rn. 18; *Fuchs*, in: Holoubek/Lienbacher, 2. Aufl. 2019, GRC Art. 24 Rn. 11, 24; *Ennuschat*, in: Stern/Sachs, 2016, GRC Art. 24 Rn. 4; *Frenz*, Handbuch Europarecht (Bd. 4), 2009, Rn. 3416.

terfall dieser eigenständigen Grundrechtswahrnehmung ist die datenschutzrechtliche Einwilligung des Art. 8 Abs. 2 GRC. Daher kann auch mit Blick auf Art. 24 GRC und die darin enthaltene Direktive zur kindeswohlbezogenen Auslegung europäischen Rechts[270] die Grundrechtsmündigkeit und damit auch die Einwilligungsfähigkeit von Kindern in der DSGVO von einer Einzelfallprüfung abhängig gemacht werden. Diese darf sich jedoch nicht an deutschen Maßstäben orientieren, sondern muss einheitlichen europäischen Kriterien folgen.

Den Altersgrenzen des Art. 8 DSGVO kann hierbei für die Beurteilung der Einsichtsfähigkeit von Kindern eine Indizwirkung zukommen, diese können jedoch angesichts der klaren tatbestandlichen Begrenzung nicht exakt übertragen werden. Berücksichtigung finden muss neben der individuellen Reife des Minderjährigen wohl auch die Quantität und Qualität der Daten sowie die Komplexität des Verarbeitungsvorgangs.[271] Darüber hinaus sollte es möglich sein, für die Beurteilung der Einsichtsfähigkeit miteinzubeziehen, dass ggf. ältere, wenig technikaffine Menschen angesichts fehlenden Grundwissens schon gar nicht in der Lage sein können, die Folgen einer freiwilligen Datenabgabe abzuschätzen.[272] Für ältere Menschen postuliert die Charta in Art. 25 GRC eine Pflicht zur Achtung ihrer individuellen Rechtspositionen, der Art. 25 GRC verstärkt also die Grundrechtspositionen älterer Menschen.[273] Es bleibt daher festzuhalten, dass die europäische Grundrechtecharta einer einzelfallbezogenen Einsichtsfähigkeitsprüfung auch bei Erwachsenen nicht im Wege steht.

Folglich scheint auf europäischer Ebene bereits ein sogar recht differenziertes Konzept zur Berücksichtigung der Einsichtsfähigkeit zu existieren. Hierzu bestehen jedoch bislang noch keine konkreten Anhaltspunkte aus der Rechtsprechung. Diese gemeineuropäische Wertungsgrundlage für die Beurteilung der Einsichtsfähigkeit scheint jedoch zunächst eine ausreichende Grundlage für die Entwicklung europäisch einheitlicher Leitlinien durch die Rechtsprechung zu sein.

Geht man davon aus, dass die oben beschriebenen Vorgaben der Grundrechtecharta ausreichen, um ein europäisches Konzept zur Einsichtsfähigkeit zu begründen, ließe dies keinen Platz für durch mitgliedsstaatliches Recht gesetzte starre Grenzen i. S. d. §§ 104 ff. BGB, ebenso wenig aber auch für ein mitgliedsstaatliches Interpretationskonzept zur individuellen Einsichtsfähigkeit, das auf nationale Rechtsprechung zurückgreift. Die mitgliedsstaatliche Rechtsprechung

---

270 *Ennuschat*, in: Stern/Sachs, 2016, GRC Art. 24 Rn. 6 f.

271 *Joachim*, ZD 2017, 414, 416.

272 *Janicki*, in: Taeger (Hrsg.), Die Macht der Daten und der Algorithmen, 2019, 313, 314, 316 ff.; *Tinnefeld/Conrad*, ZD 2018, 391, 393; *Joachim*, ZD 2017, 414, 418.

273 *Kugelmann*, in: Merten/Papier (Hrsg.), Handbuch der Grundrechte, 2010, § 160, Rn. 77; *Fuchs*, in: Holoubek/Lienbacher, 2. Aufl. 2019, GRC Art. 25 Rn. 19 ff., die die besondere Bedeutung für die Auslegung von Sekundärrecht betont, ebd. Rn. 25 f., 29 f.

und Rechtspraxis kann bei der Beurteilung der Einsichtsfähigkeit nur als Inspirationsquelle für die Entwicklung eines eigenen europäischen Konzepts herangezogen werden. Ultimativ kann das europäische Konzept daher auch bestimmte Parameter zur Ermittlung der Einsichtsfähigkeit anders gewichten als jenes auf deutscher Ebene, oder gänzlich neue hinzuziehen. Als Anstoß für die Entwicklung eines solchen europäischen Konzepts kann der Evaluationsbericht der Kommission zur DSGVO 2020 gewertet werden, in dem diese den EDSA dazu aufruft, insbesondere für die Datenverarbeitung von Kindern (europaweit einheitlich geltende) Leitlinien zu verabschieden.[274] Zu begrüßen wäre es, wenn der EuGH sich dieser Aufgabe annähme und den Anstoß für eine europäische Diskussion um die maßgeblichen Kriterien der Grundrechtsmündigkeit gäbe.

(4) Verweis auf mitgliedsstaatliches Recht?

Ebenso ließe sich aber in Anknüpfung an die Leitlinien der Art. 29-DSG zur Einwilligung vertreten, dass auch unter der DSGVO die Einsichtsfähigkeit außerhalb des Art. 8 Abs. 1 der Regelung durch die Mitgliedsstaaten obliegt.[275] Dieses Arbeitspapier gilt laut dem EDSA auch unter der DSGVO weiter.[276] Das Zugeständnis an die Mitgliedsstaaten in Art. 8 Abs. 1 S. 3 und der enge Anwendungsbereich des Art. 8 Abs. 1 zeigen zudem, wie schwierig eine europäische Harmonisierung der Einsichtsfähigkeit bei Minderjährigen ist und dass die Mitgliedsstaaten sich hier möglichst viel Freiheit zur eigenen Regelung bewahren wollen.[277] Eben daran scheiterte eine einheitliche Altersgrenze im Art. 8 Abs. 1, dessen Regelungsgehalt im Ergebnis durch die Öffnungsklausel in S. 3 in seiner Wirkung wieder aufgeweicht wird. All dies deutet darauf hin, dass sich im Rahmen der DSGVO-Verhandlungen alle Beteiligten einig waren,

[274] Mitteilung der Kommission an das Europäische Parlament und den Rat, Datenschutz als Grundpfeiler der Teilhabe der Bürgerinnen und Bürger und des Ansatzes der EU für den digitalen Wandel – zwei Jahre Anwendung der Datenschutz-Grundverordnung, COM(2020) 264 final (24.6.2020), 20.

[275] Siehe Article 29 Data Protection Working Party, WP 187 – Opinion 15/2011 on the definition of consent (2011), 34: „Rules regarding the capacity to consent are not harmonised and may therefore vary from Member State to Member State“; ähnlich Article 29 Data Protection Working Party, WP 147 – Working Document 1/2008 on the protection of children's personal data (General guidelines and the special case of schools) (2008), 6; dazu European Data Protection Board, Guidelines 05/2020 on consent under Regulation 2016/679 (4.5.2020) Rn. 4, wo explizit eine Weitergeltung der Inhalte des WP 187 angeordnet wird.

[276] Nach European Data Protection Board, Guidelines 05/2020 on consent under Regulation 2016/679 (4.5.2020), Rn. 4, wurden die Aussagen der Article 29 Data Protection Working Party, WP 187 – Opinion 15/2011 on the definition of consent (2011) lediglich erweitert.

[277] Eine umfassendere Regelung der Einsichtsfähigkeit in der DSGVO als der Art. 8 wurde angedacht und von der Art. 29-DSG auch forciert, siehe Article 29 Data Protection Working Party, WP 191 – Opinion 01/2012 on the data protection reform proposals (2012), 28, konnte sich aber nicht durchsetzen; dazu *Kampert*, in: Hk-DSGVO, 2. Aufl. 2018, DSGVO Art. 8 Rn. 6; zur Entwicklung der Vorschläge auch *Buchner/Kühling*, in: Kühling/Buchner, 3. Aufl. 2020, DSGVO Art. 8 Rn. 5 ff.; *Gierschmann*, in: G/S/S/V, 2018, DSGVO Art. 8 Rn. 13 ff.

dass auch im Übrigen weiterhin das mitgliedsstaatliche Recht zur Anwendung kommt. Diese stillschweigende Annahme wird überwiegend auch in der Literatur geteilt.[278] Dafür spricht weiterhin, dass im Jahr 2011, als die Art. 29-DSG ihr Arbeitsblatt Nr. 187 veröffentlichte, die Grundrechtecharta bereits galt und die oben vorgeschlagene einheitliche Interpretation bereits damals in Betracht hätte gezogen werden können. Stattdessen nahm die Art. 29-DSG aber eine Ausgestaltung durch die Mitgliedsstaaten an. Letztlich bleibt aber zu bedenken, dass bei der Auslegung europäischen Rechts nicht der EDSA das letzte Wort hat, sondern der EuGH.

Daher bleibt abzuwarten, welches Verständnis sich am Ende durchsetzen wird. Angesichts der autonomen Begriffsbildung in der EU, dem erklärten Ziel einer Rechtsvereinheitlichung sowie der hohen praktischen Bedeutung der Einsichtsfähigkeit Minderjähriger erscheint jedoch die erstgenannte Auslegung zugunsten einer einheitlichen Konzeption von Einsichtsfähigkeit in der GRC plausibler, nach welcher die Einsichtsfähigkeit grundsätzlich einzelfallbezogen zu bestimmen ist.

(5) Zwischenergebnis

Aus der Untersuchung folgt, dass ein Rückgriff auf mitgliedsstaatliche Normen oder aber mitgliedsstaatliche Interpretationskonzepte bei der Feststellung der Einsichtsfähigkeit zwar noch möglich erscheint, aber die besseren Argumente bei einem so praxisrelevanten Teilaspekt der Einwilligung gerade vor dem Hintergrund der europaweiten Rechtsvereinheitlichung durch Verordnung nun für ein autonomes Konzept der Einsichtsfähigkeit sprechen.[279] Die Konsequenz eines europäisch verstandenen Einwilligungsbegriffs ist die Beurteilung der Einsichtsfähigkeit für die datenschutzrechtliche Einwilligung nach rein autonom-europäischen Maßstäben, die den Rückgriff auf mitgliedsstaatliches Recht in diesem Bereich gänzlich ausschließt (Vorrang des Unionsrechts aufgrund einer direkten Kollision der Regelungsziele).

Da die Einsichtsfähigkeit nach dem europäischen Verständnis für jeden Einzelfall individuell festzustellen ist, ergibt sich die Notwendigkeit, europaweit einheitliche Standards auszuarbeiten, an denen sich eine Einzelfallprüfung zur Einsichtsfähigkeit orientieren soll. Es gilt, auf europäischer Ebene mög-

---

[278] Eine nur partielle Regelung der Einsichtsfähigkeit in der DSGVO sehen *Frenzel*, in: Paal/Pauly, 3. Aufl. 2021, DSGVO Art. 8 Rn. 18; *Däubler*, in: D/W/W/S, 2. Aufl. 2020, DSGVO Art. 8 Rn. 4; *Däubler*, in: D/W/W/S, 2. Aufl. 2020, DSGVO Art. 7 Rn. 13 ff.; *Kampert*, in: Hk-DSGVO, 2. Aufl. 2018, DSGVO Art. 8 Rn. 7; *Buchner/Kühling*, in: Kühling/Buchner, 3. Aufl. 2020, DSGVO Art. 7 Rn. 70; wohl auch *Geminn*, DuD 2020, 307, 311; *Schulz*, in: Gola, 2. Aufl. 2018, DSGVO Art. 8 Rn. 14; *Heckmann/Paschke*, in: Ehmann/Selmayr, 2. Aufl. 2018, DSGVO Art. 8 Rn. 16; *Tinnefeld/Conrad*, ZD 2018, 391, 393; *Gola/Schulz*, ZD 2013, 475, 476; ähnlich auch *Roßnagel*, ZD 2020, 88, 90; das unzureichende Schutzkonzept bemängelt *Karg*, in: BeckOK DSR, 40. Aufl. 2022, DSGVO Art. 8 (Stand 1.11.2021) Rn. 18.

[279] So i. E. auch *Hacker*, Datenprivatrecht, 2020, 356.

lichst klare Richtlinien dahingehend zu erarbeiten, welche Kriterien eine bei der Beurteilung miteinzubeziehen sind. Ein solcher europaweit geltender Beurteilungsrahmen würde auch das Problem entschärfen, dass bei einer grenzüberschreitenden Datenverarbeitung bislang unklar ist, welches Recht für die Einsichtsfähigkeit des Minderjährigen zugrunde zu legen ist.[280] Bei einem einheitlichen Beurteilungskatalog wäre es zudem weiterhin denkbar, dass die Beurteilungs*ergebnisse* zur tatsächlichen Einsichtsfähigkeit mitgliedsstaatsbezogen auch unterschiedlich ausfallen können, weil etwa manche Voraussetzungen für die Einsichtsfähigkeit in einigen Mitgliedsstaaten aufgrund tatsächlich vorhandener Unterschiede (etwa durch die spezifische mitgliedsstaatliche Schulbildung) typischerweise früher anzunehmen sind. Die Einzelfallwürdigung durch den mitgliedsstaatlichen Richter bleibt folglich auch unter einem einheitlich europäischen Konzept unbenommen.

Viel wäre bereits gewonnen, wenn die Notwendigkeit, ein solches Konzept breiter zu diskutieren, auf europäischer Ebene offiziell anerkannt würde. Es ist anzunehmen, dass sich alle Mitgliedsstaaten bis zu diesem Punkt weiterhin an den eigenen Sonderweg halten, was eine Rechtszersplitterung befördert. Das europäische Konzept kann daher erst als solches diskutiert werden, wenn es auf europäischer Ebene explizit als solches benannt wurde. Die Frage nach der Beurteilung der Einsichtsfähigkeit bietet sich daher aufgrund der hohen rechtlichen Unklarheit zur Vorlage vor den EuGH an.

Insgesamt wurde gezeigt, dass die Verordnung, obwohl sie in ihrem Normtext zur Einsichtsfähigkeit keinerlei Änderungen vorsieht, dennoch als materiell deutlich umfassender verstanden werden kann (und teils auch wird), als die Vorgaben der Vorgängerrichtlinie. Dies untermauert die These, dass hier eine unterschiedliche Betrachtung des Inhalts der unmittelbaren Anwendbarkeit der Normen geschuldet ist. Dieselben Begriffe werden in der Verordnungsform schlicht raumgreifender interpretiert. Die Verbindlichkeit des äußeren Systems des Rechtsakts wirkt sich so auf die inneren Wertungszusammenhänge aus.

bb) Zugang der Willenserklärung, § 130 BGB

Auch das Wirksamwerden der datenschutzrechtlichen Einwilligung ist in der DSGVO nicht explizit geregelt. Es stellt sich daher die Frage, ob hier ergänzend auf die Grundsätze des deutschen Rechts, wonach eine Willenserklärung durch Abgabe und Zugang wirksam wird (§ 130 BGB), zurückgegriffen werden kann,[281] oder ob diese Fragen bereits abschließend und mit der Folge einer direkten Kollision in der DSGVO oder anderweitig auf europäischer Ebene geregelt sind.

[280] Zur Unklarheit, wie das jeweils anwendbare Recht zu bestimmen ist *Karg*, in: BeckOK DSR, 40. Aufl. 2022, DSGVO Art. 8 (Stand 1.11.2021) Rn. 21 ff.

[281] So *Rüpke/von Lewinski/Eckhardt*, Datenschutzrecht, 2. Aufl. 2022, § 13, Rn. 118.

Unter Geltung des § 4a BDSG a. F. wurde die Anwendbarkeit des § 130 BGB kaum diskutiert und teilweise nicht einmal speziell genannt,[282] es ist aber anzunehmen, dass jedenfalls diejenigen Stimmen, die die Einwilligung als Rechtsgeschäft oder rechtsgeschäftsähnliche Handlung einstuften, neben den Anfechtungsvorschriften und ggf. den §§ 104 ff.[283] auch den § 130 BGB für anwendbar hielten.

§ 130 BGB ist mangels eines expliziten Verweises auf nationales Recht nur dann anwendbar, wenn hier eine sekundärrechtliche Regelungslücke vorliegt, die auch nicht durch allgemeine Rechtsgrundsätze geschlossen werden kann.

Man könnte zunächst davon ausgehen, dass eine datenschutzrechtliche Einwilligung bereits dann wirksam ist, wenn der Einwilligende alle Tatbestandsvoraussetzungen des Art. 4 Nr. 11 erfüllt hat und die Erklärung entsprechend auf den Weg gebracht hat, sodass sie im normalen Fall den Verarbeiter erreichen müsste. In diesem Fall läge keine Regelungslücke vor, nach deutschen Begriffen würde die Einwilligung dann bereits mit der Abgabe wirksam.[284] Dafür spricht auch der Wortlaut des Art. 4 Nr. 11 („unmissverständlich abgegebene Willensbekundung"), der sich zu einer Kenntnisnahme durch den Verantwortlichen nicht verhält.

Erreicht die Einwilligung den Verantwortlichen jedoch tatsächlich nicht, etwa aufgrund eines technischen Fehlers bei der Übermittlung eines Online-Formulars oder nimmt dieser tatsächlich von ihr keine Kenntnis, stellt sich die Frage, welche Folgen das für die Zulässigkeit der Datenverarbeitung hat: Es ist zunächst davon auszugehen, dass sich der Verantwortliche in der Praxis regelmäßig darum bemühen wird, die Einwilligung erneut einzuholen, denn gem. Art. 7 Abs. 1 muss er das Vorliegen der Einwilligung beweisen können, wenn er gem. Art. 6 Abs. 1 lit. a personenbezogene Daten verarbeitet. Zu erwarten ist daher, dass der Datenverarbeiter in der Regel zunächst tatsächlich von der Einwilligung Kenntnis nehmen wollen wird, bevor er die Datenverarbeitung tatsächlich beginnt. Im Datenschutz besteht daher keine Problemlage ähnlich der des (deutschen) Vertragsrechts, wo auch der Erklärende ein Interesse am Zugang hat, wenn etwa Fristen gesetzt werden, dadurch Verträge geschlossen werden oder Ähnliches. Im Vertragsrecht wir durch die Vorgaben zu Abgabe und Zugang die Gefahr des Verlusts, der Veränderung oder Verzögerung der Willenserklärung interessengerecht aufgeteilt.[285] Im Datenschutzrecht hingegen liegt der tatsächliche Zugang der datenschutzrechtlichen Einwilligung regelmäßig im alleinigen Interesse des Verantwortlichen. Daraus ließe sich folgern,

---

[282] Ausnahme bei *Lindner*, Die datenschutzrechtliche Einwilligung nach §§ 4 Abs. 1, 4a BDSG – ein zukunftsfähiges Institut?, 2013, 124.

[283] Zur Einsichtsfähigkeit siehe oben Kapitel 3 B. II. 3. d), S. 255.

[284] Zum Begriff der Abgabe statt aller *Einsele*, in: MüKo BGB, 9. Aufl. 2021, BGB § 130 Rn. 13.

[285] *Einsele*, in: MüKo BGB, 9. Aufl. 2021, BGB § 130 Rn. 3.

dass das Datenschutzrecht einer parallelen Abgabe-/Zugangsregelung wie des § 130 BGB gar nicht bedarf. Für die datenschutzrechtliche Einwilligung erscheint der Rückgriff auf den Zugang auch unter Berücksichtigung der augenscheinlich abschließenden Aufzählung der Wirksamkeitsvoraussetzungen in Art. 4 Nr. 11 entbehrlich. Die Einwilligung wird damit schon mit Abgabe wirksam.[286] Die Abgabe ist unionsrechtlich zu bestimmen und liegt vor, wenn die Wirksamkeitsvoraussetzungen des Art. 4 Nr. 11 vorliegen.

Hält man jedoch eine Regelung des Wirksamwerdens über die Abgabe der datenschutzrechtlichen Einwilligung hinaus für notwendig, ist vor einem Rückgriff auf nationale Vorschriften zunächst das europäische Recht zu konsultieren: In der Rs. A. L. M. A. aus dem Jahr 1957 sah der EuGH einen allgemeinen Rechtsgrundsatz aller Mitgliedsstaaten darin, dass eine „schriftliche Willenserklärung wirksam wird, sobald sie ordnungsgemäß in den Machtbereich des Empfängers gelangt ist".[287] Hier bleibt daher streng genommen jedenfalls für schriftliche Datenschutzeinwilligungen kein Platz für eine zusätzliche Anwendung des § 130 BGB, da diesem der gleichlautende europäische Rechtsgrundsatz entgegenstünde (direkte Kollision). Dieser Rechtsgrundsatz steht auch der Annahme einer allgemeinen Entbehrlichkeit des Zugangs nach den DSGVO-Vorschriften nicht entgegen, da diese die spezielleren Normen bilden.

cc) Willensmängel bei der datenschutzrechtlichen Einwilligung

(1) Rückgriffsfähiges nationales Recht: §§ 119ff. BGB

Infrage kommen für die Beurteilung etwaiger Willensmängel bei einer rechtsgeschäftlichen Willenserklärung die §§ 119 ff. BGB. Zunächst stellt sich die Frage, ob die Anfechtungsvorschriften auf die atypische Willenserklärung überhaupt anwendbar sind: Die Vorschriften zu den Willensmängeln, insbesondere die Anfechtungsvorgaben, schützen die Privatautonomie. Es spricht nichts dagegen, diese bei der Einwilligung in höchstpersönliche Güter ebenso zu schützen wie bei normalen Umsatzgeschäften.[288]

(2) Die Rechtslage unter der DSRL und heute: Unterschiedliche Beurteilungen trotz inhaltlich gleicher Anforderungen

Eine ex-tunc-Anfechtungsmöglichkeit der datenschutzrechtlichen Einwilligung nach §§ 119 ff., 142 Abs. 1 BGB wurde unter Geltung des BDSG a. F. weit-

---

[286] So auch *Hacker*, Datenprivatrecht, 2020, 360 ff.

[287] EuGH, Urt. v. 10.12.1957 – Rs. 8/56 (A. L. M. A.), ECLI:EU:C:1957:12, S. 200.

[288] *Funke*, Dogmatik und Voraussetzungen der datenschutzrechtlichen Einwilligung im Zivilrecht, 2017, 260 f.; *Buchner*, Informationelle Selbstbestimmung im Privatrecht, 2006, 242 f.; *Klass*, AfP 2005, 507, 514; *Ohly*, „Volenti non fit iniuria", 2002, 365 ff.; *Dasch*, Die Einwilligung zum Eingriff in das Recht am eigenen Bild, 1990, 77 ff.; *Kohte*, AcP 185 (1985), 105, 139 ff.

gehend angenommen, soweit die Einwilligung des § 4a BDSG a. F. selbst als Rechtsgeschäft oder rechtsgeschäftsähnliche Handlung qualifiziert wurde.[289] Unter Geltung der DSGVO zeigt sich nun ein differenzierteres, wenn auch uneinheitliches Stimmungsbild: Teils wird weiterhin ein – teils eingeschränkter – Rückgriff, d. h. eine Anwendung der §§ 119 ff., 142 BGB befürwortet,[290] teils wird eine Einschränkung der Anfechtungswirkung auf eine reine ex-nunc-Wirkung vorgenommen.[291] Andere lehnen eine Anfechtung generell ab und sehen eine insoweit abschließende Regelung des Sekundärrechts.[292] Begründet wird die Ablehnung einer Anwendung der Anfechtungsvorschriften häufig mit dem Argument, eine Anknüpfung an mitgliedsstaatliche Ordnungskategorien sei unter der DSGVO obsolet, daher stelle sich auch nicht die Folgefrage einer Verknüpfung mit mitgliedsstaatlichen Sachnormen.[293] Letzteres Argument beruht, wie oben bereits gezeigt, auf einem Zirkelschluss, da mit diesem Argument eine Beschäftigung mit möglichen Verknüpfungen im mitgliedsstaatlichen Recht von vornherein ausgeschlossen wird.

---

289 *Kühling*, in: BeckOK DSR, 23. Aufl. 2018, BDSG a. F. § 4a (Stand 1.2.2018) Rn. 33; *Däubler*, Gläserne Belegschaften, 7. Aufl. 2017, Rn. 153; *Funke*, Dogmatik und Voraussetzungen der datenschutzrechtlichen Einwilligung im Zivilrecht, 2017, 273; *Däubler*, in: D/K/W/W, 5. Aufl. 2016, BDSG a. F. § 4a Rn. 22; *Gola/Schumerus*, in: Gola/Schumerus, 12. Aufl. 2015, BDSG a. F. § 4a Rn. 2; *Kühling/Seidel/Sivridis*, Datenschutzrecht, 3. Aufl. 2015, Rn. 309 f.; *Simitis*, in: Simitis, 8. Aufl. 2014, BDSG a. F. § 4a Rn. 25; *Tinnefeld/Gerling/Ehmann*, Einführung in das Datenschutzrecht, 4. Aufl. 2005, 318, 324; *Holznagel/Sonntag*, in: Roßnagel (Hrsg.), Handbuch Datenschutzrecht, 2003, Kap. 4.8 Rn. 23; mit Einschränkungen hingegen *Buchner*, Informationelle Selbstbestimmung im Privatrecht, 2006, 242 f.; *Polenz*, in: Hb. ComputerR, Teil 13.2 Materielles allgemeines Datenschutzrecht, Rn. 53; ablehnend *Thüsing/Traut*, in: Thüsing (Hrsg.), Beschäftigtendatenschutz und Compliance, 2014, § 5, Rn. 19.

290 *Stemmer*, in: BeckOK DSR, 40. Aufl. 2022, DSGVO Art. 7 (Stand 1.5.2022) Rn. 31; *Weichert*, in: D/W/W/S, 2. Aufl. 2020, DSGVO Art. 4 Rn. 105; *Däubler*, in: D/W/W/S, 2. Aufl. 2020, DSGVO Art. 7 Rn. 36, wenngleich er gleichzeitig betont, dass hier regelmäßig die Freiwilligkeit fehlen dürfte; ebenso *Däubler*, Gläserne Belegschaften, 8. Aufl. 2019, Rn. 153, der einerseits eine Anfechtungsmöglichkeit bejaht, gleichzeitig aber von einer Unwirksamkeit im Falle von Willensmängeln ausgeht; für eine Anwendbarkeit des § 119 BGB nur beim Motivirrtum und sonstige Spezialität der DSGVO *Schaffland/Holthaus*, in: Schaffland/Wiltfang, DSGVO Art. 7 Rn. 50.

291 *Rüpke/von Lewinski/Eckhardt*, Datenschutzrecht, 2. Aufl. 2022, § 13, Rn. 160 f.; *Lang/Peintinger*, ELR 2013, 206, 210.

292 *Klement*, in: Simitis/Hornung/Spiecker gen. Döhmann, 2019, DSGVO Art. 7 Rn. 93; *Heckmann/Paschke*, in: Ehmann/Selmayr, 2. Aufl. 2018, DSGVO Art. 7 Rn. 29; *Ingold*, in: Hk-DSGVO, 2. Aufl. 2018, DSGVO Art. 7 Rn. 13; *Funke*, Dogmatik und Voraussetzungen der datenschutzrechtlichen Einwilligung im Zivilrecht, 2017, 272 ff., 274; wohl auch *Gierschmann*, in: G/S/S/V, 2018, DSGVO Art. 7 Rn. 48; unklar *Taeger*, in: Taeger/Gabel, 4. Aufl. 2022, DSGVO Art. 7 Rn. 41, Fn. 59; autonome Regeln für Willensmängel fordern *Kühling/Klar/Sackmann*, Datenschutzrecht, 5. Aufl. 2021, Rn. 505; *Buchner/Kühling*, in: Kühling/Buchner, 3. Aufl. 2020, DSGVO Art. 7 Rn. 33, 1a, lassen aber offen, woraus diese folgen sollen.

293 *Taeger*, in: Taeger/Gabel, 4. Aufl. 2022, DSGVO Art. 7 Rn. 41, siehe dort aber Fn. 59; *Klement*, in: Simitis/Hornung/Spiecker gen. Döhmann, 2019, DSGVO Art. 7 Rn. 93; *Ingold*, in: Hk-DSGVO, 2. Aufl. 2018, DSGVO Art. 7 Rn. 13.

Auffällig ist, wie unterschiedlich die Rechtslage unter der DSGVO nun beurteilt wird, wenngleich doch außer etwa einer Konkretisierung des Freiheitsmerkmals durch die explizite Verankerung des Koppelungsverbot in Art. 7 Abs. 4 kaum materielle Änderungen oder Erweiterungen bei den Voraussetzungen der Einwilligung vorgenommen wurden, die etwaige Willensmängel betreffen. Insbesondere die Kerndefinition der Einwilligung in Art. 4 Nr. 11 DSGVO hat sich gegenüber Art. 2 lit. h, Art. 7 lit. a DSRL diesbezüglich nur in ihrer Wortwahl geändert („freiwillig" statt „ohne Zwang", „für den bestimmten Fall", statt „für den konkreten Fall", „in informierter Weise" statt „in Kenntnis der Sachlage", „unmissverständlich" statt „ohne jeden Zweifel", „zu verstehen gibt, dass sie mit der Verarbeitung [...] einverstanden ist" statt „akzeptiert, dass personenbezogene Daten [...], verarbeitet werden"). Diese Änderungen waren rein sprachlicher Natur, die Begriffe der DSRL wurden durch Synonyme ersetzt,[294] ohne dass hier eine Bedeutungsänderung intendiert war. Auch die Umsetzungsnorm § 4a BDSG a. F. musste vor dem Hintergrund der vollharmonisierenden Richtlinienbestimmungen interpretiert werden, die im Grunde dieselben waren wie die nun unter der DSGVO geltenden. Dennoch fällt der Blick auf die DSGVO gänzlich anders aus: Auch solche Stimmen, die weiterhin von einer Einordnung als Willenserklärung/rechtsgeschäftsähnlich Handlung ausgehen, sprechen sich nun gegen einen Rückgriff auf die Anfechtung aus.[295] Der zumeist angeführte Grund einer abschließenden Regelung der betreffenden Rechtsfragen durch den Verordnungstext mag im Ergebnis stimmen, wird jedoch regelmäßig kaum weiter ausgeführt.[296]

Die unterschiedliche Beurteilung im Vergleich zur Rechtslage unter dem BDSG a. F. lässt sich nur so erklären, dass trotz eines vollharmonisierenden Ansatzes sämtliche Begriffe des Art. 2 lit. h DSRL als ausgestaltungsfähig und -bedürftig, als reine Zielvorgaben, begriffen wurden. Die Ausgestaltungsbefugnis des Art. 5 DSRL, die eine nähere Bestimmung der Voraussetzungen zuließ, wurde also recht weit verstanden. Wenn nun die objektiv bedeutungsgleichen Begriffe der DSGVO so völlig anders ausgelegt, nämlich als in sich abschließend verstanden werden, dann liegt das nicht an den Begriffen selbst, sondern vielmehr daran, dass in diese Begriffe ein Wille zur abschließenden Regelung mit hineingelesen wird, weil sie Teil eines in diesem Bereich abschließenden Rechtsakts, einer Verordnung, sind. Dasselbe Recht – beim Beispiel der Willensmängel kann man durchaus von gleich gebliebenen Wertungszusammenhängen und einem überwiegend gleichen äußeren System sprechen – wird als unmittelbar anwendbares, unmittelbar bindendes Recht viel strenger verstan-

---

[294] Siehe oben Kapitel 3 B. II. 2., S. 245.

[295] Anschaulich dazu die nebeneinanderstehenden Bewertungen zur alten und zur neuen Rechtslage bei *Funke*, Dogmatik und Voraussetzungen der datenschutzrechtlichen Einwilligung im Zivilrecht, 2017, 273 f.; *Gierschmann*, in: G/S/S/V, 2018, DSGVO Art. 7 Rn. 48.

[296] Siehe dazu Kapitel 3 B. II. 3. d) cc) (3), S. 272.

den. Anders gesagt: Die Verbindlichkeit auch des äußeren Systems führt im Ergebnis zu einem engeren Begriffsverständnis. Damit zeigt sich, wie viel mehr Aufmerksamkeit den Begriffen einer Verordnung zukommt. Das äußere System zeigt hier unmittelbare Einflüsse auf die Interpretation des Bedeutungsgehalts.

Im Folgenden soll untersucht werden, mit welchen Argumenten eine (nicht) abschließende Regelung der DSGVO in Bezug auf die Anfechtungsvorschriften des BGB angenommen werden kann.

(3) Rückgriff auf die §§ 119 ff. BGB unter der DSGVO?

Ob auch unter der DSGVO eine Anfechtung der datenschutzrechtlichen Einwilligung weiterhin möglich ist, bemisst sich daran, ob die Vorgaben des Sekundärrechts entweder schon eigene Lösungen für die Behandlung von Willensmängeln bieten, also diesen Bereich bereits abschließend regeln, oder aber unabhängig von eigenen Lösungen keinerlei zusätzliche Regelungen durch nationales Recht zulassen. In diesen Fällen ist der Rückgriff auf nationale Vorschriften gesperrt bzw. sind nationale Vorschriften aufgrund einer direkten Kollision mit Unionsrecht nicht anwendbar.

Für die Auslegung der Einwilligungsvorgaben zum Zwecke der Ermittlung ihres Regelungsgehalts in Bezug auf Willensmängel ist zuerst zwischen den einzelnen Anfechtungsgründen aus dem BGB zu unterscheiden –[297] die Anfechtung wegen Irrtums, die Anfechtung wegen Täuschung oder Drohung sowie die Anfechtung wegen falscher Übermittlung sind dann jeweils separat darauf zu prüfen, ob sie wegen des Vorranganspruchs des Europäischen Rechts nicht anzuwenden sind.[298]

(a) § 119 Abs. 1 und 2 BGB – Anfechtung wegen Erklärungs-, Inhalts- und Eigenschaftsirrtum

Ein Inhaltsirrtum gem. Art. 119 Abs. 1 Alt. 1 BGB liegt vor, wenn der Erklärende einer Fehlvorstellung über den objektiven, rechtlich wirksamen Inhalt seiner Erklärung unterliegt oder ihm das Erklärungsbewusstsein fehlt.[299] Ein Erklärungsirrtum nach § 119 Abs. 1 Alt. 2 BGB liegt immer dann vor, wenn das Gesagte und das Gewollte auch aus Sicht des Erklärenden auseinanderfallen (versprechen, verschreiben etc.).[300] Solche Irrtümer sind auch bei der Abgabe einer datenschutzrechtlichen Willenserklärung denkbar, etwa durch versehentliches Anklicken eines falschen Kästchens (Erklärungsirrtum) oder durch Missverstehen eines Vordrucks für die Einwilligung (Inhaltsirrtum). Ein Eigenschaftsirr-

---

[297] Siehe (a), S. 272.

[298] Siehe (b), S. 277 und (c), S. 278.

[299] *Armbrüster*, in: MüKo BGB, 9. Aufl. 2021, BGB § 119 Rn. 60; *Dörner*, in: Hk-BGB, 11. Aufl. 2021, BGB § 119 Rn. 7 ff.

[300] *Dörner*, in: Hk-BGB, 11. Aufl. 2021, BGB § 119 Rn. 6.

tum nach § 119 Abs. 2 BGB hingegen liegt vor, wenn sich der Erklärende über Eigenschaften einer Person oder Sache irrt. Irrtümer über die Person des Datenverarbeiters kommen hier infrage, ebenso ein Irrtum über den Informationsgehalt personenbezogener Daten.[301]

Zunächst stellt sich die Frage, ob Irrtümer des Einwilligenden bereits über eine Wirksamkeitsvoraussetzungen der Einwilligung erfasst werden. Denn liegt bei einem Irrtum schon keine wirksame Einwilligung vor, erübrigt sich auch eine Anfechtung.

(aa) Erklärungsbewusstsein

Das Erfordernis eines Erklärungsbewusstseins wird als Wirksamkeitsvoraussetzung in den der Einwilligung zugeordneten Vorschriften und Erwägungsgründen nicht spezifisch genannt. Teils wird es aus der in Art. 4 Nr. 11 geforderten „Unmissverständlichkeit" und „Eindeutigkeit" der Einwilligung gefolgert.[302] Dem ist entgegenzuhalten, dass diese Attribute nur die Wahrnehmung des Einwilligungsadressaten, nicht jedoch die subjektive Seite des Einwilligenden, betreffen.[303] Auch aus Erwägungsgrund 32, der die Anforderungen des Art. 4 Nr. 11 schlicht wiederholt, vermögen sich Anforderungen für die subjektive Seite des Erklärenden nicht eindeutig ergeben.[304] Aus Verkehrsschutzgründen ließe sich vertreten, dass eine nur scheinbare Einwilligung, soweit sie denn aus Sicht des Empfängers die Voraussetzungen des Art. 4 Nr. 11 erfüllt, auch wirksam ist und eine Datenverarbeitung legitimiert. Denn woher soll der Verantwortliche, d. h. der Erklärungsempfänger, wissen, wann ein Erklärungsbewusstsein vorlag und wann nicht? Gerade angesichts der jederzeitigen Widerrufsmöglichkeit und der umfangreichen Informationspflichten der Art. 13, 14, die es dem Betroffenen hinreichend ermöglichen, von seinem Versehen Kenntnis zu erlangen, ist davon auszugehen, dass der Erklärende mit Blick auf sein Datenschutzgrundrecht (Art. 8 GRC) hinreichend geschützt ist und die DSGVO ein besonderes Einwilligungsbewusstsein nicht erfordert.[305] Verkehrsschutzgesichtspunkte sind hier besonders bedeutend, da gerade der Einwilligung als Rechtfertigungsgrund für Datenverarbeitungen eine besondere Stellung zukommt. Daher erscheint es auch nicht interessengerecht, eine Einwilligung abzulehnen und Erwägungen zum Verkehrsschutz sodann im Rahmen des Art. 6 Abs. 1 lit. f vorzunehmen[306] – denn systematisch mag dies stimmig erscheinen, praktisch führt dieses

[301] *Specht*, Konsequenzen der Ökonomisierung informationeller Selbstbestimmung, 2012, 188; ebenso *Funke*, Dogmatik und Voraussetzungen der datenschutzrechtlichen Einwilligung im Zivilrecht, 2017, 263 f.

[302] *Buchner/Kühling*, in: Kühling/Buchner, 3. Aufl. 2020, DSGVO Art. 7 Rn. 56 ff.

[303] *Hacker*, Datenprivatrecht, 2020, 358.

[304] So aber *Heckmann/Paschke*, in: Ehmann/Selmayr, 2. Aufl. 2018, DSGVO Art. 7 Rn. 33.

[305] *Hacker*, Datenprivatrecht, 2020, 358 f.

[306] So aber *Hacker*, Datenprivatrecht, 2020, 358 f.

Vorgehen jedoch zu erheblichen Problemen: Bestimmte Verarbeitungstätigkeiten sind explizit nur durch die Einwilligung und gerade nicht durch eine Interessenabwägung gem. Art. 6 Abs. 1 lit. f zu rechtfertigen, so etwa die Verarbeitung sensibler Daten nach Art. 9 Abs. 1, Abs. 2 lit. a. Hier muss sich der Verantwortliche auf die Wirksamkeit der Einwilligung verlassen können.

(bb) Abschließende Regelung der Irrtümer durch die „Freiwilligkeit"?

Das Freiwilligkeitsmerkmal enthält keine Regelungen zu Irrtümern: Irrtümlich abgegebene Einwilligungen können regelmäßig freiwillig i. S. d. Art. 4 Nr. 11 erteilt sein, wenn die Person eine „echte oder freie Wahl" hatte, keinerlei Nachteilen bei Verweigerung der Einwilligung ausgesetzt war[307] und hierbei lediglich einem Irrtum aus der eigenen Sphäre unterliegt.[308] Ebenso können sich irrtumsbehaftete Einwilligungen auf einen bestimmten Fall beziehen und aus Sicht des Empfängers auch unmissverständlich und eindeutig i. S. d. Voraussetzungen des Art. 4 Nr. 11 sein.

(cc) Abschließende Regelung durch „in informierter Weise"?

Einer Anfechtung nach § 119 Abs. 1 oder Abs. 2 BGB könnte jedoch entgegenstehen, dass die Einwilligung nach Art. 4 Nr. 11 DSGVO auch „in informierter Weise" abgegeben werden muss. Das Merkmal „in informierter Weise" bezieht sich jedoch nicht auf die subjektive Informiertheit der einwilligenden Person und ihr umfassendes Verständnis der ihr zur Verfügung gestellten Informationen, vielmehr zielt es auf die Erfüllung objektiver Informationspflichten durch den Verantwortlichen[309] ab. Denn dieser muss dem Einwilligenden die *Möglichkeit* geben, sich umfassend zu informieren und so in Kenntnis aller Umstände eine informierte Einwilligung zu treffen: Die Informationspräsentation muss verständlich und übersichtlich sein, darf den Einwilligenden jedoch nicht mit Informationen überfrachten, sodass eine sachliche Befassung mit den Informationen einen unverhältnismäßigen Aufwand erfordern würde.[310] Sie muss sich an den durchschnittlich verständigen Einwilligenden richten, wobei die Art der Informationsvermittlung an die jeweilige Zielgruppe anzupassen sind (etwa für Kinder oder Ältere).

---

307 Voraussetzungen des Erwägungsgrunds 42.

308 Ebenso *Rüpke/von Lewinski/Eckhardt*, Datenschutzrecht, 2. Aufl. 2022, § 13, Rn. 160; anders aber wohl *Däubler*, in: D/W/W/S, 2. Aufl. 2020, DSGVO Art. 7 Rn. 36.

309 Zu diesen *Gierschmann*, in: G/S/S/V, 2018, DSGVO Art. 7 Rn. 77 f.; *Veil*, NJW 2018, 3337, 3339.

310 Siehe *Tinnefeld/Buchner/Petri/Hof*, Einführung in das Datenschutzrecht, 7. Aufl. 2020, 4.2.2.2, Rn. 58; OLG Frankfurt/M., Urteil (17.12.2015) – 6 U 30/15 = DuD 2016, 246–249, 247.

Nicht notwendig ist es hingegen, dass der Einwilligende all diese Informationen auch tatsächlich liest und versteht.[311] Die tatsächliche Kenntnisnahme der Informationen muss ihm lediglich möglich und zumutbar gewesen sein. Anderenfalls würde dem Verantwortlichen die mangelnde Informationsbereitschaft des Einwilligenden zur Last gelegt, was zum einen nicht interessengerecht wäre und zum anderen von Seiten des Verantwortlichen kaum kontrollierbar wäre und damit zu erheblicher Rechtsunsicherheit führen würde. Die wirklich informierte Einwilligung ist daher in der Regel – wenn man davon ausgeht, dass sich nur ein Bruchteil der Betroffenen die umfassenden zur Verfügung gestellten Informationen auch wirklich aufmerksam durchlesen – eine Fiktion.[312] Irrt der Einwilligende über die Bedeutung dieser Informationen oder verklickt/verschreibt er sich, berührt das nicht die Informiertheit seiner Einwilligung gem. Art. 4 Nr. 11.[313] Es ist also nicht zutreffend, wenn eine Anfechtbarkeit nach § 119 Abs. 1, Abs. 2 BGB mit dem Argument abgelehnt wird, regelmäßig lägen schon die Voraussetzungen der DSGVO-Einwilligung nicht vor.[314] Denn die Voraussetzungen der Einwilligung in der DSGVO lassen nach ihrem Normzweck Irrtümer außen vor, die in der Sphäre des Einwilligenden ohne Zutun des Gegenübers entstehen.[315]

Sinn und Zweck des § 119 BGB ist es, für solche Fälle einer „erhebliche[n] Beeinträchtigung der autonomen Willensbildung“[316] einen Ausgleich zwischen dem Schutz des Erklärenden und dem Schutz des Erklärungsempfängers zu schaffen.[317] Dieser Ausgleich ist aber in der DSGVO möglicherweise bereits vorgenommen worden, wenn man davon ausgeht, dass Art. 4 Nr. 11 und Art. 7 DSGVO mit den Anforderungen an die datenschutzrechtliche Ein-

[311] Ebenso OLG Frankfurt/M., Urteil (17.12.2015) – 6 U 30/15 = DuD 2016, 246–249, 247; *Tinnefeld/Buchner/Petri/Hof*, Einführung in das Datenschutzrecht, 7. Aufl. 2020, 4.2.2.2, Rn. 58; *Funke*, Dogmatik und Voraussetzungen der datenschutzrechtlichen Einwilligung im Zivilrecht, 2017, 272 f.; anders hingegen *Buchner/Kühling*, in: Kühling/Buchner, 3. Aufl. 2020, DSGVO Art. 7 Rn. 1a, die bei einem Irrtum des Einwilligenden von einer Unwirksamkeit der Einwilligung ausgehen, den Verarbeiter aber wegen mangelnden Verschuldens nicht nach Art. 82 haften lassen wollen.

[312] So *Buchner/Kühling*, in: Kühling/Buchner, 3. Aufl. 2020, DSGVO Art. 7 Rn. 10; *Hermstrüwer*, Informationelle Selbstgefährdung, 2016, 77 ff.; kritisch bereits *Buchner*, DuD 2010, 39, 41.

[313] Ebenso schon *Buchner*, Informationelle Selbstbestimmung im Privatrecht, 2006, 242 f. für die alte Rechtslage.

[314] *Buchner/Kühling*, in: Kühling/Buchner, 3. Aufl. 2020, DSGVO Art. 7 Rn. 33; in diese Richtung auch *Gierschmann*, in: G/S/S/V, 2018, DSGVO Art. 7 Rn. 48; ähnlich *Däubler*, in: D/W/W/S, 2. Aufl. 2020, DSGVO Art. 7 Rn. 36; *Däubler*, Gläserne Belegschaften, 8. Aufl. 2019 Rn. 153, der aber gleichzeitig eine Anfechtungsmöglichkeit bejaht; ähnlich bereits *Thüsing/Traut*, in: Thüsing (Hrsg.), Beschäftigtendatenschutz und Compliance, 2014, § 5, Rn. 19.

[315] Siehe zu mutwillig falschen Angaben durch den Verantwortlichen Kapitel 3 B. III. 2., S. 288.

[316] *Klass*, AfP 2005, 507, 514.

[317] *Buchner*, Informationelle Selbstbestimmung im Privatrecht, 2006, 242 f.

willigung einen abschließenden Schutz des Einwilligenden bei Abgabe seiner Einwilligung vorsehen: Für eine abschließende Regelung der irrtumsbezogenen Willensmängel durch das Merkmal der Informiertheit lässt sich nicht zuletzt die Annahme einer abschließenden Begriffsbildung im Kontext des Verordnungsrechts anführen. Insbesondere die zentrale Bedeutung der Einwilligung im Gesamtsystem der DSGVO spricht dafür, gerade diesen Kernbegriff des Datenschutzrechts als europaweit einheitlich und damit abschließend konzipiert zu begreifen. Die DSGVO nimmt nach diesem Verständnis schlichtweg eine andere Risikoverteilung vor als das BGB und lässt keinen Platz für eine als sachgerechter empfundene Zuweisung des Irrtumsrisikos zum Verarbeiter.[318]

Angesichts dessen, dass die BGB-Vorschriften regelmäßig in einem anderen Kontext, nämlich einem vertragsrechtlichen, zur Anwendung kommen, spricht auch unter nationalen Wertungsgesichtspunkten und der Wahrung einer rechtsordnungseigenen Kohärenz nichts dagegen, im Datenschutzrecht die Verantwortung für einen Irrtum allein dem Betroffenen zuzuweisen, zumal dieser durch die Möglichkeit eines jederzeitigen Widerrufs hinreichend geschützt ist.[319] Es entspricht letztlich auch dem Ziel des europäischen Datenschutzregimes, einerseits einen hohen Schutzstandard zu gewährleisten und andererseits – auch durch das hohe Schutzniveau – möglichst viel Sicherheit für den freien Datenverkehr zu schaffen.

(dd) Zusätzlicher Schutz durch Anfechtungsmöglichkeit?

Dass eine Anfechtung nach § 119 Abs. 1, Abs. 2 BGB durch ihre veränderte Risikoverteilung sowie die ex-tunc-Wirkung *noch mehr* Schutz für den Betroffenen bietet, kann hier kein Argument sein: Zum einen wird den Mitgliedsstaaten in Art. 1 Abs. 3 DSGVO untersagt, den freien Datenverkehr einzuschränken, d. h. sie dürfen nicht selbst strengere Datenschutzvorgaben als die der DSGVO erlassen. Zum anderen schützt der Widerruf mit ex-nunc-Wirkung die Betroffenen faktisch ebenso gut wie eine ex-tunc-Anfechtung: Auch die Rückabwicklung einer Datenverarbeitung nach den §§ 812 ff. BGB wird sich faktisch regelmäßig auf die Löschung der Daten begrenzen, da der Vermögenswert i. R. d. § 812 Abs. 1 S. 1 Alt. 1 BGB kaum zu beziffern ist. Eine Datenverarbeitung kann zudem, anders als ein analoger Warenaustausch, nie völlig ungeschehen gemacht werden – die Löschung der Daten erfolgt immer nur für die Zukunft, weshalb der Widerruf faktisch ebenso gut die Interessen des Einwilligenden bei Willensmängeln schützt und den Aufwand für den Verantwortlichen merk-

---

318 So i. E. auch *Buchner/Kühling*, in: Kühling/Buchner, 3. Aufl. 2020, DSGVO Art. 7 Rn. 33; hingegen sieht *Hacker*, Datenprivatrecht, 2020, 367 f. für die Irrtumsregeln eine „Lücke im unionsrechtlichen Einwilligungsregime“.

319 *Klement*, in: Simitis/Hornung/Spiecker gen. Döhmann, 2019, DSGVO Art. 7 Rn. 93; ebenso i. E. *Funke*, Dogmatik und Voraussetzungen der datenschutzrechtlichen Einwilligung im Zivilrecht, 2017, 274.

lich reduziert. Bei solchen Vertragsgestaltungen, in denen die datenschutzrechtliche Einwilligung als Teil einer vertraglichen Leistung erbracht wurde, wird das Recht des Einwilligenden, die Gegenleistung zu nutzen, regelmäßig mit dem Moment des Widerrufs seiner Einwilligung enden. Dies ist eine bedeutend unkompliziertere Regelung als eine Gesamtrückabwicklung aller gewährten Leistungen. Darüber hinaus ist eine rückwirkende Abwicklung der Einwilligung von der DSGVO nicht vorgesehen.

Nicht nur sind folglich einwilligungsbezogene Irrtümer bereits abschließend durch die DSGVO geregelt, sodass eine Anwendung des § 142 Abs. 1 BGB bereits aufgrund einer direkten Kollision ausscheidet.[320] Die spezifischen Regelungen der DSGVO erscheinen auch für den Datenschutz insgesamt interessengerechter als eine Regelung durch die allgemeinen Vorschriften des BGB: Eine Einwilligung ist nach der DSGVO entweder von Beginn an bis zu ihrem Widerruf wirksam, oder sie ist von Beginn an unwirksam. Parallel dazu ist die Rechtmäßigkeit der darauf beruhenden Datenverarbeitung zu beurteilen. Unwirksame Einwilligungen soll der Verarbeiter zudem als solche erkennen können, damit er sich nicht durch eine rechtswidrige Verarbeitung unwissend den hohen Haftungsrisiken aussetzt (Art. 82, 83 DSGVO). Auch das spricht für eine eigene, den § 119 BGB ausschließende Risikoverteilung, welche Irrtümer, die der Verantwortliche nicht zu verschulden hat, in der Risikosphäre des Einwilligenden ansiedelt.

(ee) Zwischenergebnis

Im Ergebnis bleibt damit kein Platz für eine Anwendung der § 119 Abs. 1, Abs. 2 BGB neben den datenschutzrechtlichen Spezialvorgaben. Diese sind infolge einer bereits abschließenden Regelung auf europäischer Ebene unanwendbar (direkte Kollision). Im Datenschutzrecht gilt folglich: „Wer irrt, hat Pech".

(b) § 120 BGB – Anfechtung wegen falscher Übermittlung

Eine Anfechtung nach § 120 BGB kommt immer dann in Betracht, wenn ein Bote eine Willenserklärung falsch übermittelt hat.[321] Der Einsatz eines Boten ist auch bei der datenschutzrechtlichen Einwilligung als höchstpersönliche Erklärung grundsätzlich möglich.[322] Allerdings gilt dann auch hier die oben ermittelte Risikoverteilung der DSGVO, nach welcher Irrtümer aus der Sphäre des Einwilligenden auch in dessen Risiko fallen. Seinem Risikobereich zugerechnet werden muss folglich auch die falsche Übermittlung durch einen selbst

---

320 Ebenso *Hacker*, Datenprivatrecht, 2020, 368.

321 Statt aller *Dörner*, in: Hk-BGB, 11. Aufl. 2021, BGB § 120 Rn. 1 f.

322 *Buchner/Kühling*, in: Kühling/Buchner, 3. Aufl. 2020, DSGVO Art. 7 Rn. 31; *Heckmann/Paschke*, in: Ehmann/Selmayr, 2. Aufl. 2018, DSGVO Art. 7 Rn. 34; *Ernst*, ZD 2017, 110, 111; so wohl auch *Kühling/Klar/Sackmann*, Datenschutzrecht, 5. Aufl. 2021, Rn. 524.

eingesetzten Boten. Auch hier bietet der jederzeit mögliche Widerruf nach Art. 7 Abs. 4 einen ausreichenden Schutz des Einwilligenden. Für eine ergänzende Anwendung des § 120 BGB bleibt unter der DSGVO kein Platz.

(c) § 123 BGB – Anfechtung wegen Täuschung oder Drohung

(aa) Anfechtung wegen Drohung, § 123 Abs. 1 Alt. 2 BGB

Die Einwilligung im Datenschutzrecht muss gem. Art. 4 Nr. 11 DSGVO „freiwillig" erfolgen, was Einwilligungen, die in durch Drohung ausgelösten Zwangssituationen abgegeben werden, bereits begrifflich ausschließt (siehe auch Erwägungsgründe 42, 43).[323] Eine durch Drohung abgegebene Willenserklärung wäre demnach nicht Ausdruck einer „echten oder freien Wahl" (Erwägungsgrund 42) und damit bereits unwirksam.[324] Die DSGVO hat diesen Willensmangel daher hinreichend beachtet und selbst geregelt. Einer zusätzlichen Anfechtung der unwirksamen Datenschutzeinwilligung bedarf es nicht, zumal die Anfechtung keine weiteren Vorteile brächte. Auch hier ist ein Rückgriff infolge direkter Kollision gesperrt.

(bb) Anfechtung wegen Täuschung, § 123 Abs. 1 Alt. 1, Abs. 2 BGB

Die Anfechtung wegen Täuschung wiederum erfolgt regelmäßig freiwillig i. S. d. Art. 4 Nr. 11, allerdings nicht „in informierter Weise", soweit sich die Täuschung auf die Informationspflichten des Verarbeiters (Art. 4 Nr. 11, Art. 7 Abs. 3, Art. 13, Art. 14, Art. 7 Abs. 3) bezieht,[325] die zum Zeitpunkt der Erhebung, d. h. vor der Verarbeitung bereitgestellt werden müssen.[326] Für eine

[323] So auch Article 29 Data Protection Working Party, WP 187 – Opinion 15/2011 on the definition of consent (2011), 7; *Funke*, Dogmatik und Voraussetzungen der datenschutzrechtlichen Einwilligung im Zivilrecht, 2017, 272.

[324] So auch *Klement*, in: Simitis/Hornung/Spiecker gen. Döhmann, 2019, DSGVO Art. 7 Rn. 93; *Ingold*, in: Hk-DSGVO, 2. Aufl. 2018, DSGVO Art. 7 Rn. 49; *Hacker*, Datenprivatrecht, 2020, 364 f.

[325] *Schmidt-Wudy*, in: BeckOK DSR, 40. Aufl. 2022, DSGVO Art. 13 (Stand 1.5.2022) Rn. 19; *Bäcker*, in: Kühling/Buchner, 3. Aufl. 2020, DSGVO Art. 13 Rn. 65; *Klement*, in: Simitis/Hornung/Spiecker gen. Döhmann, 2019, DSGVO Art. 7 Rn. 93; *Dix*, in: Simitis/Hornung/Spiecker gen. Döhmann, 2019, DSGVO Art. 13 Rn. 16; *Franck*, in: Gola, 2. Aufl. 2018, DSGVO Art. 13 Rn. 55; *Ingold*, in: Hk-DSGVO, 2. Aufl. 2018, DSGVO Art. 7 Rn. 34 f., 49; *Albrecht/Jotzo*, Das neue Datenschutzrecht der EU, 2017 Teil 3 Rn. 41; *Funke*, Dogmatik und Voraussetzungen der datenschutzrechtlichen Einwilligung im Zivilrecht, 2017, 265, 272; *Schantz/Wolff*, Das neue Datenschutzrecht, 2017 Rn. 1176 f.

[326] Zum Zeitpunkt *Bäcker*, in: Kühling/Buchner, 3. Aufl. 2020, DSGVO Art. 13 Rn. 56; *Franck*, in: Gola, 2. Aufl. 2018, DSGVO Art. 13 Rn. 36; *Ingold*, in: Hk-DSGVO, 2. Aufl. 2018, DSGVO Art. 13 Rn. 12; *Knyrim*, in: Ehmann/Selmayr, 2. Aufl. 2018, DSGVO Art. 13 Rn. 10 f.; Article 29 Data Protection Working Party, WP 187 – Opinion 15/2011 on the definition of consent (2011), 13: „providing information to data subjects prior to obtaining their consent is essential in order to enable them to make informed decisions".

Unwirksamkeit der Einwilligung müssen die unrichtigen Angaben nicht einmal kausal werden. Eine Anfechtung wäre daher sogar nur unter engeren Voraussetzungen anwendbar, da gem. § 123 Abs. 1 BGB die Einwilligung kausal auf die Täuschung zurückgeführt werden muss.

§ 123 Abs. 2 BGB, die Täuschung durch einen Dritten, wird im Datenschutzrecht wohl kaum praktische Bedeutung erlangen. Jedenfalls wird auch dieser Anfechtungsgrund hinter den DSGVO-Vorgaben zurücktreten müssen, denn sobald der Verantwortliche von einem Irrtum des Betroffenen weiß, muss er davon ausgehen, dass das Merkmal, auf welches sich der Irrtum bezieht, nicht vorliegt und die Einwilligung damit unwirksam ist.

§ 123 BGB ist daher neben den Vorschriften zur datenschutzrechtlichen Einwilligung der DSGVO nicht anwendbar, da er mit diesen direkt kollidiert.[327]

dd) Die gewillkürte Stellvertretung §§ 164 ff. BGB

Die §§ 164 ff. BGB, die die gewillkürte Stellvertretung regeln, sind auch auf die atypische Willenserklärung anwendbar, da sich die privatautonome Wahrnehmung von Persönlichkeitsrechten auch darin zeigen kann, einen anderen mit der Stellvertretung in eigenen Angelegenheiten zu autorisieren.[328] Aus deutscher Perspektive eignen sie sich daher als potenzielle Rückgriffsvorgaben. Auch hier steht der Rückgriff unter dem Vorbehalt, dass die betreffenden Rechtsfragen nicht bereits vom europäischen Recht abschließend geregelt sind.

Angesichts fehlender positiver Vertretungsnormen kann eine Vertretung nur dann abschließend geregelt sein, wenn die gewillkürte Stellvertretung aufgrund der Höchstpersönlichkeit der datenschutzrechtlichen Einwilligung von vornherein ausgeschlossen ist.[329] Ein Hinweis auf die Höchstpersönlichkeit der Einwilligung könnte die sekundärrechtliche Definition der Einwilligung in Art. 4 Nr. 11 sein, die darunter nur die Einwilligung der „betroffenen" Person versteht, was Dritte ausschließen könnte.[330] Angesichts mangelnder weiterer Anhaltspunkte für ein solches exklusives Verständnis ist diese Interpretation jedoch keineswegs zwingend.

---

327 So i. E. auch *Hacker*, Datenprivatrecht, 2020, 364 ff.; siehe zu einer Anfechtung der datenschutzrechtlichen Einwilligung i. R. d. Fehleridentität mit einer Vertragserklärung Kapitel 3 B. III. 2., S. 288.

328 *Klass*, AfP 2005, 507, 514; in diese Richtung auch *Ohly*, „Volenti non fit iniuria", 2002, 460 f.

329 Für eine Höchstppersönlichkeit *Taeger*, in: Taeger/Gabel, 4. Aufl. 2022, DSGVO Art. 7 Rn. 15, arg. Ausnahmefall; *Heckmann/Scheurer*, in: jurisPK-Internetrecht, 7. Aufl. 2021, Kap. 9, Rn. 311; *Däubler*, in: D/W/W/S, 2. Aufl. 2020, DSGVO Art. 7 Rn. 13; *Pohl*, Die datenschutzrechtliche Einwilligung im Spannungsfeld von hoheitlicher Regulierung und individueller Selbstbestimmung, 2019, 135; *Schulz*, in: Gola, 2. Aufl. 2018, DSGVO Art. 7 Rn. 8; *Heckmann/Paschke*, in: Ehmann/Selmayr, 2. Aufl. 2018, DSGVO Art. 7 Rn. 34; *Ernst*, ZD 2017, 110, 111; *Spindler/Nink*, in: Spindler/Schuster, 3. Aufl. 2015, BDSG a. F. § 4a Rn. 5.

330 In diese Richtung *Riesz*, in: Holoubek/Lienbacher, 2. Aufl. 2019, GRC Art. 8 Rn. 66.

Die Gegenansicht sieht in der informierten Bevollmächtigung zur Abgabe einer datenschutzrechtlichen Einwilligung eine Ausübung der mit der Einwilligung angestrebten Selbstbestimmung.[331] Dem Argument, dass die Informationspflichten des Verarbeiters, die die notwendige Informiertheit der Einwilligungserklärung sicherstellen sollen, nur gegenüber dem Betroffenen sinnvoll erbracht werden können, kann entgegengehalten werden, dass auch der Vertreter letztlich eine informierte Einwilligung abgeben muss, wenn diese auch in fremdem Namen erfolgt. Die Informationspflichten laufen so gerade nicht ins Leere. Dass im Ergebnis bei den Einwilligungsvoraussetzungen auf den Vertreter abzustellen ist, ist die logische Konsequenz einer gewillkürten Stellvertretung und wird vom Vertretenen antizipiert.

Es spricht zudem nichts dagegen, bei der gewillkürten Stellvertretung ähnliche Anforderungen an die Stellvertretungserklärung zu stellen, wie an die Einwilligung selbst, um so dem höchstpersönlichen Charakter der datenschutzrechtlichen Einwilligung gerecht zu werden: Die Vollmacht müsste dann zweckbestimmt, also als Spezialvollmacht, und in informierter Weise erteilt werden.[332] Sind diese Kriterien gewahrt, scheint gegen eine Bevollmächtigung nichts einzuwenden. Aber auch für diese Auffassung, die die Stellvertretung bei der datenschutzrechtlichen Einwilligung als notwendiges Element der Grundrechtsausübung sieht, gibt es kaum Anhaltspunkte im Sekundärrecht. Für eine Stellvertretung kann lediglich der Umstand sprechen, dass der EuGH in seiner Rechtsprechung auch juristische Personen von Art. 8 GRC geschützt sieht,[333] die von vornherein nur durch Stellvertreter handeln können.[334] Ebenso sieht Art. 8 Abs. 1 explizit einen Fall von Stellvertretung vor, sodass jedenfalls das Konzept der Stellvertretung von der DSGVO nicht gänzlich abgelehnt wird. Hieran anknüpfend stellt sich jedoch die Frage, ob nicht die Stellvertretung nur in gesetzlich vorgesehenen Fällen zum Tragen kommen soll, in denen der Grundrechtsträger nicht zur eigenen Willensbildung fähig ist und daher vertreten werden *muss*.[335] Damit einher ginge ein Ausschluss gewillkürter Stellver-

---

[331] *Kühling/Klar/Sackmann*, Datenschutzrecht, 5. Aufl. 2021, Rn. 524; *Specht*, in: Specht/Mantz (Hrsg.), Handbuch Europäisches und deutsches Datenschutzrecht, 2019, B. § 9, Rn. 42; *Riesz*, in: Holoubek/Lienbacher, 2. Aufl. 2019, GRC Art. 8 Rn. 66; *Ingold*, in: Hk-DSGVO, 2. Aufl. 2018, DSGVO Art. 7 Rn. 19; i. E. ebenso pro Stellvertretung *Rüpke/von Lewinski/Eckhardt*, Datenschutzrecht, 2. Aufl. 2022, § 13, Rn. 162 ff.; *Weichert*, in: D/W/W/S, 2. Aufl. 2020, DSGVO Art. 4 Rn. 105; *Gierschmann*, in: G/S/S/V, 2018, DSGVO Art. 7 Rn. 47 f.; *Hoffmann*, NZS 2017, 807, 808; *Schaffland/Holthaus*, in: Schaffland/Wiltfang, DSGVO Art. 7 Rn. 53.

[332] *Hacker*, Datenprivatrecht, 2020, 362 f.; ähnlich *Weichert*, in: D/W/W/S, 2. Aufl. 2020, DSGVO Art. 4 Rn. 105; *Buchner/Kühling*, in: Kühling/Buchner, 3. Aufl. 2020, DSGVO Art. 7 Rn. 31 f.; *Gierschmann*, in: G/S/S/V, 2018, DSGVO Art. 7 Rn. 47 f.

[333] EuGH, Urt. v. 9.11.2010 – verb Rs. C-92/09 u. C-93/09 (Schecke), ECLI:EU:C:2010:662, Rn. 53, 87.

[334] *Riesz*, in: Holoubek/Lienbacher, 2. Aufl. 2019, GRC Art. 8 Rn. 66.

[335] So etwa so *Klement*, in: Simitis/Hornung/Spiecker gen. Döhmann, 2019, DSGVO

tretung an sich und somit auch ein Rückgriff auf die entsprechenden mitgliedstaatlichen Normen.

Insgesamt wird damit ein Streit weitergeführt, wie er schon unter dem BDSG a. F. existierte.[336] Letztlich geht es um eine Wertungsentscheidung zur Natur der Höchstpersönlichkeit des Datenschutzrechts und damit um eine Auslegungsentscheidung zum europäischen Recht, die nur der EuGH treffen kann. Mangels allgemeiner Rechtsgrundsätze zum Vertretungsrecht auf europäischer Ebene wären jedenfalls für den Fall, dass die Stellvertretung grundsätzlich zulässig ist, die §§ 164ff. BGB anwendbar. Auch für diese Frage bietet es sich an, sie im Falle einer Entscheidungserheblichkeit dem EuGH vorzulegen.

ee) Nichtigkeitsgründe: §§ 125, 134, 138 BGB

(1) Rechtslage früher und heute

Wird die Einwilligung im Datenschutzrecht als (atypisches) Rechtsgeschäft im Sinne des BGB eingeordnet, stellt sich weiterhin die Frage nach einer Anwendbarkeit der allgemeinen Nichtigkeitsgründe §§ 125, 134, 138 BGB.[337] Unter Geltung des BDSG a. F. wurde eine Anwendbarkeit aller drei Vorschriften gemeinhin angenommen, soweit die Einwilligung als Rechtsgeschäft oder rechtsgeschäftsähnliche Handlung kategorisiert.[338] Unter der DSGVO zeigt sich auch hier ein differenzierteres Bild: Die Anwendbarkeit des § 125 BGB wird – soweit ersichtlich – nicht mehr thematisiert, diese wird jedoch schon an einer fehlenden Formvorgabe in der DSGVO scheitern, die im BDSG a. F. noch vorlag. Bei den §§ 134, 138 BGB hingegen herrscht Uneinigkeit: Teils werden mit Verweis auf die Rechtsnatur der datenschutzrechtlichen Einwilligung als rechtsgeschäft-

---

Art. 7 Rn. 37; in diese Richtung auch *Däubler*, in: D/W/W/S, 2. Aufl. 2020, DSGVO Art. 7 Rn. 13, 13a.

336 Siehe für eine Stellvertretung bereits *Schaffland/Wiltfang*, in: Schaffland/Wiltfang, BDSG a. F. § 4a (Stand EL 2/18) Rn. 24; *Kühling*, in: BeckOK DSR, 23. Aufl. 2018, BDSG a. F. § 4a (Stand 1.2.2018) Rn. 47; *Plath*, in: Plath, 2. Aufl. 2016, BDSG a. F. § 4a Rn. 8; *Gola/Schumerus*, in: Gola/Schumerus, 12. Aufl. 2015, BDSG a. F. § 4a Rn. 25; *Kühling/Seidel/Sivridis*, Datenschutzrecht, 3. Aufl. 2015, Rn. 324; *Lindner*, Die datenschutzrechtliche Einwilligung nach §§ 4 Abs. 1, 4a BDSG – ein zukunftsfähiges Institut?, 2013, 212 f.; *Holznagel/Sonntag*, in: Roßnagel (Hrsg.), Handbuch Datenschutzrecht, 2003, Kap. 4.8, Rn. 27; dagegen *Simitis*, in: Simitis, 8. Aufl. 2014, BDSG a. F. § 4a Rn. 30 f.; *Däubler*, in: D/K/W/W, 5. Aufl. 2016, BDSG a. F. § 4a Rn. 6.

337 Zur Anwendbarkeit *Ohly*, „Volenti non fit iniuria", 2002, 444 ff.; für § 138 BGB *Klass*, AfP 2005, 507, 517.

338 *Kühling*, in: BeckOK DSR, 23. Aufl. 2018, BDSG a. F. § 4a (Stand 1.2.2018) Rn. 34; *Däubler*, Gläserne Belegschaften, 7. Aufl. 2017, Rn. 149, 161 ff.; für § 134 BGB: *Däubler*, in: D/K/W/W, 5. Aufl. 2016, BDSG a. F. § 4a Rn. 29; *Kühling/Seidel/Sivridis*, Datenschutzrecht, 3. Aufl. 2015, Rn. 310; *Gola/Schumerus*, in: Gola/Schumerus, 12. Aufl. 2015, BDSG a. F. § 4a Rn. 22; *Simitis*, in: Simitis, 8. Aufl. 2014, BDSG a. F. § 4a Rn. 26; *Thüsing/Traut*, in: Thüsing (Hrsg.), Beschäftigtendatenschutz und Compliance, 2014, § 5, Rn. 19, 22; *Holznagel/Sonntag*, in: Roßnagel (Hrsg.), Handbuch Datenschutzrecht, 2003, Kap. 4.8, Rn. 23.

liche Willenserklärung beide Vorschriften für ergänzend anwendbar erklärt,[339] teils wird ein Rückgriff verneint,[340] andere wiederum sehen nur den § 134[341] oder nur den § 138[342] für anwendbar.

Für die §§ 134, 138 BGB ist auch hier zunächst wieder zu prüfen, ob die Regelung dieser Rechtsfragen bereits von der Sperrwirkung der DSGVO-Vorgaben betroffen sind und daher im Rahmen einer direkten oder indirekten Kollision unanwendbar sind.

(2) § 138 BGB: Wucher und Sittenwidrigkeit

Die Anwendung von § 138 Abs. 2 BGB wird regelmäßig durch das Freiwilligkeitsmerkmal in Art. 4 Nr. 11 ausgeschlossen sein,[343] denn eine unter Ausnutzung einer Zwangslage eingeholte Einwilligung wird nicht mit einer „echten und freien Wahl" im Sinne des Erwägungsgrundes 42 S. 5 zu vereinbaren sein. So wird auch das die Freiwilligkeit konkretisierende Koppelungsverbot in Art. 7 Abs. 4 gerade unter dem Aspekt der missbräuchlichen Ausnutzung einer Machtposition gesehen.[344] Dass unter Geltung des BDSG a. F. in Zwangslagen teilweise eine Nichtigkeit nach § 138 BGB angenommen wurde,[345] zeigt einmal mehr, dass dieselben (d. h. semantisch gleich gebliebenen) Tatbestandsvoraussetzungen als direkt anwendbares Recht anders wahrgenommen werden und eine stärkere Orientierung am Wortlaut des europäischen Rechts erfolgt.[346]

Freiwillig wird jedoch regelmäßig eine solche Einwilligung abgegeben werden, die nach deutschen Maßstäben gegen § 138 Abs. 1 BGB verstößt. Sanktioniert werden soll über den § 138 BGB der Verstoß gegen übergeordnete Wertungen und etablierte Moralvorstellungen, die Norm wird als Limitierung der

[339] *Weichert*, in: D/W/W/S, 2. Aufl. 2020, DSGVO Art. 4 Rn. 105.

[340] So i. E. *Rüpke/von Lewinski/Eckhardt*, Datenschutzrecht, 2. Aufl. 2022, Rn. 173 ff., die jedoch eine Ausnahme und damit eine Anwendbarkeit der Nichtigkeitsvorschriften für Verletzungen des APR (in Abgrenzung zu reinen Beeinträchtigungen) sehen.

[341] Pro § 134 *Däubler*, in: D/W/W/S, 2. Aufl. 2020, DSGVO Art. 7 Rn. 25; *Däubler*, Gläserne Belegschaften, 8. Aufl. 2019, Rn. 149, 161 ff.; contra *Stemmer*, in: BeckOK DSR, 40. Aufl. 2022, DSGVO Art. 7 (Stand 1.5.2022) Rn. 30.

[342] Für eine Anwendbarkeit des § 138 BGB *Stemmer*, in: BeckOK DSR, 40. Aufl. 2022, DSGVO Art. 7 (Stand 1.5.2022) Rn. 32; contra *Ingold*, in: Hk-DSGVO, 2. Aufl. 2018, DSGVO Art. 7 Rn. 49.

[343] *Hacker*, Datenprivatrecht, 2020, 477; *Klement*, in: Simitis/Hornung/Spiecker gen. Döhmann, 2019, DSGVO Art. 7 Rn. 84; so wohl auch *Ingold*, in: Hk-DSGVO, 2. Aufl. 2018, DSGVO Art. 7 Rn. 49.

[344] *Frenzel*, in: Paal/Pauly, 3. Aufl. 2021, DSGVO Art. 7 Rn. 21; kritisch dazu hingegen *Engeler*, ZD 2018, 55.

[345] *Simitis*, in: Simitis, 8. Aufl. 2014, BDSG a. F. § 4a Rn. 26; anders und wie hier die Zwangslage als Problem der Freiwilligkeit verstehend schon damals *Däubler*, Gläserne Belegschaften, 7. Aufl. 2017, Rn. 157 ff.; *Thüsing/Traut*, in: Thüsing (Hrsg.), Beschäftigtendatenschutz und Compliance, 2014, § 5, Rn. 13 ff.; *Polenz*, in: Hb. ComputerR, Teil 13.2 Materielles allgemeines Datenschutzrecht, Rn. 54.

[346] Siehe dazu bereits Kapitel 3 B. II. 3. d) cc) (2), S. 269.

Privatautonomie verstanden. Bei einseitigen Rechtsgeschäften sind die Motive des Urhebers entscheidend.[347] Mit Blick auf den atypischen Charakter der datenschutzrechtlichen Einwilligung stellt sich hier zunächst die Frage, ob eine solche Regelung auch bei der Disposition über personenbezogene Daten anwendbar ist, die einen viel höheren Bezug zum Bereich höchstpersönlicher Lebensführung aufweist als die privatautonome Eingehung von Verträgen. Möglich wäre, dem § 138 Abs. 1 BGB jedenfalls eine Grenze zur Verhinderung des Ausverkaufs des Kernbereichs persönlicher Lebensgestaltung zu entnehmen.[348] Die Anwendung des § 138 Abs. 1 BGB könnte aber durch Art. 5 Abs. 1 lit. b, der eine „Legitimität" der Datenverarbeitungszwecke fordert, infolge einer direkten Kollision gesperrt sein. Legitime Zwecke sind jedoch als mit dem geschriebenen Recht im Einklang stehend zu verstehen, d. h. es bedarf einer Rechtsgrundlage für die Verarbeitung.[349] Für nicht positiv geregelte, moralisch fragwürdige Zwecke findet Art. 5 Abs. 1 lit. b daher wohl keine Anwendung. Allerdings bietet auch hier das europäische Datenschutzrecht mit seinen zahlreichen speziellen Betroffenenrechten (Widerspruchsrechte, Löschungspflichten, Sperrung, Berichtigung) einen wohl ausreichenden Schutz vor den Gefahren eines moralisch bedenklichen Ausverkaufs der eigenen Daten.[350] Dies spricht gegen einen eigenen Anwendungsbereich für § 138 Abs. 1 BGB neben den datenschutzrechtlichen Spezialvorschriften.

Versteht man § 138 Abs. 1 BGB und diese u. U. daraus ableitbare absolute Grenze einer Dispositionsfreiheit über personenbezogene Daten hingegen nicht als auf den Schutz der Selbstbestimmung gerichtet, sondern vielmehr – seinem Normzweck der Bewahrung des „Anstandsgefühl aller billig und gerecht Denkenden" nach – als unerlässliche Voraussetzung eines geordneten staatsbürgerlichen Zusammenlebens, so kann hierin möglicherweise eine Ausprägung des ordre public gesehen werden. Der ordre public ist ein allgemeiner Rechtsgrundsatz und geschriebener Rechtfertigungsgrund für Beschränkungen von Grundfreiheiten und damit auch ein möglicher Rechtfertigungsgrund sogar für direkte Kollisionen.[351] Direkte Kollisionen mit zwingendem Unionsrecht (wozu Beschränkungen der Grundfreiheiten gehören) sind nur über geschriebene Rechtfertigungsregelungen zu rechtfertigen.[352] Da vorliegend mit dem freien Da-

347 *Armbrüster*, in: MüKo BGB, 9. Aufl. 2021, BGB § 138 Rn. 17.

348 In diese Richtung *Klass*, AfP 2005, 507, 517 f.

349 So *Voigt*, in: Taeger/Gabel, 4. Aufl. 2022, DSGVO Art. 5 Rn. 25; *Herbst*, in: Kühling/Buchner, 3. Aufl. 2020, DSGVO Art. 5 Rn. 37; *Roßnagel*, in: Simitis/Hornung/Spiecker gen. Döhmann, 2019, DSGVO Art. 5 Rn. 90 f.; *Heberlein*, in: Ehmann/Selmayr, 2. Aufl. 2018, DSGVO Art. 5 Rn. 15; für ein weitergehendes Verständnis *Schantz*, in: BeckOK DSR, 40. Aufl. 2022, DSGVO Art. 5 (Stand 1.11.2021) Rn. 17.

350 So auch *Rüpke/von Lewinski/Eckhardt*, Datenschutzrecht, 2. Aufl. 2022, § 13, Rn. 174 f.

351 Siehe dazu *Frey/Pfeifer*, EuR 2015, 721; speziell zu den „guten Sitten" ebd., 732.

352 Das gilt dann auch für eine im Einzelfall gebotene Durchbrechung datenschutzrechtlicher Vorgaben durch die BGB-Nichtigkeitsvorschriften, wie sie *Rüpke/von Lewinski/Eckhardt*, Datenschutzrecht, 2. Aufl. 2022, § 13, Rn. 176 sehen.

tenverkehr die Freiheit des Binnenmarkts, genauer: die Warenverkehrsfreiheit gem. Art. 28 ff. AEUV und Dienstleistungsfreiheit gem. Art. 56 ff. AEUV betroffen sind, ist eine Rechtfertigung von Beschränkungen aufgrund von ordre public-Vorbehalten nach den (geschriebenen) Schrankenregelungen in Art. 36, 62 i. V. m. Art. 52 AEUV möglich. Nach Art. 1 Abs. 3 DSGVO sind den Mitgliedsstaaten zudem nur Einschränkungen des freien Datenverkehrs aus Gründen des Datenschutzes untersagt sind, Beschränkungen aus anderen Gründen – etwa ordre public – richten sich weiterhin nach den primärrechtlichen Bestimmungen zu den Grundfreiheiten. Eine solche Einbindung des § 138 Abs. 1 BGB ist jedoch bislang rein spekulativ.

Aus diesem Grund bleibt zumindest zwischenzeitlich nur festzuhalten, dass nach jetzigem Stand davon auszugehen ist, dass ein Rückgriff auf § 138 Abs. 1, Abs. 2 BGB im Rahmen der DSGVO nicht möglich erscheint, d. h. der § 138 BGB mit den Vorgaben des europäischen Datenschutzes direkt kollidiert.[353]

(3) § 134 BGB: Gesetzliche Verbote

Für die Annahme einer Nichtigkeit nach § 134 wird das entsprechende Verbotsgesetz regelmäßig auf einer Öffnungsklausel der DSGVO beruhen müssen.[354] Denn Einschränkungen der Datenverarbeitung durch Verarbeitungsverbote außerhalb der durch die Öffnungsklauseln eröffneten Spielräume sind gem. Art. 1 Abs. 3 unzulässig.[355] Ausnahmen gelten freilich da, wo auch § 134 BGB i. V. m. einem Verbotsgesetz als Teil des ordre public zu sehen ist.[356]

Auch diese insgesamt engere Sicht auf die Anwendbarkeit des § 134 BGB bedeutet eine Abkehr von der vormals verbreiteten Ansicht, § 134 BGB sei ohne Weiteres in Verbindung mit zwingenden Verarbeitungsverboten nationaler Provenienz anwendbar,[357] wenngleich sich doch materiell hier durch die DSGVO nichts geändert haben sollte: Die vollharmonisierende DSRL gestaltet die Anforderungen, die im Datenverkehr zu beachten waren, ebenso abschließend aus, wie die DSGVO dies heute tut (Art. 1 Abs. 2 DSRL). Damit war den Mitglieds-

[353] Zu einem anderen Ergebnis mag man freilich dann kommen, wenn man wie *Hacker*, Datenprivatrecht, 2020, 478 f., § 138 Abs. 1 BGB als Umsetzung des Art. 4 Abs. 2 der Klauselrichtlinie begreift und das Regelungsziel des § 138 Abs. 1 so „europäisiert".

[354] Ähnlich, wenn auch eine Anwendbarkeit des § 134 BGB verneinend *Stemmer*, in: BeckOK DSR, 40. Aufl. 2022, DSGVO Art. 7 (Stand 1.5.2022) Rn. 32; anders wohl *Däubler*, Gläserne Belegschaften, 8. Aufl. 2019, Rn. 161.

[355] So bleibt im Beschäftigtendatenschutz aufgrund von Art. 88 DSGVO die Praxis erhalten, dass die Verarbeitung bestimmter Informationen (z. B. bestehende oder geplante Schwangerschaft im Kontext eines Bewerbungsgesprächs) unzulässig ist, selbst wenn eine Einwilligung vorliegt, siehe *Gola*, BB 2017, 1462, 1468; ebenso wohl *Däubler*, Gläserne Belegschaften, 8. Aufl. 2019, Rn. 161 ff.; *Ströbel/Wybitul*, in: Specht/Mantz (Hrsg.), Handbuch Europäisches und deutsches Datenschutzrecht, 2019, § 10, Rn. 58.

[356] Siehe dazu bereits oben (2), S. 282.

[357] *Gola/Schumerus*, in: Gola/Schumerus, 12. Aufl. 2015, BDSG a. F. § 4a Rn. 22.

staaten auch unter Geltung der DSLR untersagt, den freien Verkehr personenbezogener Daten aus Datenschutzgründen über das Maß der Richtlinie hinaus einzuschränken.

4. Ergebnis Einwilligung

Die datenschutzrechtliche Einwilligung der DSGVO kann funktional als Rechtsgeschäft i. S. d. BGB angesehen werden. Die obige Untersuchung zeigt, dass die DSGVO-Vorschriften (und allgemeine europäische Rechtsgrundsätze) die deutschen BGB-Vorgaben zur Willenserklärung weitgehend überlagern und im Ergebnis kaum Rückgriffsmöglichkeiten bleiben. Diese Feststellung steht in einem erheblichen Gegensatz zu der Rechtslage unter der DSRL, wo eine weitreichende Verschränkung mit nahezu allen BGB-Vorschriften angenommen wurde. Obwohl die Einwilligung inhaltlich kaum verändert wurde, zeigt sich daher, dass die direkte Anwendung des Verordnungsrechts einen unmittelbaren Einfluss auf das Verständnis der Begriffe und damit auf den Bedeutungsgehalt der Norm hat. Der europäische Rechtstext wird nun umfassender verstanden als noch unter der Richtlinie. Die intensivere Auseinandersetzung mit dem äußeren System der Verordnung spiegelt sich in den neueren Interpretationsansichten wider – das äußere System wirkt hier nachweislich als Treiber der Rechtsvereinheitlichung.

III. Allgemeines Zivilrecht neben der datenschutzrechtlichen Einwilligung – mittelbarer Anpassungsdruck?

Die DSGVO berührt nicht das allgemeine Vertragsrecht der Mitgliedsstaaten. Das folgt maßgeblich aus Art. 8 Abs. 3 DSGVO der sich zwar nur auf Art. 8 Abs. 1 bezieht, dem aber eine dem europäischen Datenschutzrecht insgesamt zugrundeliegende Trennung von Vertragsrecht und Datenschutzrecht entnommen werden kann. Die Trennung beider Rechtsregime zeigt sich darüber hinaus auch in Art. 6 lit. b: Voraussetzung für eine rechtmäßige Datenverarbeitung kann ebenso ein Vertrag sein, zu dessen Durchführung die Datenerhebung erforderlich ist. Der Vertrag ist damit eine notwendige Voraussetzung für die Datenverarbeitung, die jedoch eigens zu beurteilen ist: Da Verträge in der DSGVO nirgends definiert werden und ein einheitliches Vertragsrecht auf europäischer Ebene (noch) nicht existiert, ist der Terminus „Vertrag“ als stiller Verweis auf das Recht der Mitgliedsstaaten zu verstehen. Nationales Vertragsrecht und europäisches Datenschutzrecht sind daher nebeneinander anzuwenden. Aufgrund der hohen praktischen Bedeutung von Vertragsabreden im Kontext von Datenverarbeitungen, ist hier eine besonders intensive Verschränkung zu erwarten. Da beide Normenkomplexe nicht aneinander angepasst sind, ergeben sich für einige Bereiche Ergebnisse, die aus mitgliedsstaatlicher Sicht unbefriedigend sind. Einige dieser „europäisch indizierten Inkohärenzen" die sich durch die Wechselwirkungen europäischen und nationalen Rechts ergeben (können), sollen im Folgenden exemplarisch aufgezeigt werden.

Oben[358] wurde bereits festgestellt, dass die Bezeichnung als „Systemunstimmigkeiten" oder „-inkohärenzen" lediglich das Problem verlagert: Denn solche Ergebnisse deuten regelmäßig darauf hin, dass das mitgliedsstaatliche Recht unter Anpassungsdruck steht, sie eigenen sich hingegen nicht als Basis für eine Fundamentalkritik an der europäischen Rechtssetzung.

1. Wechselwirkungen mit dem nationalen Minderjährigenrecht und inkohärente Ergebnisse

Gemäß Art. 8 Abs. 3 DSGVO lässt die DSGVO das mitgliedsstaatliche Vertragsrecht unberührt. Das Verpflichtungsgeschäft beurteilt sich daher immer nach mitgliedsstaatlichen Kriterien, während sich die Zulässigkeit einer Datenverarbeitung ausschließlich nach europäischem Datenschutzrecht richtet. Aufgrund der engen Verflochtenheit von vertraglichen Erklärungen und Datenverarbeitungen kommt es durch die verschränkende Anwendung des europäischen und mitgliedsstaatlichen Rechts zu Wechselwirkungen dieser Vorgaben: Die Altersschwelle des Art. 8 etwa gilt nicht für die Vertragserklärungen, sondern nur für die datenschutzrechtliche Einwilligung (in Fällen des Art. 8 Abs. 1). Ein vermindert Geschäftsfähiger von 16 oder 17 Jahren kann nun gem. Art. 8 Abs. 1 in die Datenverarbeitung einwilligen, darf aber nach den §§ 107 f. BGB einen rechtlich nachteilhaften Vertrag nicht wirksam schließen. Der Vertrag ist also schwebend unwirksam, die Einwilligung in die Datenverarbeitung jedoch ist unproblematisch möglich. Einen Vertrag, der den Minderjährigen zur Einwilligung in eine Datenverarbeitung verpflichtet (Art. 7 Abs. 4), kann dieser i. R. d. Art. 8 Abs. 1 wirksam vollziehen. Wenn die Eltern das Kausalgeschäft aber dann nicht genehmigen, ergibt sich zwecks Rückabwicklung ein Anspruch auf § 812 Abs. 1 S. 1 Alt. 1 BGB, der im Ergebnis den Vertragspartner zur Löschung zwingt.[359]

Hier stellt sich die Frage, ob möglicherweise das Regelungsziel des Art. 8 Abs. 1 durch das mitgliedsstaatliche Vertragsrecht unterlaufen wird: Art. 8 Abs. 1 lässt zwar das Vertragsrecht unberührt (s. Art. 8 Abs. 3). Ihm könnte aber möglicherweise das Regelungsziel zu entnehmen sein, dass Kindern über 16 Jahren im Ergebnis die selbstbestimmte Inanspruchnahme von Diensten der Informationsgesellschaft ermöglicht werden soll oder dass die freie Herausgabe personenbezogener Date nicht nachträglich durch den Erziehungsberechtigten torpediert werden soll. Geht man von einem solchen Regelungsziel aus, liegt dann eine in-

[358] Siehe Kapitel 1 B. I. 5., S. 40.

[359] *Specht*, in: Specht/Mantz (Hrsg.), Handbuch Europäisches und deutsches Datenschutzrecht, 2019, B. § 9, Rn. 44.

direkte Kollision mit den Vorschriften der §§ 104 ff., insbesondere §§ 106 f., 108 Abs. 1 BGB vor, die durch eine europarechtskonforme Auslegung des mitgliedsstaatlichen Rechts oder durch seine Nichtanwendung aufzulösen ist.

Gegen die Annahme eines solchen Regelungsziels spricht jedoch der explizite Verweis auf das mitgliedsstaatliche Vertragsrecht in Art. 8 Abs. 3. Auch die systematische Nähe dieses Verweises zu Art. 8 Abs. 1 deutet darauf hin, dass sich der Gesetzgeber bewusst war, dass Dienste der Informationsgesellschaft dem Vertragsrecht der Mitgliedsstaaten unterliegen (und explizit unterliegen sollten!) und die vertragsrechtliche Beurteilung sich daher hier anders gestalten könnte.[360] Im Ergebnis erscheint es überzeugender, davon auszugehen, dass solche Wertungsverschiedenheiten sehenden Auges in Kauf genommen wurden und sich das Regelungsziel des Art. 8 Abs. 1 lediglich auf die Möglichkeit einer wirksamen Einwilligung zur Datenverarbeitung in den entsprechenden Fällen bezieht, die vertragsrechtliche Situation hiervon aber unberührt bleiben soll. Soweit dieses Ergebnis von deutscher Seite aus als unbefriedigend wahrgenommen wird, steht es dem deutschen Gesetzgeber frei, Sonderregelungen zu schaffen und die vertragsrechtliche Bewertung der datenschutzrechtlichen anzunähern.[361]

Ebenso beeinflusst das allgemeine Vertragsrecht des BGB die Ergebnisse des Datenschutzrechts da, wo ein Minderjähriger nach den §§ 104 ff. BGB einen Vertrag schließen kann und für diesen Vertrag eine Datenverarbeitung notwendig ist: Hier liegt kein Fall von Art. 6 Abs. 1 lit. a sondern von lit. b vor, was dazu führt, dass sich im Ergebnis die Zulässigkeit der Datenverarbeitung akzessorisch zum mitgliedsstaatlichen Vertragsrecht bestimmt. Die Ergebnisse können hier also je nach Mitgliedsstaat unterschiedlich ausfallen. Manche wollen diese vermeintliche Inkonsistenz dadurch auflösen, dass sie bei Minderjährigen eine auf Art. 6 Abs. 1 lit. b gestützte Datenverarbeitung schon gar nicht zulassen, sondern immer eine Einwilligung des Minderjährigen verlangen.[362] Dies scheint jedoch den klaren Wortlaut des Art. 6 Abs. 1 zu konterkarieren, der explizit verschiedene Rechtfertigungsmöglichkeiten vorsieht. Aus der Zusammenschau von Art. 8 Abs. 1, Art. 6 Abs. 1 folgt auch nicht, dass andere Datenverarbeitungen als solche, die sich auf Art. 6 Abs. 1 lit. a stützen, bei Minderjährigen nicht erlaubt seien. Für diese erhöhten Anforderungen findet sich daher keine Grundlage in der DSGVO. Zudem sieht Art. 6 Abs. 1 lit. b eine enge Verknüpfung mit dem Verpflichtungsgeschäft vor und erlaubt

[360] So wohl auch *Albrecht/Jotzo*, Das neue Datenschutzrecht der EU, 2017, Teil 3 C Rn. 70.

[361] So sieht etwa *Klement*, in: Simitis/Hornung/Spiecker gen. Döhmann, 2019, DSGVO Art. 8 Rn. 33 das deutsche Minderjährigenrecht unter europäischem Druck.

[362] *Frenzel*, in: Paal/Pauly, 3. Aufl. 2021, DSGVO Art. 8 Rn. 16; *Spindler/Dalby*, in: Spindler/Schuster, 4. Aufl. 2019, DSGVO Art. 8 Rn. 15; *Heckmann/Paschke*, in: Ehmann/Selmayr, 2. Aufl. 2018, DSGVO Art. 8 Rn. 40.

die Datenverarbeitung gerade nur in den Grenzen des für die Durchführung des Vertrags erforderlichen. Der Minderjährige wird in diesen Konstellationen durch das nationale Vertragsrecht ausreichend geschützt.[363] Das Datenschutzrecht knüpft seinen Schutz hier an den des mitgliedsstaatlichen Vertragsrechts. Mit Verweis auf Art. 8 Abs. 3 liegt zudem auch hier nahe, dass der europäische Verordnunggeber diese Akzessorietät der Beurteilung der Datenverarbeitung duldet.

2. *Indirekte Kollision des § 123 BGB mit DSGVO-Vorschriften?*

Oben wurde bereits festgestellt, dass die DSGVO alle Willensmängel, die die Einwilligung selbst betreffen, selbst regelt. Allerdings berücksichtigt das Datenschutzrecht solche Willensmängel nicht, die nicht unmittelbar die datenschutzrechtliche Einwilligung selbst betreffen, sondern vielmehr außerhalb dieser liegen und etwa eine Vertragserklärung betreffen. Das ist auch folgerichtig, da das Vertragsrecht vom europäischen Datenschutzrecht gerade nicht berührt werden sollte (Art. 8 Abs. 3). Die Anfechtung eines Vertrags aus den Gründen des § 123 Abs. 1, 2 BGB ist damit nicht von der Sperrwirkung der Einwilligungsvorschriften in der DSGVO betroffen. Nach dem Konzept der Fehleridentität kann jedoch der Anfechtung des Verpflichtungsgeschäfts in der Regel konkludent auch eine Anfechtung des aufgrund der schuldrechtlichen Verpflichtung vorgenommenen Rechtsgeschäfts entnommen werden, ob die DSGVO dies zulässt, soll im Folgenden untersucht werden.

a) Fehleridentität der datenschutzrechtlichen Einwilligung wegen Anfechtung des zugrundeliegenden Vertrags

Eine Anfechtung wegen Täuschung kommt im Einwilligungsprozess nicht infrage, da eine Täuschung über die maßgeblichen Informationen, die der Verantwortliche vor der Erhebung der Daten präsentieren muss, diese bereits unwirksam macht.[364] Eine Täuschung kann sich jedoch auch auf Tatsachen beziehen, die die Wirksamkeit der datenschutzrechtlichen Einwilligungserklärung unberührt lassen, etwa im Fall einer Einwilligung, die im Rahmen eines Vertrags gegeben wird und Teil der vertraglichen Leistung ist. Werden hier falsche Umstände vorgespiegelt, wird etwa über die Qualität der Gegenleistung oder über Umstände des Vertragsschlusses getäuscht und wird auf Grundlage dieser beim Gegenüber hervorgerufenen Fehlvorstellung dann ein Vertrag geschlossen wird, der eine datenschutzrechtliche Einwilligung vorsieht, so ist es gut möglich, dass

---

[363] Ebenso *Taeger*, in: Taeger/Gabel, 4. Aufl. 2022, DSGVO Art. 8 Rn. 44, 47 f., 49, 52 f.; *Däubler*, in: D/W/W/S, 2. Aufl. 2020, DSGVO Art. 8 Rn. 12; *Schulz*, in: Gola, 2. Aufl. 2018, DSGVO Art. 8 Rn. 24; *Schantz/Wolff*, Das neue Datenschutzrecht, 2017, Rn. 485; *Gola/Schulz*, ZD 2013, 475, 480.

[364] Siehe oben Kapitel 3 B. II. 3. d) cc) (3) (a), S. 272.

die Vorgaben der DSGVO alle gewahrt sind und die datenschutzrechtliche Einwilligung wirksam ist. Denn trotz eines Irrtums über Umstände, die den Vertrag selbst betreffen, kann die Einwilligung informiert und freiwillig erfolgen. In einem solchen Fall ist jedoch nicht nur die Verpflichtungserklärung, sondern auch die datenschutzrechtliche Einwilligung kausal auf die Täuschung zurückzuführen.[365] Eine Anfechtung der Vertragserklärung würde dann im Rahmen der Fehleridentität auch die datenschutzrechtliche Willenserklärung betreffen, da auch diese kausal auf dem Irrtum beruht.

Hier stellt sich die Frage, ob die ex-tunc-Wirkung der Anfechtung gem. § 142 Abs. 1 BGB hier ausnahmsweise durchgreifen soll, was die Datenverarbeitung von Beginn an rechtswidrig machen würde.

b) Indirekte Kollision mit DSGVO-Vorgaben

Die Fehleridentität hat zur Folge, dass die datenschutzrechtliche Einwilligung aufgrund desselben Willensmangels wie der Vertrag angefochten werden kann. Solche Willensmängel sind von der DSGVO nicht geregelt, da sie genuin dem Vertragsrecht unterfallen, welches von der DSGVO explizit ausgeklammert wird (Art. 8 Abs. 3). Damit liegt keine direkte Kollision vor, da die nationale Regelung außerhalb des Regelungsbereichs des EU-Rechts anzusiedeln ist. Vorliegend stellt sich jedoch das Problem, dass infolge der Anfechtung auch die datenschutzrechtliche Einwilligung nach § 142 Abs. 1 BGB mit ex-tunc-Wirkung nichtig wäre: Hier liegt es nahe, angesichts der wohl abschließenden Regelung des actus contrarius zur Einwilligung durch den Widerruf (Art. 7 Abs. 3 DSGVO) eine indirekte Kollision zu den Vorschriften der datenschutzrechtlichen Einwilligung anzunehmen. Denn eine ex-tunc-Nichtigkeit zuzulassen würde im Ergebnis bedeuten, Sonderregelungen zu einer anfänglichen Unwirksamkeit neben den Wirksamkeitserfordernissen der DSGVO zu dulden. Die Wirksamkeitsvoraussetzungen der DSGVO scheinen aber ausschließlicher Natur zu sein und daher abschließend die Fälle zu regeln, in denen eine Einwilligung von Beginn an keine rechtfertigende Wirkung entfalten kann,[366] was etwaige zusätzliche Vorgaben ausschließt. Das Regelungsziel der DSGVO-Vorschriften, die Wirksamkeitsvorgaben für die Einwilligung abschließend zu bestimmen kollidiert in diesem Fall mit dem Regelungsziel der §§ 123, 142 Abs. 1 BGB, die bei einer Fehleridentität die ex-tunc-Nichtigkeit der datenschutzrechtlichen Einwilligung vorsehen können.

---

[365] *Beurskens*, in: BeckOGK, BGB § 142 (Stand 1.7.2020) Rn. 37.

[366] Siehe dazu bereits oben Kapitel 3 B. II. 3. d) cc) (3), S. 272.

c) Kollisionsauflösung oder Rechtfertigung der Wirksamkeitsbeeinträchtigung?

Diese indirekte Kollision ist folglich durch eine der Kollisionsregeln für solche rechtsordnungsübergreifenden Konflikte aufzulösen: Zunächst ist zu prüfen, ob die Vorschriften zur Anfechtung nicht europarechtskonform auszulegen sind. Hier bietet sich insbesondere eine europarechtskonforme Reduktion der ex-tunc-Wirkung des § 142 Abs. 1 BGB auf eine dem Widerruf (Art. 7 Abs. 3) entsprechende ex-nunc-Wirkung an.

Gleichwohl wurde bereits gezeigt, dass Wirksamkeitsbeeinträchtigungen europäischer Vorschriften durch nationale Normen auch unter Umständen von europäischer Seite hingenommen werden, wenn sie durch allgemeine Rechtsgrundsätze gerechtfertigt werden können.

Die Fehleridentität selbst ist keine eigenständige dogmatische Figur, sondern ergibt sich vielmehr aus der allgemeinen Überlegung, für welche Erklärungen die Täuschung tatsächlich kausal wurde.[367] Ihr kann daher auch kein eigener Normzweck attestiert werden. Es bleibt dabei bei dem Normzweck der Anfechtungsvorschriften (§§ 123 Abs. 1, 142 Abs. 1 BGB), die dem Schutz der Vertragspartei vor nachteiligen Entscheidungen bei Fehlinformationen dient[368] und damit letztlich die rechtsgeschäftliche Entscheidungsfreiheit schützt[369].

Auf europäischer Ebene und ebenso in allen Mitgliedsstaaten ist die rechtsgeschäftliche Entschließungsfreiheit ebenso ein anerkannter Grundsatz (siehe etwa Art. 16 GRC). Die mitgliedsstaatlichen Vorschriften können damit auf einen auch in der europäischen Rechtsordnung anerkannten allgemeinen Rechtsgrundsatz angeknüpft werden. Allerdings muss das konkrete Regelungsziel dieser Vorschriften auch eine aus europäischer Sicht verhältnismäßige Ausprägung des jeweiligen allgemeinen Rechtsgrundsatzes darstellen. Das bedeutet, dass hier auch entgegenstehende Grundsätze einzubeziehen sind – insbesondere der Normzweck der auf der anderen Seite der Kollision stehenden europäischen Norm. Hier ist das der Datenschutz (Art. 8 GRC), repräsentiert durch die Vorschriften zur datenschutzrechtlichen Einwilligung.

Dass im europäischen Recht die Freiheit, personenbezogene Daten anderen zugänglich zu machen, in Art. 8 GRC und die Vertragsfreiheit in einem separaten Grundrecht geregelt sind, zeigt bereits die Trennung von Datenschutzrecht und Vertragsrecht (Art. 8 Abs. 3 DSGVO). Aus europäischer Perspektive bleibt die Vertragsfreiheit damit unberührt, wenn die datenschutzrechtliche Einwilligung im obigen Fall nicht i. R. d. Fehleridentität einer Vertragsanfechtung von

---

[367] *Rehberg*, in: BeckOGK, BGB § 123 (Stand 1.6.2022) Rn. 116.1.

[368] *Rehberg*, in: BeckOGK, BGB § 123 (Stand 1.6.2022) Rn. 3 f. mit Verweis auf *Rehberg*, Das Rechtfertigungsprinzip, 2014, 978.

[369] BGH, Beschluss (21.9.2011) – IV ZR 38/09 = BGH NJW 2012, 296, Rn. 28 m. w. N.; *Dörner*, in: Hk-BGB, 11. Aufl. 2021, BGB § 123 Rn. 1; *Armbrüster*, in: MüKo BGB, 9. Aufl. 2021, BGB § 123 Rn. 1; kritisch und unter Betonung des Schutzes vor nachteiligen Entscheidungen *Rehberg*, in: BeckOGK, BGB § 123 (Stand 1.6.2022) Rn. 5 f. m. w. N.

der Anfechtungswirkung erfasst wird – denn die Frage nach der Wirksamkeit der datenschutzrechtlichen Einwilligung ist per se keine Frage des Art. 16, sondern des Art. 8 GRC. Damit endet mutmaßlich auch eine mögliche Berufung mitgliedsstaatlicher Vorschriften auf den Grundsatz der unternehmerischen (= Vertrags-)Freiheit des Art. 16 GRC da, wo es nicht mehr um vertragliche Fragen, sondern um solche des Datenschutzes geht. Anders gesagt: Das Regelungsziel des § 142 Abs. 1 BGB im obigen Fall ist aus europäischer Sicht wahrscheinlich eine unverhältnismäßige Ausprägung des Art. 16 GRC. Daraus folgt, dass im konkreten, obigen Falle die Einschränkung datenschutzrechtlicher Vorgaben durch die §§ 123 Abs. 1, 142 Abs. 1 BGB nicht durch allgemeine Rechtsgrundsätze zu rechtfertigen ist.

Folglich ist, wie oben bereits angedeutet, der § 142 Abs. 1 BGB in diesem Fall nicht mit seiner vorgesehenen ex-tunc-Rechtsfolge anwendbar. Vielmehr ist die Norm europarechtskonform auszulegen und im Ergebnis wie ein Widerruf (Art. 7 Abs. 3 S. 1) mit ex-nunc-Wirkung gem. Art. 7 Abs. 3 S. 2 DSGVO zu behandeln. Ebenso kann vertreten werden, dass eine europarechtskonforme Reduktion der Rechtsfolge angesichts des klaren Wortlauts nicht möglich ist. Dann ist § 142 Abs. 1 BGB gem. der Nichtanwendungsregel überhaupt nicht anzuwenden. Der Betroffene muss dann widerrufen (Art. 7 Abs. 3 S. 2). Hier ergeben sich jedoch keine Unterschiede zur ersten Variante, da wohl regelmäßig die Anfechtung des Vertrags auch als Widerruf der Einwilligung auszulegen ist.

3. Ergebnis

Die Nähe der datenschutzrechtlichen Einwilligung zum mitgliedsstaatlichen Vertragsrecht führt zu vielfältigen Verflechtungen dieser Normkomplexe. Der Vorranganspruch des europäischen Rechts kann zu einer Verdrängung allgemeiner mitgliedsstaatlicher Normen im Einzelfall führen, wenn diese mit dem europäischen Recht indirekt kollidieren. Ebenso zeigt sich, dass das mitgliedsstaatliche Minderjährigenrecht aufgrund der Wechselwirkungen mit dem Datenschutzrecht unter Umständen unter Anpassungsdruck gerät: Die so im Einzelfall entstehenden Wertungsinkohärenzen sind entweder hinzunehmen oder aber von nationaler Seite gesetzgeberisch zu korrigieren.

IV. Datenschutz als vertragliche Nebenpflicht – Verknüpfung der DSGVO-Vorgaben mit allgemeinem Vertragsrecht?

Im Interesse einer rechtsgebietsübergreifenden Wertungskohärenz sowie eines stimmigen Ineinandergreifens des europäischen mit dem nationalen Sachrecht, ist aus deutscher Sicht denkbar (und mit Blick auf die hohe praktische Relevanz des Datenschutzes ebenso naheliegend), den Datenschutz im Kontext des deutschen Vertragsrechts zu betrachten. Vorliegend soll angesichts der zahlreichen möglichen Verschränkungen in diesem Gebiet[370] nur eine Konstellation exemplarisch untersucht werden, nämlich eine Einordnung als vertragliche Schutzpflicht i. S. d. § 241 Abs. 2 BGB, soweit Daten anlässlich eines Vertragsverhältnisses erhoben wurden.[371] Das Verständnis wesentlicher Pflichten aus der DSGVO als vertragliche Nebenpflichten liegt aus der deutschen Perspektive nahe, regelmäßig wird auch eine Vertragsauslegung gem. §§ 133, 157 BGB ergeben, dass der Datenschutz im Rahmen des Vertrags eine erkennbare Bedeutung für den von der Datenverarbeitung Betroffenen einnimmt.[372] Eine solche Einordnung wiederum führt zu einer möglichen Loslösung vom Vertrag über § 314 Abs. 1 S. 1 (für Dauerschuldverhältnisse)[373] oder §§ 346 Abs. 1, 324 BGB, wenn etwa Daten nicht sorgfältig genug gesichert wurden, infolgedessen in die Hände Dritter gelangt sind und im Einzelfall ein Festhalten am Vertrag unzumutbar ist (§ 324, § 314 Abs. 1 S. 2 BGB). Dies ist insbesondere bei Dauerschuldverhältnissen interessant, denn die DSGVO gewährt keinen solchen Ausstieg aus einem Vertrag bei Verletzung von Datenschutzvorschriften durch den datenverarbeitenden Vertragspartner, sondern lediglich einen Anspruch auf materiellen und immateriellen Schadenersatz. Über die oben angeführte Verknüpfung mit vertragsrechtlichen Vorschriften könnte dem Datenschutz zusätzliche Bedeutung eingeräumt werden, da über das Scharnier des Datenschutzes dann auch Verträge aufgekündigt werden könnten.

Es stellt sich aber die Frage, ob durch eine solche Verknüpfung dem Datenschutz nicht zu einer Art überschießender Geltung verholfen würde. So könnte man vor dem Hintergrund des erklärten Ziels einer Rechtsvereinheitlichung argumentieren, dass die DSGVO die Rechtsfolgen bei Datenschutzverstößen abschließend regele und hier gerade für das zivilrechtliche Verhältnis „nur" einen gesetzlichen Schadenersatzanspruch (Art. 82 DSGVO) vorsehe. In diesem Fall würde das Regelungsziel der jeweiligen mitgliedsstaatlichen Norm, die das europäische Datenschutzrecht aufgreift, mit dem Art. 82 kollidieren.

Dem ist aber entgegenzuhalten, dass es gerade im Sinne der DSGVO ist, dass der Datenschutz über zusätzliche Mechanismen des nationalen Rechts abgesichert wird[374] und dass die DSGVO solche mittelbaren Folgen aus Gründen des Umfangs auch gar nicht regeln konnte. Zudem überlässt Art. 84 Abs. 1 DSGVO den Mitgliedsstaaten explizit die Möglichkeit, Verstöße gegen die Verordnung anderweitig zu sanktionieren. Hier schließt sich jedoch die Frage an, was genau

---

[370] Zu verschiedenen Vertragskonstellationen und damit einhergehenden Verschränkungen umfassend *Hacker*, Datenprivatrecht, 2020, 371 ff., 397 ff., 506 ff.

[371] Dazu auch *Hacker*, Datenprivatrecht, 2020, 507 ff.

[372] *Hacker*, Datenprivatrecht, 2020, 508 f., der jedoch eine Differenzierung zwischen den einzelnen DSGVO-Pflichten vornimmt.

[373] Zum Rückgriff auf Rücktrittswertungen im Rahmen des „wichtigen Grunds" *Martens*, in: BeckOGK, BGB § 314 (Stand 1.7.2022) Rn. 30 ff., wenngleich i. R. d. § 314 auch wichtige Gründe ausreichen, die nicht Teil einer vertraglichen Verpflichtung sind, Rn. 39 ff.

[374] Siehe auch Erwägungsgrund 146 S. 4.

mit „Sanktion" gemeint ist und ob eine (vertragsrechtliche) Vorschrift, die sich nicht explizit nur auf Datenschutzverstöße bezieht, als Sanktion im Sinne des Art. 84 Abs. 1 gelten kann. Sanktionen sind in erster Linie Maßnahmen zur Bestrafung. Hier handelt es sich aber vielmehr um das Zugestehen vertraglicher Gestaltungsrechte, die dem Interessenausgleich im Vertragsverhältnis dienen. Die vertraglichen Rechtsfolgen sind damit thematisch näher an der Haftung anzusiedeln, die von den Sanktionen begrifflich auch in der DSGVO unterschieden wird (siehe Art. 82, 84 DSGVO). Geht man damit davon aus, dass eine solche Inbezugnahme durch mitgliedsstaatliches Recht von Art. 84 Abs. 1 nicht explizit erlaubt wird, wäre eine entsprechende Verknüpfung der datenschutzrechtlichen Vorschriften mit dem Vertragsrecht nur dann abzulehnen, wenn die Schadenersatzvorgaben der DSGVO in Art. 82 abschließend *jegliche zivilrechtlichen Folgen* von Datenschutzverstößen regeln sollen.

Vorliegend sprechen jedoch die besseren Argumente für eine Interpretation des Art. 82 DSGVO, die explizit nur solche Schadenersatzregelungen sperrt, welche einen Verstoß gegen die DSGVO oder das zur Präzisierung erlassene mitgliedsstaatliche Recht betreffen,[375] sich aber zu weiteren zivilrechtlichen Inbezugnahmen des Datenschutzes von mitgliedsstaatlicher Seite nicht verhält: Zudem klammert die DSGVO vertragsrechtliche Rechtsfragen an anderer Stelle explizit aus (Art. 8 Abs. 3 DSGVO). Gleichwohl sind Querbezüge zum nationalen Vertragsrecht notwendig, allein weil ein Vertrag regelmäßig auch einen Rechtfertigungsgrund für die Datenverarbeitung darstellen kann (Art. 6 Abs. 1 lit. b). Der Art. 8 Abs. 3 zeigt, dass diese Überlegungen zumindest im Kontext der Einwilligung eine Rolle gespielt haben. Die Nähe des Datenschutzrechts zum Vertragsrecht ist daher bekannt, Wechselwirkungen wurden erwartet. Aus Art. 8 Abs. 3 lässt sich zudem schließen, dass es sich beim Vertragsrecht und Datenschutzrecht um zwei getrennte Rechtsbereiche handelt. Daraus wiederum ließe sich folgern, dass die DSGVO generell keinen Anspruch auf eine Regelung vertragsrechtlicher Fragestellungen erhebt. Eine „Integration" des Datenschutzrechts in das jeweilige nationale Vertragsrecht liegt sogar im Interesse einer effektiven Wirksamkeit europäischer Normen.[376]

---

375 *Kühling/Martini*/et al., Die DSGVO und das nationale Recht, 2016, 351 ff. mit Verweis auf Erwägungsgrund 146 S. 4, 5; ebenso *Boehm*, in: Simitis/Hornung/Spiecker gen. Döhmann, 2019, DSGVO Art. 82 Rn. 32; ähnlich auch *Kreße*, in: Hk-DSGVO, 2. Aufl. 2018, DSGVO Art. 82 Rn. 27; nach einer anderen Auslegung des Erwägungsgrundes 146 S. 4 existiert keinerlei Sperrwirkung gegenüber nationalem Recht: *Weichert*, in: D/W/W/S, 2. Aufl. 2020, DSGVO Art. 82 Rn. 45; *Bergt*, in: Kühling/Buchner, 3. Aufl. 2020, DSGVO Art. 82 Rn. 67; *Laue/Kremer*, Das neue Datenschutzrecht in der betrieblichen Praxis, 2. Aufl. 2019, § 11, Rn. 17; *Nemitz*, in: Ehmann/Selmayr, 2. Aufl. 2018, DSGVO Art. 82 Rn. 7.

376 In diesem Sinne auch *Hacker*, Datenprivatrecht, 2020, 4 ff., der „die Wechselwirkungen zwischen Datenschutzrecht, Vertragsrecht und Rechtsgeschäftslehre" als „Nukleus des Datenprivatrechts" bezeichnet, ebd., 7.

Nach der hiesigen Ansicht liegt damit keine Kollision vor. Dennoch kann auch diese Frage abschließend nur durch den EuGH entschieden werden.

V. Deutsche Vorgaben zum nemo-tenetur-Grundsatz im Widerspruch zu DSGVO-Vorgaben?

1. Verwertungsverbot (§ 43 Abs. 4) und Beschränkung der Mitwirkungspflicht (§ 40 Abs. 4 S. 2) im BDSG

Die DSGVO gibt zwar Handlungsbefugnisse, Pflichten sowie Sanktionsmöglichkeiten der Aufsichtsbehörden vor (siehe vor allem Art. 55 ff., 77 ff.), überlässt jedoch die Ausgestaltung des damit verbundenen Verfahrens den Mitgliedsstaaten (so ausdrücklich in Art. 58 Abs. 4, Art. 83 Abs. 8). Zum Zwecke der Durchführung wurden in das BDSG n. F. auch Ausprägungen des nemo-tenetur-Grundsatzes übernommen (§ 42 Abs. 4 für Strafverfahren, §§ 43 Abs. 4 für Bußgeldverfahren sowie § 40 Abs. 4 BDSG allgemein für Aufsichtsverfahren): § 43 Abs. 4 BDSG garantiert dem Verantwortlichen, dass im Falle von Meldungen nach den Art. 33, 34, zu welchen er verpflichtet ist, ein Bußgeldverfahren nach Art. 82 DSGVO nur mit seiner Einwilligung eingeleitet werden kann. Für andere Verwendungen statuiert § 43 Abs. 4 ein „Verwertungsverbot". § 40 Abs. 4 BDSG wiederum begrenzt die Verpflichtung des Verantwortlichen, dem Auskunftsverlangen der Aufsicht nach Art. 58 Abs. 1 lit. a und damit der spiegelbildlichen Mitwirkungspflicht in Art. 31 nachzukommen, soweit er sich durch die Auskunft selbst belasten würde. Dogmatisch handelt es sich hierbei um eine Beschränkung von Mitwirkungspflichten, wie sie im deutschen Wirtschaftsverwaltungsrecht weit verbreitet sind.[377]

Diese Vorschriften stellen Ausprägungen des Grundsatzes, dass niemand verpflichtet ist, sich selbst zu belasten („nemo tenetur se ipsum accusare") dar.[378] Das deutsche Recht trennt regelmäßig zwischen Bußgeldverfahren und Verwaltungsverfahren und kennt eine Mitwirkungspflicht nur im Verwaltungsverfahren, nicht aber im Bußgeldverfahren.[379] Für das Bußgeldverfahren muss der Verantwortliche daher keine Informationen liefern (§ 40 Abs. 4 S. 2) bzw. er darf sich darauf verlassen, dass die Informationen nicht im Bußgeld- oder Strafverfahren verwendet werden (§ 43 Abs. 4 BDSG).

Das europäische Recht hingegen scheint hier auf den ersten Blick keine oder jedenfalls nicht die gleiche Unterscheidung vorzunehmen – die Befugnisse der Aufsichtsbehörde aus Art. 58 Abs. 1 lit. a scheinen ebenso wie die Pflicht des

---

377 *Bärlein/Pananis/Rehmsmeier*, NJW 2002, 1825, 1827.

378 Für § 40 BDSG *Thiel*, in: Taeger/Gabel, 4. Aufl. 2022, BDSG § 40 Rn. 26; *Hense*, in: Hk-BDSG, 2020, BDSG § 40 Rn. 20; für § 43 BDSG BR-Drs. 110/17, 111, Begründung zu § 43 BDSG.

379 ZD-Interview mit Barbara Thiel und Tim Wybitul, ZD 2020, 3, 5.

Verantwortlichen nach Art. 31 augenscheinlich keine solchen Einschränkungen zuzulassen. Auch die Vorgaben zu den Sanktionsbefugnissen lassen keine Ausnahme für solche Verstöße zu, die im Rahmen einer Meldung nach Art. 33 f. bekannt wurden – vielmehr sprechen die Erwägungsgründe 148 S. 1 und 87 S. 3 sowie Art. 83 Abs. 2 S. 2 lit. h dafür, dass auch auf eine Meldung nach Art. 33, 34 ein Bußgeldverfahren einzuleiten ist.

Es stellt sich damit die Frage, ob die oben genannten Einschränkungen im Sinne des nemo-tenetur-Grundsatzes (§ 40 Abs. 4 und §§ 42 Abs. 4, 43 Abs. 4) mit den jeweiligen Vorgaben der DSGVO kollidieren (Art. 58 Abs. 1 lit. a, Art. 31 DSGVO und Art. 83 Abs. 1, Abs. 2 S. 1 DSGVO), da möglicherweise die BDSG-Einschränkungen einer effektiven Wirksamkeit der aufsichtsbehördlichen Befugnisausübung nach der DSGVO im Wege stehen.[380] Des Weiteren ist zu prüfen, ob eine etwaige indirekte Kollision möglicherweise zu rechtfertigen ist.[381]

Hier sollen beide Kollisionsfälle parallel geprüft werden. Dies bietet sich an, da beide Vorschriften auf den nemo-tenetur-Grundsatz rekurrieren und der hinter der Normenkollision stehende Konflikt, wie noch zu zeigen sein wird, i. E. der gleiche ist.

2. Kollisionsprüfung

Die genannten Vorschriften des BDSG knüpfen an die Vorgaben der DSGVO an und formulieren mit dem nemo-tenetur-Grundsatz Verfahrensrechte des Verantwortlichen. Eine direkte Kollision läge vor, wenn die DSGVO die Durchsetzung des materiellen Datenschutzrechts bereits abschließend geregelt hätte. Dies ist jedoch nicht der Fall, vielmehr bestehen in beiden Fällen sogenannte „Rechtsstaatlichkeitsklauseln“,[382] die die Notwendigkeit einer ordnungsgemäßen Ausgestaltung des Verfahrens betonen. Das Verfahren soll sich in beiden Fällen (Art. 58 Abs. 4 und Art. 83 Abs. 8) sowohl nach dem Unionsrecht als auch nach dem mitgliedsstaatlichen Recht richten.

a) Natur der Rechtsstaatlichkeitsklauseln: Klarstellung von Selbstverständlichem

Die Rechtsstaatsklauseln werden teils als Öffnungsklauseln verstanden.[383] Die Öffnungsklausel ermöglicht regelmäßig dem Mitgliedsstaat eine Ausgestal-

---

[380] Siehe 2. b), S. 298.

[381] Siehe 2. c), S. 300.

[382] *Eichler*, in: BeckOK DSR, 40. Aufl. 2022, DSGVO Art. 58 (Stand 1.5.2022) Rn. 43; *Selmayr*, in: Ehmann/Selmayr, 2. Aufl. 2018, DSGVO Art. 58 Rn. 6; siehe auch Erwägungsgrund 129 S. 4 DSGVO.

[383] Für Art. 58: *Spittka*, RDV 2019, 167, 170; *Boehm*, in: Kühling/Buchner, 3. Aufl. 2020, DSGVO Art. 58 Rn. 43; für Art. 83 Abs. 8: *Moos/Schefzig*, in: Taeger/Gabel, 4. Aufl. 2022,

tung in einem Bereich, der sonst dem Sekundärrecht unterliegen würde. Die Öffnungsklausel stellt damit eine gewollte Lücke im Anwendungsbereich des jeweiligen Rechtsakts dar.[384] Dies ist aber für die DSGVO im Bereich des Verfahrens gerade nicht der Fall: Wenngleich vereinzelten Regelungen eine prozessuale Wirkung zugeschrieben wird (etwa Art. 7 Abs. 1, Art. 82 Abs. 3), enthält die DSGVO keine umfassenden verfahrensrechtlichen Regelungen und beschränkt sich auf eine Harmonisierung der behördlichen Eingriffsbefugnisse.[385] Das Verfahren bestimmt sich damit schon im Sinne der Soweit-Formel[386] nach dem mitgliedsstaatlichen Recht. Damit existiert schlichtweg kein europäisch geregelter Bereich, aus welchem ein mitgliedsstaatlich zu füllender Komplex durch eine Öffnungsklausel ausgeklammert werden könnte.[387] Vielmehr zählen die Rechtsstaatsklauseln Anforderungen auf, an welche sich die Mitgliedsstaaten bei der verfahrensrechtlichen Regelung halten müssen.

Auch das sind jedoch keine außergewöhnlichen Vorgaben, vielmehr werden hier Selbstverständlichkeiten normiert: Da die verfahrensrechtliche Gestaltung explizit den Mitgliedsstaaten aufgegeben ist und die neuen BDSG-Vorschriften die Durchführung der DSGVO gerade bezwecken, liegt hier jeweils eine Durchführung von Unionsrecht gem. Art. 51 Abs. 1 GRC vor.[388] Das bedeutet, dass die europäischen Grundrechte Anwendung finden.[389] Die Rechtsstaatsklauseln wiederholen lediglich die Ausgestaltungsgrenzen für die Durchführung des EU-

---

DSGVO Art. 83 Rn. 158; *Spittka*, RDV 2019, 167, 170; *Thiele*, EuR 2017, 367, 5 f.; BT DS 18/11325, 109 (zu § 43).

[384] *Müller*, Die Öffnungsklauseln der Datenschutzgrundverordnung, 2018, 58 f.

[385] So auch *Gritmann*, in: Taeger/Gabel, 4. Aufl. 2022, DSGVO Art. 58 Rn. 39 f.; *Holländer*, in: BeckOK DSR, 40. Aufl. 2022, DSGVO Art. 83 (Stand 1.11.2021) Rn. 83; *Popp*, in: Hk-DSGVO, 2. Aufl. 2018, DSGVO Art. 83 Rn. 26; *Ziebarth*, in: Hk-DSGVO, 2. Aufl. 2018, DSGVO Art. 58 Rn. 99 f.; explizite Bestätigung für DSRL EuGH, Urt. v. 28.7.2016 – Rs. C-191/15 (Verein für Konsumenteninformation), ECLI:EU:C:2016:612, Rn. 73 ff.; EuGH, Urt. v. 1.10.2015 – Rs. C-230/14 (Weltimmo), ECLI:EU:C:2015:639, Rn. 49 ff.

[386] Siehe oben Kapitel 2 A. I. 1., S. 80.

[387] So i. E. auch *Boms*, ZD 2019, 536, 539.

[388] Siehe zum Begriff der „Durchführung" EuGH, Urt. v. 7.9.2017 – verb. Rs. C-177/17 u. 178/17 (Demarchi Gino), ECLI:EU:C:2017:656, Rn. 19 ff.; EuGH, Urt. v. 6.10.2015 – Rs.-C-218/15 (Paoletti), ECLI:EU:C:2016:748, Rn. 14 ff.; EuGH, Urt. v. 10.7.2014 – Rs. C-198/13 (Hernández), ECLI:EU:C:2014:2055, Rn. 33 ff., 37; EuGH, Urt. v. 17.9.2014 – C-562/12 (Liivimaa Lihaveis), ECLI:EU:C:2014:2229, Rn. 62; EuGH, Urt. v. 15.6.1978 – Rs. C-149/77 (Defrenne), ECLI:EU:C:1978:130, Rn. 29 ff.; EuGH, Urt. v. 6.3.2014 – Rs. C-206/13 (Siragusa), ECLI:EU:C:2014:126, Rn. 24; EuGH, Urt. v. 29.5.1997 – Rs. C-299/95 (Kremzow), ECLI:EU:C:1997:254, Rn. 16 f.; EuGH, Urt. v. 22.11.2005 – Rs. C-144/04 (Mangold), ECLI:EU:C:2005:709, Rn. 75; EuGH, Urt. v. 13.7.1989 – Rs. C-5/88 (Wachauf), ECLI:EU:C:1989:321, Rn. 19; zu den umstrittenen Voraussetzungen *Jarass*, GRCh, 4. Aufl. 2021, Art 52 Rn. 23 ff.

[389] *Brodowski/Nowak*, in: BeckOK DSR, 40. Aufl. 2022, BDSG § 41 (Stand 1.5.2022) Rn. 48; *Holländer*, in: BeckOK DSR, 40. Aufl. 2022, DSGVO Art. 83 (Stand 1.11.2021) Rn. 82.1; *Moos/Schefzig*, in: Taeger/Gabel, 4. Aufl. 2022, DSGVO Art. 83 Rn. 159; *Buchholtz*, DÖV 2017, 837, 840 f.; in diesem Sinne auch *Nguyen*, in: Gola, 2. Aufl. 2018, DSGVO Art. 58 Rn. 26: „rein deklaratorischer Natur".

Rechts, die auch sonst gelten: Dort, wo bereits aus europarechtlichen Grundsätzen klare Vorgaben folgen, darf der Mitgliedsstaat keine eigenen Verfahrensvorgaben machen, diese sind entweder unanwendbar oder europarechtlich auszulegen.[390] Zwar darf der Mitgliedsstaat im Rahmen der Durchführung von Unionsrecht auch eigene Grundrechtsmaßstäbe ansetzen (Art. 53 GRC), diese müssen sich aber im durch die Charta vorgesehenen Rahmen bewegen und dürfen nicht den Vorrang oder die Einheit europarechtlicher Vorschriften gefährden.[391] Im Ergebnis bleibt damit nur ein vergleichsweise enger Ausgestaltungsraum für nationale Grundrechtsmaßstäbe.[392]

Aus allgemeinen Rechtsgrundsätzen des Unionsrechts lassen sich derzeit noch keine konkreten Verfahrensvorschriften ableiten, die das Verfahren auf europäischer Ebene unmittelbar regeln könnten. Vielmehr besteht mit den allgemeinen Rechtsgrundsätzen und den Grundrechten ein Wertefundament, das den Rahmen einer zulässigen mitgliedsstaatlichen Ausgestaltung bildet.[393] Dieser Rahmen ist gemeint, soweit die Rechtsstaatsklauseln „angemessene Verfahrensgarantien gemäß dem Unionsrecht und dem Recht der Mitgliedsstaaten" fordern und diese in den Erwägungsgründen 129 und 148 S. 4 spezifizieren. Der zusätzliche Verweis des Art. 58 Abs. 4 auf die Charta hat keine darüberhinausgehende Bedeutung, da das *Unionsrecht* die Charta bereits umfasst (Art. 6 Abs. 3 EUV).

Selbst wenn die Rechtsstaatsklauseln als Öffnungsklauseln verstanden werden, so erlauben auch diese einen Spielraum nur in den oben genannten Grenzen des europäischen Rechts, inklusive der Grundrechtecharta.[394]

---

390 Ebenso *Gritmann*, in: Taeger/Gabel, 4. Aufl. 2022, DSGVO Art. 58 Rn. 39; *Selmayr*, in: Ehmann/Selmayr, 2. Aufl. 2018, DSGVO Art. 58 Rn. 5; *Polenz*, in: Simitis/Hornung/Spiecker gen. Döhmann, 2019, DSGVO Art. 58, 68 („doppelte verfahrensrechtliche Absicherung"), der treffend von Kollisionen zwischen Verfahrensvorgaben auf der europäischen und der mitgliedsstaatlichen Ebene spricht, die über die allg. Grundsätze aufzulösen sind.

391 EuGH, Urt. v. 5.12.2017 – Rs. C-42/17 (M. A. S./M. B.), ECLI:EU:C:2017:936, Rn. 47; EuGH, Urt. v. 26.2.2013 – Rs. C-617/10 (Åkerberg Fransson), ECLI:EU:C:2013:105 = NJW 2013, 1415, Rn. 29; EuGH, Urt. v. 6.3.2014 – Rs. C-206/13 (Siragusa), ECLI:EU:C:2014:126, Rn. 31 f.; ebenso auch BVerfG, Beschluss (6.11.2019) – 1 BvR 16/13 (Recht auf Vergessen I), Rn. 50 f.; *Classen*, EuR 2017, 347, 358; *Ludwigs/Sikora*, JuS 2017, 385, 391; *Buchholtz*, DÖV 2017, 837, 840 f.; *Britz*, EUGRZ 2015, 275, 278; *Thym*, NVwZ 2013, 889, 892, 895.

392 Missverständlich insoweit *Spittka*, RDV 2019, 167, 170, der die Grenzen des Ausgestaltungsspielraums nicht benennt.

393 So auch *Frenzel*, in: Paal/Pauly, 3. Aufl. 2021, DSGVO Art. 83 Rn. 29; *Weichert*, in: D/W/W/S, 2. Aufl. 2020, DSGVO Art. 58 Rn. 56 f.; *Boehm*, in: Simitis/Hornung/Spiecker gen. Döhmann, 2019, DSGVO Art. 83 Rn. 5, 56; *Selmayr*, in: Ehmann/Selmayr, 2. Aufl. 2018, DSGVO Art. 58 Rn. 5 f.; *Nguyen*, in: Gola, 2. Aufl. 2018, DSGVO Art. 58 Rn. 26.

394 Zur Anwendung europäischer Grundrechte in Spielraumkonstellationen; siehe EuGH, Urt. v. 27.6.2006 – Rs. C-540/03 (Parlament/Rat), ECLI:EU:C:2006:429 Rn. 104 f.; *Buchholtz*, DÖV 2017, 837, 839 f.; *Franzius*, ZaÖRV 75 (2015), 383, 386; nun auch in Abkehr von der Trennungsthese BVerfG, Beschluss (6.11.2019) – 1 BvR 16/13 (Recht auf Vergessen I), Rn. 39, 43 ff.

Im Ergebnis sind die Rechtsstaatsklauseln daher als expliziter Verweis auf das Recht der Mitgliedsstaaten zu verstehen, soweit das EU-Recht keine eigenen Vorgaben aufweist. Es gelten die oben angeführten allgemeinen Grundsätze, die in Art. 58 Abs. 4, Art. 83 Abs. 8 jeweils explizit verschriftlicht sind: Das Recht der Mitgliedsstaaten, welches das Unionsrecht durchführt, muss sich im Rahmen der Grundrechtecharta bewegen und darf nicht die Äquivalenz und Effektivität des europäischen Rechts verletzen.[395] In diesem (engen) Rahmen sind die Mitgliedsstaaten frei, auch nach den eigenen Maßstäben das Verfahrensrecht frei zu bestimmen.

Damit scheidet eine direkte Kollision in beiden Fällen aus, da die Verfahrensausgestaltung außerhalb der Regelung von aufsichtlichen Kernbefugnisse und -pflichten in der DSGVO den Mitgliedsstaaten überlassen ist (Art. 58 Abs. 4, Art. 82 Abs. 8) und daher nicht in den Regelungsgehalt des EU-Rechts fällt.

b) Indirekte Kollision

Infrage kommt im Weiteren aber eine indirekte Kollision: Eine solche liegt vor, soweit sich die Regelungsziele der betreffenden Vorschriften widersprechen.[396] Regelungsziele beziehen sich immer auf einen konkreten Anwendungsfall. Hier soll daher folgender Beispielsfall als Grundlage dienen:

Das Unternehmen V, das im datenschutzrechtlichen Sinne Verantwortlicher ist (Art. 4 Nr. 7), hat zahlreiche Datenschutzverstöße zu verantworten: Nicht mehr benötigte Kundendaten werden weiterhin für Werbezwecke genutzt und trotz teils expliziter Aufforderung seitens der Kunden nicht gelöscht.

1) Die nichtsahnende zuständige Aufsichtsbehörde fragt i. R. e. Überprüfung gem. Art. 58 Abs. 1 lit. a zufällig Informationen nach, aus welchen auch der obige Datenschutzverstoß ersichtlich wird. V verweigert die Herausgabe mit Verweis auf § 40 Abs. 4 S. 2 BDSG.

2) Die V meldet die Verstöße gem. Art. 33 f. an die zuständige Aufsichtsbehörde. Als diese daraufhin ein Bußgeldverfahren nach Art. 83 gegen ihn anstrengt, beruft sich V auf § 43 Abs. 4 BDSG.

aa) § 40 Abs. 4 S. 2 BDSG und Art. 58 Abs. 1 lit. a DSGVO

Das Regelungsziel des § 40 Abs. 4 S. 2 BDSG ist regelmäßig, den Verantwortlichen davor zu bewahren, Informationen preisgeben zu müssen, die sodann in einem Bußgeldverfahren gegen ihn verwendet werden können.[397]

---

395 So auch Article 29 Data Protection Working Party, WP 253 – Guidelines on the application and setting of administrative fines for the purposes of the Regulation 2016/679 (2017), 6 für Art. 83.

396 Siehe oben Kapitel 2 A. III. 3. c) bb), S. 120.

397 Siehe etwa *Hense*, in: Hk-BDSG, 2020, BDSG § 40 Rn. 20; *Spittka*, RDV 2019, 167, 169.

Regelungsziel des Art. 58 Abs. 1 lit. a und spiegelbildlich des Art. 31 DSGVO ist es, dass den Aufsichtsbehörden alle für ihre Tätigkeit notwendigen Informationen von den Verantwortlichen bereitgestellt werden. Zu den Tätigkeiten der Aufsichtsbehörden gehört nicht zuletzt die Sanktionierung von Datenschutzverstößen (Art. 82 DSGVO). Informationen, die etwa auf eine mangelhafte Umsetzung des Datenschutz-Management-Systems hinweisen oder aus denen sich anderweitige Verstöße gegen Datenschutzvorschriften ergeben können, sind damit vom Regelungsziel klar umfasst. Zwar trennt auch das europäische Recht zwischen Verwaltungs- und Sanktionsverfahren, aber selbst vor diesem Hintergrund dürfte eine teleologische Reduktion der Norm nach Art. 48 Abs. 1 GRC (Unschuldsvermutung) erst dann angezeigt sein, wenn die Behörde explizit nach Verstoßnachweisen fragt bzw. einen Gegenbeweis für einen behaupteten Verstoß verlangt.[398] Solange im Verwaltungsverfahren lediglich Informationen erfragt werden, müssen diese auch umfangreich vorgelegt werden. Das gilt auch für Informationen, denen ggf. ein Verstoß gegen die DSGVO zu entnehmen sein könnte. Eine nationale Vorschrift wie § 40 Abs. 4 S. 2 BDSG, die dem Verantwortlichen Verfahrensrechte einräumt, welche diese Informationspflicht zum Teil aushebeln können, steht zum Regelungsziel der DSGVO-Vorschriften im Widerspruch. Hier liegt folglich eine indirekte Kollision vor.

bb) § 43 Abs. 4 BDSG und Art. 83 Abs. 1, Abs. 2 DSGVO

Regelungsziel des § 43 Abs. 4 ist es, den Verantwortlichen[399] vor einer Selbstbezichtigung durch die Pflichtmeldung in Art. 33 f. zu bewahren:[400] Diese Meldungen sollen nicht ohne Weiteres in einem Bußgeldverfahren gem. Art. 83 benutzt werden. Für die Aufsichtsbehörde bedeutet das, dass bekannte Verstöße einer Sanktionierung gem. Art. 83 DSGVO unter den Umständen des § 43 Abs. 4 BDSG nicht zugänglich sein können. Zwar muss nach Art. 83 Abs. 2 S. 2, der den Aufsichtsbehörden ein Entschließungsermessen einräumt („Entscheidung über die Verhängung der Geldbuße"), nicht jeder Verstoß auch zu einer Sanktionierung führen.[401] Diese Ermessensausübung wird der Behörde jedoch bereits im Vorhinein verwehrt, wenn jegliche Verstöße, die über Meldungen nach Art. 33, 34 bekannt werden, vom Bußgeldverfahren ausgeschlossen sind. Aus Erwägungsgrund 87 S. 3 folgt zudem, dass auch auf die Meldung aus Art. 33 f. ein Bußgeldverfahren eingeleitet werden kann. Hinzu kommt die For-

[398] EuGH, Urt. v. 18.10.1989 – Rs. 374/87 (Orkem/Kommission), Rn. 34. Siehe dazu auch Kapitel 3 B. V. 2. c), S. 300.

[399] Zu einer Anwendbarkeit auf juristische Personen *Brodowski/Nowak*, in: BeckOK DSR, 40. Aufl. 2022, BDSG § 43 (Stand 1.5.2022) Rn. 26; *Ehmann*, in: Gola/Heckmann, 13. Aufl. 2019, BDSG § 43 Rn. 11.

[400] BR-Drs. 110/17, 111, Begründung zu § 43 BDSG.

[401] A. A. mit Verweis auf die historische Entwicklung der Vorschriften *Bergt*, DuD 2017, 555, 556 f., der Art. 83 Abs. 2 S. 2 für einen Redaktionsfehler hält.

derung, die Sanktionen sollten „wirksam, verhältnismäßig und abschreckend" sein. Eine ausnahmslos mögliche Sanktionierung von Verstößen ist jedenfalls im Sinne einer „konsequenteren Durchsetzung" des europäischen Datenschutzes.[402] Zudem können nach Art. 83 Abs. 2 lit. h die Umstände des Bekanntwerdens des Verstoßes, also auch etwaige Vorfeldmeldungen gem. Art. 33, 34 bei der Höhe des Bußgelds berücksichtigt werden. Angesichts dessen, dass auch ein Verstoß gegen die Meldepflichten aus Art. 33, 34 eine Grundlage für Bußgelder sein kann (Art. 83 Abs. 4 lit. a), kann es für einen Verantwortlichen im Ergebnis sogar günstiger sein, wenn er einen Verstoß selbst meldet, um dann auf ein mildes Bußgeld oder aber ein im Ermessen der Behörde liegendes Nichthandeln zu hoffen. In diesem Sinne stellen die Meldepflichten der Art. 33 f. gerade keinen Anreiz zur Vertuschung dar.[403]

Aus der notwendigen Miteinbeziehung dieser Umstände lässt sich folgern, dass ein Bußgeldverfahren auch im Anschluss an im Rahmen von Art. 33, 34 erlangte Informationen eingeleitet werden können muss. Daraus folgt, dass der pauschale Ausschluss eines behördlichen Bußgeldverfahrens in bestimmten Fällen, wie dies das Regelungsziel des § 43 Abs. 4 BDSG vorsieht, dem Regelungsziel des Art. 83 DSGVO zuwiderläuft. Auch hier liegt eine indirekte Kollision vor.

c) Rechtfertigung der Wirksamkeitsbeschränkung durch allgemeine Rechtsgrundsätze?

Indirekte Kollisionen bzw. sonstige Beeinträchtigungen der Durchsetzung europäischen Rechts durch mitgliedsstaatliche Normen[404] können gerechtfertigt sein, wenn das Regelungsziel der kollidierenden nationalen Norm als verhältnismäßige Ausprägung eines europarechtlichen allgemeinen Rechtsgrundsatzes gelesen werden kann. Das ist dann der Fall, wenn im Rahmen einer Abwägung der allgemeine Rechtsgrundsatz gegenüber dem hinter dem sekundärrechtlichen Regelungsziel stehenden Zweck überwiegt. In diesen Fällen muss der Effektivitätsanspruch des europäischen Sekundärrechts zurückstehen, da die effektive Wirksamkeit (Art. 4 Abs. 3 EUV) anteilig auch für den allgemeinen Rechtsgrundsatz in der konkreten Gestalt des nationalen Regelungsziels streitet.[405]

Zunächst stellt sich daher die Frage, ob der Normzweck der BDSG-Normen sich auch auf europäischer Ebene wiederfindet. Oben wurde bereits festgestellt, dass sowohl § 40 Abs. 4 S 2 als auch § 43 Abs. 4 BDSG Ausprägungen des nemo-tenetur-Grundsatzes sind. Dieser Grundsatz ist auch auf europäischer Ebene anerkannt: Die Verteidigungsrechte nach Art. 48 Abs. 2 GRC, die gem.

---

402 Siehe Erwägungsgrund 148.
403 So aber *Rüb*, RDV 2019, 246, 247.
404 Siehe Kapitel 2 A. III. 3. a) cc), S. 109.
405 Ausführlich dazu Kapitel 2 A. IV. 2. d) cc), S. 164.

Art. 52 Abs. 3 GRC auf Art. 6 Abs. 3 EMRK rekurrieren, schützen vor einem staatlichen Zwang zur Selbstbezichtigung.[406] Dies gilt auch im Wirtschaftsverwaltungsrecht bei drohenden Bußgeldverfahren.[407] Allerdings ist vom EGMR bislang noch nicht geklärt, ob sich juristische Personen überhaupt auf das Aussageverweigerungsrecht nach Art. 48 Abs. 2 GRC, Art. 6 Abs. 3 EMRK berufen können, da alle bisherigen Fälle hierzu die Bestrafung natürlicher Personen betrafen.[408] Zudem haben sowohl das Gericht wie auch der Gerichtshof jedenfalls für Kartellverfahren bereits festgestellt, dass die reine Informationsweitergabe an die Behörde noch keiner Selbstbezichtigung und damit einer Verletzung des Art. 48 Abs. 2 GRC gleichkommt, selbst wenn diese Informationen später in einem Verfahren gegen den Betroffenen verwendet werden können.[409] Die Grenze ist aber dort erreicht, wo eine Behörde den Betroffenen faktisch zur Beweisführung gegen sich selbst auffordert.[410] Auch der EGMR hat die Anwendung von Art. 6 Abs. 3 EMRK in vorbereitenden Verwaltungsverfahren bereits mit dem Argument abgelehnt, eine reine Informationspflicht stelle noch keine Verletzung der Verteidigungsrechte dar.[411] Demnach wäre wohl auch nach der EGMR-Rechtsprechung die reine Informationsanforderung durch eine Behörde nicht mit Hinweis auf die Verteidigungsrechte des Art. 48 Abs. 2 GRC i. V. m. Art. 6 Abs. 3 EMRK zu verweigern.

---

[406] *van Vormizeele*, in: Schwarze, 4. Aufl. 2019, GRC Art. 48 Rn. 9; EGMR, Urteil (3.5.2001) – 31827/96 (J. B./Schweiz) = NJW 2002, 499, Rn. 64; EGMR, Urteil (17.12.1996) – 19187/91 (Saunders v. United Kingdom), Rn. 68.

[407] EuGH, Urt. v. 18.10.1989 – Rs. 374/87 (Orkem/Kommission), Rn. 34.

[408] Dazu *Bardong/Stempel*, in: MüKo WettbewerbsR, 3. Aufl. 2020, VO Nr. 1/2003 Art. 12 Rn. 44; siehe aber EGMR, Urteil (27.9.2011) - 43509/08 (Menarini Diagnostics), Rn. 38 ff., 57 ff., wo der EGMR jedenfalls eine Anwendbarkeit der Verteidigungsrechte aus Art. 6 Abs. 1 EMRK auch auf juristische Personen annahm; für ein rein höchstpersönliches Recht außerdem EuGH, Urt. v. 18.10.1989 – Rs. 374/87 (Orkem/Kommission), Rn. 29; *Streinz*, in: Streinz, 3. Aufl. 2018, GRC Art. 48 Rn. 4; für eine Anwendung auf juristische Personen *Jarass*, GRCh, 4. Aufl. 2021, Art. 48 Rn. 12; *van Vormizeele*, in: Schwarze, 4. Aufl. 2019, GRC Art. 48 Rn. 9 Fn. 22; *Eser/Kubicie*, in: Meyer/Hölscheidt, 5. Aufl. 2019, GRC Art. 48 Rn. 13; *Aufrichtig*, LeGes 29 (2018), 1 ff. Rn. 12; *Weiß*, Die Verteidigungsrechte im EG-Kartellverfahren, 1996, 365 ff.

[409] EuG, Urt. v. 9.4.2019 – Rs. T-371/17 (Qualcomm) = BeckRS 2019, 5395, Rn. 180 ff., 185; EuGH, Urt. v. 12.1.2017 – Rs. C-411/15 P (Timab Industries), ECLI:EU:C:2017:11, Rn. 83; EuGH, Urt. v. 25.1.2007 – Rs. C-407/04 P (Dalmine), ECLI:EU:C:2007:53, Rn. 34 m. w. N.; EuGH, Urt. v. 18.10.1989 – Rs. 374/87 (Orkem/Kommission), Rn. 40; *Blanke*, in: Calliess/Ruffert, 6. Aufl. 2022, GRC Art. 48 Rn. 5; *Jarass*, GRCh, 4. Aufl. 2021, Art 48 Rn. 28; *Schröder*, in: FrankfurterKomm., 2017, GRC Art. 48 Rn. 16; *Dannecker*, ZStW 127 (2105), 370, 370, sieht hierin ein reines „Geständnisverweigerungsrecht".

[410] EGMR, Urteil (3.5.2001) – 31827/96 (J. B./Schweiz) = NJW 2002, 499, Rn. 66 ff.; *de Bronett*, in: KartellverfahrensR, 2. Aufl. 2012, VO 1/2003 Art. 18 Rn. 12.

[411] EGMR, Urteil (29.6.2007) – 15809/02 u. 25624/02 (O'Halloran v United Kingdom), Rn. 58; EGMR, Urteil (17.12.1996) – 19187/91 (Saunders v. United Kingdom), Rn. 67; EGMR, Urteil (21.9.1994) – 17101/90 (Fayed v United Kingdom), Rn. 62; dazu *Boms*, ZD 2019, 536, 538.

Mit dieser Tendenz liegt das europäische Verständnis im Ergebnis sogar auf der Linie des deutschen Rechts: Das BVerfG leitet den nemo-tenetur-Grundsatz aus dem Rechtsstaatsgrundsatz sowie dem Allgemeinen Persönlichkeitsrecht ab.[412] Der Bezug zum APR schließt das Verbot der Selbstbezichtigung für eine Anwendbarkeit auf juristische Personen aus (Art. 19 Abs. 3 GG). Zwar zeigt sich das BVerfG in letzter Zeit gewillt, auch vermeintlich höchstpersönliche Rechte auf juristische Personen für anwendbar zu erklären, wie jüngst das Recht auf informationelle Selbstbestimmung.[413] Nach dem jetzigen Stand wird man aber noch davon ausgehen müssen, dass das Verbot der Selbstbezichtigung nur für natürliche Personen gilt.[414] Die Ausgestaltungen des nemo-tenetur-Grundsatzes im Wirtschaftsverwaltungsrecht sind daher nur einfachgesetzlicher Natur und lassen sich nicht auf eine verfassungsrechtliche Rechtsposition zurückführen.[415]

Sieht man zudem die oben genannte EuGH-Rechtsprechung zum Wettbewerbsrecht als auf das Datenschutzrecht übertragbar an, was angesichts der Vorbildfunktion des Kartellrechts für das datenschutzrechtliche Sanktionsregime naheliegt,[416] spricht alles für eine weitreichende Verpflichtung des Verantwortlichen zur Informationsherausgabe.[417] Art. 48 Abs. 2 GRC (i. V. m. Art. 6 Abs. 1 EMRK) ist hier folglich nicht anwendbar. Damit können auch die deutschen Vorgaben zum nemo-tenetur-Grundsatz nicht als Ausprägungen des Art. 48 Abs. 2 GRC verstanden werden, da sie über dessen Gehalt hinausgehen. Da eine Einschränkung der effektiven Wirksamkeit des Sekundärrechts aber nur zulässig ist, soweit diese an *europäische* Grundrechte/allgemeine Rechtsgrundsätze anknüpfen kann, sind die §§ 40 Abs. 4 S. 2, 43 Abs. 4 BDSG im Ergebnis europarechtswidrig. Die Kollision ist damit nicht über allgemeine Grundsät-

---

412 BVerfG, Beschluss (25.8.2014) – 2 BvR 2048/13 = NJW 2014, 3506, 3506 f.; BVerfG, Beschluss (15.10.2004) – 2 BvR 1316/04 (Verwertungsverbot) = NJW 2005, 352, 352 f.; BVerfG, Beschluss (26.2.1997) – 1 BvR 2172/96 (Aufzeichnungspflicht) = BVerfGE 95, 220, Rn. 83 ff.

413 BVerfG, Beschluss (27.6.2018) – 2 BvR 1405/1, 2 BvR 1780/17 (Durchsuchung einer Anwaltskanzlei) = NJW 2018, 2385, 2386.

414 Anders *Spittka*, RDV 2019, 167, 168.

415 Vgl. zum Wettbewerbsrecht *Bardong/Stempel*, in: MüKo WettbewerbsR, 3. Aufl. 2020, VO Nr. 1/2003 Art. 12 Rn. 43 m. w. N. zu kritischen Positionen.

416 Anders *Rüb*, RDV 2019, 246, 247; kritisch *Brodowski/Nowak*, in: BeckOK DSR, 40. Aufl. 2022, BDSG § 41 (Stand 1.5.2022) Rn. 49.

417 So für § 43 Abs. 4 *Bergt*, DuD 2017, 555, 560; *Bergt*, in: Kühling/Buchner, 3. Aufl. 2020, DSGVO Art. 83 Rn. 111; *Bergt*, in: Kühling/Buchner, 3. Aufl. 2020, BDSG § 43 Rn. 10 ff.; in diese Richtung auch *Brodowski/Nowak*, in: BeckOK DSR, 40. Aufl. 2022, BDSG § 43 (Stand 1.5.2022) Rn. 26; *Gola*, in: Gola, 2. Aufl. 2018, DSGVO Art. 83 Rn. 9; für § 40 *Selmayr*, in: Ehmann/Selmayr, 2. Aufl. 2018, DSGVO Art. 58 Rn. 6; i. E. auch *Wilhelm*, in: BeckOK DSR, 40. Aufl. 2022, BDSG § 40 (Stand 1.11.2021) Rn. 33; kritisch zu dieser weitreichenden Pflicht und für eine umfassendere Anwendung des nemo-tenetur-Grundsatzes auf Unternehmen im Kontext des Datenschutzrechts *Kritzer*, Datenschutzrechtliche Pflichten, Sanktionsregime und Selbstbelastungsfreiheit, 2022, 255 ff.

ze des Unionsrechts zu rechtfertigen. Insbesondere erlauben gerade die Art. 83 Abs. 8 und Art. 58 Abs. 4 keine verfahrensrechtlichen Ausgestaltungen, die die effektive Wirksamkeit der DSGVO-Vorschriften jenseits der durch die Charta gebotenen Einschränkungen behindern.[418] Denn der Rahmen, in dem das mitgliedsstaatliche Recht Modalitäten nach Maßgabe der Öffnungsklauseln gestalten darf, wird durch die europäischen Grundrechte determiniert.[419]

Eine Kollision kann nur dadurch aufgelöst werden, dass das nationale Recht entweder unangewendet bleibt oder aber europarechtsfreundlich, d. h. einschränkend und damit *kollisionsvermeidend* ausgelegt wird.[420] Unzutreffend ist jedenfalls die Ansicht, nach welcher §§ 40 Abs. 4 S. 2, 43 Abs. 4 BDSG solange anzuwenden seien, solange sie nicht ausdrücklich vom EuGH für unanwendbar befunden würden.[421] Vorliegend käme aber eine europarechtsfreundliche Auslegung der Vorschriften infrage: Versteht man den nemo-tenetur-Grundsatz als höchstpersönliches Recht, so lassen sich im Sinne auch die §§ 40 Abs. 4 S. 2, 43 Abs. 4 BDSG als nur auf natürliche Personen anwendbar auslegen.[422] Freilich würde dadurch ihr Anwendungsbereich erheblich beschnitten, sie hätten aber in allen Fällen, in denen der Verantwortliche eine natürliche Person ist, noch eine eigenständige Funktion. Es bliebe abzuwarten, ob eine solche einschränkende Auslegung der Vorschrift vom EuGH als mit dem europäischen Recht vereinbar angesehen würde. Angesichts der restriktiven EuGH/EGMR-Rechtsprechung zu vorbereitenden Verwaltungsverfahren bestehen auch hier erhebliche Zweifel.

Die Gegenansicht sieht hier eine im Ergebnis europarechtskonforme Ausgestaltung der BDSG-Normen.[423] Teils wird eine mögliche Kollision schon

---

418 Ebenso *Bergt*, in: Kühling/Buchner, 3. Aufl. 2020, DSGVO Art. 83 Rn. 112; *Boms*, ZD 2019, 536, 536; anders für beide Vorschriften *Kritzer*, Datenschutzrechtliche Pflichten, Sanktionsregime und Selbstbelastungsfreiheit, 2022, 324 ff., 330, 352 ff.; ebenso *Nolde*, in: Taeger/Gabel, 4. Aufl. 2022, BDSG § 43 Rn. 13.

419 So wohl auch *Frenzel*, in: Paal/Pauly, 3. Aufl. 2021, DSGVO Art. 83 Rn. 29; *Boehm*, in: Simitis/Hornung/Spiecker gen. Döhmann, 2019, DSGVO Art. 83 Rn. 5, 56; siehe dazu bereits Kapitel 3 B. V. 2. a), S. 295.

420 Siehe oben Kapitel 2 A. III. 2. b), S. 89.

421 So aber jedenfalls für § 43 Abs. 4 *Wenzel/Wybitul*, ZD 2019, 290, 292.

422 *Kritzer*, Datenschutzrechtliche Pflichten, Sanktionsregime und Selbstbelastungsfreiheit, 2022, 328 f.; *Pauly*, in: Paal/Pauly, 3. Aufl. 2021, BDSG § 40 Rn. 26; *Brodowski/Nowak*, in: BeckOK DSR, 40. Aufl. 2022, BDSG § 43 (Stand 1.5.2022) Rn. 26; *Weichert*, in: D/W/W/S, 2. Aufl. 2020, DSGVO Art. 58 Rn. 13; *Wilhelm*, in: BeckOK DSR, 40. Aufl. 2022, BDSG § 40 (Stand 1.11.2021) Rn. 32 f.; *Nguyen*, in: Gola, 2. Aufl. 2018, DSGVO Art. 58 Rn. 8 f.

423 Für § 43 Abs. 4 BDSG: *Kritzer*, Datenschutzrechtliche Pflichten, Sanktionsregime und Selbstbelastungsfreiheit, 2022, 311 ff., 334 f. *Spittka*, RDV 2019, 167, 171 f.; *Taeger*, RDV 2020, 3, 9; *Veil*, ZD 2018, 9, 12; *Paal*, ZD 2020, 119, 124; *Ehmann*, in: Gola/Heckmann, 13. Aufl. 2019, BDSG § 43 Rn. 11; *Heghmanns*, in: Hk-BDSG, 2020, BDSG § 43 Rn. 18 f.; so wohl auch die überwiegende Mehrzahl der Aufsichtsbehörden, siehe dazu *Taeger*, RDV 2020, 3, 10; für § 40 Abs. 4 S. 2 BDSG: *Kritzer*, Datenschutzrechtliche Pflichten, Sanktionsregime und Selbstbelastungsfreiheit, 2022, 348 ff., 358 f.; *Spittka*, RDV 2019, 167, 171 f.; *Eichler*, in:

gar nicht behandelt.[424] Unter den Befürwortern einer europarechtskonformen Lösung wird regelmäßig auf eine erlaubte Ausgestaltung nach den Rechtsstaatsklauseln, häufig im Sinne des Art. 48 Abs. 2 GRC, verwiesen.[425] Zu diesem Ergebnis kann jedoch nur kommen, wer eine Übertragbarkeit der kartellrechtlichen Rechtsprechung zu den Verteidigungsrechten ablehnt und Art. 48 Abs. 2 GRC und damit Art. 6 Abs. 3 EMRK auch bei juristischen Personen für anwendbar hält.[426] Letzteres lässt sich jedoch, wie oben gezeigt, jedenfalls nicht mit höchstrichterlicher Rechtsprechung begründen. Die besseren Argumente sprechen daher im Ergebnis für eine Europarechtswidrigkeit der oben angeführten, weiten Auslegung der BDSG-Normen.

d) Ergebnis

Das Verwertungsverbot nach § 43 Abs. 4 sowie das Aussageverweigerungsrecht nach § 40 Abs. 4 S. 2 BDSG sind verfahrensrechtliche Ausprägungen des nemo-tenetur-Grundsatzes. Da das Verfahren von der DSGVO nicht ausgestaltet wird, liegen die Vorschriften außerhalb des europäischen Regelungsbereichs. Die Vorschriften kollidieren aber indirekt mit den Vorgaben der DSGVO, genauer § 43 Abs. 4 BDSG mit Art. 33 f. (Meldepflicht des Verantwortlichen) und § 40 Abs. 4 BDSG Art. 58 Abs. 1 lit. a (Auskunftsverlangen der zuständigen Behörde). Eine Rechtfertigung über Art. 48 Abs. 2 GRC ist nicht angezeigt, da die Verteidigungsrechte der Charta und der EMRK (Art. 6 Abs. 3 EMRK) hinter der deutschen Ausprägung des BDSG zurückbleiben. Auch dürfen nationale Grundrechtestandards (soweit man den nemo-tenetur-Grundsatz juristischer Personen überhaupt auf eine grundrechtliche Position zurückführt) im Rahmen der Durchführung von Unionsrecht nur soweit zugrunde gelegt werden, wie dadurch das europäische Recht nicht in seiner Effektivität und Äquivalenz verletzt ist. Dadurch bleibt jedenfalls hier nur eine Anpassung an den unionalen Grundrechtestandard, da anderenfalls die effektive Durchsetzung der Regelungszie-

---

BeckOK DSR, 40. Aufl. 2022, DSGVO Art. 58 (Stand 1.5.2022) Rn. 7; *Plath*, in: Plath, 3. Aufl. 2018, DSGVO Art. 58 Rn. 10.

[424] *Körffer*, in: Paal/Pauly, 3. Aufl. 2021, DSGVO Art. 58 Rn. 8; *Dix*, in: Kühling/Buchner, 3. Aufl. 2020, BDSG § 40 Rn. 12; *Gola*, in: Gola/Heckmann, 13. Aufl. 2019, BDSG § 40 Rn. 28 f.; *Boehm*, in: Kühling/Buchner, 3. Aufl. 2020, DSGVO Art. 58 Rn. 14; *Selmayr*, in: Ehmann/Selmayr, 2. Aufl. 2018, DSGVO Art. 58 Rn. 6; wohl auch *Polenz*, in: Simitis/Hornung/Spiecker gen. Döhmann, 2019, DSGVO Art. 58 Rn. 13, obwohl letzterer eine mögliche Kollision von Verfahrensgrundsätzen anspricht, Rn. 68; *Eckhardt/Menz*, DuD 2018, 139, 141 hingegen sprechen zwar ein „Spannungsverhältnis" an, wollen dies aber durch Abwägung lösen.

[425] Für § 40 Abs. 4 BDSG *Breyer*, DuD 2018, 311, 317; so i. E. auch *Veil*, in: Forgó/Helfrich/Schneider, 3. Aufl. 2019, II. Kap. 1, Rn. 40; für § 43 Abs. 4 mit Verweis auf Art. 47 Abs. 2 und Art. 6 EMRK *Taeger*, RDV 2020, 3, 9.

[426] Für eine Anwendung der Verteidigungsrechte auf juristische Personen *Jarass*, GRCh, 4. Aufl. 2021, Art. 48 Rn. 12; *Eser/Kubicie*, in: Meyer/Hölscheidt, 5. Aufl. 2019, GRC Art. 48 Rn. 13; in diese Richtung auch *Bardong/Stempel*, in: MüKo WettbewerbsR, 3. Aufl. 2020, VO Nr. 1/2003 Art. 12 Rn. 44.

le der Art. 58 Abs. 1 lit. a, 33 f. nicht gewährleistet werden kann. Insbesondere folgt auch aus den sogenannten Rechtsstaatsklauseln Art. 58 Abs. 4, Art. 83 Abs. 8 keine weitergehende Befugnis der Mitgliedsstaaten zur Einschränkung des materiellen Datenschutzrechts, als die, die sich aus den allgemeinen Rechtsgrundsätzen und der Grundrechtecharta ergibt. Im Ergebnis sind die BDSG-Ausprägungen des nemo-tenetur-Grundsatzes daher wohl europarechtswidrig – jedenfalls, soweit sie auch auf juristische Personen anwendbar sind.

VI. Die Rechenschaftspflicht der DSGVO: Umgang mit einer neuartigen Rechtsfigur

1. Eignung für die Untersuchung und Ziele

Die sogenannten accountability-Pflichten, die in Art. 5 Abs. 2 und Art. 24 Abs. 1 normiert sind,[427] stellen eine der wenigen materiellen Neuerungen der DSGVO gegenüber der DSRL dar. Die Näherung an diese neuen Vorschriften und etwaige durch sie geschaffene Rechtsfiguren durch Auslegung, die Entwicklung eines dogmatischen Verständnisses sowie die Verknüpfung mit mitgliedsstaatlichem Recht sind anspruchsvolle Aufgaben für den Rechtsanwender. Angesichts der bislang noch ungesicherten methodischen Grundlage für ein solches Vorgehen sowie die bereits beschriebene Tendenz des in einer Rechtsordnung fest verankerten Juristen, in unbekannte Normen bekannte Strukturen hereinzulesen, verwundert es daher nicht, dass die Auslegungsvorschläge zu Art. 5 Abs. 2 und Art. 24 Abs. 1 sowie dem Verhältnis beider Vorschriften zueinander zahlreich sind und die dogmatische Einordnung der accountability-Pflichten bislang unklar und umstritten.[428] Die unterschiedlichen Interpretationsansätze führen jedoch in der der Praxis zu völlig unterschiedlichen Folgen für die Verantwortlichen. Eine intensivere Beschäftigung mit und dogmatische Verortung der Rechenschaftsflicht ist damit auch aus Sicht der Praxis unbedingt geboten.

Es bietet sich daher an, dieses Problem anhand der oben entwickelten Methodik zur funktionalen Verknüpfung anzugehen und diese Rechtsfigur so dogmatisch kohärent zu verorten: Denn zum einen handelt es sich hierbei um eine zentrale Vorgabe des europäischen Datenschutzrechts, deren Wirkungsrichtung unzweideutig für alle Verpflichteten klar sein sollte. Zum anderen stellt sich auch hier die Frage, ob ggf. welche mitgliedsstaatlichen Vorschriften hier ergänzend zur Anwendung kommen können. Dies ist maßgeblich von der Anknüpfung an dogmatische Kategorien des mitgliedsstaatlichen Rechts abhängig. All dies zu ermitteln, ist das Ziel der funktionalen Verknüpfung.

---

[427] Siehe *Veil*, in: Forgó/Helfrich/Schneider, 3. Aufl. 2019, II. Kap. 1, Rn. 11: „müssen zusammen gelesen werden".

[428] *Reimer*, in: Hk-DSGVO, 2. Aufl. 2018, DSGVO Art. 5 Rn. 53. Siehe dazu sogleich unter 2., S. 306.

Dazu soll im Folgenden zunächst ein Überblick über den Meinungsstand gegeben werden.[429] Im Rahmen der funktionalen Verknüpfung[430] sollen die europarechtlichen Grundlagen der accountability-Pflichten ermittelt werden, um ihre Funktion zu ermitteln.[431] Vor diesem Hintergrund soll sodann das funktionale Äquivalent im deutschen Recht ermittelt werden.[432]

2. Interpretations- und Verständnisansätze aus deutscher Sicht

Die Rechenschaftspflichten lassen sich in eine materielle Erfüllungspflicht i. S. e. Datenschutz-Compliance und eine formelle Rechenschaftspflicht aufteilen.[433] Vorliegend ist vor allem die formelle Rechenschaftspflicht, genauer: ihre rechtliche Wirkung, interessant. Abgesehen davon, dass der Verantwortliche regelmäßig ein Interesse daran haben wird, den Inhalt der an ihn gerichteten Pflichten genau zu kennen, wird eine dogmatische Einordnung und Entscheidung über die intendierte Rechtswirkung der accountability-Pflichten vor allem im Zusammenhang mit einer behördlichen Maßnahme gegen den Verantwortlichen Bedeutung erlangen. Denn die Norm scheint von ihrem reinen Wortlaut eine Deutung als Beweislastumkehr zuzulassen. Das würde bedeuten, dass der Verantwortliche jeweils eine Nichtverletzung datenschutzrechtlicher Pflichten positiv beweisen muss.

In der deutschen Literatur wird die Rechenschaftspflicht des Art. 5 Abs. 2, Art. 24 Abs. 1 DSGVO häufig pauschal als jedenfalls verwaltungsverfahrensrechtliche Beweislastumkehr zulasten des Verantwortlichen verstanden,[434] was bedeutet, dass diesem auch gegenüber der Aufsicht die Darlegungs- und

[429] Siehe dazu 2., S. 306.

[430] Siehe 3., S. 307.

[431] Siehe 3. a), S. 308.

[432] Siehe 3. b), S. 319.

[433] *Roßnagel*, in: Simitis/Hornung/Spiecker gen. Döhmann, 2019, DSGVO Art. 5 Rn. 174.

[434] Gesellschaft für Datenschutz und Datensicherheit e. V., GDD-Praxishilfe DS-GVO Accountability (Februar 2022), 4; *Helfrich*, in: Hoeren/Sieber/Holznagel, Teil 16.1 (Stand 58. EL 2022) Rn. 42; *Schaffland/Holthaus*, in: Schaffland/Wiltfang, DSGVO Art. 24 Rn. 15, 15a; *Schaffland/Holthaus*, in: Schaffland/Wiltfang, DSGVO Art. 5 Rn. 42; *Rüpke/von Lewinski/Eckhardt*, Datenschutzrecht, 2. Aufl. 2022, § 12, Rn. 2–3; *Kühling/Klar/Sackmann*, Datenschutzrecht, 5. Aufl. 2021, Rn. 364; *Schantz*, in: BeckOK DSR, 40. Aufl. 2022, DSGVO Art. 5 (Stand 1.11.2021) Rn. 39; *Freund*, in: Schuster/Grützmacher, 2020, DSGVO Art. 24 Rn. 6; *Bergmann/Möhrle/Herb*, in: Bergmann/Möhrle/Herb, DSGVO Art. 5 Rn. 27; *Stück*, CCZ 2020, 77, 77; *Bergt*, in: Kühling/Buchner, 3. Aufl. 2020, DSGVO Art. 83 Rn. 111; *Herbst*, in: Kühling/Buchner, 3. Aufl. 2020, DSGVO Art. 5 Rn. 79; *Roßnagel*, in: Simitis/Hornung/Spiecker gen. Döhmann, 2019, DSGVO Art. 5 Rn. 186; *Haag*, in: Forgó/Helfrich/Schneider, 3. Aufl. 2019, II. Kap. 2 Rn. 3; *Boms*, ZD 2019, 536, 538; *Heberlein*, in: Ehmann/Selmayr, 2. Aufl. 2018, DSGVO Art. 5 Rn. 32; *Pötters*, in: Gola, 2. Aufl. 2018, DSGVO Art. 5 Rn. 34; *Plath*, in: Plath, 3. Aufl. 2018, DSGVO Art. 5 Rn. 24; *Roßnagel*, in: Roßnagel (Hrsg.), Das neue Datenschutzrecht, 2018, § 3 II., Rn. 85; *Jung*, ZD 2018, 208, 209; *Hamann*, BB 2017, 1090, 1091 f.; *Bergt*, DuD 2017, 555, 560; *Wybitul/Ströbel*, BB 2016, 2307, 2311; wohl auch *Kramer*, in: Auernhammer, 7. Aufl. 2020, DSGVO Art. 5 Rn. 66.

Beweislast dafür zukommen würde, dass Datenverarbeitungen ausschließlich rechtmäßig erfolgt sind. Andere hingegen sehen in ihr eine rein materielle Nachweispflicht.[435] Die Unterschiede, die sich in den Rechtsfolgen für diese beiden Ansichten ergeben, sind immens: Denn nach der ersten Ansicht ist faktisch jeder Verarbeitungsschritt minutiös zu protokollieren, will der Verantwortliche sich nicht angreifbar machen. Eine versäumte Protokollierung, also ein Nichtnachkommen der Rechenschaftspflicht, stünde damit einem Verstoß gegen Datenschutzrecht gleich und könnte rein materiell zu einer Bebußung ausreichen (Art. 83 Abs. 5 lit. a). Angesichts der empfindlich hoch angesetzten Spielräume der Behörden bei der Bemessung der Bußgelder ist dies praktisch von hoher Bedeutung.

3. *Funktionale Verknüpfung*

Die Rechenschaftspflicht der DSGVO ist auch auf europäischer Ebene noch nicht klar ausdifferenziert. Eine funktionale Verknüpfung dieser Rechtsfigur mit nationalem Recht erfolgt daher hier auf einer bislang ungesicherten Grundlage. Aus diesem Grund sollen die verschiedenen Auslegungsansätze im Weiteren – im Rahmen der funktionalen Auslegung – besonders gewürdigt werden: Die Kernfrage, an der sich die oben aufgeworfene Meinungsverschiedenheit entscheidet, ist, wie weit die Funktion (d. h. die intendierte Regelungsreichweite der Norm) reicht, ob also neben einer materiellen auch eine prozessuale Wirkung gewollt ist. Hieran zeigt sich einmal mehr die immense Bedeutung der Auslegung – das Ergebnis der Auslegung fungiert als Weichenstellung für die gesamte nachfolgende Rechtsanwendung im nationalen Kontext.

Hier kann daher einmal mehr keine abschließend „richtige" Auslegung europäischen Rechts geleistet werden. Es soll aber versucht werden, im Rahmen der funktionalen Auslegung anhand von Argumenten das überzeugendste Auslegungsergebnis zu ermitteln, anhand dessen dann eine funktionale Verknüpfung vorzunehmen ist. Gleichwohl soll parallel auch aufgezeigt werden, welche Folgen ein anderes Verständnis für die weitere Anwendung mitgliedsstaatlichen Rechts hätte. Denn erst die alternativen Interpretationen und dogmatischen Einordnungen führen vor Augen, welche Bedeutung einer sorgfältigen funktionalen Verknüpfung zukommt.

---

[435] Für eine reine materielle Nachweispflicht *Lang*, in: Taeger/Gabel, 4. Aufl. 2022, DSGVO Art. 24 Rn. 72 (anders noch in der Vorauflage); *Schmitz*, in: Hoeren/Sieber/Holznagel, Teil 16.2 (Stand 58 EL März 2022), Rn. 231 ff.; Thiel/Wybitul, ZD-Interview mit Barbara Thiel und Tim Wybitul, ZD 2020, 3, 6; *Krätschmer*, in: Specht/Mantz (Hrsg.), Handbuch Europäisches und deutsches Datenschutzrecht, 2019, A. § 6, Rn. 23; *Spindler/Dalby*, in: Spindler/Schuster, 4. Aufl. 2019, DSGVO Art. 5 Rn. 16; *Wybitul/Celik*, ZD 2019, 529, 530; *Reimer*, in: Hk-DSGVO, 2. Aufl. 2018, DSGVO Art. 5 Rn. 53; *Veil*, ZD 2018, 9, 11 f.; *Schantz/Wolff*, Das neue Datenschutzrecht, 2017 Rn. 449; *Feiler/Forgó*, in: Feiler/Forgó, 2017, DSGVO Art. 5 Rn. 13; i E auch *Buchholtz/Stentzel*, in: G/S/S/V, 2018, DSGVO Art. 5 Rn. 48.

a) Funktionale Auslegung der Rechenschaftspflicht (Art. 5 Abs. 2, Art. 24 Abs. 1)

Im Rahmen einer Auslegung der Rechenschaftspflicht sind neben den Art. 5 Abs. 2 und Art. 24 Abs. 1 auch die sie umgebenden Artikel, insbesondere die Art. 25 ff. miteinzubeziehen. Zudem stellt sich die Frage nach dem Verhältnis der beiden Vorschriften Art. 5 Abs. 2 und Art. 24 Abs. 1 DSGVO.

Ausgangspunkt der Auslegung ist das äußere System, d. h. der Wortlaut sowie die systematische Anordnung der Normen. Bei unbedarfter Herangehensweise an den Wortlaut scheint dieser zunächst eine Interpretation zuzulassen, nach welcher jeder Verantwortliche „jede zur Erfüllung jeder einzelnen Pflicht der DSGVO ergriffene technische und organisatorische Maßnahme präventiv nachweisen können" muss.[436] Insbesondere aus deutscher Sicht scheint Art. 5 Abs. 2 eine klassische Beweislastumkehr zu enthalten, da eine Nachweispflicht regelmäßig als Beweislast im gerichtlichen Prozess/behördlichen Verfahren verstanden wird. Die Vorschrift ist jedoch europäisch auszulegen – selbst wenn in der deutschen Rechtsordnung eine Beweislastumkehr regelmäßig so formuliert ist, bedeutet das nicht, dass dies auf europäischer Ebene genauso ist.[437] Dennoch erscheint es gerade aufgrund der systematischen Stellung des Art. 5 Abs. 2 jedenfalls möglich, dass neben einem materiellen Nachweis auch eine verfahrensrechtliche Beweislastregel intendiert ist.

Zu einer Wortlautauslegung gehört jedoch immer auch eine intensivere Beschäftigung mit den Begriffen der Norm. Daher ist hier zunächst der Begriff der Rechenschaftspflicht selbst in den Blick zu nehmen, der das Konzept insgesamt beschreibt: Dieser Begriff, der auch im deutschen Kontext häufig nach dem Vorbild aus dem englischen Sprachraum als accountability bezeichnet wird, ist im internationalen Verständnis vorbelastet, sodass eine Bedeutungsermittlung der oben genannten Normen zunächst bei diesem Begriff und seinem europäisch geprägten Vorverständnis ansetzen muss.

aa) Das Vorbild der DSGVO-accountability

Obschon das Konzept der accountability im angloamerikanischen Rechtsraum bekannter ist als im deutschen, herrscht auch in England weitläufig Ratlosigkeit angesichts der Bedeutung im Kontext der DSGVO.[438] Das liegt auch daran, dass die Rechenschaftspflicht der DSGVO ihre Wurzeln maßgeblich im internationalen Recht hat: Im internationalen Kontext tauchte der Begriff accountability erstmalig in den OECD-Richtlinien über Datenschutz und grenzüberschreitende Ströme personenbezogener Daten aus dem Jahr 1980 auf und fand sodann

[436] So *Veil*, ZD 2018, 9, 9.

[437] In diese Richtung für die Nachweispflicht aus Art. 7 Abs. 1 *Gierschmann*, in: G/S/S/V, 2018, DSGVO Art. 7 Rn. 126 f.

[438] *Treacy*, Privacy & Data Protection 2019, 4, 4.

Eingang in die „APEC privacy framework" aus dem Jahr 2005,[439] die „Madrid International Standards on the Protection of Personal Data and Privacy" der „International Conference of Data Protection and Privacy Commissioners" im Jahr 2009[440] sowie in den Standard ISO/IEC 29100 aus dem Jahr 2011[441].[442]

Die Art. 29-DSG schlug schon im Jahr 2010 eine Erweiterung der Datenschutzrichtlinie um ein Konzept der accountability vor,[443] das die Umsetzung datenschutzrechtlicher Grundsätze in der Praxis verbessern sollte.[444] Dieser Vorschlag zur Verbesserung der Datenschutz-Compliance wurde von der DSGVO augenscheinlich umgesetzt.[445] Obschon eine solche nicht explizit in der Datenschutzrichtlinie genannt war, lassen sich einige Vorgaben, etwa Art. 6 und Art. 17 Abs. 1 DSRL als Vorläufer einer umfassenden accountability-Pflicht verstehen.[446] Die Art. 29-DSG sieht eine allgemeine Rechenschaftspflicht als einen Weg, Verantwortliche dazu zu bringen, sich mit konkreten Maßnahmen zur effektiven Umsetzung des Datenschutzrechts zu befassen und dieses dadurch im Ergebnis besser umzusetzen.[447] Die Rechenschaftspflicht soll daher den sanktionsbewährten Pflichtenkreis für die Verantwortlichen nicht noch erheblich erweitern: Der materielle Teil der Rechenschaftspflicht, nach welcher der Verantwortliche sich an das materielle Recht halten (also „compliant" sein) muss, ist keine Neuigkeit. Der formelle Teil der Rechenschaftspflicht legt ihm lediglich auf, dies auch zu dokumentieren. Die Art. 29-DSG argumentiert, dass ein sorgfältiges internes Datenschutzmanagement bereits materiell notwendig gewesen sei, der formelle Nachweis sei daher lediglich eine klei-

---

439 Abrufbar unter https://cbprs.blob.core.windows.net/files/2015%20APEC%20Privacy%20Framework.pdf (zuletzt abgerufen am 24.9.2020).

440 Abrufbar unter https://edps.europa.eu/sites/edp/files/publication/09-11-05_madrid_int_standards_en.pdf (zuletzt abgerufen am 10.9.2022), Nr. 11.

441 Information technology – Security techniques – Privacy framework, abrufbar unter https://standards.iso.org/ittf/PubliclyAvailableStandards/index.html (zuletzt abgerufen am 10.9.2022).

442 Siehe zur Entwicklung auch *Feiler/Forgó*, in: Feiler/Forgó, 2017, DSGVO Art. 5 Rn. 14; *Buttarelli*, International Data Privacy Law 2016, 77, 77, Fn. 4; Article 29 Data Protection Working Party, WP 173 – Opinion 3/2010 on the principle of accountability (2010), Rn. 16 ff.

443 Article 29 Data Protection Working Party, WP 173 – Opinion 3/2010 on the principle of accountability (2010).

444 Ebd., Rn. 3: „scalable programs aiming at implementing the existing data protection principles", Rn. 10: „encourage data controllers to take measures that deliver real protection in practice".

445 Siehe Vorschlag in ebd., Rn. 34, der so fast wortgleich in Art. 24 DSGVO zu finden ist.

446 *Alhadeff/van Alsenoy/Dumortier*, in: Guagnin/Hempel/Ilten/Kroener/Neyland/Postigo (Hrsg.), Managing Privacy through Accountability, 2012, 49, 69; Article 29 Data Protection Working Party, WP 173 – Opinion 3/2010 on the principle of accountability (2010), Rn. 26, 366.

447 Article 29 Data Protection Working Party, WP 173 – Opinion 3/2010 on the principle of accountability (2010), Rn. 27.

ne Neuerung.[448] Es ist jedoch ein offenes Geheimnis, dass ein umfangreiches Datenschutzmanagementsystem unter der DSRL wohl nur von den wenigsten Verantwortlichen überhaupt angedacht wurde. Von der klaren Normierung der Rechenschaftspflicht verspricht man sich in der Praxis, dass eine Compliance mit datenschutzrechtlichen Vorschriften wahrscheinlicher werde,[449] zudem wirke sie in der Datenwirtschaft vertrauensbildend und transparenzfördernd.[450] Die Art. 29-DSG sieht zudem eine Erleichterung der Arbeit der Datenschutzbehörden, die auf die internen Dokumente zugreifen können sollen.[451]

Kern einer materiellen accountability-Pflicht scheint mit Blick auf den Hintergrund dieses Begriffs die Einführung eines internen Datenschutz-Management-Systems zu sein.[452] Gegenstand der formellen Pflicht ist dessen Dokumentation.

bb) Inhalt der accountability-Pflicht in der DSGVO

Das hohe Risiko einer divergenten Interpretation dieses neuartigen Konzepts wurde von Beginn an gesehen.[453] Umso wichtiger ist es daher, die Funktion der Rechenschaftspflicht in der DSGVO genau zu ermitteln, um sie nicht aufgrund der vermeintlichen Ähnlichkeit zu mitgliedsstaatlichen Rechtsfiguren misszuverstehen.

(1) Datenschutz-Managementsystem

Der oben beschriebene begrifflich-historische Hintergrund der accountability-Pflicht muss bei der Auslegung der Art. 5 Abs. 2 und Art. 24 Abs. 1 DSGVO zugrunde gelegt werden. Auch in der Literatur sind sich daher alle einig, dass die Rechenschaftspflicht jedenfalls zur Einführung eines Datenschutz-Management-Systems zwingt.[454] Ein solches soll intern die Voraussetzungen für eine datenschutzkonforme Datenverarbeitung schaffen und dies nach außen aufzeigbar machen. Hieran zeigt sich bereits, dass die Rechenschaftspflicht als formale Nachweispflicht faktisch kaum von der materiellen Organisationspflicht zu trennen ist – denn der Nachweis eines wirksamen Datenschutz-Managements, das die Einhaltung der Grundsätze aus Art. 5 Abs. 1 garantiert, wird nur dann

[448] Ebd., Rn. 35 ff.

[449] Ebd., Rn. 38.

[450] *Gillis/Simons*, SSRN Journal 2019, 71, 76 f.; *Buttarelli*, International Data Privacy Law 2016, 77, 77; Article 29 Data Protection Working Party, WP 173 – Opinion 3/2010 on the principle of accountability (2010), Rn. 21.

[451] Article 29 Data Protection Working Party, WP 173 – Opinion 3/2010 on the principle of accountability (2010), Rn. 60.

[452] Siehe dazu die Auflistung beispielhafter Maßnahmen in ebd., Rn. 41.

[453] Ebd., Rn. 22, 49.

[454] Statt vieler *Weichert*, in: D/W/W/S, 2. Aufl. 2020, DSGVO Art. 5 Rn. 73; *Hamann*, BB 2017, 1090, 1092.

gelingen, wenn dieses auch tatsächlich implementiert wurde.[455] Die Rechenschaftspflicht wird daher nicht nur durch spezielle Nachweispflichten (Art. 30, Art. 33 Abs. 5, Art. 35 Abs. 1, Abs. 7),[456] sondern auch durch inhaltliche Vorgaben dazu, wie ein Datenschutz-Management-System mindestens ausgestaltet sein – und dementsprechend nachgewiesen werden – muss, konkretisiert, etwa Art. 25, Art. 32, Art. 35, Art. 36 Abs. 3.[457]

Die Rechenschaftspflicht wird so zu einer zusätzlichen, ggf. sanktionsbewährten[458] Pflicht im Rahmen der Compliance,[459] wenngleich sie paradoxerweise gerade diese Compliance verbessern soll.[460]

(2) Skalierung von Compliance-Maßnahmen je nach Risiko (Art. 24 Abs. 1)

Vorangestellt ist den Art. 25 ff., welche die allgemeinen Pflichten des Verantwortlichen darlegen, der Art. 24 Abs. 1:[461] Dieser formuliert den risikobasierten Ansatz, der als eine Art „Meta-Grundsatz" den Pflichten des Verantwortlichen insgesamt zugrunde liegt und sich insbesondere auch auf die Interpretation der Reichweite der Rechenschaftspflicht sowie der damit verbundenen Spezialpflichten auswirkt.[462] Der risikobasierte Ansatz bildet den Maßstab für die Umsetzung der Rechenschaftspflicht: Der Verantwortliche muss anhand einer Risikoabschätzung seiner geplanten Datenverarbeitungen selbst beurteilen, welche datenschutzrechtliche Pflichten in welchem Umfang für ihn im Einzelfall gelten. Im Ergebnis beurteilt sich daher das Maß der umzusetzenden Sicherungs-

455 Die enge Bindung an die Compliance selbst betont auch die Article 29 Data Protection Working Party, WP 173 – Opinion 3/2010 on the principle of accountability (2010), Rn. 20.

456 *Lang*, in: Taeger/Gabel, 4. Aufl. 2022, DSGVO Art. 24 Rn. 68; *Martini*, in: Paal/Pauly, 3. Aufl. 2021, DSGVO Art. 24 Rn. 25a; *Heckmann/Scheurer*, in: jurisPK-Internetrecht, 7. Aufl. 2021, Kap. 9, Rn. 506; *Nink*, in: Spindler/Schuster, 4. Aufl. 2019, DSGVO Art. 24 Rn. 11; *Roßnagel*, in: Roßnagel (Hrsg.), Das neue Datenschutzrecht, 2018, § 3 II., Rn. 83; a. A. reine Wiederholung: *Plath*, in: Plath, 3. Aufl. 2018, DSGVO Art. 5 Rn. 23; *Hartung*, in: Kühling/Buchner, 3. Aufl. 2020, DSGVO Art. 24 Rn. 20, der sogar eine Ausweitung der Pflicht durch Art. 24 DSGVO annimmt.

457 Siehe auch Erwägungsgrund 78 DSGVO.

458 Article 29 Data Protection Working Party, WP 173 – Opinion 3/2010 on the principle of accountability (2010), Rn. 64.

459 So auch *Greenleaf*, SSRN Journal 2019, 1, 3; ebenso *Recio*, EDPLR 2017, 114, 118, der sie sogar als eigenes Prinzip bezeichnet.

460 Siehe auch *Docksey*, in: GDPR-Commentary, 2020, GDPR Art. 24 (S. 566): „the proactive obligation to adopt appropriate measures and the obligation to be able to demonstrate compliance are new obligations which, quite apart from any failure to respect applicable accountability-related obligations, would in themselves render controllers liable for non-compliance".

461 Zu unterschiedlichen Verständnissen zum Verhältnis des Art. 5 Abs. 2 und Art. 24 Abs. 1 siehe auch *Veil*, in: Forgó/Helfrich/Schneider, 3. Aufl. 2019, II. Kap. 1, Rn. 15.

462 *Veil*, ZD 2018, 9, 11; dazu auch *Gellert*, in: Schweighofer/Kummer/Hötzendorfer/Sorge (Hrsg.), Trends and Communities of Legal Informatics, 2017, 527. Siehe dazu Kapitel 3 B. VI. 3. a) cc), S. 313.

maßnahmen nach der jeweiligen Höhe des Risikos.[463] Das bedeutet nicht nur, dass bei hohen Risiken besonders viele Vorkehrungen getroffen werden müssen, sondern auch, dass in manchen Fällen mit niedrigem Risiko auf umfangreiche Nachweispflichten verzichtet werden kann.[464] Die Compliance-Maßnahmen sollen durch den risikobasierten Ansatz individuell und dem jeweiligen Risiko angemessen skaliert werden können.[465] Dies macht eine umfangreiche Selbsteinschätzung des Verantwortlichen erforderlich, die er im Zweifel vor der Aufsicht glaubhaft erläutern können muss. Die Datenschutz-Compliance wird so zu einer Art Risikomanagement.[466] Unumgänglich wird daher eine eingehende Analyse aller geplanten Datenverarbeitungsprozesse sein, um das jeweilige Risiko bereits im Vorhinein zu erkennen, zu evaluieren und entsprechende, zielgerichtete Maßnahmen etablieren zu können.[467] Dahinter steht der Gedanke, dass ein solches Vorgehen i. E. zu effektiverem Datenschutz in der Praxis führt als das reine „Abarbeiten" gesetzlicher Vorgaben, die einem „one size fits all"-Ansatz folgen. Die erzwungene Beschäftigung mit der Materie kann zudem das Bewusstsein für sinnvolle Maßnahmen und eventuelle Schwachstellen schärfen.

(3) Sanktionsmöglichkeiten

Die Art. 25 ff. sind als konkrete Organisationspflichten („Allgemeine Pflichten" des Verantwortlichen) auch bußgeldbewährt (Art. 83 Abs. 4 lit. a). Die Nichteinhaltung der Rechenschaftspflicht ist aber bereits über Art. 83 Abs. 5 lit. a i. V. m. Art. 5 Abs. 2 möglicher Grund einer Geldbuße.[468]

---

[463] Article 29 Data Protection Working Party, WP 218 – Statement on the role of a risk-based approach in the data protection legal framework (2014), Rn. 6, 9; siehe dazu auch *Veil*, ZD 2018, 9, 14 f.

[464] *Quelle*, EJRR 2018, 502, 507 f., 517; Article 29 Data Protection Working Party, WP 218 – Statement on the role of a risk-based approach in the data protection legal framework (2014), Rn. 3, 5 f.

[465] So auch unter Betonung des Verhältnismäßigkeitsgrundsatzes *Lang*, in: Taeger/Gabel, 4. Aufl. 2022, DSGVO Art. 24 Rn. 82; *Hartung*, in: Kühling/Buchner, 3. Aufl. 2020, DSGVO Art. 24 Rn. 22; *Raschauer*, in: Hk-DSGVO, 2. Aufl. 2018, DSGVO Art. 24 Rn. 30 ff.; siehe auch Article 29 Data Protection Working Party, WP 218 – Statement on the role of a risk-based approach in the data protection legal framework (2014), 2: „scalable and proportionate approach to compliance".

[466] *Gellert*, in: Schweighofer/Kummer/Hötzendorfer/Sorge (Hrsg.), Trends and Communities of Legal Informatics, 2017, 527, 531.

[467] *Gillis/Simons*, SSRN Journal 2019, 71, 77.

[468] *Treacy*, Privacy & Data Protection 2019, 4, 6; *Brimsted*, Privacy & Data Protection 2017, 10, 12; mit rechtsstaatlichen Bedenken angesichts der Unbestimmtheit der Grundsätze des Abs. 1 *Buchholtz/Stentzel*, in: G/S/S/V, 2018, DSGVO Art. 5 Rn. 51; in diese Richtung auch *Veil*, ZD 2018, 9, 12 f., 15 f.

cc) Reichweite der Nachweispflicht?

Ob die Funktion der Rechenschaftspflicht aber darüber hinaus wirklich so weit gehen soll, die Beweislast für konkrete Verarbeitungstätigkeiten zulasten der Verantwortlichen zu verschieben, geht nicht unmittelbar aus dem Wortlaut oder der europäischen Begriffsbestimmung der accountability-Pflicht hervor. Die Reichweite der Nachweispflichten ist daher im Weiteren anhand der konkreten Umsetzung der Rechenschaftspflicht in der DSGVO und den dieser zugrunde liegenden systematisch-teleologischen Gesichtspunkten zu ermitteln.

(1) Systematisches Argument:
Besondere Nachweispflichten und Beweislastregelungen

Neben Art. 5 Abs. 2 enthält die DSGVO auch einige spezielle Nachweispflichten,[469] z. B. Art. 7 Abs. 1 oder Art. 82 Abs. 3, die einerseits als Konkretisierungen der allgemeinen Rechenschaftspflicht gesehen werden und denen andererseits gerade die Funktion einer verfahrensbezogenen Beweislastregel zugesprochen wird (die freilich bei Art. 7 den herkömmlichen zivilrechtlichen Beweislastregeln entspricht).[470] Dies wiederum spricht dafür, dass der allgemeinen Vorschrift des Art. 5 Abs. 2 für sich genommen nicht schon ein so umfassender Regelungszweck entnommen werden kann, denn dies würde die speziellen Vorschriften entwerten.[471] Vielmehr sind solche weitergehenden Einzelregelungen die Ausnahme und nicht die Regel. Dies spricht dafür, dass Art. 5 Abs. 2 lediglich eine materielle Nachweispflicht zu entnehmen ist, nicht jedoch eine allgemeine prozessual wirkende Beweislast. Zudem spricht

[469] Auflistung bei *Veil*, ZD 2018, 9, 11.

[470] Für Art. 7 Abs. 1: EuGH, Urt. v. 11.11.2020 – Rs. C-61/19 (Orange Romania), ECLI: EU:C:2020:901, Rn. 42; OVG Saarlouis, Beschluss (16.2.2021) – 2 A 355/19, Ls.; *Taeger*, in: Taeger/Gabel, 4. Aufl. 2022, DSGVO Art. 7 Rn. 46; *Stemmer*, in: BeckOK DSR, 40. Aufl. 2022, DSGVO Art. 7 (Stand 1.5.2022) Rn. 86; *Spindler/Dalby*, in: Spindler/Schuster, 4. Aufl. 2019, DSGVO Art. 7 Rn. 5; *Ingold*, in: Hk-DSGVO, 2. Aufl. 2018, DSGVO Art. 7 Rn. 53; *Heckmann/Paschke*, in: Ehmann/Selmayr, 2. Aufl. 2018, DSGVO Art. 7 Rn. 68; *Schulz*, in: Gola, 2. Aufl. 2018, DSGVO Art. 7 Rn. 60 ff.; *Buchner/Kühling*, in: Kühling/Buchner, 3. Aufl. 2020, DSGVO Art. 7 Rn. 23; i. E. auch *Gierschmann*, in: G/S/S/V, 2018, DSGVO Art. 7 Rn. 126 f.; *Albrecht/Jotzo*, Das neue Datenschutzrecht der EU, 2017, Teil 2, Rn. 18; a. A. *Klement*, in: Simitis/Hornung/Spiecker gen. Döhmann, 2019, DSGVO Art. 7 Rn. 46; für Art. 82 Abs. 3: *Moos/Schefzig*, in: Taeger/Gabel, 4. Aufl. 2022, DSGVO Art. 82 Rn. 53, 74; *Quaas*, in: BeckOK DSR, 40. Aufl. 2022, DSGVO Art. 82 (Stand 1.5.2022) Rn. 18; *Boehm*, in: Simitis/Hornung/Spiecker gen. Döhmann, 2019, DSGVO Art. 82 Rn. 21; *Feldmann*, in: G/S/S/V, 2018, DSGVO Art. 82 Rn. 17; *Nemitz*, in: Ehmann/Selmayr, 2. Aufl. 2018, DSGVO Art. 82 Rn. 19; *Spindler/Horváth*, in: Spindler/Schuster, 4. Aufl. 2019, DSGVO Art. 82 Rn. 11; *Gola/Piltz*, in: Gola, 2. Aufl. 2018, DSGVO Art. 82 Rn. 18; *Albrecht/Jotzo*, Das neue Datenschutzrecht der EU, 2017, Teil 2, Rn. 18.

[471] Ebenso *Schmitz*, in: Hoeren/Sieber/Holznagel, Teil 16.2 (Stand 58 EL März 2022), Rn. 231, 234; *Moos/Schefzig*, in: Taeger/Gabel, 4. Aufl. 2022, DSGVO Art. 82 Rn. 52 f.; *Buchholtz/Stentzel*, in: G/S/S/V, 2018, DSGVO Art. 5 Rn. 45; *Breyer*, DuD 2018, 311, 316.

die englische Fassung des Art. 5 Abs. 2, aber auch des Art. 24 Abs. 1, lediglich von „demonstrate compliance“, an anderen Stellen wie Art. 47 Abs. 2 lit. f oder Art. 82 Abs. 3, in denen es um Exkulpationsmöglichkeiten geht, die regelmäßig Einfluss auf die Beweislastverteilung haben, wird hingegen das Wort „prove“ genutzt.[472] Dies kann als weiteres (wenn auch schwaches, da nur aus einer Sprachfassung stammendes) Indiz dafür zu werten sein, dass hier gerade keine Beweislast geregelt werden sollte.

(2) Zweck der Rechenschaftspflicht

(a) Abstrakter Nachweis risikoadäquater Maßnahmen statt Beweispflicht

Art. 5 Abs. 2 verlangt, wie oben bereits untersucht, die Einführung eines Datenschutz-Compliance-Systems, das sich an den Vorgaben der Art. 24 ff. orientieren muss. Es muss geeignet sein, die datenschutzrechtlichen Grundsätze einzuhalten. Im Rahmen der konkreten Rechenschaftspflichten nennt die DSGVO u. a. auch Dokumentationspflichten (Art. 30 DSGVO). Denn die Rechenschaftspflicht soll insbesondere auch die Arbeit der Aufsichtsbehörden erleichtern:[473] Bisher scheiterte eine aufsichtsbehördliche Prüfung häufig daran, dass der Verantwortliche keine ausreichenden Dokumente und Protokolle seiner Abläufe vorhalten konnte.[474] Ein Datenschutzmanagementsystem hingegen macht die Datenverarbeitung im Unternehmen selbst transparenter und für Externe leichter nachvollziehbar. Es geht jedoch bei der Rechenschaftspflicht gerade nicht darum, dass sich die Aufsichtsbehörde auf Wunsch (Art. 58 Abs. 1 lit. a) jeden einzelnen Datenverarbeitungsvorgang detailgenau aufzeigen lassen kann und sich folglich aus den von den Verantwortlichen zur Verfügung gestellten Informationen etwaige Verstöße gegen das materielle Datenschutzrecht ohne Weiteres ergeben.[475]

Es ist aber eben dieser Gedanke, der der Annahme, die Rechenschaftspflicht wirke gleichzeitig als Beweislastpflicht, zugrunde liegt.[476] So läge bereits eine Verletzung von Datenschutzrecht vor, wenn der Rechtmäßigkeitsnachweis für einen konkreten Verarbeitungsvorgang nicht erbracht werden könnte. Die nur fehlerhafte oder unzureichende Dokumentation reichte dann aus, um spezifisch bebußbare Pflichtverletzungen anzunehmen.[477] Diese Interpretation der Nach-

---

[472] *Breyer*, DuD 2018, 311, 316.

[473] *Frenzel*, in: Paal/Pauly, 3. Aufl. 2021, DSGVO Art. 5 Rn. 52; *Albrecht/Jotzo*, Das neue Datenschutzrecht der EU, 2017 Teil 2, Rn. 19; Article 29 Data Protection Working Party, WP 173 – Opinion 3/2010 on the principle of accountability (2010), Rn. 58, 60.

[474] *Veil*, ZD 2018, 9, 11; *Albrecht/Jotzo*, Das neue Datenschutzrecht der EU, 2017 Teil 2, Rn. 19.

[475] Siehe dazu auch Kapitel 3 B. V., S. 294.

[476] *Plath*, in: Plath, 3. Aufl. 2018, DSGVO Art. 5 Rn. 23; *Raschauer*, in: Hk-DSGVO, 2. Aufl. 2018, DSGVO Art. 24 Rn. 42.

[477] *Veil*, ZD 2018, 9, 11.

weispflicht als Beweislastumkehr beruht jedoch auf einer erheblichen Missinterpretation der materiellen Rechenschaftspflicht: Sie verlangt nicht den Nachweis der Rechtmäßigkeit aller einzelnen Verarbeitungsschritte sondern vielmehr den Nachweis der Einhaltung datenschutzrechtlicher Grundsätze.[478] Dieser kann durch die Einführung und Nachhaltung konkreter Maßnahmen zur internen Organisation erbracht werden.[479] Die Führung von Verzeichnissen ist dabei nur eine dieser konkreten Compliance-Maßnahmen. Es geht bei der Rechenschaftspflicht gerade nicht darum, im Nachgang jeden einzelnen Verarbeitungsvorgang nachweisen zu können, vielmehr ist der Verantwortliche gehalten, bereits im Vorhinein mögliche Verarbeitungsvorgänge zu analysieren und alles Erforderliche zu tun, um das Risiko etwaiger Verstöße zu verringern, indem er Maßnahmen zum Schutz der Daten und zur Einhaltung des Datenschutzrechts ergreift.

Auch das Verarbeitungsverzeichnis in Art. 30 ist daher nicht so zu verstehen, dass jeder einzelne Verarbeitungsschritt aufgezeichnet und nachgehalten werden muss,[480] es muss lediglich deutlich werden, *welche Arten* von Daten typischerweise *wie* verarbeitet werden, *bei welchen Vorgängen* Daten anfallen und wie diese konkret gesichert werden sollen bzw. *an wen* sie *typischerweise* weitergegeben werden. Die Norm spricht nicht umsonst von „Datenkategorien" und nicht von den Daten selbst, von „Empfängerkategorien" und nicht den konkreten Empfängern.[481] Das Verzeichnis soll folglich nur Metadaten über personenbezogene Daten enthalten. Der Umfang der Nachweispflicht und damit auch der Verzeichnisführung ist wiederum abhängig vom jeweiligen Risiko, das Datenverarbeitungsprozesse typischerweise mit sich bringen.[482]

(b) Rechenschaftspflicht als „Vorfelddatenschutz"

Die Rechenschaftspflicht ist somit als eine Art Vorfelddatenschutz zu verstehen:[483] Ziel ist es, Datenschutzverstöße durch eine gut strukturierte „compli-

---

[478] *Schantz*, in: BeckOK DSR, 40. Aufl. 2022, DSGVO Art. 5 (Stand 1.11.2021) Rn. 37; mit Verweis auf die Entschärfung des urspr. Entwurfs der Kommission *Breyer*, DuD 2018, 311, 315 f.

[479] *Schantz*, in: BeckOK DSR, 40. Aufl. 2022, DSGVO Art. 5 (Stand 1.11.2021) Rn. 38.

[480] So auch *Laue*, in: Spindler/Schuster, 4. Aufl. 2019, DSGVO Art. 30 Rn. 5; *Spoerr*, in: BeckOK DSR, 40. Aufl. 2022, DSGVO Art. 30 (Stand 1.5.2022) Rn. 6; ähnlich *Buchholtz/Stentzel*, in: G/S/S/V, 2018, DSGVO Art. 5 Rn. 47 f.; *Breyer*, DuD 2018, 311, 316; *Bertermann*, in: Ehmann/Selmayr, 2. Aufl. 2018, DSGVO Art. 30 Rn. 7 f.; *Hartung*, in: Kühling/Buchner, 3. Aufl. 2020, DSGVO Art. 30 Rn. 15.

[481] So auch *Petri*, in: Simitis/Hornung/Spiecker gen. Döhmann, 2019, DSGVO Art. 30 Rn. 23.

[482] *Lang*, in: Taeger/Gabel, 4. Aufl. 2022, DSGVO Art. 24 Rn. 71; *Roßnagel*, in: Simitis/Hornung/Spiecker gen. Döhmann, 2019, DSGVO Art. 5 Rn. 178; *Veil*, ZD 2018, 9, 13 f.; *Heberlein*, in: Ehmann/Selmayr, 2. Aufl. 2018, DSGVO Art. 5 Rn. 30; *Pötters*, in: Gola, 2. Aufl. 2018, DSGVO Art. 5 Rn. 31; hier besteht ein Spannungsverhältnis zur Frage was der DSGVO-Schutzgüter (Risiko für was?), dazu *Veil*, ZD 2018, 9, 15.

[483] Ebenso *Schantz*, in: BeckOK DSR, 40. Aufl. 2022, DSGVO Art. 5 (Stand 1.11.2021)

ance up front“ möglichst zu vermeiden. Denn wenn Datenschutzverstöße gar nicht erst eintreten, werden die Grundrechte der Betroffenen am besten geschützt. Die Rechenschaftspflichten zwingen die Verantwortlichen in diesem Sinne, sich bereits im Vorhinein der Datenverarbeitung intensiv mit dem Verarbeitungskontext auseinanderzusetzen, Risiken zu evaluieren und interne Abläufe in Bezug auf ihre Compliance und Effizienz anzupassen oder gänzlich neu einzuführen. Gerade weil der risikobasierte Ansatz dem Verantwortlichen hier einen verhältnismäßig weiten Spielraum lässt und so auch die Möglichkeit eröffnet, Verarbeitungsprozesse nach ihrem jeweiligen Risiko unterschiedlich streng zu behandeln, wird die Rechenschaftspflicht als Triebfeder einer effektiven Umsetzung des europäischen Datenschutzrechts bezeichnet,[484] die einem pauschalen „Mehr ist Mehr“ zuwiderläuft.

Ein gut begründetes Datenschutz-Management-System, das auf einer Auseinandersetzung mit den Risiken einzelner Verarbeitungsprozesse beruht, erhöht die Wahrscheinlichkeit einer tatsächlich den datenschutzrechtlichen Grundsätzen entsprechenden Datenverarbeitung.[485] Gleichzeitig liegt eine gute interne Organisation gleich doppelt im Interesse des Verantwortlichen – zum einen ist die Nichtbefolgung dieser Pflicht sanktionsbewährt, zum anderen kann sie aber auch effektiv vor Bußgeldern nach Art. 83 Abs. 4, Abs. 5 schützen, die für Datenschutzverletzungen verhängt werden.

Für diese Art des „Organisationsverschuldens“ spricht auch der Grundgedanke des Sanktionsregimes, nach welchem jedes Unternehmen seine interne Organisation so ausrichten muss, dass Datenschutzverletzungen vermieden werden.[486] In diesem Sinne sind auch nationale Zurechnungsvorschriften unanwendbar (etwa § 30 OWiG), da die DSGVO auf den kartellrechtlichen Unternehmensbegriff abstellt (siehe Erwägungsgrund 150) –[487] eine Zurechnung von Mitarbeiterhandeln erfolgt damit automatisch.[488]

Rn. 38; *Alhadeff/van Alsenoy/Dumortier*, in: Guagnin/Hempel/Ilten/Kroener/Neyland/Postigo (Hrsg.), Managing Privacy through Accountability, 2012, 49, 71; kritisch *Buchholtz/Stentzel*, in: G/S/S/V, 2018, DSGVO Art. 5 Rn. 42 ff.

484 *Veil*, ZD 2018, 9, 11; Article 29 Data Protection Working Party, WP 218 – Statement on the role of a risk-based approach in the data protection legal framework (2014), 2: way to make „the substantive principles of data protection […] work better“.

485 So auch Article 29 Data Protection Working Party, WP 173 – Opinion 3/2010 on the principle of accountability (2010), Rn. 38.

486 *Bergt*, DuD 2017, 555, 556, der auf Parallelen zum Sanktionsregime des Kartellrechts hinweist.

487 LG Bonn, Urteil (11.11.2020) – 29 OWi 1/20 = ZD 2021, 154, Rn. 22 ff.; *Dannecker*, NZWiSt 2022, 85, 94 f.; *Kritzer*, Datenschutzrechtliche Pflichten, Sanktionsregime und Selbstbelastungsfreiheit, 2022, 159 ff.; *Bergt*, in: Kühling/Buchner, 3. Aufl. 2020, DSGVO Art. 83 Rn. 39 ff.; diese Frage ist nunmehr Gegenstand eines Vorabentscheidungsverfahrens vor dem EuGH, siehe KG Berlin, Vorlagebeschluss (6.12.2021) – 3 Ws 250/21 = ZD 2022, 156.

488 *Dannecker*, NZWiSt 2022, 85, 94 f.; ZD-Interview mit Barbara Thiel und Tim Wybitul, ZD 2020, 3, 3 f.; *Bergt*, DuD 2017, 555, 559; Ausnahme ist der sogenannte Mitarbeiterexzess, der zur Folge hat, dass der jeweilige Mitarbeiter als eigener Verantwortlicher i. S. v. Art. 4 Nr. 7

Die ergriffenen Maßnahmen werden durch die Aufsicht kontrolliert und müssen dieser gegenüber offengelegt werden: Zu erwarten ist von Seiten der Aufsichtsbehörden daher vor allem eine präventive Compliance-Kontrolle,[489] bei der Bußgelder nur dann zu erwarten sind, wenn Datenschutz-Management-Systeme entweder gänzlich fehlen oder sich in erheblichen Teilen als unzureichend erweisen, d. h. nicht erkennen lassen, dass ihnen die oben angeführten Überlegungen in nachvollziehbarer Weise zugrunde liegen.[490] Sollte die Aufsicht in Einzelfällen bei der Prüfung eines Datenschutz-Management-Systems zu abweichenden Risikoabwägungen kommen, ist zu erwarten, dass zunächst lediglich Hinweise erfolgen, wie die Maßnahmen anzupassen sind (siehe etwa Art. 58 Abs. 1 lit. d, Abs. 2 lit. d). Alles andere wäre unverhältnismäßig.

Die accountability, die die Notwendigkeit für den Verantwortlichen, sich mit Datenschutzrecht zu befassen, deutlich vorverlagert, kann daher als Gegenstück zum harm-based-approach, d. h zu einem reaktiven Datenschutz bezeichnet werden.[491] Die DSGVO vereinigt zwar beide Ansätze, ein stärkerer Fokus auf proaktivem Datenschutz entlastet jedoch auch die Aufsichtsbehörden.[492]

(c) Verhältnis der Rechenschaftspflicht zur Rechtmäßigkeit der Verarbeitung

Versteht man die Rechenschaftspflicht wie oben aufgeführt als eine Art Vorfelddatenschutz, der als solcher auch nachzuweisen ist, ist auch eine einschränkende Auslegung, wie sie etwa *Veil* oder *Buchholtz/Stentzel* vornehmen wollen,[493] nicht notwendig. Darüber hinaus kann die so verstandene Rechenschaftspflicht in ihrer Rolle als Nachweispflicht auch nicht gleichzeitig Grundlage für eine Beweislastumkehr sein, da diese die lückenlose Protokollierung einzelner Verarbeitungsschritte notwendig machen würde. Aus den im Rahmen der accountability ergriffenen Maßnahmen und ihrer Auflistung und Beschreibung geht aber gerade regelmäßig nicht hervor, ob ein Verantwortlicher sich *in einem bestimmten Einzelfall* an alle datenschutzrechtlichen Vorgaben gehalten hat. Vielmehr zeigt die Rechenschaftspflicht nur an, dass die Voraussetzungen für eine datenschutzkonforme Verarbeitung grundsätzlich gegeben sind. So betont denn auch *Buttarellli*, ehemaliger European Data Protection Supervisor: „Being accoun-

---

DSGVO tätig wird, siehe ebd., 556; ZD-Interview mit Barbara Thiel und Tim Wybitul, ZD 2020, 3, 4.

489 Kritisch dazu *Buchholtz/Stentzel*, in: G/S/S/V, 2018, DSGVO Art. 5 Rn. 46: Vorfeldnachweis läuft auf Gesinnungsnachweis hinaus.

490 Zum Begriff präventiver/repressiver Compliance *Stück*, CCZ 2020, 77, 78 ff.

491 *Quelle*, EJRR 2018, 502, 513 f.; *Alhadeff/van Alsenoy/Dumortier*, in: Guagnin/Hempel/Ilten/Kroener/Neyland/Postigo (Hrsg.), Managing Privacy through Accountability, 2012, 49, 76.

492 *Quelle*, EJRR 2018, 502, 511.

493 *Veil*, in: Forgó/Helfrich/Schneider, 3. Aufl. 2019, II. Kap. 1, Rn. 41; *Buchholtz/Stentzel*, in: G/S/S/V, 2018, DSGVO Art. 5 Rn. 48.

table for data processing is not a substitute for compliance with the applicable legal obligations“[494].

(d) Unschuldsvermutung, Art. 48 Abs. 1 GRC

Darüber hinaus spricht auch ein weiterer teleologischer Grund gegen eine Funktion als Beweislastumkehr: Eine solche wäre mit der Unschuldsvermutung nach Art. 48 Abs. 1 GRC unvereinbar. Diese gilt nicht nur in Straf-, sondern auch im Bußgeldverfahren.[495] Müsste der Verantwortliche hier regelmäßig seine Unschuld beweisen, käme dies einer Vorverurteilung gleich.[496]

dd) Zwischenergebnis: Die ermittelte Funktion der Rechenschaftspflicht

Die Rechenschaftspflicht der DSGVO bezieht sich in erster Linie auf die Einrichtung eines Datenschutz-Management-Systems. Sie ist damit eine zusätzliche, materielle Compliance-Pflicht. Einzelne Elemente dieser geforderten Compliance-Struktur nennt die DSGVO selbst (Art. 25 ff.), durch den risikobasierten Ansatz bleiben dem Verantwortlichen jedoch zahlreiche Freiheiten und Anpassungsmöglichkeiten an die eigenen Datenverarbeitungstätigkeiten. Sinn und Zweck der Rechenschaftspflicht ist eine intensivere Auseinandersetzung mit den Risiken der Datenverarbeitung, die im Ergebnis zu einem besseren materiellen Datenschutz führen soll. Die Rechenschaftspflicht ist damit eine materielle Pflicht, die bereits im Vorfeld der Datenverarbeitung ansetzt und Datenschutzverstöße bereits hier verhindern soll. Als solche ist sie auch eigens sanktionsbewehrt.

Eine prozessuale Wirkung im Sinne einer Beweispflichtigkeit des Verantwortlichen für die Rechtmäßigkeit eines konkreten Verarbeitungsvorgangs kann ihr hingegen nicht entnommen werden, da sie nicht dazu dient, die materielle Datenschutzkonformität einzelner Verarbeitungsvorgänge nachzuweisen, sondern vielmehr darauf gerichtet ist, die Voraussetzungen und internen Strukturen für eine datenschutzkonforme Verarbeitung überhaupt erst zu schaffen. Hier darf nicht von dem im mitgliedsstaatlichen Recht bekannten Wortlautschema einer Beweislastumkehr auf das europäische Recht geschlossen werden – dieses folgt einer autonomen Begriffsbildung.

---

[494] *Buttarelli*, International Data Privacy Law 2016, 77, 78; ähnlich Article 29 Data Protection Working Party, WP 173 – Opinion 3/2010 on the principle of accountability (2010), Rn. 38.

[495] *Jarass*, GRCh, 4. Aufl. 2021, Art 48 Rn. 12; *van Vormizeele*, in: Schwarze, 4. Aufl. 2019, GRC Art. 48 Rn. 4.

[496] *Veil*, ZD 2018, 9, 12; ähnlich *Voigt*, in: Taeger/Gabel, 4. Aufl. 2022, DSGVO Art. 5 Rn. 41; a. A. *Weichert*, in: D/W/W/S, 2. Aufl. 2020, DSGVO Art. 5 Rn. 71 (arg.: nicht sanktionsbewehrt); ohne weitere Begründung *Bergt*, in: Kühling/Buchner, 3. Aufl. 2020, DSGVO Art. 83 Rn. 111; *Boms*, ZD 2019, 536, 538.

b) Anknüpfung an das funktionale Äquivalent im deutschen Recht

Vor dem Hintergrund der ermittelten Funktion der accountability bereitet die Anknüpfung an das mitgliedsstaatliche Recht keine Probleme, da es sich nicht um eine neuartige Rechtsfigur handelt, sondern lediglich um eine materielle Pflicht des Verantwortlichen gegenüber der Aufsicht. Die Figur der materiellen Pflicht im deutschen Recht ist auch funktional äquivalent zu jener des europäischen Rechts.

Aus prozessualer Sicht hat die Rechenschaftspflicht damit keine eigenständige Bedeutung – sie geht über die normalen Mitwirkungspflichten des § 26 Abs. 2 S. 1, S. 2 VwVfG[497] nicht hinaus.[498]

Es bleibt dabei im behördlichen Verfahren beim Untersuchungsgrundsatz gem. § 24 Abs. 1 S. 1 VwVfG und im Zivilverfahren bei den allgemeinen zivilrechtlichen Beweisgrundsätzen, soweit Sonderbestimmungen in der DSGVO nicht Einfluss auf die Beweislastverteilung nehmen (so etwa Art. 82 Abs. 3, Art. 7 Abs. 1).

4. Ergebnis

Am Beispiel der Rechenschaftspflicht der DSGVO zeigt sich, wie wichtig der Prozess einer sorgfältigen funktionalen Verknüpfung der europäischen Normen mit mitgliedsstaatlichem Recht ist. Die hier angewandten Prüfungsschritte geben einen strukturierten Rahmen vor, der den mitgliedsstaatlichen Rechtsanwender davor bewahrt, ein aus dem nationalen Recht bekanntes Rechtsinstitut vorschnell in das europäische Recht hineinzulesen. Eine durch den obigen Ansatz unterstützte wertungsfreie Herangehensweise an das europäische Recht fördert zudem eine sorgfältigere und autonome Auslegung der Verordnungsnormen.

C. Ergebnis: Erkenntnisse aus der Anwendung

I. Methodischer Ansatz zur rechtsordnungsübergreifenden Normanwendung

Es konnte gezeigt werden, dass der in Kapitel 2 entwickelte methodische Ansatz einen praktikablen Rahmen für die Anwendung von Verordnungsrecht im nationalen Kontext bietet. Durch die einzelnen Elemente der funktionalen Verknüpfung lässt sich überhaupt erst feststellen, wo eine Verschränkung der beiden Rechtsordnungen überhaupt vorliegt und welche Vorschriften konkret betrof-

497 Zum Umfang der Mitwirkungspflicht nach Art. 26 Abs. 2 VwVfG *Kallerhoff/Fellenberg*, in: Stelkens/Bonk/Sachs, 9. Aufl. 2018, VwVfG § 26 Rn. 44 ff.

498 So auch *Veil*, ZD 2018, 9, 12.

fen sind. Auch die Schritte im Rahmen der Kollisionsprüfung, die es ermöglichen, Kollisionen mit mitgliedsstaatlichen Vorschriften zunächst überhaupt zu erkennen, aufzulösen und ggf. zu rechtfertigen, haben sich als geeignete Anwendungsschritte erwiesen, um Systembildung rechtsordnungsübergreifend anzugehen.

Zwar bleibt die Auslegung des Europarechts weiterhin ein entscheidendes Nadelöhr für die Rechtsanwendung und damit gerade im mitgliedsstaatlichen Kontext ein großer Unsicherheitsfaktor bei dem Umgang mit europäischem Recht. An einer Klärung durch den EuGH wird man in vielen Fragen daher nicht vorbeikommen. Die hiesige Methodik hat jedoch die einzelnen Schritte der Prüfung durch den EuGH sowie mögliche Fallstricke nationaler Rechtsanwendung aufgezeigt, die eine aktivere Rolle mitgliedsstaatlicher Gerichte im Dialog mit dem EuGH ermöglichen. Diese sollte in Zukunft selbstbewusst wahrgenommen und als Chance der Mitgestaltung begriffen werden.

Anhand des Vergleichs zwischen der DSRL und der DSGVO konnte gezeigt werden, dass das äußere System als Treiber der Rechtsvereinheitlichung wirkt. Es hält mitgliedsstaatliche Rechtsanwender zu einem europäisch einheitlicheren Denken an als das Umsetzungsrecht i. V. m. der Richtlinie. Das faktische Mehr an Rechtsvereinheitlichung, das sich an den nun stärker europäisch geprägten Interpretationsergebnissen ablesen lässt, kann daher nicht (nur) auf eine vertiefte behördliche Zusammenarbeit zurückzuführen sein, sondern lässt sich vielmehr damit begründen, dass das äußere System in der Systembildung mehr Gewicht bekommt: So wird etwa eine autonome Interpretation der Normen stärker beachtet und Begriffe werden nicht mehr als lose Zielvorgaben, sondern als zwingende Tatbestandsmerkmale verstanden,[499] wodurch wiederum national geprägte Interpretationstechniken nun verstärkt hinterfragt werden. Die unmittelbare Anwendbarkeit des europäischen Rechts führt daher automatisch zu einer intensiveren Beschäftigung mit dem äußeren System der Verordnung seitens der Rechtsanwender, zumal dieses den Ausgangspunkt jedes Anwendungsprozesses darstellt: Wortlaut und Systematik werden i. R. d. Auslegung insgesamt häufiger herangezogen, wenn das europäische Recht unmittelbar wirkt. Dies führt dazu, dass die Auslegungsergebnisse stärker autonom orientiert sind, was maßgeblich zu einer tatsächlichen Rechtsvereinheitlichung beiträgt. Auch die Gefahr, aus dem nationalen Recht bekannter Begriffe und Zusammenhänge in das europäische Recht hereinzulesen, wird so jedenfalls gemindert. Das zeigen plötzlich divergierende Normauslegungsergebnisse zwischen gleich gebliebenen Normen der DSRL und DSGVO.

Die obigen Beispiele zeigen auch, dass Rechtsordnungsverschränkung der Normalfall ist und daher ein großer Bedarf an rechtsordnungsübergreifender Systembildung besteht. Die wechselseitige Integration rechtsordnungsfremder

---

499 In diesem Sinne auch *Ziegenhorn/von Heckel*, NVwZ 2016, 1585, 1586.

Normen wirft regelmäßig eine hohe Anzahl anwendungsbezogener Rechtsfragen auf, die schlüssig und anhand eines nachvollziehbaren Schemas begründet werden wollen. Hierfür liefert die vorliegende Arbeit erste Ansätze, die in der Anwendungspraxis Orientierung bieten können.

II. Erkenntnisse für das Datenschutzrecht und Ausblick

Die Untersuchung der datenschutzrechtlichen Beispiele hat zum einen gezeigt, dass eine Orientierung an alten Wahrheiten, d. h. Annahmen, die unter der Datenschutzrichtlinie noch unangefochten galten, kritisch zu bewerten sind und nunmehr genau überdacht werden sollten. Ratsam erscheint es aufgrund der weitgehenden Kontinuität der DSGVO zur DSRL, sich zur Auslegung der europäischen Vorschriften auch weiterhin an alte EuGH-Entscheidungen zu halten. Entscheidungen deutscher Gerichte zur DSRL sind jedoch mit Vorsicht zu genießen. Ein Umdenken gegenüber der Rechtslage unter der Richtlinie muss möglich sein und zu diesem Zweck offen zum Gegenstand der Diskussion gemacht werden. Diese Diskussionen sind bereits – wie oben aufgezeigt – zum Teil im Gange und lassen darauf hoffen, dass sie auch in der Rechtsprechung rezipiert werden. Allgemein bleibt festzustellen, dass der Rückgriff auf nationales Recht unter der DSGVO für die Ausfüllung und Ergänzung der dort verwandten Begrifflichkeiten die Ausnahme darstellt.

Zum anderen wurde deutlich, dass das Datenschutzrecht zu vielfältigen Verschränkungskonstellationen mit dem nationalen Recht führen kann. Das liegt einerseits daran, dass der Datenschutz – aus nationaler Sicht – eine Querschnittsmaterie ist, die in zahlreiche nationale Normkomplexe einwirkt. Andererseits sind Rechtsfragen zur Verarbeitung personenbezogener Daten mit zunehmender Digitalisierung geradezu omnipräsent, das Datenschutzrecht hat daher einen denkbar weiten Anwendungsbereich.

Auch vor diesem Hintergrund ist eine besonders sorgfältige Verknüpfung der Verordnungsnormen mit dem mitgliedsstaatlichen Recht entscheidend für eine stringente Rechtsanwendung. Die dafür nötige Anknüpfung an funktionale Äquivalente im mitgliedsstaatlichen Recht ist ein wichtiger Schritt im Rahmen des Anwendungsprozesses der mitgliedsstaatlichen Rechtsanwender, den auch der EuGH nicht ersatzweise vornehmen kann. Der oben beschriebene Prozess der funktionalen Verknüpfung kann hier ein Bewusstsein für europäisch-autonome Konzepte schaffen, wo dieses noch nicht automatisch vorhanden ist. Ein auch nur unbewusstes „eindeutschen“ europäischer Vorgaben wird so erheblich erschwert.

Darüber hinaus hat allein die hiesige Untersuchung weniger Beispiele zahleiche Ansatzpunkte für mögliche Vorlagefragen an den EuGH aufgezeigt. Das zeigt, dass die Rechtsunsicherheit in diesem Rechtsbereich weiterhin groß ist. Wenngleich die DSGVO nun schon nicht mehr als neu bezeichnet werden kann, wird es noch einige Zeit dauern, bis die drängendsten Rechtsfragen höchstrichterlich geklärt sind. Problematisch erscheint hier das bereits vielfach nachgewiesene Privacy Paradox:[500] Vielen Bürgern ist der Datenschutz zwar abstrakt wichtig, in der konkreten Situation agiert die Mehrheit jedoch konträr und geht mit den „eigenen", personenbezogenen Daten äußerst freimütig um. Dieses Verhalten hat perspektivisch auch Auswirkungen auf die Rechtslage. Denn im Europarecht gilt mehr denn je: Wo kein Kläger, da kein Richter. Solange auch kleine Verstöße, gerade solche, die den Begriff und die Implikationen der datenschutzrechtlichen Einwilligung betreffen, nicht gerügt werden, werden die betreffenden Rechtsfragen ihren Weg „nach oben" nicht machen können. In der Folge bleibt auch eine abschließende Klärung auf europäischer Ebene aus.

Umso wichtiger ist es, dass die Fragen, die den Gerichten vorliegen, auch im Sinne einer einheitlichen Geltung des Unionsrechts entschieden werden – im Rahmen der DSGVO sind daher zahlreiche Vorlagen vor den EuGH zu erwarten. Hier wäre es wünschenswert, wenn deutsche Gerichte die Vorlagemöglichkeit nicht nur – wozu die vorliegende Arbeit beizutragen versucht hat – häufiger erkennen, sondern auch offensiver nutzen würden.

Festzuhalten bleibt, dass nicht nur im Umgang mit der DSGVO speziell, sondern mit jedem Verordnungsrecht eine ergebnisoffene, unvoreingenommene Herangehensweise und die Akzeptanz, auch gewachsene, mitgliedsstaatliche Konzepte im Einzelfall zurücktreten zu lassen oder für europäisch indizierte Modifikationen zu öffnen, entscheidend ist.

---

500 Für einen Überblick siehe *Engels/Grunewald*, Das Privacy Paradox: Digitalisierung versus Privatsphäre (2017); weiterführend dazu *Gerber/Gerber/Volkamer*, Computers & Security 2018, 226; *Barth/de Jong*, Telematics and Informatics 2017, 1038.

Thesen

Kapitel 1

(1) Die sektorspezifische Rechtssetzung der EU führt in der Praxis zu einer Verschränkung von nationalem und europäischem Recht. Einer Entscheidung liegt daher nicht notwendigerweise nur europäisches Recht oder nur nationales Recht zugrunde. Die europäische und die mitgliedsstaatliche Perspektive auf die Rechtsordnungsverschränkung fokussieren jeweils unterschiedliche Probleme: Während von europäischer Seite eine Re-Nationalisierung des europäischen Einheitsrechts zu befürchten ist, richtet sich der Blick aus mitgliedsstaatlicher (hier deutscher) Perspektive auf die durch europäisch einheitliches Recht entstehende Rechtsunsicherheiten sowie die durch fragmentarische Vereinheitlichung auftretenden Kohärenzverluste im mitgliedsstaatlichen Rechtssystem. Der Mitgliedsstaat fremdelt umso mehr mit dem EU-Recht, je stärker dieses rechtsvereinheitlichend wirkt.

(2) Für die Systematisierung und Lösung der zahlreichen Probleme i. R. d. Rechtsordnungsverschränkung ist ein methodisches, d. h. planmäßiges Vorgehen notwendig. Es bedarf klarer Regeln für die Verknüpfung der beiden unterschiedlichen Strukturen und den Umgang mit der Rechtsordnungsverschränkung, um ein systematisch stimmiges und objektiv nachprüfbares Ineinandergreifen von nationalen und europäischen Normen zu ermöglichen.

(3) Systembildung zielt darauf ab, das Recht (bzw. einen bestimmten Ausschnitt) als folgerichtiges Ganzes darzustellen und die ihm zugrundeliegenden, abstrakten Wertungen (Prinzipien) zu ermitteln, um die Rechtsanwendung zu erleichtern, sie nachvollziehbarer und einheitlicher zu gestalten. Der Systembegriff bezeichnet zum einen das innere System, das durch Systembildung dargestellt werden soll und das äußere System, das die vom Rechtsetzer entwickelte äußere Ordnung der Normen bezeichnet. Teil dieses äußeren Systems sind die systematische Anordnung von Normen, der Wortlaut und die Kategorisierung nach Begriffen. Anhand dieser Punkte können im Rahmen der Systembildung Rückschlüsse auf die Wertungszusammenhänge der Normen gezogen werden. Die äußere Ordnung spielt damit eine wichtige Rolle für die Systembildung.

(4) Systeminkohärenzen sind keine geeignete Bezeichnung für die Folgen der Rechtsordnungsverschränkung. Vielmehr folgt aus diesen Beobachtungen eine Notwendigkeit zur Systembildung.

(5) Die Aufgabe der Koordinierung der Normen im Rahmen einer Rechtsordnungsverschränkung kommt dem nationalen Rechtsanwender zu: Diese Vorschriften sollten möglichst widerspruchsfrei zusammenwirken, um ihre Sollensanordnungen für den Rechtsadressaten ex ante vorhersehbar sowie die daraus folgenden Entscheidungen ex post nachvollziehbar zu machen. Systemdenken ist auch im rechtsordnungsübergreifenden Kontext anwendbar – durch rechtsordnungsübergreifende Systembildung können nachprüfbare Kriterien für die Rechtsordnungsverschränkung entwickelt werden.

(6) Anders als bei der Umsetzung von Richtlinienrecht ist es bei der Verordnung nicht möglich, die vorgegebenen europäischen Inhalte und Wertungen – das *innere System* – in das *äußere System* des eigenen Rechts zu integrieren und dadurch den Übergang zwischen europäischen und nationalen Inhalten selbst zu gestalten sowie europäische Neuregelungen an bekannte Rechtsinstitute anzuknüpfen. Bei einer Verordnung sind sowohl das innere wie auch das äußere System verbindlich. Der Rechtsanwender muss daher das Verordnungsrecht unmittelbar anwenden, eine „Übersetzung" in mitgliedsstaatliches Recht ist untersagt. Die EU scheint sich von diesem Unterschied eine stärkere tatsächliche Harmonisierung zu versprechen als von einer vollharmonisierenden Richtlinie.

Aus mitgliedsstaatlicher Sicht stellt die Verordnung hingegen gerade aufgrund der mangelnden Anpassungsmöglichkeiten an nationale Besonderheiten und der daraus resultierenden Starrheit eine besondere Belastung i. R. d. Rechtsanwendung dar.

(7) Daraus folgt die These, dass das äußere System der Verordnung als Treiber der tatsächlichen Rechtsvereinheitlichung gesehen werden kann, denn es nimmt unmittelbaren Einfluss auf die Systembildung: Der Auslegung aus dem äußeren System kommt im europäischen Kontext eine hohe Bedeutung zu. Gerade bei der Verordnung ist davon auszugehen, dass dieser Auslegungsmethode viel Bedeutung eingeräumt wird, da der Rechtsanwender unmittelbar mit dem äußeren System des Rechtsakts arbeiten muss und vor allem beim ersten Befassen mit dem Verordnungsrecht kaum andere Anhaltspunkte für die Auslegung hat. Zudem lassen sich aus der äußeren Systematik des Rechtsakts vielseitig Schlüsse auf seine Regelungsziele ziehen.

(8) Es ist aber auch gerade diese verstärkte Arbeit mit dem fremden äußeren System, die eine besondere Herausforderung für den Rechtsanwender birgt: Dieser muss im Rahmen der verschränkenden Anwendung mit mitgliedsstaatlichem Recht die fremden Strukturen zu den bekannten des eigenen Rechts in

Bezug setzen. Die Koordination der äußeren Systeme ist eine denklogische Voraussetzung für die rechtsordnungsübergreifende Systembildung.

Kapitel 2

(1) Die rechtsordnungsübergreifende Normanwendung lässt sich im Wesentlichen in drei Schritte aufteilen, von denen Schritt zwei und drei hier untersucht wurden: Zunächst ist der Sachverhalt unter die betreffende Verordnungsnorm zu subsumieren. In einem zweiten Schritt ist das jeweils einschlägige Verordnungsrecht mit dem nationalen Recht funktional zu verknüpfen. In einem dritten Schritt sind die so ausfindig gemachten Normen auf eine Kollision mit dem europäischen Recht zu prüfen.

(2) Um im mitgliedsstaatlichen Recht die Norm zu finden, die sich funktional am ehesten zur Durchführung des europäischen Rechts eignet und die in der Folge neben diesem anzuwenden ist, muss das Verordnungsrecht mit dem mitgliedsstaatlichen Recht „funktional verknüpft" werden. Dies geschieht in Anlehnung an die funktional-teleologische Qualifikation in zwei Prüfschritten:

a) Zunächst ist die in Rede stehende europäische Norm oder Rechtsfigur auszulegen, um ihre spezifische, kontextbezogene Funktion im Rechtsakt zu ergründen (funktionale Auslegung). Im besten Fall lässt sich eine abstrakt-dogmatische Bestimmung ausmachen. Dies wird jedoch aufgrund des Naturells des Unionsrechts, das weniger stark auf starr-dogmatische Konzepte ausgerichtet ist, regelmäßig kaum möglich sein – allein, da es an klaren dogmatischen Konzepten auf dieser Ebene häufig fehlt. Betrachtet werden müssen die betreffenden Vorschriften daher jedenfalls – mehr als noch im Rahmen der reinen Regelungszielermittlung – im Kontext des gesamten Rechtsakts und unter Berücksichtigung der Wechselwirkungen mit anderen Vorschriften.

b) Die Funktion der europäischen Norm bzw. Rechtsfigur wird sodann aus mitgliedsstaatlicher Perspektive betrachtet, um in dieser Hinsicht ggf. Parallelen zu einer mitgliedsstaatlichen Norm, einem mitgliedsstaatlichen Regelungskomplex oder einem Rechtsbegriff aufzudecken. So kann für die europäischen Vorgaben das funktionale Äquivalent im mitgliedsstaatlichen Recht bestimmt werden. Anhand der Anknüpfung an das funktionale Äquivalent lassen sich diejenigen mitgliedsstaatlichen Normen oder Normenkomplexe bestimmen, die aus mitgliedsstaatlicher Perspektive zusätzlich anwendbar sind. Mit diesen Normen lässt sich das Verordnungsrecht am ehesten funktional verknüpfen.

(3) Die funktionale Verknüpfung sagt noch nichts über eine tatsächliche Anwendbarkeit der mitgliedsstaatlichen Normen neben dem Verordnungsrecht aus. Vielmehr ist in einem nächsten Schritt zu prüfen, ob bzw. inwieweit die im Rahmen der Verknüpfung ausgewählten mitgliedsstaatlichen Vorschriften im konkreten Fall mit dem Unionsrecht kollidieren (Kollisionsprüfung).

(4) Die der funktionalen Verknüpfung zugrundeliegenden Überlegungen kommen darüber hinaus auch im Rahmen der nachfolgenden Kollisionsprüfung zum Tragen – diese erfordert eine Einschätzung dazu, ob europäische Vorschriften die Frage, die die mitgliedsstaatliche Norm adressiert, bereits abschließend geregelt hat – ob durch spezifische Normen einem Sekundärrechtsakt, geplante Nichtregelung, allgemeine Rechtsgrundsätze oder geschriebenes Primärrecht. Zu ermitteln ist daher ein funktionales Äquivalent zur nationalen Norm im europäischen Recht.

(5) Alle Normenkonflikte sind letztlich Regelungszielkonflikte.

(6) Das Regelungsziel ist die konkrete, einzelfallbezogene Ausprägung des abstrakten Normzwecks. Der Normzweck wiederum stellt die normative Ausprägung von abstrakten Wertungen/Prinzipien bzw. einer gesetzgeberisch vorgenommenen Vorrangrelation zwischen zwei Prinzipien dar, die der Rechtsordnung zugrunde liegen.

(7) Als Normenkollisionen werden vertikale Normenkonflikte im rechtsordnungsübergreifenden europäischen System bezeichnet. Sie können in direkte und indirekte Normenkollisionen unterteilt werden. Normenkollisionen sind immer Regelungszielkonflikte zwischen zwei unmittelbar anwendbaren Normen. Insbesondere ist die Deutung indirekter Kollisionen als Prinzipiennormkonflikt nicht treffend. Eine Norm ist unmittelbar anwendbar, wenn sie einen Mindestregelungsgehalt für den Einzelfall aufweist. Ob die Norm aus Kollisionsgesichtspunkten der europäischen Rechtsordnung zuzuordnen ist oder nicht, sollte sich nicht nach dem Rechtssetzer richten, sondern vielmehr nach dem materiellen Regelungsgehalt. So kann auch Richtlinienumsetzungsrecht kollisionsfähig sein. Ungeschriebene allgemeine Rechtsgrundsätze hingegen sind regelmäßig zu abstrakt – sie sind als Strukturprinzipien der europäischen Rechtsordnung in der Regel nicht unmittelbar anwendbar und damit kollisionsfähig.

(8) Normenkollisionen gleich welcher Art werden über zwei Kollisionsnormen aufgelöst: die Nichtanwendungsregel und die europarechtskonforme Auslegung mitgliedsstaatlichen Rechts. Diese (ungeschriebenen) Kollisionsregeln, die zusammen auch als der *Vorrang des Unionsrechts* bezeichnet werden, entstammen dem zunächst ungeschriebenen Vorrangprinzip, was unter dem Vertrag von Lissabon in dem Prinzip einheitlicher Wirksamkeit in Art. 4 Abs. 3 EUV aufgegangen ist. Das Effektivitätsgebot und das Äquivalenzgebot als Ausprägungen des Grundsatzes einheitlicher Wirksamkeit sind alleinstehend abstrakte Forderungen, die erst anhand einer konkreten, unionsrechtlichen Norm und ihres Regelungsziels mit materiell aussagekräftigem Inhalt gefüllt werden können.

(9) Die Ermittlung und Auflösung von Normenkollisionen, wie sie der EuGH vornimmt, kann als ein zweischrittiges Verfahren beschrieben werden. In einem

ersten Schritt ist zu prüfen, ob das europäische Recht den Rückgriff auf die nationale Norm zulässt, oder ob die Materie bereits abschließend europäisch geregelt ist und daher eine direkte Kollision vorliegt. Hier ist die Ermittlung des Regelungsbereichs des europäischen Rechts sowie etwaiger Regelungsbereichsöffnungen oder -begrenzungen von erhöhter Bedeutung, da nur anhand der Regelungsreichweite eine Kollision festgestellt werden kann. Hier stellen sich in der Anwendung Probleme, da regelmäßig kaum Anhaltspunkte für die rechtssichere Ermittlung der Regelungsreichweite europäischer Normen zur Verfügung stehen.

Lässt das europäische Recht nach der Soweit-Formel den Rückgriff zu, liegt also keine Regelungsbereichsüberschneidung vor, die zu einer direkten Kollision führt, ist in einem zweiten Schritt zu ermitteln, ob das Regelungsziel der europäischen Norm durch nationale Vorschriften an einer äquivalenten oder effektiven Durchsetzung gehindert ist (indirekte Kollision). Da Ausgangspunkt dieser Prüfung der Regelungsbereich bzw. das Regelungsziel der europäischen Vorschrift sind, ist eine genaue Auslegung des europäischen Rechts von großer Bedeutung für die Kollisionsprüfung. Die große Abhängigkeit vom Auslegungsergebnis zeigt sich an den zahlreichen Vorlagefragen an den EuGH, die mögliche Kollisionskonstellationen betreffen.

(10) Das nationale Recht ist neben europäischem Recht nur soweit anwendbar, wie es sich im Rahmen der Beeinträchtigungsgrenzen des Effektivitäts- und Äquivalenzgrundsatzes bewegt und die Durchsetzung der europäischen Norm nicht gegenüber der Durchsetzung nationaler Normen benachteiligt sowie diese „nicht praktisch unmöglich macht oder übermäßig erschwert“. Jenseits dieser Grenzen greifen die Kollisionsnormen des Anwendungsvorrangs. Die Kollisionsnormen verhindern die Anwendung des mitgliedsstaatlichen Rechts in seiner europarechtswidrigen Form, d. h. sie wahren so im Ergebnis die einheitliche Wirksamkeit des Unionsrechts, ergo die effektive und äquivalente Durchsetzung eines unionsrechtlichen Regelungsziels im Einzelfall.

(11) Die so anhand der Effektivität und Äquivalenz der Regelungszielerreichung etablierten Beeinträchtigungsgrenzen sichern den Mindestwirksamkeitsanspruch der Norm. Dieser ist gerichtet auf die effektive und äquivalente Durchsetzung des Regelungsziels. Da die Effektivität der Durchsetzung immer in Relation zu anderen europäischen Werten zu bestimmen ist, kann das Regelungsziel in Einzelfällen nur zu einem Teil gegenüber kollidierenden mitgliedsstaatlichen Regelungszielen durchgesetzt werden. Das ist der Fall, soweit das mitgliedsstaatliche Recht, d. h. das Regelungsziel der mitgliedsstaatlichen Norm, als Ausgestaltung europäischer Rechtsgrundsätze anzusehen ist. Denn europäische allgemeine Rechtsgrundsätze und daraus erwachsende Regelungsziele beanspruchen wie geschriebenes Recht ebenso einheitliche Wirksamkeit und damit effektive Durchsetzung. Das mitgliedsstaatliche Regelungsziel kann,

soweit es europäischen Zielen entspricht, europäisch „aufgeladen“ und in der Folge als europäisches Regelungsziel behandelt werden. Dieser so entstehende innerunionale Konflikt ist durch eine Abwägung zwischen den beiden Regelungszielen unter Berücksichtigung der dahinterstehenden Werte aufzulösen. Denn die tatsächliche Durchsetzung eines unionsrechtlichen Regelungsziels ist nur so lange als effektiv im Sinne des Effektivitätsgebots anzusehen, wie dadurch nicht höher zu gewichtende europäische Belange unterminiert werden. Je nachdem, welchem Ziel der Vorrang eingeräumt wird, ist entweder der europäischen Norm die Durchsetzung zu verwehren oder aber das nationale Recht infolge einer Kollision nicht anwendbar.

(12) Dass im Einzelfall der Wirksamkeitsanspruch europäischer Vorschriften im Interesse widerstreitender europäischer Werte erheblich einzuschränken ist, führt einerseits dazu, dass es zwischen den einzelnen Mitgliedsstaaten zu Abweichungen in der Durchsetzung europäischen Rechts kommen kann. Denn die widerstreitenden europäischen Werte ergeben sich gerade in Anknüpfung an mitgliedsstaatliche Normen. Wenngleich Rechtsanwendungsergebnisse daher je nach Mitgliedsstaat unterschiedlichen ausfallen können, steht dies den unionalen Harmonisierungsbestrebungen nicht per se entgegen. Dass sich Anwendungsergebnisse im Einzelfall unterscheiden können, ist eine hinzunehmende Folge aus dem jeweils unterschiedlichen Durchführungsrecht. Letztlich zeigt dieses Vorgehen zudem lediglich eine stringente Rückanknüpfung des Sekundärrechts an übergeordnete unionale Werte. Die einheitliche Wirksamkeit des Unionsrechts in den Mitgliedsstaaten wird dadurch nicht unterminiert, sondern eher gestärkt. Die europäischen Normen greifen hier mit den nationalen Vorschriften ineinander. Dieses Nebeneinander bietet den Mitgliedsstaaten die Möglichkeit, gewachsene Wertungsstrukturen neben dem Unionsrecht nicht gänzlich aufgeben zu müssen.

Kapitel 3

(1) Die DSGVO zielt auf ein einheitliches, hohes grundrechtliches Schutzniveau ab, das einen verlässlichen Rechtsrahmen für Wirtschaftsakteure bietet und so den freien Datenfluss fördert. Das europäische Grundrecht auf Datenschutz in Art. 8 GRC, das die DSGVO ausgestaltet, ist jedoch bislang inhaltlich nicht klar ausdifferenziert. Der Schutzgrund scheint zu einem großen Teil an den Schutz der Privatheit (Art. 7 GRC) angelehnt zu sein, aufgrund der Eigenständigkeit des Grundrechts kann hier jedoch nicht von einer deckungsgleichen Schutzrichtung ausgegangen werden. Gerade mit Blick auf die Auslegung der DSGVO-Vorschriften vor dem Hintergrund des Art. 8 GRC besteht hier noch erheblicher Konkretisierungsbedarf. Dem deutschen Grundrecht auf informationelle Selbstbestimmung kommt im Rahmen der DSGVO keine Bedeutung zu.

(2) Von einer Privilegierung der Auftragsdatenverarbeitung kann unter der DSGVO nicht gesprochen werden. Vielmehr wird die Offenlegung von Daten gegenüber dem Auftragsverarbeiter ebenso behandelt, wie jeder andere Verarbeitungsschritt auch (Art. 4 Nr. 2 DSGVO). Die Diskussion um eine vermeintliche Fortgeltung einer unter der DSRL augenscheinlich gegebenen Privilegierung der Auftragsverarbeitung ist eine Scheindebatte, die durch die richtlinienwidrige Umsetzung des Begriffs der Datenverarbeitung in § 3 Abs. 4 S. 1 BDSG a. F. entstand. Schon unter Geltung der DSRL war eine Privilegierung im Grunde nicht notwendig, da schon nach den allgemeinen Regeln der Richtlinie eine Rechtfertigung der Datenweitergabe vorlag. An dieser Debatte zeigt sich, dass national geprägten Begriffsverständnisse weiterhin in die DSGVO hereingelesen werden, da das nationale Umsetzungsrecht über Jahre hinweg den Diskurs geprägt hat. Hier ist eine unvoreingenommene Neubetrachtung des Verordnungsrechts, insbesondere seines äußeren Systems, unbedingt angezeigt.

(3) Die datenschutzrechtliche Einwilligung der DSGVO kann aus deutscher Sicht funktional als Rechtsgeschäft i. S. d. §§ 104 ff. BGB angesehen werden. Die DSGVO-Vorschriften (und allgemeinen europäische Rechtsgrundsätze) überlagern die deutschen BGB-Vorgaben zur Willenserklärung jedoch weitgehend, sodass im Ergebnis kaum Rückgriffsmöglichkeiten bleiben. Diese Feststellung steht in einem erheblichen Gegensatz zu der Rechtslage unter der DSRL, wo eine weitreichende Verschränkung mit nahezu allen BGB-Vorschriften angenommen wurde. Obwohl die Einwilligung inhaltlich kaum verändert wurde, zeigt sich daher, dass die direkte Anwendung des Verordnungsrechts einen unmittelbaren Einfluss auf das Verständnis der Begriffe und damit auf den Bedeutungsgehalt der Norm hat. Der europäische Rechtstext wird nun umfassender verstanden als noch unter der Richtlinie. Die intensivere Auseinandersetzung mit dem äußeren System der Verordnung spiegelt sich in den neueren Interpretationsansichten wider – das äußere System wirkt als Treiber der Rechtsvereinheitlichung.

(4) Das Datenschutzrecht weist aufgrund seines weiten Anwendungsbereichs vielfältige Verschränkungsmöglichkeiten gerade mit dem mitgliedsstaatlichen Zivilrecht auf, von denen hier nur einige aufgezeigt werden konnten. Das mitgliedsstaatliche Recht kann aufgrund der Wechselwirkungen mit dem Datenschutzrecht unter Anpassungsdruck geraten, wenn die im Einzelfall entstehenden Wertungsinkohärenzen aus mitgliedsstaatlicher Sicht nicht hinzunehmen sind. Dieser mittelbare Anpassungsdruck führt perspektivisch zu einer Annäherung der mitgliedsstaatlichen Rechtsordnungen auch im nicht harmonisierten Bereich.

(5) Die Ausprägungen des nemo-tenetur-Grundsatzes in § 43 Abs. 4 und § 40 Abs. 4 S. 2 BDSG sind europarechtswidrig – jedenfalls, soweit sie auch auf ju-

ristische Personen anwendbar sind. Da das Verfahren von der DSGVO nicht ausgestaltet wird, liegen die Vorschriften zwar außerhalb des europäischen Regelungsbereichs. Die Vorschriften kollidieren aber indirekt mit den Vorgaben der DSGVO, genauer § 43 Abs. 4 BDSG mit Art. 33 f. (Meldepflicht des Verantwortlichen) und § 40 Abs. 4 S. 2 BDSG mit Art. 58 Abs. 1 lit. a (Auskunftsverlangen der zuständigen Behörde). Eine Rechtfertigung über den allgemeinen Grundsatz des Art. 48 Abs. 2 GRC ist nicht möglich, da die Verteidigungsrechte der Charta und der EMRK (Art. 6 Abs. 3 EMRK) hinter der deutschen Ausprägung des BDSG zurückbleiben. Soweit man den nemo-tenetur-Grundsatz juristischer Personen überhaupt auf eine nationale grundrechtliche Position zurückführt, dürfen auch nationale Grundrechte im Rahmen der Durchführung von Unionsrecht nur zugrunde gelegt werden, soweit dadurch das europäische Recht nicht in seiner Effektivität und Äquivalenz verletzt ist. Im Ergebnis bedeutet das, dass nationale Standards nur bis zum unionalen Grundrechtestandard anwendbar sind, da anderenfalls die effektive Durchsetzung der Regelungsziele der Art. 58 Abs. 1 lit a, Art. 33 f. nicht gewährleistet werden kann. Insbesondere folgt aus den sogenannten Rechtsstaatsklauseln der Art. 58 Abs. 4, Art. 83 Abs. 8 keine weitergehende Befugnis der Mitgliedsstaaten zur Einschränkung des materiellen Datenschutzrechts, als die, die sich aus den allgemeinen Rechtsgrundsätzen und der Grundrechtecharta ergibt.

(6) Die Rechenschaftspflicht der DSGVO in Art. 5 Abs. 2 und Art. 24 Abs. 1 bezieht sich in erster Linie auf die Einrichtung eines Datenschutz-Management-Systems. Sinn und Zweck der Pflicht ist eine intensivere Auseinandersetzung des Verantwortlichen mit den Risiken der Datenverarbeitung, die im Ergebnis zu einem besseren materiellen Datenschutz führen soll. Die Rechenschaftspflicht ist damit eine materielle Compliance-Pflicht, die bereits im Vorfeld der Datenverarbeitung ansetzt. Als solche ist sie auch eigens sanktionsbewehrt. Sie dient nicht dazu, die materielle Datenschutzkonformität einzelner Verarbeitungsvorgänge nachzuweisen, sondern ist vielmehr darauf gerichtet ist, die Voraussetzungen und internen Strukturen für eine datenschutzkonforme Verarbeitung überhaupt erst zu schaffen. Eine prozessuale Wirkung im Sinne einer Beweispflichtigkeit des Verantwortlichen für die Rechtmäßigkeit eines konkreten Verarbeitungsvorgangs statuieren die Art. 5 Abs. 2, Art. 24 Abs. 1 DSGVO daher nicht. Es bleibt dabei im behördlichen Verfahren beim Untersuchungsgrundsatz gem. § 24 Abs. 1 S. 1 VwVfG und im Zivilverfahren bei den allgemeinen zivilrechtlichen Beweisgrundsätzen nach mitgliedsstaatlichem Prozessrecht, soweit Sonderbestimmungen in der DSGVO nicht Auswirkungen auf die Beweislastverteilung haben (so etwa Art. 82 Abs. 3, Art. 7 Abs. 1).

Literaturverzeichnis

Ackermann, Thomas, Sektorielles EU-Recht und allgemeine Privatrechtssystematik, ZEuP 2018, S. 741–781.

Albers, Marion, Umgang mit personenbezogenen Informationen und Daten, in: Hoffmann-Riem, Wolfgang/Schmidt-Aßmann, Eberhard/Voßkuhle, Andreas (Hrsg.), Grundlagen des Verwaltungsrechts (Bd. 2), 2. Aufl., München 2012, § 22.

–, Informationelle Selbstbestimmung als vielschichtiges Bündel von Rechtsbindungen und Rechtspositionen, in: Friedewald, Michael/Lamla, Jörn/Roßnagel, Alexander (Hrsg.), Informationelle Selbstbestimmung im Wandel, Wiesbaden 2017, S. 11–35.

Albrecht, Jan Philipp, Das neue EU-Datenschutzrecht – von der Richtlinie zur Verordnung, CR 2016, S. 88–98.

Albrecht, Jan Philipp/Jotzo, Florian, Das neue Datenschutzrecht der EU, Wiesbaden 2017.

Alchourrón, Carlos E./Bulygin, Eugenio, Normative Systeme, München 1971.

Alexy, Robert, Theorie der Grundrechte, 2. Aufl., Frankfurt a. M. 1994.

–, Recht, Vernunft, Diskurs, Frankfurt a. M. 1995.

–, Zur Struktur der Rechtsprinzipien, in: Schilcher, Bernd/Koller, Peter/Funk, Bernd-Christian (Hrsg.), Regeln, Prinzipien und Elemente im System des Rechts, Wien 2000, S. 31–52.

Alhadeff, Joseph/van Alsenoy, Brendan/Dumortier, Jos, The Accountability Principle in Data Protection Regulation: Origin, Development and Future Directions, in: Guagnin, Daniel/Hempel, Leon/Ilten, Carla/Kroener, Inga/Neyland, Daniel/Postigo, Hector (Hrsg.), Managing Privacy through Accountability, Basingstoke u. a. 2012, S. 49–82.

von Arnauld, Andreas, Zum Status quo des europäischen Verwaltungsrechts, in: Terhechte, Jan (Hrsg.), Verwaltungsrecht der Europäischen Union, 2. Aufl., Baden-Baden 2022, § 2.

Auernhammer: Eßer, Martin/Kramer, Philipp/von Lewinski, Kai (Hrsg.), Datenschutz-Grundverordnung, Bundesdatenschutzgesetz und Nebengesetze. Kommentar; begr. v. Auernhammer, Herbert, 7. Aufl., Köln 2020.

Aubin, Peter, Die Haftung der Europäischen Wirtschaftsgemeinschaft und ihrer Mitgliedstaaten bei gemeinschaftsrechtswidrigen nationalen Verwaltungsakten, Baden-Baden 1982.

Auby, Jean-Bernard, Die Transformation des Verwaltungsrechts, in: von Bogdandy, Armin/Huber, Peter M. (Hrsg.), Handbuch Ius Publicum Europaeum. Verwaltungsrecht in Europa: Grundlagen (Bd. 3), Heidelberg 2010, § 56.

Aufrichtig, Janina, Pekuniäre Verwaltungssanktionen und strafrechtliche Verfahrensgarantien am Beispiel des Kartellrechts, LeGes 29 (2018), 1 ff., abrufbar unter: https://leges.weblaw.ch (zuletzt abgerufen am 31.8.2022).

Barczak, Tristan, Normenkonkurrenz und Normenkollision, JuS 2015, S. 969–976.

Bärlein, Michael/Pananis, Panos/Rehmsmeier, Jörg, Spannungsverhältnis zwischen der Aussagefreiheit im Strafverfahren und den Mitwirkungspflichten im Verwaltungsverfahren, NJW 2002, S. 1825–1830.

Barth, Susanne/de Jong, Menno D. T., The privacy paradox – Investigating discrepancies between expressed privacy concerns and actual online behavior. A systematic literature review, Telematics and Informatics 2017, S. 1038–1058.

Basedow, Jürgen, Anforderungen an eine europäische Zivilrechtsdogmatik, in: Zimmermann, Reinhard (Hrsg.), Rechtsgeschichte und Privatrechtsdogmatik, Heidelberg 1999, S. 79–100.

–, Das BGB im künftigen europäischen Privatrecht: Der hybride Kontext, AcP 200 (2000), S. 445–492.

–, 60 Jahre Rechtsharmonisierung oder: vom unaufhaltsamen Drang zur Verordnung, EuZW 2018, S. 1–2.

Basedow, Jürgen/Blaurock, Uwe/Flessner, Axel/Schulze, Reiner/Zimmermann, Reinhard, Editorial, ZEuP 1993, S. 1–3.

Bauerschmidt, Jonathan, Die Sperrwirkung im Europarecht, EuR 2014, S. 277–297.

Bayram, Milan, Manipulative Handelspraktiken gem. Art. 12 MAR, Berlin 2020.

Beaucamp, Guy, Allgemeine Rechtsgrundsätze als methodisches Problem, DÖV 2013, S. 41–50.

BeckOGK: Gsell, Beate/Krüger, Wolfgang/Lorenz, Stephan/Reymann, Christoph (Hrsg.), beck-online Grosskommentar zum Zivilrecht, München.

BeckOK BGB: Hau, Wolfgang/Poseck, Roman (Hrsg.), Beck'scher Online-Kommentar BGB, 62. Aufl., München 2022.

BeckOK DSR: Wolff, Heinrich A./Brink, Stefan (Hrsg.), BeckOK Datenschutzrecht, 23. Aufl., München 2018.

BeckOK DSR: Wolff, Heinrich A./Brink, Stefan (Hrsg.), BeckOK Datenschutzrecht, 40. Aufl., München 2022.

BeckOK FluggastR: Schmid, Roland (Hrsg.), BeckOK Fluggastrechte-Verordnung, 23. Aufl., München 2022.

Beljin, Sasa, Die Zusammenhänge zwischen dem Vorrang, den Instituten der innerstaatlichen Beachtlichkeit und der Durchführung des Gemeinschaftsrechts, EuR 2002, S. 351–376.

Bergmann, Jan, in: Bergmann, Jan (Hrsg.), Handlexikon der Europäischen Union, 6. Aufl., Baden-Baden 2022,

Bergmann, Lutz/Möhrle, Roland/Herb, Armin (Hrsg.), Datenschutzrecht. Loseblattsammlung 1979 –, Werkstand: 62. Aktualisierung 2021, Stuttgart.

Bergt, Matthias, Sanktionierung von Verstößen gegen die Datenschutz-Grundverordnung, DuD 2017, S. 555–561.

Bernsdorff, Norbert/Borowsky, Martin, Die Charta der Grundrechte der Europäischen Union. Handreichungen und Sitzungsprotokolle, Baden-Baden 2002.

–, Der Grundrechtekonvent (Bd. 1). Unveröffentlichte Arbeitsdokumente, Hannover 2003.

Bierekoven, Christiane, Auftragsverarbeitung, in: Redeker, Helmut (Hrsg.), Handbuch der IT-Verträge, Tübingen 46. EL 04.2022, Teil 7.2.

Bischoff, Claudia/Wiencke, Julia, Datenschutzrechtliche Voraussetzungen klinischer Prüfungen. Das Verhältnis von AMG und DSGVO, ZD 2019, S. 8–13.

Bobek, Michal, Why there is no principle of „procedural" autonomy of the member states, in: Micklitz, Hans-Wolfgang/de Witte, Bruno (Hrsg.), The European Court of Justice and the Autonomy of the Member States, Cambridge 2012, S. 305–323.

Bock, Kirsten/Engeler, Malte, Die verfassungsrechtliche Wesensgehaltsgarantie als absolute Schranke im Datenschutzrecht, DVBl 2016, S. 593–599.

von Bogdandy, Armin, Wissenschaft vom Verfassungsrecht, in: von Bogdandy, Armin/ Cruz Villalón, Pedro/Huber, Peter M. (Hrsg.), Handbuch Ius Publicum Europaeum. Offene Staatlichkeit – Wissenschaft vom Verfassungsrecht (Bd. 2), Heidelberg 2008, § 39.

–, Grundprinzipien, in: von Bogdandy, Armin/Bast, Jürgen (Hrsg.), Europäisches Verfassungsrecht, 2. Aufl., Dordrecht 2009, S. 13–71.

Boms, Wilfried, Ahndung von Ordnungswidrigkeiten nach der DS-GVO in Deutschland. Ist § 43 Abs. 4 BDSG unionsrechtskonform?, ZD 2019, S. 536–540.

Borchardt, Klaus-Dieter, Auslegung, Rechtsfortbildung und Rechtsschöpfung, in: Schulze, Reiner/Janssen, Albert/Kadelbach, Stefan (Hrsg.), Europarecht. Handbuch für die deutsche Rechtspraxis, Baden-Baden 2020, § 15.

Bork, Reinhard, Allgemeiner Teil des Bürgerlichen Gesetzbuchs, 4. Aufl., Tübingen 2016.

Borowski, Martin, Grundrechte als Prinzipien, 3. Aufl., Baden-Baden 2018.

Bretthauer, Sebastian, Verfassungsrechtliche Grundlagen, Europäisches und nationales Recht, in: Specht, Louisa/Mantz, Reto (Hrsg.), Handbuch Europäisches und deutsches Datenschutzrecht, München 2019, A. § 2.

Breuer, Marten, Datenschutz, in: Heselhaus, Sebastian/Nowak, Carsten (Hrsg.), Handbuch der Europäischen Grundrechte, 2. Aufl. 2020, § 25.

Breyer, Jonas, Verarbeitungsgrundsätze und Rechenschaftspflicht nach Art. 5 DS-GVO, DuD 2018, S. 311–317.

Brimsted, Kate, GDPR series: accountability – a blueprint for GDPR compliance, Privacy & Data Protection 2017, S. 10–12.

Britz, Gabriele, Informationelle Selbstbestimmung zwischen rechtswissenschaftlicher Grundsatzkritik und Beharren des Bundesverfassungsgerichts, in: Hoffmann-Riem, Wolfgang (Hrsg.), Offene Rechtswissenschaft, Tübingen 2010, S. 561–596.

–, Grundrechtsschutz durch das Bundesverfassungsgericht und den Europäischen Gerichtshof, EUGRZ 2015, S. 275–283.

Britz, Tobias, Die Verarbeitung personenbezogener Gesundheits- und Sozialdaten durch externe Dienstleister im Auftrag des Versicherers, VersR 2020, S. 1219–1226.

Broberg, Morten/Fenger, Niels, Theorie und Praxis der Acte-clair-Doktrin des EuGH, EuR 2010, S. 835–854.

–, Das Vorabentscheidungsverfahren vor dem Gerichtshof der Europäischen Union, Baden-Baden 2014.

Brühann, Ulf, Mindeststandards oder Vollharmonisierung des Datenschutzes in der EG – Zugleich ein Beitrag zur Systematik von Richtlinien zur Rechtsangleichung im Binnenmarkt in der Rechtsprechung des Europäischen Gerichtshofs, EuZW 2009, S. 639–644.

Buchholtz, Gabriele, Grundrechte und Datenschutz im Dialog zwischen Karlsruhe und Luxemburg, DÖV 2017, S. 837–845.

Buchner, Benedikt, Informationelle Selbstbestimmung im Privatrecht, Tübingen 2006.

–, Die Einwilligung im Datenschutzrecht. Vom Rechtfertigungsgrund zum Kommerzialisierungsinstrument, DuD 2010, S. 39–43.

Buchner, Benedikt/Kühling, Jürgen, Die Einwilligung in der Datenschutzgrundverordnung 2018, DuD 2017, S. 544–548.

Buchwald, Delf, Konflikte zwischen Regeln, Prinzipien und Elementen im Rechtssystem, in: Schilcher, Bernd/Koller, Peter/Funk, Bernd-Christian (Hrsg.), Regeln, Prinzipien und Elemente im System des Rechts, Wien 2000, S. 83–113.

Buck, Carsten, Über die Auslegungsmethoden des Gerichtshofs der Europäischen Gemeinschaften, Frankfurt a. M. 1998.

Burchardt, Dana, Die Rangfrage im europäischen Normenverbund. Theoretische Grundlagen und dogmatische Grundzüge des Verhältnisses von Unionsrecht und nationalem Recht, Tübingen 2015.

Burgi, Martin, Verwaltungsprozeß und Europarecht. Eine systematische Darstellung, München 1996.

Buttarelli, Giovanni, The EU GDPR as a clarion call for a new global digital gold standard, International Data Privacy Law 2016, S. 77–78.

Bydlinski, Franz, Juristische Methodenlehre und Rechtsbegriff, 2. Aufl., Wien 1991.

–, Über prinzipiell-systematische Rechtsfindung, Berlin 1995.

–, System und Prinzipien des Privatrechts, Wien/New York 1996.

–, Die „Elemente" des Beweglichen Systems, in: Schilcher, Bernd/Koller, Peter/Funk, Bernd-Christian (Hrsg.), Regeln, Prinzipien und Elemente im System des Rechts, Wien 2000, S. 9–29.

–, Zum Verhältnis von innerem und äußerem System, in: Heldrich, Andreas/Prölss, Jürgen/Koller, Ingo/Langenbucher, Katja/Grigoleit, Hans Christoph/Hey, Felix Christopher/Neuner, Jörg/Petersen, Jens (Hrsg.), Festschrift für Claus-Wilhelm Canaris zum 70. Geburtstag (Bd. 2), München 2007, S. 1017–1040.

Calliess, Christian/Ruffert, Matthias (Hrsg.), EUV/AEUV. Das Verfassungsrecht der Europäischen Union mit Europäischer Grundrechtecharta, 6. Aufl., München 2022.

Canaris, Claus-Wilhelm, Die Feststellung von Lücken im Gesetz. Eine methodologische Studie über Voraussetzungen und Grenzen der richterlichen Rechtsfortbildung praeter legem, 2. Aufl., Berlin 1983.

–, Systemdenken und Systembegriff, Berlin 1983.

Classen, Claus Dieter, Urteilsanmerkung zu EuGH, Rs. C-24/95 – Alcan II, JZ 1997, S. 724–726.

–, Schwierigkeiten eines harmonischen Miteinanders von nationalem und europäischem Grundrechtsschutz, EuR 2017, S. 347–367.

–, Rechtsschutz, in: Schulze, Reiner/Janssen, Albert/Kadelbach, Stefan (Hrsg.), Europarecht. Handbuch für die deutsche Rechtspraxis, Baden-Baden 2020, § 4.

Coing, Helmut, Geschichte und Bedeutung des Systemgedankens in der Rechtswissenschaft, in: Simon, Dieter (Hrsg.), Helmut Coing. Gesammelte Aufsätze zu Rechtsgeschichte, Rechtsphilosophie und Zivilrecht 1947–1975 (Bd. 1), Frankfurt a. M. 1982, S. 191–207.

Conrad, Conrad S., Freelancer als Auftragsverarbeiter? Einschätzung im Sinne der Datenschutz-Grundverordnung, DuD 2019, S. 134–136.

Conrad, Isabell/Treeger, Christina, Recht des Datenschutzes, in: Auer-Reinsdorff, Astrid/Conrad, Isabell (Hrsg.), Handbuch IT- und Datenschutzrecht, 3. Aufl., München 2019, § 34.

Constantinesco, Léontin-Jean, Rechtsvergleichung (Bd. 2). Die rechtsvergleichende Methode, Köln u. a. 1972.

Dammann, Ulrich, Erfolge und Defizite der EU-Datenschutzgrundverordnung – Erwarteter Fortschritt, Schwächen und überraschende Innovationen, ZD 2016, S. 307–314.

Dannecker, Christoph, Der nemo tenetur-Grundsatz – prozessuale Fundierung und Geltung für juristische Personen, ZStW 127 (2105), S. 370–409.

Dannecker, Gerhard, Zur bußgeldrechtlichen Verantwortung der Unternehmen in der Europäischen Union, NZWiSt 2022, S. 85–99.

von Danwitz, Luc, Der Grundsatz des gegenseitigen Vertrauens zwischen den Mitgliedstaaten der EU. Eine wertebasierte Garantie der Einheit und Wirksamkeit des Unionsrechts, EuR 2020, S. 61–89.

von Danwitz, Thomas, Verwaltungsrechtliches System und Europäische Integration, Tübingen 1996.

–, Die Eigenverantwortung der Mitgliedsstaaten für die Durchführung von Gemeinschaftsrecht, DVBl 1998, S. 421–446.

–, Der Grundsatz der Verhältnismäßigkeit im Gemeinschaftsrecht, EWS 2003, S. 393–402.

–, Europäisches Verwaltungsrecht, Berlin/Heidelberg 2008.

–, Rechtsetzung und Rechtsangleichung, in: Dauses, Manfred A./Ludwigs, Markus (Hrsg.), Handbuch des EU-Wirtschaftsrechts, München 56. EL 2022, B.II.

–, Rechtsschutz in der Europäischen Union, in: Hatje, Armin/Müller-Graff, Peter-Christian (Hrsg.), Enzyklopädie Europarecht. Europäisches Organisations- und Verfassungsrecht (Bd. 2), Baden-Baden 2022, § 19.

Dasch, Norbert, Die Einwilligung zum Eingriff in das Recht am eigenen Bild, München 1990.

Däubler, Wolfgang, Gläserne Belegschaften, 7. Aufl., Frankfurt a. M. 2017.

–, Gläserne Belegschaften, 8. Aufl., Frankfurt a. M. 2019.

D/K/W/W: Däubler, Wolfgang/Klebe, Thomas/Wedde, Peter/Weichert, Thilo (Hrsg.), Bundesdatenschutzgesetz. Kompaktkommentar zum BDSG, 5. Aufl., Frankfurt a. M. 2016.

D/W/W/S: Däubler, Wolfgang/Wedde, Peter/Weichert, Thilo/Sommer, Imke (Hrsg.), EU-DSGVO und BDSG, 2. Aufl., Frankfurt a. M. 2020.

Dauner-Lieb, Barbara/Rusche, Tim Maxian/Umansky, Andrej, Europa, Europäisierung und Juristenausbildung, in: Beckmann, Roland Michael/Mansel, Heinz-Peter/Matusche-Beckmann, Annemarie (Hrsg.), Weitsicht in Versicherung und Wirtschaft. Gedächtnisschrift für Ulrich Hübner, Heidelberg u. a. 2012, S. 629–652.

Dederichs, Mariele, Die Methodik des EuGH. Häufigkeit und Bedeutung methodischer Argumente in den Begründungen des Gerichtshofs der Europäischen Gemeinschaften, Baden-Baden 2004.

Dehmel, Susanne, Rück- und Ausblick zur DS-GVO. Was war, was ist, was kommen sollte, ZD 2020, S. 62–65.

Die Bundesbeauftragte für den Datenschutz und die Informationsfreiheit, Der Europäische Datenschutzausschuss, DuD 2018, S. 208.

Dölle, Hans, Rechtsdogmatik und Rechtsvergleichung, RabelsZ 1970, S. 403–409.

Dörner, Heinrich, Qualifikation im IPR – ein Buch mit sieben Siegeln?, StAZ 1988, S. 345–352.

Dovas, Maria-Urania, Joint Controllership – Möglichkeiten oder Risiken der Datennutzung?, ZD 2016, S. 512–517.

Dreier, Horst (Hrsg.), Grundgesetz Kommentar: GG (Bd. 2), 3. Aufl., Tübingen 2015.

Drewes, Stefan/Monreal, Manfred, Grenzenlose Auftragsdatenverarbeitung, PinG 2014, S. 143–149.

Dworkin, Ronald, Bürgerrechte ernstgenommen, Frankfurt a. M. 1984.

Ebers, Martin, Rechte, Rechtsbehelfe und Sanktionen im Unionsprivatrecht, Tübingen 2017.

Eckhardt, Jens, DS-GVO: Anforderungen an die Auftragsverarbeitung als Instrument zur Einbindung Externer, CCZ 2017, S. 111–117.

Eckhardt, Jens/Menz, Konrad, Bußgeldsanktionen der DS-GVO, DuD 2018, S. 139–144.

Eckhoff, Torstein/Sundby, Nils Kristian, Rechtssysteme. Eine systemtheoretische Einführung in die Rechtstheorie, Berlin 1988.

Efstratiou, Pavlos-Michael, Richterrechtliche Vorgaben zum Grundsatz der Verfahrensautonomie der Mitgliedsstaaten beim indirekten Vollzug des Unionsrechts, in: Karakostas, Ioannis K./Riesenhuber, Karl (Hrsg.), Methoden- und Verfassungsfragen der europäischen Rechtsangleichung, Berlin/New York 2011, S. 99–116.

Ehlers, Dirk, Verhältnis des Unionsrechts zu dem Recht der Mitgliedstaaten, in: Schulze, Reiner/Janssen, Albert/Kadelbach, Stefan (Hrsg.), Europarecht. Handbuch für die deutsche Rechtspraxis, Baden-Baden 2020, § 11.

Ehmann, Eugen/Selmayr, Martin (Hrsg.), DS-GVO, 2. Aufl., München 2018.

Eichenhofer, Johannes, Privatheit im Internet als Vertrauensschutz. Eine Neukonstruktion der Europäischen Grundrechte auf Privatleben und Datenschutz, Der Staat 55 (2016), S. 41–67.

Eilmansberger, Thomas, Rechtsfolgen und subjektives Recht im Gemeinschaftsrecht. Zugleich ein Beitrag zur Dogmatik der Staatshaftungsdoktrin des EuGH, Baden-Baden 1997.

Engelbrecht, Kai, Die Kollisionsregel im föderalen Ordnungsverbund, Tübingen 2010.

Engeler, Malte, Das überschätzte Kopplungsverbot. Die Bedeutung des Art. 7 Abs. 4 DS-GVO in Vertragsverhältnissen, ZD 2018, S. 55–62.

Engisch, Karl, Einheit der Rechtsordnung, Heidelberg 1935.

–, Sinn und Tragweite juristischer Systematik, Studium Generale 10 (1957), S. 173–190.

–, Einführung in das juristische Denken, 11. Aufl. 2010.

Epiney, Astrid, Freiheit des Warenverkehrs, in: Ehlers, Dirk (Hrsg.), Europäische Grundrechte und Grundfreiheiten, Berlin/Boston 2014, § 8.

Ernst, Stefan, Die Einwilligung nach der Datenschutzgrundverordnung. Anmerkungen zur Definition nach Art. 4 Nr. 11 DSGVO, ZD 2017, S. 110–114.

Ernst, Wolfgang, Gelehrtes Recht. Die Jurisprudenz aus Sicht des Zivilrechtslehrers, in: Engel, Christoph/Schön, Wolfgang (Hrsg.), Das Proprium der Rechtswissenschaft, Tübingen 2007, S. 3–49.

Esser, Josef, Grundsatz und Norm in der richterlichen Fortbildung des Privatrechts, 3. Aufl., Tübingen 1974.

Feiler, Lukas/Forgó, Nikolaus (Hrsg.), EU-DSGVO, Wien 2017.

Fisahn, Andreas/Ciftci, Ridvan, Hierarchie oder Netzwerk – zum Verhältnis nationaler zur europäischen Rechtsordnung, JA 2016, S. 364–370.

Fleischer, Holger, Europäische Methodenlehre: Stand und Perspektiven, RabelsZ 75 (2011), S. 700–729.

Forgó, Nikolaus/Helfrich, Marcus/Schneider, Jochen (Hrsg.), Betrieblicher Datenschutz. Rechtshandbuch, 3. Aufl., München 2019.

Frank, Stefan Leo, Altes und Neues zum Vorrang des Gemeinschaftsrechts vor nationalem Recht, ZÖR 55 (2000), S. 1–59.

Frankfurter Kommentar: Pechstein, Matthias/Nowak, Carsten/Häde, Ulrich (Hrsg.), Frankfurter Kommentar zu EUV, GRC und AEUV, Tübingen 2017.

Franzen, Martin, Privatrechtsangleichung durch die Europäische Gemeinschaft, Berlin 1999.

Franzius, Claudio, Grundrechtsschutz in Europa. Zwischen Selbstbehauptungen und Selbstbeschränkungen der Rechtsordnungen und ihrer Gerichte, ZaÖRV 75 (2015), S. 383–412.

Frenz, Walter, Handbuch Europarecht (Bd. 4). Europäische Grundrechte, München 2009.

–, Handbuch Europarecht (Bd. 5). Wirkungen und Rechtsschutz, Heidelberg u. a. 2012.

–, Kohärente und systematische nationale Normgebung – nicht nur im Glücksspielrecht, EuR 2012, S. 344–355.

Frey, Michael/Pfeifer, Laura, Der ordre public – die öffentliche Ordnung: derselbe Begriff, verschiedene Funktionen – ein Rechtsprinzip?, EuR 2015, S. 721–734.

Fröhle, Jens, Web Advertising, Nutzerprofile und Teledienstedatenschutz, München 2003.

Funk, Bernd-Christian, Regeln und Prinzipien in Teilsystemen des Rechts, dargestellt am Beispiel des Staats- und Verwaltungsrechts, in: Schilcher, Bernd/Koller, Peter/Funk, Bernd-Christian (Hrsg.), Regeln, Prinzipien und Elemente im System des Rechts, Wien 2000, S. 260–265.

Funke, Andreas, Der Anwendungsvorrang des Gemeinschaftsrechts, DÖV 2007, S. 733–740.

Funke, Michael, Dogmatik und Voraussetzungen der datenschutzrechtlichen Einwilligung im Zivilrecht. Unter besonderer Berücksichtigung der Datenschutz-Grundverordnung, Baden-Baden 2017.

Galetta, Diana-Urania, Procedural Autonomy of EU Member States: Paradise Lost? A study on the „functionalized procedural competence" of EU member states, Berlin u. a. 2010.

Gärditz, Klaus Ferdinand, Verhältnis des Unionsrechts zum Recht der Mitgliedstaaten, in: Rengeling, Hans-Werner/Middeke, Andreas/Gellermann, Martin (Hrsg.), Handbuch des Rechtsschutzes in der Europäischen Union, 3. Aufl., München 2014, § 35.

GDPR-Commentary: Kuner, Christoph/Bygrave, Lee A./Docksey, Christopher/Drechsler, Laura (Hrsg.), The EU General Data Protection Regulation (GDPR). A Commentary, Oxford 2020.

Gebauer, Martin, Vollharmonisierung und Wertungs-Kohärenz, in: Gsell, Beate/Herresthal, Carsten (Hrsg.), Vollharmonisierung im Privatrecht. Die Konzeption der Richtlinie am Scheideweg?, Tübingen 2009, S. 163–176.

Geissler, Dennis/Ströbel, Lukas, Datenschutzrechtliche Schadenersatzansprüche im Musterfeststellungsverfahren, NJW 2019, S. 3414–3418.

Gellert, Raphaël, Why the GDPR risk-based approach is about compliance risk, and why it's not a bad thing, in: Schweighofer, Erich/Kummer, Franz/Hötzendorfer, Walter/Sorge, Christoph (Hrsg.), Trends and Communities of Legal Informatics. Tagungsband des 20 Internationalen Rechtsinformatik Symposions IRIS 2017, Wien 2017, S. 527–532.

Geminn, Christian L., Betroffenenrechte verbessern, DuD 2020, S. 307–311.

Gerber, Nina/Gerber, Paul/Volkamer, Melanie, Explaining the privacy paradox: A systematic review of literature investigating privacy attitude and behavior, Computers & Security 2018, S. 226–261.

G/S/S/V: Gierschmann, Sibylle/Schlender, Katharina/Stentzel, Rainer/Veil, Winfried (Hrsg.), Kommentar Datenschutz-Grundverordnung, Köln 2018.

Giesen, Thomas, Euphorie ist kein Prinzip des Rechtsstaates, in: Stiftung Datenschutz (Hrsg.), Zukunft der informationellen Selbstbestimmung, Berlin 2016, S. 23–47.

Gillis, Talia B./Simons, Joshua, Explanation < Justification: GDPR and the Perils of Privacy, SSRN Journal 2019, S. 71–98.

Gola, Peter, Der „neue" Beschäftigtendatenschutz nach § 26 BDSG n. F., BB 2017, S. 1462–1472.

– (Hrsg.), Datenschutz-Grundverordnung, 2. Aufl., München 2018.

Gola, Peter/Heckmann, Dirk (Hrsg.), Bundesdatenschutzgesetz, 13. Aufl., München 2019.

Gola, Peter/Schulz, Sebastian, DS-GVO – Neue Vorgaben für den Datenschutz bei Kindern? – Überlegungen zur einwilligungsbasierten Verarbeitung von personenbezogenen Daten Minderjähriger, ZD 2013, S. 475–481.

Gola, Peter/Schumerus, Rudolf (Hrsg.), Bundesdatenschutzgesetz, 12. Aufl., München 2015.

Golland, Alexander, Die „private" Datenverarbeitung im Internet. Verantwortlichkeiten und Rechtmäßigkeit bei Nutzung von Plattformdiensten durch natürliche Personen, ZD 2020, S. 397–403.

González Fuster, Gloria/Gutwirth, Serge, Opening up personal data protection: A conceptual controversy, Computer Law & Security Review 29 (2013), S. 531–539.

Grabitz/Hilf/Nettesheim: *Nettesheim, Martin* (Hrsg.), Das Recht der Europäischen Union: EUV/AEUV; begr. v. Grabitz, Eberhard/Hilf, Meinhard, Werkstand: 75. EL 2022, München.

Greenleaf, Graham, Accountability Without Liability: „To Whom" and „With What Consequences"? (Questions for the 2019 OECD Privacy Guidelines Review), SSRN Journal 2019, S. 1–8, abrufbar unter: https://papers.ssrn.com/sol3/papers.cfm?abstract_id=3384427 (zuletzt abgerufen am 31.8.2022).

Grigoleit, Hans Christoph, Der Verbraucheracquis und die Entwicklung des Europäischen Privatrechts, AcP 2010, S. 354–423.

–, Dogmatik – Methodik – Teleologik, in: Auer, Marietta/Grigoleit, Hans Christoph/Hager, Johannes/Herresthal, Carsten/Hey, Felix/Koller, Ingo/Langenbucher, Katja/Neuner, Jörg/Petersen, Jens/Riehm, Thomas/Singer, Reinhard (Hrsg.), Privatrechtsdogmatik im 21. Jahrhundert. Festschrift für Claus-Wilhelm Canaris zum 80. Geburtstag, Berlin 2017, S. 241–279.

v. d. Groeben/Schwarze/Hatje: von der Groeben, Hans/Schwarze, Jürgen/Hatje, Armin (Hrsg.), Europäisches Unionsrecht, 7. Aufl., Baden-Baden 2015.

Grohs, Stephan/Gröbe, Benjamin, Verwaltungsstile und Gestaltungsspielräume beim EU-Recht, in: Fraenkel-Haeberle, Cristina/Galetta, Diana-Urania/Sommermann, Karl-Peter (Hrsg.), Europäisierung und Internationalisierung der nationalen Verwaltungen im Vergleich. Deutsch-Italienische Analysen, Berlin 2017, S. 149–160.

Gruber, Urs Peter, Methoden des Internationalen Einheitsrechts 2004.

Grundmann, Stefan, Das Thema Systembildung im Europäischen Privatrecht – Gesellschafts-, Arbeits- und Schuldvertragsrecht, in: Grundmann, Stefan (Hrsg.), Systembildung und Systemlücken in Kerngebieten des Europäischen Privatrechts. Gesellschafts-, Arbeits- und Schuldvertragsrecht, Tübingen 2000, S. 1–52.

–, „Inter-Instrumental-Interpretation". Systembildung durch Auslegung im Europäischen Unionsrecht, RabelsZ 75 (2011), S. 882–932.

–, Systemdenken und Systembildung, in: Riesenhuber, Karl (Hrsg.), Europäische Methodenlehre, 4. Aufl., Berlin u. a. 2021, § 9.

Grussmann, Wolf-Dietrich, Grundnorm und Supranationalität. Rechtsstrukturelle Sichtweisen der europäischen Integration, in: von Danwitz, Thomas/Heintzen, Markus/Jestaedt, Matthias/Korioth, Stefan/Reinhardt, Michael (Hrsg.), Auf dem Wege zu einer europäischen Staatlichkeit. 33. Tagung der Wissenschaftlichen Mitarbeiterinnen und Mitarbeiter der Fachrichtung „Öffentliches Recht", Stuttgart u. a. 1993, S. 47–64.

Gsell, Beate, Zivilrechtsanwendung im Europäischen Mehrebenensystem, AcP 214 (2014), S. 99–150.

Gsell, Beate/Schellhase, Hans Martin, Vollharmonisiertes Verbraucherkreditrecht – Ein Vorbild für die weitere europäische Angleichung des Verbrauchervertragsrechts?, JZ 2009, S. 20–29.

Gürtler, Paul, Praxisfragen der Auftragsverarbeitung, ZD 2019, S. 51–54.

Haag, Marcel/Kotzur, Markus, Rechtsquellen, in: Bieber, Roland/Epiney, Astrid/Haag, Marcel/Kotzur, Markus (Hrsg.), Die Europäische Union. Europarecht und Politik, 14. Aufl., Baden-Baden 2021, § 6.

Haapaniemi, Pekka, Procedural Autonomy: A Misnomer?, in: Ervo, Laura/Gräns, Minna/Jokela, Antti (Hrsg.), Europeanization of Procedural Law and the New Challenges to Fair Trial, Groningen 2009, S. 87–121.

Haase, Florian F., Einführung in die Methodik der Rechtsvergleichung, JA 2015, S. 232–237.

Hacker, Philipp, Datenprivatrecht. Neue Technologien im Spannungsfeld von Datenschutzrecht und BGB, Tübingen 2020.

Haft, Fritjof, Analytische Rechtstheorie, in: Kaufmann, Arthur/Hassemer, Winfried (Hrsg.), Einführung in die Rechtsphilosophie und Rechtstheorie der Gegenwart, 6. Aufl., Heidelberg 1994, S. 331–343.

Hamann, Christian, Europäische DSGVO – neue Organisationspflichten für Unternehmen, BB 2017, S. 1090–1097.

Härting, Niko, Auftragsverarbeitung nach der DSGVO, ITRB 2016, S. 137–140.

Hartkamp, Arthur S., The General Principles of EU Law and Private Law, RabelsZ 2011, S. 241–259.

Hassemer, Winfried, Dogmatik zwischen Wissenschaft und richterlicher Pragmatik – Einführende Bemerkungen, in: Kirchhof, Gregor/Magen, Stefan/Schneider, Karsten (Hrsg.), Was weiß Dogmatik? Was leistet und wie steuert die Dogmatik des Öffentlichen Rechts?, Tübingen 2012, S. 3–16.

Hassold, Gerhard, Strukturen der Gesetzesauslegung, in: Canaris, Claus-Wilhelm/Diederichsen, Uwe (Hrsg.), Festschrift für Karl Larenz zum 80. Geburtstag am 23. April 1983, München 1983, S. 211–240.

Hatje, Armin, Die gemeinschaftsrechtliche Steuerung der Wirtschaftsverwaltung. Grundlagen, Erscheinungsformen, verfassungsrechtliche Grenzen am Beispiel der Bundesrepublik Deutschland, Baden-Baden 1998.

–, Rechtssicherheit im europäischen Verwaltungsverbund, in: Ipsen, Jörn/Stüer, Bernhard (Hrsg.), Europa im Wandel. Festschrift für Hans-Werner Rengeling, Köln/München 2008, S. 249–262.

Hatje, Armin/Mankowski, Peter, „Nationale Unionsrechte". Sprachgrenzen, Traditionsgrenzen, Systemgrenzen, Denkgrenzen, EuR 2014, S. 155–169.

Hausmann, Rainer, Qualifikation, in: Hausmann, Rainer/Odersky, Felix (Hrsg.), Internationales Privatrecht in der Notar- und Gestaltungspraxis, 4. Aufl., München 2021, § 3.

Hb. ComputerR: Taeger, Jürgen/Pohle, Jan (Hrsg.), Computerrechts-Handbuch. Informationstechnologie in der Rechts- und Wirtschaftspraxis (Loseblattsammlung); begr. v. Kilian, Wolfgang/Heussen, Benno, Werkstand: 36. EL Februar 2021, München.

Heck, Philipp, Gesetzesauslegung und Interessenjurisprudenz, AcP 112 (1914), S. 1–313.

–, Begriffsbildung und Interessenjurisprudenz, Tübingen 1932.

Heiderhoff, Bettina, Europäisches Privatrecht, 5. Aufl., Heidelberg 2020.

Heinze, Christian, Schadenersatz im Unionsprivatrecht. Eine Studie zu Effektivität und Durchsetzung des Europäischen Privatrechts am Beispiel des Haftungsrechts, Tübingen 2017.

Hermstrüwer, Yoan, Informationelle Selbstgefährdung, Tübingen 2016.

Herresthal, Carsten, Rechtsfortbildung im europarechtlichen Bezugsrahmen. Methoden, Kompetenzen, Grenzen dargestellt am Beispiel der Privatrechts, München 2006.

Hilbert, Patrick, Systemdenken in Verwaltungsrecht und Verwaltungsrechtswissenschaft, Tübingen 2015.

Hk-BGB: Schulze, Reiner (Hrsg.), Bürgerliches Gesetzbuch. Handkommentar, 11. Aufl., Baden-Baden 2021.

Hk-BDSG: Sydow, Gernot (Hrsg.), Bundesdatenschutzgesetz. Handkommentar, Baden-Baden 2020.

Hk-DSGVO: Sydow, Gernot (Hrsg.), Europäische Datenschutzgrundverordnung. Handkommentar, 2. Aufl., Baden-Baden 2018.

Hoeren, Thomas, Die Vereinbarkeit der jüngsten BDSG-Novellierungspläne mit der Europäischen Datenschutzrichtlinie, RDV 2009, S. 89–95.

Hoeren/Sieber/Holznagel: Hoeren, Thomas/Sieber, Ulrich/Holznagel, Bernd (Hrsg.), Handbuch Multimedia-Recht. Rechtsfragen des elektronischen Geschäftsverkehrs, München.

Hoffmann, Birgit, Einwilligung der betroffenen Person als Legitimationsgrundlage eines datenverarbeitenden Vorgangs im Sozialrecht nach dem Inkrafttreten der DSGVO, NZS 2017, S. 807–812.

von Hoffmann, Bernd/Thorn, Karsten, Internationales Privatrecht. Einschließlich der Grundzüge des Internationalen Zivilverfahrensrechts, 9. Aufl., München 2007.

Hoffmann-Riem, Wolfgang, Strukturen des Europäischen Verwaltungsrechts. Perspektiven der Systembildung, in: Schmidt-Aßmann, Eberhard/Hoffmann-Riem, Wolfgang (Hrsg.), Strukturen des Verwaltungsrechts, Baden-Baden 1999, S. 317–382.

Hofmann, Johanna, Die Auftragsverarbeitung (Cloud Computing), in: Roßnagel, Alexander (Hrsg.), Das neue Datenschutzrecht. Europäische Datenschutz-Grundverordnung und deutsche Datenschutzgesetze, Baden-Baden 2018, § 5 III.

von Holleben, Kevin Max/Knaut, Johannes, Die Zukunft der Auftragsverarbeitung. Privilegierung Haftung, Sanktionen und Datenübermittlung mit Auslandsbezug unter der DSGVO, CR 2017, S. 299–310.

Holoubek, Michael/Lienbacher, Georg (Hrsg.), Charta der Grundrechte der Europäischen Union, 2. Aufl., Wien 2019.

Holznagel, Bernd/Sonntag, Matthias, Einwilligung des Betroffenen, in: Roßnagel, Alexander (Hrsg.), Handbuch Datenschutzrecht, München 2003, Kap. 4.8.

Honsell, Heinrich, Die Erosion des Privatrechts durch das Europarecht, ZIP 2008, S. 622–630.

Höpfner, Clemens, Systemkonforme Auslegung, Tübingen 2009.

Höpfner, Clemens/Rüthers, Bernd, Grundlagen einer europäischen Methodenlehre, AcP 209 (2009), S. 1–36.

Hössl-Neumann, Mario, Informationsregulierung durch Insiderrecht, Tübingen 2020.
Huber, Peter M., Grundzüge des Verwaltungsrechts in Europa – Problemaufriss und Synthese, in: von Bogdandy, Armin/Cassese, Sabino/Huber, Peter M. (Hrsg.), Handbuch Ius Publicum Europaeum. Verwaltungsrecht in Europa: Grundzüge (Bd. 5), Heidelberg 2014, § 73.
Hufeld, Ulrich, Anwendung des europäischen Rechts, in: Isensee, Josef/Kirchhof, Paul (Hrsg.), Handbuch des Staatsrechts (Bd. 10), 3. Aufl., Heidelberg 2012, § 215.
Huthmacher, Karl Eugen, Der Vorrang des Gemeinschaftsrechts bei indirekten Kollisionen, Köln u. a. 1985.
Ihns, Astrid, Entwicklung und Grundlagen der europäischen Rechtsangleichung, Frankfurt a. M. u. a. 2005.
Ipsen, Jörn, Europäisches Gemeinschaftsrecht, Tübingen 1972.
Isensee, Josef, Vorrang des Europarechts und deutsche Verfassungsvorbehalte – offener Dissens, in: Burmeister, Joachim (Hrsg.), Verfassungsstaatlichkeit. Festschrift für Klaus Stern zum 65. Geburtstag, München 1997, S. 1239–1268.
Jandt, Silke, Spezifischer Datenschutz für Telemedien und die DS-GVO, ZD 2018, S. 405–408.
Janicki, Thomas, Die Einwilligungsfähigkeit zwischen Digitalisierung und demographischem Wandel, in: Taeger, Jürgen (Hrsg.), Die Macht der Daten und der Algorithmen. Regulierung von IT, IoT und KI, Edewecht 2019, S. 313–327.
Jansen, Nils, Rechtsdogmatik im Zivilrecht, in: Anderheiden, Michael/Gutman, Thomas/Jakl, Bernhard/Kirste, Stephan/Özmen, Elif/Quante, Michael/Saliger, Frank/Schmidt am Busch, Hans-Christoph/Schulz, Lorenz (Hrsg.), Enzyklopädie zur Rechtsphilosophie. Abrufbar unter: www.enzyklopaedie-rechtsphilosophie.net (zuletzt abgerufen am 31.08.2022).
–, Klauselkontrolle im europäischen Privatrecht. Ein Beitrag zur Revision des Verbraucheracquis, ZEuP 2010, S. 69–106.
Jansen, Nils/Zimmermann, Reinhard, Im Labyrinth der Regelwerke, ZEuP 2017, S. 761–764.
Jansen, Nils/Zimmermann, Reinhard (Hrsg.), Commentaries on European Contract Laws, Oxford 2018.
Jarass, Hans D., Konflikte zwischen EG-Recht und nationalem Recht vor den Gerichten der Mitgliedsstaaten, DVBl 1995, S. 954–962.
–, Schutz durch rechtsstaatliche Grundsätze des Unionsrechts, DVBl 2018, S. 1249–1253.
–, GRCh. Charta der Grundrechte der Europäischen Union, 4. Aufl., München 2021.
Jarass, Hans D./Beljin, Sasa, Die Bedeutung von Vorrang und Durchführung des EG-Rechts für die nationale Rechtssetzung und Rechtsanwendung, NVwZ 2004, S. 1–11.
Jesch, Dietrich, Unbestimmter Rechtsbegriff und Ermessen aus rechtstheoretischer und verfassungsrechtlicher Sicht, AöR 82 (1957), S. 163–249.
Jestaedt, Matthias, Der Europäische Verfassungsverbund. Verfassungstheoretischer Charme und rechtstheoretische Insuffizienz einer Unschärferelation, in: Krause, Rüdiger/Veelken, Winfried/Vieweg, Klaus (Hrsg.), Recht der Wirtschaft und Arbeit in Europa. Gedächtnisschrift für Wolfgang Blomeyer, Berlin 2004, S. 637–674.
–, Die Abwägungslehre – ihre Stärken und ihre Schwächen, in: Depenheuer, Otto/Jestaedt, Matthias/Heintzen, Markus/Axer, Peter (Hrsg.), Staat im Wort. Festschrift für Josef Isensee, Heidelberg 2007, S. 253–275.

Joachim, Katharina, Besonders schutzbedürftige Personengruppen, ZD 2017, S. 414–418.

Jung, Alexander, Datenschutz-(Compliance-)Management-Systeme – Nachweis- und Rechenschaftspflichten nach der DS-GVO, ZD 2018, S. 208–213.

Jung, Stefanie/Krebs, Peter, Europäische Rechtsmethodik, in: Jung, Stefanie/Krebs, Peter/Stiegler, Sascha (Hrsg.), Gesellschaftsrecht in Europa, Baden-Baden 2019, § 2.

Junker, Abbo, Internationales Privatrecht, 4. Aufl., München 2021.

jurisPK-Internetrecht: Heckmann, Dirk (Hrsg.), Juris PraxisKommentar Internetrecht, 7. Aufl., Saarbrücken 2021.

Kadelbach, Stefan, Allgemeines Verwaltungsrecht unter europäischem Einfluss, Tübingen 1999.

Kahl, Wolfgang, Möglichkeiten und Grenzen des Subsidiaritätsprinizips nach Art. 3b EG-Vertrag, AöR 118 (1993), S. 414–452.

–, Die Europäisierung des Verwaltungsrechts als Herausforderung an Systembildung und Kodifikationsidee, Die Verwaltung Beiheft 10 (2010), S. 39–93.

–, Grundzüge des Verwaltungsrechts in gemeineuropäischer Perspektive: Deutschland, in: von Bogdandy, Armin/Cassese, Sabino/Huber, Peter M. (Hrsg.), Handbuch Ius Publicum Europaeum. Verwaltungsrecht in Europa: Grundzüge (Bd. 5), Heidelberg 2014, § 74.

KartellverfahrensR: de Bronett, Georg-Klaus (Hrsg.), Europäisches Kartellverfahrensrecht, 2. Aufl., Köln 2012.

Kaufmann, Arthur, Problemgeschichte der Rechtsphilosophie, in: Kaufmann, Arthur/Hassemer, Winfried (Hrsg.), Einführung in die Rechtsphilosophie und Rechtstheorie der Gegenwart, 6. Aufl., Heidelberg 1994, S. 30–178.

–, Rechtsphilosophie, Rechtstheorie, Rechtsdogmatik, in: Hassemer, Winfried/Neumann, Ulfrid/Saliger, Frank (Hrsg.), Einführung in die Rechtsphilosophie und Rechtstheorie der Gegenwart, 9. Aufl., Heidelberg 2016, S. 1–14.

Kaufmann, Arthur/von der Pfordten, Dietmar, Problemgeschichte der Rechtsphilosophie, in: Hassemer, Winfried/Neumann, Ulfrid/Saliger, Frank (Hrsg.), Einführung in die Rechtsphilosophie und Rechtstheorie der Gegenwart, 9. Aufl., Heidelberg 2016, S. 23–142.

Kaufmann, Sven, Vorabentscheidungsverfahren, in: Dauses, Manfred A./Ludwigs, Markus (Hrsg.), Handbuch des EU-Wirtschaftsrechts, München 56. EL 2022, P.II.

Kegel, Gerhard/Schurig, Klaus, Internationales Privatrecht, 9. Aufl., München 2004.

Kelsen, Hans, Reine Rechtslehre, 2. Aufl., Tübingen 1960.

Keppeler, Lutz Martin, Was bleibt vom TMG-Datenschutz nach der DS-GVO? Lösung und Schaffung von Abgrenzungsproblemen im Multimedia-Datenschutz, MMR 2015, S. 779–783.

Kirchhof, Gregor/Magen, Stefan, Dogmatik: Notwendigkeit und Dialog, in: Kirchhof, Gregor/Magen, Stefan/Schneider, Karsten (Hrsg.), Was weiß Dogmatik? Was leistet und wie steuert die Dogmatik des Öffentlichen Rechts?, Tübingen 2012, S. 151–172.

Klass, Nadine, Die zivilrechtliche Einwilligung als Instrument zur Disposition über Persönlichkeitsrechte, AfP 2005, S. 507–518.

Klatt, Matthias/Schmidt, Johannes, Spielräume im öffentlichen Recht. Zur Abwägungslehre der Prinzipientheorie, Tübingen 2010.

Klement, Jan Henrik, Vom Nutzen einer Theorie, die alles erklärt, JZ 2008, S. 756–763.

–, Öffentliches Interesse an Privatheit, JZ 72 (2017), S. 161–170.

Knauff, Matthias, Auslegung oder Anwendung des Europarechts?, DÖV 2013, S. 375–380.

Koch, Hans-Joachim, Rechtsprinzipien im Bauplanungsrecht, in: Schilcher, Bernd/Koller, Peter/Funk, Bernd-Christian (Hrsg.), Regeln, Prinzipien und Elemente im System des Rechts, Wien 2000, S. 245–257.

Koch, Harald/Magnus, Ulrich/Winkler von Mohrenfels, Peter, IPR und Rechtsvergleichung, 4. Aufl., München 2010.

Kohte, Wolfhard, Die rechtfertigende Einwilligung, AcP 185 (1985), S. 105–161.

Kokott, Juliane/Sobotta, Christoph, The distinction between privacy and data protection in the jurisprudence of the CJEU and the ECtHR, International Data Privacy Law 2013, S. 222–228.

Komendera, Wolfram, Normenkonflikte zwischen EWG- und BRD-Recht – insbesondere indirekte Kollisionen, Heidelberg 1974.

Köndgen, Johann, Die Rechtsquellen des Europäischen Privatrechts, in: Riesenhuber, Karl (Hrsg.), Europäische Methodenlehre, 3. Aufl., Berlin u. a. 2015, § 6.

–, Die Rechtsquellen des Europäischen Privatrechts, in: Riesenhuber, Karl (Hrsg.), Europäische Methodenlehre, 4. Aufl., Berlin u. a. 2021, § 6.

König, Christian, Bedürfen die Bundesländer einer institutionalisierten Hilfestellung beim Verwaltungsvollzug von Europäischem Gemeinschaftsrecht?, DVBl 1997, S. 581–588.

König, Doris/Kleinlein, Thomas, Gesetzgebung, in: Schulze, Reiner/Janssen, Albert/Kadelbach, Stefan (Hrsg.), Europarecht. Handbuch für die deutsche Rechtspraxis, Baden-Baden 2020, § 2.

König, Julia, Der Äquivalenz- und Effektivitätsgrundsatz in der Rechtsprechung des Europäischen Gerichtshofs, Baden-Baden 2011.

Koops, Bert-Jaap, The trouble with European data protection law, IDPL 4 (2014), S. 250–261.

Kramer, Ernst, Konvergenz und Internationalisierung der europäischen Methode, in: Assmann, Heinz-Dieter/Brüggemeier, Gert/Sethe, Rolf (Hrsg.), Unterschiedliche Rechtskulturen – Konvergenz des Rechtsdenkens, Baden-Baden 2001, S. 31–57.

–, Die Methode bestimmt den Inhalt: eine weiterhin offene Grundsatzfrage des Unionsrechts, GPR 2015, S. 262.

–, Juristische Methodenlehre, 6. Aufl., München 2019.

Kramme, Malte, Verfahrensautonomie der Mitgliedsstaaten im Zivilverfahrensrecht. Grundsatz des Unionsrechts oder Phantom?, in: Behme, Caspar/Fervers, Matthias/Hofman, Franz/Maute, Lena/Röder, Erik/Sattler, Andreas/Schmidt, Patrick/Seibl, Maximilian (Hrsg.), Perspektiven einer europäischen Privatrechtswissenschaft. Jahrbuch junger Zivilrechtswissenschaftler, Baden-Baden 2017, S. 407–443.

Krätschmer, Stefan, Compliance, in: Specht, Louisa/Mantz, Reto (Hrsg.), Handbuch Europäisches und deutsches Datenschutzrecht, München 2019, A. § 6.

Krawietz, Werner, Recht als Regelsystem, Wiesbaden 1984.

Kritzer, Ina, Datenschutzrechtliche Pflichten, Sanktionsregime und Selbstbelastungsfreiheit. Mitwirkungspflichten nach der DS-GVO und das Spannungsverhältnis zum nemo tenetur-Grundsazt bei der Verhängung von Bußgeldern, Baden-Baden 2022.

Krohm, Niclas/Müller-Peltzer, Philipp, (Fehlende) Privilegierung der Auftragsverarbeitung unter der Datenschutz-Grundverordnung?, RDV 2016, S. 307–312.

–, Auswirkungen des Kopplungsverbots auf die Praxistauglichkeit der Einwilligung. Das Aus für das Modell „Service gegen Daten"?, ZD 2017, S. 551–556.

Krönke, Christoph, Die Verfahrensautonomie der Mitgliedsstaaten, Tübingen 2013.

–, Datenpaternalismus. Staatliche Interventionen im Online-Datenverkehr zwischen Privaten, dargestellt am Beispiel der Datenschutz-Grundverordnung, Der Staat 55 (2016), S. 319–351.

Kropholler, Jan, Internationales Privatrecht, 6. Aufl., Tübingen 2006.

Krüger, Markus, Die Passagierrechte im Flug-, Bahn-, Schiffs- und Busverkehr. Gemeinsamkeiten und Unterschiede der vier EG-Verordnungen und Vereinbarkeit der bei diesen enthaltenen Entschädigungszahlung mit dem Grundsatz der Gleichbehandlung nach Art. 20 GRC, Jena 2016.

Kruis, Tobias, Der Anwendungsvorrang des EU-Rechts in Theorie und Praxis, Tübingen 2013.

Kugelmann, Dieter, Gleichheitsrechte und Gleichheitsgrundsätze, in: Merten, Detlef/Papier, Hans-Jürgen (Hrsg.), Handbuch der Grundrechte, Heidelberg u. a. 2010, § 160.

Kühling, Jürgen/Buchner, Benedikt (Hrsg.), Datenschutz-Grundverordnung, Bundesdatenschutzgesetz: DS-GVO/BDSG, 3. Aufl., München 2020.

Kühling, Jürgen/Drechsler, Stefan, Alles „acte clair"? Die Vorlage an den EuGH als Chance, NJW 2017, S. 2950–2955.

Kühling, Jürgen/Klar, Manuel/Sackmann, Florian, Datenschutzrecht, 5. Aufl., Heidelberg 2021.

Kühling, Jürgen/Martini, Mario, Die Datenschutz-Grundverordnung: Revolution oder Evolution im europäischen und deutschen Datenschutzrecht, EuZW 2016, S. 448–454.

Kühling, Jürgen/Martini, Mario et al., Die DSGVO und das nationale Recht. Erste Überlegungen zum innerstaatlichen Regelungsbedarf, Münster 2016.

Kühling, Jürgen/Seidel, Christian/Sivridis, Anastasios, Datenschutzrecht, 3. Aufl., Heidelberg 2015.

Lang, Sonja/Peintinger, Stefan, Die wirksame Einwilligung im Datenschutzrecht unter Berücksichtigung des Vorschlags für eine Verordnung des Europäischen Parlaments und des Rates zum Schutz natürlicher Personen bei der Verarbeitung personenbezogener Daten und zum freien Datenverkehr (DS-GVO) vom 25. Januar 2012, ELR 2013, S. 206–215.

Langenbucher, Katja, Europarechtliche Methodenlehre, in: Langenbucher, Katja (Hrsg.), Europäisches Privat- und Wirtschaftsrecht, 5. Aufl., Baden-Baden 2022, § 1.

Larenz, Karl, Richtiges Recht, München 1979.

Larenz, Karl/Canaris, Claus-Wilhelm, Methodenlehre der Rechtswissenschaft, 3. Aufl., Berlin u. a. 1995.

Latzel, Clemens, Der Anwendungsbereich des Unionsrechts, EuZW 2015, S. 658–664.

Lauber-Rönsberg, Anne, BDSG und andere sondergesetzlichen Datenschutzregelungen, in: Specht, Louisa/Mantz, Reto (Hrsg.), Handbuch Europäisches und deutsches Datenschutzrecht, München 2019, A. § 4.

Laue, Philipp/Kremer, Sascha, Das neue Datenschutzrecht in der betrieblichen Praxis, 2. Aufl., Baden-Baden 2019.

Laue, Philipp/Nink, Judith/Kremer, Sascha, Das neue Datenschutzrecht in der betrieblichen Praxis, Baden-Baden 2016.

Leeb, Christina-Maria/Liebhaber, Johannes, Grundlagen des Datenschutzrechts, JuS 2018, S. 534–538.

Lehr, Stefan, Einstweiliger Rechtsschutz und Europäische Union, Berlin u. a. 1997.

Leible, Stefan/Domröse, Ronny, Die primärrechtskonforme Auslegung, in: Riesenhuber, Karl (Hrsg.), Europäische Methodenlehre, 4. Aufl., Berlin u. a. 2021, § 8.

Lenaerts, Koen/Gutiérrez-Fons, José A., The constitutional allocation of powers and general principles of EU law, Common Market Law Review 47 (2010), S. 1629–1669.

Lepsius, Oliver, Hat die Europäisiserung des Verwaltungsrechts Methode? Oder: Die zwei Phasen der Europäisierung des Verwaltungsrechts, Die Verwaltung Beiheft 10 (2010), S. 179–204.

von Lewinski, Kai, Die Matrix des Datenschutzes als Kristallkugel, in: Stiftung Datenschutz (Hrsg.), Zukunft der informationellen Selbstbestimmung, Berlin 2016, S. 75–82.

Liedke, Bernd, Die Einwilligung im Datenschutzrecht. Eine Untersuchung insbesondere zur Einwilligung im Beschäftigungsverhältnis und für Zwecke der Werbung, Oldenburg 2012.

Lindner, Eric, Die datenschutzrechtliche Einwilligung nach §§ 4 Abs. 1, 4a BDSG – ein zukunftsfähiges Institut?, Hamburg 2013.

Lippstreu, Constanze, Wege der Rechtsangleichung im Vertragsrecht. Vollharmonisierung, Mindestharmonisierung, optionales Instrument, Tübingen 2014.

Lobinger, Thomas, Perspektiven der Privatrechtsdogmatik am Beispiel des allgemeinen Gleichbehandlungsgrundrechts, AcP 216 (2016), S. 28–106.

Lorenz, Dieter, Der grundrechtliche Anspruch auf effektiven Rechtsschutz, AöR 105 (1980), S. 623–649.

Ludwigs, Markus, Die Verfahrensautonomie der Mitgliedsstaaten, NVwZ 2018, S. 1417–1422.

Ludwigs, Markus/Sikora, Patrick, Grundrechtsschutz im Spannungsfeld von Grundgesetz, EMRK und Grundrechtecharta, JuS 2017, S. 385–393.

Luhmann, Niklas, Die soziologische Beobachtung des Rechts, Frankfurt a. M. 1986.

Lynskey, Orla, Deconstructing data protection: the „added value" of a right to data protection in the EU legal order, International and Comparative Law Quarterly 63 (2014), S. 569–597.

Magiera, Siegfried, Durchsetzung des Europarechts, in: Schulze, Reiner/Janssen, Albert/Kadelbach, Stefan (Hrsg.), Europarecht. Handbuch für die deutsche Rechtspraxis, Baden-Baden 2020, § 13.

Mantz, Reto/Marosi, Johannes, Vorgaben der Datenschutz-Grundverordnung, in: Specht, Louisa/Mantz, Reto (Hrsg.), Handbuch Europäisches und deutsches Datenschutzrecht, München 2019, A. § 3.

Marauhn, Thilo/Böhringer, Ayse-Martina, Unionstreue, in: Schulze, Reiner/Janssen, Albert/Kadelbach, Stefan (Hrsg.), Europarecht. Handbuch für die deutsche Rechtspraxis, Baden-Baden 2020, § 7.

Markworth, David, Marktmissbrauchsverordnung und effet utile. Europarechtlich determinierte Zeitenwende im Kapitalmarktdeliktsrecht?, ZHR 183 (2019), S. 46–72.

Marsch, Nikolaus, Das europäische Datenschutzgrundrecht, Tübingen 2018.

Martens, Sebastian E., Methodenlehre des Unionsrechts, Tübingen 2013.

Martens, Ulf, Die rechtliche Neuordnung des außerbörslichen Derivatehandels durch die EMIR-Verordnung. Clearing, Risikoabsicherung und Meldepflichten, Berlin 2019.

Maunz/Dürig: Herzog, Roman/Herdegen, Matthias/Scholz, Rupert/Klein, Hans (Hrsg.), Grundgesetz Kommentar; begr. v. Maunz, Theodor/Dürig, Günter, Werkstand: 97. EL Januar 2022, München.

Mayer, Clemens, Vollharmonisierung im Privatrecht – Einfluss und Wirkung auf die Konzeptionen in Österreich, in der Schweiz (über autonomen Nachvollzug) und in Deutschland. Dargestellt anhand der europäischen Richtlinie über Verbraucherrechte (VRRL) zum Onlinehandel, Hamburg 2013.

Mayer, Franz/Wendel, Mattias, Die verfassungsrechtlichen Grundlagen des Europarechts, in: Hatje, Armin/Müller-Graff, Peter-Christian (Hrsg.), Enzyklopädie Europarecht. Europäisches Organisations- und Verfassungsrecht (Bd. 2), Baden-Baden 2022, § 4.

Menzel, Hans-Joachim, Datenschutzrechtliche Einwilligungen. Plädoyer für eine Rückkehr zur Selbstbestimmung, DuD 2008, S. 400–408.

Metzger, Axel, Extra legem, intra ius. Allgemeine Rechtsgrundsätze im Europäischen Privatrecht, Tübingen 2009.

Meyer, Ernst, Grundzüge einer systemorientierten Wertungsjurisprudenz, Baden-Baden 1984.

Meyer, Jürgen/Hölscheidt, Sven (Hrsg.), Charta der Grundrechte der Europäischen Union, 5. Aufl., Baden-Baden 2019.

Michl, Walther, Das Verhältnis zwischen Art. 7 und Art. 8 GRCh – zur Bestimmung der Grundlage des Datenschutzgrundrechts im EU-Recht, DuD 41 (2017), S. 349–353.

Micklitz, Hans-Wolfgang/Reich, Norbert, Der Kommissionsvorschlag vom 8. 10. 2008 für eine Richtlinie über „Rechte der Verbraucher“, oder: „der Beginn des Endes einer Ära …“, EuZW 2009, S. 279–286.

Mittwoch, Anne-Christin, Vollharmonisierung und Europäisches Privatrecht. Methode, Implikation und Durchführung, Berlin 2013.

Möllers, Christoph, Durchführung des Gemeinschaftsrechts. Vertragliche Dogmatik und theoretische Implikationen, EuR 2002, S. 483–516.

Möllers, Thomas M. J., Die Rolle des Rechts im Rahmen der europäischen Integration. Zur Notwendigkeit einer europäischen Gesetzgebungs- und Methodenlehre, Tübingen 1999.

–, Methoden, in: Hoffmann-Riem, Wolfgang/Schmidt-Aßmann, Eberhard/Voßkuhle, Andreas (Hrsg.), Grundlagen des Verwaltungsrechts (Bd. 1), 2. Aufl., München 2012, § 3.

–, Wie Juristen denken und arbeiten – Konsequenzen für die Rolle juristischer Methoden in der juristischen Ausbildung, ZfPW 2019, S. 94–121.

–, Juristische Methodenlehre, 4. Aufl., München 2021.

Müller, Friedrich/Christensen, Ralph, Juristische Methodik (Bd. 2). Europarecht, 3. Aufl., Berlin 2012.

Müller, Marian, Die Öffnungsklauseln der Datenschutzgrundverordnung. Ein Beitrag zur Europäischen Handlungsformenlehre, Münster 2018.

Müller-Graff, Peter-Christian, Kodifikationsgewinn durch Inkorporation des Inhalts von Schuldrechtsrichtlinien der EG in das BGB?, GPR 2009, S. 106–120.

MüKo BGB: Säcker, Franz Jürgen/Oetker, Hartmut/Limperg, Bettina (Hrsg.), Münchener Kommentar zum Bürgerlichen Gesetzbuch, 8. Aufl., München 2020.

MüKo BGB: Säcker, Jürgen/Rixecker, Roland/Oetker, Hartmut/Limperg, Bettina (Hrsg.), Münchener Kommentar zum Bürgerlichen Gesetzbuch, 9. Aufl., München 2021.

MüKo WettbewerbsR: Säcker, Franz Jürgen/Meier-Beck, Peter/Bien, Florian/Montag, Frank (Hrsg.), Münchener Kommentar zum Wettbewerbsrecht, 3. Aufl., München 2020.

Nawiasky, Hans, Allgemeine Rechtslehre als System der rechtlichen Grundbegriffe, 2. Aufl., Einsiedeln u. a. 1948.

–, Der Grundsatz der einheitlichen Wirksamkeit des Gemeinschaftsrechts, in: Randelzhofer, Albrecht/Scholz, Rupert/Wilke, Dieter (Hrsg.), Gedächtnisschrift für Eberhard Grabitz, München 1995, S. 447–468.

–, Kompetenzen, in: von Bogdandy, Armin/Bast, Jürgen (Hrsg.), Europäisches Verfassungsrecht, 2. Aufl., Dordrecht 2009, S. 389–439.

Neuhaus, Paul H., Die Grundbegriffe des Internationalen Privatrechts, 2. Aufl., Tübingen 1976.

Niedobitek, Matthias, Kollisionen zwischen EG-Recht und nationalem Recht, VerwArch 91 (2001), S. 58–80.

Nink, Judith, Rechtliche Rahmenbedingungen von serviceorientierten Architekturen mit Web Services, Göttingen 2010.

Obwexer, Walter, Die EU-rechtliche Determinierung mitgliedstaatlicher Kompetenzen, in: Obwexer, Walter/Happacher, Esther/Baroncelli, Stefania/Palermo, Francesco (Hrsg.), EU-Mitgliedschaft und Südtirols Autonomie. Die Auswirkungen der EU-Mitgliedschaft auf die Autonomie des Landes Südtirol am Beispiel ausgewählter Gesetzgebungs- und Verwaltungskompetenzen, Wien 2015, Kap. 1.

Oeter, Stefan, Bundesstaat, Föderation, Staatenverbund – Trennlinien und Gemeinsamkeiten föderaler Systeme, ZaÖRV 2015, S. 733–752.

Ohly, Ansgar, „Volenti non fit iniuria". Die Einwilligung im Privatrecht, Tübingen 2002.

Oppermann, Thomas/Classen, Claus Dieter/Nettesheim, Martin, Europarecht, 9. Aufl., München 2021.

Paal, Boris P., Meldepflicht bei Datenschutzverstößen nach Art. 33 DS-GVO, ZD 2020, S. 119–124.

Paal, Boris P./Pauly, Daniel A. (Hrsg.), Datenschutz-Grundverordnung Bundesdatenschutzgesetz, 3. Aufl., München 2021.

Papadopoulou, Lina, Vom Prinzip des „Vorrangs" zur pluralistischen Auffassung der Rechtsquellen. Vortrag am Institut für Europäische Verfassungswissenschaften vom 1.3.2010, zugl. IEV-Online Nr. 3/2010, Hagen 2010.

Pawlowski, Hans-Martin, Methodenlehre für Juristen, 3. Aufl., Heidelberg 1999.

–, Einführung in die juristische Methodenlehre, 2. Aufl., Heidelberg 2000.

Peine, Franz-Joseph, Recht als System, Berlin 1983.

Pernice, Ingolf, Das Verhältnis europäischer zu nationalen Gerichten im europäischen Verfassungsverbund. Zugl. WHI Paper 5/07 – Vortrag vor der Juristischen Gesellschaft zu Berlin am 14.12.2005, Berlin 2006.

–, Theorie und Praxis des Europäischen Verfassungsverbunds (zugl. WHI Paper 8/08), in: Calliess, Christian (Hrsg.), Verfassungswandel im europäischen Staaten- und Verfassungsverbund, Tübingen 2007, S. 61–92.

Peters, Birgit, Konvergenz der nationalen Verwaltungsverfahrensrechte, in: Fraenkel-Haeberle, Cristina/Galetta, Diana-Urania/Sommermann, Karl-Peter (Hrsg.), Europäisierung und Internationalisierung der nationalen Verwaltungen im Vergleich. Deutsch-Italienische Analysen, Berlin 2017, S. 41–57.

Pieper, Stefan Ulrich, Rechtsquellen, in: Dauses, Manfred A./Ludwigs, Markus (Hrsg.), Handbuch des EU-Wirtschaftsrechts, München 56. EL 2022, B. I.

Plath, Kai-Uwe (Hrsg.), BDSG/DSGVO. Kommentar zum BDSG und zur DSGVO sowie den Datenschutzbestimmungen des TMG und TKG, 2. Aufl., Köln 2016.

– (Hrsg.), DSGVO/BDSG. Kommentar zu DSGVO, BDSG und den Datenschutzbestimmungen des TMG und TKG, 3. Aufl., Köln 2018.

Podszun, Rupprecht/de Thoma, Michael, Die Durchsetzung des Datenschutzes durch Verbraucherrecht, Lauterkeitsrecht und Kartellrecht, NJW 2016, S. 2987–2994.

Pohl, Anna, Die datenschutzrechtliche Einwilligung im Spannungsfeld von hoheitlicher Regulierung und individueller Selbstbestimmung. Unter besonderer Berücksichtigung der Dienste der Informationsgesellschaft, Saarbrücken 2019.

Poscher, Ralf, Theorie eines Phantoms – Die erfolglose Suche der Prinzipientheorie nach ihrem Gegenstand, RW 1 (2010), S. 349–372.

–, Die Zukunft der informationellen Selbstbestimmung als Recht auf Abwehr von Grundrechtsgefährdungen, in: Gander, Hans-Helmuth/Perron, Walter/Poscher, Ralf/Riescher, Gisela/Würtenberger, Thomas (Hrsg.), Resilienz in der offenen Gesellschaft, Baden-Baden 2012, S. 167–190.

Potacs, Michael, Effet utile als Auslegungsgrundsatz, EuR 2009, S. 465–487.

Pötters, Stephan, Grundrechte und Beschäftigtendatenschutz, Baden-Baden 2013.

–, Primärrechtliche Vorgaben für eine Reform des Datenschutzrechts, RDV 2015, S. 10–16.

Pozzo, Barbara, Multilingualism and the Harmonization of European Private Law: Problems and Perspectives, ERPL 2012, S. 1185–1199.

Puigpelat, Oriol Mir, Die Kodifikation des Verwaltungsverfahrensrechts im Europäischen Verwaltungsverbund, Die Verwaltung Beiheft 8 (2009), S. 177–210.

Quelle, Claudia, Enhancing Compliance under the General Data Protection Regulation: The Risky Upshot of the Accountability- and Risk-based Approach, EJRR 2018, S. 502–526.

Rabel, Ernst, Das Problem der Qualifikation, RabelsZ 5 (1931), S. 241–288.

Radlanski, Philip, Das Konzept der Einwilligung in der datenschutzrechtlichen Realität, Tübingen 2016.

Recio, Miguel, Data Protection Officer: The Key Figure to Ensure Data Protection and Accountability, EDPLR 2017, S. 114–118.

Rehberg, Markus, Das Rechtfertigungsprinzip. Eine Vertragstheorie, Tübingen 2014.

Reich, Norbert, General Principles of EU Civil Law, Cambridge 2014.

Reimer, Franz, Verfassungsprinzipien. Ein Normtyp im Grundgesetz, Berlin 2000.

Remien, Oliver, Rechtsangleichung im Binnenmarkt, in: Schulze, Reiner/Janssen, Albert/Kadelbach, Stefan (Hrsg.), Europarecht. Handbuch für die deutsche Rechtspraxis, Baden-Baden 2020, § 14.

Reßing, Maximilian, Prinzipien als Normen mit zwei Geltungsebenen, ASRP 95 (2009), S. 28–48.

–, Prinzipien als Normen mit zwei Geltungsebenen: Zur Unterscheidung von Regeln und Prinzipien, ARSP 95 (2009), S. 28–48.

Riedl, Kristina, Vereinheitlichung des Privatrechts in Europa, Baden-Baden 2004.

Riehm, Thomas, Umsetzungsspielräume der Mitgliedsstaaten bei vollharmonisierenden Richtlinien, in: Gsell, Beate/Herresthal, Carsten (Hrsg.), Vollharmonisierung im Privatrecht. Die Konzeption der Richtlinie am Scheideweg?, Tübingen 2009, S. 83–111.

Riesenhuber, Karl, System und Prinzipien des Europäischen Vertragsrechts, Berlin 2003.

–, Auslegung und Rechtsfortbildung im Europäischen Privatrecht – Am Beispiel der Rechtssache Sturgeon –, in: Karakostas, Ioannis K./Riesenhuber, Karl (Hrsg.), Methoden- und Verfassungsfragen der europäischen Rechtsangleichung, Berlin/New York 2011, S. 41–62.

–, Die Einwilligung des Arbeitnehmers im Datenschutzrecht, RdA 2011, S. 257–265.

–, ‚Normative Dogmatik' des Europäischen Privatrechts, in: Auer, Marietta/Grigoleit, Hans Christoph/Hager, Johannes/Herresthal, Carsten/Hey, Felix/Koller, Ingo/Langenbucher, Katja/Neuner, Jörg/Petersen, Jens/Riehm, Thomas/Singer, Reinhard (Hrsg.), Privatrechtsdogmatik im 21. Jahrhundert. Festschrift für Claus-Wilhelm Canaris zum 80. Geburtstag, Berlin 2017, S. 181–204.

–, Die Auslegung, in: Riesenhuber, Karl (Hrsg.), Europäische Methodenlehre, 4. Aufl., Berlin u. a. 2021, § 10.

Rogosch, Patricia, Die Einwilligung im Datenschutzrecht, Baden-Baden 2013.

Röhl, Hans Christian/Röhl, Klaus F., Allgemeine Rechtslehre, 3. Aufl., Köln 2008.

Röhl, Klaus F., Rechtssoziologie-online. Online-Lehrbuch, abrufbar unter www.rechtssoziologie-online.de [zuletzt abgerufen am 23.7.2022].

Rösler, Hannes, Aufgaben einer europäischen Rechtsmethodenlehre, Rechtstheorie 43 (2012), S. 495–517.

Roßnagel, Alexander, Grundsätze für die Verarbeitung personenbezogener Daten, in: Roßnagel, Alexander (Hrsg.), Das neue Datenschutzrecht. Europäische Datenschutz-Grundverordnung und deutsche Datenschutzgesetze, Baden-Baden 2018, § 3 II.

–, Innovationen der Datenschutz-Grundverordnung. Wer greift die Chance zu besserem Datenschutz auf?, DuD 2019, S. 467–472.

–, Kein „Verbotsprinzip" und kein „Verbot mit Erlaubnisvorbehalt" im Datenschutzrecht, NJW 2019, S. 1–5.

–, Der Datenschutz von Kindern in der DS-GVO, ZD 2020, S. 88–92.

Roßnagel, Alexander/Kroschwald, Steffen, Was wird aus der Datenschutzgrundverordnung? Die Entschließung des Europäischen Parlaments über ein Verhandlungsdokument, ZD 2014, S. 495–500.

Roth, Wulf-Henning, Generalklauseln im Europäischen Privatrecht – Zur Rollenverteilung von Gerichtshof und Mitgliedsstaaten bei ihrer Konkretisierung, in: Basedow, Jürgen/Hopt, Klaus J./Kötz, Hein (Hrsg.), Festschrift für Ulrich Drobnig zum siebzigsten Geburtstag, Tübingen 1998, S. 135–154.

–, Europäische Verfassung und europäische Methodenlehre, RabelsZ 75 (2011), S. 787–844.

Röthel, Anne, Normkonkretisierung im Privatrecht, Tübingen 2004.

Rothmann, Robert, Ungewollte Einwilligung?, in: Roßnagel, Alexander/Friedewald, Michael/Hansen, Marit (Hrsg.), Die Fortentwicklung des Datenschutzes, Wiesbaden 2018, S. 59–75.

Rott, Peter, Legal Terminology: One Reason for Frictions between German and European Consumer Law, European Review of Private Law 2012, S. 1353–1367.

Rüb, Lennart, Der Nemo-tenetur-Grundsatz im BDSG im Lichte der Kartellrechts-Judikatur des EuGH, RDV 2019, S. 246–247.

Ruffert, Matthias, Hat die Europäisierung des Verwaltungsrechts Methode?, Die Verwaltung Beiheft 10 (2010), S. 205–219.

–, Rechtsquellen und Rechtsschichten des Verwaltungsrechts, in: Hoffmann-Riem, Wolfgang/Schmidt-Aßmann, Eberhard/Voßkuhle, Andreas (Hrsg.), Grundlagen des Verwaltungsrechts (Bd. 1), 2. Aufl., München 2012, § 17.

–, Europäisierung des Verwaltungsrechts, in: von Bogdandy, Armin/Cassese, Sabino/Huber, Peter M. (Hrsg.), Handbuch Ius Publicum Europaeum. Verwaltungsrecht in Europa: Grundzüge (Bd. 5), Heidelberg 2014, § 94.

Rüpke, Giselher/von Lewinski, Kai von/Eckhardt, Jens, Datenschutzrecht, 2. Aufl., München 2022.

Rupp, Susanne, Die Beweisführung mit privaten elektronischen Dokumenten. Eine Untersuchung der §§ 144, 371, 371a ZPO sowie der Vorschriften der eIDAS-Verordnung über Vertrauensdienste, Baden-Baden 2018.

Rüthers, Bernd/Fischer, Christiane/Birk, Axel, Rechtstheorie und juristische Methodenlehre, 12. Aufl., München 2022.

S/J/T/K: Schwartmann, Rolf/Jaspers, Andreas/Thüsing, Gregor/Kugelmann, Dieter (Hrsg.), DS-GVO/BDSG, Heidelberg 2018.

S/J/T/K: Schwartmann, Rolf/Jaspers, Andreas/Thüsing, Gregor/Kugelmann, Dieter (Hrsg.), DSGVO/BDSG, 2. Aufl., Heidelberg 2020.

Schaar, Peter, Datenschutzrechtliche Einwilligung im Internet, MMR 2001, S. 644–648.

Schaffland, Hans-Jürgen/Wiltfang, Noeme (Hrsg.), Datenschutz-Grundverordnung (DS-GVO) Bundesdatenschutzgesetz (BDSG). Loseblattsammlung 1977 –, Werkstand: Juli 2022, Berlin.

Schantz, Peter/Wolff, Heinrich A., Das neue Datenschutzrecht. Datenschutz-Grundverordnung und Bundesdatenschutzgesetz in der Praxis, München 2017.

Schilling, Theodor, Rang und Geltung von Normen in gestuften Rechtsordnungen, Baden-Baden 1994.

Schladebach, Markus, Praktische Konkordanz als verfassungsrechtliches Kollisionsprinzip, Der Staat 2014, S. 263–283.

Schmahl, Stefanie, Rechtsstaatlichkeit, in: Schulze, Reiner/Janssen, Albert/Kadelbach, Stefan (Hrsg.), Europarecht. Handbuch für die deutsche Rechtspraxis, Baden-Baden 2020, § 6.

Schmidt, Bernd/Freund, Bernhard, Perspektiven der Auftragsverarbeitung. Wegfall der Privilegierung mit der DS-GVO?, ZD 2017, S. 14–18.

Schmidt, Karsten, Einheit der Rechtsordnung – Realität? Aufgabe? Illusion?, in: Schmidt, Karsten (Hrsg.), Vielfalt des Rechts – Einheit der Rechtsordnung?, Berlin 1994, S. 9–29.

Schmidt-Aßmann, Eberhard, Deutsches und europäisches Verwaltungsrecht. Wechselseitige Einwirkungen, DVBl 1993, S. 924–936.

–, Das allgemeine Verwaltungsrecht als Ordnungsidee. Grundlagen und Aufgaben der verwaltungsrechtlichen Systembildung, 2. Aufl., Berlin u. a. 2006.

–, Verfahrensgedanke, in: Hoffmann-Riem, Wolfgang/Schmidt-Aßmann, Eberhard/Voßkuhle, Andreas (Hrsg.), Grundlagen des Verwaltungsrechts (Bd. 2), 2. Aufl., München 2012, § 27.

–, Verfassungsprinzipien für den Europäischen Verwaltungsverbund, in: Hoffmann-Riem, Wolfgang/Schmidt-Aßmann, Eberhard/Voßkuhle, Andreas (Hrsg.), Grundlagen des Verwaltungsrechts (Bd. 1), 2. Aufl., München 2012, § 5.

Schmitz, Barbara/von Dall'Armi, Jonas, Auftragsdatenverarbeitung in der DS-GVO – das Ende der Privilegierung? Wie Daten künftig von Dienstleistern verarbeitet werden müssen, ZD 2016, S. 427–432.

Schneider, Jochen (Hrsg.), Handbuch EDV-Recht. IT-Recht mit IT-Vertragsrecht, Datenschutz, Rechtsschutz und E-Business, 5. Aufl., Köln 2017.

Schoch, Friedrich, Die Europäisierung des Allgemeinen Verwaltungsrechts und der Verwaltungsrechtswissenschaft, Die Verwaltung Beiheft 2 (1999), S. 135–154.

–, Die Europäisierung des Verwaltungsprozessrechts, in: Schmidt-Aßmann, Eberhard/ Sellner, Dieter/Hirsch, Günter/Kemper, Gerd-Heinrich/Lehmann-Grube, Hinrich (Hrsg.), Festgabe 50 Jahre Bundesverwaltungsgericht, Köln u. a. 2003, S. 507–533.

Schorkopf, Frank, Dogmatik und Kohärenz, in: Kirchhof, Gregor/Magen, Stefan/Schneider, Karsten (Hrsg.), Was weiß Dogmatik? Was leistet und wie steuert die Dogmatik des Öffentlichen Rechts?, Tübingen 2012, S. 139–149.

Schröder, Jan, Zur gesamteuropäischen Tradition der juristischen Methodenlehre, Akademie-Journal 2002, S. 37–41.

Schröder, Meinhard, Die Vorlagepflicht zum EuGH aus europarechtlicher und nationaler Perspektive, EuR 2011, S. 808–828.

Schroeder, Werner, Das Gemeinschaftsrechtssystem. Eine Untersuchung zu den rechtsdogmatischen, rechtstheoretischen und verfassungsrechtlichen Grundlagen des Systemdenkens im Europäischen Gemeinschaftsrecht, Tübingen 2002.

–, Nationale Maßnahmen zur Durchführung von EG-Recht und das Gebot der einheitlichen Wirkung, AöR 129 (2004), S. 3–38.

–, Durchführung, in: Niedobitek, Matthias (Hrsg.), Europarecht. Grundlagen der Union, Berlin 2014, § 8.

Schulz, Sebastian, Datenschutz als überindividuelles Interesse? Anmerkungen zur geplanten Reform des UKlaG, ZD 2014, S. 510–514.

Schuster, Fabian/Grützmacher, Malte (Hrsg.), IT-Recht, Köln 2020.

Schütze, Robert, Subsidiarity after Lisbon: reinforcing the safeguards of federalism?, The Cambridge Law Journal 68 (2009), S. 525–536.

Schwarze, Jürgen, Vorläufiger Rechtsschutz im Widerstreit von Gemeinschaftsrecht und nationalem Verwaltungsverfahrens- und Prozeßrecht, in: Baur, Jürgen/Müller-Graff, Peter-Christian/Zuleeg, Manfred (Hrsg.), Europarecht – Energierecht – Wirtschaftsrecht. Festschrift für Bodo Börner zum 70. Geburtstag, Köln u. a. 1992, S. 389–401.

–, Deutscher Landesbericht, in: Schwarze, Jürgen (Hrsg.), Das Verwaltungsrecht unter europäischem Einfluss. Zur Konvergenz der mitgliedsstaatlichen Verwaltungsrechtsordnungen in der Europäischen Union, Baden-Baden 1996, S. 123–227.

–, Europäisches Verwaltungsrecht. Entstehung und Entwicklung im Rahmen der Europäischen Gemeinschaft, 2. Aufl., Baden-Baden 2005.

–, Zwischen Tradition und Zukunft: Die Rolle allgemeiner Rechtsgrundsätze im Recht der Europäischen Union, DVBl 2011, S. 721–739.

Schwarze: Schwarze, Jürgen/Becker, Ulrich/Hatje, Armin/Schoo, Johann (Hrsg.), EU-Kommentar, 4. Aufl., Baden-Baden 2019.

Seiter, Stefan, Auftragsverarbeitung nach der Datenschutz-Grundverordnung. Steuerberatertätigkeiten & andere Streitfragen – Ein kleiner Rundumschlag, DuD 2019, S. 127–133.

Seyr, Sibylle, Der effet utile in der Rechtsprechung des EuGH, Berlin 2008.

Sieckmann, Jan-Reinard, Regelmodelle und Prinzipienmodelle des Rechtssystems, Baden-Baden 1990.

Simitis, Spiros (Hrsg.), Bundesdatenschutzgesetz, 8. Aufl., Baden-Baden 2014.

Simitis/Hornung/Spiecker gen. Döhmann: Simitis, Spiros/Hornung, Gerrit/Spiecker gen. Döhmann, Indra (Hrsg.), Datenschutzrecht. DSGVO mit BDSG, Baden-Baden 2019.

Skouris, Vassilios, Leitlinien der Rechtsprechung des EuGH zum Datenschutz, NVwZ 2016, S. 1359–1364.

Sommermann, Karl-Peter, Europäisches Verwaltungsrecht oder Europäisierung des Verwaltungsrechts?, DVBl 1996, S. 889.

Specht, Louisa, Konsequenzen der Ökonomisierung informationeller Selbstbestimmung. Die zivilrechtliche Erfassung des Datenhandels, Köln 2012.

–, Verbraucherdatenschutz, in: Specht, Louisa/Mantz, Reto (Hrsg.), Handbuch Europäisches und deutsches Datenschutzrecht, München 2019, B. § 9.

Specht, Louisa/Mantz, Reto, Datenschutzrechtliche Grundlagen: Einführung, in: Specht, Louisa/Mantz, Reto (Hrsg.), Handbuch Europäisches und deutsches Datenschutzrecht, München 2019, A § 1.

Spindler, Gerald/Schuster, Fabian (Hrsg.), Recht der elektronischen Medien, 3. Aufl., München 2015.

– (Hrsg.), Recht der elektronischen Medien, 4. Aufl., München 2019.

Spittka, Jan, Si tacuisses … – nemo tenetur und die DS-GVO, RDV 2019, S. 167–171.

Steindorff, Ernst, EG-Vertrag und Privatrecht, Baden-Baden 1996.

Stelkens, Paul/Bonk, Heinz Joachim/Sachs, Michael (Hrsg.), VwVfG, 9. Aufl., München 2018.

Stelkens, Ulrich, Art. 291 AEUV, das Unionsverwaltungsrecht und die Verwaltungsautonomie der Mitgliedsstaaten – zugleich zur Abgrenzung des Anwendungsbereichs von Art. 290 und Art. 291 AEUV –, EuR 2012, S. 511–546.

Stempel, Christian, Treu und Glauben im Unionsprivatrecht, Tübingen 2016.

Stern, Klaus/Sachs, Michael (Hrsg.), Europäische Grundrechte-Charta, München 2016.

Streinz, Rudolf, Der „effet utile" in der Rechtsprechung des Gerichtshofs der Europäischen Gemeinschaften, in: Due, Ole/Lutter, Marcus/Schwarze, Jürgen (Hrsg.), Festschrift für Ulrich Everling (Bd. 2), Baden-Baden 1995, S. 1491–1510.

–, Die Auslegung des Gemeinschaftsrechts bzw. Unionsrechts durch den EuGH, in: Griller, Stefanie/Rill, Heinz Peter (Hrsg.), Rechtstheorie: Rechtsbegriff – Dynamik – Auslegung, Wien 2011, S. 223–264.

–, Vollzug des europäischen Rechts durch deutsche Staatsorgane, in: Isensee, Josef/Kirchhof, Paul (Hrsg.), Handbuch des Staatsrechts (Bd. 10), 3. Aufl., Heidelberg 2012, § 218.

Streinz, Rudolf (Hrsg.), EUV/AEUV, 3. Aufl., München 2018.

–, Europarecht, 11. Aufl., Heidelberg 2019.

Ströbel, Lukas/Wybitul, Tim, Beschäftigtendatenschutz, in: Specht, Louisa/Mantz, Reto (Hrsg.), Handbuch Europäisches und deutsches Datenschutzrecht, München 2019, § 10.

Stück, Volker, Datenschutz = Tatenschutz? Ausgewählte datenschutz- und arbeitsrechtliche Aspekte nach DSGVO sowie BDSG 2018 bei präventiver und repressiver Compliance, CCZ 2020, S. 77–83.

Stürner, Rolf, Die Zivilrechtswissenschaft und ihre Methodik – zu rechtsanwendungsbezogen und zu wenig grundlagenorientiert?, AcP 214 (2014), S. 7–54.

Sydow, Gernot, Europäisierte Verwaltungsverfahren, JuS 45 (2005), S. 97–102.

Sydow, Gernot/Wittreck, Fabian, Deutsches und Europäisches Verfassungsrecht I. Prinzipien, Institutionen, Verfahren, 2. Aufl., München 2020.

Szczekalla, Peter, Allgemeine Rechtsgrundsätze, in: Rengeling, Hans-Werner (Hrsg.), Handbuch zum europäischen und deutschen Umweltrecht. Eine systematische Darstellung des europäischen Umweltrechts mit seinen Auswirkungen auf das deutsche Recht und mit rechtspolitischen Perspektiven, 2. Aufl., Köln u. a. 2003, § 11.

Taeger, Jürgen, Data Breach Notification – Melde- und Benachrichtigungspflichten bei „Datenpannen", RDV 2020, S. 3–11.

–, Einwilligung von Kindern gegenüber Diensten der Informationsgesellschaft. Schutz von Kindern unter 16 Jahren durch Art. 8 DS-GVO vor Beeinträchtigungen im Netz, ZD 2021, S. 505–508.

Taeger, Jürgen/Gabel, Detlev (Hrsg.), Kommentar DSGVO – BDSG – TTDSG, 4. Aufl., Frankfurt a. M. 2022.

Taupitz, Jochen, Europäische Privatrechtsvereinheitlichung heute und morgen, Tübingen 1993.

Terhechte, Jan, Prinzipienordnung der Europäischen Union, in: Hatje, Armin/Müller-Graff, Peter-Christian (Hrsg.), Enzyklopädie Europarecht. Europäisches Organisations- und Verfassungsrecht (Bd. 2), Baden-Baden 2022, § 14.

Thiele, Alexander, Die Integrationsidentität des Art. 23 Abs. 1 GG als (einzige) Grenze des Vorrangs des Europarechts, EuR 2017, S. 367–380.

Thompson, Marcelo, Beyond Gatekeeping: The Normative Responsibility of Internet Intermediaries, Vanderbilt Journal of Entertainment & Technology Law 2016, S. 783–849.

Thüsing, Gregor, Arbeitnehmerdatenschutz und Compliance. Effektive Compliance im Spannungsfeld von reformiertem BDSG, Persönlichkeitsschutz und betrieblicher Mitbestimmung, München 2010.

Thüsing, Gregor/Schmidt, Maximilian/Forst, Gerrit, Das Schriftformerfordernis der Einwilligung nach § 4a BDSG im Pendelblick zu Art. 7 DS-GVO, RDV 2017, S. 116–122.

Thüsing, Gregor/Traut, Johannes, Die Einwilligung des Arbeitnehmers, in: Thüsing, Gregor (Hrsg.), Beschäftigtendatenschutz und Compliance, 2. Aufl. 2014, § 5.

Thym, Daniel, Die Reichweite der EU-Grundrechte-Charta – Zu viel Grundrechtsschutz?, NVwZ 2013, S. 889–896.

Tinnefeld, Marie-Theres/Buchner, Benedikt/Petri, Thomas/Hof, Joachim, Einführung in das Datenschutzrecht. Datenschutz und Informationsfreiheit in europäischer Sicht, 7. Aufl., Berlin 2020.

Tinnefeld, Marie-Theres/Conrad, Isabell, Die selbstbestimmte Einwilligung im europäischen Recht, ZD 2018, S. 391–398.

Tinnefeld, Marie-Theres/Gerling, Reiner W./Ehmann, Eugen, Einführung in das Datenschutzrecht. Datenschutz und Informationsfreiheit in europäischer Sicht, 4. Aufl., Berlin 2005.

Tomasic, Lovro, Effet utile. Die Relativität teleologischer Argumente im Unionsrecht, München 2013.

Tonner, Klaus, Die Umsetzung der Verbraucherrechterichtlinie – Auswirkungen der Vollharmonisierung, VuR 2014, S. 23–27.

Tonner, Klaus/Tamm, Marina, Der Vorschlag einer Richtlinie über Rechte der Verbraucher und seine Auswirkungen auf das nationale Verbraucherrecht, JZ 2009, S. 277.

Träger, Tobias, Zum Systemdenken im Europäischen Schuldvertragsrecht. Probleme der Rechtsangleichung durch Richtlinien am Beispiel der Verbrauchsgüterkauf-Richtlinie, ZEuP 2003, S. 525–540.

Treacy, Bridget, Accountability – moving from theory to practice, Privacy & Data Protection 2019, S. 4–6.

Trepte, Sabine, Die Zukunft der informationellen Selbstbestimmung – Kontrolle oder Kommunikation?, in: Stiftung Datenschutz (Hrsg.), Zukunft der informationellen Selbstbestimmung, Berlin 2016, S. 159–170.

Trstenjak, Verica/Beysen, Erwin, European consumer protection law: curia semper dabit remdeium?, CMLR 2011, S. 95–124.

–, Das Prinzip der Verhältnismäßigkeit in der Unionsrechtsordnung, EuR 2012, S. 265–285.

Vedder, Christoph/Heintschel von Heinegg, Wolff (Hrsg.), Europäisches Unionsrecht, 2. Aufl., Baden-Baden 2018.

Veil, Winfried, Accountability – Wie weit reicht die Rechenschaftspflicht der DS-GVO?, ZD 2018, S. 9–16.

–, Einwilligung oder berechtigtes Interesse? – Datenverarbeitung zwischen Skylla und Charybdis, NJW 2018, S. 3337–3344.

Vogenauer, Stefan, An Empire of Light? II: Learning and Lawmaking in Germany today, Oxford Journal of Legal Studies 2006, S. 627–663.

Voß, Catharina, Die Durchbrechung der Rechtskraft nationaler Zivilgerichtsurteile zu Gunsten des unionsrechtlichen „effet utile"? Die Reichweite der „Klausner Holz"-Entscheidung des Europäischen Gerichtshofs und ihre Auswirkungen auf das deutsche Zivilprozessrecht, Baden-Baden 2019.

Voßkuhle, Andreas, Erosionserscheinungen des zivilprozessualen Rechtsmittelsystems, NJW 1995, S. 1377–1384.

Vranes, Erich, Lex Superior, Lex Specialis, Lex Posterior. Zur Rechtsnatur der „Konfliktlösungsregeln", ZaÖRV 65 (2005), S. 391–405.

Wagner, Lorin-Johannes, Der Datenschutz in der Europäischen Union, Wien 2015.

Wais, Hannes, Überwindung von Inkohärenzen zwischen Unionsrecht und nationaler Rechtsordnung, in: Behme, Caspar/Fervers, Matthias/Hofman, Franz/Maute, Lena/Röder, Erik/Sattler, Andreas/Schmidt, Patrick/Seibl, Maximilian (Hrsg.), Perspektiven einer europäischen Privatrechtswissenschaft. Jahrbuch junger Zivilrechtswissenschaftler, Baden-Baden 2017, S. 9–40.

Weber, Albrecht, Verwaltungskollisionsrecht der Europäischen Gemeinschaften im Lichte neuer Rechtsentwicklungen, EuR 1986, S. 1–28.

Weber, Ralph, Einige Gedanken zur Konkretisierung von Generalklauseln durch Fallgruppen, AcP 192 (1992), S. 516–567.

Weiler, Frank, Grammatikalische Auslegung des vielsprachigen Unionsrechts, ZEuP 2010, S. 861–880.

Weiss, Alexander, Widersprüche im Recht. Unter besonderer Berücksichtigung europarechtsbedingter Widersprüche im deutschen Zivilrecht, München 2011.

Weiß, Wolfgang, Die Verteidigungsrechte im EG-Kartellverfahren. Zugleich ein Beitrag zu den allgemeinen Rechtsgrundsätzen des Gemeinschaftsrechts, Köln u. a. 1996.

–, Unionsrecht und nationales Recht, in: Niedobitek, Matthias (Hrsg.), Europarecht. Grundlagen der Union, Berlin 2014, § 5.

Wendehorst, Christiane, Tatbestand – Reichweite – Qualifikation, in: Coester, Michael (Hrsg.), Privatrecht in Europa: Vielfalt, Kollision, Kooperation. Festschrift für Hans Jürgen Sonnenberger zum 70. Geburtstag, München 2004, S. 743–758.

Wenzel, Michael/Wybitul, Tim, Vermeidung hoher DS-GVO-Bußgelder und Kooperation mit Datenschutzebehörden. Strategische Möglichkeiten zur Vermeidung von Sanktionen, ZD 2019, S. 290–295.

Wenzel, Robert, Analoge Anwendung der Verordnung über das ergänzende Schutzzertifikat für Arzneimittel auf Medizinprodukte? Zugleich eine Kritik an der Handhabung ergänzender Schutzzertifikate durch Gesetzgebung und Rechtsprechung, Baden-Baden 2017.

Wernicke, Stephan, Perspektiven des deutschen Rechts im Wettbewerb der Rechtsordnungen. Zwischen europäischem Vertrauensverlust und privatautonomer Renaissance, NJW 2017, S. 3038–3043.

Wimmer, Veronika, Auswirkungen des Art. 35a der Verordnung (EU) Nr. 462/2013 auf die zivilrechtliche Haftung von Ratingagenturen, Baden-Baden 2017.

Wißling, Jan, Internationale Zuständigkeit und Effizienz Verordnung. Eine ökonomische Analyse der Brüssel Ia-Verordnung, Jena 2020.

de Witte, Bruno, European Union Law: A common core or a fragmented academic discipline?, in: Heringa, Aalt Willem/Akkermans, Bram (Hrsg.), Educating European Lawyers, Cambridge 2011, S. 19–41.

Wolff, Hans J., Typen im Recht und in der Rechtswissenschaft, Studium Generale 5 (1952), S. 195–205.

Wolfgang, Kilian, Äußeres und inneres System in einem noch fragmentarischen europäischen Schuldvertragsrecht, in: Grundmann, Stefan (Hrsg.), Systembildung und Systemlücken in Kerngebieten des Europäischen Privatrechts. Gesellschafts-, Arbeits- und Schuldvertragsrecht, Tübingen 2000, 427.

Wuermeling, Ulrich, Handelshemmnis Datenschutz, Köln u. a. 2000.

Wunderlich, Nina/Pickartz, Thomas, Hat die Richtlinie ausgedient? Zur Wahl der Handlungsform nach Art. 296 Abs. 1 AEUV, EuR 2014, S. 659–670.

Wybitul, Tim/Celik, Mehmet, Die Nachweispflicht nach Art. 5 Abs. 2 und Art. 24 Abs. 1 DS-GVO ist keine Beweislast, ZD 2019, S. 529–530.

Wybitul, Tim/Ströbel, Lukas, Checklisten zur DSGVO – Teil 1: Datenschutz-Folgenabschätzung in der Praxis, BB 2016, S. 2307–2311.

ZD-Interview mit Barbara Thiel und Tim Wybitul, Bußgelder wegen Datenschutzverstößen aus Sicht von Aufsichtsbehörden und Unternehmen, ZD 2020, S. 3–7.

Zetzsche, Dirk, Der Einfluss des Europäischen Wirtschaftsrechts auf das Deliktsrecht, ZHR 2015, S. 490–526.

Zeuner, Albrecht, Beobachtungen und Gedanken zum Verhältnis zwischen europarechtlichen Normen und nationalem Recht, in: Koziol, Helmut/Rummel, Peter (Hrsg.), Im Dienste der Gerechtigkeit. Festschrift für Franz Bydlinski, Wien/New York 2001, S. 495–515.

Ziegenhorn, Gero/von Heckel, Katharina, Datenverarbeitung durch Private nach der europäischen Datenschutzreform, NVwZ 2016, S. 1585–1591.

Zimmermann, Reinhard, Consumer Contract Law and General Contract Law: The German Experience, Current Legal Problems 2005, S 415–489.

Zippelius, Reinhold, Juristische Methodenlehre, 12. Aufl., München 2021.

Zscherpe, Kerstin, Anforderungen an die datenschutzrechtliche Einwilligung im Internet, MMR 2004, S. 723–727.

Zuleeg, Manfred, Das Recht der Europäischen Gemeinschaften im innerstaatlichen Bereich 1969.

Zweigert, Konrad, Die kritische Wertung in der Rechtsvergleichung, in: Fabricius, Fritz (Hrsg.), Law and Interantional Trade. Recht und Internationaler Handel. Festschrift für Clive M. Schmitthoff zum 70. Geburtstag, Frankfurt a. M. 1973, S. 403–418.

Zweigert, Konrad/Kötz, Hein, Einführung in die Rechtsvergleichung, 3. Aufl., Tübingen 1996.

Sachregister

Studien zum europäischen
und deutschen Öffentlichen Recht

herausgegeben von
Christian Calliess und Matthias Ruffert

Die Schriftenreihe *Studien zum europäischen und deutschen Öffentlichen Recht* (EuDÖR) widmet sich den Verbindungen zwischen dem nationalen und dem europäischen Recht. Das Öffentliche Recht ist in Bewegung. Vor allem die europäische Integration stellt überkommene Strukturen und Denkmuster in Theorie und Dogmatik vor neue Herausforderungen. Nicht zuletzt der Vertrag von Lissabon etabliert neuartige Verbundstrukturen im Verfassungs- und Verwaltungsrecht. Die Reihe EuDÖR setzt sich zum Ziel, diesen Prozess mit aktuellen Forschungsarbeiten rechtswissenschaftlich zu begleiten.

ISSN: 2192-2470
Zitiervorschlag: EuDÖR

Alle lieferbaren Bände finden Sie unter *www.mohrsiebeck.com/eudoer*

Mohr Siebeck
www.mohrsiebeck.com